Alquimia dos Alimentos

SENAC • Serviço Nacional de
Aprendizagem Comercial-DF

PRESIDENTE DO CONSELHO REGIONAL
Adelmir Santana

DIRETOR REGIONAL
Luiz Otávio da Justa Neves

EDITORA SENAC DISTRITO FEDERAL

Coordenador
Luiz Otávio da Justa Neves

Editora-chefe
Bete Bhering
(mariabh@senacdf.com.br)

Livreiro-Chefe
Antonio Marcos Bernardes Neto
(marcos@senacdf.com.br)

Coordenação Editorial
Gustavo Coelho
(gustavo.souza@senacdf.com.br)

Equipe da Editora
Bete Bhering
Gustavo Coelho
Nair Ofuji
Paula Dias Garcia

EDITORA SENAC-DF
SIA Trecho 3, lotes 625/695,
Shopping Sia Center Mall - Loja 10
CEP 71200-030 - Guará - DF
Telefone: (61) 3313.8789
e-mail: editora@senacdf.com.br
home page: www.editora.senacdf.com.br

CONSELHO EDITORIAL

Ana Beatriz Azevedo Borges
Antonio Marcos Bernardes Neto
Elidiani Domingues Bassan de Lima
Kátia Christina S. de Morais Corrêa
Luiz Carlos Pires de Araújo
Paulo Henrique de Carvalho Lemos
Thales Pereira Oliveira
Verônica Theml Fialho Goulart
Viviane Rassi

NESTA EDIÇÃO

Ilustrações
Aurélia Valentim Gomes

Ilustração capa
Banco de imagens: Thinkstock

Capa, Projeto gráfico e Diagramação
Gustavo Coelho e Victoria Haidamus

Colaboração
Gustavo Azevedo

Fotos
FRIGOESTRELA - Frigorífico Estrela d'Oeste

Revisão Técnica
Luiz Antônio Borgo, Nancy di Pilla Montebello,
Renata P. Zandonadi , Rita de Cássia C. de A. Akutsu
e Wilma M. C. Araújo

Revisão de prova
Nair Ofuji

Copyright © by Wilma M. C. Araújo, Nancy di Pilla Montebello,
Raquel B. A. Botelho e Luiz Antônio Borgo
Todos os direitos desta edição reservados à Editora Senac-DF.
Editora Senac Distrito Federal, 2018

Ficha Catalográfica

A458   Alquimia dos alimentos/ organização Wilma M. C. Araújo... [et al.]; revisão técnica
        Luiz Antônio Borgo... [et al.]. 3ª Ed. – Brasília: Editora Senac-DF, 2018.

        312p. : il. ; 21 x 28cm (Série Alimentos e Bebidas)

        ISBN: 978-85-62564-38-3

        1. Alimentos - composição química. I. Título

                                                                            CDU 641.1

Série Alimentos e Bebidas
Universidade de Brasília
Centro de Excelência em Turismo

Alquimia dos Alimentos

3ª edição • Revisada e Ampliada

Organização
Wilma M. C. Araújo
Nancy di Pilla Montebello
Raquel B. A. Botelho
Luiz Antônio Borgo

senac

Brasília, 2018

Alquimia dos Alimentos não é um livro de receitas. É um verdadeiro manual que junta a química alimentar e a culinária, mostrando os fenômenos químicos que ocorrem para formar as diferentes cores, sabores e aromas dos alimentos.

A obra é uma parceria entre a Editora Senac-DF e o Centro de Excelência em Turismo da Universidade de Brasília (CET/UnB), organizada por Wilma Maria Coelho Araújo, Nancy di Pilla Montebello, Raquel Braz Assunção Botelho e Luiz Antônio Borgo, que mostram a importância de se conhecer e compreender as diversas formas de preparação e conservação dos alimentos, os vários grupos alimentares e os processos culinários.

Alquimia dos Alimentos é um livro indicado para quem deseja adquirir habilidades e técnicas em relação à preparação e transformação físico-químicas dos alimentos, revelando o quanto são surpreendentes os procedimentos para alterar a textura, o sabor ou a cor dos alimentos. A linguagem utilizada é bem expressa, facilitando a leitura. Além de ensinar algumas noções da conservação e preparação alimentar, a obra desvenda mistérios da arte de cozinhar.

Adelmir Santana
PRESIDENTE DO CONSELHO REGIONAL DO SENAC-DF

Agradecimentos

Nossos agradecimentos ao Cento de Excelência em Turismo da Universidade de Brasília pelo estímulo à construção do conhecimento científico na área da gastronomia. A Aurélia Valentim Gomes, arquiteta, pela cessão dos direitos dos desenhos que delineiam imagens, algumas vezes abstratas, enobrecendo esta obra. A todos os colegas do Cento de Excelência em Turismo por compartilharem desta alquimia.

Préface

Prefácio

Alchimie des aliments... Oui, alchimie, parce que la «cuisine» est plus que la simple mise en œuvre technique de procédés chimiques ou physiques. Oui, alchimie, parce que, si la transformation s'explore bien par la chimie, la composante «amour» de la cuisine n'est pas prête à livrer ses secrets à la science.

Je m'aperçois que je vais déjà trop vite. Commençons par le commencement: le bonheur que j'ai à préfacer un livre écrit par des amis brésiliens que je ne connais pas (encore). Naturellement, ne lisant pas leur langue, je suis bien incapable de savoir dans le détail la teneur de leur discours, mais la table des matières me montre que je suis en terrain de connaissance: amylopectine, proteines, transformations... Tout mon petit univers est là. Mieux encore, j'ai trouvé dans le tout début du livre le nom de Nicholas Kurti associé au mien, ce qui laisse présager que l'univers des aliments qui est évoqué est plus précisément l'univers de la cuisine!

Car l'aliment a sa science depuis longtemps: dès le IIIe siècle avant notre ère, un Égyptien a consigné sur un papyrus (conservé aujourd'hui à Londres) qu'il avait mesuré la masse d'une viande qui fermentait, afin de savoir si elle perdait quelque «émanation»: il s'agissait de science. Bien plus tard, Denis Papin inventa son «digesteur» (la cocotte minute) pour faire un bon usage des os, et non seulement des viandes: il s'agissait de technologie, mais celle-ci était associée, puisque, peu après, Etienne Geoffroy cherchait à récupérer les principes solubles des viandes et à les analyser. Difficile science, à une époque où l'on parlait d'albumine (en 1791 seulement), pour décrire les matières qui «teintaient le syrop de violettes» et qui engendraient de l'ammoniac lors de leur putréfaction. On a oublié, hélas, combien fut bouleversante la découverte de l'«albumine végétale», en 1801: les mêmes molécules se

Alquimia dos alimentos. Sim, alquimia, porque a "cozinha" é muito mais do que simplesmente aplicar procedimentos técnicos químicos ou físicos. Sim, alquimia, porque se a transformação é bem explorada pela química, há o componente "amor" na cozinha, e este não está pronto para desvendar seus segredos para a ciência.

Eu percebi esse fato rapidamente. Comecemos pelo começo: a agradável tarefa de escrever o prefácio de um livro de amigos brasileiros que não conheço (ainda). Naturalmente, por não dominar a língua, não tenho exatamente como saber os meandros do conteúdo de seus textos, mas o sumário já me demonstrou que estou andando por um terreno conhecido: amilopectina, proteínas, transformações... Todo meu pequeno universo reunido ali. Melhor ainda, encontrei logo no início do livro o nome de Nicolas Kurti associado ao meu, um bom presságio de que o universo dos alimentos evocado no livro é, precisamente, o universo da cozinha!

Depois de um longo caminho, o alimento ganha sua ciência: desde 300 a.C., um egípcio deixou escrito em um papiro (conservado hoje em Londres) que havia conseguido medir a massa de uma carne fermentada com o intuito de saber se ela perdera alguma "emanação", e isso, sem dúvida, é ciência. Bem mais tarde, Denis Papin inventa seu "digestor" (panela de pressão) para poder aproveitar os ossos e não somente as carnes, e isso é tecnologia associada, pouco depois, ao trabalho de Etienne Geoffroy, que procurava recuperar os princípios solúveis da carne e analisá-los. Difícil ciência, numa época em que se falava de albumina (somente em 1791) para descrever as substâncias que "tingiam o xarope de violetas" e "produziam amoníaco quando ocorria sua putrefação". Nós esquecemos, infelizmente, como foi agitada a descoberta da "albumina vegetal" em 1801: as mesmas moléculas que se reencontram

retrouvaient dans des règnes que la Bible disait séparés! Un peu comme quand Friedrich Wöhler synthétisa l'usée et fit tomber les frontières entre le monde organique et le monde minéral. Lavoisier étudia le bouillon de viande, tout comme Liebig; ils furent suivis par nombre de savants qui produisirent une connaissance de plus en plus fine de l'aliment, alors que la technologie des procédés alimentaires se développait parallèlement.

Et nous arrivons aux années 1920, avec le biologiste français d'origine russe Édouard de Pomiane, qui reprit le flambeau laissé par Thenard et Rumford, et s'attacha à explorer la physico-chimie de la cuisine. Belle tentative sapée dans se fondements, car Pomiane, bon biologiste, était un médiocre chimiste, qui retransmit des a *priori* scientifiques en même temps qu'il confondait science et technologie, d'où sa terminologie de «gastrotechnie».

En 1969, Nicholas Kurti, le père d'une méthode d'obtention des très basses températures, la désaimantation adiabatique nucléaire, bon vivant, original, s'intéressait à Rumford et versait dans une nouvelle activité: introduire en cuisine des matériels utilisés en science.

En 1980, je me lançais, de mon côté, dans la collection et le test de dictons culinaires, adages, maximes, tours de main... et nous nous rencontrons en 1986.

1988: la naissance d'une discipline
C'est alors le début d'une amitié merveilleuse, qui nous conduit à créer la «gastronomie moléculaire», en 1988. Nous faisons ainsi la différence entre la science des aliments, qui explorer en détail la composition chimiques des aliments, et la technologie des procédés, qui avait été développée en vue de nourrir les populations, jadis affamées, naguère désireuses de se procurer des aliments au meilleur prix.

Au milieu de ces deux activités, la gastronomie moléculaire est pensée comme une science... mais –force est de le reconnaître- avec un nom excessivement long et un programme fautif! Le nom, tout d'abord: il était initialement «gastronomie moléculaire et physique», parce que, ayant personnellement proposé «gastronomie moléculaire», je me vis répondre par mon ami Nicholas que certains procédés étaient de nature physique (le gonflement d'un soufflé, par exemple), d'une part, et que, d'autre part, la chimie risquait avoir trop d'importance dans une entreprise où la physique était partie prenante. On le voit, les arguments étaient faibles, de sorte que le nom fut ultérieurement abrégé en «gastronomie moléculaire»; c'est celui qui a été conservé, finalement.

Il était clair qu'il s'agissait de science... de sorte que l'on comprend bien que le programme initial était fautif: il s'agissait de (1) comprendre les transformations culinaires; (2) recueillir, tester et interpréter les dictons, tours de main, pratiques, méthodes, adages, maximes...; (3) introduire des mets nouveaux, en nous fondant sur (1)

no reino em que a Bíblia diz que foram separadas! E um pouco quando Friedrich Wöhler sintetiza seu uso e derruba as barreiras entre o mundo orgânico e o mineral. Lavoisier estudará o caldo de carne, assim como Liebig, sendo acompanhados por numerosos estudiosos que produzirão um conhecimento mais e mais refinado sobre o alimento, enquanto a tecnologia em torno dos procedimentos alimentares avança paralelamente.

E assim chegamos aos anos 1920, com o biologista francês de origem russa Eduardo de Pomiane, que retoma o sistema de queima deixado por Thenard e Rumford e se envolve na exploração da físico-química na cozinha. Boa tentativa de demolir esses fundamentos, pois Pomiane, um bom biólogo, mas péssimo químico, repassa princípios científicos a *priori*, mas confunde ciência e tecnologia, criando uma terminologia específica conhecida por "gastrotécnica".

Em 1969, Nicholas Kurti cria um método de obtenção de baixíssimas temperaturas: a desmagnetização adiabática. Bon vivant, e muito original, seu interesse no trabalho de Rumford dirigiu-o para uma nova atividade: introduzir na cozinha os fundamentos utilizados na ciência. Em 1980, de minha parte, me lanço na coleta e nos testes de ditados culinários, adágios, máximas, gestos, etc., e nos reencontramos em 1986.

1988: o nascimento de uma disciplina
Foi o começo de uma amizade sem igual, que nos conduziria à criação da "gastronomia molecular" em 1988. Fizemos, então, uma diferença entre a ciência dos alimentos, que explora detalhadamente sua composição química, e a tecnologia dos procedimentos, que foi desenvolvida para alimentar as populações há muito esfomeadas e apressadas em seu desejo de ter acesso a alimentos com melhores preços.

Entre essas duas atividades, a gastronomia molecular foi pensada como uma ciência... Mas é preciso reconhecer que com um nome excessivamente longo e um programa incorreto! Inicialmente, o nome "gastronomia molecular e física" porque, mesmo tendo pessoalmente proposto "gastronomia molecular", eu me vi questionado por meu amigo Nicholas, lembrando que certos procedimentos são de natureza física (o crescimento de um suflê, por exemplo); e a química arriscar-se-ia a ter demasiada importância em uma iniciativa na qual a física seria parte fundamental. Como se vê, os argumentos são frágeis, e assim o nome posteriormente foi abreviado para "gastronomia molecular", que finalmente permaneceu.

E que fique claro que se trata de ciência, embora inicialmente a compreensão da pauta dessa disciplina tenha sido incorreta, pois se tratava de: 1) compreender as transformações culinárias; 2) recolher, testar e interpretar provérbios populares, gestos, práticas, métodos,

et (2); (4) introduire en cuisine de nouveaux ustensiles, ingrédients, méthodes; (5) utiliser l'attrait de la cuisine pour montrer que les sciences sont belles. On le voit, si les deux premiers objectifs sont justes, les deuxième et troisième sont technologiques, et non scientifiques, et le cinquième est de la pédagogie, pas de la science.

Aussi le programme a-t-il été rénové. D'une part, on a d'abord compris que les mets sont «bons» quand ils sont techniquement réussis (un soufflé gonflé est une crêpe, pas un soufflé), artistiquement composés (si les goûts ne sont pas associés de façon admissible, le mets n'est pas bon), et faits avec «amour» (la question essentielle de la cuisine: ce n'est pas les lipides, les protéines, les glucides, etc. mais le bonheur que l'on donne à ceux que l'on nourrit). Aussi la gastronomie moléculaire a-t-elle pour objectif principal d'étudier les composantes «amour», art et technique. D'autre part, les recettes sont toutes composées d'une «définition» (une compote de fruit, c'est cuire des fruits avec du sucre avec de l'eau) et de «précisions culinaires»: par précisions, on entend tout ce qui est techniquement utile, dans la recette, sans être de l'ordre de la définition; par exemple, adages, maximes, tours de main, pratiques, méthodes, dictons, proverbes… Aussi la composante technique se divise-t-elle en deux parties: modéliser les définitions, et explorer les précisions. Tel est le nouveau programme de la discipline.

Vive la connaissance!

Avec une description si formelle, le charme n'est pas au rendez-vous. Et pourtant! Pourtant, il s'agit surtout de penser que la gastronomie moléculaire, discipline scientifique, vise exclusivement la recherche des mécanismes des phénomènes qui apparaissent lors des transformations culinaires (et plus). Par exemple, n'est-il pas littéralement miraculeux que, lors de la confection d'une sauce mayonnaise, le «mélange intelligent» de jaune d'œuf, liquide, de vinaigre, également liquide, et d'huile, toujours liquide, conduise à une sauce épaisse à faire tenir droite la cuiller? Ou encore, cette opération parfaitement simple, banale, qu'est la coagulation d'un blanc d'œuf: comment un liquide devient-il solide? comment du jaune passe-t-il au blanc? comment, de transparent, devient-il opaque? Merveilles de la physico-chimie!

Oui, physico-chimie, car s'il est vrai que la biologie est convoquée, pour l'élucidation des mécanismes de ces remarquables transformation, c'est surtout la chimie et la physique qui sont ici à l'honneur. Pas des chimie et physique cloisonnées, raides dans leurs frontières, mais des disciplines qui communiquent, au contraire, et qui s'éclairent par toutes les autres disciplines. On ne pourra bien comprendre nombre de transformations culinaires sans enrichir le dossier initial des observations

adágios, máximas, etc.; 3) introduzir novos métodos desenvolvidos a partir de 1 e 2; 4) introduzir na cozinha novos utensílios, ingredientes, métodos; 5) utilizar o atrativo da cozinha para mostrar a beleza das ciências. Como se vê, se os dois primeiros objetivos revelam adequação, é preciso notar que o segundo e o terceiro são tecnológicos, não científicos, e o quinto pertence ao mundo da pedagogia, não da ciência.

Desse modo, o programa foi renovado. De um lado, inicialmente ficou evidente que as refeições são "boas" quando tecnicamente reunidas (um suflê crescido é um crepe, não um suflê); artisticamente compostas (se os gostos não são combinados de forma adequada, refeições não resultam boas); e devem ser preparadas com "amor" (essa é a questão fundamental da cozinha: não são lipídios, proteínas, glicose, etc., mas a alegria que proporcionamos a quem iremos alimentar). Por isso, a gastronomia molecular tem por objetivo principal estudar os componentes: "amor", arte e técnica. Por outro lado, as receitas são todas compostas por uma "definição" (uma compota de fruta é uma cocção de frutas com açúcar e água) e de "precisões culinárias", aqui entendidas como tudo aquilo tecnicamente útil para a receita, sem estar na ordem da definição, por exemplo, adágios, máximas, gestos, práticas, métodos, provérbios. Assim, o componente técnico pode ser dividido em duas partes: oferecer modelos de definições e explorar as precisões. E este é o novo programa da disciplina.

Viva o conhecimento!

Mesmo diante de uma descrição formal, o charme não nos abandonou. Portanto, trata-se, sobretudo, de pensar a gastronomia molecular, disciplina científica, sob o olhar exclusivo da pesquisa dos mecanismos dos fenômenos que emergem no decorrer das transformações culinárias (e mais). Por exemplo, não é totalmente miraculoso que, ao preparar uma maionese, a "mistura inteligente" de gema de ovo, líquido, vinagre, igualmente líquido, e óleo, também líquido, nos conduza a um molho espesso e firme na colher? Ou ainda, essa operação perfeitamente simples, banal, que é a coagulação da clara, como um líquido se transforma em sólido? Como a gema passa ao branco? Como, de transparente, se converte em opaco? Maravilhas da físico-química!

Sim, físico-química, pois certo é que a biologia está convocada para nos mostrar os mecanismos de suas importantes transformações, mas, especialmente, são a química e a física que têm aqui lugar de honra. Não a física e a química espalhadas em compartimentos, rígidas em suas fronteiras, mas, ao contrário, as disciplinas que se comunicam e se entrelaçam pelas outras disciplinas. Tampouco poderíamos compreender perfeitamente as transformações culinárias sem enriquecer o

faites par les cuisiniers du passé: la méthode historique est un atout.

Mieux encore, dans cette ligne de pensée, on ne répétera jamais assez que le grand Lavoisier, Antoine Laurent de Lavoisier, le père de la chimie moderne, a très justement dit que la science se préoccupe de phénomènes, lesquels sont «maniés» par des pensées, lesquelles pensées sont manipulées par des mots. Conclusion de Lavoisier: on ne perfectionnera les sciences que si l'on perfectionne le langage, et inversement! Voilà pourquoi le bon scientifique doit bien parler, et pourquoi, en retour, il rend au monde de la langue des concepts épurés par ses travaux. Sciences exactes, sciences humaines, littérature même: il en faut beaucoup pour explorer le monde culinaire, mais quel bonheur quand le seul horizon est la connaissance, la connaissance sans frontières!

Un monde de phenomenes

Et, dans ce cadre qui a du sens, il devient enthousiasmant de se pencher opiniâtrement sur les phénomènes les plus anodins… en apparence. Nous avons considéré la coagulation des blancs d'œufs ou l'affermissement des mayonnaises, mais il y a mieux: depuis 1980, les «précisions» culinaires que nous avons recueillies dans les livres de cuisine de toutes les époques sont en nombre supérieur à 25000… en langue française seulement. Le travail de test a bien avancé, même si nous ne sommes qu'à l'aube de travaux. Surtout, il y a maintenant des travaux analogues à mener dans les autres langues: l'espagnol, le chinois, l'allemand, l'anglais, le portugais, le japonais… Chaque culture a ses dictons, et nous entrevoyons la possibilité d'une analyse comparative, quand les travaux seront suffisamment avancés dans les divers pays du monde.

Le voilà, le véritable enjeu du livre que vous avez entre les mains. Ensemble, recueillons les précisions culinaires avant que l'urbanisation ne les fasse disparaître. Collectionnons-les, et examinons-les, avant de les ranger dans des «musées», qui seront des livres de gastronomie moléculaire. Sans oublier que chaque culture culinaire a sans doute, aussi, mis au jour des phénomènes inédits, qu'il faudra bien étudier aussi. Les phénomènes sont légion: au travail!

La question de l'amour

Terminons ce bref examen des merveilleux chantiers qui s'offrent à nous. Le principal me semble être celui de l'amour. Il n'est pas anodin que le même plat soit meilleur quand il est consommé en groupe que quand il est consommé par un être humain isolé. Il n'est pas anodin que nous ayons tous le sentiment que la cuisine de nos grands-mères était bonne…alors qu'elles n'étaient manifestement pas de très bonnes techniciennes. C'est,

dossiê inicial de observações feitas pelas cozinheiras do passado: o método histórico continua sendo um trunfo.

Nessa mesma linha de raciocínio, melhor ainda, e sem sequer jamais alcançar o inigualável Antoine Laurent de Lavoisier, o pai da química moderna, que disse corretamente que a ciência se preocupa com fenômenos, aqueles que são "manipuláveis" pelo pensamento e que, pensados, são manipulados pelas palavras. Conclusão de Lavoisier: não aperfeiçoaremos a ciência se não fizermos o mesmo com a linguagem, e inversamente! Por isso, um bom cientista deve falar bem e, também, porque ele oferece, em retribuição ao mundo da língua, os conceitos apurados em seu trabalho. Ciências exatas, ciências humanas, até mesmo a literatura, devem explorar o mundo da culinária; e que júbilo quando o único horizonte é o conhecimento, o conhecimento sem fronteiras!

Um mundo de fenômenos

Nesse estado de coisas, qualquer pessoa com discernimento percebe que deve debruçar-se de modo entusiasta e obstinado sobre fenômenos inofensivos, ao menos na aparência. Consideramos a coagulação das claras ou a solidificação das maioneses, mas temos coisas melhores: depois de 1980, as "precisões" culinárias recolhidas por nós em livros de cozinha de todas as épocas vão além de 25 mil..., e isso somente no francês. O trabalho de testes está bem avançado, embora ainda na aurora das pesquisas, sobretudo agora, quando se está fazendo trabalho análogo em outras línguas: espanhol, chinês, alemão, português, inglês, japonês, etc. Cada cultura possui seus ditos, e vislumbramos a possibilidade de uma análise comparativa quando as investigações estiverem suficientemente avançadas nos diversos países do mundo.

Aqui está a verdadeira entrada do livro que vocês têm às mãos: simultaneamente foram recolhidas as precisões culinárias antes que a urbanização as faça desaparecer. Estas foram colecionadas e examinadas antes de sua classificação nos "museus", como serão conhecidos os livros de gastronomia molecular. Sem esquecer que cada cultura culinária expõe à luz seus fenômenos inéditos, que, sem dúvida, poderão ser também bastante estudados. E fenômenos não faltam. Portanto, ao trabalho!

A questão do amor

Terminamos uma breve análise do esplêndido campo que se abre para nós. E o principal caminho, eu acredito, é o do amor. Ele não é inexpressivo, pois um mesmo prato parece melhor quando é compartilhado com outras pessoas do que quando é consumido por uma pessoa isolada. Tampouco não é estranho que sentimentos positivos se reacendam quando lembramos da comida de nossas avós, embora não fossem elas ases

surtout, qu'elles ne nous donnaient pas des nutriments… mais de l'amour. Il n'est pas anodin qu'un simple sandwich soit un repas merveilleux, quand il est partagé avec de bons amis. Il n'est pas anodin que le meilleur repas du monde soit mauvais quand il est «partagé» (j'hésite à employer le mot) avec des salauds!

Nous le savons tous bien, que la «convivialité», entre les convives, ou l'envie du cuisinier ou de la cuisinière de donner du bonheur sont essentiels en cuisine. Comment étudier ces phénomènes? La chimie et la physique ont-elles un rôle à jouer dans ces études? Je crois que l'analyse des mets qui «donnent plus d'amour» est essentielle, parce que, associée à des études de physiologie, elle conduira à mieux comprendre quels plats, en plus des conditions de consommation, sont mieux appropriés pour donner du bonheur. Bien sûr, ces sciences ne seront pas suffisantes, et le paragraphe précédent a bien montré qu'il n'était pas nécessaire qu'elles le soient. Surtout, ce qui compte, c'est que nous ne cessions jamais de revendiquer une active rationalité, face aux phénomènes culinaires et alimentaires. La méthode expérimentale, introduite par Roger Bacon et Galilée, est la garantie d'un discours fiable, ferme; la réfutabilité est notre garde fou, dans l'exploration des phénomènes qui nous passionnent et qui surviennent en cuisine et à table.

Vive la connaissance!

nas melhores técnicas. É especialmente o fato de que elas não se preocupavam apenas em nutrir, mas em proporcionar amor. Também não espanta que um simples sanduíche possa ser a melhor refeição do mundo quando compartilhado por bons amigos. Nem é estranho que a refeição mais deslumbrante do mundo caia mal quando partilhada (hesito em empregar a palavra) com pessoas deploráveis!

Nós sabemos disso muito bem. O "convívio" entre as pessoas, ou o desejo de cozinhar, ou da cozinheira proporcionar bem-estar são essenciais na cozinha. Como estudar esses fenômenos? Pertence à química e à física a responsabilidade de estudá-los? Acredito que a análise de refeições que "oferecem mais que amor" é fundamental para permitir, associada aos estudos de fisiologia, uma melhor compreensão dos pratos e em que condições de consumo são mais adequadas para o bem-estar. Seguramente, essas ciências não serão suficientes, e o parágrafo anterior bem mostrou que não é necessário o sejam. Em especial, o que conta é que jamais iremos parar de reivindicar um aspecto racional dos fenômenos culinários e alimentares. O método experimental introduzido por Roger Bacon e por Galileu é a garantia de um discurso confiável e firme; refutar é nossa arma principal contra a loucura na exploração dos fenômenos que nos apaixonam e que sobrevivem na cozinha e na mesa.

Viva o conhecimento!

Prefácio
2ª Edição
por Paulina Mata

Durante os últimos anos tem-se assistido a uma verdadeira revolução no mundo da gastronomia: podemos observar uma grande descontinuidade na forma como se cozinha e como se come e, ainda, no modo como se olha a alimentação e se aborda o acto de cozinhar. Épocas como esta são extremamente interessantes e enriquecedoras; são épocas de grande desenvolvimento, excitação e criatividade e, por vezes, de excessos, receios e resistência.

Um aspecto fundamental deste processo tem sido a ligação que se começou a estabelecer entre dois mundos que tradicionalmente pouco se cruzaram, o da ciência e o da cozinha. Muitos profissionais de cozinha reconhecem agora nomes de pessoas de ciência como Hervé This, Harold McGee ou Peter Barham, e os livros destes autores estão nas suas prateleiras e até nas de muitas cozinhas. Hoje, chefes de cozinha são também convidados para falar sobre o seu trabalho em universidades e sociedades científicas. Isto poderia constituir um fenómeno isolado, mas penso que de facto é apenas o início de um processo que se generalizará.

Esta colaboração inovadora tem demonstrado que estes dois mundos estão bastante mais perto do que à primeira vista pode parecer, que a ciência produz conhecimento e que mais conhecimento permite fazer mais e melhor. A troca de experiências e conhecimentos entre pessoas de diferentes áreas só pode ser enriquecedora e tanto a ciência como a cozinha têm muito a ganhar. Contudo, isto nem sempre é completamente compreendido e aceite, seja pelos consumidores em geral, como pelos profissionais das várias áreas ligadas à gastronomia.

Num mundo em que o conhecimento e a tecnologia têm um papel fundamental, em que os aceitamos na generalidade das áreas da vida, a cozinha paradoxalmente tem sido exceção. Deseja-se da alimentação conforto e segurança, por vezes é mesmo o último reduto, a área da vida que melhor podemos controlar. Associar-lhe a ciência, algo que é geralmente considerado complexo, abstracto e afastado do quotidiano, pode ser visto como uma ameaça. Contudo, esta associação não só se justifica, como é desejável. Ao acto de comer estão associados aspectos relacionados com a satisfação das necessidades básicas, aspectos nutricionais e fisiológicos. Isto só por si já seria complexo, mas a relação com a comida vai muito para além desses aspectos e tem componentes relacionadas com a história, a psicologia, a sociologia e a antropologia. Para além disto, a prática culinária envolve ainda uma série de operações que podem ser analisadas com base em conhecimentos da biologia, física, química e microbiologia. Toda esta complexidade nem sempre é considerada, por vezes é até desvalorizada, mas é importante e fascinante de compreender e explorar.

A forma empírica, artesanal com que era abordada a cozinha pelas avós e mães é por vezes mitificada. Procura-se o "natural", algo certamente desejável, saudável, mas em geral um conceito mal definido e onde, consoante a interpretação, se pode meter quase tudo, ou nada… Contudo, como em todas as áreas da vida, o conhecimento é fundamental para apreciar melhor, para fazer escolhas fundamentadas, para cozinhar com mais qualidade, para se poder criar de uma forma sustentada. É fundamental que a comida e a cozinha sejam vistas como cultura, abordadas racionalmente, e que as várias áreas do conhecimento a elas associadas sejam exploradas. É importante que na aprendizagem e prática da cozinha este conhecimento seja ministrado, pois só assim poderá haver evolução e se poderão satisfazer os crescentes padrões de exigência dos consumidores.

Este livro, Alquimia dos Alimentos, publicado pelo Centro de Excelência em Turismo da Universidade de Brasília, faz uma abordagem multidisciplinar e abrangente de um conjunto de aspectos relacionados com a alimentação e cozinha. Mais do que isso, fá-lo de uma forma rigorosa, mas utilizando uma linguagem simples, o que o torna acessível e muito atraente para pessoas sem conhecimentos científicos profundos das várias áreas abordadas. Do meu ponto de vista, constitui uma contribuição muito importante para que a gastronomia passe a ter o estatuto que lhe é devido neste Século XXI.

Numa entrevista à ViaMichelin Magazine, Hervé This, autor do prefácio da primeira edição deste livro, comparou de forma sugestiva a descoberta de novas técnicas por um processo empírico ou por um processo racional e dedutivo. Segundo ele, o primeiro tem muito mérito, mas é idêntico ao de exploradores numa floresta virgem que, desbravando-a com uma faca de mato, chegam, por acaso, a uma clareira. Quanto ao segundo, equiparou-o ao processo usado por exploradores que, sobrevoando a selva de helicóptero, se podem dirigir directamente para uma clareira já detectada. O tipo de conhecimentos transmitidos neste livro permitirá que cada vez mais os profissionais de cozinha e todos os que se interessam por cozinhar possam actuar como "exploradoras sobrevoando a selva", ou seja, possam praticar a cozinha de uma forma mais racional e fundamentada.

Finalmente, não posso deixar de agradecer aos autores a oportunidade que me deram de prefaciar este livro, mas sobretudo de o conhecer. Falando a mesmo língua, é importante que nos aproximemos cada vez mais, que os livros escritos em português possam ser usados por toda a comunidade de pessoas que o falam. Este livro passará seguramente a constituir para mim, e para os meus alunos, uma importantíssima ferramenta de trabalho.

Paulina Mata
Lisboa, Julho 2010

HERVÉ THIS | é físico-químico do INRA, ligado à Direção Científica de Nutrição Humana e Segurança Alimentar; Grupo INRA de Gastronomia Molecular; Laboratório de Química de Interações Moleculares (dirigido por Jean-Marie Lehn, prêmio Nobel de química), Collége de France, conselheiro científico da revista Pour la Science. Apresentador de seminários INRA/Collège de France/ESCF de Gastronomia Molecular. Membro do Comitê Editorial de L'Actualité Chimique da Sociedade Francesa de Química. Membro (fundador) do Grupo Química e Sociedade da Casa da Química. Membro do Centro do Clube CRIN – Aromas Alimentares. Membro do Conselho Científico do Palácio da Descoberta (Seção de Química). Diretor do International Workshop on Molecular Gastronomy N. Kurt do Centro para Cultura Científica Ettore Marjorana, Érica (Sicília), Professor Antonino Zichini. Membro do Comitê Científico do Museu de Bresse – região de Planons (Conselho-Geral de Ain, responsável, Agnes Bruno). Conselheiro do Comitê do Espaço das Ciências do Instituto ESPCI. Membro do grupo Memória Oral da Química, junto com André Grelon, Georges Bram e Muriel Le Roux (CNRS). Membro do Conselho Científico e Técnico da Academia de Paris. Membro do Comitê Científico da Exposição do INRA A Alimentação, no Palácio da Descoberta. Membro do Comitê Científico dos Encontros Ciências e Cidadãos. Membro da Comissão Química e Sociedade da Casa da Química. Membro do Conselho de Aperfeiçoamento do IUP Artes, Ciências, Cultura e Multimídia da Universidade de Versailles.

JANINE HELFST LEICHT COLLAÇO | é administradora de empresas formada pela Faap e doutora em Antropologia Social pela USP. Foi professora visitante do Centro de Excelência em Turismo da Universidade de Brasília (CET/UnB). Foi membro da Comissão Editorial da Revista Cadernos de Campo, dos alunos de pós-graduação do Departamento de Antropologia/USP. É membro do Núcleo de Antropologia Urbana/USP, da rede de pesquisadores do Núcleo de História da Alimentação da Universidade Federal do Paraná/UFPR e do Grupo de Antropologia da Alimentação Brasileira.

PAULINA MATA | é engenheira química pelo Instituto Superior Técnico (1978) e concluiu o Doutoramento em Química Orgânica (1989) na Faculdade de Ciências e Tecnologia da Universidade Nova de Lisboa (FCT-UNL). Tem desenvolvido desde 1979 actividade docente, actualmente como Professora Auxiliar, no Departamento de Química da FCT-UNL. Os seus interesses científicos são nas áreas da Química Orgânica, e em particular Estereoquímica, Educação em Química e Gastronomia Molecular. Coordena os cursos de Pós-Graduação e Mestrado em Ciências Gastronómicas, uma parceria da FCT-UNL e ISA-UTL (Instituto Superior de Agronomia da Universidade Técnica de Lisboa). Grande parte da sua investigação tem sido desenvolvida na área da nomenclatura para especificação de unidades estereogénicas em química. É, desde 2005, membro do Advisory Subcommittee da Chemical Nomenclature and Structure Representation Division (VIII) da IUPAC (International Union for Pure and Applied Chemistry). Colaborou no desenvolvimento do programa LHASA um sistema de inteligência artificial que incorpora estratégias que emulam as aproximações do químico orgânico à resolução de problemas de síntese; e no do programa SPROUT, um sistema computacional destinado a auxiliar a resolução de problemas envolvendo reconhecimento molecular. Interessa-se por educação em ciência, e em particular em química, tendo trabalhado nesta área com todos os graus de ensino. Interessa-se ainda pela divulgação da ciência para o público em geral, área em que tem colaborado com a Ciência Viva. Pertence à equipa que desde 2001 dinamiza "A Cozinha é um Laboratório" - nome genérico dado a um conjunto diversificado de actividades que ligam a cozinha e a ciência. Pertence à equipa que coordena as actividades do projecto C^3 (C ao Cubo) que pretende criar condições para o estreitamento de relações e o intercâmbio entre profissionais de cozinha e cientistas. É sócia da Cooking.Lab, fundada em 2007, empresa de I&D sediada na INOVISA (ISA) e cuja actividade envolve o desenvolvimento de aplicações tecnológicas da Gastronomia Molecular (aplicações para alta cozinha e desenvolvimento de novos produtos para a indústria alimentar) e prestação de serviços nesta área (formação, consultoria e animação de eventos). Escreveu durante 5 anos regularmente na imprensa sobre temas relacionados com cozinha e ciência (Diário de Notícias 2004 – 2007; Intermagazine - Revista Profissional de Hotelaria e Restauração 2005-2008). É autora de dois livros de divulgação científica usando temas relacionados com cozinha e alimentos: Aprender Ciência de forma divertida e saborosa – Sugestões de experiências para fazer em família, Ciência Viva, 2009 (com versão em inglês): e (em co-autoria com M. Guerreiro) A Cozinha é um Laboratório, Fonte da Palavra, Lisboa, 1ª edição, 2009; 2º edição, 2010. Participou em vários programas de TV, nomeadamente AB Ciência (Série de 13 programas de divulgação científica) – RTP1, 2010 Magazine de Ciência e Tecnologia – RTP2, 4XCiência - RTP N. (Departamento de Química – Faculdade de Ciências e Tecnologia - Universidade Nova de Lisboa, Quinta da Torre, 2829 - 516 Monte de Caparica, Portugal). Email: paulina.mata@dq.fct.unl.pt

Sumário

Capítulo 1 | Química e Alimentos.....35

Carla M. R. Tenser, Wilma M. C. Araújo, Janine H. L. Collaço

Capítulo 2 | A estética do gosto.....41

Lívia L. O. Pineli, Verônica C. Ginani

- 2.1 • Evolução da estética do gosto 41
    - 2.1.1 A estética do gosto e os sentidos.....45
    - 2.1.2 Órgãos dos sentidos.....46
- 2.2 • Avaliação da estética ou análise sensorial.....50
    - 2.2.1 Desenvolvimento dos métodos sensoriais.....51
    - 2.2.2 Análise sensorial como ferramenta para desenvolver e/ou modificar preparações.....53

Capítulo 3 | Um aperitivo de química: átomos, moléculas, cores e sabores.....55

Wilma M. C. Araújo, Luiz Antônio Borgo, Lívia L. de O. Pineli e Klecius Renato S. Celestino

Capítulo 4 | Aspectos da química e da funcionalidade das substâncias químicas presentes nos alimentos.....65

Wilma M. C. Araújo, Luiz Antônio Borgo e Halina M. C. Araújo

- 4.1 • Água.....65
    - 4.1.1 Possíveis interações químicas da molécula da água.....66
    - 4.1.2 A água nos alimentos.....68
    - 4.1.3 Atividade de água e reações de deterioração em alimentos.....70
    - 4.1.4 Função química da água no alimento.....71
- 4.2 • Proteínas.....73
    - 4.2.1 Funcionalidade das proteínas.....76
- 4.3 • Enzimas.....79
    - 4.3.1 Reações desejáveis na manipulação de alimentos.....81
    - 4.3.2 Reações indesejáveis na manipulação de alimentos.....81
- 4.4 • Carboidratos.....82
    - 4.4.1 Carboidratos simples — monossacarídeos.....82
    - 4.4.2 Carboidratos complexos – polissacarídeos.....85
- 4.5 • Lipídios.....93
    - 4.5.1 Emulsificantes.....95
    - 4.5.2 Manipulação dos alimentos e decomposição dos lipídios.....96
- 4.6 • Pigmentos Naturais de Origem Vegetal.....98
    - 4.6.1 Clorofila.....99
    - 4.6.2 Carotenoides.....100
    - 4.6.3 Flavonoides.....101
- 4.7 • Substâncias bioativas.....103

Capítulo 5 | Métodos e indicadores culinários.....105

Halina M. C. Araújo, Nancy di Pilla Montebello, Raquel B. A. Botelho, Renata P. Zandonadi, Rita de Cássia Akutsu e Verônica C. Ginani

- 5.1 • Pré-preparo e preparo.....105
- 5.2 • Métodos de cocção.....107
    - 5.2.1 Calor úmido.....108
    - 5.2.2 Calor seco.....110
    - 5.2.3 Calor misto.....112
- 5.3 • Auxiliares de métodos de cocção.....114
    - 5.3.1 Branquear.....114
    - 5.3.2 Gratinar.....*114*
- 5.4 • Métodos contemporâneos de cocção.....115
    - 5.4.1 Micro-ondas.....115
    - 5.4.3 Indução.....116
    - 5.4.4 Cocção a vácuo (*Sous-vide*).....116
- 5. 5 • Indicadores culinários.....116
    - 5.5.1 Fator de correção.....116
    - 5.5.2 Fator de cocção.....119
    - 5.5.3 Índice de absorção.....119
    - 5.5.4 Densidade.....120
    - 5.5.5 Ficha técnica de preparação.....120

Capítulo 6 | Transformação dos alimentos: carnes, vísceras e produtos cárneos.....123

Halina M. C. Araújo, Karla L. Ramos, Raquel B. A. Botelho, Renata P. Zandonadi e Verônica C. Ginani

- 6.1 • Histórico e definição.....123
- 6.2 • Composição, estrutura e valor nutricional.....124
    - 6.2.1 Tecido muscular.....125
    - 6.2.2 Tecido conjuntivo.....126
- 6.3 • Transformação de músculo em carne.....127
- 6.4 • Vísceras.....128
- 6.5 • Culinária das carnes.....129
    - 6.5.1 Carne bovina.....129
    - 6.5.2 Carne de aves.....141
    - 6.5.3 Pescados.....145

Capítulo 7 | Transformação dos alimentos: ovos.....151

Halina M. C. Araújo, Karla L. Ramos, Nancy di Pilla Montebello, Raquel B. A. Botelho e Renata P. Zandonadi

- 7.1 • Histórico e definição.....151
- 7.2 • Composição, valor nutricional e constituição.....152
    - 7.2.1 Casca.....152
    - 7.2.2 Clara.....153
    - 7.2.3 Gema.....153
- 7.3 • Classificação dos ovos.....153
- 7.4 • Funcionalidade dos ovos.....154
- 7.5 • Uso culinário.....156
    - 7.5.1 Aquisição e armazenamento.....156
    - 7.5.2 Preparações à base de ovos.....158
    - 7.5.3 Outros tipos de ovos.....160

Capítulo 8 | Transformação dos alimentos: Leite e Laticínios.....163

Halina M. C. Araújo, Karla L. Ramos, Nancy di Pilla Montebello, Raquel B. A. Botelho, Renata P. Zandonadi, Verônica C. Ginani e Wilma M. C. Araújo

- 8.1 • Histórico e definição.....163
- 8.2 • Estrutura, composição, valor nutricional e características organolépticas.....164
    - 8.2.1 Proteínas 164
    - 8.2.2 Lipídios.....166
    - 8.2.3 Carboidratos.....166
    - 8.2.4 Outros componentes.....167
    - 8.2.5 Características organolépticas.....167
- 8.3 • Classificação e tipos de leite.....167
- 8.4 • Tratamentos térmicos e seus efeitos sobre os nutrientes.....169
- 8.5 • Laticínios.....170
    - 8.5.1 Derivados não fermentados.....170
    - 8.5.2 Derivados fermentados.....176
- 8.6 • Culinária do leite e de laticínios.....177
    - 8.6.1 Aquisição e armazenamento.....177
    - 8.6.2 Cocção.....177

Capítulo 9 | Transformação dos alimentos: Cereais e Leguminosas.....179

Halina M. C. Araújo, Karla L. Ramos, Nancy di Pilla Montebello, Raquel B. A. Botelho, Renata P. Zandonadi, Verônica C. Ginani e Wilma M. C. Araújo

- 9.1 • Cereais.....179
    - 9.1.1 Histórico e definição.....179
    - 9.1.2 Composição e valor nutricional.....180
- 9.2 • Funcionalidade dos cereais.....181
- 9.3 • Trigo 183
    - 9.3.1 Farinha de trigo.....184
    - 9.3.2 Função dos ingredientes na produção de pães, bolos, biscoitos e massas alimentícias.....190
    - 9.3.3 Agentes de crescimento.....192
- 9.4 • Arroz.....195
- 9.5 • Milho.....199
- 9.6 • Centeio e cevada.....202
- 9.7 • Aveia e pseudocereais.....203
- 9.8 • Culinária dos cereais.....204
- 9.9 • Leguminosas.....205
    - 9.9.1 Histórico e definição.....205
    - 9.9.2 Composição e valor nutricional 206
    - 9.9.3 Uso culinário 207

Capítulo 10 | Transformação dos alimentos: hortaliças, cogumelos, algas e frutas.....211

Halina M. C. Araújo, Karla L. Ramos, Raquel B. A. Botelho, Renata P. Zandonadi e Verônica C. Ginani

- 10.1 • Hortaliças 211
  - 10.1.1 Histórico e definição.....211
  - 10.1.2 Composição, valor nutricional e características organolépticas.....212
  - 10.1.3 Classificação.....212
  - 10.1.4 Culinária das hortaliças.....213
  - 10.1.5 Alterações na cor das hortaliças.....216
  - 10.1.6 Alguns produtos industrializados à base de hortaliças.....219
- 10.2 • Cogumelos 221
  - 10.2.1 Histórico e definição.....221
  - 10.2.2 Composição e valor nutricional.....221
  - 10.2.3 Culinária dos cogumelos.....222
- 10.3 • Algas.....223
  - 10.3.1 Histórico e definição.....223
  - 10.3.2 Composição e valor nutricional.....223
  - 10.3.3 Culinária das algas.....223
- 10.4 • Frutas.....224
  - 10.4.1 Histórico e definição.....224
  - 10.4.2 Composição e valor nutricional.....225
  - 10.4.3 Culinária das frutas.....227
- 10.5 • Frutas oleaginosas.....228

Capítulo 11 | Transformação dos alimentos: óleos e gorduras alimentares.....231

Halina M.C. Araújo, Karla L. Ramos, Márcio Antônio Mendonça, Raquel B. A. Botelho e Renata P. Zandonadi

- 11.1 • Histórico e definição.....231
- 11.2 • Composição e valor nutricional.....232
- 11.3 • Funcionalidade de óleos e gorduras alimentares.....232
- 11.4 • Culinária das gorduras.....233
- 11.5 • Substitutos para óleos e gorduras.....241

Capítulo 12 | Transformação dos alimentos: açúcares e açucarados.....243

Halina M. C. Araújo, Karla L. Ramos, Raquel B. A. Botelho e Renata P. Zandonadi

- 12.1 • Histórico e definição.....243
- 12.2 • Composição e funcionalidade dos açúcares.....244
- 12.3 • Culinária dos açúcares.....247

Capítulo 13 | Condimentos, fundos e molhos.....251

Nancy di Pilla Montebello

- 13.1 • Histórico e definição 251
- 13.2 • Classificação.....252
  - 13.2.1 Essências aromatizantes ou flavorizantes.....252

13.2.2 Resinas, gomas e outras substâncias extraídas de partes de plantas.....252

13.2.3 Extratos.....253

13.2.4 Salgados.....253

13.2.5 Acidulantes.....254

13.2.6 Picantes ou pungentes 256

13.2.7 Ervas aromáticas e especiarias.....259

- **13.3 • Adoçantes.....270**
- **13.4 • Gorduras 271**
- **13.5 • Fundos e molhos.....272**

13.5.1 Fundos.....273

13.5.2 Molhos.....274

13.5.3 Coberturas para frituras e empanados.....275

Capítulo 14 | Química dos compostos relacionados com as propriedades organolépticas.....277

Lívia de L. de O. Pineli e Marileusa D. Chiarello

- **14.1 • Propriedades organolépticas dos alimentos.....277**
- **14.2 • Aditivos: classificação, funções, segurança.....278**
- **14.3 • As cores e os corantes.....280**

14.3.1 Corantes naturais.....280

14.3.2 Corantes artificiais.....283

- **14.4 • Sabor e reações em alimentos e aditivos saborizantes.....285**

14.4.1 Edulcorantes.....285

14.4.2 Acidulantes.....289

14.4.3 Substâncias amargas.....291

14.4.4 Realçadores de sabor.....291

- **14.5 • Odores e aromas.....292**
- **14.6 • Agentes que modificam a textura.....293**

Lista de Figuras

Figura 1.1 | Os alimentos e as várias ciências. • 36
Figura 3.1 | Modelo atômico de Schrön • 56
Figura 3.2 | Tabela periódica dos elementos químicos • 57
Figura 3.3 | Estados da matéria • 61
Figura 3.4 | Estrutura de géis em produtos alimentícios • 63
Figura 4.1 | Representação da molécula da água • 66
Figura 4.2 | Molécula da água nos estados sólido, líquido e gasoso • 67
Figura 4.3 | Ligações químicas entre moléculas de água • 67
Figura 4.4 | Ligação dipolo-dipolo • 68
Figura 4.5 | Velocidade de reações químicas e bioquímicas e de desenvolvimento microbiano em função da atividade de água • 70
Figura 4.6a | Representação da fórmula geral dos aminoácidos • 74
Figura 4.6b | Representação da estrutura de uma fração proteica • 74
Figura 4.7a | Estruturas secundárias de moléculas de proteínas em α-hélice • 74
Figura 4.7b | Estruturas secundárias de moléculas de proteínas em conformação β • 74
Figura 4.8 | Estruturas terciária (a) e quaternária (b) das proteínas. • 74
Figura 4.9 | Interações químicas que estabilizam as moléculas de proteínas • 75
Figura 4.10 | Características culinárias atribuídas às propriedades hidrofílicas das proteínas • 77
Figura 4.11 | Formação de emulsões O/A e A/O • 78
Figura 4.12 | Formação de espumas pelas proteínas da clara do ovo • 78
Figura 4.13 | Reação enzimática, segundo Fischer • 80
Figura 4.14 | Reação de escurecimento enzimático • 82
Figura 4.15 | Representação de Fisher para a molécula de glicose • 82
Figura 4.16 | Estrutura molecular da glicose, da galactose e da frutose • 83
Figura 4.17a | Estrutura molecular da sacarose (a) • 83
Figura 4.17b | Estrutura molecular da lactose (b) • 83
Figura 4.17c | Estrutura molecular da maltose (c) • 83
Figura 4.17d | Estrutura molecular da celobiose (d) • 83
Figura 4.18 | Inversão da sacarose • 83
Figura 4.19a | Estrutura molecular da rafinose • 84
Figura 4.19b | Estrutura molecular da estaquiose • 84
Figura 4.20 | Reação de Maillard • 85
Figura 4.21 | Estrutura molecular da amilose (a) • 85
Figura 4.21 | Estrutura molecular da amilopectina (b) • 85
Figura 4.22 | Características dos grânulos de amido ao microscópio • 86

Figura 4.23 | Representação da molécula de amilose • 87
Figura 4.24 | Representação da molécula de amilopectina • 87
Figura 4.25a| Estrutura de lipídios simples (a) • 93
Figura 4.25b | Estrutura de lipídios compostos (b) • 93
Figura 4.26a | Representação de moléculas de ácidos graxos saturados • 94
Figura 4.26b | Representação de moléculas de ácidos graxos monoinsaturados • 94
Figura 4.26c | Representação de moléculas de ácidos graxos poli-insaturados • 94
Figura 4.26d | Moléculas de ácidos graxos trans poli-insaturados • 94
Figura 4.27 | Representação dos arranjos trans (a) e cis (b) do ácido graxo insaturado • 94
Figura 4.28 | Instabilidade das emulsões • 96
Figura 4.29 | Estrutura da molécula de clorofila • 99
Figura 4.30a | Estrutura da molécula de licopeno • 100
Figura 4.30b | Estrutura da molécula de β-caroteno • 100
Figura 4.30c | Estrutura da molécula de luteína • 100
Figura 4.30d | Estrutura da molécula de zeaxantina • 100
Figura 4.30e | Estrutura da molécula de ácido apocarotenoico-etil-éster • 100
Figura 4.30f | Estrutura da molécula de bixina • 100
Figura 4.30g | Estrutura da molécula de cataxantina • 100
Figura 4.30h | Estrutura da molécula de astaxantina • 100
Figura 4.31 | Estrutura da β-ionona • 101
Figura 4.32 | Estrutura geral dos flavonoides • 101
Figura 4.33 | Estrutura geral das antocianinas • 102
Figura 4.34 | Estrutura da molécula de antocianidina • 102
Figura 5.1 | Processos de transmissão de calor • 107
Figura 5.2 | Utilização do forno de convecção • 108
Figura 5.3 | Modelo de ficha técnica da preparação • 121
Figura 5.4 | Modelo de ficha de análise da preparação • 121
Figura 6.1 | Fibras musculares • 125
Figura 6.2 | Mapa dos cortes de bovinos • 130
Figura 6.3 | Modificações durante o cozimento de carnes • 136
Figura 6.4 | Mapa dos cortes de aves • 142
Figura 7.1 | Constituição do ovo de galinha • 152
Figura 7.2 | Comparação entre as características do ovo fresco e do ovo com maior tempo de prateleira • 156
Figura 9.1 | Estrutura do glúten: gliadina e glutenina • 182
Figura 9.2 | Estrutura do grão de trigo • 183
Figura 9.3 | Matriz proteica de uma massa alimentícia • 186
Figura 9.4 | Alguns tipos de massas alimentícias • 188
Figura 9.5 | Fermentos químicos comerciais — Reação 1 • 194
Figura 9.6 | Bicarbonato como agente de crescimento - Reação 2 • 194
Figura 9.7 | Estrutura do grão de arroz • 195
Figura 9.8 | Descascamento e polimento do arroz • 197
Figura 9.9 | Processamento do arroz parboilizado • 198
Figura 9.10 | Estrutura do grão de feijão • 206

Figura 10.1 | Alteração da cor das clorofilas em função do pH • 217
Figura 14.2 | Estrutura da mioglobina • 281
Figura 14.3 | Estrutura química da curcumina • 282
Figura 14.4 | Estrutura química do ácido carmínico • 283
Figura 14.5 | Estrutura química da sacarina • 286
Figura 14.6 | Estruturas químicas do (a) ciclamato de sódio e da (b) ciclohexilamina • 286
Figura 14.7 | Estrutura química do aspartame • 286
Figura 14.8 | Estrutura química do acessulfame-K • 287
Figura 14.9 | Estruturas químicas da sacarose e da sucralose • 287
Figura 14.10 | Estrutura química do alitame • 288
Figura 14.11 | Estrutura química do neotame • 288
Figura 14.12 | Estrutura química do esteviosídeo • 288
Figura 14.13 | Estrutura química da quinina • 291
Figura 14.14 | Estruturas químicas das principais metilxantinas • 291
Figura 14.15 | Estrutura química do glutamato monossódico (GMS) • 292
Figura 14.16 | Estrutura química do (a) maltol e do (b) etil maltol • 292

Lista de Tabelas

Tabela 2.1 | Alguns atributos de textura em alimentos • 49
Tabela 4.1 | Propriedades físicas da água e do gelo • 66
Tabela 4.2 | Conteúdo aproximado de água de alimentos *in natura* • 69
Tabela 4.3 | Intervalos de temperatura de gelatinização para alguns tipos de amido • 88
Tabela 4.4 | Principais fontes de carotenoides com atividade provitamínica UI — unidades internacionais • 101
Tabela 5.1 | Relação quantidade e tempo de hortaliças no branqueamento • 114
Tabela 5.2 | Valores médios de alguns fatores de correção de frutas e percentual de desperdício • 118
Tabela 5.3 | Lista de compras para uma salada de frutas • 119
Tabela 5.4 | Índices de absorção de alguns alimentos • 120
Tabela 6.1 | Composição média do tecido muscular de alguns tipos de carnes • 124
Tabela 6.2 | Grau de saturação dos ácidos graxos componentes dos lipídios do tecido muscular de diversas espécies • 124
Tabela 6.3 | Influência da temperatura na velocidade de redução dos valores de pH do tecido muscular • 128
Tabela 6.4 | Tempo de armazenamento (em meses) de diferentes tipos de carne sob congelamento • 132
Tabela 6.5 | Características das carnes no processo de cocção • 136
Tabela 6.6 | Classificação de pescados de uma mesma espécie de acordo com os teores lipídico e proteico • 145
Tabela 7.1 | Composição química de diversos ovos • 152
Tabela 7.2 | Classificação dos ovos segundo seu peso • 154
Tabela 7.3 | Variações de pH nos componentes do ovo • 157
Tabela 7.4 | Escores da unidade Haugh de ovos, peso dos ovos, altura do albume, pH da clara do ovo em função da temperatura e do período de armazenamento • 157
Tabela 7.5 | Valor calórico dos diferentes tipos de preparações à base de ovos (em 100 g) • 159
Tabela 7.6 | Comparação do teor de alguns micronutrientes de ovos de galinha e de pata • 161
Tabela 8.1 | Composição química do leite de variadas espécies de mamíferos • 164
Tabela 8.2 | Proporção dos principais constituintes do leite bovino • 164
Tabela 8.3 | Perfil dos aminoácidos do leite humano e do leite bovino • 165
Tabela 8.4 | Distribuição de caseínas nos leites bovino e humano • 165
Tabela 8.5 | Composição lipídica do leite bovino • 166
Tabela 8.6 | Proporção média dos principais ácidos graxos do leite • 166
Tabela 8.7 | Parâmetros físico-químicos dos diferentes tipos de manteiga • 172
Tabela 8.8 | Classificação dos queijos segundo o modo de preparo • 173
Tabela 9.1 | Composição nutricional de alguns grãos de cereais • 180
Tabela 9.2 | Aminoácidos limitantes das proteínas de alguns cereais (mg de aminoácido/g) • 180
Tabela 9.3 | Faixas de temperatura de gelatinização para diferentes tipos de amido • 182
Tabela 9.4 | Composição química média do grão de trigo • 184
Tabela 9.5 | Valores médios para composição centesimal de farinha de trigo • 184
Tabela 9.6 | Parâmetros físico-químicos para a farinha de trigo • 185
Tabela 9.7 | Classificação da farinha de trigo quanto ao teor de proteínas e indicação de uso • 185
Tabela 9.8 | Conversão de uso para fermentos biológicos • 193

Tabela 9.9 | Tipos para cada subgrupo de arroz • 197
Tabela 9.10 | Comparação nutricional em 100 g de arroz polido e de arroz integral • 197
Tabela 9.11 | Composição química média de minerais e vitaminas em arroz polido e parboilizado (mg/100 g) • 198
Tabela 9.13 | Concentração de farinha em bases cremosas • 205
Tabela 9.14 | Composição nutricional de algumas leguminosas • 207
Tabela 9.15 | Proporção entre teor de triptofano, lisina, metionina e cisteína em algumas leguminosas comparadas ao padrão FAO • 207
Tabela 10.1 | Composição em macronutrientes de alguns tipos de cogumelos • 222
Tabela 11.1 | Percentual de ácidos graxos em óleos e gorduras alimentares • 232
Tabelas 11.2 | Características de algumas ácidos graxos • 233
Tabela 11.3 | Valores aproximados de temperatura para os pontos de fumaça de alguns óleos e gorduras • 239
Tabela 12.1 | Poder de doçura de alguns açúcares • 245
Tabela 12.2 | Solubilidade de alguns açúcares em água à temperatura de 20 °C • 246
Tabela 14.1 | Aplicação de corantes do tipo caramelo • 284
Tabela 14.2 | Doçura relativa de alguns edulcorantes • 285
Tabela 14.3 | Doçura relativa e densidade calórica de edulcorantes de baixa caloria • 289
Tabela 14.4 | Teor de edulcorantes de síntese em refrigerantes e ingestão diária aceitável 290
Tabela 14.5 | Volume de refrigerante que deve ser ingerido por um indivíduo de 60 kg em um dia para alcance da Ingestão Diária Aceitável (IDA)* • 290

Lista de Quadros

Quadro 2.1 | Esquema de codificação para as origens dos gostos e dos desgostos dos alimentos • 53
Quadro 3.1 | Classificação dos elementos químicos distribuídos na tabela periódica • 58
Quadro 3.2 | Classificação do tamanho das partículas do disperso • 62
Quadro 4.1 | Funções químicas da água nos alimentos em diferentes valores de aw • 72
Quadro 4.2 | Propriedades funcionais das proteínas em alimentos • 76
Quadro 4.3 | Propriedades funcionais e termos específicos • 77
Quadro 4.4 | Substratos, enzimas, produtos e indicações de uso • 80
Quadro 4.5 | Funções e aplicações do amido na indústria de alimentos • 87
Quadro 4.6 | Propriedades físico-químicas do amido resistente • 90
Quadro 4.7 | Fontes de fibras dos alimentares e seus principais componentes químicos • 92
Quadro 4.8 | Fontes de fibras alimentares produzidas industrialmente e seus principais componentes químicos • 92
Quadro 4.9 | Substâncias carotenoides e respectivas fontes alimentares • 100
Quadro 4.10 | Antocianinas em alimentos e substituintes R1 e R2 • 102
Quadro 5.1 | Operações de pré-preparo • 106
Quadro 5.2 | Mecanismos de transmissão de calor na cocção de alimentos • 107
Quadro 5.3 | Características da cocção por fervura • 109
Quadro 5.4 | Características da cocção por vapor • 109
Quadro 5.5 | Características da cocção à poché • 110
Quadro 5.6 | Características da cocção refogada • 110
Quadro 5.7 | Características da cocção poêler • 111
Quadro 5.8 | Características da cocção rôtir • 111
Quadro 5.9 | Características da cocção grelhada • 112
Quadro 5.10 | Características da cocção sauté • 112
Quadro 5.11 | Características da cocção frita • 113
Quadro 5.12 | Características da cocção ensopada • 113
Quadro 5.13 | Características da cocção guisada • 113
Quadro 5.14 | Características da cocção braseada • 114
Quadro 5.15 | Características da cocção estufada • 114
Quadro 5.16 | Características da cocção abafada • 114
Quadro 5.17 | Características do branqueamento • 114
Quadro 5.18 | Características de gratinar • 115
Quadro 5.19 | Programas de forno combinado • 116
Quadro 6.1 | Concentração de mioglobina (mg/g) em algumas espécies animais • 126
Quadro 6.2 | Características e utilização das vísceras • 129
Quadro 6.3 | Cortes mais comuns em carnes de mamíferos • 134

Quadro 6.4 | Especificações sobre principais cortes de bovinos utilizados na culinária • 137
Quadro 6.5 | Características e métodos de cocção das principais aves utilizadas na culinária • 143
Quadro 6.6 | Características e métodos de cocção dos principais cortes de aves
(galinha e frango) utilizados na culinária • 143
Quadro 6.7 | Classificação dos peixes • 145
Quadro 6.8 | Características de aquisição de alguns pescados • 146
Quadro 6.9 | Características de pescados • 147
Quadro 6.10 | Características e métodos de cocção dos principais cortes de peixes utilizados na culinária • 148
Quadro 7.1 | Propriedades físico-químicas das proteínas presentes na clara do ovo • 153
Quadro 7.2 | Classificação dos ovos segundo sua qualidade • 154
Quadro 7.4 | Funcionalidade dos constituintes do ovo • 154
Quadro 7.5 | Características das espumas formadas pelo batimento das claras • 155
Quadro 7.6 | Interferência de aditivos e utensílios na formação da espuma • 155
Quadro 7.7 | Propriedades e uso do ovo na produção de alimentos • 157
Quadro 7.8 | Diferentes temperaturas de cocção e seu efeito sobre a clara e a gema do ovo • 159
Quadro 8.1 | Características dos tipos de leites pasteurizados • 168
Quadro 8.2 | Características do leite de vaca e derivados • 168
Quadro 8.3 | Alteração por fraude • 170
Quadro 8.4 | Tipos de queijo e algumas de suas características • 174
Quadro 8.5 | Cuidados na aquisição e no armazenamento de alguns tipos de leite • 177
Quadro 9.1 | Proteínas mais importantes em alguns cereais • 180
Quadro 9.2 | Produtos derivados de cereais • 181
Quadro 9.3 | Funcionalidade dos cereais na produção de alimentos • 181
Quadro 9.4 | Características da amilose e da amilopectina em água • 182
Quadro 9.5 | Alguns derivados do trigo e suas características • 185
Quadro 9.6 | Classificação de massas alimentícias] • 186
Quadro 9.7 | Classificação das massas alimentícias segundo o teor de umidade e a composição • 187
Quadro 9.8 | Alguns tipos de massa (simples e recheadas) e suas características • 187
Quadro 9.9 | Métodos de preparo de massas congeladas • 189
Quadro 9.10 | Alguns tipos de massa • 189
Quadro 9.11 | Função dos ingredientes nas massas para pães, pizzas e similares • 190
Quadro 9.11a | Função dos ingredientes nas massas para
                confeitaria – bolos e bolinhos • 191
Quadro 9.11b | Função dos ingredientes nas massas alimentícias – macarrão e/ou pastas • 192
Quadro 9.12 | Alguns tipos de pães e suas características • 193
Quadro 9.13 | Grupos, subgrupos, classes e tipos de arroz • 196
Quadro 9.14 | Alguns dos tipos de arroz e sua utilização culinária • 198
Quadro 9.15 | Produtos derivados de aveia • 203
Quadro 9.16 | Tipos de farinhas disponíveis no mercado • 205
Quadro 9.17 | Características e uso de algumas leguminosas • 205
Quadro 9.18 | Principais derivados da soja e uso culinário • 207
Quadro 10.1 | Classificação das hortaliças de acordo com as partes da planta • 212
Quadro 10.2 | Classificação das hortaliças quanto ao percentual de carboidratos • 213
Quadro 10.3 | Características de qualidade de hortaliças • 213
Quadro 10.4 | Formas e características da subdivisão de hortaliças • 214
Quadro 10.6 | Hortaliças e suas formas de preparo • 219
Quadro 10.7 | Categorias dos cogumelos • 222
Quadro 10.8 | Grupos de algas e suas características • 223
Quadro 10.9 | Constituintes e características de alguns grupos de algas • 224
Quadro 10.10 | Classificação das frutas quanto ao percentual de carboidratos • 225
Quadro 10.11 | Classificação botânica das frutas e suas características • 225
Quadro 10.12 | Classificação de algumas frutas segundo o teor de pectina e de acidez • 226
Quadro 10.13 | Características desejáveis para aquisição de algumas frutas • 227
Quadro 10.14 | Características de algumas frutas oleaginosas • 228

Quadro 11.1 | Funcionalidade das gorduras alimentares na produção de alimentos • 232
Quadro 12.1 | Unidades constituintes dos açúcares • 244
Quadro 12.2 | Funcionalidade dos açúcares na produção de alimentos • 245
Quadro 12.3 | Características das caldas de açúcar • 246
Quadro 12.4 | Efeito da temperatura sobre as características organolépticas de doces e balas • 247
Quadro 12.5 | Tipos de adoçantes comumente utilizados em preparações • 247
Quadro 13.1 | Características de algumas pimentas do gênero Capsicum • 258
Quadro 13.2 | Misturas de especiarias e ervas secas, em pó • 269
Quadro 14.1 | Classificação e funções de aditivos alimentares • 278
Quadro 14.2 | Principais tipos de pigmentos naturais • 281
Quadro 14.3 | Principais modificações na estrutura e na cor da mioglobina • 282
Quadro 14.4 | Principais tipos de corantes sintéticos • 283
Quadro 14.6 | Ácidos orgânicos predominantes em algumas espécies de frutos e hortaliças • 290
Quadro 14. 7 | Aroma e seus compostos químicos responsáveis • 293
Quadro 14.8 | Funções dos agentes de textura • 294

Apresentação
1ª Edição

No ano de 1993, a doutora Maria Aparecida Pourchet Campos escreveu que a ciência define a dimensão dos tempos, e que é preciso deter conhecimento para saber agir e poder agir. A ciência é o saber, a tecnologia, o fazer.

Em várias situações, a química perpassou a história dos alimentos. Dos primeiros indicativos de fraudes – com a adição de água ao leite, no século XVIII – aos *mistérios* de hoje, desvendados por pesquisas químicas e bioquímicas bem como pela evolução da tecnologia de alimentos.

Importa ao leitor do setor produtivo e a todos os profissionais e não profissionais que preparam alimentos se apropriar dos conhecimentos desta obra. A química esclarece a composição dos macronutrientes e dos micronutrientes, qualitativamente e quantitativamente; faculta conhecê-los quanto ao valor energético; esclarece as diferenças no sistema de produção e na funcionalidade de cada um deles numa preparação; justifica os padrões da legislação; classifica-os em perecíveis ou em semiperecíveis e permite selecionar as técnicas de conservação apropriadas.

Na indústria e nos serviços de alimentação, conhecer a química dos alimentos possibilita criar produtos, otimizar os existentes, modificar os produtos convencionais quanto à retirada ou ao acréscimo de carboidratos, gorduras, sais, proteínas, mantendo suas características estéticas e sensoriais. Na culinária, compreende-se por que alimentos cozidos em fornos de micro-ondas diferem dos preparados nos convencionais forno e fogão: cozinhar tem tudo a ver com ciência.

A ciência dos alimentos estuda os fenômenos que ocorrem nas preparações, baseada no conhecimento das propriedades físico-químicas dos componentes alimentares, das condições a que essas substâncias estão sujeitas na cocção, na natureza das reações causadas por tais fatores e no efeito de substâncias adicionadas: é a alquimia dos alimentos.

Este livro contextualiza e discute a relação entre ciência, culinária e gastronomia. Apresenta a estética não só sob seus aspectos de cor, aroma e sabor, inserindo-a na sociedade porque influencia no gosto, nos rituais de produção e nos hábitos de consumo alimentar. Introduz a análise sensorial ou a avaliação da estética como essencial para diferenciar os alimentos e as bebidas e desenvolver produtos com parâmetros de qualidade. Mostra os efeitos das moléculas de água sobre as reações químicas e bioquímicas e seu papel determinante na preservação, na consistência, no aspecto e na cor das preparações. Justifica porque as proteínas são substâncias mais reativas entre componentes macromoleculares de alimentos, como interagem com mais componentes, como formam compostos com novas responsabilidades.

Os carboidratos, os glicídios ou hidratos de carbono combinam átomos de carbono, hidrogênio e oxigênio. Na preparação de alimentos, deter o conhecimento das propriedades de carboidratos e açúcares (principalmente) permite identificar as técnicas adequadas para obter as características sensoriais desejadas de textura, cor ou capacidade de reter água. As gorduras constituem um dos principais componentes orgânicos dos alimentos. São importantes condutores de vitaminas lipossolúveis (A, D, E, K), além dos ácidos graxos essenciais. Tecnologicamente, atuam como emulsificantes, transmissores de calor e lubrificantes.

Diversos métodos de preparo de alimentos e variadas formas de transmissão de calor – condução, convecção e radiação – como meio para cocção e desenvolvimento de características sensoriais possibilitam alterar os alimentos e agregar atributos às preparações. A cocção transforma alimentos *in natura* em refeições adequadas ao consumo humano por aplicação de calor, conferindo modificações físicas e químicas que permitem ressaltar as características sensoriais. A cocção modifica o volume e o peso de alimentos e melhora sua digestibilidade.

Deleite-se apreendendo a história, o conceito, a classificação, a composição química, a estrutura, o valor nutricional, os tipos, as classificações, os usos culinários e – mais importante – os efeitos da manipulação sobre os nutrientes de carnes; ovos; leites e laticínios; cereais e leguminosas; hortaliças, frutas, algas e cogumelos; óleos e gorduras; açúcares, açucarados e edulcorantes. Conheça ainda a importância das características dos condimentos mais usuais que realçam sabores, seguidas dos conceitos e das classificações de fundos e molhos: a alma da culinária.

Trata-se de um texto para profissionais da alimentação e para quem deseja entrar no universo da ciência dos alimentos. Permite ao leitor acessar novos conhecimentos sob um viés surpreendente e necessário para aqueles que desejam desenvolver técnicas e habilidades que estão inexoravelmente ligadas às transformações físico-químicas dos alimentos durante sua preparação.

Esses são os mistérios da alquimia que a publicação pretende desvendar!

Professora Doutora Wilma M. C. Araújo
Universidade de Brasília

Apresentação
2ª Edição

Notória tem sido a importância crescente do vínculo entre a Gastronomia e a Ciência e Tecnologia de Alimentos. Num mundo globalizado como o que vivemos, nada mais lógico e eficaz do que unir forças entre áreas afins, numa benéfica sinergia geradora de conhecimento e progresso.

Brasília deu o passo inicial para essa feliz união ao promover o 3º Congresso Brasileiro de Gastronomia & 1º Simpósio Regional de Ciência e Tecnologia de Alimentos, de 10 a 13 de agosto de 2010, numa iniciativa pioneira do Centro de Excelência e Turismo da UnB e Sociedade Brasileira de Ciência e Tecnologia de Alimentos, secretaria DF.

Complementando o assunto, essa 2.ª edição do livro Alquimia dos Alimentos vem trazer de forma bem didática e detalhada, uma abordagem completa, passando de nuances básicas sobre fundamentos de cor, avaliação sensorial, importância de aditivos e condimentos até aspectos de percepção do consumidor, importância histórica da cocção das carnes e seus importantes aspectos nutricionais, além de desmistificar a presença nem sempre maléfica de óleos e gorduras no preparo dos alimentos.

O texto versa ainda sobre a transformação de cereais, leguminosas, hortaliças e cogumelos, acompanhando as tendências do século XXI sobre industrialização crescente, consequência do desenvolvimento de tecnologias e da descoberta de novos produtos e substâncias que potencializam a oferta de produtos nutritivos, de fácil e rápido preparo, além de bem estar e com melhoria da qualidade de vida.

O livro cumpre integralmente sua proposta, que é a de trazer informações técnico-científicas importantes aos estudantes e profissionais da nutrição e da gastronomia, assim como de outras áreas e deve estar sempre ao alcance desses profissionais, embasando suas ações e norteando suas carreiras.

Dr.ª Jane Gonçalves Menegaldo
Pesquisadora do Instituto de Tecnologia de Alimentos (ITAL)
Presidente da Sociedade Brasileira de Ciência
e Tecnologia de Alimentos 2009-2010

Apresentação
3ª Edição

Por que uma edição revista e ampliada? Porque a ciência é dinâmica. Porque a cada instante deparamos com novos produtos, novos ingredientes, novas demandas alimentares. Assim, faz-se necessário revisar os critérios que definem a qualidade de produtos e processos para a elaboração de alimentos/preparações, ora nos serviços de alimentação, ora nas indústrias, ora nas cozinhas domésticas.

A seleção de matérias-primas, ingredientes, tecnologias é fundamental para se obter a apropriada qualidade nutricional e organoléptica. Importa considerar sobretudo que a qualidade total será reflexo dos produtos e subprodutos decorrentes das diferentes reações físicas e químicas que ocorrem, simultaneamente, ou não, no preparo/na produção de um alimento. Por isso, é preciso ter sempre em mente que nenhuma etapa deve ser desconsiderada: o excesso de tempo e temperatura de assamento de uma massa possivelmente comprometerá a qualidade do produto.

Compreender e controlar os processos requer esforço intelectual dos profissionais da área, para a interpretação dos fundamentos gerais da química e da física. Que o conteúdo aqui descrito estimule a curiosidade de estudantes e profissionais na busca de conhecimentos mais profundos, fundamentais à descoberta desta Alquimia.

Professora Doutora Wilma M. C. Araújo
Universidade de Brasília
Brasília, 2014

Capítulo 1
Química e Alimentos

Carla M. R. Tenser, Wilma M. C. Araújo, Janine H. L. Collaço

Etimologicamente, gastronomia é o estudo ou a observância das leis do estômago, conceito ampliado por Brillat-Savarin[1] em seu livro *A fisiologia do gosto*, definindo-a como a arte do bem comer e do bem beber. Observador arguto, o autor compilou os mais diversos hábitos e expressões do paladar num livro que transita entre um elenco de costumes de época e uma tentativa de análise científica. Com pitadas de ironia e críticas aos estilos de vida de seu tempo, Brillat-Savarin deu destaque à literatura gastronômica, hoje difundida em vários tipos de publicações: livros de receitas, histórias de pratos e ingredientes, romances e biografias, além de veículos especializados como revistas, folhetos, encartes, roteiros, etc.

O assunto sobrepôs-se às conversas informais e chamou a atenção do meio acadêmico, que se aprofundou em pesquisas na área gastronômica e recentemente contou com forte impulso em publicações, artigos e estudos[2] resultantes de uma série de acontecimentos iniciados no século XIX e intensificados no século XX com a industrialização crescente, o desenvolvimento de tecnologias e a descoberta de novos produtos e substâncias que ofereceriam ao público a possibilidade de adquirir alimentos enlatados, congelados, desidratados, liofilizados, cortados, picados, higienizados, com adição de nutrientes, sem açúcar, sem gorduras, etc., tendências fortes resultantes do estilo de vida contemporâneo, urbano e industrial.

---

[1] Jean Anthelme Brillat—Savarin (1755 a 1826), francês, era advogado, político e cozinheiro.

[2] Tenser, em trabalho monográfico, fez um mapeamento de livros, artigos, teses e dissertações sobre o assunto e observou um incremento importante no número de publicações sobre gastronomia a partir dos anos de 1990.

Nesse mundo de globalização e de grande circulação de produtos alimentícios, a química teve o primordial papel de permitir conhecer e classificar os alimentos: composição química, características físicas, estrutura e propriedades; melhores formas de seleção, aquisição, conservação e cocção. Esse conhecimento possibilitou processar os alimentos de maneiras diversas, gerar uma variedade de produtos, facilitar o armazenamento e o transporte e estimular o surgimento de novos espaços de consumo, como supermercados e restaurantes, além de contribuir para a evolução do setor agrícola.

Nesse amplo universo, as descobertas químicas permitiram compreender as alterações dos constituintes dos alimentos submetidos a técnicas e métodos culinários distintos. Demonstraram a funcionalidade e a importância de seus componentes e desdobraram-se de maneira difusa na sociedade ao impactar as ações mais prosaicas e traduzir o conhecimento prático repassado de *chef* a *chef*, de mãe para filha, estendê-lo além do cotidiano, permitir preparar refeições esteticamente mais agradáveis, substituir ingredientes e criar produtos.

Contemporaneamente, o conhecimento e sua aplicação prevalecem, as cozinhas podem ser consideradas laboratórios culinários com características especiais onde os resultados são voltados para o prazer da degustação e para os aspectos da sociabilidade, diferentemente de quando o homem se alimentava só para sobreviver.

Da alquimia a química herdou a curiosidade de pesquisar esses fenômenos e se expandiu a partir do século XVI. No século XVIII, adquiriu definitivamente as características de uma ciência experimental. Seu avanço orientar-se-ia por modelos teóricos que forneceriam a referência do que poderia ser admitido ou rejeitado em termos de pesquisa empírica. Seus princípios possibilitaram entender as trocas entre átomos e a formação de moléculas; permitiram reproduzir e prever essas transformações. A compreensão desses eventos fundamentou o desenvolvimento das tecnologias de conservação que compreendem um ou mais processos utilizados para evitar alterações nos alimentos, sejam de origem microbiana, enzimática, física ou química, levando ao aumento da produção e da vida útil dos alimentos.

Os avanços científicos nas diferentes áreas permitiram estocar alimentos para administrá-los em épocas de crise, uma vez que dispor de produtos alimentícios é capital para manter a estabilidade social e econômica, porque o controle do alimento também está relacionado ao poder, combinando ainda com processos que viriam a beneficiar a qualidade dos alimentos e a influenciar o bem-estar do homem (Figura 1.1).

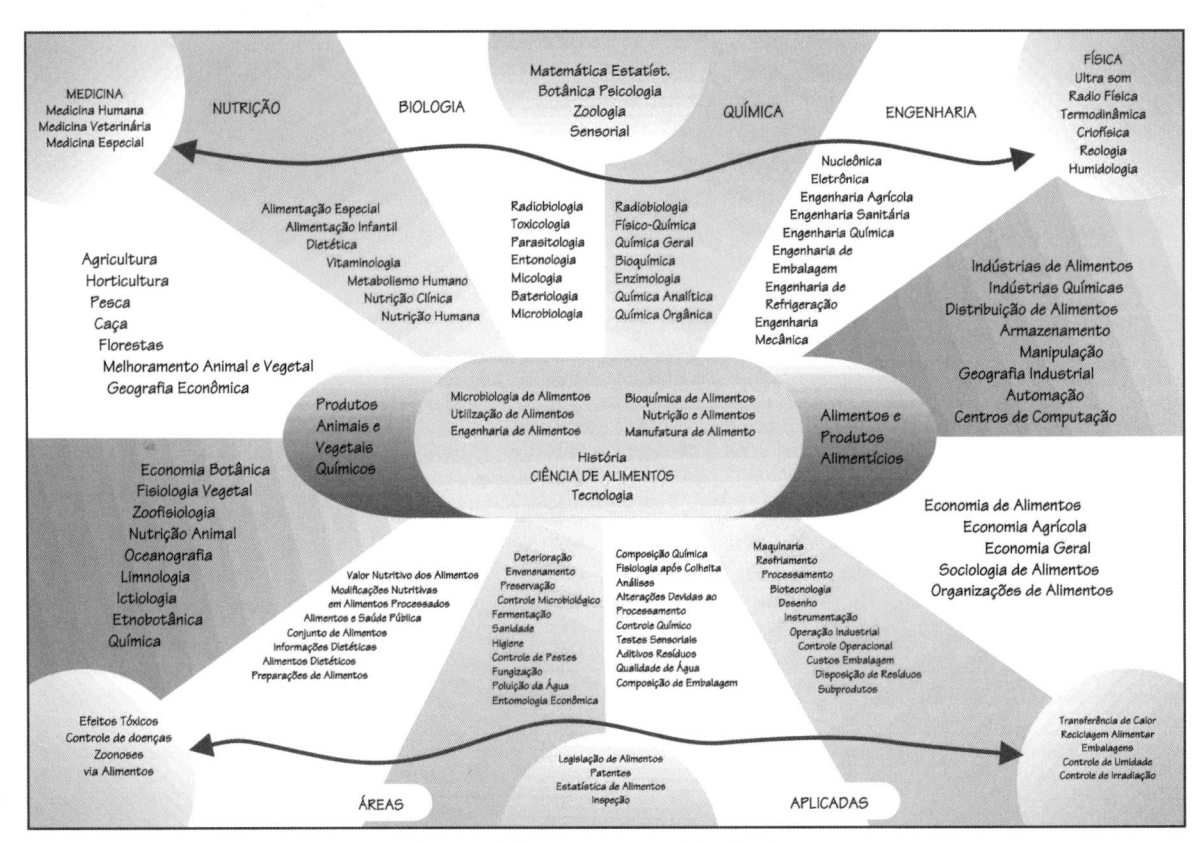

Figura 1.1 | Os alimentos e as várias ciências.

Fonte: Adaptado de CAMARGO et al., 1984.

A ciência aplicada à preservação e à conservação dos alimentos decorre de um sistema moderno e extremamente complexo de alimentação que compreende produção, distribuição, consumo e destino das sobras, além de multiplicar as representações do comer. Para atingir esse nível de desenvolvimento, várias etapas foram superadas; a primeira e mais evidente foi o retardamento do processo natural de putrefação graças à descoberta do fogo. Essa técnica não somente teve impacto na alimentação dos homens como também foi uma das condições essenciais para afastá-lo do mundo animal, como aponta Lévi-Strauss[3] (1997). Na transformação do alimento cru em cozido, criou-se um mundo simbólico em que o fogo representa uma passagem da natureza para a cultura.

Devidamente consolidada, essa passagem desdobrou-se numa série de perspectivas que teceram um universo humano mais rico e complexo. O domínio do fogo abriu caminhos para a criação de utensílios de pedra e de barro que possibilitaram outros processos de cozimento, ampliando o espectro da dieta até então consumida. Outro passo foi a domesticação de espécies vegetais e animais, levando ao surgimento de pequenos aglomerados que, mais tarde, seriam os centros urbanos onde poderiam ser armazenados os excedentes de alimentos, delimitando a ligação entre cultura e técnica. Naquele momento houve maior ênfase à produção, porque as técnicas permitiram o controle da agricultura e a criação de animais.

Tentativas de administrar o aumento da produção agropecuária sempre existiram, e o problema do abastecimento passou a ser discutido e explorado em torno das relações entre alimentação, higiene e saúde. A combinação dessas variáveis tornou-se de fundamental importância em questões oficiais, uma vez que começaram a ser constituídos os Estados e o controle de estoques de alimentos, sobretudo quando advieram poderes centrais amparados na administração de armazéns com vários tipos de alimentos, com a capacidade de regular o termômetro da sociedade, estabelecendo uma relação das mais complexas.

O aumento do processo de urbanização faz surgir novas demandas, estimula maneiras inéditas de lidar com o ambiente e com o alimento e afasta o consumidor do local de produção, fato que se intensifica no século XX com a industrialização e a configuração da agricultura como negócio de grande porte. No contexto cresce a importância da química num novo sistema alimentar em que avanços nas técnicas de processamento dos alimentos geram a substituição, em grande escala, dos antigos métodos de conservação: concentração por açúcar, salga, salmoura, secagem ao sol ou ao vento.

A invenção de um pão duro e pouco perecível (o biscoito) alterou o rumo das rotas marítimas e na Revolução Industrial tornou-se um dos carros-chefes dos produtos industrializados. Nesse sentido, dois métodos foram fundamentais para o desenvolvimento dos processos de conservação: os enlatados e o congelamento. Colocar produtos em pequenas caixas é um método de conservação conhecido há muito tempo, mas a contribuição do *chef* e confeiteiro francês Niccolas Appert[4], em 1792, possibilitou a difusão do princípio de armazenar alimentos em caixas, latas ou vidros, o que ocorreu dada a necessidade do governo francês de transportar alimentos para os soldados nas longínquas frentes de batalha. Appert, a pedido do imperador Napoleão Bonaparte, valeu-se de seu conhecimento para acomodar os alimentos em enormes latas de ferro que, se eram incômodas para transportar, evitavam a decomposição de seu conteúdo e garantiam a alimentação das tropas.

Antes disso, Denis Papin[5], em Londres, no ano de 1681, havia desenvolvido um processo denominado *bottling*[6], completando pequenos vidros com geleias ou caldos, estes esterilizados num equipamento similar à panela de pressão. Mais tarde, Appert aperfeiçoou esse instrumento e o utilizou em experiências em sua cozinha, descobrindo que o armazenamento de sopas quentes em recipientes de vidro lavados, esterilizados e hermeticamente fechados fazia com que a vida de prateleira de suas preparações se ampliasse muito. Em sua homenagem, esse processo de conservação, similar ao que se utiliza na produção de conservas ou de enlatados, foi denominado apertização.

O árduo trabalho desse confeiteiro e a difusão de seu método possibilitaram o desenvolvimento da indústria de alimentos, que, além dos biscoitos, passou a oferecer diversos tipos de geleias armazenadas em frascos, conservando seu conteúdo por longos períodos, técnica já empregada no trabalho caseiro das mulheres ao preparar compotas e geleias de frutas para guardá-las durante o inverno: a conservação dos produtos se devia à ausência de ar no interior dos recipientes.

Na metade do século XIX, Pasteur[7] validou a técnica de Appert ao identificar que os micro-organismos eram os principais deteriorantes dos alimentos. Higienizar e sanitizar os recipientes proporcionavam significativa

---

3 Claude Lévi — Strauss, de naturalidade belga, antropólogo, professor e filósofo, é considerado o fundador da Antropologia Estruturalista e um dos grandes intelectuais do século XX.

4 Nicolas Appert (1749 a 1841), francês, inventor e industrial, descobriu que o aquecimento de alimentos em recipientes fechados poderia interromper o processo de fermentação. Em 1790 iniciou a comercialização de alimentos conservados em garrafas.

5 Denis Papin, inventor da máquina a vapor (início do século XVIII), empreendeu experiências sobre conservação de alimentos, cozinhando — os e mantendo — os em vidros hermeticamente fechados.

6 A tradução literal seria "engarrafamento", porque os conteúdos eram introduzidos em pequenos vidros com formato de garrafas.

7 Louis Pasteur (1822 — 1895) foi um cientista francês cujas descobertas tiveram enorme importância na história da química e da medicina. A ele se deve a técnica conhecida como pasteurização.

redução no número de micro-organismos. A introdução do alimento ainda quente possibilitava também a importante redução da população microbiana naturalmente presente na preparação. O fechamento do recipiente criava uma condição de ausência de oxigênio (anaerobiose) que contribuía para inibir o desenvolvimento das possíveis espécies sobreviventes. Tais observações fundamentaram os princípios da preservação e de conservação dos alimentos, bem como desenvolveram tecnologias.

Outra guerra, agora nos Estados Unidos, levaria ao uso, em escala industrial, de latas para armazenar alimentos, porque o suprimento para os soldados constituía-se basicamente de carne enlatada, produto obtido do transporte, em trens, de carne congelada até estabelecimentos industriais, onde, submetida a processos diversos, era colocada em pequenos recipientes fornecidos pela indústria metalúrgica. A comida enlatada foi também fundamental para abastecer os soldados das duas grandes guerras mundiais, embora na de 1914 as latas fossem ainda pesadas e grandes, o que viria a ser modificado no conflito seguinte.

O processo de industrialização fomentou o rápido crescimento de comidas prontas, levando à criação de produtos que iriam influenciar o cotidiano da maioria das pessoas, especialmente a partir dos anos 1950. Na década de 1970 já era comum encontrar refrigeradores com compartimentos para armazenar alimentos refrigerados e congelados, assim como na década de 1980 a ampla utilização dos fornos de micro-ondas afetaria diretamente os hábitos alimentares.

Enquanto o processo de enlatar alimentos foi um grande passo para melhorar as condições de circulação e de armazenamento, o congelamento artificial também teve papel destacado. A técnica de congelar não era desconhecida, especialmente em locais de clima frio: neve e gelo eram utilizados para manter alimentos em boas condições, como faziam os russos com o frango ou os ingleses com o salmão. No começo do século XIX, a pesca do salmão na costa da Inglaterra era totalmente consumida em Londres graças às caixas congeladas, recipientes de madeira onde se colocavam peixes entremeados com gelo.

Nos Estados Unidos, o uso do gelo disseminou-se, especialmente a partir da segunda metade do século XIX, quando os trens facilitaram a circulação de mantimentos. Em 1851, o primeiro vagão refrigerado levou de Ogdensbrug-New York para Boston-Massachusetts grande quantidade de manteiga, que chegou perfeita ao seu destino. Mas o grande diferencial foi o transporte de carne congelada de Chicago para outros centros urbanos do leste, fato que contribuiu para o surgimento de impérios como Armour e Swift e criou condições para o intercâmbio comercial de larga escala, incluindo Europa e Austrália.

Em 1850, James Harrison, escocês radicado na Austrália, desenvolveu uma máquina de fazer gelo usando a evaporação e, em seguida, a compressão de éter. Dez anos mais tarde, Carré, engenheiro francês, inventou uma máquina mais eficiente utilizando amônia. Esses novos equipamentos tiveram ampla repercussão na indústria e no segmento de restaurantes, especialmente na Inglaterra, ao permitir que as casas de chá e café servissem os mesmos produtos durante todo o ano, independentemente de sua sazonalidade, como os famosos sanduíches de pepino da Casa Lipton's. Simultaneamente, estimularam alternativas aos *pubs*, tendência que se fez presente em outros países.

Outro grande estímulo, não exatamente ligado ao desenvolvimento de técnicas *de per si*, foi o crescimento da oferta de produtos (além de geleias e biscoitos) armazenados em garrafas, vidros e latas. Em 1868, Fleischmann produziu fermento e o distribuiu em latas por todos os Estados Unidos. Outro precursor foi Heinz, que em 1869 acrescentou molho de tomate à receita chinesa do *ke-tsiap* – então já modificada pelos ingleses – e criou o conhecido catchup. Na Inglaterra, molhos à base de vinagre foram rapidamente difundidos quando colocados em recipientes de vidro. Por volta de 1826, os químicos Lea e Perrins desenvolveram o molho Worcester (ou molho inglês), que conquistou rapidamente o paladar dos consumidores. Ele era vendido em conjunto com remédios, mantimentos e cosméticos na pequena farmácia de propriedade de ambos.

Por sua vez, o uso de fertilizantes e de substâncias químicas para melhorar a qualidade das colheitas ofereceria as maiores safras conhecidas pelo homem. Também a circulação e a armazenagem de mercadorias ganharam melhores condições com o desenvolvimento de novas embalagens, especialmente as de plástico durável e rígido, que permite não só melhor conservação como redução de custos. A descoberta de inúmeras substâncias para manter a qualidade dos alimentos, seu uso intensivo na indústria e a melhoria das técnicas de calor e de irradiação surgiriam para ampliar ainda mais a vida útil dos alimentos.

Um exemplo importante desses avanços são os alimentos liofilizados[8] utilizados pelos astronautas da *National Aeronautics and Space Administration* (NASA) em suas viagens espaciais.

Ao tempo em que a ciência desenvolve essas tecnologias e fundamenta os métodos atuais de conservação de alimentos, proporciona ao homem o conforto da longevidade alimentar e aperfeiçoa a percepção do alimento e do comer, uma vez que o ato de se alimentar cria sensações, classifica, modela e remodela as

---

8 Alimentos que passam por processo de desidratação a baixas temperaturas e elevada pressão, conservando a maior parte de suas características organolépticas e valores nutricionais. Os produtos são microbiologicamente estáveis, com elevado tempo de conservação, sem necessidade de condições especiais de armazenagem e com volume reduzido. (Centro de Energia Nuclear na Agricultura, 2006).

representações, isto é, ao se ingerir um alimento estamos incorporando não só seus nutrientes, mas também aquilo que representam. Dessa forma, a curiosidade em conhecer o novo, a aceitação ou não de produtos desconhecidos ou estranhos depende do quanto o novo alimento se aproxima ou lembra os antigos em sabor, forma, cor, aroma, textura e também como perpassa as dimensões biológicas e culturais da alimentação e deve ser observado quando submetido a processos culinários, o que se torna evidente na gastronomia molecular.

Como apontado por Fischler (1990), é natural a atitude paradoxal diante do alimento, que, acentuada com a industrialização alimentar e com a globalização, nos aproxima ou afasta de produtos desconhecidos ou considerados estranhos. Essa aceitação não depende apenas das características químicas, mas do quanto o alimento se aproxima ou remete a sabores, cores e odores armazenados em nossa lembrança.

Os sentidos humanos também podem apreender, e as percepções sensoriais influenciam de maneira acentuada a degustação e a apreciação dos alimentos, daí a importância de sua transformação, que sela a relação entre ciência e alimentação. O paladar, o olfato e a visão, treinados ao longo da vida, precisam adquirir novas habilidades para lidar com alimentos conservados, preservados, alterados, congelados, liofilizados, irradiados, com conservantes, com nutrientes extras para reforçar seu caráter saudável. O consumidor, por sua vez, busca produtos que inspirem confiança e proximidade. Sabores distintos, texturas, formas de preparo e de apresentação dos alimentos influenciam diretamente na relação com o que será consumido. O alimento deve ser desejado, visto e cheirado, envolver todos os sentidos para potencializar o prazer de comer.

É inegável que cozinhar possui a dimensão mágica ligada à transformação da matéria: criar um prato atraente com base no ingrediente em seu estado bruto é análogo à busca dos alquimistas em transformar metais pouco nobres em ouro. "*Si no sois capaces de un poco de brujería, no merece la pena que os ocupéis de la cocina*" (Sidonie-Gabrielle Colette, *Prisiones y paraísos*, meados do século XX) é um dito que expressa belamente a exata vocação de ruídos, odores, sabores e cores dos alimentos. Há poucos anos, relacionar os conceitos da química, da física ou da ciência da cozinha poderia parecer uma heresia para os apreciadores da boa mesa. Posto isso, considere-se que a ciência proporciona enorme comodidade, embora às vezes seja mal interpretada quando se atribui pouco valor aos alimentos industrializados, por não serem *naturais*. Mas sem essas intervenções e os avanços proporcionados pelas técnicas não seria possível dispor da facilidade, do volume para consumo e da variedade de alimentos que temos no mundo em qualquer época do ano.

Ao unir ciência e culinária, as tecnologias estabelecem padrões alimentares, ocupam-se da qualidade e da aparência dos alimentos e com as questões de segurança higiênico-sanitária. São avaliados resultados e desenvolvidos índices que facilitam a programação das preparações e das refeições – fatores de correção e de cocção –, controles que têm base econômica, possibilitam padronizar preparações e evitar desperdícios.

La desconfianza que, generalmente, provocan las explicaciones científicas de los misterios culinarios, contrasta con la situación en otros campos creativos humanos como la música, la pintura o la escultura. Por ejemplo, nadie niega que la Ciencia ha servido para mejorar las técnicas de conservación, reproducción o divulgación de las obras de arte, sin poner en peligro alguno la creatividad (TERUEL, 1999).

A combinação entre ciência e arte não é novidade, e na década de 1980 ganhou espaço com os pesquisadores Nicholas Kurti e Hervé This. O primeiro, físico da Universidade de Oxford, mundialmente reconhecido por pesquisas científicas com baixas temperaturas posteriormente aplicadas à culinária; o segundo, um físico-químico do Instituto Nacional de Pesquisa Agronômica em Paris que utiliza suas pesquisas em química, física e biologia dos alimentos para desvendar os resultados das técnicas culinárias tradicionais sem alterar suas regras básicas.

"É triste pensar que conhecemos melhor o calor das estrelas do que a temperatura no interior de um suflê", costumava dizer Kurti. "Quando se chega a este ponto, há algo errado", complementa Hervé This. "Não me conformo como nos últimos anos a química fez tanto pela indústria de alimentos e tão pouco para criar melhores cozinheiros".

Percebe-se que a associação entre arte e conhecimento científico ainda pode seguir rumos inesperados, pois, se levada ao extremo, subverterá totalmente nossos sentidos e imagens. Experiências nesse caminho são poucas e limitadas à gastronomia, resultado maior da curiosidade e da habilidade de *chefs* mais do que expressão de uma tendência mais ampla, uma vez que a desconstrução de receitas foi um fenômeno que se iniciou nos anos 1970, na França.

Em suma, a obra *Alquimia dos alimentos* mostra como se associam as alquimias da culinária à química, que, juntamente com a descoberta do mundo microscópico e das reações em cadeia entre átomos e moléculas, tornou esses fenômenos compreensíveis à visibilidade de seus cientistas, ao contrário dos olhos nus dos alquimistas, impedidos de compreender os mecanismos da matéria pela ausência de recursos que facultariam acompanhar sua transmutação. Assim, transmutar e regenerar são princípios que organizam tanto a lógica da alquimia como a da química, mas os métodos adotados levaram-nas a se posicionar de forma distinta quanto à produção do conhecimento.

Capítulo 2
A estética do gosto

Lívia L. O. Pineli, Verônica C. Ginani

• 2.1 •
Evolução da estética do gosto

Na análise histórica da humanidade, compreende-se a gastronomia como manifestação cultural que expressa tradições passadas por gerações e contribui fortemente para a formação identitária de um povo. Nesse contexto, a gastronomia pode ser traduzida, também, como a história do gosto, que caracteriza e identifica um grupo.

Certamente, o gosto não abrange todos os aspectos envolvidos na história da alimentação, mas seu significado para a humanidade explica o emprego do vocábulo. Na ausência de outro parâmetro para exprimir sentimentos de satisfação e rejeição em relação a objetos e fatos, o alimento, e sua percepção por meio do paladar foram o referencial adotado.

O bom gosto, entendido aqui como a apreciação do belo, equivocadamente relacionado à boa sociedade pela burguesia, caracteriza um grupo, e não o indivíduo. O gosto é um fenômeno social de primeira categoria. Pode ser inserido na concepção de Bourdieu[1] sobre *habitus*, concebido como parte do conjunto de desejos, vontades e habilidades socialmente construídas, que são ao mesmo tempo cognitivas, emotivas, estéticas e éticas.

Considerando os aspectos estéticos, comumente relacionados à arte e definidos como o estudo da percepção do belo, o artista se expressa por meio de sua obra, e a captação das mensagens transmitidas são

---
[1] Pierre Félix Bourdieu — sociólogo francês, de origem campesina filósofo de formação, chegou a docente na *École de Sociologie du Collège de France*. Sua discussão sociológica centralizou—se, ao longo de sua obra, na tarefa de desvendar os mecanismos da reprodução social que legitimam as diversas formas de dominação. Para empreender esta tarefa, Bourdieu desenvolve conceitos específicos para compreender o mundo social à luz de três conceitos fundamentais: campo, *habitus* e capital.

percebidas pelo sujeito de acordo com experiências vividas. Na história da arte, percebe-se que há momentos de desregramento da beleza atribuído à genialidade do artista. A concepção do belo modifica-se tanto diante da qualidade da obra em si como mediante a sociedade que a contempla. A percepção seria o encontro do sujeito com o mundo, considerando que ambos inexistem isoladamente.

Tratando-se da alimentação, o empirismo inerente ao ato resulta em múltiplas sensações que conjugam a gastronomia à arte. O saber científico não é suficiente para descrever as inúmeras sensações percebidas. A compreensão da arte como uma manifestação histórica e cultural com valores estéticos, representada em uma obra realizada pelo artista como expressão que comunica sentimentos e emoções, permite a inclusão da gastronomia nessa concepção.

A correlação entre gastronomia e arte, nesse sentido, não pode ser exclusiva. A presença da ciência em suas diversas faces é evidente, traduzida nas inúmeras reações que ocorrem em todo o processo de produção e consumo de um alimento. Antropologia, sociologia, nutrição, história, economia, química, entre outras, são exemplos de áreas distintas da ciência que estão incorporadas à gastronomia, destacadas na concepção de Savarin ao definir a gastronomia como tudo o que se refere ao homem na medida em que se alimenta.

A arte referente à gastronomia deve considerar aspectos múltiplos. É necessário somar às características organolépticas, resultado de reações químicas e físicas, aspectos do ritual que envolve sua produção e consumo. Acrescentar, ainda, as consequências do alimento para o organismo (nutrição) e o simbolismo agregado a todos os fatores envolvidos. A estética do gosto deve contemplar todos esses itens, favorecendo o verdadeiro prazer de comer.

A alimentação é uma linguagem social e estética. Come-se para saciar a fome e para socializar-se. Come-se com todos os sentidos. Para Lody[2], antropólogo que se dedica aos estudos da relação do homem com os alimentos, comer não é apenas um ato complexo biológico. É, antes de tudo, um ato simbólico e tradutor de sinais, de reconhecimentos formais, de cores, de texturas, de temperaturas e de estéticas.

A escolha dos alimentos que compõem a alimentação de um grupo está associada a diversos aspectos. Apelos culturais, ideológicos e até mesmo o poder determinam preferências alimentares desde a pré-história. Influencia a escolha por alimentos fatores como o acesso, por questões geográficas, econômicas ou políticas; os meios de comunicação; a concordância com o estilo de vida adotado; a necessidade de alimentar-se, por fatores fisiológicos (fome) ou emocionais; as consequências da ingestão de determinados alimentos ao organismo; e o reconhecimento e a aceitação das características sensoriais, todos permeados pela classe social.

As questões sensoriais, entendidas como estéticas, evoluíram na história concomitantemente às conquistas espirituais ou às realizações materiais. Revelam a maturidade cultural das civilizações, sendo as técnicas e as criações alimentares reconhecidas como expressão técnica material e criatividade artística.

A presença constante de alimentos específicos na dieta de uma sociedade, bem como o ritual que envolve seu consumo, representa a estética do gosto socialmente aceita. Os utensílios e os equipamentos, assim como o espaço arquitetônico e o mobiliário alimentar, juntamente com o protocolo à mesa, compõem os recursos técnicos ligados ao gesto e ao rito da alimentação. Os registros que exprimem a evolução da estética do gosto estão principalmente presentes em livros de receitas e/ou em manuais de alimentação.

O consumo de diferentes alimentos e as formas de prepará-los foram se modificando ao longo do tempo e confundem-se com a própria história do homem. Desde os primórdios, a estética apresentada no ato de se alimentar se diversifica e orienta estratégias em diversas esferas da vida.

A Antiguidade Clássica foi um período de grande evolução das ciências e da gastronomia. Há divergências na literatura em relação à contribuição do Império Romano e da Grécia na consolidação das preferências alimentares do Ocidente. Alguns autores afirmam que os gregos nunca foram tão imaginativos quanto os romanos em matéria de gastronomia, e a cozinha na Grécia jamais atingiu o nível das outras artes. No entanto, há registros que revelam uma culinária grega imensamente rica. Filhos da aristocracia romana estabelecem moradia na Grécia com propósitos científicos e se beneficiavam de uma cozinha excelsa.

Apesar das controvérsias, sabe-se que a alimentação de romanos e gregos se assemelhava e era composta basicamente de cereais, leguminosas, vinho, azeitona e azeite.

A península italiana constituiu o grande berço, o caldo de cultura de onde se originaram os hábitos alimentares fundamentais de todo o mundo urbano industrial contemporâneo (BOLAFFI, 2000).

A alimentação para os gregos representava um modelo de vida civilizada. Seus banquetes eram uma celebração cívica vinculada ao ritual religioso. Consistiam em refeições estruturadas, compostas por momentos distintos e conhecidos por seus participantes. Eram divididos em três partes: sacrifício aos deuses, refeição e serviço de vinho, denominado *symposium*.

---

2 Raul Geovanni da Motta Lody é antropólogo, museólogo e professor, responsável por vários estudos na área das religiões afro—brasileiras. Formou—se em Etnografia e Etnologia pelo Instituto de Antropologia da Universidade de Coimbra, doutorado em Etnologia pela Universidade de Paris, é membro da Academia Brasileira de História da Academia Brasileira de Belas Artes, do Instituto Geográfico e Histórico da Bahia.

Os romanos – detentores de conhecimentos adquiridos ao longo de anos de contatos com os mais diferentes povos, suas cozinhas e ingredientes – eram habilidosos na arte culinária e possuidores de grandes recursos. Roma tinha uma cozinha rica e variada e seus banquetes constituíam os mais importantes acontecimentos da vida social romana.

Em ocasiões festivas, o preparo da refeição era tarefa do anfitrião, compartilhada com seus convivas. Nos banquetes, denominados *convivium*, eram servidas versões mais elaboradas dos pratos do cotidiano. Os serviços eram contínuos, e as quantidades, desmedidas. Alguns pratos não compartilham da aceitação do mundo contemporâneo. Eram servidos: azeitonas verdes e negras, salsichas quentes, ameixas sírias com sementes de romãs, vinhos misturados com mel, pães quentes, tâmaras de Tebas, ovos de pavão, tetas de porcas, lebres, porcos e javalis assados.

> Os escravos eram responsáveis pela cozinha do dia a dia, considerada tarefa de grande importância. As refeições cotidianas eram *intentaculum*, *prandium* e *cena*. Os estratos sociais eram demarcados de acordo com a possibilidade de consumo e fornecimento de alimentos (ARAÚJO et al., 2005).

Na Idade Média, as ordens religiosas garantiram a herança culinária legada à Itália pelo Império Romano. Segredos foram resguardados nos mosteiros por famílias abastadas interessadas em preservar os sabores e os saberes do período. Os mosteiros foram responsáveis por transmitir a tradição culinária, por armazenar e produzir alimentos para o povoado e por abrigar viajantes e peregrinos.

A Idade Média ficou conhecida como Idade das Trevas. Foi, provavelmente, um dos períodos de maior retrocesso científico e cultural vivenciado pela humanidade, incluindo o consumo de alimentos e os métodos de cocção, que foram também afetados. Técnicas de maior complexidade, como assar em fornos, foram esquecidas, sendo reutilizadas apenas no final do século XIII.

Contudo, deve-se considerar que a substituição de técnicas agrícolas e pastoris por recursos naturais, disponíveis nos bosques em torno dos feudos, possibilitava variedade na alimentação, dependente da sazonalidade e da habilidade de caçadores e formas de exploração. A abundância estaria, da mesma forma, restrita a condições ideais, principalmente climáticas e territoriais.

A carne bovina era considerada pesada; sua utilização culinária limitava-se à produção de caldos, cozidos e patês. A carne das aves e de pequenos mamíferos (coelho, lebre e carneiro) era delicada e consumida com molho ou assada. As especiarias, sal e açúcar, por possuírem um valor comercial elevado, considerando-se as posses do comensal, eram usadas sem muitos critérios e em grandes quantidades.

A expansão islâmica foi fator decisivo para a continuidade do desenvolvimento dos hábitos alimentares do Ocidente. O contato com o mundo mulçumano possibilitou a utilização de especiarias, como a noz-moscada, a canela, o cravo, importantes para aprimorar o sabor e a conservação dos alimentos de maneira mais criteriosa. Soma-se o fato de as cidades marítimas Veneza, Gênova, Pisa e Amalfi (séculos IX e X), localizadas estrategicamente, terem se tornado centros comerciais urbanos importantes para o período. Essas cidades comercializavam com países longínquos e com culturas diversificadas, abarcando produtos variados e exóticos, evidenciando-se a relação entre a economia e a alimentação.

Com a expansão marítima, novos ingredientes foram incorporados à culinária da Europa. A Espanha, principal ponto de influência do Oriente Médio, enriqueceu as mesas europeias com produtos advindos das Américas, como milho, tomate, pimentão, cacau e batata. A apreensão desses produtos por diversas regiões torna difícil precisar suas origens, ou seja, o uso do tomate pela Itália, da batata pelos alemães, entre outros, fazem desses produtos símbolos dessas cozinhas, tornando longínqua sua lembrança etiológica.

O Renascimento faz da Itália a genitora de uma nova forma de pensar e agir. Filosofia, ciência, técnica, arte, literatura, arquitetura e culinária conquistam novo espaço. As ciências ganham força e modificam hábitos. A alimentação passa a ter maior complexidade em suas formas de preparo e os ingredientes são criteriosamente escolhidos.

Na Renascença, a cozinha francesa sofre forte influência italiana. Os banquetes da corte francesa tornaram-se suntuosos. A elegância à mesa é valorizada. Nos séculos XVII e XVIII, surgem protocolos seguidos por toda a nobreza, crescendo o interesse pela boa mesa. Nota-se a diferença das cozinhas tradicionais e das cozinhas com pratos inventados, mais elaborados e requintados.

Os ingredientes presentes nas preparações vão se modificando lentamente. As carnes começam a dividir sua primazia com vegetais, como aspargos, brotos tenros e cogumelos. A busca pela diversidade e pela satisfação se evidencia. Animais como o peru, originário das Américas, passam a compor receitas. Aves como albatroz, cegonha, cisne, grou, garça e pavão, entre outras, apresentam nítido declínio em seu consumo, notando-se sua ausência nos livros de receitas. A produção de alimentos começa a ser controlada e orientada pelas preferências alimentares.

O consumo da carne bovina é intensificado. Há diferenciação nos cortes comercializados em açougues e citados em livros de receitas. Similarmente, começam a se distinguir as técnicas culinárias adotadas para cortes de carnes específicos: a intenção é preservar o sabor próprio dos alimentos e harmonizar seu uso.

Os temperos são utilizados mais discretamente. A manteiga e o creme de leite passam a caracterizar sensorialmente diversos pratos. O açúcar passa a ser preferido em pratos doces servidos ao final das refeições, sendo utilizado em bebidas, bolos, receitas à base de cereais, com nata, laticínios e ovos. O uso dos ingredientes torna-se mais especializado.

A Revolução Francesa também trouxe mudanças na culinária. Restaurantes foram criados, e a *haute cuisine*[3] deixou de ser uma característica de riqueza e tornou-se popular nesses novos estabelecimentos, que se diferenciavam pela limpeza, pela tranquilidade, pelo espaço e pela decoração aprimorada.

O crescimento cultural e econômico vivenciado pela França entre o século XVII e o início da Primeira Guerra Mundial (1914) tornou a cozinha francesa referência para os demais povos. Técnicas culinárias e receitas com ingredientes acessíveis foram utilizadas em todo o mundo. *Chefs* de diferentes países iam habitar a corte francesa para absorver seus conhecimentos. Intercâmbios culturais aconteciam e influenciavam a estética à mesa de outros povos e do próprio povo francês.

A técnica de conservação de mantimentos em vidro e posteriormente em latas iniciou a era dos produtos industrializados. Pasteurização, refrigeração e congelamento modificaram o mercado de alimentos e o sistema de distribuição.

Os equipamentos de cozinha usados na produção de alimentos evoluíram. A geladeira passou a ser comercializada para uso doméstico. O fogão a gás surgiu, e a evolução dos eletrodomésticos refletiu-se nos hábitos alimentares e na estrutura familiar e social. A mecanização dos trabalhos domésticos, a industrialização dos alimentos, o ritmo de vida acelerado, somados ao transporte aéreo rápido, foram fatores que possibilitaram a internacionalização da culinária.

No início do século XX, o aumento populacional europeu exigiu providências. Cresceram as importações. A variedade na oferta de produtos foi inevitável. Os preços dos alimentos caíram e seu acesso foi facilitado.

O ritmo crescente da indústria exigiu refeições rápidas. A alimentação diária nas grandes metrópoles deixou de ser prazerosa, excluindo o convívio familiar. Com a entrada das mulheres no mercado de trabalho e o aumento da jornada para os homens, a alimentação é transformada. As refeições passam a ser preparadas rapidamente e consumidas do mesmo modo.

A preços módicos e com técnicas de preparo facilitadas, surge no mundo o *fast-food*. Seu principal aspecto é a rapidez, agregada a um serviço simples e produtos de pouca complexidade.

Explicada pelo estilo de vida do homem moderno citadino, a comensalidade contemporânea caracteriza-se pela escassez de tempo para o preparo e o consumo de alimentos; pela presença de produtos gerados com novas técnicas de conservação e preparo, que agregam tempo e trabalho; pelo vasto leque de itens alimentares; pelos deslocamentos das refeições de casa para estabelecimentos que comercializam alimentos (restaurantes, lanchonetes, vendedores ambulantes, padarias, entre outros); pela crescente oferta de preparações e utensílios transportáveis; pela oferta de produtos provenientes de várias partes do mundo; pelo arsenal publicitário associado aos alimentos; pelo consumo de alimentos em coletividade; pela diversidade de alimentos; e pela crescente individualização dos rituais alimentares.

As normas alimentares representadas por regras e modelos de conduta, amplamente seguidos em uma dada sociedade ou em um dado grupo social, sofrem influências diversas de princípios gastronômicos, culinários, dietéticos e simbólicos. Essas normas distinguem-se em dietéticas e sociais, que se relacionam mutuamente. A primeira, referente à prescrição dietética, segue preceitos científico-nutricionais, é divulgada por profissionais da área. A segunda segue convenções relativas ao consumo de alimentos durante o dia, incluindo condições e contexto do ocorrido.

Qual seria a resposta de um adolescente, principal vítima da mundialização do gosto, brasileiro de classe média/alta se interpelado sobre sua verdadeira refeição? Provavelmente citaria produtos internacionalizados, como aqueles produzidos em sistemas *fast-food*, distantes da refeição padrão brasileira, composta por arroz, feijão, carne, guarnição e salada.

Estudiosos entendem que o processo de mundialização tornou a comida típica parte de um plano simbólico. A industrialização é capaz de reproduzir esses pratos em qualquer lugar do mundo. Mesmo que a qualidade de determinados produtos seja duvidosa, outros são perfeitamente aceitáveis e compõem cardápios que, pela sua origem, deveriam divergir significativamente.

A estética do gosto em culturas consolidadas resiste à estandardização alimentar por componentes da própria cultura. A história explica a tradição. A existência ou não da tradição explica a vulnerabilidade a padrões alimentares globalizados, o desterritorialismo.

No Brasil, por exemplo, os serviços gastronômicos, especialmente os de autosserviço, são adequados a uma realidade específica: servem preparações de aceitação regional de forma mais rápida. Evidencia-se a procura por comida típica quando se observam as famílias e, principalmente, os idosos que frequentam esses estabelecimentos. A estética do alimento servido

---

3 *Haute cuisine* — expressão francesa que caracteriza a comida preparada de maneira elaborada, geralmente por um *chef*, e apresentada de maneira elegante. Uma comida preparada de forma perfeita (GOMENSORO, 1999).

remete os clientes ao ambiente familiar; inclui relações sociais, constitui-se num diferencial importante; relembra traços de sua tradição alimentar. Esses alimentos são procurados mesmo quando contrariam conceitos científicos sobre saúde.

Observa-se o esforço, por parte de empresas multinacionais, em criar produtos acrescidos de ingredientes regionais como parte da estratégia para obtenção de sucesso. A estética da comida regional não é apenas a da comida nativa, consiste em uma fusão cultural de formação, colonização ou da própria evolução. É certo que determinados produtos, como chocolate, refrigerantes, cerveja, biscoitos, entre outros, são cosmopolitas: o mundo os absorveu, usando-os regularmente.

Os hábitos alimentares das populações das grandes metrópoles abarcaram imensa variedade de produtos. Essas pessoas usufruem da modernidade e da flexibilidade que o mundo contemporâneo exige e utilizam seus pratos regionais de forma simplificada, adaptadas aos dias atuais.

A história da economia impede, conforme conveniência do mundo capitalista, que preparações comuns à mesa de alguns povos sejam consumidas regularmente. São introduzidos novos hábitos alimentares, que passam a integrar rituais alimentares quando são percebidos ideais para situações específicas, haja vista a batata, de fácil cultivo, adaptável a quase todo tipo de solo e tolerante ao longo armazenamento, que, levada à Europa pelos espanhóis, possibilitou ao continente escapar da fome cíclica graças à expansão de suas plantações. No Oriente, alimentos exóticos são consumidos não só por serem culturalmente aceitos, mas porque, em determinado período da história, seu uso se tornou indispensável, sendo a única opção existente.

O conceito de regime alimentar, segundo enfoque dado pelo economista Storel Jr. (2005) resume-se à ideia de que dietas alimentares são determinadas por fenômenos políticos, sociais e econômicos mais gerais e representam uma das mais importantes esferas para a regulação das economias capitalistas, tanto nos países desenvolvidos como nos subdesenvolvidos.

Em estabelecimentos servidores de refeições, tendências alimentares ditam as normas adotadas para a produção de receitas, resultando em uma nova estética. A *nouvelle cuisine*, disseminada primeiramente na França e depois levada a outros países, preconizava o uso de ingredientes submetidos ao mínimo processamento. A busca por sabores naturais, sem molhos encorpados, era o objetivo principal. Em concordância com os preceitos da *nouvelle cuisine*, surgiram na década de 1990 a *cuisine equilibrée*, ainda na França, e o *raw food*, nos Estados Unidos. Nessas tendências, as temperaturas de cozimento devem ser mínimas, não ultrapassando 60 °C, e os vegetais são os alimentos preferidos.

Antagônica às imposições capitalistas, na década de 1980 surge uma outra tendência alimentar: o *slow food*[4]. Esse movimento contrapõe-se à adoção de dietas afluentes[5] e globalizadas. O *confort food*, outro movimento originado nos Estados Unidos, é fortalecido pelos acontecimentos catastróficos da vida cidadã, como o de 2001, nos Estados Unidos da América, pois a busca de sensações que despertem lembranças de estabilidade e resgatem valores também é feita por meio da alimentação e influencia a estética do gosto.

Decisivo no consumo de alimentos é a aceitação sensorial que compõe o padrão alimentar do indivíduo ou do grupo. Na infância, as preferências alimentares, além de determinadas por influência do ambiente, também estão relacionadas com a familiaridade da criança com o alimento, que comumente apresenta certa restrição a alimentos novos (neofobia): são as preferências alimentares do grupo sendo repassadas para as próximas gerações.

Multifatorial, a formação da estética do gosto reflete não só uma necessidade biológica, mas a heterogeneidade cultural existente no espaço urbano, influenciada por fatores econômicos, políticos, religiosos e sociais. Essa estética encontra na família seu primeiro multiplicador, sendo os hábitos e as tradições alimentares transmitidos para o homem desde seu nascimento, interferindo em escolhas individuais e coletivas que limitam a seleção de alimentos e suas formas de preparo. Visualizada em livros de receitas, a estética do gosto reflete a história de uma sociedade. Observa-se a presença de técnicas cada vez mais refinadas e modernas na elaboração de pratos ao longo dos tempos.

2.1.1 A estética do gosto e os sentidos

A qualidade de um alimento está diretamente relacionada à sensação que desperta. Essa sensação, que pode ser prazerosa ou não, é percebida por meio de sinais elétricos que são enviados ao cérebro pelo sistema nervoso através de neurônios. Inicialmente, o indivíduo que é posto em contato com algum alimento receberá estímulos em seus sentidos decorrentes de características inatas desse alimento. Esse primeiro momento é denominado de sensação. Quando o indivíduo filtra, interpreta e reconstrói as informações recebidas pelos sentidos, ocorre a percepção. No entanto, existe um limiar, ou seja, uma intensidade mínima de estímulo externo para que ocorra a sensação e consequentemente a percepção. São quatro os tipos de limiares:

---
[4] *Slow food* — movimento internacional sem fins lucrativos, democrático e de utilidade social. Baseia—se na associação voluntária de pessoas com a intenção de cultivar os interesses culturais e gastronômicos em comum. *(SLOW FOOD BRASIL, 2006).*
[5] Dieta afluente — dieta com excesso de alimentos de grande densidade energética, rica em gordura e açúcar refinado simples, e por diminuição no consumo de carboidratos complexos (GARCIA, 2003).

- Limiar de detecção — corresponde à intensidade mínima de um estímulo necessária para produzir uma sensação;

- Limiar de reconhecimento — corresponde à intensidade mínima de um estímulo necessária para identificar a sensação percebida;

- Limiar de diferença — é a menor diferença perceptível na intensidade de um estímulo;

- Limiar terminal — é a intensidade mínima de um estímulo abaixo da qual nenhuma diferença pode ser percebida.

A percepção de determinado alimento pode ser alterada por novas percepções continuamente. Essas modificações vão sendo acumuladas na memória, formando a impressão. A qualidade sensorial de um alimento está relacionada não apenas às suas características, mas às condições fisiológicas, psicológicas e sociológicas do indivíduo ou grupo que o aprecia, sendo resultado da interação entre o alimento e o homem. No processo de percepção devem ser considerados concomitantemente os sinais, a integração e a interpretação.

Na infância, quando são oferecidos os primeiros alimentos, a variação genética na percepção do sabor afeta a resposta à intervenção nutricional, moldando o padrão de aceitação de alimentos pelas crianças. A rejeição a determinado alimento deve ser trabalhada por meio da exposição repetida do produto à criança, com possibilidade, então, de se formar uma impressão positiva.

A escolha do alimento e a quantidade a ser ingerida também são influenciadas pela informação cultural previamente recebida pelo indivíduo, tendo estas as mais variadas origens. Crianças podem aprender que existem alimentos mais palatáveis que outros, mas que sua importância nem sempre obedece a essa razão. A família e/ou grupo no qual uma criança se desenvolve possui grande relevância nas suas preferências alimentares. O comportamento alimentar da família e as práticas que adotam na alimentação da criança proporcionam importantes componentes ambientais que moldam os padrões de aceitação dos alimentos.

A percepção de um alimento envolve a participação dos cinco sentidos – visão, olfato, paladar, tato e audição, que conjuntamente são capazes de definir sua qualidade sensorial. Na oferta de preparações alimentícias a indivíduos ou a grupos, é importante atender às expectativas relacionadas a todos os sentidos. As informações captadas pelo indivíduo somam-se, e, por isso, individualizar cada característica no planejamento de receitas é de extrema importância para que o resultado final seja bem aceito.

2.1.2 Órgãos dos sentidos

Visão

Normalmente, é pela visão que se tem o primeiro contato com o alimento. No olho encontra-se a retina – composta por cones e bastões, células especializadas –, na qual a cor é detectada e se define a forma do objeto visualizado. Com a visão é possível definir as características físicas de um alimento: cor, tamanho, forma, textura, impurezas, entre outras. Este sentido pode despertar fortes sensações no organismo, predispondo o indivíduo a uma avaliação positiva ou negativa.

Estudos identificaram que a visualização dos produtos antes do preparo pode ser um fator de interferência na avaliação sensorial de alimentos: alimentos crus, percebidos negativamente, provavelmente gerarão avaliações semelhantes após o preparo. A aparência do alimento muito contribui para sua aceitação. A combinação de cores e a montagem de uma preparação devem atender a expectativas que despertem no indivíduo o estímulo para ingerir a refeição oferecida. Alguns outros aspectos podem interferir no julgamento pela visão: fadiga ocular, iluminação não uniforme, cor do ambiente, dentre outros.

A cor em alimentos é referencial de qualidade do produto. Ao se identificarem colorações intensas, percebe-se, por exemplo, o grau de maturação de hortaliças e frutas. Também é possível avaliar a inadequação para o consumo quando cores consequentes de traumas ou avançado estado de amadurecimento se fazem presentes.

Olfato

O olfato é o sentido que responde a estímulos de energia química; permite identificar o aroma e o odor dos produtos. Odor é a propriedade sensorial perceptível pelo órgão olfativo quando certas substâncias voláteis são aspiradas. Aroma é a propriedade sensorial perceptível pelo órgão olfativo via retronasal durante a degustação.

Ao final da preparação e após a mastigação, compostos voláteis que constituem o aroma característico do alimento se desprendem e ativam os receptores no epitélio olfativo, localizado no dorso da cavidade nasal, no septo e na parte dos turbinados superiores – estruturas ósseas que criam um fluxo aéreo turbulento que permite a percepção dos compostos voláteis pelas células olfativas. O aroma passa às narinas através da nasofaringe; as substâncias voláteis se solubilizam no muco aquoso do nariz e contatam o epitélio olfativo. No topo do nariz há cílios do receptor olfativo – terminações dos neurônios olfativos produtoras de impulsos elétricos que são levados ao cérebro.

Os processos olfativos ocorrem em estruturas anatômicas que constituem o sistema límbico, responsável pelas emoções e pelas memórias. Este fenômeno justifica a capacidade de determinado aroma despertar sentimentos de lembranças e associações com momentos vividos, realçando a importância do olfato na alimentação e nas respostas prazerosas.

Uma ilustração clássica do efeito do aroma em nossas emoções subconscientes foi escrita por Marcel Proust, em sua obra "Em busca do tempo perdido". Nela, o autor retrata um dia de inverno intenso em que sua mãe lhe ofereceu chá com *petit madeleines* para espantar o frio. Tendo aceitado a oferta o narrador relata o consumo, inicialmente maquinal e triste, acabrunhado pela manhã sombria, tornar-se de repente, com o gole do chá e com as migalhas do bolo tocando o seu paladar, um forte prazer de causa desconhecida. A euforia misteriosa, cuja origem e forma de apreensão não era inicialmente identificada, aos poucos chega à superfície de sua clara consciência. E a lembrança surge subitamente: o gosto era do pedaço de *madeleine* que, nos domingos de manhã, em Combray, sua tia Leôncia lhe oferecia (...) o odor e o sabor permanecem ainda por muito tempo, como almas, que lembram, que aguardam e que esperam o edifício imenso da recordação, em sua gotícula impalpável, quando nada mais subsiste de um passado remoto, após a morte das criaturas e a destruição das coisas. Assim, o odor e o sabor permanecem ainda que sozinhos, mais frágeis, porém vivos, mais imateriais, mais persistentes e mais fiéis. (Marcel Proust, 2004)

> Muitas vezes sentir o odor de determinado alimento estimula mais o apetite do que simplesmente visualizá-lo. O odor sugere o contato direto e evoca o prazer de comer.

O odor está sujeito às variações decorrentes de fatores como fadiga e adaptação, que podem levar a não percepção de um odor após longo tempo de exposição deste. Por ser produzido por substâncias voláteis, também pode ocorrer o mascaramento de um odor por outro; a mistura de dois odores distintos; e a percepção de vários odores separadamente.

Podem ainda ocorrer percepções patológicas de odores, que interferem na sua interpretação. Essas alterações podem decorrer de processos de desnutrição, de algumas patologias, do uso de medicação, de intervenção cirúrgica, de exposição ambiental e do envelhecimento.

A anosmia é uma das alterações da percepção do odor ocasionada pela deficiência de sensibilidade aos estímulos olfativos, podendo ser total ou parcial, temporária ou permanente e normalmente ocorre na senilidade. Por sua vez, a hiperanosmia é a percepção aumentada do odor e pode ocorrer nos meses iniciais da gravidez. A autonosmia é a percepção de determinado odor, independentemente de qualquer estímulo. Enquanto a heterosmia é a interpretação mental de um odor de forma ilusória, ocorrendo troca de odores.

O aroma é fundamental para a apreciação de um produto alimentício. Juntamente com o gosto este forma o sabor ou *flavor* do alimento.

> Segundo Savarin, não há degustação completa sem a participação do olfato... O olfato e o gosto formam um único sentido, do qual a boca é o laboratório, e o nariz, a chaminé; ou, para falar mais exatamente: um serve para a degustação dos corpos táteis e o outro para a degustação dos gases.

Paladar

O paladar, como sentido, possui uma função básica, que é a de selecionar alimentos aptos para o consumo. Além disso, inicia o organismo humano em um processo pré-digestivo, no qual são acionadas secreções salivares, gástricas, pancreáticas e intestinais. Essa fase é denominada de fase cefálica. As preferências alimentares estão diretamente relacionadas ao paladar. Estudos indicam que há uma associação direta entre o gosto de um alimento e as consequências advindas após sua ingestão – a escolha e a quantidade de determinado alimento respeitam as experiências previamente vividas em relação a ele.

Doce, salgado, amargo e ácido são os quatro gostos fundamentais percebidos pelo paladar. Atualmente, foi descrito o umami[6], que se refere ao poder de certas substâncias realçarem os demais gostos, como o glutamato, o inosinato e o guanilato; além do gosto metálico, proveniente dos sais de ferro, do gosto calcário, originário de sais de cálcio, e do gosto adstringente.

A seguir, a distribuição dos receptores para os gostos básicos e para as substâncias a que estão relacionados. No entanto, a literatura diverge quanto à questão, uma vez que alguns pesquisadores consideram que a percepção desses gostos pode ocorrer em mais de uma região receptora.

- Doce —— este gosto está ligado à existência de pelo menos dois átomos que guardam entre si distâncias determinadas e dos quais um é receptor e o outro doador de prótons; são principalmente álcoois, açúcares e derivados. Habitualmente, a percepção do gosto doce ocorre na ponta da língua.

- Ácido e salgado —— em geral ambos são percebidos nas laterais da língua. O gosto salgado deve-se aos sais de sódio e em menor escala aos de

---

6 Do japonês —— agradável, gostoso. (Lawless & Heymann, 1998)

potássio e à presença de determinados ânions nestes sais. No caso do gosto ácido ou azedo, existe uma relação com ácidos e com sua possibilidade de produzir prótons por ionização. Também importante é a natureza do ânion responsável pelas diferenças de gosto azedo correspondentes a diferentes ácidos;

- Amargo — este gosto está relacionado às mesmas substâncias do sabor salgado. A região de sua percepção, geralmente, é a base da língua, às vezes ocorre na garganta.

No centro da língua não há região sensível ao gosto. Também não há uma área de transição de um gosto para outro. O gosto doce pode ser percebido por algumas papilas e por outras não, apesar de se concentrarem na ponta da língua. Da mesma forma, determinada papila localizada na ponta da língua pode ser levemente sensível a algum alimento amargo.

Os gostos básicos interagem e podem confundir a interpretação entre gostos diferentes. Também pode ocorrer uma inibição reversível oriunda de um mecanismo de defesa do organismo ao deparar com o gosto amargo de alcaloides e o metálico dos metais pesados. Esses gostos são associados a venenos ou a outras substâncias nocivas e desencadeiam padrões motores que inibem a ingestão, como, por exemplo, a desativação de receptores dos açúcares.

Situações patológicas podem alterar a percepção do gosto. A ageusia é a perda do sentido do gosto. A hipogeusia refere-se ao decréscimo da sensibilidade do gosto, enquanto a parageusia é a alteração dessa sensibilidade. Mesmo na ausência de qualquer patologia, cada indivíduo tem sua percepção para cada gosto, que pode ser influenciada por outros fatores, como temperatura, pressão, adstringência.

A preferência pelo gosto doce existe na infância e pode se perpetuar ao longo da vida do indivíduo. Alimentos com elevado teor energético, ou seja, aqueles doces ou ricos em gorduras, normalmente são considerados mais saborosos por crianças, sendo essa predileção mutável na fase adulta. Nesta etapa, fatores culturais, socioeconômicos e nutricionais são comumente de maior relevância, definindo o consumo de alimentos.

O resultado final da percepção do alimento, o *flavor*, sofre influência de substâncias químicas liberadas pelos alimentos no decorrer da mastigação e da deglutição. Essas substâncias estimulam vários componentes estruturais responsáveis pelo sabor. Os movimentos da língua, como os de compressão do alimento contra o céu da boca ao se consumir um chocolate, podem estimular e prolongar as sensações de sabor no palato mole, justificado pela sequência temporal da estimulação dos receptores de sabor durante a manipulação oral e a deglutição subsequente do alimento, proporcionando a singularidade de cada receita.

Em dietas com restrição de ingredientes como gordura, açúcar e sal, a percepção do *flavor* é prejudicada.

Tato

Extremamente sensíveis, os receptores do tato estão distribuídos pelo interior da boca, pelos lábios e pelas mãos. As informações transmitidas pelo tato são referentes à textura, à forma ou à figura, ao peso, à temperatura e à consistência do alimento e complementam as informações captadas pela visão, podendo substituí-la na sua ausência.

A textura é definida pelas propriedades reológica[7] e estrutural[8] de um alimento, perceptíveis pelos receptores mecânicos, táteis e, eventualmente, pelos receptores visuais e auditivos. Decorre de reações químicas entre proteínas e demais constituintes alimentares. Sensorialmente, a textura manifesta-se em termos de:

- reação de *estresse* — que é medida como propriedade mecânica relativa à firmeza, à adesividade, à coesividade, à gomosidade e à viscosidade pelo sentido cinestésico[9] nos músculos das mãos, dos dedos, da língua, do maxilar ou dos lábios. Por meio da percepção cinestésica é possível, inclusive, verificar o grau de maturação de frutas e queijos;

- sensações táteis — referem-se à granulosidade, à arenosidade, à cristalinidade, à floculação ou às propriedades de suculência, como umidade, oleosidade, secura, percebidas pelos nervos táteis da superfície da pele das mãos, dos lábios e da língua (Tabela 2.1).

---

7 Propriedade reológica — refere-se a agregação, gelatinização, elasticidade e extensibilidade de massas e à formação de fibras. (Rosenthal, 1999)
8 Propriedade estrutural — refere-se à viscosidade, adesão, formação de redes tridimensionais. (Rosenthal, 1999)
9 Cinestésico — efeito relativo às sensações táteis, de texturas, de ardor, de temperatura dos alimentos. (Rosenthal, 1999)

Tabela 2.1 | Alguns atributos de textura em alimentos

Atributo	Definição	Referências	Escala de valor
Dureza	Força necessária para romper uma substância entre os dentes molares (alimentos sólidos) ou entre a língua e o palato (alimentos semissólidos).	Requeijão	1
		Clara de ovo cozida por cinco minutos	2
		Salsicha crua sem casca	3
		Queijo prato	4
		Azeitona	5
		Amendoim	6
		Cenoura crua	7
		Amêndoa (castanha de caju)	8
		Açúcar candy	9
Coesividade	Quantidade de deformação sofrida pela substância antes da ruptura, quando mordida completamente, usando os molares.	Bolo leve (sonho)	1
		Queijo americano	5
		Pão branco	7
		Soft pretzel	8
		Fruta seca	10
		Fruit chew – tipo de bala mole	12
		Caramelo	13
		Goma de mascar	15
Viscosidade	Força necessária para retirar um líquido da colher para a língua. A técnica para avaliação da viscosidade é colocar uma colher com alimento dentro da boca e sorvê-lo.	Água	1
		Solução de sacarose 40%	2
		Solução de sacarose 50%	3
		Solução de sacarose 60%	4
		Xarope de milho	5
		Xarope de chocolate	6
		Leite condensado (96%)	7
		Leite condensado	8
Elasticidade	Força com a qual a amostra retorna para seu tamanho/forma original, depois de uma compressão parcial (sem quebra) entre a língua e o palato.	Queijo cremoso	0
		Salsicha de cachorro quente	5
		Marshmallow	9
		Gelatina	15
Adesividade ao palato	Força necessária para remover completamente o produto do palato, usando a língua, depois de completa compressão entre a língua e o palato.	Óleo vegetal hidrogenado	1
		Queijo americano tipo cheddar	
		Marshmallow	6
		Queijo cremoso	8
		Manteiga de amendoim	12
Fraturabilidade	Força com que a amostra se desintegra, racha ou se fragmenta. Alimentos que apresentam baixa coesividade e certo grau de dureza.	Sonho de milho	1
		Bala toffee	7
Mastigabilidade	Número de mastigações necessárias para que a amostra tenha consistência adequada para ser engolida.	Pão fresco	1
		Salsicha	2
		Goma	3
		Carne assada	4
		Bala do tipo drops	5
		Bala toffe	6
		Alcaçuz	7
Gomosidade	Termo utilizado para produto com alto grau de coesividade e baixo grau de dureza.	Pasta de farinha 40%	1
		Pasta de farinha 45%	2
		Pasta de farinha 50%	3
		Pasta de farinha 55%	4
		Pasta de farinha 60%	5
Granulosidade	Grau de presença de partículas grandes e/ou pequenas no alimento ou na superfície.	Gelatina	0
		Casca de laranja	5
		Chips de batata	8
		Barra de granola	12
		Waffle	15

		Biscoito do tipo *cracker*	0
		Cenoura fresca sem casca	3
Umidade	Quantidade de água na superfície ou massa do alimento.	Maçã	7,5
		Presunto	10
		Água	15
Cobertura de boca	Grau com que o alimento recobre a língua e o palato, durante a mastigação.	Amido de milho cozido	3
		Purê de batata	8
		Pasta de dente	12

Fonte: CHAVES; SPROESSER, 2005; MEILGAARD et al., 1991

Os números encontrados na coluna Escala de Valor da Tabela 2.1 referem-se ao valor que cada alimento de referência recebe dentro de determinada escala de atributo. Por exemplo, para o atributo umidade, os extremos da escala seriam nota 0 para biscoito do tipo *cracker* e nota 15 para água.

> A sensação de dor provocada por substâncias pungentes como pimentas e ácidos voláteis se relaciona à estimulação de receptores específicos através das mucosas nasal, retronasal e bucal.

Assim, o tato exerce importante influência na aceitação de determinado alimento. Alimentos viscosos e gelatinosos podem gerar percepções negativas, mesmo que atendam às expectativas quanto aos demais sentidos. A textura mais firme de alguns alimentos é capaz de estimular os nervos envolvidos na fase da deglutição oral e estimula o consumo de alimentos, tornando-os mais atraentes.

Audição

Junto com o tato, a audição permite a percepção da textura de alimentos e de bebidas. As características percebidas pelo tato e pela audição, simultaneamente, referem-se à crocância, à gaseificação, à gomosidade, à arenosidade e a outros atributos de textura.

Os sons emitidos na mastigação e na deglutição caracterizam os alimentos. A experiência sensorial vivenciada por um indivíduo permite que ele estabeleça expectativas sobre os alimentos a consumir. Os sons provocados pela mordida ou pela mastigação completam a percepção da textura e fazem parte da satisfação de comer.

Além da consistência exigida pela dieta, a restrição de alguns ingredientes como a gordura, o leite e o ovo, que possuem propriedades específicas quanto à textura, à forma e à consistência do alimento, deve ser avaliada para que outros ingredientes com propriedades semelhantes sejam utilizados.

• 2.2 •
Avaliação da estética ou análise sensorial

A utilização dos sentidos para avaliar alimentos e bebidas data dos primórdios da civilização. Sua importância revela-se inicialmente na identificação de produtos aptos ou não ao consumo humano. Na indústria de alimentos define o sucesso do lançamento de produtos no mercado.

A análise sensorial constitui uma ferramenta importante para o desenvolvimento de produtos. Ignorá-la é não aceitar as tendências mercadológicas, indispensáveis às empresas que almejam desempenho diferenciado, aperfeiçoando continuamente os processos associados à compreensão do mercado e ao planejamento da linha de produtos.

Como conhecimento científico, a análise sensorial é usada para evocar, medir, analisar e interpretar reações às características dos alimentos e dos materiais percebidas pelos sentidos da visão, do olfato, do paladar, do tato e da audição. Estabelece parâmetros de qualidade que otimizam a fiscalização do produto, evitando possíveis adulterações.

A diversidade de métodos a serem empregados visa a atender aos objetivos específicos da análise aplicada. Podem representar a aceitação do consumidor, diferenças entre produtos novos e similares convencionais e a identificação das principais características que levam à diferença entre esses produtos.

Os testes sensoriais podem ser agrupados em duas categorias. A primeira, considerada resposta objetiva, é realizada por degustadores treinados. Utiliza-se a imparcialidade para definir os resultados. Visa a identificar referenciais para testes semelhantes. Os resultados podem ser subclassificados em discriminativos e analíticos. A segunda refere-se aos testes de resposta subjetiva, revelando preferências e opiniões pessoais.

A Associação Brasileira de Normas Técnicas (ABNT,1993) relaciona diretamente três tipos de testes: discriminativos, referentes às diferenciações qualitativas e/ou quantitativas entre as amostras; descritivos, que descrevem qualitativa e quantitativamente as amostras;

subjetivos, que expressam a opinião pessoal do julgador. Porém, as divergências nas classificações dos testes sensoriais apresentadas na literatura não interferem no objetivo final de cada teste, tampouco em suas descrições.

De acordo com alguns autores, a aplicação de testes sensoriais deve ocorrer em diferentes etapas de elaboração do produto para se validar o processo. Resultados positivos possibilitam a formação de uma sequência adequada da cadeia produtiva. São listados como fases de intervenção: seleção e caracterização de matérias-primas; seleção do processo de elaboração; estabelecimento das especificações das variáveis nas diferentes etapas do processo; otimização da formulação; seleção dos sistemas de envase e condições de armazenamento; e estudo da vida útil do produto.

O campo da análise sensorial expande-se desde a segunda metade do século XX, acompanhando o desenvolvimento da indústria de alimentos entre os anos de 1940 e 1950. Nessa mesma época, pesquisas em análise sensorial foram fomentadas pelo governo estadunidense com o intuito de prover alimentos mais aceitáveis às Forças Armadas na ocasião da Segunda Grande Guerra. Nesse contexto, os atributos organolépticos primários foram identificados, e as características dos alimentos foram reunidas e categorizadas quanto a seus efeitos cinestésicos de *flavor* e de aparência.

Na década de 1970, a qualidade sensorial passou a ser entendida como a interação entre as características químicas, físicas e estruturais dos alimentos e as condições fisiológicas, psicológicas, antropológicas, sociológicas e étnicas do homem. Evidenciou-se que fatores cognitivos são determinantes na adaptação do homem ao ambiente e, em particular, a seleção dos alimentos é profundamente afetada por eles. A variabilidade na seleção de alimentos pelo homem é um reflexo da variedade de sistemas culturais nos quais ele se insere. Assim, não apenas o alimento, mas também o homem e o contexto são preponderantes na percepção dos atributos sensoriais do produto. Ademais, foi identificado que nem o valor nutricional nem as características sensoriais de um alimento são capazes de determinar a real aceitabilidade ou consumo.

Fatores como disponibilidade, custo e hábitos alimentares também são dominantes. As pessoas mais gostam do que comem do que comem o que gostam (LEWIN, 1943).

Como citado anteriormente, no caso da cozinha oriental, alimentos cujo sabor é rejeitado num primeiro momento podem ser largamente consumidos em decorrência de pressões ambientais e da necessidade de sobrevivência, o que faz com que as populações de uma dada região consumam alimentos jamais considerados elegíveis em outros lugares.

A percepção humana dos alimentos e de outros produtos é resultante de um complexo processo de interpretação de estímulos. No atual estágio de desenvolvimento científico, as percepções de estímulos multidimensionais como os processados pelo sistema nervoso humano são difíceis ou impossíveis de serem mensuradas por meio de medidas instrumentais. A avaliação sensorial manipula uma grande sequência de estímulos cuja interpretação se relaciona à história pessoal e ao conjunto de referências, experiências e expectativas do provador. Dessa forma, esse julgamento complexo é o objeto da análise, cuja riqueza resulta da cadeia de percepções, ao contrário do que se espera da simples avaliação de uma relação estímulo-resposta.

2.2.1 Desenvolvimento dos métodos sensoriais

Até o século XIX, a produção de alimentos com adequada qualidade organoléptica dependia da acuidade sensorial de *experts* que estavam no comando da produção ou tomavam decisões acerca das alterações no processo com a finalidade de assegurar que o produto apresentasse as características desejáveis. Tratava-se da tradição histórica dos mestres cervejeiros, dos degustadores de vinhos e de queijos e de outros inspetores de alimentos que arbitravam quanto à qualidade.

Atualmente, a análise sensorial substituiu tais autoridades singulares por equipes de pessoas que participam de testes específicos baseados em delineamentos experimentais. Esse novo procedimento credita maior confiabilidade ao julgamento por uma equipe de pessoas, minimizando os riscos advindos da dependência de um *expert* que pode não refletir o que os consumidores ou segmentos específicos do mercado esperam do produto, comprometendo o processo de produção.

Como em qualquer procedimento analítico, a primeira preocupação é assegurar que o método aplicado seja apropriado para responder às perguntas feitas acerca do produto testado. Por essa razão, os testes são classificados de acordo com seu propósito primordial. A literatura indica que três tipos de testes são aplicados com objetivos diferentes; cada um seleciona os participantes por diferentes critérios.

Testes discriminativos

Os testes sensoriais mais simples são os que objetivam responder se existe alguma diferença entre dois tipos de um determinado produto, são denominados testes discriminativos. As análises baseiam-se na estatística de frequência e/ou de proporções entre respostas certas e erradas.

> Um exemplo clássico desse método é o teste triangular usado pela cervejaria Carlsberg e pela destilaria Seagrams na década de 1940 (HELM; TROLLE, 1946; PERYAM; SWARTS, 1950). Nesse teste, dois produtos eram provenientes do mesmo lote, e o terceiro, de lote diferente. Os julgadores deveriam indicar a amostra diferente entre os três produtos apresentados. A habilidade para discriminar diferenças seria inferida de respostas corretas e consistentes acima do nível previsto de acertos ao acaso. Em cervejarias, esse teste serviu primeiramente como um meio para avaliar os julgadores para análise de cerveja, assegurando sua suficiente capacidade discriminativa.

> O teste duo-trio é outro teste discriminativo: consiste na oferta de uma amostra referência acompanhada de duas outras: uma semelhante à amostra referência e a outra diferente. Pede-se ao provador para avaliar qual amostra é igual à referência.

> O terceiro tipo de teste discriminativo é o de comparação pareada. Solicita-se aos provadores indicar qual dos dois produtos oferecidos apresenta maior intensidade em um determinado atributo: por exemplo, entre duas marcas de iogurte, qual a de maior acidez.

Testes descritivos

Os métodos descritivos buscam quantificar as intensidades percebidas dos atributos e as características organolépticas de um produto. O primeiro método foi desenvolvido em 1940 para identificar o perfil de sabor, visando a solucionar problemas a respeito de sabores desagradáveis em cápsulas de suplementos alimentares e questões relacionadas ao impacto do glutamato monossódico em vários alimentos industrializados.

O método de perfil de textura foi desenvolvido na década de 1960. Esta técnica utilizava um referencial fixo (Tabela 2.1) para atributos relacionados à força e à forma dos alimentos, para assim caracterizar as propriedades reológicas e táteis dos produtos e como essas propriedades seriam alteradas durante a mastigação.

Por volta de 1970, foi proposto outro método que remediaria as deficiências da análise de perfil de sabor e seria aplicada a todas as propriedades organolépticas dos alimentos, não analisando mais individualmente a textura ou o sabor do produto. Esse método foi denominado de Análise Descritiva Quantitativa® (ADQ). São utilizados recursos fundamentados em análises estatísticas e propicia, dessa forma, julgamentos objetivos. Parece ser a mais completa, elucidativa e informativa ferramenta de análise sensorial, aplicável na pesquisa, no desenvolvimento e no controle de qualidade de produtos.

Testes afetivos

Os testes afetivos visam a quantificar o grau de aceitação ou de rejeição de um produto, bem como identificar a preferência dos consumidores em relação a determinados produtos. O desenvolvimento da escala hedônica pelo Instituto de Armazenamento e Suprimento das Forças Armadas Norte-Americanas, ao final da década de 1940, foi um marco histórico nessa classe de testes. Pretende-se avaliar a aceitação de um produto com base em um julgamento feito numa escala de nove pontos ancorados por advérbios que representam psicologicamente passos e mudanças simétricas no julgamento hedônico.

> Pesquisa realizada por Ginani (2003) para modificar o conteúdo de gordura em preparações regionais mostra que o teste da escala hedônica foi uma ferramenta importante para avaliar a aceitação dos produtos modificados. Os resultados obtidos com a aplicação da análise sensorial identificaram que, apesar das diferenças entre as amostras (amostras padrão e modificada) das preparações de mungunzá, pudim de tapioca, bolo de milho verde, mané pelado, empadão goiano, galinhada, quirera lapiana e feijão tropeiro, todas obtiveram aceitação similar (p>0,05). No caso do arroz de carreteiro, houve diferença significativa entre a aceitação das amostras padrão e modificada. No entanto, a média de aceitação para cada uma, 5,26 para a amostra padrão e 5,5 para a amostra modificada, revela melhor avaliação do arroz de carreteiro modificado. Para a torta de banana, a diferença entre a aceitação das amostras também foi significativa (p<0,05), demonstrando, por meio da média das aceitações, melhor avaliação para a receita padrão (5,85 contra 5,38 da amostra modificada). Os resultados levam à conclusão de que a análise sensorial é um instrumento importante para o desenvolvimento de novos produtos alimentícios, revelando, nesse caso, que a modificação nas receitas é viável.

Evidências indicam que a expectativa do gostar desempenha importante papel na avaliação do alimento. A marca, a familiaridade, o rótulo e as características sensoriais podem influenciar a percepção do produto pelo consumidor, degradando ou superestimando sua percepção antes de ser provado.

A visão masculina ou feminina de aspectos relativos à alimentação também constitui fator de interferência na avaliação sensorial. Informações divulgadas pela mídia produzem definições acerca de alimentos que pré-classificam em alimentos saudáveis ou não, subentendendo-se apropriados ou inapropriados para o consumo, respectivamente. As mulheres tendem a preferir alimentos com menor teor lipídico e calórico, buscando resultados estéticos, enquanto os homens observam fatores como vitamina A e proteína, resultado provavelmente atribuído à preocupação com nutrientes antioxidantes e ganho de massa muscular.

Testes de avaliação sensorial devem, no máximo, buscar minimizar a interferência desses fatores, ou ainda considerá-los para a interpretação dos resultados. Um esquema de codificação para as origens dos gostos e dos desgostos dos alimentos pode ser observado no Quadro 2.1.

Quadro 2.1 | Esquema de codificação para as origens dos gostos e dos desgostos dos alimentos

Natureza da origem	Categoria	Subcategoria
Afetiva	Aspectos sensoriais	Gosto, textura, cheiro, aparência, combinações alimentares, prazer/desprazer[10], prazer intenso/desprazer[11], temperatura, etc.
	Aspectos emocionais	Relaxamento, felicidade/amor/amizade, estresse/ansiedade, recompensa
	Aspectos sociais	Tradição familiar, tradição cultural, inter-relação com as pessoas, outras memórias, em família, em pares (amantes), com amigos, sozinho.
Cognitiva	Consequências fisiológicas[12]	Valor nutricional, saciedade, reações antecipadas, saúde.
	Aspectos funcionais	Flexibilidade, preparação, variedade, preço, inovação, consumo, estocagem.
	Aspectos simbólicos	Identificação das crenças sobre a origem ou sobre a qualidade, ideologias específicas, tais como natureza, ambiente, etc.

Fonte: LETARTE et al., 1997.

2.2.2 Análise sensorial como ferramenta para desenvolver e/ou modificar preparações

Preparações culinárias podem ser desenvolvidas e/ou modificadas para atender a dietas de restrição, a necessidades de redução de custos, buscando a utilização de ingredientes mais baratos, ou para o desenvolvimento de preparação com novos sabores, num processo de inovação da culinária ou da gastronomia. O efeito dessas modificações nas características sensoriais do prato pode ser mensurado por meio da análise sensorial.

Pratos para dietas com restrição de qualquer nutriente podem apresentar alterações no sabor, na aparência e na textura, por exemplo, quando o açúcar, o sal, a gordura e as fontes proteicas, como as farinhas, são substituídos.

Para avaliar a aceitabilidade da nova preparação, recomenda-se que os provadores sejam indivíduos semelhantes aos consumidores finais que sofrem a restrição dietética, por serem os reais consumidores. Por sua vez, provadores treinados são requisitados quando se busca comparar intensidades de atributos descritivos entre a preparação original e a modificada, isto é, quando se pretende avaliar como e quais características sensoriais foram afetadas pela modificação. Dessa forma, dados descritivos gerados por essa equipe podem ser correlacionados com os resultados dos testes afetivos, auxiliando a tomada de decisão acerca das alterações das receitas.

Adicionalmente, a aplicação de testes de aceitação das preparações – original e modificada – em indivíduos sem restrições dietéticas pode ser útil para monitorar se tais mudanças nos atributos descritivos foram positivas, negativas ou não afetaram a aceitabilidade.

Para alimentos com restrição de nutrientes, tem-se como exemplo o desenvolvimento de preparações para celíacos, realizado por Zandonadi, Botelho e Araujo (2005), que substituíram a farinha de trigo por outras farinhas isentas de glúten e adicionadas de *Psyllium*[14] na produção de macarrão, pão, pizza, biscoito e bolo isentos de glúten, e avaliaram sua aceitabilidade. Foi aplicado o teste de escala hedônica em indivíduos celíacos, que avaliaram cor, odor, sabor e textura dos produtos. Os resultados revelaram percentuais de aceitação maiores que 94,0%, indicando que os potenciais consumidores apreciaram muito as preparações.

Os provadores não celíacos também aceitaram muito bem os produtos desenvolvidos. Observou-se que a substituição da farinha de trigo por outras farinhas isentas de glúten adicionadas de *Psyllium* aumentou significativamente a aceitação de todos os atributos avaliados. Para a *pizza* modificada, verificou-se melhor textura, enquanto para o biscoito houve menor aceitação no sabor e na avaliação geral da formulação modificada; entretanto, as médias desses atributos situaram-se entre os termos afetivos "gostei" e "gostei muito". Para macarrão e bolo, não houve diferença na aceitação para nenhum dos atributos avaliados.

A análise realizada permitiu identificar a importância dos testes sensoriais no desenvolvimento da qualidade dos produtos, ora para atender a necessidades

---

10 Prazer/desprazer — expressão do nível leve ou moderado de prazer ou desprazer genérico.
11 Prazer intenso/desprazer — expressão do nível alto e resposta hedônica genérica com nenhuma referência a nenhum aspecto da experiência sensual. Ex.: eu simplesmente amo esta comida!
12 Consequências fisiológicas — benefícios para gostos e consequências antecipadas para os desgostos
13 Celíaco — indivíduo que tem intolerância ao glúten, proteína presente no trigo, centeio, cevada, aveia. (ZANDONADI; BOTELHO; ARAÚJO, 2005)

14 Psyllium — polissacarídio viscoso que apresenta alto poder de absorção de água e formação de gel e pode ser aplicado em preparações para melhorar suas características sensoriais. (ZANDONADI; BOTELHO; ARAÚJO, 2005).

especiais, ora para o desenvolvimento de novas texturas, sabores e aromas.

O uso da análise sensorial confirma, com seus preceitos científicos, a premissa de Ferran Adrià[15] sobre os caminhos para alcançar a harmonia de produtos e sabores: por meio da memória (desconstrução, conexão com o autóctone, adaptação, receitas modernas anteriores) ou de novas combinações, pois viabiliza uma triagem prévia de pratos que poderão ser servidos com sucesso ao consumidor, por levar-se em consideração o ser em sua totalidade.

> Comemos com o tato, a vista, o olfato, o paladar. Se você pode provocar todos os sentidos, não há por que se limitar a um só (ADRIÀ, 2003).

---

[15] Ferran Adrià, espanhol, responsável pelo restaurante El Bulli, vem colocando sua habilidade na cozinha como referência na gastronomia mundial, pesquisando combinações de ingredientes em seu sabor, textura e temperatura, e dando aos seus pratos um deleite não só para o paladar, mas também para a visão.

Capítulo 3
Um aperitivo de química: átomos, moléculas, cores e sabores

Wilma M. C. Araújo, Luiz Antônio Borgo,
Lívia L. de O. Pineli e Klecius Renato S. Celestino

Azzellini, ao prefaciar o livro *Moléculas em exposição*[1], discorreu sobre o fato de que vivemos em um mundo material, que a interação com essa matéria se reflete na qualidade de nossas vidas e que esta é essencialmente constituída por moléculas. A química refere-se ao estudo científico da constituição da matéria, ou seja, das moléculas, de suas propriedades e transformações, portanto conhecê-la é fundamental para entender o mundo material. As moléculas são representações das estruturas e das propriedades de uma substância composta de um ou mais átomos.

Na Terra, toda matéria é uma mistura de aproximadamente cem substâncias puras denominadas elementos: hidrogênio, oxigênio, nitrogênio, carbono, etc. O átomo é a menor partícula na qual um elemento pode ser subdividido sem perder suas características e propriedades. Todos os átomos são feitos de partículas subatômicas, elétrons, prótons e nêutrons. As diferentes propriedades de cada elemento surgem das variadas combinações das partículas subatômicas que constituem seus átomos, em particular suas cotas de prótons e de elétrons (McGEE, 2004).

Desde a antiga Grécia (400 a.C.), muitos estudiosos procuraram definir o átomo. Para Demócrito[2] àquela época, os átomos constituíam toda e qualquer matéria e seriam qualitativamente iguais, diferindo apenas na forma, no tamanho e na massa. No início do século XIX, Dalton[3] criou um modelo que retomava o antigo conceito dos gregos. Ele imaginou os átomos como uma pequena esfera, com massa definida e propriedades características. Dessa forma, todas as transformações

---

[1] Emsley, J. Moléculas em exposição. Tradução de Azzellini, G.C.; Stevani, C.V. e Bastos, E.L. Editora Edgar Blücher Ltda. São Paulo, SP — Brasil. 2001.

[2] Demócrito, pensador grego que acreditava que a natureza era um aglomerado de partículas (átomos). Assim também pensavam Leucipo e Epicuro: cada uma dessas partículas minúsculas era eterna e indivisível; combinavam—se e se desagregavam movidas por forças mecânicas da natureza, determinando desta maneira as características de cada objeto.

[3] John Dalton, cientista inglês que estudou extensamente a teoria atômica. É mais conhecido pela Lei de Dalton, a lei das pressões parciais, e pelo Daltonismo, nome que se dá à incapacidade de distinguir as cores, assunto que ele estudou e mal de que sofria.

químicas podiam ser explicadas por seus arranjos ou organizações, uma vez que eram indivisíveis e indestrutíveis e não podiam ser transformados em outros, nem mesmo durante os fenômenos químicos.

Todos os átomos são constituídos por partículas subatômicas – elétrons, prótons e nêutrons[4]. As diferentes propriedades de cada elemento surgem das variadas combinações das partículas subatômicas, em particular das suas quotas de prótons e de elétrons. O elétron e o próton têm a mesma carga elétrica. Quando a quantidade de prótons é igual à de elétrons, o átomo está eletricamente neutro ou em equilíbrio. Se a quantidade de elétrons é diferente da quantidade de prótons, o átomo terá uma carga residual, que será a diferença entre seus prótons e seus elétrons. Esses átomos são chamados de íons. Se a carga for positiva, o íon é denominado de cátion; se negativa, de ânion.

Os átomos diferem ainda quanto ao número de partículas subatômicas; por exemplo, o ouro tem 79 prótons, 79 elétrons e 118 nêutrons, assim como o cobre possui 29 prótons, 29 elétrons e 34 nêutrons. A identificação de um átomo é feita pelo seu **número atômico (Z)**, que corresponde à quantidade de prótons. Assim, o número atômico do ouro é 79, e o do cobre, 29. Além disso, um átomo também se caracteriza por sua **massa atômica (A)**, cuja unidade equivale a aproximadamente $1{,}66 \times 10^{-27}$ kg.

A massa do elétron é 1.836 vezes menor que a do próton; assim, poderia ser um dado desprezível, porém é errado dizer que o elétron é desprovido de massa.

Schröndinger, em 1926, propôs o modelo quântico para explicar o átomo. Para esse cientista, o elemento químico é a substância que não pode ser decomposta em substâncias mais simples. Num elemento, todos os átomos têm o mesmo número de prótons e de elétrons, apesar de o número de nêutrons poder variar. Assim, esse modelo tornou-se o mais apropriado para explicar a estrutura geral do átomo (Figura 3.1).

Os átomos são elementos químicos muito pequenos; sua ordem de grandeza é de 10^{-12} metros, isso significa uma dimensão inferior a de um grão de areia no meio de mil estádios do Maracanã.

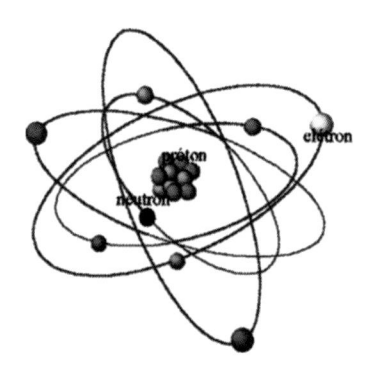

Uma região central, denominada núcleo, é constituída por partículas carregadas positivamente (prótons) e por partículas sem cargas (nêutrons). Uma região situada ao redor do núcleo, a eletrosfera, é cosntuída por partículas carregadas negativamente (elétrons) que se comportam como partícula e como onda.

Figura 3.1 | Modelo atômico de Schrön

Para sistematizar as informações sobre os elementos, Mendeleyev[5] (1869) criou a tabela periódica dos elementos químicos, baseada na sua massa atômica e nas semelhanças de suas propriedades físicas e químicas; os elementos que apresentavam propriedades semelhantes foram dispostos em colunas.

Dimitri Mendeleyev e Lothar Meyer[6] foram os precursores das primeiras tabelas periódicas dos elementos químicos, que se assemelham às atuais.

A tabela periódica[7], consequentemente, consiste na disposição sistemática dos elementos. Essa organização possibilita prever as características, as tendências e o comportamento dos átomos e das moléculas, permitindo ainda entender por que certos átomos são extremamente reativos enquanto outros são praticamente inertes. Em 1913, os estudos desenvolvidos por Moseley[8] esclareceram um equívoco: até então, os elementos eram ordenados pela massa atômica, e não pelo número atômico (Figura 3.2).

---

4 Joseph John Thomson, físico britânico, que em 1897 provou que o átomo é divisível e denominou de elétron a carga elétrica emitida pelos raios numa aparelhagem chamada Tubo de Raios Catódicos. Em 1886, Eugen, físico alemão, observou que, em dada circunstância, um feixe luminoso apresentava uma direção contrária a dos elétrons e deduziu que a composição desse feixe sugeria uma carga elétrica positiva. Rutheford, físico—químico neozelandês e pai da física nuclear, em 1904, nomeou como prótona partícula com carga elétrica positiva. O nêutron foi descoberto em 1932, por James Chadwick, durante experiências com material radioativo. Este componente do átomo localiza—se no núcleo, mas não possui carga elétrica.

5 Dmitri Ivanovich Mendeleyev, químico russo, que propôs a tabela periódica dos elementos em função da massa atômica e da semelhança das propriedades físicas e químicas. Publicou a tabela periódica em seu livro Princípios da Química, em 1869, época em que eram conhecidos apenas cerca de 60 elementos químicos.

6 Julius Lothar Meyer — apesar de ser formado em medicina, foi muito dedicado ao estudo da química. Buscou encontrar uma relação entre os pesos atômicos e as propriedades dos elementos químicos e calcular o volume atômico dos elementos descobertos até então, 63 elementos (1860 — 1870). Em 1870, Meyer mostrou a relação de periodicidade entre volume atômico e massa atômica e, posteriormente, tentou mostrar a mesma relação de periodicidade de outras propriedades dos elementos em função da massa atômica. Praticamente, na mesma época, Mendeleev demonstrou uma relação de periodicidade de várias propriedades dos elementos em função da massa atômica.

7 Tabela periódica — essa designação é devida à periodicidade, ou seja, à repetição de propriedades, de intervalos em intervalos, que alguns elementos apresentam.

8 Henry G. J. Moseley, físico inglês, mediu as frequências de linhas espectrais específicas de raios X de um número de 40 elementos contra a carga do núcleo (Z), e identificou algumas inversões na ordem correta da tabela periódica, sendo, portanto, o primeiro dos trabalhos experimentais a ratificar o modelo atômico de Bohr. O trabalho de Moseley serviu para dirimir um erro em que a Química se encontrava na época por desconhecimento: até então os elementos eram ordenados pela massa atômica e não pelo número atômico.

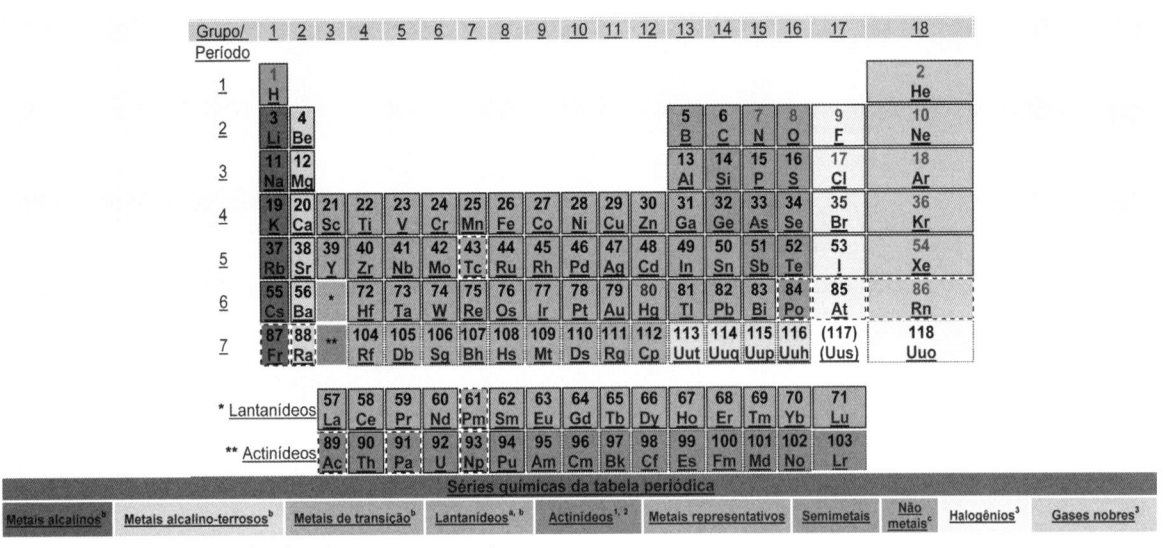

Capítulo 3 | Um aperitivo de química: átomos, moléculas, cores e sabores

Figura 3.2 | Tabela periódica dos elementos químicos

A base da classificação periódica atual é a tabela de Mendeleyev, com a diferença de que as propriedades dos elementos variam periodicamente com seus números atômicos, e não com os pesos atômicos.

A tabela periódica atual é formada por 118 elementos distribuídos em sete linhas horizontais designadas por período. Essa distribuição baseia-se na ordem crescente de número atômico, e os sete períodos correspondem às sete camadas eletrônicas. As linhas verticais são denominadas de grupos ou famílias e estão divididas em 18 colunas. É dentro de cada grupo que as semelhanças químicas mais se destacam. Cada grupo de elementos tem em comum um número particular de elétrons de valência (elétrons nos níveis energéticos mais externos). Quanto à classificação, esses elementos podem ser identificados como metais, ametais, gases nobres e hidrogênio (Quadro 3.1).

Nas regiões externas dos átomos, a distribuição eletrônica ocorre em camadas. Sua estrutura apresenta estabilidade máxima se essas camadas estiverem completas. Geralmente, a camada mais exterior do átomo é incompleta, ou pode possuir excesso de elétrons, exceto para alguns elementos como o hélio. Em função disso, pode haver a transferência de um ou mais elétrons de um átomo para outro, deixando as camadas externas de ambos em equilíbrio. O átomo que recebe elétrons ganha carga negativa, e o que os perdeu não equilibra totalmente sua carga nucleica, positiva, ocorrendo então o aglutinamento atômico. Uma vez partilhados eletronicamente, os átomos podem possuir entre si uma ligação tão forte que para separá-los é necessária uma quantidade razoável de energia, portanto eles permanecem juntos.

As ligações químicas são uniões estabelecidas entre átomos para formar as moléculas, que constituem a estrutura básica de uma substância ou composto. As moléculas são formadas por meio do compartilhamento de elétrons. A molécula é para um composto químico o que o átomo é para um elemento: a menor unidade que contém as propriedades do material original.

Existem casos de moléculas serem formadas por uma grande quantidade de átomos, são as chamadas macromoléculas. Isso ocorre principalmente com compostos à base de carbono, pois o átomo de carbono pode partilhar elétrons com até quatro elementos diferentes simultaneamente. Logo, pode ser possível a constituição de cadeias, anéis e ligações entre essas moléculas longas, base da química orgânica, das moléculas que caracterizam o tecido vivo, ou seja, a base da vida. Quanto maior a molécula e menos uniforme a distribuição de sua carga elétrica, mais provável será a reunião de muitas moléculas e a formação de substâncias líquidas ou sólidas.

Substâncias amplamente usadas na culinária como o sal (NaCl) – combinação dos átomos Na e Cl), a água (combinação dos átomos de H e O)[10] ou o açúcar ($C_{12}H_{22}O_{11}$ – combinação dos átomos de C, H e O) são compostas pela combinação de dois ou mais átomos diferentes formando as moléculas.

Quadro 3.1 | Classificação dos elementos químicos distribuídos na tabela periódica

Classificação	Características físicas e químicas
Metais	Maioria dos elementos (n = 90). Fisicamente, são bons condutores de eletricidade e calor, maleáveis e dúcteis, possuem brilho metálico característico e são sólidos, com exceção do mercúrio. Com exceção do ouro (dourado) e do cobre (avermelhado), essas substâncias têm cor entre o acinzentado e o prateado. Sua principal característica química é a tendência de perder elétrons (eletropositividade) e formar cátions ao produzir substâncias simples ou compostas.
Ametais	Não são bons condutores de calor e eletricidade, não são maleáveis e dúcteis e não possuem brilho como os metais. Sua principal característica química é a tendência de ganhar elétrons (eletronegatividade) e formar ânions ao produzir substâncias compostas: boro, carbono, silício, nitrogênio, fósforo, arsênio, oxigênio, enxofre, selênio, telúrio, flúor, bromo, cloro, iodo, ástato.
Gases nobres	A característica mais importante é a inércia química: hélio, neônio, argônio, xenônio, criptônio e radônio.
Hidrogênio	Elemento atípico, não se enquadra em nenhum grupo da tabela periódica. É o mais simples dos átomos. Tem apenas um nível de energia com um elétron.

Desses 118 elementos, 94 foram encontrados na natureza, e o restante foi criado pelo homem. O mundo antigo já conhecia as formas relativamente puras de substâncias elementares como ouro (Au), prata (Ag), cobre (Cu), ferro (Fe), chumbo (Pb), enxofre (S) e carbono (C). Por sua vez, elementos como hélio (He), alumínio (Al) e silício (Si) somente se tornaram conhecidos a partir do século XVII. No século XX, surgiram os elementos artificiais, tais como amerício (Am), tecnécio (Tc) e plutônio (Pu), que foram criados pelos cientistas usando tecnologias da física moderna.

Os elétrons são arranjados nos átomos ao redor do núcleo em órbitas que determinam o quão forte um elétron é mantido no átomo. Alguns elétrons são mantidos próximos ao núcleo, enquanto outros orbitam a uma maior distância e são mantidos mais fracamente. O comportamento dos elétrons mais distantes do núcleo determina as características químicas dos elementos. Por exemplo, os elementos classificados como metais – cobre, alumínio, ferro – mantêm seus elétrons fracamente, mais distantes do núcleo, e por isso facilmente doam esses elétrons para átomos de outros elementos – oxigênio, cloro –, que são carentes de elétrons e tendem a receber todos aqueles fragilmente mantidos em outros elementos.

Esse desequilíbrio eletrônico entre diferentes elementos é a base da maioria das reações químicas, que podem ser entendidas como encontros entre átomos e moléculas que resultam em perda, ganho, ou compartilhamento de elétrons e, assim, alteram as propriedades dos átomos e das moléculas envolvidas.

As reações de oxidação são muito importantes na culinária porque o oxigênio está sempre presente no ar e, prontamente, rouba elétrons das cadeias de carbono e hidrogênio de gorduras, óleos e moléculas aromáticas. Essas reações levam a uma série de processos oxidativos e a outras reações, transformando a longa cadeia original das moléculas de lipídios em pequenos fragmentos caracterizados por mudanças na cor, no sabor e em outros parâmetros químicos.

As ligações químicas responsáveis pela formação das moléculas podem ser classificadas em iônicas, covalentes e metálicas. A distinção entre elas está na forma como os elétrons de cada átomo interagem (fraca ou fortemente, momentaneamente ou indefinidamente).

A ligação iônica se dá quando um átomo captura completamente o(s) elétron(s) de outro. Tal captura se deve à diferença de necessidade de elétrons entre eles. Compostos químicos mantidos por ligações iônicas não se dissolvem simplesmente na água, dissociam-se formando íons separados ou átomos que são eletricamente carregados porque carregam elétrons extras ou porque doaram elétrons. Os compostos que possuem ligações iônicas são chamados de compostos iônicos e estão na forma sólida em condições ambientes de pressão e temperatura.

Os sais usados na culinária, assim como a maioria dos temperos, são compostos de sódio e de cloro ligados entre si ionicamente. Num cristal sólido de sal puro, os íons de sódio positivamente carregados se alternam com os íons negativamente carregados de cloro. Os átomos de sódio perdem elétrons para os de cloro. Pelo fato de muitos íons positivos de sódio estarem sempre em estado de atração por muitos íons negativos de cloro, não é possível considerar as moléculas do sal como um único íon sódio e um único íon cloro. Na água, as moléculas de sal dispersam-se, separadamente, em íons de sódio e de cloro.

Um segundo tipo de ligação química, a covalente, produz moléculas estáveis. Ela ocorre quando dois átomos apresentam afinidades similares por elétrons e os compartilham em vez de perdê-los ou ganhá-los. Para que ocorra o compartilhamento, as nuvens de elétrons dos dois átomos se sobrepõem, e essa condição resulta em um arranjo espacial fixo entre os dois átomos, o que forma uma estrutura combinada estável. A geometria da ligação determina o formato global da molécula, e esse formato, por sua vez, define como a molécula poderá reagir com outras.

Os elementos mais importantes para a vida na Terra — hidrogênio, oxigênio, nitrogênio, carbono, fósforo e enxofre — tendem a formar ligações covalentes e tornam possíveis estruturas complexas e estáveis que formam nosso corpo ou nossos alimentos.

> Os compostos químicos puros mais comuns na culinária são a água, uma combinação covalente de dois átomos de hidrogênio e um de oxigênio, e a sacarose, ou açúcar de mesa, combinação de carbono, oxigênio e hidrogênio.

Ligações covalentes são geralmente fortes e estáveis à temperatura ambiente, isso significa que não são quebradas em números significativos, a menos que estejam sujeitas ao calor ou a reagentes químicos, inclusive enzimas. Diferentemente do sal, que se dissolve em íons carregados eletricamente, moléculas ligadas covalentemente que se dissolvem em água o fazem de forma intacta e neutra.

Um terceiro tipo de ligação química, que apresenta cerca de um décimo da força e da estabilidade da ligação covalente, é a ligação de hidrogênio, também conhecida como pontes de hidrogênio. Este é um dos vários tipos de ligações fracas, que não formam moléculas, mas estabelecem interações temporárias entre diferentes moléculas ou entre diferentes partes de uma molécula muito grande.

Essas ligações fracas existem porque a maioria das ligações covalentes deixa ao menos um pequeno desequilíbrio elétrico entre os átomos participantes. Por exemplo, a molécula de água, H_2O, é composta por um átomo de oxigênio, que tem maior "fome" por elétrons do que os dois átomos de hidrogênio; assim, os elétrons compartilhados localizam-se mais proximamente ao oxigênio. Isso resulta em uma carga global negativa nas proximidades do oxigênio e em uma carga global positiva ao redor dos átomos de hidrogênio. Essa distribuição desigual de cargas, além da geometria das ligações covalentes, resulta em uma molécula com pólos positivos e negativos. Logo, a molécula é chamada "polar"[9] por apresentar dois centros separados, ou pólos, de cargas carregadas eletricamente.

> As moléculas podem dividir-se em hidrofílicas – solúveis em água – e hidrofóbicas – insolúveis em água. Em geral, moléculas polares são hidrofílicas, e moléculas apolares são hidrofóbicas.

A ligação de hidrogênio, por sua vez, resulta da atração entre pólos de cargas opostas de moléculas polares (ou de porções das moléculas). Esse tipo de ligação é muito importante por ser comum nos materiais que contêm água, associando diferentes tipos de moléculas, e por ser suficientemente fraco, de modo que essas uniões entre moléculas mudam rapidamente à temperatura ambiente. Muitas das interações químicas presentes nas células animais e vegetais ocorrem por meio de ligações de hidrogênio.

Um quarto tipo de ligação química, ligação por forças de *van der Waals*, é de fato muito fraca, e sua força varia entre um centésimo e um décimo de milésimo da força de uma ligação covalente. São assim denominadas em homenagem ao químico holandês que as descreveu pela primeira vez. Referem-se a um tipo de atração oscilante que pode ocorrer mesmo entre moléculas apolares em função de flutuações em suas densidades eletrônicas. Enquanto as moléculas de água são mantidas juntas como um líquido por ligações de hidrogênio, moléculas apolares[10] de lipídios juntam-se como um líquido de maior viscosidade por forças de *van der Waals*.

Apesar de extremamente fracas, o efeito dessas forças em uma longa molécula de lipídio pode resultar em ligações significativamente fortes: uma molécula de ácido graxo apresenta grande quantidade de átomos de carbono, de modo que cada molécula pode interagir com várias outras, em comparação à pequena molécula de água.

Nas ligações por forças de *van der Waals*, a carga eletrônica não se distribui uniformemente; algumas partes da superfície atômica são menos negativas que outras. Em consequência, a carga positiva, que se encontra no interior do átomo, infiltrar-se-á pelas áreas externas menos negativas, promovendo uma débil atração eletrostática entre os dois átomos.

> Substância polar dispersa-se em substância polar, por isso o açúcar dissipa-se na água e confere à bebida sabor adocicado. Substância apolar dispersa-se em um meio apolar. Por isso água e gorduras alimentares não se misturam.

Por trás de toda a atividade química existe uma força primária que torna possível a vida e os processos, inclusive os culinários: é a força de atração elétrica entre prótons e elétrons. Os prótons possuem carga elétrica positiva, exatamente equilibrada pela carga elétrica negativa dos elétrons. Os nêutrons não possuem carga elétrica, sendo possível afirmar que sua carga elétrica é neutra.

Cargas elétricas opostas se atraem, enquanto cargas iguais se repelem. Em cada átomo, prótons localizados no núcleo central atraem uma nuvem de elétrons que orbitam constantemente a distâncias variadas do núcleo. Formas estáveis dos elementos são eletricamente neutras, o que significa que seus átomos contêm números iguais de prótons e de elétrons. Esse comportamento das partículas dos átomos deve-se à força eletromagnética[11]. Assim, prótons e elétrons estão sempre atraídos uns pelos outros e se movimentam em reposta à presença do outro, mas nunca efetivam sua atração.

---

9 Uma molécula polar é aquela em que as polaridades das ligações individuais não se cancelam. Há nelas uma distorção elétrica que dá origem a um dipolo, isto é, existe uma área na molécula com predominância de carga positiva e outra com carga negativa. As moléculas da água são polares, o que a torna um dos solventes mais importantes da natureza. Os íons são mais polares que as moléculas polares, já que possuem, realmente, carga elétrica.

10 Uma molécula é apolar quando a sua carga eletrônica está uniformemente distribuída, ou seja, há uma distorção elétrica mínima ou nula. Os hidrocarbonetos são um exemplo típico dessa molécula e, por este motivo, são considerados substâncias apolares.

11 No estudo da Física, o eletromagnetismo é o nome da teoria unificada desenvolvida por James Maxwell para explicar a relação entre eletricidade e magnetismo.

A interpretação das ligações "fracas" ou "fortes" como aquelas facilmente ou dificilmente formadas e rompidas é muito importante para o entendimento dos processos físico-químicos que ocorrem na culinária, uma vez que a maioria dos métodos e das técnicas leva a uma quebra sistemática de determinadas ligações químicas e à formação de outras.

A chave para o comportamento das ligações químicas é a energia, que é "a capacidade de fazer um trabalho", entre outros aspectos. Energia química é a energia potencial das ligações químicas entre os átomos. Percebemos a energia potencial química dos alimentos quando comemos e não usamos essa energia, que fica armazenada. Por sua vez, a energia química em uso é parte daquela que está sendo transformada e cumprindo os papéis fisiológicos e parte que está sendo liberada para a natureza na forma de calor. A variação de energia, endoenergética e exoenergética, relaciona-se com a ruptura e a formação das ligações químicas entre os átomos das moléculas.

Resumidamente, energia é uma propriedade dos sistemas físicos que torna as mudanças possíveis. Um sistema com pouca energia pouco se altera, e quanto mais energia disponível em um corpo, mais ele se altera ou altera o ambiente ao seu redor. Nossas cozinhas são organizadas de acordo com esse princípio. Fogões e fornos alteram as características dos alimentos ao aplicar-lhes energia térmica, enquanto o refrigerador preserva os alimentos por meio da remoção do calor e, assim, retardam-se as reações químicas, bioquímicas e biológicas envolvidas na conservação e na deterioração dos alimentos.

A energia cinética, de movimento, é uma forma importante de energia. Átomos e moléculas podem se mover de um ponto a outro, girar no mesmo lugar ou vibrar, e todas essas mudanças de posição ou orientação requerem energia. O calor é a manifestação da energia cinética de um material, e a temperatura é a medida dessa energia: quanto maior a temperatura de um alimento ou de uma panela, mais quente ele está e mais rapidamente as moléculas se movimentarão e colidirão umas com as outras: é exatamente dessa colisão que resultam as reações químicas.

Como as moléculas se movem mais rapidamente e com mais força, seus movimentos se sobrepõem às forças elétricas que as mantêm unidas, o que libera alguns átomos para que eles encontrem novos parceiros e se rearranjem formando novas moléculas. Desse modo, o calor catalisa as reações e as mudanças químicas.

O segundo tipo importante de energia na culinária é o que mantém as moléculas juntas. Quando dois ou mais átomos se tornam uma molécula pelo compartilhamento de elétrons, eles são envolvidos por uma força elétrica. Portanto, no processo de formação da ligação parte da energia elétrica é transformada em energia cinética. E quanto maior a energia elétrica, mais rapidamente os elétrons se movimentam um de encontro ao outro. Quanto mais forte a ligação, maior será a energia liberada – perdida – da molécula, na forma de movimento. Assim, ligações fortes contêm menos energia do que ligações fracas e, por isso, são mais estáveis e menos suscetíveis a mudanças.

A força da ligação é definida como a quantidade de energia liberada dos átomos participantes quando eles formam a ligação. Essa é a mesma quantidade de energia requerida para quebrar a ligação, uma vez que ela esteja formada. Quando os átomos em uma molécula são aquecidos, eles se movem com a mesma energia que liberaram quando foram ligados, então as ligações começam a se romper, e a molécula começa a reagir ou a se alterar.

A energia necessária para a quebra das ligações covalentes fortes, típicas da maioria das moléculas presentes em alimentos – proteínas, lipídios, carboidratos –, é cerca de cem vezes a energia cinética das moléculas à temperatura ambiente. Isso significa que elas se quebram muito raramente à temperatura ambiente e que não se alteram significativamente até que as aqueçamos. As ligações de hidrogênio e de van der Waals, mais fracas, entre moléculas, são quebradas e reconstituídas constantemente à temperatura ambiente, e essa atividade aumenta com a elevação da temperatura. É por isso que as gorduras se derretem e sua consistência diminui quando as aquecemos: a energia cinética se sobrepõe à energia de atração entre as moléculas.

As matérias encontram-se em diferentes estados: sólido, líquido e gasoso. As temperaturas em que cada material se derrete ou se funde (passa do sólido para o líquido) e se evapora (passa do líquido para o gasoso) são determinadas pelas forças de interação entre as moléculas. Quanto maior a força das interações intermoleculares maior será a energia requerida para vencê-las e maior será a temperatura para a mudança de estado. Durante essa mudança de fase, toda a energia adicionada ao material é aplicada na alteração do estado da matéria. A temperatura de uma mistura sólido-líquida permanecerá constante até que todo o sólido se funda. Da mesma forma, a temperatura em um recipiente com água fervente, em chama acesa, será constante – na temperatura chamada de ponto de ebulição – até que toda a água se torne vapor.

As substâncias sólidas são mantidas fortemente coesas pelas interações eletromagnéticas dos elétrons e dos prótons e entre átomos diferentes e moléculas diferentes (Figura 3.3).

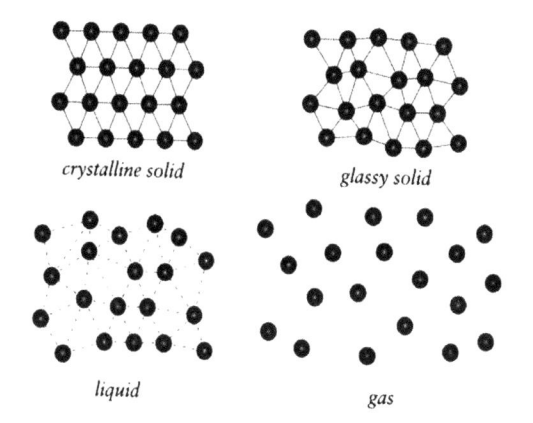

Figura 3.3 | Estados da matéria

Fonte: McGEE, 2004

Sob baixas temperaturas, a movimentação dos átomos é restrita a rotações e vibrações, e os átomos e moléculas imobilizados ligam-se intimamente uns aos outros, formando estruturas sólidas bem definidas. Em um sólido cristalino – sal, açúcar, chocolate temperado – as partículas arranjam-se em linhas regulares e repetidas, enquanto em sólidos amorfos – balas duras, vítreas – são orientadas aleatoriamente. Macromoléculas e moléculas irregulares, como as das proteínas e do amido, frequentemente formam regiões organizadas e cristalinas e regiões amorfas desordenadas no mesmo material. Ligações iônicas, pontes de hidrogênio e forças de van der Waals podem estar envolvidas na união das partículas de um sólido.

A uma temperatura característica de cada substância sólida, a rotação e a vibração de moléculas individuais tornam-se suficientemente fortes de forma que superam as forças elétricas que as mantêm no lugar. Assim, a estrutura fixa rompe-se, deixando as moléculas livres para se movimentarem de um lugar a outro. Entretanto, a maior parte das moléculas ainda se movimenta vagarosamente, mas em velocidade suficiente para continuarem submetidas às forças que as imobilizavam, e, assim, elas se mantêm associadas umas às outras. Elas são livres para se movimentar, mas se movimentam juntas. Essa fase fluida, porém coesiva, é a fase líquida (Figura 3.3).

Ao se aumentar a temperatura, aumenta-se a movimentação das moléculas, que se deslocam com suficiente energia cinética para se livrar da influência das demais, movimentando-se, assim, livremente no ar. Então a substância torna-se um tipo diferente de fluido, denominado gás. A transição mais familiar para a fase gasosa é a ebulição, na qual a água é transformada em vapor.

As moléculas em um líquido deslocam-se graças a uma série de fontes de energia cinética, e uma pequena porção de moléculas, à temperatura ambiente, movimenta-se rápido e suficientemente de tal forma que consegue escapar da superfície e ir em direção ao ar.

De fato, moléculas de água podem escapar na forma de gás até mesmo do gelo! Essa transformação direta de um sólido em um gás é chamada de sublimação e é a causa daquela deterioração de alimentos chamada "queimadura pelo frio", na qual a água em estado cristalino evapora no ar seco e frio do ambiente intensamente gelado (*freezer*).

Nos métodos culinários, a maioria das moléculas não passa, simplesmente, de uma fase a outra quando aquecida. Em vez disso, elas reagem e formam moléculas diferentes. Isso se deve ao fato de os constituintes químicos presentes nos alimentos serem macromoléculas unidas por muitas ligações fracas, mas que, por se manterem pareadas, se transformam em ligações mais difíceis de serem rompidas e, assim, comportam-se como ligações fortes. É necessária uma energia muito grande para separá-las. Por exemplo, o açúcar, ao ser aquecido, será fundido em um líquido, mas em vez de passar à forma de gás, como a água, a molécula é transformada e produz diferentes componentes químicos que variam com a intensidade da cocção e apresentam características organolépticas diferenciadas, como na caramelização. Situações similares ocorrem com óleos e gorduras que são hidrolisados, fundem-se e têm suas características organolépticas e culinárias alteradas.

Os alimentos são constituídos por diferentes substâncias químicas, que formam misturas homogêneas ou heterogêneas e lhes conferem todas as características como produto *in natura* e como produto pronto para consumo.

Mistura é um sistema constituído de duas ou mais espécies químicas diferentes. As misturas são classificadas em homogêneas e heterogêneas. As homogêneas são monofásicas e têm as mesmas propriedades em qualquer condição ambiental: ponto de fusão, de ebulição, densidade, etc. As misturas heterogêneas são polifásicas, e suas propriedades físicas variam em função das condições ambientais.

O sal de cozinha disperso em água destilada forma uma mistura monofásica, homogênea. A mistura constituída por azeite e água destilada é bifásica, ou seja, heterogênea.

Em 1860, Graham[12] identificou que substâncias como o amido, a gelatina e a albumina do ovo difundiam-se muito lentamente quando colocadas em água, ao contrário de outras substâncias, como o açúcar e o sal de cozinha. Além disso, aquelas substâncias eram muito diferentes destas no que se refere à difusão através de finas membranas: enquanto as moléculas de açúcar,

---

12 Thomas Graham, químico inglês, criador do termo coloide (1849), famoso por seu estudo da difusão de gases e pela descoberta da diálise.

por exemplo, se difundiam com facilidade através de membranas, o mesmo não ocorria com as macromoléculas. Graham descobriu também que estas últimas substâncias não se cristalizavam, enquanto era fácil cristalizar o açúcar e o sal de cozinha. Para denominar a nova classe identificada, Graham propôs o termo coloide (do grego *kolla*, cola).

> Sistemas coloidais estão presentes na nossa alimentação cotidiana: leite, café, manteiga, cremes vegetais, geleias de frutas, temperos, maionese, refrigerantes, sorvetes e em uma extensa lista de alimentos, industrializados ou não.

Dispersões são sistemas em que ocorre disseminação de uma substância em outra na forma de pequenas partículas. Numa dispersão, a espécie química disseminada é chamada de disperso, e a outra espécie química (geralmente presente em maior quantidade) é chamada de dispersante. De acordo com o tamanho das partículas do disperso, a dispersão é classificada em solução, dispersão coloidal, emulsão e mistura heterogênea grosseira (Quadro 3.2).

A composição das dispersões dos alimentos responde por sua textura. A base em quase todos os alimentos líquidos ou pastosos é a água, porque boa parte dos alimentos é composta por grande quantidade de água. Os sucos das carnes, dos purês e das polpas de frutas e de hortaliças são obviamente aquosos, assim como maionese e molhos à base de ovos também são constituídos por água. Em cada uma dessas preparações a água forma uma fase contínua na qual todos os outros componentes "estão nadando" ou "se banhando" (algumas exceções são o molho vinagrete, a manteiga e a manteiga de nozes, nas quais as gorduras são as fases contínuas).

Os demais componentes formam a fase dispersa. O desafio de dar aos molhos determinada consistência é uma questão de fazer "o contínuo" (a fase básica de água) tornar-se menos "aquoso", mais "viscoso/substancial". Isso se obtém adicionando outras substâncias à água. Essas substâncias podem ser moléculas oriundas de plantas ou de animais, sintéticas, solúveis na água ou ainda gotas de óleo ou bolhas de ar, que dificultarão o movimento das moléculas de água livre.

Moléculas de água são pequenas, com apenas três átomos. Por isso, a água é muito fluida, "corre" livremente em fluxo, ao contrário das moléculas de óleo, maiores, com uma estrutura que pode ter entre 14 e 22 átomos de carbono, que se "arrastam" umas contra as outras e em menor velocidade, ou seja, escoam com mais dificuldade. Portanto, o óleo é mais viscoso do que a água. Mas quando se adicionam partículas sólidas ou longas, moléculas mais complexas, ou gotas de óleo ou bolhas de ar entre as moléculas de água, o movimento das moléculas de água se faz por uma pequena distância antes que colidam com substâncias menos móveis. Assim, a dispersão resultante escoará com maior dificuldade e apresentará maior viscosidade.

Os agentes espessantes utilizados na preparação de molhos nada mais são do que essas substâncias que obstruem o fluxo da água. Os materiais dispersos essencialmente dividem as moléculas de água em muitos grupos pequenos e localizados no sistema. Com essa divisão, eles as organizam e conferem aos produtos uma coesão que antes não existia. Outros agentes espessantes também ligam literalmente as moléculas de água em sua estrutura e as tiram de circulação, e isso também tem o efeito de redução da fluidez da fase contínua. Estes últimos agentes são classificados como geleificantes.

Além de dar ao sistema aquoso uma consistência maior, essas substâncias da fase dispersa podem conferir texturas variadas. Partículas sólidas podem tornar o sistema liso ou granuloso, dependendo do tamanho das partículas. Gotículas de óleo tornam o sistema mais cremoso. Moléculas dispersas com tendência a aderir umas às outras (por força de atração e de interação intermolecular) fazem o sistema ficar mais pegajoso ou mais delgado. Bolhas de ar conferem maior leveza e efemeridade.

Os quatro sistemas físicos que formam as dispersões mais comuns em alimentos são as suspensões, os géis, as emulsões e as espumas.

Quadro 3.2 | Classificação do tamanho das partículas do disperso

Solução	Dispersão coloidal	Emulsão
Tamanho das partículas – até 10^{-7}cm	Tamanho das partículas – de 10^{-7}cm a 10^{-5}cm	Tamanho das partículas – acima de 10^{-5}cm
As partículas dispersas não são visíveis com nenhum aparelho ótico	As partículas dispersas são visíveis ao ultramicroscópio	As partículas dispersas são visíveis ao microscópio comum
Salmouras, xaropes	Leite	Maionese

> Quando moléculas, átomos ou íons se aproximam uns dos outros, dois fenômenos podem ocorrer: ou eles reagem ou interagem. Uma reação química, por definição, requer que ligações químicas sejam quebradas e/ou formadas. Numa interação física, as moléculas atraem-se ou repelem-se entre si, sem que ocorra a quebra ou a formação de novas ligações químicas. Essas interações são frequentemente chamadas de interações intermoleculares. As energias envolvidas em tais tipos de interações são muito menores que aquelas envolvidas em processos reativos.

Suspensões

A maioria dos ingredientes crus – hortaliças, frutas, ervas, carnes – são tecidos vegetais ou animais constituídos por células microscópicas preenchidas por um fluido aquoso. Quando esses alimentos são triturados ou moídos em pequenos pedaços, os fluidos são liberados e formam uma fase contínua que contêm as partículas sólidas que compunham as estruturas celulares. Esses fragmentos obstruem e ligam as moléculas de água e, assim, aumentam a consistência da mistura. A mistura de fluido (água) e de partículas sólidas é chamada de suspensão. Os molhos feitos com purês e outros vegetais triturados são suspensões.

A textura de uma suspensão depende do tamanho de suas partículas e da quantidade de água presente, o que justifica a diferença quanto ao uso entre o leite, o suco de laranja e o extrato de tomate. As suspensões são sempre turvas ou opacas, porque as partículas sólidas são grandes o suficiente para bloquear a passagem de raios de luz e absorvê-los ou refleti-los. Pelo fato de as partículas e a água serem materiais muito diferentes entre si, as suspensões tendem a se separar em fases de um líquido fino e de partículas concentradas.

Na indústria alimentícia, a goma carragena, hidrocoloide extraído de algas marinhas vermelhas, é utilizada para espessar e geleificar sistemas. É também usada como agente de suspensão e estabilizante tanto em sistemas aquosos quanto em sistemas lácteos. Na água, apresenta-se tipicamente como hidrocoloide com propriedades espessantes e geleificantes. No leite, tem a propriedade de reagir com as proteínas e assim desempenhar funções estabilizantes. Possui habilidade única de formar uma ampla variedade de texturas de gel à temperatura ambiente: gel firme ou elástico; transparente ou turvo; forte ou fraco; termorreversível ou estável ao calor; alta ou baixa temperatura de fusão/geleificação.

Géis

Um simples fragmento microscópico da parede celular de um tomate ou da fibra muscular é formado por muitos milhares de moléculas. Algumas delas, como amido, pectina e algumas proteínas como a gelatina, podem ser extraídas e dispersas individualmente em água, resultando em bons agentes espessantes de dispersões.

Figura 3.4 | Estrutura de géis em produtos alimentícios

Como essas moléculas são muito menores do que os grânulos de amido ou os fragmentos de células, elas não se acomodam – separam-se. Os produtos obtidos geralmente são translúcidos ou vítreos, porque tais moléculas, por serem muito pequenas e ficarem amplamente separadas, não bloqueiam a passagem da luz.

Em geral, quanto maior for a molécula melhor ela será para obstruir o movimento da água, porque moléculas de cadeias longas se emaranham mais facilmente. Portanto, uma pequena quantidade de moléculas de amilose faz o mesmo trabalho de espessamento que uma maior concentração de moléculas de pectina[13] que tem comparativamente uma cadeia menor, enquanto maiores cadeias de gelatina espessam mais do que outras de menor cadeia molecular. O espessamento da dispersão com essas moléculas requer calor, seja para liberar essas moléculas das estruturas maiores (amido dos grânulos, gelatina do tecido conectivo das carnes) ou para desdobrar a configuração compacta dessas moléculas – como a proteína do ovo – em estruturas alongadas e emaranhadas.

Gel é aparentemente um sólido constituído de material gelatinoso formado por uma dispersão coloidal em que o meio disperso se apresenta no estado líquido, e o meio dispersante, no estado sólido. As gelatinas de frutas são géis obtidos pela mistura de materiais naturais ou sintéticos na água em um processo chamado geleificação.

Quando a fase aquosa tem grandes quantidades dessas moléculas e o fluido é deixado em repouso para resfriar, elas ligam-se umas às outras e formam uma rede frouxa e contínua. Tal rede aprisiona o fluido formando um gel sólido e úmido. É possível fazer um sólido com 99% de água e apenas 1% de gelatina. Se o gel for feito com moléculas dissolvidas, ele será translúcido, como a dispersão do qual ele foi formado. Exemplos comuns são as gelatinas comerciais e as geleias feitas com pectina das frutas. Se a dispersão contiver partículas – oriundas de grânulos de amido, por exemplo –, então o gel será opaco.

---

13 Ver capítulo Aspectos da química e da funcionalidade das substâncias químicas presentes nos alimentos.

Emulsões

Graças às diferenças na estrutura e nas propriedades da água e do óleo, essas moléculas não se misturam e não se dissolvem. Quando se usa um misturador para forçar uma pequena quantidade de óleo a se misturar em uma grande quantidade de água, ambos formarão um fluido leitoso mais espesso. Isso é causado pela formação de gotículas de óleo que bloqueiam os raios luminosos e o livre movimento da água. Logo, as gotas de óleo comportam-se como as partículas de uma suspensão. Essa mistura de dois líquidos incompatíveis, com gotículas de um líquido disperso na fase contínua do outro, é chamada de emulsão.

> O leite é, classicamente, definido como uma mistura homogênea de substâncias (carboidratos, proteínas, gordura, água, minerais, vitaminas, enzimas, etc.), das quais algumas estão em emulsão (a gordura e as substâncias associadas a ela), outras em suspensão (algumas frações de caseína ligadas a minerais) e outras ainda em solução (lactose, vitaminas hidrossolúveis, proteínas do soro).

> A manteiga é obtida batendo-se creme de leite fresco ou fermentado até este se transformar numa emulsão de água em gordura, que pode ser usada, por exemplo, sobre fatias de pão ou bolachas, ou ainda para cozinhar. A manteiga é composta por cerca de 80% de gordura, os outros 20% são água, proteínas, lactose, entre outros constituintes.

Em adição aos dois líquidos incompatíveis, uma emulsão bem-sucedida requer um terceiro ingrediente: o emulsificante. Um emulsificante é uma molécula que, de certa forma, "recobre" as gotas de óleo e previne sua coalescência. Muitas moléculas e materiais diferentes podem atuar dessa forma, como proteínas, fragmentos de parede celular e um grupo de moléculas híbridas, como as lecitinas da gema do ovo, do leite, ou da soja. Uma característica importante dessas substâncias é que elas devem possuir uma estrutura química que permita uma interação com a água e com o óleo ao mesmo tempo, ou seja, precisa possuir funções polares (como a água) e apolares (como o óleo).

Para fazer um molho emulsionado, adiciona-se óleo a uma mistura de água com emulsificantes (gema de ovo, ervas e temperos triturados). Também é possível fazer a preparação com uma emulsão pré-formada: o creme de leite é uma base especialmente robusta e versátil para vários molhos emulsionados.

Espumas

Um fluido pode ter sua viscosidade aumentada pela inclusão de ar no sistema. Isso é interessante porque a ideia de "ar" parece contrária a algo substancial. Café expresso, cerveja e massa de panqueca ficam encorpados graças à presença de muitas bolhas de ar. Nos fluidos, essas bolhas apresentam o mesmo efeito das partículas sólidas quando se analisam os fenômenos de escoamento da água sendo afetados por elas, a diferença é que as bolhas são frágeis e efêmeras. A força da gravidade drena o fluido das paredes das bolhas, e quando essa parede fica muito fina, composta por poucas moléculas, ela se rompe, a bolha estoura e a espuma colapsa. O cozimento pode espessar o fluido com partículas muito substanciais, como as das proteínas do ovo[14] reduzindo a drenagem da parede das bolhas ou incluindo emulsificantes que estabilizam a estrutura das bolhas por si só. Logo, o segredo da estabilidade de uma espuma é a formação de uma parede de moléculas bem estruturadas, como um filme, que sejam capazes de encapar as bolhas de ar incorporadas ao fluido, geralmente por algum processo de agitação, turbulência ou batimento. Quando o cozimento ou o congelamento solidificam o fluido ou o semissólido no qual as bolhas de ar foram incorporadas, é possível ter como resultado a formação de uma espuma sólida: os suflês, os sorvetes e os pães são exemplos desses tipos de espuma.

> Acreditamos ser dever dos cientistas familiarizar artistas culinários com princípios e técnicas que podem estimular sua imaginação, assim como no passado aconteceu com pintores, compositores e músicos. O momento parece propício a esse tipo de abordagem. Físicos começam a fazer experiências com emulsões, suspensões, dispersões e espumas – matérias *soft*, como as denominou Pierre-Gilles de Gennes, físico ganhador do Prêmio Nobel –, frequentes na culinária. A química estrutural avançada pode elucidar o comportamento de moléculas complexas, como carboidratos e proteínas. Novos métodos cromatográficos possibilitam isolar os componentes dos alimentos que produzem sabores e aromas. Já surgem explicações científicas para muitos truques culinários antigos e aparentemente obscuros (THIS, 2007).

---

14 Ver capítulo Aspectos da química e da funcionalidade das substâncias químicas presentes nos alimentos.

Capítulo 4
Aspectos da química e da funcionalidade das substâncias químicas presentes nos alimentos

Wilma M. C. Araújo, Luiz Antônio Borgo e Halina M. C. Araújo

• 4.1 •
Água

Também nos alimentos, a água é o mais importante componente por ser o veículo para as reações químicas e bioquímicas. Sua presença é essencial para o desenvolvimento de micro-organismos. Portanto, a preservação de um alimento, sua consistência, aspecto e cor geralmente dependem da quantidade de água presente.

A estrutura da molécula da água é muito simples: dois átomos de hidrogênio e um átomo de oxigênio. Cada átomo de hidrogênio liga-se ao átomo de oxigênio compartilhando um par de elétrons. Dessa forma, os átomos de hidrogênio adquirem caráter positivo – próton. Como o oxigênio dispõe ainda de dois pares de elétrons não compartilhados, um deles pode ser compartilhado em outras reações químicas por ligação covalente dativa. O átomo de oxigênio é mais *eletronegativo* que o de hidrogênio. Isso significa que ele tem mais afinidade por elétrons. Tais características tornam polar a molécula da água, propriedade importante nos diferentes sistemas de reações químicas e bioquímicas.

A água é uma das substâncias mais simples, porém a mais importante: todas as reações que acontecem no nosso organismo são em soluções aquosas, e as proteínas, membranas, enzimas, mitocôndrias e hormônios somente são funcionais na presença dessa substância. Sem ela a vida em nosso planeta não existiria. Ela é tão importante que os gregos a consideravam um dos elementos fundamentais da matéria. Apenas no século XVIII a água foi identificada como um composto químico formado por átomos de hidrogênio e oxigênio (www.qmc.ufsc.br, 2006).

A molécula da água apresenta uma estrutura equivalente à de um tetraedro, cujo centro é ocupado pelo átomo de oxigênio (Figura 4.1). O ângulo central da ligação entre o oxigênio e o hidrogênio mede 104,5°A[1], com uma distância de 0,96 Angstrons(A)[2] entre os átomos de O–H e uma energia de ligação de 110,2 kcal/mol.

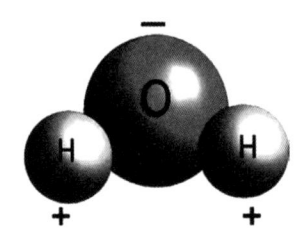

Figura 4.1 | Representação da molécula da água

A molécula da água é um dipolo. Por ser angular, existe uma pequena fração de carga negativa no oxigênio central, assim como pequenos resíduos de cargas positivas nos átomos terminais de hidrogênio, o que possibilita a separação de cargas na molécula e resulta em um polo positivo e um negativo, ou dois polos, ou um dipolo. Isso acontece porque o átomo de oxigênio tende a atrair os elétrons, ou cargas negativas, das ligações entre O–H, tornando-se mais negativo e deixando o hidrogênio mais positivo.

> Se a estrutura da molécula da água não fosse angular e sim linear, ela não seria um líquido à temperatura ambiente; e mesmo que o fosse, não seria capaz de dissolver o sal ou o açúcar. Seria miscível em azeite, gasolina, gorduras... compostos hidrofóbicos. E, ainda, não seríamos capazes de aquecê-la no forno de micro-ondas.

Tabela 4.1 | Propriedades físicas da água e do gelo

Propriedade	Valor			
Peso molecular	18,0153			
Ponto de fusão a 1 atm (°C)	0,0000			
Ponto de ebulição a 1 atm (°C)	100,000			
Calor de fusão a 0 °C	1, 436 kcal/mol; 79,71 cal/g			
Calor de vaporização a 100 °C	9,705 kcal/mol; 538,7 cal/g			
Calor de sublimação a 0 °C	12,16 kcal/mol; 674,98 cal/g			
	20 °C	0 °C	0 °C (gelo)	−20 °C
Densidade (g/cm³)	0,998203	0,999841	0,9168	0,9193
Constante dielétrica a 3x10⁹ Hz	76,7	80,5	-	3,2
Condutividade térmica (cal/s) (cm²) (°C/cm)	1,429	1,348	5,35	5,81
Difusão térmica (cm²/s)	0,0014	0,0013	5,35	5,81

Fonte: FENNEMA, 1982.

1 O ângulo será de 109° quando o tetraedro for perfeito.
2 Um Ângstron (A) equivale a 10^{-10} m.

A estrutura tetraédrica da molécula da água lhe confere menor valor para a densidade e para o volume. Ainda, sua estrutura molecular, seu elevado valor da constante dielétrica[3] e elevado momento dipolar[4] respondem pelas características de solvente único, por possibilitar às moléculas manterem em solução os íons hidrogênio e oxigênio separados uns dos outros e móveis; por propiciar a formação de ligações covalentes, ligações dipolo-dipolo e por penetrar nas estruturas de macromoléculas como proteínas e polissacarídeos (Tabela 4.1 e Figura 4.1). O elevado calor de vaporização permite sua utilização como ótimo meio para transferência de calor. A Tabela 4.1 apresenta as propriedades físicas da água e do gelo.

A adição de solutos dissociáveis como sal ou açúcar promove alterações na estrutura tetraédrica das moléculas de água e afeta suas propriedades físicas, como o ponto de congelamento e o ponto de ebulição. Por exemplo, uma das maneiras para resfriar bebidas e mantê-las resfriadas é acrescentar sal ao gelo contido no balde que armazena a bebida, obtendo-se, desse modo, uma bebida bem mais gelada. Isso se explica pelo fato de que o sal, assim como o açúcar ou outra substância solúvel em água, altera seus pontos de fusão e de ebulição.

Em linhas gerais, isso ocorre porque a ligação entre os átomos de hidrogênio e oxigênio com os de sódio e cloro, componentes do sal, provoca mudanças no ângulo de ligação entre os átomos de oxigênio e hidrogênio, que determinam a necessidade de mais energia para que as moléculas da água passem do estado sólido para o líquido, perdendo mais calor e resfriando melhor o produto. Da mesma forma, explica-se por que a água, acrescida de sal para cozinhar os alimentos, necessita de mais calor para passar do estado líquido para o gasoso. Evidentemente, tais alterações são proporcionais à concentração dos solutos adicionados à água ou ao gelo.

4.1.1 Possíveis interações químicas da molécula da água

A água é a única substância química que se apresenta nos três estados físicos: líquido, sólido e gasoso (Figura 4.2). O estado líquido da água apresenta uma estrutura complexa e dinâmica que envolve associações entre suas moléculas. Cada uma pode se ligar a quatro outras moléculas vizinhas por meio de pontes de hidrogênio, originando agregados do tipo apresentado na Figura 4.3. As ligações de hidrogênio ou as ligações por

3 Constante dielétrica — relação entre a energia necessária para separar cargas elétricas opostas, a uma dada distância no vácuo, e a energia necessária para separar as mesmas cargas elétricas imersas em um ambiente químico.
4 Momento dipolar — produto da carga elétrica de uma substância pela distância entre as cargas em uma molécula.

pontes de hidrogênio se devem à atração eletrostática[5] entre as cargas positivas dos átomos de hidrogênio e a carga negativa do oxigênio.

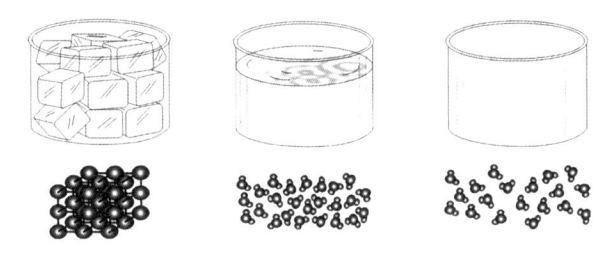

Figura 4.2 | Molécula da água nos estados sólido, líquido e gasoso

Obviamente, outras moléculas se unem a esse núcleo principal aumentando o volume do agregado. As ligações por pontes de hidrogênio estão permanentemente em formação e em ruptura com outras moléculas de água. Portanto, a água líquida é formada por agregados de moléculas e por moléculas livres que circulam entre os agregados.

A energia de ligação dessas pontes de hidrogênio é da ordem de 10 kcal/mol, e de 3–6 kcal/mol a energia de dissociação. Apesar do baixo nível energético, tais ligações são muito importantes pelo grande número de interações que podem ser estabelecidas com outros compostos, como sacarose, amido e proteínas, desde que haja uma estrutura favorável e, principalmente, uma considerável diferença de eletronegatividade entre os átomos da molécula (Figura 4.3).

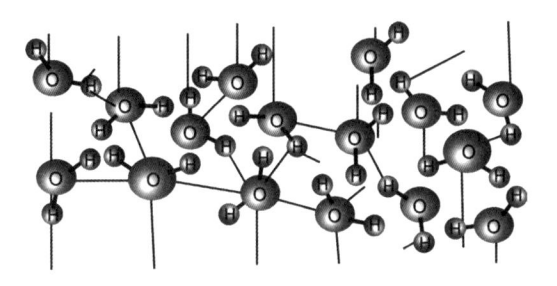

Figura 4.3 | Ligações químicas entre moléculas de água

Uma das propriedades mais importantes da água líquida certamente é sua capacidade de dissolver substâncias polares ou iônicas para formar soluções aquosas. O oceano, o sangue ou um chá são exemplos de soluções aquosas, assim como todas as que ocorrem em nosso organismo.

As ligações por pontes de hidrogênio entre as moléculas de água propiciam propriedades físicas bem específicas, como temperatura de ebulição, tensão superficial, viscosidade, entre outras. Sua maior tensão superficial, por exemplo, faz com que as gotas de água sejam esféricas e que alguns insetos caminhem sobre elas. Por capilaridade, as moléculas de água atingem a folha mais alta de uma árvore, contrariando a lei da gravidade (www.qmc.ufsc.br, 2006).

Ao se esfriar uma massa de água, diminui-se gradativamente a energia do sistema e os movimentos moleculares. A menor ruptura de pontes de hidrogênio e o menor movimento de moléculas livres na massa conduzem a uma estrutura ordenada devido ao arranjo espacial dos átomos, dos íons ou das moléculas que o formam: estado de cristal[6], ou sistema cristalino[7].

Nessa situação, as distâncias entre as moléculas podem ser maiores que no estado líquido (Figura 4.2), o que explica a necessidade de deixar espaço livre nas embalagens de produtos que passarão pelo processo de congelamento.

Ademais, o pequeno movimento entre as moléculas minimiza as trocas/reações químicas e bioquímicas fundamentando, assim, o uso de baixas temperaturas, especialmente as de congelamento (temperaturas menores que 0 °C) na preservação e na conservação dos alimentos.

No estado sólido, a água (gelo) é menos densa do que no estado líquido e, por isso, o gelo flutua sobre a água líquida, contrariamente ao que se observa com a maioria das substâncias. Também flutua porque, no estado sólido, as ligações por pontes de hidrogênio mantém mais afastadas as moléculas de água. Graças a essa propriedade, peixes e plantas não morrem em lagos e rios que congelam no inverno, pois a capa de gelo que se forma sobre o lago atua como uma barreira de proteção contra o frio. Se o gelo fosse mais denso, os peixes teriam um piso congelado e uma atmosfera fria.

O gelo também conduz a energia calorífica a uma maior velocidade porque, no estado sólido, a condutividade térmica da água é maior. Isso explica por que uma bebida se resfria mais rapidamente quando se colocam pedras de gelo. A condutividade térmica do gelo, à temperatura de 0 °C, é quase quatro vezes maior que a da água a 20 °C ou até mesmo à temperatura próxima de 0 °C; sua difusividade[8] térmica é quase cinco vezes maior em tais condições (Tabela 4.1).

O calor aumenta a energia das moléculas permitindo que elas se afastem e amplia a velocidade de ruptura e de formação de pontes de hidrogênio. Ao se atingir a temperatura de ebulição, a energia é suficiente para romper as pontes de hidrogênio e promover a passagem das moléculas que se encontram na superfície para a fase de vapor (Figura 4.2). A energia necessária para o rompimento das pontes de hidrogênio corresponde à do calor latente de vaporização. No estado de vapor,

---

5 Eletrostática — ramo da física que investiga as propriedades e o comportamento de cargas elétricas em repouso.

6 Cristal — sólido com estrutura ordenada devido ao arranjo espacial dos átomos, dos íons ou das moléculas que o formam.
7 Sistema cristalino — sistema sólido com estrutura ordenada devido ao arranjo espacial dos átomos, dos íons ou das moléculas que o formam.
8 Difusividade — propriedade de um material que indica a rapidez com que uma alteração térmica é nele transmitida.

as moléculas de água não formam o mesmo sistema de agrupamento realizado por pontes de hidrogênio; elas ficam muito afastadas, e o volume ocupado por elas se torna maior (Tabela 4.1).

Na culinária, quando se usa a cocção a vapor ou com reduzido teor de líquidos, ou quando se faz a redução de molhos, o excesso de aquecimento pode catalisar reações químicas indesejáveis com o aparecimento de compostos que comprometem o sabor e o aroma. Também pode ocorrer a perda de suculência dos produtos.

Muitos compostos não iônicos são solúveis em água, como, por exemplo, o etanol, presente nas cervejas, nos vinhos, nas cachaças. Tais produtos são misturas homogêneas de água e etanol (álcool), que também apresentam uma ligação polar O–H que permite à molécula fazer ligações intermoleculares com a água.

De forma semelhante, o açúcar, que não é uma substância iônica e sim uma molécula, dissolve-se em água. Isso ocorre porque, como a água, a sacarose é uma molécula polar, isto é, tem regiões com cargas elétricas positivas (prótons) e negativas (elétrons) que permitem interagir com moléculas de água por meio de ligação do tipo dipolo-dipolo.

Tais forças intermoleculares, ou forças de *van der Waals*, surgem de uma atração eletrostática entre elétrons e núcleos atômicos. Essas forças são fracas, se comparadas às ligações covalentes ou iônicas. Essas moléculas tendem a se alinhar e a interagir por atração eletrostática entre os dipolos opostos. É a interação chamada de dipolo-dipolo (Figura 4.4).

dipolo-dipolo

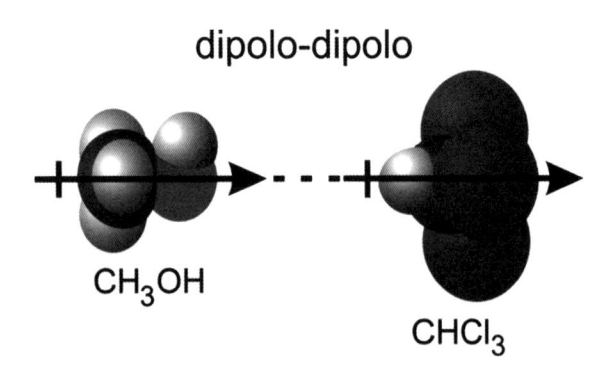

CH_3OH $CHCl_3$

Figura 4.4 | Ligação dipolo-dipolo

Como a sacarose também tem grupos –OH, hidroxilas, ocorrem ligações por pontes de hidrogênio entre essas moléculas e as de água. Em geral, para substâncias não iônicas, como os carboidratos, ligação dipolo-dipolo é fator determinante em sua solubilidade. Essas ligações químicas são muito importantes, sobretudo quando se deseja explicar as propriedades macroscópicas de uma substância. No entanto, existem muitas substâncias que não são solúveis em água; as gorduras são um exemplo.

Isso ocorre porque a natureza apolar de algumas moléculas é incompatível com as moléculas de água.

Praticamente todos os alimentos contêm ou são formados pela disseminação de seus componentes em um fluido – a água – no qual os alimentos não são solúveis, formando sistemas monofásicos (soluções) ou polifásicos (suspensões). As soluções têm partículas com diâmetro inferior a 1nm[9] (10^{-9} m); são agregados de moléculas ou de íons comuns e não se precipitam ou se sedimentam sob a ação da gravidade. As suspensões são também agregados de moléculas ou de íons; as partículas dispersas têm diâmetro maior que 100nm e se sedimentam por ação da gravidade.

A disseminação de componentes num fluido insolúvel forma micelas que são as partículas das dispersões coloidais, os mais importantes sistemas reguladores do conteúdo e do tipo de água presente nos alimentos. As dispersões coloidais mais comuns são as soluções de pectina, a maionese (emulsão), a clara de ovo batida (espuma) e o sorvete (espuma sólida). Os principais tipos de emulsões em alimentos mais comuns são o leite, o creme, a manteiga, a margarina, a massa de bolo e a musse.

4.1.2 A água nos alimentos

O conteúdo de água de um alimento é determinado pelo valor total de água que ele contém. Entretanto, esse valor não permite saber como estão distribuídas suas propriedades.

A Tabela 4.2 apresenta o conteúdo de água de alguns alimentos *in natura*. Para frutas, vegetais, carnes, peixes, leites e ovos, o conteúdo de água varia entre 70,0% e 95,0%. Teoricamente, a velocidade de deterioração desses alimentos deveria ser a mesma. Entretanto, é necessário considerar em que grau essa água favorece o desenvolvimento microbiano e como favorece as reações químicas e enzimáticas em cada um deles. Isso permite admitir a existência de moléculas de água com propriedades e distribuição diferentes em um mesmo alimento.

Assim, existe uma água que permite o desenvolvimento de micro-organismos, atuando como meio para as reações químicas e enzimáticas. Essa água é congelável e denominada água livre.

Água livre é a água não ligada ou fracamente ligada entre si e a substratos e que funciona como solvente e meio para as reações químicas e enzimáticas. Permite o desenvolvimento dos micro-organismos e pode ser eliminada com facilidade pelos processos convencionais de secagem e de desidratação, entre outros.

---

[9] nm — abreviatura de nanômetro, unidade de comprimento equivalente à bilionésima parte de um metro, ou 10^{-9} m.

Tabela 4.2 | Conteúdo aproximado de água de alimentos *in natura*

	Alimentos	% de água
Frutas	Laranja	90,0
	Melancia	95,0
	Banana	75,0
	Morango	90,0
	Abacate	70,0
Hortaliças	Brócolis	85,0
	Cenoura	85,0
	Alface	95,0
	Repolho	90,0
	Batata	80,0
Produtos de origem animal	Carne	50,0 – 75,0
	Peixe	70,0 – 80,0
	Leite	85,0 – 90,0
	Ovo	70,0 – 75,0

Fonte: BOBBIO, 1984

Há, também, outro tipo de água que não está disponível para o desenvolvimento microbiano e, portanto, não atua como solvente ou meio para as reações. Essa água não é congelável e é chamada de água ligada ou água combinada. Alguns autores admitem ainda a existência da água capilar ou de constituição. Dessa forma, o conhecimento das propriedades e da distribuição da água em um alimento é mais importante do que seu conteúdo total. Essas observações explicam as frequentes divergências quando se determina o conteúdo de água total nos alimentos e o associa aos possíveis fatores envolvidos na sua deterioração ou na sua conservação.

> Água ligada ou água combinada é a água que está fortemente ligada a substratos e a outros constituintes não aquosos e exibe uma mobilidade reduzida. É mais difícil de ser eliminada e não é utilizável por micro-organismos; não solubiliza os componentes dos alimentos e com ela a velocidade das reações tende a zero.

A água capilar, ou constitucional, é a fração da água presente em alimentos com elevado teor de umidade, mais fortemente ligada aos constituintes sólidos por meio de ligações iônicas e corresponde à fração de água vizinha a tais constituintes. A água vicinal representa a camada de água adjacente à água capilar ou constitucional e ocupa os lugares mais próximos da maioria dos grupos hidrofílicos presentes nos constituintes sólidos. A água de multicamada é a água ligada em menor intensidade que a água vicinal. É a água mais fracamente ligada aos constituintes não aquosos do alimento, mas que ainda possui uma ligação forte com os solutos que não lhe permite comportar-se como água pura.

Mesmo assim, é possível estabelecer uma estreita relação entre o teor de água livre (quantidade de água disponível) no alimento e sua conservação. O teor da água livre é expresso como atividade de água (a_a ou a_w), que é a relação entre a pressão de vapor de água em equilíbrio sobre o alimento (P) e a pressão de vapor de água pura (P_0), à mesma temperatura, devendo esta ser especificada, ou seja, $a_w = P/P_0$.

A relação entre os valores de atividade da água e a velocidade de reações químicas e bioquímicas, bem como o desenvolvimento de micro-organismos, pode ser observada na Figura 4.5. Na água pura, o valor máximo de a_w é um. Nos alimentos ricos em água, a a_w corresponde a valores acima de 0,9. Nessas condições são formadas soluções diluídas entre a água livre e os constituintes dos alimentos, o que favorece o desenvolvimento microbiano porque a água transporta essas substâncias para o interior da célula. Os produtos residuais são descartados para fora da célula. As reações químicas e enzimáticas têm sua velocidade diminuída devido à baixa concentração dos reagentes (diluição do meio pela grande quantidade de água livre). Essa diluição ocorre porque as moléculas de água estão fracamente ligadas e se movem rapidamente, alojando-se entre os componentes macromoleculares e entre os compostos solúveis.

Em alimentos com valores de a_w entre 0,4 e 0,8 haverá possibilidade, então, de ocorrência de reações químicas e enzimáticas pelo aumento das concentrações dos reagentes, enquanto que com a a_w próxima a 0,6 haverá pouco ou nenhum desenvolvimento microbiano. Isso se deve ao aumento das forças de união das moléculas de água.

Valores de a_w inferiores a 0,3 correspondem à zona de adsorção primária – região em que átomos, moléculas ou íons são retidos na superfície de sólidos por interações de natureza química ou física –, onde as moléculas de água poderão ligar-se a grupos polares de outras substâncias alimentares e ainda a mais três moléculas de água por pontes de hidrogênio. Essa água está fortemente ligada ao alimento, formando uma monocamada. Nessa situação, as reações químicas têm velocidade tendendo a zero, com exceção da oxidação de lipídios, que é consideravelmente mais rápida (Figura 4.5).

Figura 4.5 | Velocidade de reações químicas e bioquímicas e de desenvolvimento microbiano em função da atividade de água

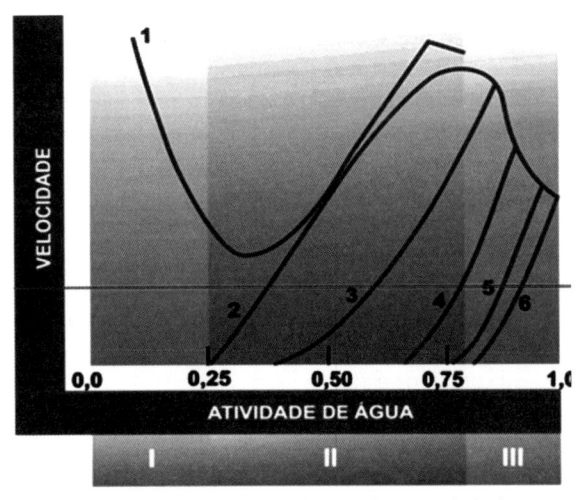

1. rancidez oxidativa
2. reação de Maillard
3. atividade enzimática
4. crescimento de bolores
5. crescimento de leveduras
6. crescimento de bactérias

Fonte: RIBEIRO; SERAVALLI, 2004.

Além disso, a Figura 4.5 apresenta três zonas distintas (I, II e III) que correspondem, aproximadamente, às regiões em que a água se encontra fortemente, medianamente e fracamente ligada. Na região I, as moléculas de água se encontram fortemente ligadas aos grupos polares acessíveis. O grau de liberdade dessas moléculas é pequeno, e é a região correspondente à monocamada de água que ocorre quando, para cada ponto de ligação da macromolécula de alimento, tem-se apenas uma molécula disponível.

Na região II, as forças de união entre as moléculas de água diminuem progressivamente enquanto sua mobilidade aumenta. Para um pequeno gradiente de umidade, ocorre uma rápida elevação da atividade de água. Inicialmente, as moléculas fixam-se sobre os grupos polares que se tornam acessíveis e, posteriormente, sobre outras moléculas de água ligadas diretamente aos grupos polares. A superfície do alimento encontra-se coberta pela monocamada de moléculas de água, e então começam a se formar as multicamadas.

As forças de ligação das moléculas de água na região III são mais fracas. Essas moléculas se alojam entre as cadeias dos constituintes macromoleculares e entre as moléculas dos compostos solúveis, apresentando elevada mobilidade. Pequena variação na atividade de água significa elevada variação de umidade. As moléculas de água apresentam marcante propriedade solvente, assegurando a mobilidade dos componentes do meio e atuando também como lubrificante. Fenômenos biológicos, como o desenvolvimento de micro-organismos, não ocorrem sem que exista um mínimo de água solvente no meio, e a velocidade dessas reações é função da quantidade dessa água. Além da deterioração microbiana, a a_w pode ainda favorecer reações químicas: oxidação lipídica, escurecimento não enzimático, reações enzimáticas.

A atividade de água expressa a disponibilidade de água no alimento. De maneira geral, quanto maior o teor de água, maior a atividade de água e maior a sensibilidade à deterioração. A maioria dos métodos de preservação e conservação de alimentos baseia-se na remoção das moléculas de água (secagem e desidratação), na redução da mobilidade das moléculas de água (congelamento) ou na adição de solutos, como o sal e o açúcar.

4.1.3 Atividade de água e reações de deterioração em alimentos

Do ponto de vista microbiano, os alimentos podem ser classificados, quanto à a_w, em alimentos de a_w elevada, intermediária e baixa. Assim, alimentos com a_w elevada (> 0,85) – leite, carne, ovos, frutas, vegetais frescos – são considerados perecíveis, uma vez que possibilitam o desenvolvimento de uma grande variedade de micro-organismos, sendo, portanto, facilmente deterioráveis. Por sua vez, alimentos de a_w intermediária (0,6 < a_w < 0,85) representam uma classe variada situada entre os produtos frescos muito hidratados e os desidratados e não se diferem pela composição química, pela origem, nem pelo tipo de fatores nutricionais. Esses alimentos definem-se por um conjunto de propriedades físicas e, principalmente, pela sua hidratação média – geleias, embutidos de carne, pescado seco ou defumado, frutas secas. Os alimentos com a_w baixa (< 0,6) – mel, frutas secas, cereais – são altamente estáveis do ponto de vista microbiológico.

Os micro-organismos exigem um valor *ótimo* de a_w para seu desenvolvimento. Fora desse *ótimo*, o desenvolvimento é prejudicado. Abaixo de um valor *mínimo* o desenvolvimento para. Este valor não é fixo; varia de gênero para gênero, de espécie para espécie, e ainda na mesma espécie. Do ponto de vista microbiano, os alimentos podem ser classificados, quanto a a_w, em alimentos de a_w elevada, intermediaria e baixa. Assim, alimentos com a_w elevada (> 0,85) – leite, carne, ovos, frutas, vegetais frescos – são considerados perecíveis, uma vez que possibilitam o desenvolvimento de uma grande variedade de micro-organismos, sendo, portanto, facilmente deterioráveis. Por sua vez, alimentos de a_w intermediária (0,6 < a_w < 0,85) representam uma classe variada situada entre os produtos frescos muito hidratados e os desidratados e não se diferem pela composição química, pela origem, nem pelo tipo de fatores nutricionais. Esses alimentos definem-se por um conjunto de propriedades físicas e, principalmente, pela sua hidratação média – geleias, embutidos de carne, pescado seco ou defumado, frutas secas. Os alimentos com a_w baixa (< 0,6) – mel, frutas secas, cereais – são altamente estáveis do ponto de vista microbiológico.

Bactérias desenvolvem-se principalmente em ambientes com a_w > 0,8. Leveduras e mofos se desenvolvem em soluções muito mais concentradas – valores de a_w próximos a 0,75 - 0,70. Além disso, os fatores ambientais também afetam o nível de a_w necessário ao desenvolvimento microbiano. Quanto mais favoráveis forem os fatores ambientais, menor será a a_w mínima para o desenvolvimento microbiano.

Bactérias desenvolvem-se principalmente em ambientes com a_w > 0,8. Leveduras e mofos crescem em soluções muito mais concentradas – valores de a_w próximos a 0,75 - 0,70. Além disso, os fatores ambientais também afetam o nível de a_w necessário ao desenvolvimento microbiano. Quanto mais favoráveis forem os fatores ambientais, menor será a a_w mínima para o crescimento microbiano.

4.1.4 Função química da água no alimento

As moléculas de água desempenham importantes funções no processamento/preparação de alimentos, porque integram suas estruturas. Elas atuam como solvente, pela capacidade de dissolver grande número de substâncias; como dispersante, por disseminarem uma substância em um fluido no qual elas não são solúveis; como hidratante, por se combinarem com elementos do alimento; e como veículo de transferência de calor.

Como meio de transferência de calor as moléculas de água são importantíssimas, porque a maior parte dos alimentos não pode ser consumida na forma *in natura*, ora porque é preciso tornar mais digeríveis os nutrientes, ora porque é preciso proporcionar condições para o desenvolvimento das características sensoriais dos alimentos.

Cozinhar em água ou a vapor significa submeter os alimentos a temperaturas em torno de 100 °C, a não ser que se faça o uso de panelas de pressão, pois elas possibilitam que a água atinja temperatura próxima a 120 °C.

Se o alimento for cozido em água ficará muito bom, especialmente aqueles que ou precisam de um cozimento lento para desenvolver bem as características organolépticas – aroma, sabor e cor – ou para desenvolver a consistência desejada, como nos fundos; ou ainda para alimentos como feijão, que participam do líquido.

As hortaliças são ricas em vitaminas e sais minerais. Cozinhá-las a vapor reduzirá sensivelmente a perda dos nutrientes e manterá suas características nutricionais e organolépticas. No entanto, o cozimento é mais lento, porque a troca de calor se prolongará: no estado de vapor as moléculas de água se distanciam mais.

Quando se usam os fornos de micro-ondas, as ondas magnéticas atuam especificamente nas moléculas polares, criando um campo elétrico que provoca a vibração das moléculas de água e o aumento de temperatura. Por isso, desde que se misture bem o alimento, o cozimento é mais rápido e uniforme do que aquele que ocorre em forno convencional. Os alimentos mais ricos em água livre são cozidos ou aquecidos mais rapidamente.

Na preparação de assados, a elevada temperatura do ambiente (forno), entre 220 °C e 250 °C, possibilita uma evaporação importante das moléculas de água e, em consequência, os produtos podem se tornar ressecados. Para minimizar o efeito negativo da temperatura sobre a superfície e a suculência do produto, recomenda-se recobrir o alimento com papel alumínio até mais ou menos 2/3 do tempo total de cozimento.

Há sempre dúvida ao se assar carne: abrir o forno durante o cozimento para não perder umidades e sucos do assado? Ou molhar o assado muitas vezes, levando o cozinheiro a quase sempre abrir o forno?

O calor seco produzido quando se assa ou se grelha uma carne, por exemplo, produz características organolépticas diferentes. No forno, as moléculas de água que passam para o estado de vapor se liquefazem quando encontram a superfície mais fria, por exemplo, do papel alumínio, ou ainda, porque se readicionam os líquidos, os produtos voltam a ter moléculas de água no estado líquido, que mantêm a umidade do alimento.

Nos grelhados, a perda de umidade proveniente da vaporização das moléculas de água promove a contração dos tecidos e a mudança no tamanho das porções. O ambiente – carne –, que agora tem menor quantidade de água livre, propicia o aparecimento de reações químicas que desenvolvem a cor, a textura e a crocância dos produtos bem assados.

No processo de fritura ou no salteado, a formação da crosta dificulta a saída de vapores de água. As moléculas geram uma pressão interna que possibilita cozinhar os alimentos, justificando a rapidez dessas preparações.

Quando atuam como solvente e hidratante, as moléculas de água dissolvem grande número de substâncias por meio da interação química entre moléculas do solvente – água – e moléculas do soluto – por exemplo, o sal. A esse processo dá-se o nome de solubilização.

Isso ocorre porque os cátions – partículas com carga elétrica positiva – são atraídos pelos ânions – partículas com carga elétrica negativa. Ao processo dá-se o nome de solvatação[10], que acarreta o rompimento da estrutura cristalina da substância polar, ou seja, sua dissolução: as forças entre cátions e ânions são substituídas por forças entre água e íons.

Como dispersante, as moléculas de água desempenham papel relevante na disseminação de uma substância em um fluido no qual ela não é solúvel, como na produção de maionese e no leite.

O sólido iônico, ao se dissolver em água, se quebra em pequenas unidades: cátions e ânions. Chama-se de equação química a forma como se representa um processo. Neste exemplo, pode-se representar a dissolução ou a hidratação do cloreto de sódio (sal de cozinha) em água, assim: NaCl (sólido) + H_2O Na^+ (aquoso) + Cl^- (aquoso)

As moléculas de lipídios, óleos e gorduras são umas esnobes que torcem o nariz para a água. Para que óleo e água se misturem, é preciso acrescentar moléculas "alcoviteiras", que têm afinidade com o óleo e com a água simultaneamente. Por isso, as maioneses são emulsões: os constituintes hidrofóbicos da gema do ovo revestem as gotículas de óleo, pondo-se em contato com sua parte hidrofóbica, enquanto os hidrofílicos dispersam as gotículas revestidas pelas moléculas de água (THIS, 1998).

Considerando-se a facilidade com que as moléculas de água interagem quimicamente com as substâncias polares, há divergências sobre a adição ou não de sal aos bifes, por exemplo, antes de sua cocção. Alguns profissionais acreditam ser possível selar um bife, com o rápido aquecimento, e assim formar uma crosta impermeável que impede a liberação dos sucos da carne; dessa forma, o sal deveria ser adicionado apenas após a cocção, uma vez que ele influenciaria a rápida eliminação de sucos, deixando os bifes ressecados.

No entanto, é sabido que a crosta formada na cocção dos bifes não é tão impermeável. Ao se colocar o bife na chapa quente, a eliminação de vapores de água ocorre independentemente da adição de sal, pois a elevada temperatura faz com que as moléculas de água, que fazem parte da composição de seus sucos, passem imediatamente para o estado de vapor; é por esse motivo que surge o chiado ou a fumaça. Isso mostra que a adição prévia de sal aos bifes não comprometerá sua qualidade, uma vez que o tempo de cozimento é muito rápido.

Entretanto, quando se trata de cortes maiores, que requerem um maior tempo de cozimento, a perda de líquidos provocada pela adição de sal pode comprometer a qualidade final do produto, que possivelmente se apresentará ressecado/esturricado. Na preparação de churrascos, é comum usar sal grosso para minimizar este problema. O sal refinado, por apresentar menor granulometria[11], reage mais facilmente com as moléculas de água.

O vermelho que se observa nas carnes mal passadas, por exemplo, não é sangue – hemoglobina –, é mioglobina, proteína responsável pela cor das carnes, solúvel em água.

Quadro 4.1 | Funções químicas da água nos alimentos em diferentes valores de a_w

Funções	Valores	Mecanismos	Atributos de qualidade
Solvente	Todos, exceto valores muito baixos.	Solução.	Todos.
Meio para reações	Todas, exceto valores muito baixos.	Reações químicas.	Todos.
Veículo para reações	Baixo	Movimento de moléculas sobre a superfície hidratada.	Manutenção da qualidade dos produtos desidratados.
Reagente	Todos	Hidrólise de lipídios, proteínas, polissacarídeos.	*Flavor* e textura.
Antioxidante	Baixo	Hidratação de traços de metais que podem atuar como catalisadores; ligação por pontes de hidrogênio com hidroperóxidos, proteínas e polissacarídeos; recombinação dos radicais livres ou reações alternativas.	*Flavor*, cor, textura, valor nutritivo, principalmente no armazenamento.
Pró-oxidante	Médio	Redução da viscosidade; dissolução de precipitados; exposição de sítios catalíticos para grupos oxidáveis.	*Flavor*, cor, textura, valor nutritivo, principalmente no armazenamento.
	Médio e alto	Principal fonte de radicais livres nos alimentos irradiados.	*Flavor* e cor.

---

10 Solvatação — combinação de uma molécula ou íon de uma substância dissolvida com a molécula do solvente.

11 Granulometria — termo utilizado para expressar o tamanho/diâmetro de partículas.

Estrutural (intramolecular)	Alto	Manutenção da integridade das moléculas de proteínas.	Textura e outros atributos que se relacionam com reações enzimáticas.
Intermolecular	Baixo	Ligações cruzadas (pontes de hidrogênio) nas estruturas das macromoléculas.	Textura.
	Baixo	Ligações de hidrogênio na superfície e dos grupos de partículas sólidas, aumentando sua fricção.	Viscosidade (chocolate).
	Médio	Interações moleculares entre os lipídios e as proteínas do trigo.	Propriedades reológicas[17] das massas.
	Médio e alto	Interações moleculares entre proteínas e polissacarídeos do trigo. Estrutura das emulsões.	Textura em géis. Propriedades reológicas das emulsões.
	Médio e alto	Estrutura das emulsões.	Propriedades reológicas das emulsões.

Fonte: POMERANZ, 1985.

É comum se bater os bifes para ficarem mais macios. No entanto, esse procedimento rompe células e fibras e, consequentemente, tem-se a liberação de moléculas de água que estavam alojadas nessas estruturas. A perda de tais moléculas leva ao comprometimento da suculência dos bifes.

Algumas das possibilidades de reações químicas entre moléculas de água e de outros constituintes alimentares responsáveis pelo valor nutricional, pela estrutura de produtos e por atributos de qualidade sensorial – cor, *flavor*, viscosidade e textura – são demonstradas no Quadro 4.1.

Verifica-se que para todos os valores de atividade de água, ou de água livre, as moléculas de água atuam como solvente e afetam todos os atributos de qualidade. Podem reagir com componentes alimentares – proteínas, lipídios, carboidratos – comprometendo o *flavor* e a textura dos produtos. Para valores médios e altos, desempenham diferentes papéis que influenciam aspectos de cor, textura, valor nutritivo, até mesmo estrutural, como na produção de massas, produtos de panificação, emulsões, dentre muitos.

• 4.2 •
Proteínas

A palavra proteína é de origem grega – *proteios* – e significa ter primazia. Precisamos ingerir diariamente alimentos fontes de proteínas em quantidade e qualidade adequadas. À custa dessas substâncias, o corpo se constrói. Carnes, leite e derivados, feijões, ervilhas, soja, frutos secos, como amendoim, nozes, castanhas e amêndoas são importantes fontes de proteínas alimentares.

A importância das proteínas na estrutura e no funcionamento celular determina a necessidade de sua presença na alimentação humana. As proteínas são substâncias orgânicas que desempenham funções estruturais (colágeno), contráteis (actina e miosina), biocatalisadoras (enzimas), hormonais (insulina), de transporte ou de transferência (hemoglobina) e de nutrição. Para contribuir na formação de moléculas que desempenharão essas funções no corpo humano, as proteínas precisam ser bem digeridas, bem absorvidas e devem fornecer quantidades e proporções adequadas de aminoácidos[12].

Os alimentos precisam ser cozidos para se tornarem mais digeríveis e, assim, seus nutrientes serão mais bem assimilados pelo organismo humano.

As proteínas são formadas por aminoácidos, unidos entre si por ligações peptídicas[13], podendo outras substâncias participar de sua estrutura (Figuras 4.6a e 4.6b). É de vinte[14] o número de aminoácidos frequentemente encontrados nos alimentos. O número e a sequência de aminoácidos na molécula, o tamanho da estrutura/cadeia[15] e sua conformação[16] tridimensional são os fatores que respondem pela diversidade de proteínas encontradas na natureza.

12 Aminoácido — substância orgânica que compõe as moléculas de proteínas.
13 Ligação peptídica — ligação química responsável pela união dos peptídios, que são formados por duas ou mais unidades de aminoácidos e compõem as moléculas de proteínas.
14 Aminoácidos presentes nas moléculas de proteínas alimentares: alanina, arginina, asparagina, ácido aspártico, cisteína, glutamina, ácido glutâmico, glicina, histidina, isoleucina, leucina, lisina, metionina, fenilalanina, prolina, serina, treonina, triptofano, tirosina, valina.
15 Cadeia — refere-se à série de aminoácidos interligados.
16 Conformação — estrutura tridimensional das moléculas, em especial de proteínas, determinada por sua composição em aminoácidos.
17 Reologia — ramo da mecânica que estuda as deformações e o fluxo da matéria, especialmente o comportamento dos materiais ante seus limites de resistência à deformação. As propriedades reológicas referem-se a tais deformações.

As proteínas desempenham ainda a função de proteção contra agressores: os mamíferos produzem anticorpos; as cobras produzem venenos; os micro-organismos produzem antibióticos e os vegetais produzem inibidores enzimáticos para lhes conferir proteção (RIBEIRO; SERAVALLI, 2004).

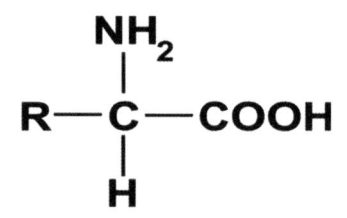

Figura 4.6a | Representação da fórmula geral dos aminoácidos

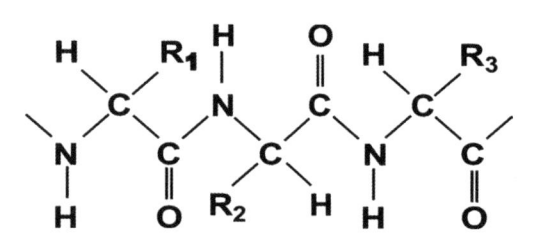

Figura 4.6b | Representação da estrutura de uma fração proteica

Os aminoácidos que compõem uma molécula de proteína definem ainda suas propriedades físico-químicas. São substâncias mais solúveis em água que em solventes orgânicos e apresentam temperatura de fusão e de decomposição acima de 200 °C.

As funções das proteínas dependem de suas características estruturais, definidas em níveis primário, secundário, terciário e quaternário. A estrutura primária compreende apenas a sequência de aminoácidos e determina as demais estruturas da proteína e sua função biológica.

A estrutura secundária refere-se ao arranjo regular, repetitivo no espaço ao longo de uma dimensão, definido como um primeiro grau de ordenação espacial da cadeia polipeptídica. O número e a distribuição dos aminoácidos na estrutura primária determinam a estrutura secundária. Sua estabilidade deve-se a ligações químicas, principalmente a ligações por pontes de hidrogênio entre os grupos –NH e –C=O das ligações peptídicas (Figuras 4.7a e 4.7b).

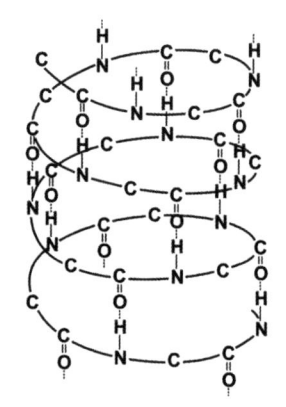

Figura 4.7a | Estruturas secundárias de moléculas de proteínas em α-hélice

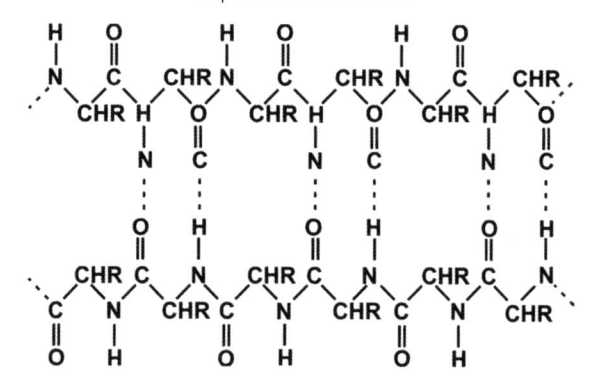

Figura 4.7b | Estruturas secundárias de moléculas de proteínas em conformação β

As interações entre as cadeias laterais da estrutura secundária formam um novo nível conformacional – a estrutura terciária – que se refere à maneira pela qual a cadeia polipeptídica se encurva e se dobra nas três dimensões, resultando em uma estrutura complexa, mais compacta, mais estável e que ocupa menor volume (Figura 4.8a). Muitas outras ligações químicas estabilizam a estrutura terciária: pontes dissulfeto[18], pontes de hidrogênio, interações dipolo-dipolo, interações de van der Waals, interações eletrostáticas (Figura 4.8b).

(a)   (b)

Figura 4.8 | Estruturas terciária (a) e quaternária (b) das proteínas.

---

18 Pontes dissulfeto — ligações entre compostos orgânicos cujas moléculas apresentam o radical –S:S– ligado à cadeia de carbono.

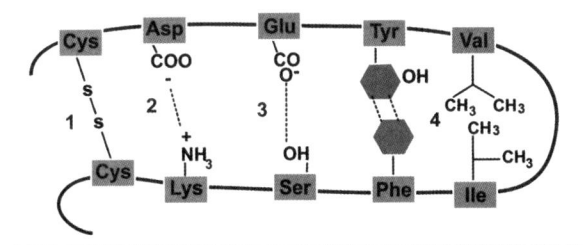

1 Ponte dissulfeto
2 Interações eletrostáticas
3 Ligação Ponte de hidrogênio
4 Interações de van der Waals (interações hidrobóficas)

Figura 4.9 | Interações químicas que estabilizam as moléculas de proteínas

A estrutura quaternária corresponde a interações polares ou apolares, de caráter permanente ou transitório, entre resíduos das unidades estruturais com outras cadeias polipeptídicas. Ela existe apenas nas proteínas que contêm mais de uma cadeia polipeptídica e é estabilizada por pontes de hidrogênio, interações dipolo-dipolo, interações de van der Waals e interações eletrostáticas entre moléculas de proteínas (Figura 4.9).

Alguns fatores influenciam o valor nutricional das proteínas: composição, digestibilidade, biodisponibilidade de aminoácidos essenciais, ausência de toxicidade e/ou de propriedades antinutricionais. Ademais, as proteínas podem ser classificadas como completas, parcialmente completas e incompletas em função de sua composição em aminoácidos essenciais.

Aminoácidos essenciais (isoleucina, leucina, valina, triptofano, lisina, metionina, fenilalanina e treonina) são os que o organismo humano não sintetiza, a partir de outros compostos orgânicos, em quantidade suficiente para suprir suas necessidades, devendo ser fornecidos pela dieta.

Em relação à composição em aminoácidos essenciais, a proteína do ovo tem maior valor nutricional por ter maior biodisponibilidade. Decrescentemente, vêm as proteínas do leite de vaca e derivados, de peixes, de outras carnes e derivados.

Sobre o efeito da conformação estrutural na biodisponibilidade da proteína, estudos indicam que quanto mais simples for a estrutura que estabiliza a cadeia polipeptídica mais fácil será o acesso das enzimas digestivas aos respectivos substratos, aumentando a digestibilidade da proteína e a biodisponibilidade de seus aminoácidos para o organismo. Fatores antinutricionais, como a lectina, afetam negativamente a atividade de algumas enzimas digestivas, comprometendo a digestibilidade e a qualidade nutricional das proteínas.

As batatas contêm pequenas concentrações de solanina[19], distribuídas especialmente nas folhas, nos caules e nos brotos do vegetal. Recomenda-se cortar os brotos e parte da região onde ela se encontra, apesar de o organismo humano ser tolerável a tal substância. Batatas esverdeadas, assim como aquelas expostas à luz ou à temperatura de refrigeração, apresentam maior quantidade de solanina, e o calor do cozimento não elimina seu possível efeito tóxico.

As proteínas de origem vegetal são menos digeríveis que as de origem animal. Além disso, alguns vegetais possuem fatores antinutricionais, como a antitripsina, encontrada em leguminosas (soja, feijão).

Algumas proteínas podem apresentar um ou mais aminoácidos em quantidades proporcionalmente inferiores às preconizadas na proteína de referência. Se isso ocorre, esses aminoácidos são considerados aminoácidos limitantes. Nas leguminosas, os aminoácidos limitantes são os sulfurados (metionina e cisteína); em alguns casos, o triptofano. Nos cereais, a lisina e a treonina. Por isso, as proteínas de alimentos de origem vegetal são consideradas de baixo valor biológico.

Para apresentar uma melhor composição em aminoácidos, as proteínas de origem vegetal devem ser combinadas. Isso pode ser obtido utilizando-se misturas de cereais – arroz, trigo, milho – com leguminosas – feijão, soja, ervilha – consumidas em uma mesma refeição em proporções bem equilibradas. Exemplo clássico é a mistura arroz e feijão.

A ação do calor nos alimentos apresenta efeitos antagônicos sobre a digestibilidade das proteínas. A desnaturação é um desses efeitos. Ela se refere às alterações físicas sofridas pelas proteínas que causam o rompimento das estruturas secundária, terciária e quaternária que auxiliam a estabilização e a conformação da molécula; altera sua estrutura espacial e forma arranjos mais desordenados por meio de ligações intramoleculares.

Na culinária, a causa mais comum de desnaturação das proteínas é o aquecimento. Todas as moléculas vibram ao mesmo tempo. A amplitude dessas vibrações aumenta com o aumento da temperatura. Se as vibrações forem suficientemente fortes, a molécula pode se agitar, rompendo as ligações que estabilizam sua estrutura. Em consequência, tornam-se mais disponíveis para reações químicas de importância incontestável na definição das características organolépticas dos produtos.

As proteínas desnaturadas, de maneira geral, perdem parcialmente a solubilidade e a natural atividade biológica. A estrutura primária não sofre o efeito de agentes desnaturantes, ou seja, as ligações peptídicas não são

---

19 Solanina — alcalóide; classe de substâncias orgânicas nitrogenadas encontradas em plantas com ação tóxica para o ser humano.

afetadas. Além do calor, as variações de acidez (pH)[20], as radiações, a adição de sais, o frio, pressões elevadas e solventes orgânicos também são agentes desnaturantes.

Deve-se considerar que a suscetibilidade à desnaturação varia de acordo com a proteína e depende da tendência de esses agentes romperem as ligações que estabilizam as estruturas secundária, terciária e quaternária das proteínas. Como essas estruturas variam para as diferentes proteínas, os efeitos também serão variados.

A desnaturação pelo calor facilita a ação de enzimas digestivas humanas sobre as proteínas. Entretanto, o calor favorece reações entre componentes de alimentos, tornando-os menos digeríveis; pode, também, provocar a hidrólise da proteína com perda dos aminoácidos liberados, que podem participar de outros mecanismos, como a reação de Maillard.

> A maior parte do sabor da carne desenvolve-se quando ela é cozida. Parte desse sabor é devido à reação de Maillard, em que os aminoácidos das proteínas reagem com os açúcares armazenados nas células musculares. É essa reação que faz a carne ficar marrom e a superfície ficar tostada quando a fritamos, a assamos ou a grelhamos (*Revista Superinteressante*, 2003).

> As diferentes carnes apresentam sabores e aromas peculiares; ao cozê-las, podem acontecer até 600 diferentes combinações químicas (*Revista Superinteressante*, 2003).

A biodisponibilidade de aminoácidos relaciona-se à condição de aproveitá-los em formas metabolicamente ativas. A manipulação dos alimentos, durante seu armazenamento e preparo, pode modificar a digestibilidade das proteínas e provocar reações entre nutrientes, afetando a biodisponibilidade de aminoácidos.

4.2.1 Funcionalidade das proteínas

A qualidade de um alimento é definida por sua composição, suas propriedades nutricionais e funcionais, entre outros atributos. A composição caracteriza-se pela quantidade ou pela proporção de seus componentes. As propriedades nutricionais relacionam-se à riqueza do alimento em nutrientes essenciais, à biodisponibilidade, à ausência de substâncias tóxicas e/ou antinutricionais.

Propriedades funcionais são características dos componentes das substâncias alimentares que influenciam na sua aceitação e utilização. Elas se referem a qualquer propriedade físico-química ou química que afeta o processamento ou o produto final em sistemas de alimentos, refletindo a interação entre composição, estrutura, conformação e propriedades físico-químicas de nutrientes. As propriedades funcionais típicas das proteínas, com os termos funcionais específicos, estão resumidas nos Quadros 4.2 e 4.3.[21] As propriedades funcionais das proteínas destacam-se porque essas substâncias são as mais reativas entre os componentes macromoleculares. Elas podem se ligar a moléculas de açúcares e de lipídios, aos produtos resultantes da oxidação de lipídios, e a muitos outros componentes, afetando significativamente a qualidade sensorial dos produtos. Algumas dessas reações podem reduzir o valor nutricional dos alimentos e formar compostos responsáveis por cor e aroma de outros produtos. Ocasionalmente, podem apresentar toxicidade.

A literatura classifica as propriedades funcionais em hidrofílicas, interfásicas, intermoleculares, reológicas e sensoriais. O Quadro 4.3 relaciona as propriedades funcionais com seus termos específicos.

Quadro 4.2 | Propriedades funcionais das proteínas em alimentos

Propriedades funcionais	Mecanismos	Alimentos
Solubilidade	Solvatação dependente do pH	Bebidas
Absorção e interação com moléculas de água	Ligações por pontes de hidrogênio	Carnes, pães, derivados cárneos
Viscosidade	Ligações por pontes de hidrogênio	Sopas
Geleificação[21]	Matriz proteica	Carnes, queijos
Coesão	Material adesivo	Carnes, molhos, produtos de panificação, massas
Elasticidade	Ligações por pontes de hidrogênio (glúten), ligações dissulfeto	Carnes, produtos de panificação
Emulsificação	Formação de estabilização (emulsões com lipídios)	Molhos, sopas, bolos
Adsorção de lipídios	Ligações com moléculas livres de lipídios	Carnes, molhos
Ligação com substâncias que compõem o flavor	Adsorção, formação de redes	Aditivos para produtos cárneos, panificação
Espuma	Filmes estáveis	Sobremesas, bolos

Fonte: POMERANZ, 1985.

---

20 pH é uma propriedade físico — química determinada pela concentração de íons de hidrogênio de (H+). Os valores de pH variam, de 0 a 14; os valores de 0 a 7 são considerados ácidos; valores em torno de 7 são neutros, e valores acima de 7 são denominados básicos ou alcalinos. Quanto menor o pH de uma substância maior a concentração de íons H+.

21 Geleificação — propriedade funcional de algumas proteínas envolvidas na preparação de numerosos alimentos como, produtos lácteos, clara de ovo coagulada, produtos cárneos, entre outros. Também se refere ao preparado culinário à base de substâncias gelatinosas (mocotós, espinhas e peles de peixe, gelatinas industrializadas) que se usa na confecção de diferentes pratos doces ou salgados.

Quadro 4.3 | Propriedades funcionais e termos específicos

Propriedades	Termos específicos
Sensorial	Cor, sabor, odor, textura, palatabilidade
Cinestésica	Suavidade, fiosidade, granulosidade, dispersibilidade, coesão, mastigabilidade
Hidratação	Solubilidade, dispersibilidade, umidade, inchamento, espessamento, geleificação, capacidade de reter água, sinérese
Atividade superficial	Emulsificação, formação de espuma, aeração, formação de filme, estabilização
Estrutural	Viscosidade, adesão, formação de redes tridimensionais
Reológica	Agregação, gelatinização, elasticidade (massa), extensibilidade (massa), formação de fibras

Fonte: FARFAN, 1985.

Propriedades hidrofílicas ou de hidratação

As propriedades hidrofílicas dependem da afinidade das proteínas pela água e afetam a solubilidade e as capacidades de hidratação e retenção de água. A solubilidade de uma proteína é influenciada pelo número e pelo arranjo de cargas elétricas na molécula que, consequentemente, dependem da composição de aminoácidos e, particularmente, do número de resíduos ácidos e básicos. Frações não proteicas da molécula, denominadas grupos prostéticos, como lipídios, carboidratos e fosfatos, afetam a solubilidade.

Temperatura, pH, força iônica e constante dielétrica do solvente poderão modificar a solubilidade de uma proteína. Os valores de acidez afetam a natureza e a distribuição das cargas elétricas. As proteínas são geralmente mais solúveis em baixos ou em elevados valores de pH, porque o excesso de cargas com mesmo sinal elétrico provoca a repulsão das moléculas.

O ponto isoelétrico (pI) de uma proteína é o valor de pH em que as cargas positivas e negativas se equivalem numericamente. Próximo a esses valores é mínima a associação entre as moléculas de proteína e as de água; também é mínima a solubilidade. Por se compensarem internamente quanto às cargas no ponto isoelétrico, as moléculas não se repelem, diminuem sua solubilidade e tendem a formar precipitados. Para a maioria das proteínas, o ponto isoelétrico está entre 3,5 e 6,5.

> Os iogurtes são obtidos por precipitação da caseína – proteína do leite – quando os micro-organismos convertem lactose em ácido lático, provocando a queda do pH até 4,6 (pI da caseína).

As propriedades hidrofílicas são significantes em alimentos líquidos, como refrescos, sucos, leite e substitutos do leite. Também são relevantes na preparação de carnes e produtos cárneos, porque as proteínas miofibrilares – actina e miosina –, que são solúveis em água e em soluções salinas, correspondem a aproximadamente 55,0% do total de proteínas. O controle da desnaturação dessas proteínas é importante nos processos de congelamento e descongelamento dos produtos, assim como na cocção, por afetar caracteres culinários e comerciais pela elevada capacidade de retenção de água e de emulsificação que essas moléculas apresentam, influenciando especialmente a textura, a suculência e o rendimento dos produtos (Figura 4.10).

Figura 4.10 | Características culinárias atribuídas às propriedades hidrofílicas das proteínas

Propriedades de superfície ou interfásicas

As propriedades interfásicas dependem da capacidade das moléculas de proteína de se unirem e formarem uma película entre duas fases imiscíveis (emulsificação e formação de espumas).

Define-se emulsão como a mistura de dois líquidos imiscíveis, um dos quais disperso no outro, na forma de gotículas. Dependendo da composição das fases, dois tipos de emulsões podem ser identificados: emulsão óleo em água (O/A), que ocorre quando a água é a fase contínua (externa) e o óleo a fase descontínua (gotículas); e emulsão água em óleo (A/O), em situação inversa.

A estabilização da emulsão deve-se à presença de um agente emulsificante que diminui a tensão interfacial entre as duas fases e permite formar emulsão com nível mais baixo de energia. Para a substância ser agente emulsificante, precisa dispor de regiões hidrofílicas e hidrofóbicas na mesma molécula. Em consequência, forma-se uma camada entre as duas fases, separando-as e impedindo que os glóbulos da fase interna coalesçam – união irreversível das gotículas até a separação das fases – e rompam a emulsão (Figura 4.11). Ao se desnaturar, o sítio hidrofóbico se dirige para o exterior e o sítio hidrofílico agrega às moléculas de água, permitindo a interação entre as fases hidrofóbicas.

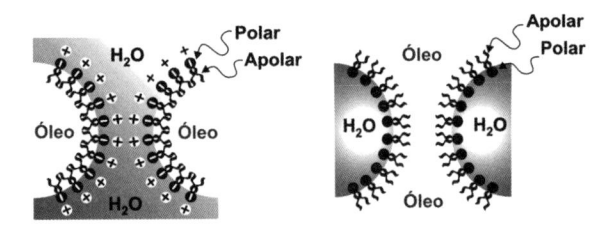

Figura 4.11 | Formação de emulsões O/A e A/O

Fonte: ARAÚJO, 2004.

Os leites são emulsões constituídas por glóbulos de gordura estabilizados por substâncias albuminoides. Em solução temos lactose, proteínas, sais orgânicos, minerais e demais produtos em quantidades mínimas: lecitina, ureia, aminoácidos, ácidos cítrico, lático e acético, vitaminas, enzimas e outros.

Emulsificantes mais polares são mais importantes na formação e na estabilidade de emulsões do tipo óleo/água. Proteínas são excelentes emulsificantes para os sistemas óleo em água, comumente encontrados nos alimentos.

Os leites desidratados e achocolatados instantâneos possuem na sua formulação a lecitina de soja, emulsificante de amplo uso na indústria de alimentos; por isso tais produtos se solubilizam facilmente na água ou no leite.

A formação e a estabilidade das emulsões são afetadas por temperatura, pH, tamanho da partícula de gordura, quantidade e tipo de proteína e viscosidade da emulsão.

As proteínas hidrossolúveis apresentam baixa capacidade de emulsificação porque tendem a lixiviar para a fase aquosa. Em geral, a conformação da proteína, seus graus de desnaturação e de agregação e a solubilidade afetam o comportamento das emulsões.

Na emulsão, dois aspectos destacam-se: capacidade de emulsificação e estabilidade de emulsão. Capacidade de emulsificação é a medida da capacidade que uma solução de proteína ou uma suspensão de alimento proteico tem para formar mistura homogênea e estável com óleo ou gordura líquida. A capacidade máxima de emulsificação da proteína é determinada pelo ponto em que se verifica a quebra da emulsão.

A capacidade que uma proteína apresenta para formar espuma refere-se à expansão de volume da dispersão com a incorporação de ar por batimento, agitação ou aeração. É uma propriedade funcional de interface que depende da natureza da proteína, sua solubilidade e estado de desnaturação, da presença de sais e outros aditivos utilizados no processamento de alimentos como merengue, suflês e musses.

A espuma é, portanto, uma dispersão de bolhas de ar num líquido/solução ou em um sólido. Por ação da energia proveniente do batimento das claras, as globulinas são parcialmente desnaturadas e tornam-se capazes de reter o ar, promovendo o aumento das bolhas. São capazes ainda de se ligar às moléculas de água, na interface água/ar, de revestir as partículas de gordura e de dispersá-las na água da clara (Figura 4.12). A energia cedida à mistura promove a formação de pequenas bolhas de ar que influenciam o volume dos produtos.

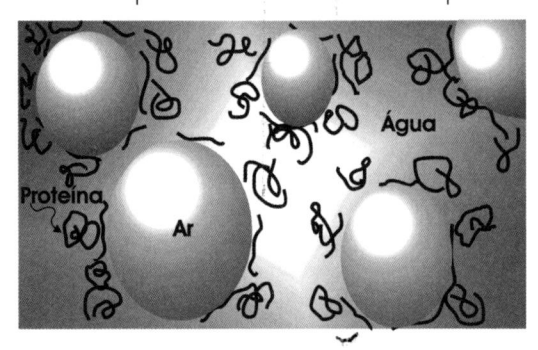

Figura 4.12 | Formação de espumas pelas proteínas da clara do ovo

A estabilidade refere-se à retenção do volume máximo de espuma formada em função do tempo de repouso, geralmente medida pela liberação de fluido de espuma, sendo propriedade importante na preparação de produtos aerados.

A funcionalidade das proteínas da clara do ovo é fundamental à produção de produtos aerados, doces ou salgados. Por isso, o armazenamento de ovos requer condições apropriadas de temperatura e umidade para que esses fatores físicos não comprometam o equilíbrio físico-químico e não promovam desnaturação proteica.

Propriedades intermoleculares

A habilidade das proteínas de formar ligações cruzadas entre suas moléculas ou com outros componentes dos alimentos determina as propriedades intermoleculares e se relaciona à formação de fibras proteicas, à geleificação e à formação de massa viscoelástica. As propriedades reológicas referem-se à viscosidade dos produtos alimentícios e dependem de características físicas e químicas específicas das proteínas.

Muitas das ligações que concorrem para a formação das fibras – e determinam suas propriedades – são as que determinam e estabilizam estruturas secundárias, terciárias e quaternárias de proteínas (interações eletrostáticas, forças de van der Waals, ligações covalentes, ligações por pontes de hidrogênio).

As propriedades intermoleculares das moléculas de proteínas se referem à formação de fibras, como o colágeno; à formação de massa viscoelástica, na produção de pães; à viscosidade de produtos como molhos e maioneses. A geleificação é fenômeno relacionado ao enrijecimento de carnes (na cocção) e à alteração na consistência dos ovos (na cocção) decorrentes da capacidade de macromoléculas, como as proteínas, formarem coloides de maior ou menor fluidez, dependendo da concentração dessas macromoléculas.

As propriedades organolépticas manifestam-se por meio dos órgãos dos sentidos e são também denominadas propriedades sensoriais (textura, cor, gosto, aroma). Em termos de sabor, a contribuição das proteínas é secundária, limitando-se à presença de peptídeos ou aminoácidos e à interação com outros componentes do alimento. Isso ocorre porque as proteínas, embora razoavelmente desnaturadas, não apresentam atividade química ou físico-química, permanecendo como moléculas de alto peso molecular. Tais características impedem a interação química com os receptores nervosos nos órgãos bucal-olfatório.

Com processos de desnaturação e de hidrólise decorrentes da manipulação e do processamento de alimentos, surgem peptídeos e aminoácidos com atividades físico-químicas que, por interações com outros constituintes alimentares ou isoladamente, participam em nível secundário da formação de componentes responsáveis pelo sabor. Importa controlar a velocidade dessas reações, dado que a desnaturação pode levar à formação de produtos de sabor amargo. Tais reações caracterizam, por exemplo, os atributos sensoriais – cor, odor, sabor – de pães, bolos, biscoitos.

• 4.3 •
Enzimas

Enzimas são substâncias orgânicas formadas no interior das células vivas capazes também de agir no meio extracelular. Elas catalisam reações químicas chamadas de reações enzimáticas. Essas reações caracterizam-se pela rapidez com que acontecem: são de 10^{12} a 10^{20} vezes mais rápidas que as reações não enzimáticas.

São proteínas globulares com estrutura química especial. Contêm um centro ativo denominado apoenzima e, algumas vezes, um grupo não proteico denominado coenzima. À molécula toda é dado o nome de haloenzima. São substâncias sólidas, difíceis de cristalizar devido à complexidade de suas estruturas químicas. São, na maioria, solúveis em água e em soluções salinas diluídas e, quando em solução, são precipitadas pela adição de sulfato de amônio, álcool ou ácido tricloroacético. São inativadas pelo calor, e esta, supostamente, é a propriedade mais importante dessas substâncias em relação à tecnologia de alimentos.

A participação das enzimas na produção/tecnologia de alimentos é muito importante em razão do que desempenham ora no processamento e no armazenamento de produtos alimentícios, ora na sua deterioração. Elas podem formar compostos desejáveis e indesejáveis. Portanto, para que os alimentos se conservem por mais tempo, é necessário controlar, além da presença de micro-organismos, também as reações enzimáticas.

O amadurecimento das frutas, que leva à produção do aroma e do sabor característicos, bem como à transformação do músculo em carne, decorre de reações bioquímicas mediadas por enzimas.

A indústria de alimentos e a culinária usam as enzimas naturais, como a papaína e a bromelina, ou industriais, como os amaciantes de carnes, com o objetivo de melhorar a qualidade e a utilização dos produtos, ressaltar as características organolépticas e estabilizar sua qualidade. Essas substâncias apresentam como vantagens o fato de serem substâncias naturais, atóxicas e de catalisarem reações sem provocar reações secundárias indesejáveis; são ativas em condições moderadas de pH e de temperatura; são ativas a baixas concentrações. Por serem proteínas, é possível monitorar a velocidade das reações pelo ajuste do pH, da temperatura, pela concentração da enzima e até mesmo paralisar as reações pela inativação térmica da molécula.

Os leites sem lactose, indicados para pessoas intolerantes a esse açúcar, são obtidos pelo seu tratamento com a enzima lactase em condições controladas de temperatura e tempo.

Por atividade biológica entende-se a capacidade que as enzimas apresentam de reagir com determinados constituintes das células, denominados substratos, formando complexos. Essa atividade depende da estrutura da enzima, que se relaciona ao número de cadeias peptídicas e ao arranjo dessas cadeias na molécula, da natureza do substrato e, se houver, da estrutura do grupo prostético. A reação enzimática básica pode ser representada da seguinte forma:

Enzima (E) + Substrato (S) ⇌ Produto (P) + Enzima (E)

A atividade enzimática é expressa em termos da quantidade de substrato que pode ser transformado por unidade de tempo. Concentração de substrato, temperatura e pH são fatores que afetam essas reações. A velocidade das reações enzimáticas aumenta com o aumento da temperatura, tal qual ocorre com as reações químicas; estas, teoricamente, duplicam com o aumento de 10 °C na temperatura da reação. No entanto, nas reações enzimáticas, a velocidade aumenta com a temperatura até um valor máximo entre 30 °C e 55 °C, a partir do qual a velocidade começa a decrescer devido à inativação da enzima pelo calor.

> Nos rótulos dos produtos alimentícios industrializados, comumente se encontram informações das condições de uso. Para os amaciantes de carne, as informações referem-se à quantidade de produto a ser usado, à temperatura e ao tempo de exposição. Isso se justifica pelo fato de que um maior tempo de contato da enzima (contida no produto) com o substrato (carne) pode levar a uma quebra intensa das moléculas de proteína, produzindo textura imprópria, aroma e sabor indesejáveis.

Entre a estrutura das proteínas ou dos peptídios que compõem a molécula enzimática e lhes conferem suas propriedades biológicas, há uma correlação química que conduz a uma especificidade própria. Supõe-se que apenas uma fração da molécula, denominada sítio ativo, é a responsável pela ligação da enzima ao substrato; essa fração determinaria a especificidade enzimática.

Fischer, ao final do século XIX, desenvolveu o conceito de especificidade enzimática e estabeleceu a existência de uma relação estérica entre enzima e substrato. Sua teoria compara a especificidade enzimática a um conjunto *chave e fechadura*, em que a chave (S) deve ajustar-se à fechadura (E) (Figura 4.13). Quando ocorre a reação, forma-se um complexo enzima-substrato, que posteriormente se separa. A estrutura da enzima mantém-se inalterada.

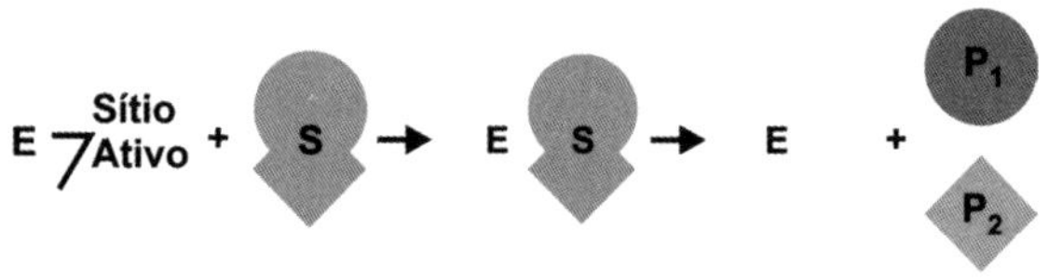

Figura 4.13 | Reação enzimática, segundo Fischer

Por meio desse modelo é possível supor que cada enzima age sobre um número muito limitado de compostos. A especificidade enzimática é muito importante no processamento de alimentos, uma vez que permite a modificação seletiva de determinados constituintes alimentares sem a modificação de outros. A aplicação de algumas enzimas na preparação de alimentos está resumida no Quadro 4.4. [22]

Quadro 4.4 | Substratos, enzimas, produtos e indicações de uso

Substratos	Enzimas	Produtos e indicações de uso
Amido de trigo	Amilases	Dextrina[22] e maltose; Panificação para melhorar a textura e a cor dos pães.
Amido de milho	Amilases	Xarope de glucose; Para evitar a cristalização de açúcares na produção de *marshmellow* e de pé de moleque.
Amido de cereais	Amilases	Álcool, dentre outras substâncias; Na produção de bebidas alcoólicas, aumentam a concentração de açúcares fermentáveis e por isso melhoram o rendimento alcoólico.
Sacarose	Invertase	Frutose e glicose; Indicada na produção de confeitos, licores, bombons e sorvetes porque a frutose e a glicose têm maior poder de doçura que a sacarose.
Lactose	Lactase	Glicose e galactose; Na produção de leite sem lactose, para pessoas com intolerância à lactose. Na produção de alimentos fermentados e na panificação para ressaltar características organolépticas.
Proteínas da carne	Papaína (mamão); bromelina (abacaxi); ficina (figos).	Amaciamento dos cortes cárneos; Na produção de bebidas alcoólicas, como as cervejas, para evitar a turvação.
Caseína	Renina	Produção de queijos.
Lipídios do leite	Lipases	Ressaltar aroma e sabor de queijos como *roquefort*, *camembert*, dentre vários outros.

---

22 Dextrina — mistura de polímeros de D—glucose (α—1,4), obtida por meio da hidrólise ácida de amido. As dextrinas são solúveis em água, de cor branca a levemente amarelada.

4.3.1 Reações desejáveis na manipulação de alimentos

Na maturação e na elaboração de produtos cárneos, as reações bioquímicas são mediadas por enzimas glicolíticas, que hidrolisam os carboidratos; proteolíticas e lipolíticas, que hidrolisam, respectivamente, proteínas e lipídios. As enzimas glicolíticas atuam sobre o glicogênio na transformação do músculo em carne. As reações decorrentes da ação das enzimas proteolíticas promovem a degradação das proteínas responsáveis pela estrutura da carne e, consequentemente, o aumento de sua maciez, parâmetro sensorial de relevância para a aceitação dos produtos.

Os peptídios resultantes são hidrolisados por peptidases e aminopeptidases, enzimas específicas para esses substratos, que hidrolisam di e tripeptídios e geram uma importante concentração de aminoácidos livres, substâncias importantes para o desenvolvimento do sabor final dos produtos. Com respeito às reações lipolíticas, verifica-se que a ação enzimática sobre o tecido adiposo promove a produção de ácidos graxos livres que influenciam também as características organolépticas dos produtos.

A elaboração de presunto cru é um dos procedimentos mais antigos de conservação de carne. Sua qualidade depende de inúmeros fatores, especialmente das reações enzimáticas que ocorrem durante sua produção que, tradicionalmente, pode levar de 12 a 18 meses.

Na produção de queijos, o papel das enzimas é fundamental. Por definição, queijo é o produto obtido pela coagulação enzimática da caseína. O processo envolve a concentração dos principais componentes do leite e é regulado por diferentes fatores, como pH, temperatura, tempo e agitação. Nos queijos maturados, a produção de *flavor* resulta de uma série de mudanças bioquímicas que ocorrem durante a maturação do coalho causadas pela interação de bactérias, enzimas do leite e lipases presentes na flora secundária.

As diferenças organolépticas entre as inúmeras variedades de queijos se devem fundamentalmente às reações enzimáticas que ocorrem durante a maturação. Queijos obtidos do leite de cabra, por exemplo, têm seu *flavor* definido pelos ácidos butírico, caproico e cáprico. Queijos do tipo mussarela e prato têm sabor menos intenso porque apresentam maior quantidade de ácidos graxos de cadeia média e longa.

4.3.2 Reações indesejáveis na manipulação de alimentos

A aceitação de um dado produto baseia-se na sua qualidade. Para os produtos de origem vegetal, é possível supor que os parâmetros que mais definem essa qualidade são a cor e a textura. No entanto, a cor exerce uma influência mais forte porque o consumidor geralmente julga a qualidade de um produto pela sua aparência.

As transformações pós-colheita dos alimentos de origem vegetal compreendem uma sequência dinâmica e integrada de processos bioquímicos que dependem da integridade do tecido vegetal, visto que as enzimas e os sistemas enzimáticos estão compartimentados tanto em nível subcelular como tissular.

No transporte, no processamento, no armazenamento e na manipulação dos hortifrútis, frequentemente ocorrem rupturas de seus tecidos, produzindo alterações indesejáveis que comprometem principalmente a cor dos produtos. Essas reações de escurecimento devem-se, em grande parte, a oxidações enzimáticas denominadas reações de escurecimento enzimático.

O escurecimento enzimático consiste na reação de uma ou de múltiplas enzimas que oxidam compostos como os ácidos cafeico e gálico, ou outras substâncias fenólicas – classe de compostos orgânicos formados pela ligação de uma ou mais hidroxilas em anéis aromáticos (Figura 4.14). São atribuídas várias denominações ao grupo de enzimas responsáveis por tais reações: fenolase, polifenolase e polifenoloxidase. A melanina (composto escuro) é o produto da reação.

A preparação de saladas de frutas à base de banana, maçã, dentre outras, requer cuidados apropriados para minimizar as reações de escurecimento, de natureza enzimática. O corte das frutas, que são suscetíveis ao escurecimento, deve ocorrer ao final do processo; recomenda-se acidificar a preparação com suco de laranja ou suco de maracujá e guardá-la em recipiente fechado, sob refrigeração.

Pelo fato de serem reações enzimáticas, a concentração da enzima, do substrato, o pH e a temperatura são fatores que podem estimular ou inibir a atividade enzimática. Por também serem reações de oxidação, o controle da concentração de oxigênio é fundamental. Geralmente, na cozinha ou nas unidades de produção de alimentos, o controle do escurecimento enzimático se limita à inativação da enzima ou à remoção do oxigênio; ou, ainda, à combinação dos dois métodos.

Figura 4.14 | Reação de escurecimento enzimático

A refrigeração apenas diminui a atividade enzimática, por isso o uso de temperaturas em torno de 5 °C por um período mais prolongado pode alterar as propriedades sensoriais dos produtos, como acontece quando se armazenam folhas de alface pré-preparadas ou cortadas.

O calor é o método mais simples e mais usado para controlar essa reação, porque as enzimas são moléculas de proteínas que desnaturam-se por ação do calor e, normalmente, temperaturas em torno de 75 °C, por 1 a 5 minutos, são suficientes para tal. Tanto na indústria como na culinária utiliza-se a técnica do branqueamento[23] para minimizar tais efeitos. Na cozinha, costuma-se recorrer ao uso de produtos alimentícios contendo ácidos orgânicos – cítrico, ascórbico, acético – para modificar o nível de acidez da preparação e inibir a reação.

Sucos industrializados de fruta, como graviola, produtos liofilizados e produtos desidratados, normalmente passam por um processo de branqueamento para evitar as reações de escurecimento enzimático durante o armazenamento.

Na cozinha, um dos métodos mais utilizados para controlar o escurecimento enzimático consiste no fechamento dos depósitos – recipientes e/ou embalagens que armazenam os produtos. Na indústria, o fechamento é feito a vácuo.

• 4.4 •
Carboidratos

Os carboidratos abrangem um dos maiores grupos de compostos orgânicos encontrados na natureza. Juntamente com as proteínas, formam os principais constituintes do organismo vivo sendo as mais abundantes e as mais econômicas fontes de energia para o homem.

A literatura define carboidratos como poli-hidroxialdeídos, poli-hidroxicetonas, poli-hidroxiálcoois, poli-hidroxiácidos, seus derivados simples e polímeros desses compostos, unidos por ligações hemiacetálicas[24]. São classificados em monossacarídeos, oligossacarídeos e polissacarídeos.

4.4.1 Carboidratos simples — monossacarídeos

Monossacarídeos são compostos que não podem ser hidrolisados a compostos mais simples. O comprimento da cadeia carbônica e a presença de um grupo aldeídico ou cetônico classificam essas substâncias em triose ou triulose, tetrose ou tetrulose, pentose ou pentulose, hexose ou hexulose. Encontram-se livremente ou compondo as moléculas de oligossacarídeos e polissacarídeos.

Glicose, frutose e galactose são os monossacarídeos mais comuns presentes nos alimentos. Na forma livre, a glicose está presente em muitos vegetais, como banana e uva; na forma combinada, encontra-se na sacarose, na lactose, na maltose e em polissacarídeos como amido, celulose e glicogênio. Nos animais, a glicose é a principal forma de transporte de carboidratos na corrente sanguínea. A frutose livre é encontrada nas plantas e suas fontes mais comuns são as frutas e o mel de abelha. É um dos dois monômeros[25] da sacarose. A galactose normalmente não ocorre na forma livre, sendo um dos monômeros da lactose. O ácido galacturônico, seu derivado, é o monômero das substâncias pécticas.

Para compreender a organização dos átomos de carbono, hidrogênio e oxigênio, é importante conhecer a forma mais simples de se representar um monossacarídeo (Figura 4.15). A forma projetada por Fischer representa a molécula no espaço bidimensional, mas não a forma cíclica do monossacarídeo. O anel proposto por Haworth (Figura 4.16) é a representação planar, em perspectiva, das moléculas de açúcares.

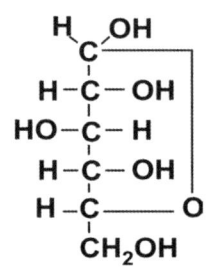

Figura 4.15 | Representação de Fisher para a molécula de glicose

As moléculas de glicose e de galactose diferem apenas na disposição do hidrogênio e do grupo hidroxila (–OH) no carbono 4 (Figura 4.16). O grupo carbonila encontra-se combinado com uma das hidroxilas da mesma molécula em uma ligação hemiacetálica. Glicose e galactose estão na forma piranósica[26], enquanto a frutose está na forma furanósica[27].

---
23 Branqueamento — tratamento térmico que objetiva inativar enzimas, reduzir o ar dos tecidos, dentre outros. Consiste na imersão do produto em água aquecida ou na sua exposição a uma câmara de vapor a uma dada temperatura e por um dado tempo, específicos para cada enzima, seguido de imediato resfriamento.
24 Ligação hemiacetálica — ocorre quando o grupo carbonila adiciona água ou álcoois simples para formar hemiacetais.
25 Monômero — composto de um só segmento ou composto constituído de moléculas capazes de se combinar entre si ou com outras para formar polímeros.
26 Forma piranósica: anel com seis membros
27 Forma furanósica: anel com cinco membros.

A glicose, como xarope ou cristalizada, obtida pela hidrólise do amido, aumenta a viscosidade, confere brilho, corpo, plasticidade; regula a doçura em produtos de panificação, confeitos, geleias e recheios de bombons, dentre outros.

Glicose   Galactose   Frutose

Figura 4.16 | Estrutura molecular da glicose, da galactose e da frutose

Oligossacarídeos são carboidratos que, por hidrólise, originam de duas a dez unidades de monossacarídeos unidas por ligações hemiacetálicas. Sacarose, lactose, maltose e celobiose são os monossacarídeos mais comuns em alimentos. A lactose e a sacarose são encontradas livremente na natureza; a maltose e a celobiose são obtidas por hidrólise do amido e da celulose, respectivamente (Figura 4.17a; 4.17b; 4.17c; 4.17d).

Figura 4.17a | Estrutura molecular da sacarose (a)

Figura 4.17b | Estrutura molecular da lactose (b)

Figura 4.17c | Estrutura molecular da maltose (c)

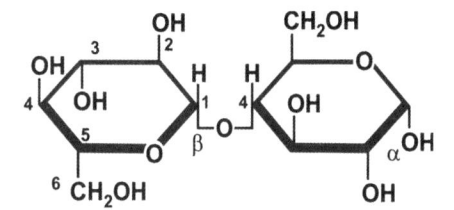

Figura 4.17d | Estrutura molecular da celobiose (d)

A maltose, bastante solúvel em água, é conhecida como açúcar do malte ou maltobiose; elemento básico da estrutura do amido, ela é obtida por hidrólise ácida ou enzimática, sendo produzida durante o processo de maltagem[28] por hidrólise do amido.

A celobiose, obtida por hidrólise enzimática, é a unidade estrutural de polímeros de lignina e celulose.

A lactose, açúcar do leite, é formada por uma molécula de glicose e uma de galactose; sua concentração varia entre as espécies e é hidrolisada apenas pela enzima β-galactosidase.

A sacarose está amplamente distribuída em plantas, em especial na cana de açúcar e na beterraba açucareira. É o dissacarídeo de maior importância, tanto pela quantidade e pela frequência com que é encontrado na natureza como pela importância na alimentação humana.

Ela é um açúcar dextrorrotatório[29] facilmente hidrolisado por soluções diluídas de ácidos minerais ou por ação enzimática (invertase), formando D-glucopiranose e D-frutofuranose, que rapidamente se transforma na forma mais estável (D-frutopiranose), que é levorrotatória (−).

Isso significa que, neste processo, ocorre a inversão da rotação ótica da solução inicial. Por esse motivo, o processo de hidrólise da sacarose é conhecido como inversão da sacarose. Açúcar invertido é o produto final da reação (Figura 4.18).

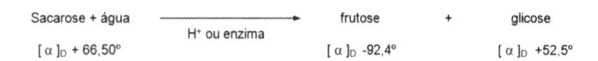

Sacarose + água →(H⁺ ou enzima) frutose + glicose
$[\alpha]_D$ +66,50° $[\alpha]_D$ −92,4° $[\alpha]_D$ +52,5°

Figura 4.18 | Inversão da sacarose

Os trissacarídeos e os tetrassacarídeos são formados por três e quatro resíduos de monossacarídeos, respectivamente. Depois da sacarose, a rafinose é o oligossacarídeo mais frequentemente encontrado em vegetais, sendo constituída por resíduos de galactose,

---
28 Maltagem — conversão do amido de um cereal, por exemplo, a cevada, em açúcar fermentável por meio das enzimas do malte; reação típica na produção de bebidas alcoólicas.
29 Dextrorrotatório — propriedade de uma substância que, em solução, desvia o plano de luz polarizada para a direita.

glicose e frutose. Os tetrassacarídeos são encontrados com pouca frequência em alimentos; o mais comum é a estaquiose (Figura 4.19a; Figura 4.19b).

Conjuntamente, a rafinose e a estaquiose (Figura 4.19a; Figura 4.19b) correspondem aos oligossacarídeos da família da rafinose. Grãos de leguminosas apresentam quantidades significativas dessas substâncias, que se distribuem na casca, no embrião e nos cotilédones[30]. Os teores de rafinose e de estaquiose variam com a espécie, o grau de maturação, o cultivo, o solo e as condições climáticas e ocorre em maiores concentrações em grãos maduros e secos. Por serem pouco digeríveis pelo organismo humano, permanecem no intestino e se tornam fontes de nutrientes para micro-organismos; as bactérias, ao usarem tal substrato, produzem os gases responsáveis pela flatulência.

Oligossacarídeos podem exibir também atividade fisiológica. Em consequência, importância especial está sendo dada a oligossacarídeos derivados da galactose, da maltose, da xilose e da frutose, especialmente os derivados da frutose, por estimularem o desenvolvimento de bifidobactérias no intestino, promovendo benefícios à saúde que se relacionam com a supressão da atividade de bactérias putrefativas e a redução de formação de metabólitos tóxicos. Tais substâncias são denominadas compostos pré-bióticos.

Pré-biótico é um ingrediente alimentar não digerível pelas enzimas digestivas; ao chegar intacto ao intestino grosso, é digerido pela flora intestinal, preferencialmente por lactobacilos e bifidobactérias. Os pré-bióticos ocorrem naturalmente no trigo, na chicória, na cebola, no alho, no aspargo. No Japão, as substâncias pré-bióticas são empregadas na produção de alimentos como bebidas, leite em pó, produtos de confeitaria, sobremesas lácteas, alimentos dietéticos.

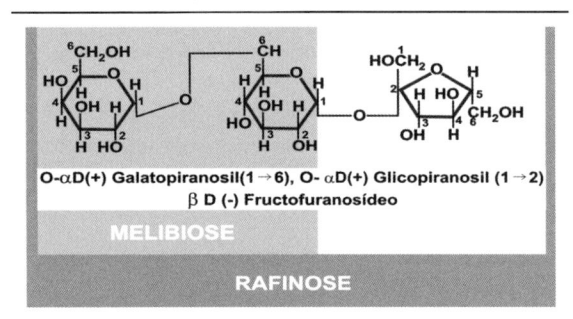

Figura 4.19a | Estrutura molecular da rafinose

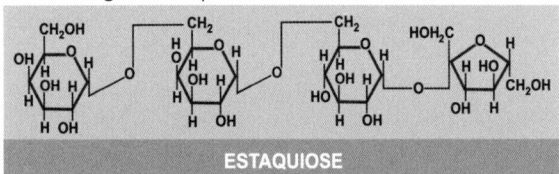

Figura 4.19b | Estrutura molecular da estaquiose

Probióticos são suplementos alimentares microbianos vivos que apresentam efeitos benéficos para o hospedeiro, promovendo o equilíbrio microbiano intestinal.

Os fruto-oligossacarídeos (FOS) são polímeros constituídos por até dez unidades de frutose adicionadas às moléculas de sacarose por meio de ligações glicosídicas, o que reduz significativamente o número de unidades de glicose. Na indústria de alimentos, eles podem ser usados com a função de conferir doçura aos produtos alimentícios; normalmente têm um valor médio igual a quatro para o grau de polimerização.

A inulina é também formada por unidades de frutose, com um valor médio para o grau de polimerização igual a 12. Fruto-oligossacarídeos, oligofrutose e inulina são componentes químicos semelhantes e, portanto, nutricionalmente se comportam da mesma forma. Na indústria de alimentos a inulina pode ser usada como ingrediente, aumentando o conteúdo de fibras sem mudar a viscosidade do produto, ou ainda substituindo macromoléculas como lipídios e açúcar sem modificar as características organolépticas do produto final.

Tanto a oligofrutose como a inulina são carboidratos não digeríveis pelas enzimas do trato digestivo, e por isso são fermentados pela flora microbiana do cólon, tendo também o butirato (AGCC)[31] como principal produto. A maior produção de AGCC é devida a uma maior solubilidade dessas substâncias em água. Algumas vantagens com relação às fibras alimentares devem-se ao fato de não se ligarem quimicamente a minerais, causarem efeito espessante, não ocasionarem diarreias e serem fisicamente estáveis.

A existência de, pelo menos, duas funções orgânicas – cetona e aldeído – na maioria dos carboidratos proporciona a estas substâncias várias possibilidades de transformações químicas, ampliadas pelas diferenças de reatividade dos diferentes grupos hidroxila na mesma molécula.

Duas transformações químicas merecem destaque pela frequência e por seus efeitos nas características organolépticas dos produtos: reação de Maillard, com a degradação de Strecker, e a caramelização.

A reação de Maillard – ou reação de escurecimento não enzimático – promove a degradação dos carboidratos, dos aldeídos e das cetonas. Essa reação requer a intervenção de aminoácidos, proteínas e peptídios. A presença de açúcares redutores e de proteínas solúveis em um meio ligeiramente básico favorece a reação levando à formação de novos compostos, de coloração escura e elevado peso molecular, provavelmente polímeros contendo nitrogênio na molécula, denominados melanoidinas, componentes importantes do ponto de vista sensorial.

---

[30] Cotilédone — órgão de reserva para o desenvolvimento da plântula.

[31] AGCC — ácido graxo de cadeia curta

A reação de Maillard pode promover perdas de aminoácidos essenciais e de proteínas utilizáveis pelo homem. Os produtos finais variam com os diferentes caminhos que a reação pode seguir (Figura 4.20). A interação de grupos aminados de proteínas com açúcares, sem escurecimento, permite a formação de produtos que, provavelmente por efeitos estéricos[32], serão apenas parcialmente hidrolisados pelas enzimas proteolíticas. Em consequência, o aproveitamento de uma parte dos aminoácidos dessa proteína fica reduzido.

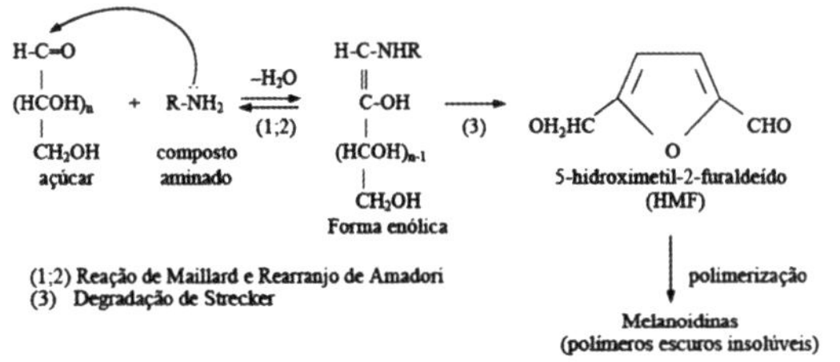

Figura 4.20 | Reação de Maillard

As perdas de nitrogênio proteico, resultantes da formação de melanoidinas, são relativamente pequenas. Seu efeito sobre o valor proteico dos alimentos deve ser considerado importante em situações em que o teor de proteínas do alimento é reduzido e, principalmente, quando a dieta já é pobre em proteínas.

Nos alimentos, as melanoidinas são provavelmente misturas de produtos aos quais se atribui estrutura de polímeros. Sua cor varia do marrom-claro até o preto. Temperatura, pH, atividade de água, natureza do carboidrato e natureza do aminoácido são fatores que podem favorecer o desenvolvimento da reação de Maillard.

Caramelo é o corante natural obtido pelo aquecimento de açúcares à temperatura superior ao ponto de fusão. O produto resultante é um pigmento coloidal. Seu poder corante e sua viscosidade dependem das condições de obtenção do produto. Por apresentar alto poder corante, o caramelo pode ser usado em pequena quantidade; dessa forma, seu aroma e sabor são imperceptíveis[33]. Os caramelos são considerados corantes naturais se não forem obtidos na presença de amônia ou de seus sais.

> Os caramelos são produtos preparados à base de leite, açúcares, gorduras e de outras substâncias que os caracterizam, além de outros ingredientes ou aditivos.

> Além de sacarose e glicose de milho, xaropes de glicose de outras fontes de carboidratos como arroz, melado e batata, estão sendo usados em diferentes partes do mundo para produção de caramelo.

4.4.2 Carboidratos complexos – polissacarídeos

Os carboidratos complexos são macromoléculas formadas pela condensação de monossacarídeos unidos por ligações glicosídicas (Figura 4.21a; Figura 4.21b). Os polissacarídeos diferem dos oligossacarídeos quanto ao tamanho da molécula e maior facilidade de estabelecer combinações durante a biossíntese, permitindo a formação de ramificações com diferentes espécies de monossacarídeos unidos por ligações glicosídicas em diferentes configurações (normalmente lineares e ramificadas).

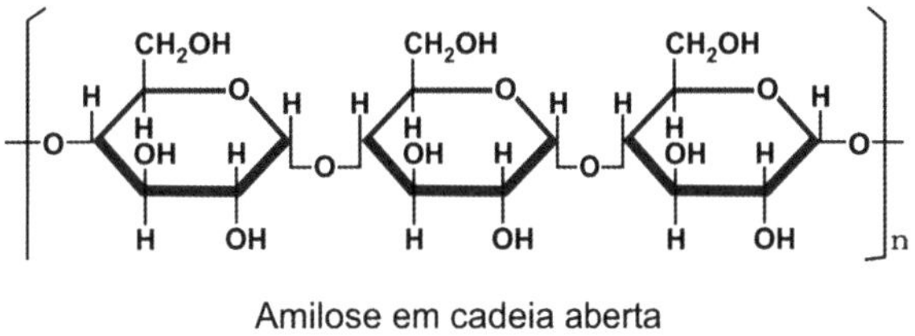

Amilose em cadeia aberta
Figura 4.21 | Estrutura molecular da amilose (a)

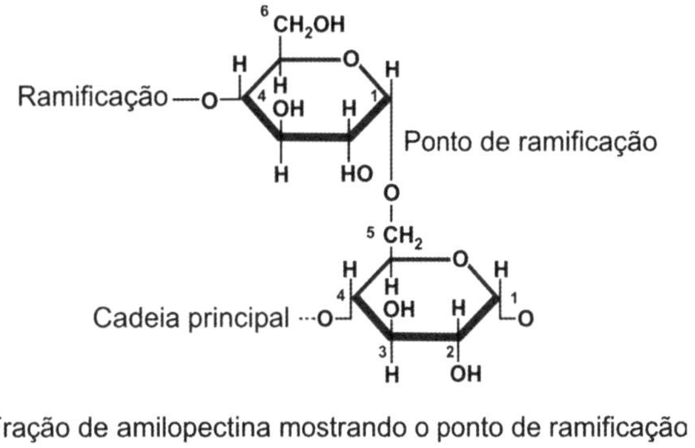

Fração de amilopectina mostrando o ponto de ramificação

Figura 4.21 | Estrutura molecular da amilopectina (b)

Na natureza, os carboidratos fazem parte da estrutura das paredes celulares das plantas superiores, de algas marinhas (celulose, hemicelulose, pectina) e de animais (quitina, mucopolissacarídeos); são reservas metabólicas de plantas (amido, dextranas, frutanas) e de animais (glicogênio). Atuam como protetores das plantas pela sua capacidade de reter grandes quantidades de água, permitindo a continuação dos processos enzimáticos, mesmo em condições de desidratação.

Em alimentos, os carboidratos apresentam a propriedade de reter moléculas de água, de formar soluções coloidais, de controlar a atividade de água de um sistema. Quando interagem com moléculas de água, formam géis e soluções viscosas que podem atuar como agentes espessantes, geleificantes e estabilizantes de emulsões. São constituídos de partículas que variam de 1μm a 500μm, formam dispersões e soluções que podem ser chamadas de "dispersões grosseiras", em que as partículas tendem a se separar e depositar,

---
32 Efeitos estéricos — são aqueles relativos à geometria da molécula.
33 Ver capítulo Química dos compostos relacionados às propriedades organolépticas.

promovendo alterações na textura, na aparência e, algumas vezes, no *flavor* dos alimentos. Os polissacarídeos incluem o amido e as fibras alimentares totais.

Amido

O amido é produzido nos plastídios[34] e facilmente acessível ao metabolismo das plantas superiores. Nas folhas, desenvolve-se no cloroplasto[35], acumulando-se durante o dia. À noite, é degradado em açúcares e transportado para outras partes da planta. Nos órgãos de reserva das plantas, o amido depositado não é transitório e se acumula durante o período de maturação nos amiloplastos[36]. É degradado durante a germinação, fornecendo energia para o desenvolvimento das raízes e das partes aéreas da planta. Após o surgimento das folhas verdes, estas captam energia solar e, por fotossíntese, transformam-na em energia química, propiciando o crescimento da planta. Assim, o amido armazenado no amiloplasto contribui para a reprodução do tipo de amido em cada vegetal, encontrando-se em abundância nas raízes, nos tubérculos e nas sementes.

O desenvolvimento dos grânulos de amido no amiloplasto inicia-se com o acúmulo de um material amorfo, de composição química desconhecida, no qual se depositam polissacarídeos insolúveis. Esses polissacarídeos atuam como núcleo para deposições subsequentes, permitindo que o grânulo cresça em tamanho. No início, os grânulos são praticamente esféricos, tornando-se alongados ou achatados com o crescimento. Durante o crescimento do grânulo, as moléculas dos componentes do amido orientam-se formando regiões cristalinas perpendiculares à superfície do grânulo, ou no sentido radial, em grânulos esféricos[37]. A orientação das moléculas, perpendicular à superfície do grânulo, provoca uma birrefringência[38] positiva, decorrente de sua estrutura cristalina, indicando que, perpendicularmente à superfície do grânulo, o índice de refração é máximo.

Tanto as características de birrefringência quanto o tamanho, a forma e a composição dos grânulos de amido são geneticamente controlados; por isso a observação do grânulo ao microscópio é suficiente para distinguir amidos provenientes de diferentes plantas (Figura 4.22)

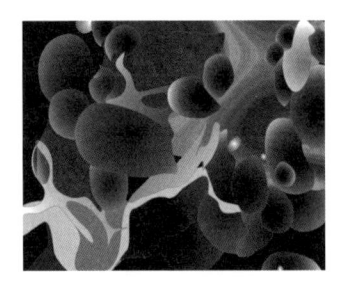

(a)

(b)

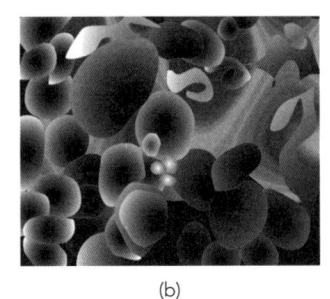

Figura 4.22 | Características dos grânulos de amido ao microscópio

O amido é essencialmente constituído por amilose e amilopectina. A proporção desses polissacarídeos nas plantas é controlada geneticamente, mas, de maneira geral, a relação é de 17,0% a 28,0% de amilose e 83,0% a 72,0% de amilopectina. Além dessas substâncias, o grânulo contém compostos nitrogenados, lipídios e minerais, que apesar de estarem presentes em pequenas proporções podem influenciar marcadamente as propriedades do amido.

A amilose é uma substância composta por unidades de D-glicose ligadas entre si por ligações do tipo α-1,4 (Figura 4.23). Na forma cristalina, a molécula de amilose apresenta uma conformação helicoidal: forma uma hélice, com os grupos hidroxilas orientados para fora da hélice e os átomos de hidrogênio voltados para o interior da molécula, conferindo caráter hidrofóbico àquela região.

É constituída de 500 a 2 mil unidades de glicose unidas por meio de ligações glicosídicas, formando uma cadeia linear com peso molecular variando entre 80 mil e 320 mil daltons, dependendo do vegetal e de sua maturidade.

A amilose apresenta propriedades importantes: por ser uma molécula linear, por ação da enzima amilase é convertida a glicose e maltose; por apresentar a capacidade de formar complexos[39] reage com moléculas de lipídios, formando hélices de maior tamanho que provocam o enrijecimento e a compactação da hélice,

---

34 Plastídios — organelas existentes no citoplasma da maioria das células vegetais que apresentam grande diversidade de estrutura e funções fisiológicas, capazes de sintetizar e armazenar pigmentos e nutrientes.
35 Cloroplastos — são formados por vários conjuntos interligados de lamelas dispostas em pilha, presentes na maioria das plantas autotróficas expostas à luz.
36 Amiloplasto — plastídio que sintetiza e armazena o amido.
37 Grânulo esférico — núcleo visível em alguns tipos de amido sob luz polarizada; representa a região em torno da qual o grânulo cresce de forma ordenada, típica de rede cristalina.
38 Birrefringência — fenômeno que consiste na criação de dois raios refratados a partir de um único raio inicial quando este incide sobre um cristal.

39 Complexos — compostos formados por duas substâncias diferentes originando uma associação não química em que cada composto retém sua identidade: uma substância atua como "anfitriã," e a outra, como "hóspede".

alterando o comportamento da molécula de amilose quando em solução; tende a formar agregados cristalinos insolúveis por meio de pontes de hidrogênio entre moléculas adjacentes (intermolecular), propriedade relevante ao se considerar as propriedades funcionais do amido.

A amilopectina é um polímero formado por cadeias curtas de amilose (20 a 25 unidades de D-glucopiranose) ligadas entre si formando uma estrutura ramificada. Essas ramificações, ou as ligações entre essas cadeias curtas de amilose, são formadas por ligações do tipo α-1,6 e conferem forma esférica à molécula (Figura 4.24).

Figura 4.23 | Representação da molécula de amilose

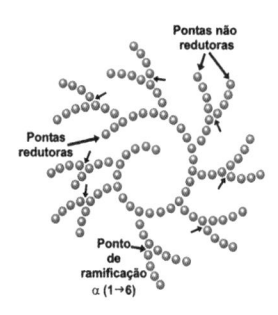

Figura 4.24 | Representação da molécula de amilopectina

A estrutura do grânulo de amido é estabelecida pela formação de pontes de hidrogênio entre os grupos de hidroxila (OH⁻) das unidades de glicose: o oxigênio tende a atrair o par de elétrons que compartilha com o hidrogênio; consequentemente, o átomo de hidrogênio adquire caráter de próton e tende a partilhar elétrons livres dos átomos vizinhos de oxigênio.

Essas interações formam áreas cristalinas radialmente orientadas, mantêm a estrutura do grânulo e controlam o comportamento do amido na água. Entre essas regiões cristalinas existem as regiões amorfas, nas quais as moléculas não apresentam uma orientação particular. Por possuir polímeros solúveis ou parcialmente solúveis em água, o grânulo de amido exibe uma capacidade limitada de absorção de água.

Nos últimos anos, pesquisas científicas mostraram avanços importantes quanto ao comportamento dos carboidratos sob os aspectos fisiológicos e nutricionais.

Entre as propriedades que mais influenciam seu valor nutricional estão a quantidade e o tempo para o processo de digestão ao longo do trato gastrointestinal, assim como o metabolismo dos monômeros absorvidos.

Em função da estrutura físico-química e da suscetibilidade à hidrólise enzimática, o amido é classificado segundo a velocidade com que o alimento é digerido *in vitro*. É rapidamente digerível quando, ao ser submetido à incubação com amilase pancreática e amiloglicosidase à de 37,0 °C, se transforma em glicose em 20 minutos; ou quando a ação enzimática que resulta em glicose se inicia na boca e se estende até o início do intestino delgado.

Lentamente digerível se, nas condições anteriores, é transformado em glicose em 120 minutos; nesse caso, a ação enzimática ocorre ao longo do intestino delgado. Ele é denominado resistente quando resiste à ação das enzimas digestivas e, assim, pode ser fermentado no intestino grosso pelas bactérias que compõem a flora intestinal.

Além disso, no grupo dos carboidratos fermentáveis, existem diferenças quanto ao tempo de fermentação. Os de fermentação rápida são os carboidratos que, quando atingem o cólon, são rapidamente fermentados pelas bactérias, produzindo muitos gases e grande desconforto para os indivíduos. Os de fermentação lenta também são fermentados pelas bactérias, porém, ao longo de todo o intestino grosso, a produção de gases é a mesma, mas em um intervalo de tempo maior, o que não gera desconforto ao indivíduo.

Funcionalidade do amido

As características tecnológicas do amido que propiciam sua aplicação industrial são: dilatância[40], claridade das soluções, suscetibilidade enzimática, gelatinização e retrogradação. Algumas funções e aplicações do amido pela indústria de alimentos estão relacionadas no Quadro 4.5.

Quadro 4.5 | Funções e aplicações do amido na indústria de alimentos

Função	Aplicação
Adesão	Produtos empanados
Névoa (*clouding*)	Recheios cremosos
Espessante	Recheios, sopas
Estabilizante	Bebidas, molhos para salada
Fortalecedor de espuma	Bebidas, *marshmallows*
Geleificante	*Flans*, balas de goma
Moldagem	Balas de goma
Revestimento, cobertura	Pães, chicletes
Umectante	Pães

Fonte: RIBEIRO; SERAVALLI, 2004.

---

40 Dilatância — Um fluido é dilatante quando, independentemente do tempo, exibe um aumento na resistência ao fluxo com aumento na força de cisalhamento.

Gelatinização do amido

O grânulo de amido natural possui capacidade limitada de absorver água fria. Essa capacidade é controlada pela estrutura cristalina, que, por sua vez, depende do grau de associação e do arranjo molecular de seus componentes. O aquecimento em uma suspensão aquosa provoca o rompimento das pontes de hidrogênio que mantêm esse arranjo molecular. Os grupos hidroxilas das unidades de glicose que participavam das áreas cristalinas são hidratados, e o grânulo incha. Fundamentalmente, a gelatinização do amido em vários meios é atribuída à afinidade química de seus componentes, particularmente os grupos hidroxilas, pelo solvente.

Quando uma suspensão de amido é aquecida, os grânulos não mudam de aparência até que uma temperatura crítica seja alcançada. Nesse intervalo de temperatura, específico para amidos de diferentes origens (Tabela 4.3), as ligações de hidrogênio mais fracas entre as cadeias de amilose e de amilopectina se rompem e os grânulos começam a intumescer e formar soluções viscosas. Simultaneamente, a suspensão perde suas características de birrefringência, indicando alterações na estrutura cristalina.

Tais reações caracterizam os pirões, famosos na culinária brasileira, que acompanham os cozidos de carnes e de peixes. A granulométrica e a quantidade de farinha de mandioca determinam a consistência e a textura do produto.

Tabela 4.3 | Intervalos de temperatura de gelatinização para alguns tipos de amido

Amido	Intervalo de temperatura de gelatinização (°C)
Batata	56 – 66
Mandioca	58 – 70
Milho	62 – 72
Trigo	52 – 63
Arroz	61 – 77

Fonte: BOBBIO, 1985.

Como consequência direta do intumescimento, ocorre um aumento na solubilidade do amido, na claridade e na viscosidade da solução. Com a continuação do processo, observa-se o rompimento dessas interações, culminando com a desagregação da estrutura granular e decréscimo abrupto da viscosidade.

Muitos fatores podem influir no grau de associação, na forma, na composição e na distribuição das zonas cristalinas. Destacam-se a proporção de amilose e de amilopectina, o peso molecular, o grau de ramificação, a conformação e a extensão das cadeias externas de amilopectina. O aumento da solubilidade com o processo de gelatinização é a base para a confecção de alimentos amiláceos pré-preparados[41].

Quanto à consistência dos géis de amido, observa-se que os açúcares competem com o amido pela água, deixando menor quantidade de água livre para a hidratação dos grânulos durante a gelatinização. Essa competição pelas moléculas de água inibe a hidratação, o intumescimento e a ruptura dos grânulos gelatinizados. Nos alimentos ácidos, o efeito dos açúcares nas características das soluções é positivo, uma vez que minimiza a hidrólise excessiva do amido.

Na preparação de cuscuzes, a quantidade de água necessária para hidratar a farinha (amido) de milho é fator importante na definição da umidade e da maciez do produto final.

A presença de açúcares também promove aumento na sinérese[42] e maior tendência à retrogradação. Esse efeito é mais pronunciado na presença de dissacarídeos. Essa é uma alteração importante em produtos como pudins, tortas com recheio à base de amido, entre outros produtos conservados sob refrigeração. A presença de ácidos durante a gelatinização também provoca maior hidrólise e redução na viscosidade da solução.

Tapioca é uma iguaria tipicamente brasileira, de origem indígena, feita com amido ou fécula extraídos da mandioca e também conhecidos como polvilho, goma ou beiju. Ao ser umedecida e espalhada numa chapa aquecida, a goma gelatiniza, produzindo a característica sensorial e estética do produto. Antes, a tapioca era preparada com recheio de manteiga, queijo e coco ralado. Hoje foram acrescentados recheios mais exóticos: banana, chocolate, carne de sol, tomate seco, muçarela e presunto, dentre vários outros.

Retrogradação do amido

A retrogradação do amido refere-se às transformações que ocorrem durante o resfriamento e o armazenamento de soluções de amido gelatinizado. Soluções mais diluídas tornam-se progressivamente turvas devido à agregação e à consequente insolubilização das moléculas de amido. Soluções mais concentradas formam géis mais firmes e opacos. A evolução da retrogradação é normalmente acompanhada de sinérese (exsudação).

O processo em questão é basicamente de cristalização das moléculas de amido. Ela ocorre pela tendência que as moléculas de amilose apresentam de formar pontes de hidrogênio entre moléculas adjacentes. Essa associação permite o desenvolvimento de uma rede tridimensional formada por grânulos de amido parcialmente inchados e componentes do amido em solução, mantida coesa pelas áreas cristalinas. As ramificações

---

41 Produtos pré-gelatinizados — são aqueles que, devido à gelatinização prévia, são parcialmente solúveis em água fria, facilitando o preparo de alimentos como pudins, purê de batata, cuscuz, entre outros.
42 Liberação de moléculas de água anteriormente ligadas às cadeias de amilose.

da fração de amilopectina dificultam a aproximação dessas cadeias.

As primeiras indicações da ocorrência de retrogradação se expressam no aumento da firmeza e da opacidade dos géis, na resistência à hidrólise ácida ou enzimática, na baixa solubilidade em água ou na perda da habilidade de formar complexos azuis com iodo.

> A retrogradação é o fenômeno responsável pelo envelhecimento de pães, bolos, pudins, manjares e outros inúmeros produtos à base de amido.

A velocidade de retrogradação depende do tipo de amido, do peso molecular e da linearidade da molécula, além do pH, da umidade e da temperatura. Moléculas lineares tendem a apresentar maior suscetibilidade à retrogradação.

Tecnologicamente, a retrogradação é responsável pelo encolhimento, pela sinérese e pelo endurecimento de géis de amido conservados sob temperatura de refrigeração. No entanto, a retrogradação é uma alteração importante na superfície de batatas pré-preparadas (congeladas), porque no processo de fritura ocorrerá menor absorção de óleo e o processo conferirá a textura crocante característica do produto. Os efeitos da retrogradação, tecnologicamente, são reduzidos pelo uso de amidos modificados.

> Pães e bolos sem recheios e/ou coberturas são mais bem conservados em temperaturas de congelamento. O descongelamento destes produtos é feito em temperatura ambiente.

Amido modificado

A grande demanda por alimentos diferenciados e a constante mudança nos hábitos alimentares, que tendem à utilização de alimentos de preparo rápido, exigem da indústria alimentícia atenção para a formulação de novos produtos e/ou a adoção de novos ingredientes. Os amidos destacam-se pela sua funcionalidade. No entanto, seu uso em algumas situações limita-se às condições operacionais da indústria.

Para atender a essa necessidade, os amidos passaram a sofrer mudanças de natureza química ou física, originando assim um novo ingrediente alimentar: o amido modificado. O amido pode ser modificado por via química, física ou enzimática. As modificações químicas são as mais usadas, por sua versatilidade. Os amidos modificados melhoram as características organolépticas dos produtos, como viscosidade e textura.

As modificações de natureza química envolvem reações de hidrólise ácida, de oxidação e de esterificação. Para a legislação brasileira, o amido modificado quimicamente não é considerado aditivo alimentar, e sim ingrediente, devendo ser mencionado na lista de ingredientes como amido modificado.

> Dextrinas são compostos com estrutura química semelhante ao amido, porém com menor peso molecular, e são obtidas pelo tratamento do amido nativo com ácido clorídrico. Nesse tipo de amido modificado, os grânulos incham menos e fragmentam-se mais, produzindo massas menos viscosas. As dextrinas são muito usadas em balas de goma e em confeitos por sua habilidade de formar massas concentradas que geleificam firmemente no resfriamento.

> O tratamento com ácido hipocloroso leva à produção de um amido modificado que forma géis mais moles e mais claros. É um espessante apropriado para sistemas que requerem géis de baixa rigidez, sendo usado na confecção de doces de goma mais macios e transparentes.

> O intercruzamento é outro tipo de modificação que se faz na molécula do amido nativo. O produto resultante é indicado para uso em alimentos infantis, em temperos para saladas e em coberturas com a finalidade de espessar e estabilizar os sistemas. Por ser mais resistente, suporta os ciclos de congelamento e de descongelamento: próprios para alimentos congelados.

> O tratamento com ácido fosfórico leva à obtenção de amido fosfatado, que tem como principais características a mais baixa temperatura de gelatinização e a menor tendência à retrogradação. O amido fosfatado é usado em pós para bolos, para pudins instantâneos, para recheios e para alimentos congelados.

As alterações de natureza física na molécula de amido nativo levam à produção dos amidos pré-gelatinizados, obtidos pela modificação física da molécula, sendo solúveis em água fria e rapidamente reidratados. Em produtos alimentícios, pode-se aumentar a viscosidade ou geleificar sem necessidade de aquecimento.

> Em alimentos infantis, os amidos contribuem para alcançar a textura, a consistência e a densidade desejadas, mas os produtos tendem a retrogradar. O uso de amido modificado aumenta a vida útil dos produtos.

Entre os ingredientes alimentares, os amidos compreendem uma das principais fontes naturais. As modificações físicas, enzimáticas e químicas que podem ser produzidas nas moléculas do amido nativo ampliam suas possibilidades de uso na indústria alimentícia, assim como na culinária. O amido pré-gelatinizado é muito empregado na confecção de alimentos industrializados, de fácil digestão e rápida cocção. Esse produto também compõe as fórmulas para pudins e sopas instantâneas, para recheios de bolos, dentre outros; o sagu é um exemplo.

Considerando a tendência atual quanto às escolhas dos produtos alimentícios, verifica-se o grande interesse do consumidor por alimentos com teores reduzidos de calorias. Para tanto, há necessidade de substitutos de gorduras para garantir a qualidade sensorial e estética dos produtos. Nesse contexto, os amidos, especialmente os modificados, começam a se destacar na lista de ingredientes de produtos *light*.

> Na indústria de carnes, os amidos modificados de milho, de trigo ou de batata competem com as moléculas de proteínas como ligantes de água em sistemas com reduzido teor de gordura. Eles substituem, portanto, as moléculas de gordura, mantêm a umidade, o *flavor* e a textura ao longo da vida de prateleira do produto.

O polvilho azedo é um dos derivados da fécula de mandioca encontrado praticamente em todos os países da América do Sul, exceto no Equador. Ele é um amido modificado, com temperatura de geleificação inferior à da fécula de mandioca nativa. Pela legislação brasileira, o polvilho azedo é o produto amiláceo acidificado de mandioca, produzido por fermentação e secagem ao sol. Fécula é o polvilho doce.

> Graças à modificação química, o polvilho azedo adquire a propriedade de expansão que outros amidos nativos não possuem. Essa propriedade permite seu uso em produtos de confeitaria na forma de biscoitos, sequilhos, pão de queijo e bolos. Presume-se que o polvilho azedo é o amido modificado mais consumido no Brasil.

Amido resistente

O amido resistente tem sido definido, em termos fisiológicos, como a soma do amido e dos produtos de sua degradação que não são digeridos e absorvidos no intestino delgado de indivíduos sadios. Assim, essa fração do amido tem comportamento similar ao da fibra alimentar, e seus efeitos benéficos se refletem, prioritariamente, no intestino grosso.

Esse produto é ainda constituído por quatro tipos de amido: o tipo 1, representado pela porção do grânulo de amido na matriz do alimento e que se encontra fisicamente inacessível por participar da formação das paredes celulares do vegetal. Nesse grupo estão incluídos os grãos inteiros, ou parcialmente moídos, de cereais e leguminosas, além de outros materiais que contenham amido e nos quais seu tamanho ou sua composição impeçam ou retardam a ação das enzimas digestivas. O tipo 2 refere-se aos grânulos de amido nativo encontrados no interior da célula vegetal e que têm lenta digestibilidade devido às características da estrutura cristalina de seus grânulos. O tipo 3 é constituído por polímeros de amido retrogradado. O tipo 4 é obtido por tratamento químico específico (esterificação, ligações cruzadas) com o objetivo de diminuir sua digestibilidade. Normalmente é usado como ingrediente em produtos industrializados como bebidas, pães, bolos, entre outros.

Ao amido resistente também tem sido atribuída a capacidade de reduzir o índice glicêmico de alguns alimentos. Isso se deve ao fato de as propriedades físico-químicas dessas moléculas afetarem sua digestibilidade, que, geralmente, é influenciada por sua origem botânica, pela relação amilose/amilopectina, pelo grau de cristalinidade, pela forma física e pelo tipo de preparação/processamento do alimento, além de outras interações químicas com diversos constituintes do alimento.

> O índice glicêmico indica o teor de açúcar no sangue em resposta à ingestão de um dado alimento. Resposta glicêmica é o índice glicêmico medido para esse produto em função do tempo.

No intestino grosso, durante a fermentação, ocorre a produção de ácidos graxos de cadeia curta (AGCC), principalmente de butirato, que contribui positivamente para a saúde do cólon, uma vez que inibe o desenvolvimento de células cancerígenas devido à redução do pH ou ao aumento da acidez no intestino grosso, além de prevenir contra doenças inflamatórias e manter as necessidades metabólicas da mucosa. Assim, o amido resistente ora se comporta como fibra solúvel, ora se comporta como fibra insolúvel (Quadro 4.6).

Quadro 4.6 | Propriedades físico-químicas do amido resistente

Propriedades físico-químicas	Amido resistente	Fibra solúvel	Fibra insolúvel
Insolubilidade em água	+	–	+
Fermentável	+++	+++	–
Produção de butirato (AGCC)	++	+++	–
Maior produção de butirato	+++	++	–
Redução do pH fecal	+++	+++	–
Aumento da umidade fecal	+	++	+
Aumento da massa fecal (seca)	+++	+	+++
Redução do tempo de trânsito fecal	++	–	+++

Fibras alimentares

São várias as definições de fibras alimentares (FA) encontradas na bibliografia, entretanto todas têm como base os aspectos fisiológicos dessas substâncias. Fibras alimentares fazem parte de um grupo de compostos de origem vegetal que ao serem ingeridos não sofrem hidrólise, nem digestão nem absorção no intestino delgado de seres humanos. As fibras são formadas principalmente por polissacarídeos e algumas substâncias associadas. A quitina e seus derivados, polissacarídeos de origem animal, também podem ser considerados fibras alimentares.

A Anvisa define em sua RDC n.º 360/2003 que as fibras alimentares são constituídas por qualquer material comestível que não seja hidrolizado pelas enzimas endógenas do trato gastrintestinal humano (BRASIL, 2003).

O *Codex Alimentarius*, em 2006, definiu como fibra alimentar os polímeros de carboidratos com grau de polimerização não inferior a três que não são digeridos nem absorvidos no intestino delgado (COZZOLINO, 2008).

A classificação das fibras em solúveis ou insolúveis desde 1998 foi abandonada por recomendação de relatório da FAO/WHO, considerando-se que as fibras alimentares nem sempre correspondem ao comportamento fisiológico esperado.

Fibras alimentares são, portanto, polímeros de carboidratos que ocorrem naturalmente nos alimentos ingeridos, ou que deles são extraídos por métodos variados, sendo também muitas vezes produtos sintéticos. O papel das fibras alimentares é diminuir o trânsito intestinal, aumentar o volume fecal, reduzir os níveis sanguíneos de colesterol e de LDL e reduzir os níveis de glicemia pós-prandial. Por esses efeitos no organismo humano elas são consideradas alimentos funcionais. Alguns componentes das FAs podem estimular o crescimento de bactérias benéficas no cólon, e assim são classificados como prebióticos.

Os componentes das fibras alimentares estão presentes em vegetais, frutas, grãos, sementes, algas marinhas, raízes, principalmente as tuberosas, exsudatos e gomas de plantas. As fibras são polissacarídeos complexos – celulose, hemicelulose, goma, mucilagem, substâncias pécticas – associados a polifenóis, a proteínas e a fitatos, outros componentes alimentares. A concentração desses constituintes varia de acordo com a fonte, com a variedade da espécie, com a maturidade do vegetal e com as condições de armazenamento.

Na boca, a presença de FA promove alteração na textura dos alimentos. Por isso, esses alimentos requerem maior tempo de mastigação, aumentando, por estímulos nervosos, a sensação de saciedade. É o que se sente ao consumir pães e outros produtos feitos com farinha de trigo integral.

Em pães e bolos produzidos com farinha integral, as hemiceluloses auxiliam na capacidade de absorção de água pela farinha, incrementam a mistura de ingredientes e auxiliam na incorporação das moléculas de proteínas; como aumentam o volume dos pães, parecem minimizar a retrogradação.

Os monossacarídeos constituem as unidades básicas das FAs. Seus grupos funcionais reagem entre si e com outras substâncias, determinando as propriedades químicas e físicas dos polímeros formados.

A celulose é a substância orgânica mais abundante na natureza, correspondendo a aproximadamente 30,0% de toda a matéria vegetal no mundo. Ela é o principal constituinte da parede celular de vegetais superiores. As hemiceluloses são encontradas nas paredes de células vegetais associadas às moléculas de celulose e de lignina e são menores que a celulose.

Pectina é um termo genérico para designar um grupo de polissacarídeos ramificados, presentes nas paredes celulares de plantas que produzem sementes, formados por unidades de ácido galacturônico, além de outros componentes. As frutas cítricas e as maçãs são as mais ricas fontes de pectina. O poder geleificante da pectina é usado na produção de alimentos desde que foram feitas as primeiras geleias de frutas. A lignina caracteriza-se por ser um complexo aromático e é o único constituinte das FAs que não é polissacarídeo.

As gomas são polissacarídeos complexos encontrados em algas marinhas, sementes e exsudatos de árvores. Em certas plantas, decorrem de uma patologia. Elas se originam do processo de reparação de lesões sofridas pelos tecidos do caule e dos ramos provocadas por contusões, feridas, ataques de insetos e mesmo por condições climáticas. Do ferimento escorre lentamente um tipo de exsudato espesso, cuja finalidade é proteger o ferimento, que rapidamente se solidifica.

As gomas são hidrocoloides vegetais naturais classificados como polissacarídeos complexos ou como sais desses polissacarídeos; são substâncias geralmente translúcidas e amorfas, e seus componentes incluem compostos como arabinose, galactose, glicose, manose, xilose e vários ácidos urônicos. Estes últimos podem formar sais com cálcio, magnésio e outros cátions.

Esses polissacarídeos dissolvem-se facilmente e possuem alta capacidade de reter moléculas de água, formando soluções mais ou menos viscosas; por essa característica, as gomas são amplamente utilizadas em produtos farmacêuticos, cosméticos e na indústria de alimentos, agindo como ligantes, emulsificantes, geleificantes, estabilizadores e espessantes. Elas não são digeridas pelo organismo humano, embora partes possam ser degradadas por micro-organismos do intestino.

> Goma arábica – exsudato dos caules e dos ramos da *Acacia Senegal (L). Wild* e de outras variedades de acácias; é uma mimosácea de origem africana; goma adragante, também conhecida como alcatira, exsudato da *Astragalus gummifer Labill*, da família das fabacéas originária de regiões do Irã e da Arábia; goma caraia, também conhecida como goma indiana, produzida nos caules e nos ramos de *Sterculia urens Roxb* e *Sterculia tomentosa*, plantas da família das esterculiáceas.

Mucilagens são polissacarídeos pouco ramificados presentes nas raízes, nas sementes e nas algas e que, diferentemente das gomas, que são solúveis em presença de água, formam massas viscosas. Esses produtos tem inúmeras aplicações na indústria de alimentos. Algumas mucilagens são denominadas gomas, como a goma jataí, a goma guar, etc. As principais fontes de fibras alimentares e seus componentes químicos estão relacionadas nos Quadros 4.7 e 4.8.

Apesar de muitos estudos apontarem para a relação entre a ingestão de FAs e o controle e/ou prevenção

Quadro 4.7 | Fontes de fibras dos alimentares e seus principais componentes químicos

Tipos de fibras	Fontes usuais	Principais monossacarídios
Celulose	Vários farelos, vegetais e presente em todas as plantas comestíveis.	Glc
ß-glicanos	Grãos (aveia, cevada e centeio).	Glc
Hemicelulose	Grãos de cereais e em boa parte das plantas Comestíveis.	Xil, Man, Glc, Fuc, Ara, Gal, AGal, AGlc
Pectinas	Frutas (maçã, limão, laranjas, pomelo), vegetais, legumes e batata.	Ara, Gal, AGal, Fuc, Ram
Frutanos*	Alcachofra, cevada, centeio, raiz de chicória,	Fru, Glc
Amido resistente (AR)	Cebola, banana, alho, aspargo	Glc
Quitina (quitosanas)	Bananas verdes, batatas (cozida/ resfriada)	Glc-amina, Gal-amina
Rafinose, estaquiose e verbascose	Cereais, legumes e tubérculos Fungos, leveduras, exoesqueleto de camarão, lagosta e caranguejo	Gal, Glc, Fru
Lignina	Plantas maduras	Álcool sinapílico, coniferílico, p-cumarílico
Ágar	Algas marinhas vermelhas	Gal, Gal-anidro, Xil, SO4
Carragenanas	Algas marinhas vermelhas	Gal, Gal-anidro, Xil, SO4
Ácido algínico	Algas marinhas marrons	AGlc, AMan-anidro
Goma karaya	Exsudatos de plantas	Fuc, Gal, Agal, Ram
Goma tragacante	Exsudatos de plantas	Xil, Gal, Agal, Ram, Ara
Goma arábica	Exsudatos de plantas	Gal, Ara, Ram, AGlc
Goma locuste	Sementes de plantas	Gal, Man
Goma-guar	Sementes de plantas	Gal, Man
Goma psyllium	Sementes de plantas	Ara, Gal, Agal, Ram, Xil
Gomas xantanas	Micro-organismos	Glc, AGlc, Man

Fonte: COZZOLINO, 2008.
Agal = ácido galacturônico; AGlc = ácido glicurônico; AMan = ácido manurônico; Ara = arabinose; Fuc = fucose; Gal = galactose; Glc = glicose; Man = manose; Ram= ramnose; Xil = xilose.

Quadro 4.8 | Fontes de fibras alimentares produzidas industrialmente e seus principais componentes químicos

Tipo de fibra	Obtenção dos produtos	Principais monossacarídeos
*FOS (Fruto-oligossacarídios)	Síntese enzimática a partir da sacarose.	Fru, Glc
Amido resistente (AR)	Hidrólise enzimática da inulina da raiz do almeirão.	Glc
Trans- galactoligos- sacarídios	Produtos de amido processado.	Gal, Glc
Goma-guar modificada (PHGG)	Síntese enzimática a partir da lactose; hidrólise enzimática dos galactomananos da goma-guar.	Gal, Man
Polidextrose	Polimerização da glicose a quente na presença de vácuo, sorbitol e ácido cítrico.	Glc
Maltodrextrina resistente (MDR)	Hidrólise ácida do amido de milho seguida de hidrólise enzimática	Glc

Fonte: COZZOLINO, 2008.
Galactose; Glc = glicose; Man = manose; Ram= ramnose; Xil = xilose.
* Inulina e fruto-oligossacarídeos (FOS)

de algumas doenças gastrintestinais, hiperlipidemias[43], diabetes, obesidade e doenças cardiovasculares, o consumo de alimentos ricos nessas substâncias deve ser controlado porque elas fazem parte do grupo de compostos considerados antinutricionais, por interferirem na digestibilidade, na absorção ou na utilização de nutrientes.

> Alimentos industrializados podem ser adicionados de fibras alimentares nos níveis determinados pela legislação; nesse caso, passam a ser designados alimentos com alegação de propriedade funcional, ou seja, alimentos que possuem nutrientes ou não nutrientes com papel metabólico ou fisiológico no crescimento, no desenvolvimento, na manutenção e em outras funções normais do organismo humano. Na rotulagem desses produtos é comum encontrar a seguinte informação: "O consumo deste produto deve ser acompanhado da ingestão de líquidos".

• 4.5 •
Lipídios

Os lipídios formam, com os carboidratos e as proteínas, o grupo dos compostos de maior importância em alimentos de origem animal e vegetal. Quimicamente, são um grupo heterogêneo de substâncias relacionadas com os ácidos graxos. Eles têm a propriedade de ser relativamente insolúveis em água e solúveis em solventes orgânicos. Na alimentação, esses compostos são relevantes não apenas por seu valor energético, mas também por transportarem vitaminas lipossolúveis e ácidos graxos essenciais e por serem, parcialmente, responsáveis pela estrutura de membranas celulares.

> As substâncias orgânicas – carboidratos, proteínas e lipídios – são fundamentalmente constituídas por átomos de carbono, de hidrogênio e de oxigênio. Suas características ou propriedades físico-químicas, por exemplo, de solubilidade ou não em água, de sensibilidade ou não ao calor e a outros agentes físicos e químicos, são reguladas pela organização da cadeia e pelas ligações químicas que estabilizam as moléculas.

Os lipídios são classificados em simples quando, por hidrólise total, originam apenas ácidos graxos e álcoois, e em compostos quando, por hidrólise total, produzem ácidos graxos e álcoois que apresentam em suas moléculas um outro grupo funcional; por exemplo os fosfolipídios, os glicolipídios e os sulfolipídios. Os lipídios derivados são aqueles provenientes da hidrólise dos lipídios simples e compostos: ácidos graxos, hidrocarbonetos, vitaminas lipossolúveis, pigmentos, compostos nitrogenados (Figura 4.25a; Figura 4.25b).

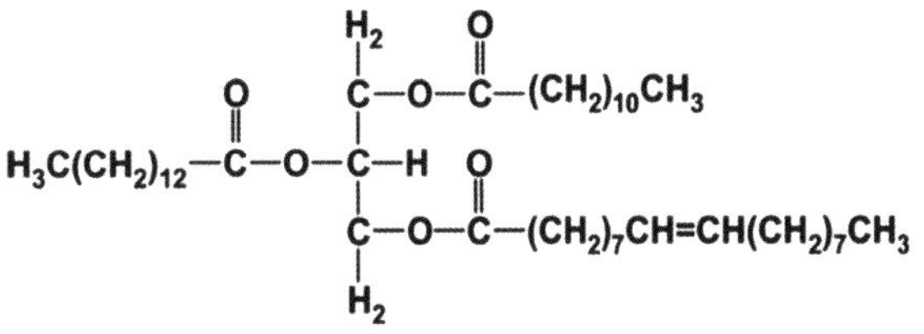

sn-1-lauril-2-miristil-3-oleil-glicerol

Figura 4.25a| Estrutura de lipídios simples (a)

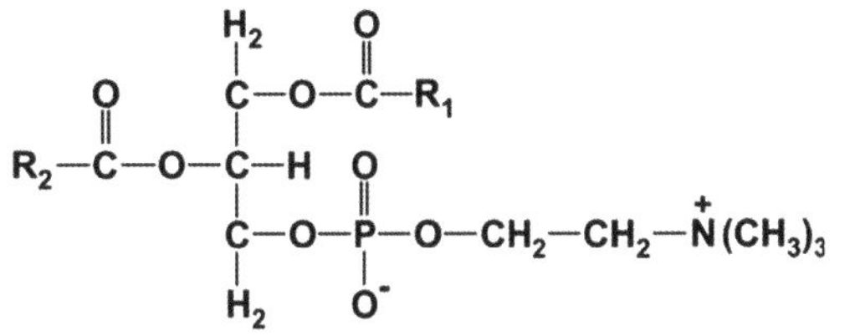

Fosfatidil colina ou α-lecitina

Figura 4.25b | Estrutura de lipídios compostos (b)

Os lipídios simples são subdivididos em gorduras e ceras. Gorduras são ésteres formados por ácidos graxos de elevado peso molecular e glicerol (álcool). Os termos óleos e gorduras são utilizados como sinônimos, uma vez que possuem a mesma estrutura química; à temperatura ambiente, as gorduras são sólidas, e os óleos, líquidos.

A maioria das gorduras é ingerida na forma de triacilgliceróis e de fosfolipídios, que são compostos por ácidos graxos saturados (Figura 4.26a), monoinsaturados (Figura 4.26b) e poli-insaturados (Figura 4.26c). Por representarem até 96,0% da massa total dos lipídios, os triacilgliceróis contribuem de forma significativa para as propriedades físico-químicas dos diferentes óleos e gorduras. Ainda, o tamanho das cadeias de ácidos graxos, o grau de insaturação e a posição das duplas ligações influem nas suas propriedades físicas e químicas.

Quando os ácidos graxos têm uma insaturação entre os carbonos de suas moléculas, ou seja, quando as moléculas apresentam a falta de um par de átomos de hidrogênio na cadeia, eles são denominados ácidos graxos monoinsaturados (Figura 4.26b). Eles serão ácidos graxos poli-insaturados quando contiverem duas ou mais duplas ligações entre os carbonos das moléculas, ou seja, quando faltarem dois ou mais pares de átomos de hidrogênio na cadeia (Figura 4.26c).

---

43 Hiperlipidemia — excesso de gordura no sangue.

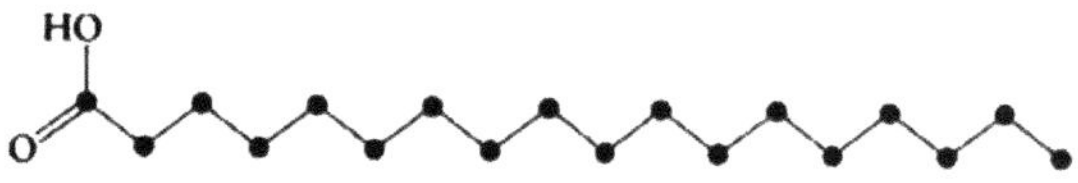

a (saturado)

Figura 4.26a | Representação de moléculas de ácidos graxos saturados

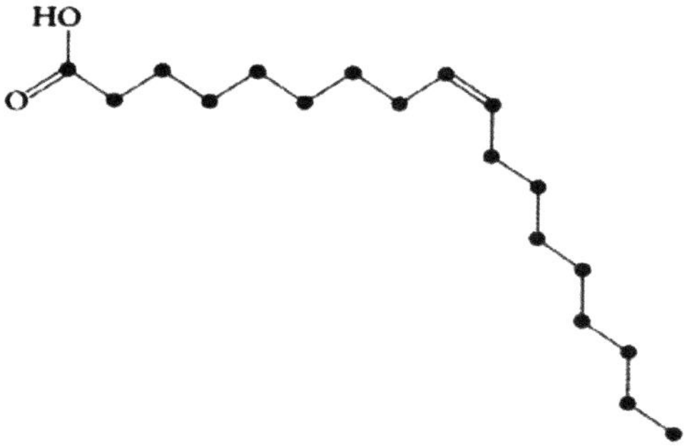

b (monoinsaturado)

Figura 4.26b | Representação de moléculas de ácidos graxos monoinsaturados

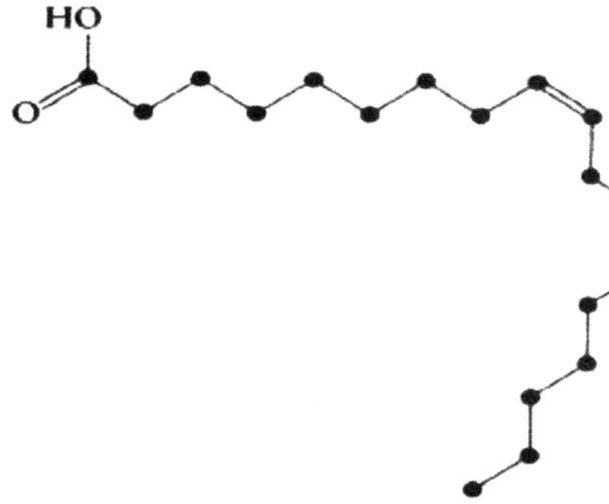

c (poli-insaturado)

Figura 4.26c | Representação de moléculas de ácidos graxos poli-insaturados

d (*trans* poli-insaturado)

Figura 4.26d | Moléculas de ácidos graxos trans poli-insaturados

As gorduras que apresentam maiores concentrações de ácidos graxos monoinsaturados e poli-insaturados são geralmente líquidas à temperatura ambiente: óleos e azeites. As gorduras saturadas, normalmente sólidas, estão presentes na manteiga, no toucinho, no bacon, na banha de porco, no óleo de coco, no óleo de palma.

A palavra azeite é usada exclusivamente para denominar os óleos provenientes de frutos: azeite de dendê, azeite de oliva. As ceras são, principalmente, ésteres formados por ácidos graxos e álcoois e são encontradas em grande quantidade nos favos de mel.

O organismo humano não produz dois importantes ácidos graxos, denominados essenciais o linoleico e o linolênico, por não possuir as enzimas necessárias para sua produção; por conseguinte, têm de ser obtidos na dieta alimentar. Tais substâncias são precursoras das prostaglandinas, compostos responsáveis por importantes funções fisiológicas, como a contração do útero, o controle da pressão sanguínea e a secreção das paredes do estômago. Além disso, os ácidos araquidônico, eicosapentenoico e docosahexenoico são sintetizados usando-se ácidos linoleico e linolênico.

As principais fontes alimentares dos ácidos linoleico e linolênico são os óleos ricos em gorduras poli-insaturadas. O ácido linoleico é abundante em óleos de girassol, milho e soja. O óleo de linhaça é excelente fonte de ácido linolênico. Os ácidos eicosapentenoico e docosahexenoico são encontrados em quantidades maiores em peixes de água fria e em mamíferos marinhos.

Os ácidos graxos insaturados com uma ou mais duplas ligações podem ser subcategorizados pelo isômero[44] posicional da dupla ligação em *cis* e *trans*. Quando na forma *cis*, os átomos de hidrogênio posicionam-se do mesmo lado em relação à dupla ligação; quando na forma *trans*, estão em lados opostos (Figura 4.27). Os dois compostos diferem geralmente quanto à solubilidade, aos valores de pontos de fusão e às propriedades biológicas e nutricionais. A maioria dos ácidos graxos presentes nos alimentos apresenta a forma *cis*.

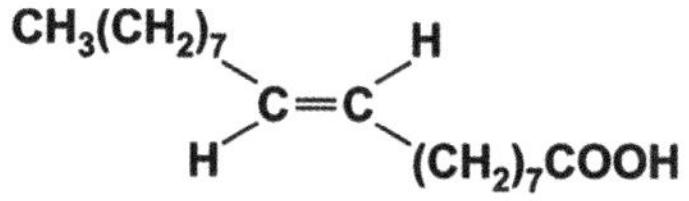

Ácido elaídico (trans)

(a)

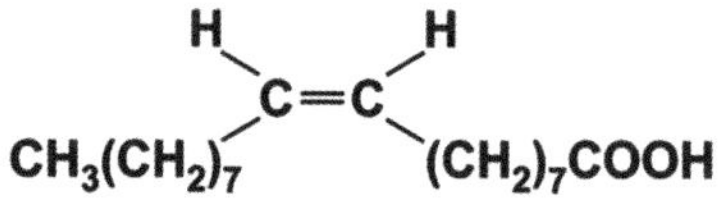

Ácido oleico (cis)

(b)

Figura 4.27 | Representação dos arranjos trans (a) e cis (b) do ácido graxo insaturado

---

44 Isômero — diz-se de substâncias químicas que, mesmo possuindo composição de elementos e peso molecular iguais, diferem em estrutura e propriedades.

> O ácido monoinsaturado *cis* mais comum é o oleico. Dietas ricas em ácidos graxos *cis* e pobres em ácidos graxos saturados, como as consumidas na região Mediterrânea, estão associadas a baixos índices de doenças cardíacas.

Os ácidos graxos insaturados com configuração *trans* são produzidos mediante a hidrogenação[45] de ácidos graxos poli-insaturados e monoinsaturados. Os ácidos graxos *trans* estão presentes no leite e na carne de animais ruminantes, na manteiga, nas margarinas.

> Diversos estudos sugerem que os ácidos graxos com configuração *trans* elevam a concentração de colesterol total e de colesterol de baixa densidade – LDL; indicam ainda que a ingestão de ácidos graxos *trans* está associada à prevalência de hiperlipidemias nas populações com consumo excessivo de *fast-foods*.

Os ácidos graxos *trans* sempre estiveram presentes na alimentação humana por meio do consumo de produtos provenientes de animais ruminantes. Com o desenvolvimento industrial e o conhecimento do impacto da qualidade nutricional dos produtos alimentícios sobre a qualidade de vida, os estudos científicos passaram a avaliar os efeitos sobre os níveis de colesterol plasmático provenientes da ingestão de gordura parcialmente hidrogenada, de óleos vegetais e de gorduras saturadas. Os ácidos graxos *trans* provêm de gorduras parcialmente hidrogenadas, de óleos refinados, da carne, do leite e de seus derivados. Os alimentos que contêm gordura parcialmente hidrogenada contribuem com aproximadamente 80% a 90% da ingestão diária desses compostos.

No Brasil, o uso de gorduras hidrogenadas envolve a produção de margarinas, cremes vegetais, pães, biscoitos, batatas fritas, massas e recheios de biscoitos, sorvetes, pastéis, bolos, formulações de bases para sopas e cremes, coberturas para adesão de especiarias e açúcares, dentre outros produtos alimentícios.

4.5.1 Emulsificantes

Emulsificantes são substâncias surfactantes[46] usadas na produção de maionese (emulsão) para facilitar a dispersão de aromatizantes, para prevenir a formação de cristais de gelo em produtos congelados (sorvete) e para melhorar o volume e a uniformidade de produtos assados ou forneados. Assim, um emulsificante é uma substância tensoativa que diminui a tensão interfacial e forma uma barreira física em torno de cada gotícula, impedindo sua coalescência (combinação de gotículas para formar gotas maiores). Na fase dispersa, as partículas não coalescem devido à adsorção de moléculas do emulsificante tensoativo.

A manteiga e a margarina são emulsões de água em óleo, com uma fase plástica contínua. Elas contêm cerca de 80,0% de gordura, e o resto consiste de sal, proteína e água. A fase gordurosa na manteiga é a gordura do leite; na margarina pode ser uma variedade de gorduras ou óleos de origem animal ou vegetal. O *flavor* na margarina é devido à adição de leite pasteurizado, inoculado com micro-organismos selecionados que promovem, por fermentação, um *flavor* semelhante ao de manteiga. A estabilidade das emulsões na manteiga e na margarina é mantida pela consistência semissólida da fase contínua, e não por uma perfeita emulsão.

> A manteiga é um exemplo de emulsão em que gotas de água estão suspensas em gordura sólida (A/O). A maionese é um exemplo de emulsão em que gotas de gordura estão suspensas em água (O/A).

A gema do ovo é uma emulsão natural com uma fase gordurosa dispersa, sendo também um eficiente agente emulsificante. As lecitoproteínas – lipoproteínas que contêm o fosfolipídio lecitina – são as responsáveis pela habilidade emulsificante da gema, na qual perfazem 79,0% da fração fosfolipídica. Esta última soma 30,0% da gordura da gema.

A maionese é um alimento emulsificado semissólido preparado com óleos vegetais comestíveis, agentes acidificantes e ingredientes que contêm gema de ovo. Ela contém, no mínimo, 65,0% de óleo por peso, podendo conter sal, agentes adoçantes e condimentos alimentares desejáveis ou *flavorizantes* que não confiram cor. Os agentes acidificantes podem incluir vinagre e suco de limão. Esse alimento é estabilizado por moléculas de proteínas, de fosfolipídios e de polissacarídeos.

> Na preparação da maionese, a lecitina, que é um lipídio e está presente na gema do ovo, liga-se à região hidrofóbica da molécula de gordura, revestindo as gotículas de óleo. Para dispersar as gotículas que são revestidas por moléculas de água, sua região hidrofílica liga-se às moléculas de água.

Durante a formação de uma emulsão, o rompimento da massa líquida para produzir gotículas é o principal processo, seguido de sua estabilização. O método mais comum para se preparar uma emulsão é dispersar mecanicamente uma fase líquida em outra. A próxima etapa consiste na quebra das gotas maiores em gotículas pelo cisalhamento[47] em liquidificadores, ou pela passagem da emulsão grosseira por um moinho ou homogeneizador.

---

45 Hidrogenação — incorporação de hidrogênio à cadeia carbônica de ácidos graxos insaturados em óleos utilizados na produção de margarina.

46 Surfactante — qualquer composto que reduz a tensão superficial de uma solução, como os detergentes e os emulsificantes.

47 Cisalhamento — fenômeno de deformação ao qual um corpo está sujeito quando as forças que sobre ele agem provocam um deslocamento em planos diferentes, mantendo o volume constante.

> Para se fazer maionese é preciso fragmentar o óleo em gotículas e fazê-las migrar para a fase aquosa. Quanto mais baixa for a temperatura, maior a dificuldade para se misturar óleo e água, por isso é preciso esquentar a manteiga para preparar um *béarnais*[48] ou um holandês[49], dois outros tipos de emulsões em que a lecitina atua como agente tensoativo (THIS, 1998).

Para formar uma emulsão é necessário trabalho para criar novas interfaces. A adição de um emulsificante a um sistema óleo-água, por exemplo, reduz a tensão superficial e reduz a quantidade de trabalho/energia para criar novas superfícies. Obviamente, economiza-se energia quando se incorpora um agente emulsificante ao sistema. Além disso, os emulsificantes aumentam a formação de gotículas e reduzem a velocidade na qual elas coalescem.

Hidrocoloides, como gomas e gelatinas, atuam como estabilizantes em emulsões óleo-água pelo aumento da viscosidade da fase aquosa contínua (emulsificante auxiliar) e algumas vezes pela formação de fortes filmes interfaciais em torno das gotículas (emulsificante primário). As gomas usadas em emulsões alimentares são polissacarídeos altamente hidrofílicos que apresentam a capacidade de se ligar a cargas elétricas positivas ou negativas.

> Pães industrializados do tipo integral *light* apresentam na sua composição emulsificantes e gomas que, juntamente com os demais ingredientes, desenvolverão as características estéticas e sensoriais do produto.

Durante o armazenamento de alimentos emulsionados podem ocorrer alterações físicas nas gotículas dispersas, com subsequente redução dos atributos de qualidade. Mudanças na estabilidade em emulsões alimentares podem ocorrer pelos processos de formação de creme, floculação e coalescência.

O fenômeno de formação do creme envolve a sedimentação das gotículas dispersas emulsificadas e, eventualmente, o sistema transforma-se em duas camadas de emulsão. A floculação é o ajuntamento das gotículas para formar aglomerados livres e irregulares. Uma vez que a floculação aumenta o tamanho efetivo das gotículas, a velocidade de formação do creme é aumentada. Geralmente, as gotículas aglomeradas podem ser redispersas por mistura ou agitação, porque as fracas forças intergotas (*van der Waals*) são responsáveis pela floculação.

> Uma maionese talha, ou flocula, porque as gotículas de óleo se aglomeram umas às outras e se separam da fase aquosa. Isso acontece ou porque a temperatura está baixa ou porque o sistema não contém quantidade de água compatível com a quantidade de gordura e, portanto, suficiente, para preparar a emulsão.

A coalescência – união irreversível de gotículas para formar gotas maiores – pode ocorrer após a floculação se o filme estabilizante interfacial do(s) agentes(s) emulsificante(s) for rompido. A coalescência é um processo termodinamicamente espontâneo e conduz, finalmente, à separação das duas fases em duas camadas distintas. A coalescência pode ocorrer durante a agitação e o congelamento da emulsão (Figura 4.28).

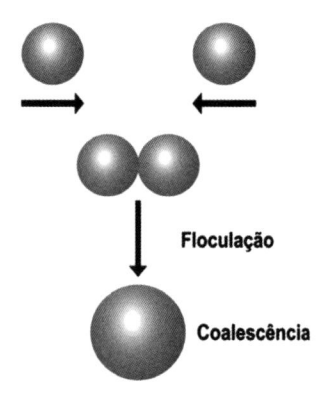

Figura 4.28 | Instabilidade das emulsões

> A quebra da emulsão do leite ocorre durante o congelamento pelos cristais de gelo que perfuram os glóbulos de gordura. Durante o descongelamento é que se percebe que a emulsão foi rompida, porque há separação da gordura, portanto, coalescência.

4.5.2 Manipulação dos alimentos e decomposição dos lipídios

A oxidação é um processo de deterioração de óleos e gorduras que pode ocorrer durante sua extração, processamento e armazenamento. A presença de oxigênio é necessária para que isso ocorra. O calor, se presente, acelera o mecanismo auto-oxidativo, tanto por efeito catalítico quanto pela liberação de ácidos graxos livres. Antioxidantes naturais como o tocoferol e o β-caroteno atuam como inibidores do fenômeno.

As reações de oxidação ocorrem em lipídios puros. Nos sistemas biológicos e em alimentos, pelo fato de as moléculas de lipídios encontrarem-se associadas a matérias não lipídicas e possuírem mobilidade restrita, os mecanismos podem ser bem diferentes dos que ocorrem em uma fase homogênea.

Óleos e gorduras são suscetíveis, em graus variados, a reações de degradação. Assim, quanto maior seu grau de insaturação maior a suscetibilidade a tais reações.

---

48 *Béarnais* — molho originário de Béarn, região da França, elaborado à base de gema de ovo, manteiga, vinho branco, vinagre e ervas frescas.
49 Holandês — molho originário da Holanda, elaborado com manteiga derretida, gema de ovo, suco de limão ou vinagre, sal, pimenta, estragão e creme de leite.

Dentre elas, a mais importante é a rancificação, que pode ter natureza hidrolítica ou oxidativa. A rancidez hidrolítica ocorre durante o processamento e o armazenamento de produtos gordurosos e pode ser de natureza química, autolítica ou microbiana.

A rancidez oxidativa – mais importante em temperatura ambiente que a hidrolítica – pode ocorrer pelos processos auto-oxidativo, fotoxidativo (oxidação fotossensibilizada) e enzimático. Esses mecanismos levam à formação de compostos que podem ser desejáveis (cor, odor, sabor) ou indesejáveis (formação de compostos tóxicos, polímeros e compostos cíclicos).

Auto-oxidação

A auto-oxidação de lipídios insaturados é autocatalítica. Isso significa que a velocidade das reações aumenta com o tempo devido à formação de compostos catalisadores da reação.

O processo envolve a reação do oxigênio com os ácidos graxos insaturados, e sua velocidade depende do grau de insaturação do lipídio e das suas condições de armazenamento.

A rancidez oxidativa é considerada indesejável tanto do ponto de vista sensorial quanto de segurança alimentar, porque produz compostos altamente oxidados com efeitos tóxicos, ocorrendo também a perda de algumas vitaminas lipossolúveis e de caroteno.

As reações de oxidação de ácidos graxos e do colesterol afetam os alimentos e produzem diferentes substâncias que deterioram sua qualidade sensorial e muitas vezes apresentam efeitos tóxicos. Tais substâncias são produzidas na manipulação e no armazenamento dos produtos.

A desossa mecânica de carnes, o fatiamento, a moagem, a trituração e a emulsificação são operações que provocam o rompimento de células e de organelas[50] que liberam átomos de ferro, cobre e outros metais, bem como de enzimas, que favorecem a oxidação dos lipídios por propiciarem um maior contato do oxigênio e de espécies reativas com os ácidos graxos e o colesterol.

Similarmente, o processo térmico pode estimular a oxidação lipídica, possivelmente pelo fato de a energia térmica provocar desarranjos na estrutura celular, expondo as moléculas de fosfolipídios às espécies reativas de oxigênio; pode ainda inativar enzimas que inibem reações oxidativas.

Muitas vezes é comum a manteiga de garrafa[51] apresentar características sensoriais alteradas. Isso se deve principalmente às reações oxidativas, especialmente porque os produtos são mantidos em temperatura ambiente. Na região Nordeste do Brasil, a temperatura ambiente sempre está acima de 25 °C.

O armazenamento em condições de refrigeração protege os produtos dos fenômenos oxidativos e, consequentemente, aumenta sua vida de prateleira. No entanto, o congelamento potencializa o desenvolvimento das reações de oxidação, porque, nessa situação, as moléculas de água têm sua mobilidade reduzida, encontrando-se fortemente ligadas aos grupos polares acessíveis; o grau de liberdade dessas moléculas é pequeno, e esta é a região correspondente à monocamada de água que ocorre quando, para cada ponto de ligação da macromolécula de alimento, se tem apenas uma molécula disponível. Assim, as moléculas de lipídios ficam suscetíveis a reações químicas. Para minimizar o efeito do congelamento sobre a oxidação dos ácidos graxos, recomenda-se o uso de embalagens a vácuo ou de atmosfera modificada.

Carnes vermelhas, de aves, de pescados, congeladas inteiras ou em porções apresentam diferentes tempos de vida útil. Isso se deve à composição lipídica dos cortes, bem como aos processos de manipulação realizados para sua elaboração.

Sob o aspecto de saúde pública, a presença de hidroperóxidos – produtos resultantes da oxidação de ácidos graxos e colesterol – em alimentos pode promover desde a irritação da mucosa intestinal, diarreia, degeneração hepática, até a morte de células. Os hidroperóxidos promovem ainda a perda parcial de vitaminas lipossolúveis, a co-oxidação da vitamina C, a formação de lipídios oxidados antagonistas de nutrientes essenciais – tiamina, riboflavina, lisina, aminoácidos sulfurados, vitamina B_{12} – e a destruição parcial de ácidos graxos insaturados essenciais. Ademais, produtos secundários como malonaldeído, hidroxinonenal e acroleína se relacionam ao aparecimento de doenças como arteriosclerose, diabetes, anemia hemolítica, inflamações, mutagêneses e, possivelmente, câncer.

Sensorialmente, a oxidação lipídica promove a liberação de aldeídos e de outros compostos voláteis que conferem odores desagradáveis a alimentos proteicos, como carnes pré-cozidas que, após armazenamento, apresentam aroma/sabor de produto requentado (warmed-over-flavor). A oxidação pode desenvolver a formação de complexos entre moléculas de proteínas e lipídios, ou mesmo a cisão da molécula de proteína, levando à desnaturação, à diminuição da solubilidade, à inibição da atividade enzimática e à modificação da textura em carnes, por exemplo.

Alimentos fritos são uma alternativa rápida de preparação que confere características sensoriais amplamente aceitáveis. O processo consiste na submersão

---

50 Organela — partícula presente em praticamente todas as células.
51 Manteiga de garrafa — entende-se por manteiga da terra, manteiga do sertão ou manteiga de garrafa o produto gorduroso, nos estados líquido e pastoso, obtido do creme de leite pela eliminação quase total da água, mediante processo tecnologicamente adequado.

do alimento em óleo quente, que atua como veículo de transferência de calor. Esta é uma forma de aquecimento muito eficiente porque as temperaturas alcançadas pelos óleos são superiores àquelas alcançadas pela água em ebulição. Entretanto, o calor altera a natureza química dos componentes dos óleos e das gorduras e potencializa o aparecimento de substâncias polares, resultantes da degradação dos triglicerídios – ácidos graxos livres, ácidos graxos oxidados, polímeros. Pesquisas indicam que tais compostos são possivelmente os responsáveis por irritações no trato gastrintestinal, diarreia e redução de crescimento em animais de laboratório. No entanto, a literatura relata que os dados obtidos são algumas vezes originários de condições extremas de uso dos óleos, mas conclui sobre alguns aspectos:

- Os resultados obtidos com animais experimentais alimentados com óleos de fritura em doses elevadas não são alarmantes pois, em geral, não se observam diferenças significativas entre os resultados obtidos com óleos não aquecidos;

- Tem-se estabelecido que óleos submetidos a condições severas de processamento podem produzir componentes tóxicos – como os ácidos cíclicos – para animais experimentais, sobretudo se os óleos forem ricos em ácidos graxos poli-insaturados, se as temperaturas forem muito elevadas e se os animais forem jovens.

Sobre o efeito do aquecimento, no processo de fritura, de óleo de soja e de gordura hidrogenada de soja, pesquisas indicam que a gordura vegetal hidrogenada sofreu as mesmas modificações no perfil de ácidos graxos em relação ao óleo de soja, mas em menores proporções, mostrando melhor estabilidade oxidativa; o aquecimento implicou a redução dos teores de ácidos graxos essenciais – linoleico e linolênico – e um consequente aumento proporcional no teor de ácidos graxos saturados; o processo levou à produção de ácidos graxos *trans* pela isomerização dos ácidos graxos essenciais.

Oxidação enzimática

A oxidação enzimática é causada pelas lipoxidases e pelas desidrogenases. Este tipo de oxidação ocorre em plantas, sementes oleaginosas e cereais, em que os ácidos graxos liberados por lipases são degradados, sendo necessária a presença de pequena quantidade de água e de proteínas. Os produtos finais da oxidação (metil-cetonas) são responsáveis pelo odor de gordura de coco e de outras. Esse processo é também chamado de ranço perfumado.

A oxidação enzimática pode ser desejável em produtos como os queijos *roquefort* e *camembert*, nos quais as metilcetonas formadas por ação do *Penicillium roquefort* dão ao queijo seu aroma característico. Vale lembrar que o sal, utilizado para a cura de alguns produtos, bem como os derivados de carne, pode ativar a lipoxidase, influenciando a oxidação lipídica.

A farinha de trigo integral tem vida útil menor que a farinha beneficiada porque contém o gérmen, rico em lipídios e em enzimas que atuam sobre essas moléculas e alteram as características sensoriais do produto.

Antioxidantes são substâncias que inibem a oxidação de gorduras. Mesmo as pequenas quantidades de antioxidantes presentes originalmente nas gorduras são capazes de prevenir ou retardar sua oxidação. A adição da maioria das substâncias antioxidantes é feita no produto final, mas estas também podem ser usadas durante o processamento. Ácidos fosfórico, cítrico, sulfúrico e ascórbico, bem como lecitina e alguns aminoácidos têm ação antioxidante.

Alguns alimentos possuem compostos que apresentam propriedades antioxidantes ou pró-oxidantes. Dentre as qualidades desejáveis nos antioxidantes alimentares, destacam-se a efetividade em baixas concentrações; fácil incorporação; atoxicidade; fácil disponibilidade, custo razoável, além de não conferirem sabor, odor ou cor.

Dentre as inúmeras substâncias que compõem a lista de ingredientes de produtos como maioneses e margarinas, observa-se a indicação de uso de antioxidantes conhecidos como butilhidroxianisol (BHA), butilhidroxitolueno (BHT) e ácido etilenodiamino tetra-acético (EDTA).

• 4.6 •
Pigmentos Naturais de Origem Vegetal

A qualidade de um alimento pode ser avaliada por meio de parâmetros físicos, como tamanho e forma; químicos e nutricionais; higiênico-sanitários e sensoriais, como cor, aroma e sabor. A cor é um dos parâmetros mais importantes na escolha e na aceitabilidade de produtos de origem animal e/ou vegetal, e geralmente se usa este atributo para julgar a qualidade dos alimentos, especialmente em bares, restaurantes e lanchonetes, dentre outros.

Os alimentos *in natura* ou industrializados apresentam cor porque têm habilidade de refletir ou emitir uma quantidade de energia em comprimentos de onda capazes de estimular a retina. A cor resulta de uma variedade de pigmentos, substâncias químicas com diferentes estruturas e propriedades físico-químicas. A concentração e o tipo de pigmentos presentes determinam a intensidade da cor dos alimentos.

> Pigmentos são compostos instáveis que participam de diferentes reações bioquímicas e por isso a alteração de cor de um alimento indica alterações durante o processamento e/ou armazenamento do produto.

Os pigmentos de origem vegetal possuem estruturas químicas complexas, com diferentes grupos funcionais e muitas vezes instáveis. Conhecer a estrutura química dessas substâncias permite controlar os fenômenos que podem comprometer sua qualidade estética. A classificação dos pigmentos naturais de origem vegetal em clorofilas, carotenoides e flavonoides deve-se à similaridade entre as moléculas das substâncias que pertencem a cada grupo.

4.6.1 Clorofila

Clorofila é o pigmento responsável pela cor verde dos vegetais, abundante na natureza e essencial ao processo de fotossíntese[52], ocorrendo nos cloroplastos[53] provavelmente associada a moléculas de proteínas, carboidratos e carotenoides. Esse pigmento está presente nas folhas antes do envelhecimento, nos frutos, antes do amadurecimento, porque na maturação ocorrem, sequencialmente, a degradação da clorofila e a síntese de carotenoides.

Quimicamente, a clorofila não é uma molécula isolada, mas compreende uma família de substâncias semelhantes designadas de clorofila a, b, c e d. Estruturalmente são moléculas complexas, pertencentes à classe das porfirinas, sendo formadas por quatro anéis pirrólicos e um quinto anel isocíclico, localizado ao lado do terceiro anel pirrólico. Os anéis estão ligados entre si por pontes metilênicas, e a molécula contém um átomo de magnésio no seu interior coordenado aos anéis. No quarto anel pirrólico, o ácido propiônico ali existente é esterificado por um álcool acíclico de cadeia longa, geralmente o fitol, conferindo à clorofila insolubilidade em água e solubilidade em solventes orgânicos.

> As diferenças de coloração verde entre os vegetais são atribuídas à presença de outros pigmentos associados, particularmente carotenoides (RIBEIRO; SERAVALLI, 2004).

---

52 Fotossíntese — processo pelo qual a energia da luz é utilizada pelas plantas para sintetizar carboidratos.
53 Cloroplasto — organela que encerra clorofila em uma estrutura interna complexa, geralmente formada por vários conjuntos interligados de lamelas dispostas em pilha, estando presente na maioria das células das plantas autotróficas expostas à luz.

Nos alimentos, a cor verde deve-se à presença das clorofilas a e b na proporção de 3:1; que diferem quanto à existência de diferentes grupos funcionais (Figura 4.29). A clorofila a, a mais abundante e a mais importante dessa família, corresponde a aproximadamente 75,0% dos pigmentos verdes encontrados nos vegetais. A clorofila b difere da clorofila a por uma pequena variação na substituição no anel pirrólico II. As clorofilas c e d são encontradas em algas.

> A ingestão de 100 g de espinafre pode disponibilizar aproximadamente 58 mg de magnésio para serem absorvidos, dependendo de fatores como idade, condições fisiológicas, uso de medicamentos (LANFER-MARQUEZ, 2003). O magnésio é um importante mineral que participa da composição muscular e de reações celulares. Alguns estudos sugerem um efeito cardioprotetor, podendo ainda reduzir processos inflamatórios.

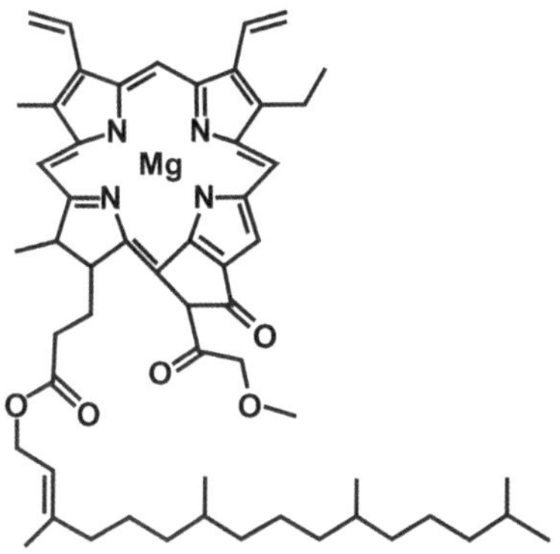

Figura 4.29 | Estrutura da molécula de clorofila

Esta organização também lhe confere instabilidade química pela associação com moléculas de proteínas e de lipídios, especialmente. Isso significa que a cocção de hortaliças leva a mudanças na sua coloração verde por ação do calor, que desnatura as proteínas, e por ação de ácidos orgânicos naturalmente presentes ou adicionados, que mudam a acidez do meio e permitem a substituição do átomo de magnésio, no interior da molécula, por átomos de hidrogênio. Essa é a alteração mais comum em folhosos, azeitonas, ervilhas, que ocorre proporcionalmente à intensidade do tempo e à temperatura de cocção.

> A cor de ervilhas congeladas industrialmente difere de forma significativa do produto enlatado, porque, no congelamento, se faz apenas o branqueamento do produto. Para se obter o produto enlatado, utiliza-se temperatura acima de 100 °C por aproximadamente 15 minutos.

Para evitar esse tipo de alteração, recomenda-se, inicialmente, selecionar a matéria prima, assim como ter cuidados na manipulação, na embalagem e no armazenamento dos produtos. Durante a cocção, é possível adicionar substâncias alcalinas, que modificam o pH e alteram o valor nutricional do produto.

4.6.2 Carotenoides

Carotenoides são pigmentos amplamente distribuídos na natureza responsáveis pela coloração que varia entre o amarelo e o vermelho de frutas, hortaliças, raízes, flores, animais marinhos e fungos (Quadro 4.9). Eles são compostos lipossolúveis e moderadamente estáveis ao calor, perdendo cor por reações de oxidação. Esses pigmentos são utilizados comercialmente como corantes alimentícios em suplementos nutricionais.

Nutricionalmente, os carotenoides desempenham funções importantes, como a de ter atividade pró-vitamina A, de ser antioxidante, de prevenir a catarata e a degeneração macular, dentre outras.

Quadro 4.9 | Substâncias carotenoides e respectivas fontes alimentares

Carotenoide	Fonte
α-caroteno	Cenoura, tomate
β-caroteno	Cenoura, manga
Luteína	Gema de ovo
Criptoxantina	Milho amarelo, páprica, mamão
Zeaxantina	Gema de ovo, milho
Crocina	Açafrão
Bixina	Urucum
Capsantina	Pimenta vermelha
Violaxantina	Amor-perfeito
Licopeno	Tomate, melancia
Xantofila	Suco de laranja

Fonte: BOBBIO; BOBBIO, 1985.

Quimicamente, os carotenoides podem ser divididos em dois grupos: carotenos – que contêm somente átomos de carbono e de hidrogênio – e xantofilas – derivadas da oxidação de moléculas de carotenos. A maioria das substâncias carotenoides é constituída por tetraterpenos (cadeias com 40 átomos de carbono); a cor resulta da presença de um sistema de duplas ligações conjugadas na molécula (Figura 4.30a, b, c, d, e, f, g, h).

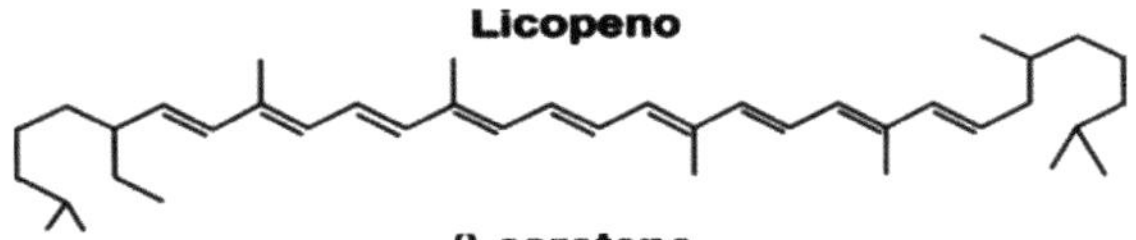

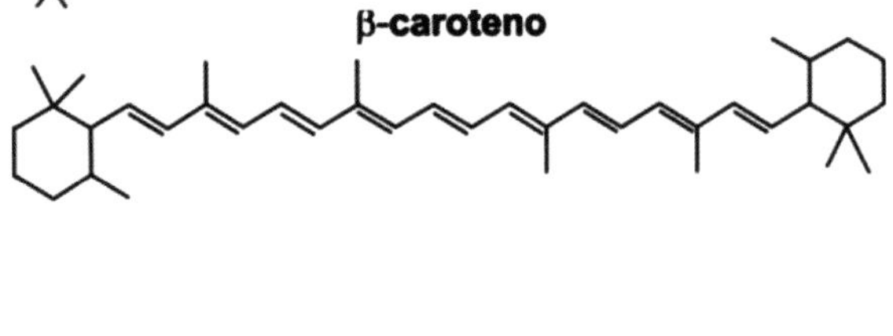

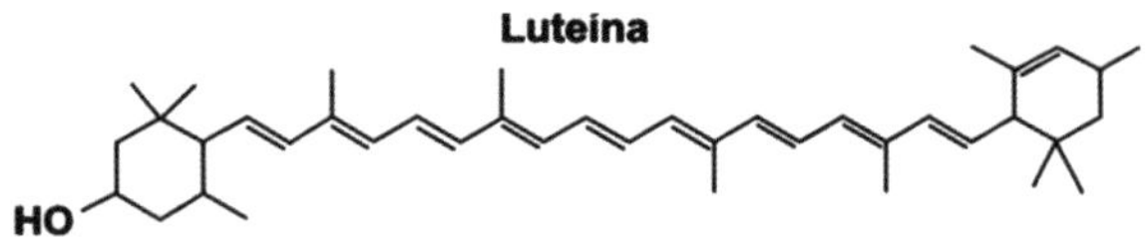

Figura 4.30c | Estrutura da molécula de luteína

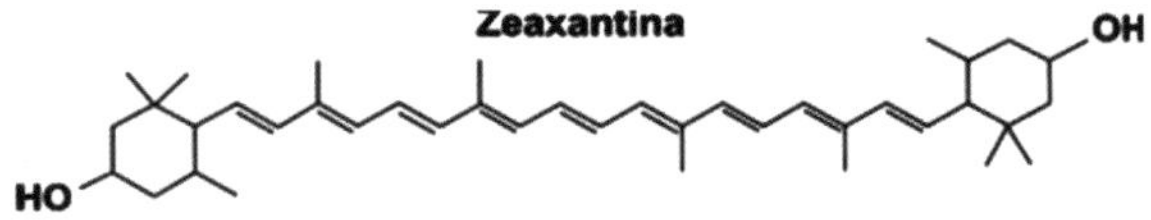

Figura 4.30d | Estrutura da molécula de zeaxantina

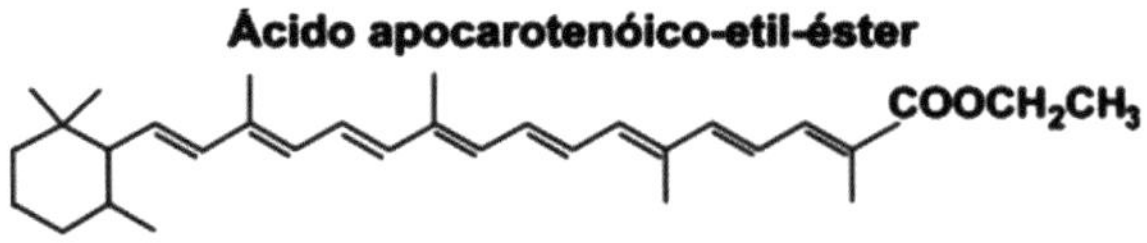

Figura 4.30e | Estrutura da molécula de ácido apocarotenoico-etil-éster

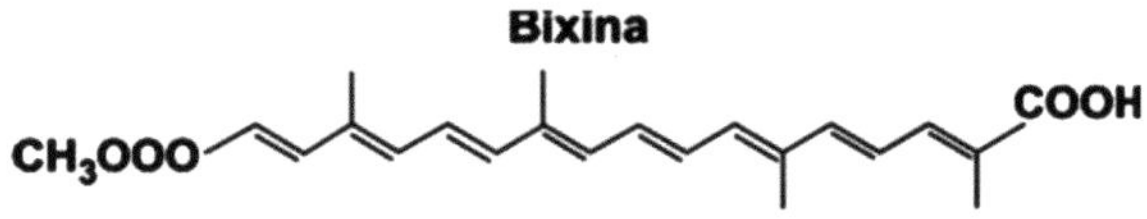

Figura 4.30f | Estrutura da molécula de bixina

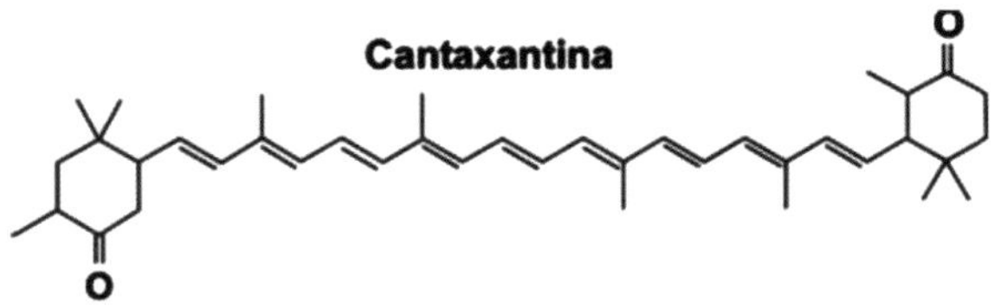

Figura 4.30g | Estrutura da molécula de cataxantina

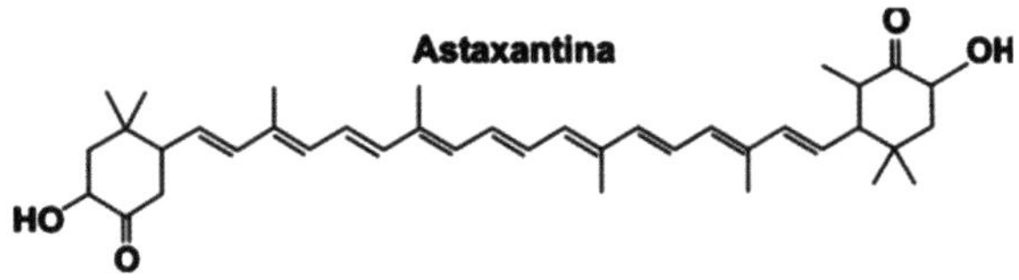

Figura 4.30h | Estrutura da molécula de astaxantina

São necessárias, no mínimo, sete ligações conjugadas para que a cor amarela apareça. Quanto maior o número de ligações conjugadas, mais avermelhada será a cor do produto (RIBEIRO; SERAVALLI, 2004).

Nos alimentos, os carotenoides estão presentes ora como misturas simples, ora como misturas complexas de muitas substâncias. As misturas mais simples encontram-se nos alimentos de origem animal, as mais complexas, em frutas cítricas. Nas folhas verdes, comumente são encontradas luteína, violaxantina e neoxantina; nas frutas: α e β-caroteno, além das xantofilas.

Algumas substâncias carotenoides são precursoras de vitamina A, mas, para isso, é preciso que as moléculas apresentem a estrutura cíclica da β-ionona (Figura 4.31)

e que a cadeia lateral tenha pelo menos 11 átomos de carbono. A molécula de β-caroteno tem 100,0% de atividade provitamínica; as de α-caroteno, γ-caroteno, β-zeacaroteno e criptoxantina têm, respectivamente, de 50,0% a 54,0%; 42,0% a 50,0%; 20,0% a 40,0% e 50,0% a 60,0% de atividade provitamínica. No entanto, a variedade, as condições climáticas, o estágio de maturação, o tempo e as condições de armazenamento, além do processamento ou cocção, justificam as diferenças encontradas para os valores apresentados nas tabelas de composição de alimentos (Tabela 4.4).

β-ionona
Figura 4.31 | Estrutura da β-ionona

Além de precursores de vitamina A, os carotenoides são pigmentos responsáveis pela cor de hortaliças e frutas como laranja, goiaba, mamão, pequi. Em outros produtos, a coloração amarela conferida pelos carotenoides pode ser mascarada pela presença de outros pigmentos, como a clorofila e as antocianinas.

Tabela 4.4 | Principais fontes de carotenoides com atividade provitamínica UI — unidades internacionais.

Produto	Atividade (UI/100g)	Produto	Atividade (UI/100g)
Tucumã	12.900	Salsinha	8.437
Tomate francês	2.500	Rúcula	8.046
Manga	2.300/3.800	Coentro	7.811
Abóbora menina	12.400	Agrião	6.899
Abóbora moranga	3.100	Couve	5.482
Goiaba	617/1.983	Chicória	2.915
Mamão	747/1.187	Alface	2.068
Repolho	138		

Por serem moléculas que apresentam um grande número de duplas ligações conjugadas, os carotenoides permitem grande número de isômeros geométricos. Na natureza, normalmente eles estão na forma *trans*. O processamento/cocção e o armazenamento podem promover a isomerização das moléculas e alterar a cor dos produtos. A oxidação é, no entanto, o principal fator de degradação dos carotenoides em alimentos, especialmente quando os tecidos sofrem danos físicos.

4.6.3 Flavonoides

Flavonoides são metabólitos secundários sintetizados pelas plantas pertencentes ao grupo dos compostos fenólicos e compreendem um número importante de pigmentos naturais encontrados exclusivamente em produtos de origem vegetal.

Eles possuem o mesmo núcleo flavona C_{15} (C_6-C_3-C_6), com dois anéis benzênicos (A e B) ligados por meio de anel pirano contendo oxigênio (C), conforme mostrado na Figura 4.32. Trata-se de uma estrutura comum aos 3-deoxiflavonoides (flavonóis, flanan-3,4 – dióis e flavan-3-óis).

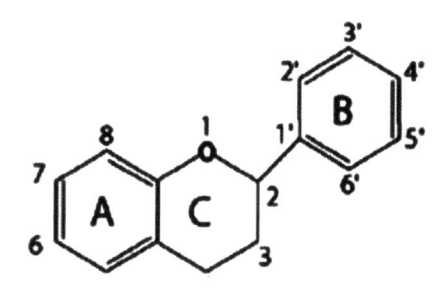

Figura 4.32 | Estrutura geral dos flavonoides

A atividade biológica dos flavonoides e de seus metabólitos depende da sua estrutura química e dos vários substituintes da molécula, uma vez que a estrutura básica pode sofrer uma série de modificações, como glicosilação, esterificação, amidação, hidroxilação, entre outras alterações que irão modular a polaridade, a toxicidade e o direcionamento intracelular desses compostos.

De acordo com algumas modificações presentes na estrutura geral, os flavonoides podem ser classificados em isoflavonas, flavonas, flavononas, flavonóis, flavanóis e antocianinas. Com exceção das antocianinas, os demais tipos de flavonoides são chamados de antoxantinas, sendo de coloração amarela ou incolores. Exemplos importantes das classes dos flavonóis são a quercetina, a miricetina e o kaempferol, presentes em flores, folhas e frutas vermelhas. Dos flavanóis, destacam-se as catequinas e as epicatequinas, um dos principais compostos do chá verde.

Antocianinas são glicosídeos de derivado de 2-difenilbenzopirílio ou de sais de flavílio (Figura 4.33). Do grego *anthos* (flor) e *kyanos* (azul), esse termo foi usado originalmente para descrever os pigmentos azuis da flor da centáurea (*Centaurea cyanus*). Essas substâncias compõem um importante grupo de pigmentos vegetais solúveis em água. Foram reportadas cerca de 500 estruturas diferentes de antocianinas, ocorrendo em 27 famílias de plantas.

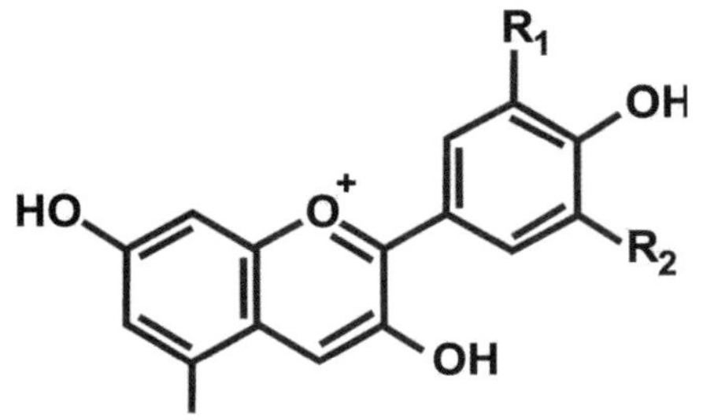

Figura 4.33 | Estrutura geral das antocianinas

As seis antocianinas mais comumente encontradas são classificadas de acordo com o número e a posição dos grupos hidroxis no núcleo flavano e nomeadas cianidina, delfinidina, malvidina, peonidina, pelargonidina e petunidina. Essas substâncias conferem as várias nuanças entre os tons de laranja, vermelho e azul exibidas pelas frutas e hortaliças. As antocianinas são os pigmentos presentes nos matizes vermelhos e azuis em sucos, geleias e conservas de morango, amora, jabuticaba, figo, cereja, uva, cacau, ameixa, romã (Quadro 4.10).

As diferenças entre as antocianinas vêm do número e da posição dos grupos hidroxis, do grau de metilação, da natureza, do número e da localização dos açúcares ligados à molécula. A ligação de açúcares à molécula confere maior estabilidade à antocianidina aparente.

Quadro 4.10 | Antocianinas em alimentos e substituintes R_1 e R_2

Antocianina	Alimento	R_1	R_2
Pelargonidina	Morango, amora, cebola	H	H
Cianidina	Jabuticaba, ameixa, acerola, amora	OH	H
Delfinidina	Berinjela, película de pedúnculo de caju	OH	OH
Malvidina	Uva, acerola, feijão preto	OCH_3	OCH_3
Peonidina	Cereja, uva, jabuticaba	OCH_3	OH

Quimicamente, essas substâncias são glicosídios[54] das antocianidinas, consistindo, portanto, nas agliconas das antocianinas, ou seja, em componentes não glicídicos da hidrólise dos glicosídios (Figura 4.34).

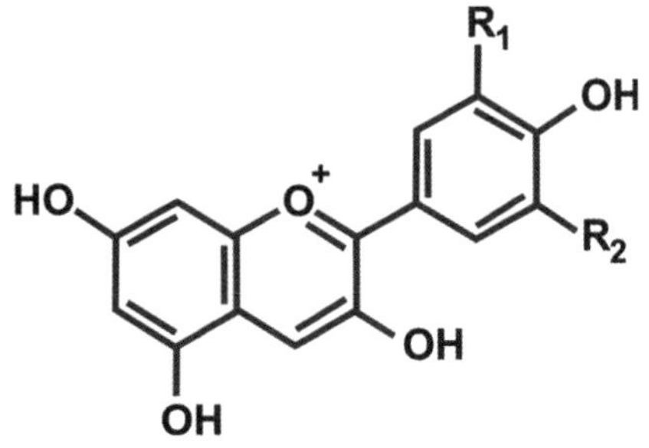

Figura 4.34 | Estrutura da molécula de antocianidina

As moléculas de antocianinas são antocianidinas ligadas a outras moléculas de açúcares, como glicose, galactose e frutose, frequentemente ligadas a moléculas de ácidos orgânicos, como cafeico e acético. Elas apresentam ainda grupos funcionais como as hidroxilas (OH^-) e metoxilas ($-OCH_3$). As diferenças de coloração devem-se, especialmente, ao número de hidroxilas e ao grau de metilação da molécula.

Apesar de as moléculas de açúcares conferirem estabilidade às antocianinas, elas exercem influência importante na sua reatividade aos meios de cocção. Temperatura, acidez, enzimas e oxigênio são alguns dos fatores que afetam a degradação das moléculas de antocianinas. O pH (acidez) é o fator que mais compromete a coloração dos produtos.

As alterações de cor que ocorrem no processamento de sucos e geleias industrializados de morango, amora, uva, dentre outros, justificam o uso de corantes para padronizar a cor dos produtos.

As antoxantinas são outra classe de pigmentos presentes em alimentos de origem vegetal que derivam da estrutura dos flavonoides. Elas são pigmentos de cor clara, que vão dos tons de branco-amarelado até o amarelo, característicos da batata, do repolho branco, da cebola e das frutas cítricas. Esses pigmentos são mais resistentes ao processo de cocção que as antocianinas.

As betalaínas assemelham-se às antocianinas em aparência e reatividade. As betacianinas são pigmentos de cor vermelha responsáveis pela coloração da beterraba.

As betaxantinas são pigmentos de cor amarela. São compostos hidrossolúveis e sensíveis a variações de acidez (pH), temperatura, luz e oxigênio.

Os corantes extraídos de beterraba são indicados para produtos que não sofram intenso tratamento térmico, como os derivados de carne e soja, gelatinas e sorvetes.

---

54 Glicosídeo — diz-se do derivado do açúcar obtido pela substituição de um átomo de hidrogênio por um grupamento orgânico.

• 4.7 •
Substâncias bioativas

Crescente interesse vem surgindo na produção e na inclusão de fatores bioativos em produtos alimentícios objetivando-se sempre estimular alimentação e hábitos saudáveis. No entanto, para evitar a disseminação de informações não verdadeiras, a Agência Nacional de Vigilância Sanitária (Anvisa) vem regulamentando, à proporção que o conhecimento científico sobre a questão evolui, as condições para que uma substância química presente no alimento possa ser considerada um componente bioativo.

A Resolução da Diretoria Colegiada nº 2, de 2002, define como substâncias bioativas os nutrientes ou não nutrientes que possuem ação metabólica ou fisiológica específica. No grupo dos pigmentos naturais de origem vegetal, alguns compostos dos grupos dos flavonoides e dos carotenoides são considerados substâncias bioativas.

Para tanto, a substância bioativa deve estar presente em fontes alimentares, podendo ser natural ou sintética, desde que seja assegurada sua qualidade para o consumo humano. Essa substância não deve ter finalidade medicamentosa ou terapêutica, qualquer que seja sua forma de apresentação ou de consumo, necessitando passar por ensaios que avaliem os riscos e a segurança do produto. São de responsabilidade do fabricante a qualidade e a eficácia dos produtos, dentre outros itens.

O licopeno tem ação antioxidante que protege as células contra os radicais livres. Seu consumo deve estar associado a uma dieta equilibrada e a hábitos saudáveis.

Muitos estudos demonstram o potencial antioxidante de alimentos como semente de cacau, feijões e frutos, por apresentarem compostos fenólicos (flavonoides) em suas estruturas. Entre as bebidas, destacam-se o vinho tinto, o chá preto e o chá verde (GIADA; MANCINI-FILHO, 2004).

Vários são os fatores que afetam o conteúdo, a atividade e a estabilidade das substâncias bioativas: variedade, grau de maturação, tempo e condições de armazenamento, fatores ambientais (clima, solo, tipo de cultura, irrigação), tipo de processamento (corte, cocção, maceração), entre outros.

Capítulo 5
Métodos e indicadores culinários

Halina M. C. Araújo, Nancy di Pilla Montebello, Raquel B. A. Botelho,
Renata P. Zandonadi, Rita de Cássia Akutsu e Verônica C. Ginani

• 5.1 •
Pré-preparo e preparo

A estética idealizada por um indivíduo e/ou grupo refletida na elaboração de alimentos resulta do desenvolvimento de técnicas e saberes agrupados por gerações. As diferentes etapas do processamento do alimento requerem conhecimentos que abrangem desde a origem da matéria-prima utilizada até o consumo da refeição. A evolução histórica e tecnológica da estética do gosto viabilizou o uso de utensílios e equipamentos diversos, com aprimoramento de técnicas para atender uma clientela exigente.

Usar corretamente os ingredientes é uma das etapas fundamentais do processo de elaboração de alimentos. Alguns fatores como os tipos de utensílios e de equipamentos utilizados, o tempo e o método de cocção, a qualidade dos ingredientes e a manipulação garantirão aperfeiçoar o processo produtivo.

Para auxiliar os trabalhos desenvolvidos tanto nas cozinhas domésticas quanto em outras unidades de alimentação, as etapas de produção são divididas em atividades denominadas pré-preparo e preparo. Cada componente do cardápio necessitará desses procedimentos.

O pré-preparo inclui todas as operações anteriores às etapas em que há redução ou eliminação de micro-organismos (preparo), como pesagem, limpeza, divisão e união (Quadro 5.1). As etapas de preparo são aquelas que compreendem as etapas de redução ou eliminação de microorganismos (cocção, sanitização ou higienização) e todas as posteriores a ela.

Quadro 5.1 | Operações de pré-preparo

Operações	Métodos e características
Pesagem	Necessita de instrumentos para a obtenção de medidas exatas, tais como balanças, provetas e béqueres. Essa etapa garantirá a reprodução das receitas.
Limpeza	Consiste nas seguintes etapas: • lavagem: operação mais utilizada para alimentos de origem vegetal. Pode-se utilizar água e/ou detergente próprio para alimentos; • retirada de peles e tecidos conectivos: etapa importante para os produtos cárneos;
Divisão simples	Operação mecânica simples que não altera a constituição do alimento, sendo esta apenas uma subdivisão do todo. Consiste nas seguintes fases: cortar ou picar – divisão do alimento em partes menores; moer ou triturar – reduzir a pequenos fragmentos homogêneos por meio de máquinas ou manualmente. Quando a etapa de divisão simples ocorre após a etapa de eliminação de microorganismos, deve ser classificada como etapa de preparo.
Divisão com separação de partes	Operação mecânica que separa o todo em seus componentes ou suas partes, parcial ou totalmente. Para separar dois líquidos, usa-se: • decantar (fisicamente) – deixar os líquidos descansarem para que ocorra separação pelas diferentes densidades; • centrifugar – submeter os líquidos à centrífuga para separação das partes por densidade; Para separar sólidos, usa-se: • descascar – retirar cascas, peles ou qualquer outro revestimento que envolva o alimento; • peneirar ou tamisar – fazer passar pela peneira, separando sólidos de diversos tamanhos; Para separar sólidos de líquidos, usa-se: • espremer – comprimir, apertar, manualmente ou mecanicamente, para extrair suco ou líquido; • filtrar ou coar – passar o alimento por filtro ou coador; • sedimentar – deposição de sólidos desagregados no fundo de um recipiente; • centrifugar – submeter os líquidos à centrífuga para separação das partes por densidade; Quando as etapas de divisão com separação de partes ocorrem após a etapa de eliminação de micro-organismos, devem ser classificadas como etapa de preparo.
União	Para unir os alimentos, usa-se: • misturar – combinar dois ou mais ingredientes; • bater – unir ingredientes de difícil mistura com movimentos vigorosos; • amassar ou sovar – misturar a massa (por exemplo, a massa de pão) com as mãos, ou em masseiras, até que fique uniforme, homogênea e lisa. Quando a etapa de união ocorre após a etapa de eliminação de micro-organismos, deve ser classificada como etapa de preparo.

Medir os ingredientes é uma das etapas mais importantes para a execução correta das preparações. A utilização de medidas caseiras conduz a erros, pois podem existir diferenças entre as marcas dos utensílios, entre os manipuladores no momento do preenchimento dos utensílios e entre as técnicas de medição de alimentos variados. No Brasil, não existe regulamentação para padronizar o tamanho dos utensílios. Consequentemente pode haver diferenças de até 50,0% nas medidas apresentadas pelos utensílios disponíveis no mercado. Portanto, a pesagem de ingredientes é a técnica mais recomendada para obter a medição correta de uma receita. Cada ingrediente requer um procedimento específico de pesagem e medição.

Para medir farinhas, deve-se peneirá-las e não pressioná-las nos medidores; para a medida de gorduras, estas devem ser pesadas em temperatura ambiente e pressionadas nos medidores.

As variações não ocorrem apenas entre marcas comerciais, mas também entre modelos de uma mesma marca comercial. Por exemplo, faqueiros de uso doméstico diário e de luxo.

A etapa de higienização compreende a limpeza e sanitização. A limpeza é a fase de eliminação de sujeiras grosseiras e de parte dos micro-organismos; a sanitização consiste na redução do número de micro-organismos que não foram eliminados ou inativados na fase anterior.

A limpeza é a primeira etapa da higienização. Nela ocorre a remoção das sujidades e pode eliminar 99,9% das partículas. Consiste da lavagem com água e ou com detergentes apropriados para os alimentos.

A sanitização consiste na imersão do alimento em solução desinfetante, geralmente à base de cloro, em concentração que permita a eliminação ou redução a níveis estipulados pela legislação, principalmente, de micro-organismos patogênicos, representando uma etapa importante no preparo de hortaliças e frutas que serão servidas *in natura*; dessa forma, há necessidade de área específica para que não haja recontaminação. Recomenda-se também que todas as hortaliças e frutas submetidas à cocção sejam sanitizadas antes da cocção.

A cocção consiste em aplicar calor ao alimento para modificá-lo física e quimicamente, para fazer sobressaírem suas características sensoriais e (sabor, aspecto, consistência, aroma) para reduzir ou eliminar micro-organismos. Esse procedimento, que ocorre após a seleção, a armazenagem, a condimentação e outras etapas de pré-preparo, incluindo a condimentação, melhora a digestibilidade dos alimentos, além de modificar seu volume e peso[1].

• 5.2 •
Métodos de cocção

Os métodos utilizados para cocção de alimentos diferenciam-se pela forma e/ou meios de transmissão de calor. Os meios comumente utilizados para o cozimento dos alimentos são: água, corpos gordurosos e ar seco ou úmido. As formas de transmissão de calor são: condução, convecção e radiação.

A condução e a convecção exigem um gradiente de temperatura – entre a fonte de aquecimento e o material a aquecer – que propicia transferência de calor até que a fonte de calor e o alimento atinjam temperaturas similares. Na radiação, a quantidade de calor transferido depende do tipo de molécula presente na substância a aquecer (Figura 5.1).

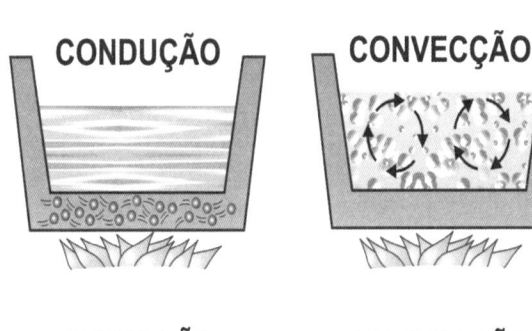

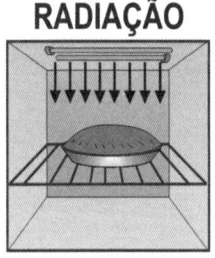

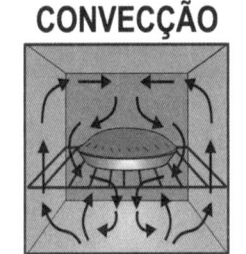

Figura 5.1 | Processos de transmissão de calor

No Quadro 5.2 podem-se identificar os mecanismos e as características da cocção de alimentos.

Quadro 5.2 | Mecanismos de transmissão de calor na cocção de alimentos

Mecanismo	Características
Condução[2]	A transferência física de calor decorre do contato de molécula para molécula; A transmissão é lenta e direta intermoléculas adjacentes; O corpo mais quente cede calor ao menos quente; A condução funda-se na premissa da constante vibração das moléculas presentes em todos os corpos da matéria; A adição de calor intensifica a vibração entre as moléculas e favorece o contato (chocam-se) entre si, havendo transferência de energia das mais energéticas para as de menos energia; Esta ação persiste até o calor da fonte alcançar as moléculas mais distantes através da parede do recipiente ou do meio de cocção utilizado, o calor é conduzido à porção central do alimento.
Convecção[3]	O calor é transferido através do ar (gás) ou por meio do próprio líquido; As moléculas se dispersam formando correntes de convecção; As correntes de convecção se deslocam no sentido da porção mais densa para a menos densa; A porção de ar ou líquido mais próxima ao calor é a primeira a se aquecer e a se tornar menos densa; A porção menos densa se dirige para a superfície; A porção mais densa se desloca para a parte inferior do recipiente; O movimento da corrente de convecção é, normalmente, na direção vertical; Na presença de uma barreira sólida, a corrente de convecção flui ao redor do alimento.
Radiação[4]	O calor é transferido por ondas de energia (*quanta*) que vibram em alta frequência e se deslocam com rapidez através do espaço; O ar, meio intermediário, não participa do processo; No cozimento, ondas transmitidas por radiação elevam a temperatura da superfície do alimento, mas não conseguem transpassá-la; A transmissão do calor no interior do alimento ocorre por condução; O micro-ondas é um equipamento que transmite calor ao alimento por meio de radiação.

Em forno convencional (transmissão por convecção), a fonte de aquecimento localiza-se na parte inferior. O calor desloca-se para a porção superior, substituindo continuamente a porção mais fria. Essa corrente de convecção cria uma temperatura uniforme no centro do forno, com porções mais quentes próximas às paredes. Se dois recipientes forem postos juntos para assar, em alturas distintas, é necessário que não sejam posicionados um sobre o outro na mesma direção (Figura 5.2);

---

1 Peso e massa de um corpo não são a mesma coisa. O peso de um corpo depende do valor local da aceleração da gravidade. A massa é a quantidade de matéria, além de ser uma propriedade exclusiva do corpo, não depende do local onde é medida. Por exemplo: A massa de um corpo na terra é de 3kg. Na lua e no espaço também será de 3 kg. O peso depende da gravidade: na terra é igual 29,4N (p = 3 x 9,8); na lua, igual a 4,8N (3 x 1,6) e no espaço aproximadamente zero N.

devem ser dispostos em direções opostas para facilitar a passagem da corrente de convecção.

Apesar de o senso comum sugerir que pedaços de carne com espessuras diferenciadas tenham tempos de cocção proporcionalmente diferentes, a prática demonstra que isso não é regra. Um medalhão, que tem o dobro da espessura de um escalopinho, não necessitará do dobro de tempo para atingir o mesmo nível de cocção.

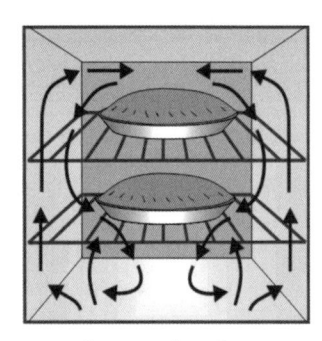

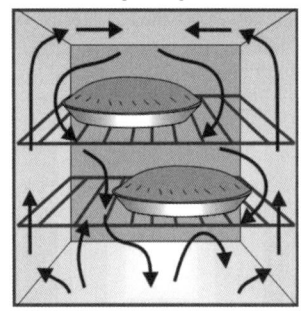

Figura 5.2 | Utilização do forno de convecção

Outros equipamentos também são utilizados na produção de refeições e apresentam formas específicas de transmissão de calor. Além disso, o tipo de calor empregado pode variar em função do equipamento escolhido. Diferenciam-se os métodos de cocção pelo tipo de calor empregado – úmido, seco ou misto –, bem como pela forma de aplicação: direta ou indireta. Apesar da diferenciação teórica, é importante salientar que, mesmo quando se emprega calor seco a um alimento, se deve considerar sua umidade natural, que, submetida ao aquecimento, proporciona formação de vapor e colabora no processo de cocção. Portanto, poder-se-ia classificar todos os métodos de cocção como misto; a distinção é feita para melhor compreensão.[2 3]

5.2.1 Calor úmido

Para haver calor úmido, utiliza-se o meio aquoso (água, sucos, leite e outras bebidas) em seus diferentes estados. Este tipo de calor hidrata o alimento e dissolve as substâncias químicas responsáveis pelos parâmetros organolépticos, pela concentração de nutrientes e por outros elementos hidrossolúveis que participam do sabor da preparação. O calor úmido pode ser utilizado para praticamente todos os alimentos, variando o tempo e a temperatura de acordo com a consistência do produto. A quantidade de água deve ser mínima para evitar perdas excessivas de substâncias hidrossolúveis. Pelo mesmo motivo, os alimentos devem ser preferencialmente submetidos à cocção inteiros e não devem ser deixados submersos em água por tempo prolongado. Em todos os métodos que utilizam calor úmido, a troca de energia ocorre por condução, da fonte de calor para a panela, e da panela para a água; por convecção, por meio de correntes de calor na água, e novamente por condução no interior do alimento.

Os métodos de cocção que utilizam calor úmido dispensam a presença de gordura, sendo esta técnica indicada para dietas hipolipídicas[4], tendência do mercado produtor de alimentos e refeições. O uso de meios hidratantes, quando empregados com tempo e temperaturas adequados, produz alimentos macios que podem ser consumidos por pessoas com disfagia[5] ou dificuldades mastigatórias.

Alguns métodos de cocção utilizam prioritariamente o calor úmido: fervura, cocção a vapor e *pocher* (escalfar).

Fervura

A fervura consiste em submergir o alimento em meio aquoso fervente até que esteja apto para o consumo (a temperatura da água é geralmente de 100 °C, podendo variar com a altitude do local e com os eletrólitos presentes na água, no açúcar, no sal e nos temperos). Podem ser adicionados temperos e outros ingredientes para realçar ou melhorar o sabor (Quadro 5.3).

As hortaliças devem ser colocadas em um mínimo de água em ebulição com o objetivo de fechar os poros, concentrar sabores e manter a cor. Para as massas, o volume de água deve ser grande (1:5), para evitar aglomeração. As batatas e as preparações como fundos claros e sopas inicialmente são colocadas em água fria para diluírem suas substâncias sensoriais.

---

2 As chapas para grelhar alimentos são exemplos de recipientes em que a transferência de calor se faz por condução. No entanto, os materiais de que são feitos os utensílios e os equipamentos diferem quanto a maior ou a menor condutibilidade. Os de metais são excelentes condutores térmicos, dada a grande quantidade de elétrons livres; os de vidro, pela menor quantidade de elétrons livres, não são bons condutores; o ar e o espaço entre as moléculas caracterizam baixa condutibilidade.
3 Na cocção de alimentos em água fervente, o calor é transferido primeiro por condução a partir do fundo da panela, depois, pelas correntes de convecção. No interior do alimento, a transferência de calor se faz por condução.
4 Dieta hipolipídica — dietas com baixo teor de gordura.
5 Disfagia — dificuldade de deglutição, de causa otorrinolaringológica, digestiva ou neurológica.

Quadro 5.3 | Características da cocção por fervura

T/t	Indicação	Vantagens	Desvantagens
T = 100 °C t = tempo (varia de alimento para alimento e do tamanho da porção utilizada)	Hortaliças, carnes, cereais e leguminosas	Permitir cocção sem o uso de gordura; Aumentar de duas a três vezes o volume de certos alimentos que contêm amido, como os cereais e as leguminosas, porque absorvem água; Tornar mais tenras carnes com quantidades elevadas de tecido conjuntivo devido à geleificação do colágeno; Reter na água de cocção parte dos componentes do sabor, aroma e nutrientes do alimento e ingredientes utilizados, que podem ser aproveitados em caldos e molhos.	Grandes perdas por dissolução quando o tempo de cocção é prolongado e se utiliza grande quantidade de água. Para reverter esse quadro, deve-se utilizar a água de cozimento na própria ou em outras preparações.

T — temperatura
t — tempo

Quadro 5.4 | Características da cocção por vapor

T/t	Indicação	Vantagens	Desvantagens
T = 100 °C, ao nível do mar (em panela de pressão – até 121 °C) t = tempo (proporcional ao tamanho e à textura do alimento)	Vapor: hortaliças, peixes, ervilha, vagem; Vapor com pressão: hortaliças menos tenras, cereais, leguminosas e carnes menos tenras.	Minimizar o uso de gorduras; Rapidez no preparo. Para alimentos mais tenros, como algumas hortaliças, usar vapor sem pressão. Para alimentos menos tenros, como as carnes, usar vapor com pressão; Reduzir as perdas por dissolução; Manter, integralmente, as características sensoriais; Economia de combustível.	Não se pode misturar alimentos com estruturas diferentes, ou seja, com texturas distintas.

T — temperatura
t — tempo

Vapor

O vapor consiste em submeter o alimento ao vapor da água ou de outros líquidos, com ou sem pressão (Quadro 5.4). Ao atingir o alimento frio, o vapor condensa e libera calor. Quando a temperatura do alimento atinge a temperatura próxima à temperatura do vapor, a taxa de condensação se reduz.

O método pode variar ainda de acordo com o tipo de utensílio de cocção utilizado. Existem utensílios que possuem uma divisão perfurada em que na parte inferior se coloca água e na parte superior se coloca o alimento. Na *haute cuisine, cuire à la vapeur* (cozinhar no vapor) é cozinhar numa *marmite*[6] a vapor, colocando os alimentos sobre uma grelha, com água atingindo o mesmo nível da grelha, formando um vapor úmido. A pressão aumenta proporcionalmente à quantidade de água evaporada.

A panela de pressão tradicional é projetada para ser devidamente vedada, proporcionando o cozimento a vapor sob pressão. A válvula na parte superior da panela regula a quantidade de vapor que escapa e, consequentemente, a quantidade de pressão dentro da panela. À medida que essa pressão aumenta, o ponto de ebulição da água se eleva. Normalmente, os alimentos submetidos à água fervente são cozidos a 100 °C; sob pressão (de 0,4 bar[7] a 0,5 bar) a temperatura atinge 121 °C, permitindo uma cocção mais rápida e perdas reduzidas por dissolução. É considerado também cozimento a vapor, a cocção *en papillotte* ou *al cartocchio*, quando o alimento é enrolado hermeticamente em uma folha de papel manteiga, papel alumínio, ou mesmo em folha de bananeira e palha do milho e colocado no forno para cocção.

Existe ainda a possibilidade de mesclar a fervura com o vapor quando se utiliza cocção com pouca água e o alimento não está completamente submerso nesta. Dessa forma, o vapor formado envolverá a parte do alimento que não está submersa. O recipiente deve ser tampado para que a cocção por vapor aconteça.

---

6 Marmite — utensílio culinário de origem francesa, baixo, de forma arredondada, largo e com tampa, geralmente de cerâmica, usado para cozimentos de longa duração. Nele são preparados cozidos e pratos como *cassoulet* e *pot—au—feu*.

7 Bar — unidade de medida de pressão equivalente a 105 pascals (105 b).

Pocher ou escalfar

Pocher é um método de cocção (Quadro 5.5) em que se utiliza pequena quantidade de líquido quente (água, leite, vinho), porém abaixo da temperatura de ebulição (<100 °C), sem colocar tampa. Pode-se cozinhar à *poché*, na água ou em um fundo. No caso de cozinhar à *poché* em um fundo, deve-se tampar a panela, e o caldo deve atingir até a metade do alimento. Esta técnica se diferencia quanto ao tempo empregado e à temperatura atingida. O alimento pode permanecer no líquido até este atingir a temperatura de ebulição, sendo então retirado; pode ser submerso e retirado rapidamente; e, por último, o alimento pode permanecer no meio até ficar macio, sem atingir a temperatura de ebulição. O ovo *poché* é um exemplo do uso deste método de cocção.

Quadro 5.5 | Características da cocção à *poché*

T/t	Indicação	Vantagens	Desvantagens
T = 65 °C a 80 °C t = poucos minutos	Pescados e aves (embrulhados em papel manteiga), salsichas, carnes salgadas, ovos, fios de ovos/papos de anjo, dumplings[9]	Não necessitar de óleo para o preparo; Manter a qualidade sensorial, especialmente sabor e textura; Evitar grandes perdas de nutrientes porque a cocção é rápida; Não permitir a formação de aminas heterocíclicas[10].	Emprego restrito a poucos tipos de alimentos.

T — temperatura
t — tempo

5.2.2 Calor seco

Os meios utilizados para cocção com calor seco são o ar e/ou o óleo. Este é um método concentrante em que as substâncias sensoriais, os nutrientes e os elementos solúveis, em presença do calor seco, concentram-se no interior do alimento, intensificando suas características sensoriais, principalmente em relação ao sabor, à consistência e à textura. O calor atua direta ou indiretamente no alimento, e sua transmissão é feita por condução (panela – alimento – interior do alimento) ou por convecção (fornos).

É importante salientar que, preferencialmente, a aplicação de calor seco deve ser lenta e a baixas temperaturas, pois, como a condução é mais lenta do que nos demais métodos de transmissão de calor, se forem aplicadas altas temperaturas, o alimento ficará cozido na superfície e cru em seu interior. No caso de frituras em imersão, o alimento absorverá mais gordura se o óleo estiver a baixa temperatura, o que não é aconselhável quando se deseja manter sua crocância externa.

> A utilização de gorduras em alguns dos métodos é imprescindível, porém na maioria deles essa utilização pode ser reduzida ou eliminada, recorrendo-se apenas ao ar quente.

Refogar

Refogar é um método também conhecido como *afogar* na cozinha mineira. Utiliza-se (Quadro 5.6) a gordura e a água interna do alimento como meio; a transmissão de calor é por condução. O alimento deve ser aquecido na gordura em fogo alto, mexendo-se rapidamente a mistura. A panela deve permanecer destampada para que ocorra redução do suco liberado por evaporação e para que a cor do alimento se mantenha. Apesar de o alimento ser parcialmente cozido por meio de sua umidade, neste método considera-se somente a utilização de calor seco, por ser essencialmente concentrante. Podem ser utilizados temperos diversos juntamente com o alimento que será refogado.

Quadro 5.6 | Características da cocção refogada

T/t	Indicação	Vantagens	Desvantagens
T = 20 °C a 200 °C (dependendo do tipo de gordura utilizada) t = poucos minutos	Hortaliças mais firmes, carnes, aves em pedaços e crustáceos	Ressaltar as qualidades sensoriais; Minimizar as perdas nutricionais; Ser um método mais rápido.	Utilizar gordura no preparo[11]; Não poder ser aplicado em pedaços e preparações volumosas, pois, como a condução (mecanismo de transmissão de calor no interior do alimento) é lenta, os alimentos podem permanecer crus em seu interior; Por atingir altas temperaturas, quando o tempo ultrapassa 2 minutos, há formação de aminas heterocíclicas, em alimentos proteicos.

t — tempo
T — temperatura

---

8 Dumpling — preparação tcheca à base de farinha e água cozida em água quente.
9 Aminas heterocíclicas — são compostos cíclicos nos quais um dos átomos do anel é o nitrogênio. São substâncias mutagênicas e carcinogênicas formadas em alimentos proteicos submetidos a diferentes métodos usuais de cocção.

Poêler

No *poêler*, os ingredientes da preparação são dispostos em um recipiente bem fechado, iniciando-se a cocção sob temperaturas brandas e utilizando-se como meio o ar e seu próprio suco interno (Quadro 5.7). Posteriormente, o recipiente deve ser aberto, e a temperatura, aumentada, até o alimento corar. A parte sólida da preparação deve ser retirada, reduzindo-se[10] o molho e depois servindo-o com o alimento, bem quente. Quando a panela permanece fechada, o método pode ser denominado abafar.

Quadro 5.7 | Características da cocção *poêler*

T/t	Indicação	Vantagens	Desvantagens
T = 140 °C a 150 °C quando tampado, e de 190 °C a 200 °C quando sem tampa t = superior a 2 minutos	Todos os tipos de aves, caças e carnes em geral.	Aproveitar o próprio suco do alimento; Opcionalmente, não utilizar gordura.	Atingir altas temperaturas, por tempo suficiente para possibilitar a formação de aminas heterocíclicas em alimentos proteicos.

T — temperatura
t — tempo

Assar ou rôtir

Assar ou *rôtir* é a cocção de alimentos previamente temperados com vinha d'alhos[11] e/ou sal grosso em fornos ou espetos, sem tampa e sem adição de líquidos (Quadro 5.8). É indicado o uso de termômetro para garantir o êxito da preparação, uma vez que a temperatura externa ao alimento será superior à interna; o calor é transmitido por condução, no interior dos alimentos, e por convecção, pelo aquecimento do ar que circula dentro do forno.

É importante observar o tamanho da assadeira utilizada para que não haja ressecamento do molho formado.

Outro aspecto relevante é que, quanto maior a superfície de contato do alimento com a assadeira e com o ar, menor será o tempo de cocção. O ideal é iniciar a cocção com temperaturas mais altas, para selar[12] o alimento, e, posteriormente, reduzir a temperatura para que a cocção seja mais uniforme. Esta é uma técnica mais indicada para carnes. No entanto, a temperatura utilizada para assar peças grandes de alimentos deve ser baixa, uma vez que em seu interior a transmissão de calor acontece por condução, ou seja, lentamente. Como o aquecimento externamente ocorre por irradiação, temperaturas elevadas vão promover o cozimento externo exagerado, enquanto em seu interior o alimento permanecerá cru.

Quadro 5.8 | Características da cocção rôtir

T/t	Indicação	Vantagens	Desvantagens
T = varia de acordo com o tamanho e a composição (textura) do alimento submetido ao processo t = varia em função do tamanho da peça	Carnes vermelhas, carnes brancas, aves, peixes e caças; Vegetais, principalmente tubérculos e frutas.	Usar gordura, opcionalmente; Manter seco o alimento; Concentrar sabores.	Aconselhável apenas para cortes mais macios; Formar aminas heterocíclicas em alimentos proteicos; Concentrar o valor nutricional e aumentar o valor calórico da preparação.

T — temperatura
t — tempo

No espeto, a temperatura irá depender da distância entre a peça e a fonte de calor, podendo variar entre 170 °C e 190 °C. Alguns autores descrevem a cocção em espeto, em carvão ou em lenha aquecida como grelhar no espeto, mas, usualmente, para denominar uma cocção grelhada, deve-se utilizar a grelha. A formação de compostos tóxicos dependerá da distância entre o alimento (carne, pescado) e o carvão ou a lenha – quanto mais próximos, maior será a absorção de hidrocarbonetos poliaromáticos[13].

Grelhar

A cocção feita utilizando-se chapa de metal quente, colocada sobre brasas ou diretamente no fogão elétrico ou a gás, ou grelhas é chamada de grelhar (Quadro 5.9).

Pode-se utilizar também o *broiler*[14]. O objetivo neste método é fechar os poros do alimento e reter os sucos, sendo descrito na literatura como uma das primeiras e ais importantes técnicas culinárias de cozimento. O corte do alimento, assim como a temperatura empregada, irá interferir no sucesso da preparação. As pequenas porções são mais indicadas, por permitirem cozimento adequado no interior do alimento, formando-se uma camada superficial mais torrada.

Saltear ou *sauter*

Saltear o alimento é submetê-lo, dividido em pequenas porções, à cocção por um curto período de tempo

---

10 Reduzir — técnica culinária que consiste em diminuir a quantidade de um líquido, engrossá-lo e concentrá-lo a partir de sua fervura
11 Vinha d'alhos — tempero numa base de limão ou vinagre, com especiarias, cebola, alho, pimenta, entre outros, utilizado para realçar o sabor de diferentes tipos de carne.
12 Selar — técnica que possibilita a criação de uma camada externa que se desidrata com o calor, mantém a suculência interna e proporciona um colorido atraente ao alimento.
13 Poliaromáticos — são compostos formados durante a combustão incompleta de matérias orgânicas.
14 *Broiler* — nesse processo, a ação do calor vem de cima e age diretamente sobre o alimento; a transmissão de calor é por radiação; a fonte de calor é uma luz infravermelha.

(Quadro 5.10). O alimento é revolvido rapidamente, utilizando-se pouca gordura e corando-o em fogo alto. Este método se diferencia do de refogar por ser um método rápido para preparar alimentos pré-cozidos ou que não necessitam de tempo de cocção prolongado. Os resíduos que permanecem no interior da panela podem ser aproveitados no preparo de molhos (*dêglacer*[15]).

Quadro 5.9 | Características da cocção grelhada

T/t	Indicação	Vantagens	Desvantagens
T = 220 °C a 250 °C (inicialmente com temperaturas de 180 °C a 190 °C, indo até o ponto desejado, variando conforme o tamanho do alimento) t = poucos minutos	Carnes tenras, aves, peixes, crustáceos e vegetais mais tenros, pães chatos e *tortillas*[16] mexicanas, crepes, panquecas.	Permitir o preparo sem utilização de gordura, em excesso; Minimizar as perdas de nutrientes pelo fechamento dos poros; Rapidez no preparo.	Formar aminas heterocíclicas em alimentos proteicos; Método inviável para cortes cárneos com grande quantidade de tecido conectivo e para alimentos menos tenros.

T — temperatura
t — tempo

Quadro 5.10 | Características da cocção *sauté*

T/t	Indicação	Vantagens	Desvantagens
T = acima de 100 °C T = poucos minutos	Vegetais pré-cozidos ou branqueados.	Rapidez, evitando perdas nutricionais; Utilizar pouca gordura.	Possuir uso restrito; Comprometer a aparência quando são usados cortes irregulares ou tempos longos de cocção.

T — temperatura
t — tempo16

Fritar ou *frire*

Fritar é imergir o alimento em óleo à alta temperatura (Quadro 5.11). O termo em inglês para descrever este método é *deep-fried*. O termo *stir-fried* é utilizado para alimentos fritos em pequenas porções em temperatura bastante elevada numa *wok*[17] – seria o fritar à chinesa, situação em que os alimentos são cortados em tiras finas e fritos em quantidades reduzidas de óleos aromáticos. O *panfried* é o fritar em quantidade de óleo elevada, porém não suficiente para cobrir o alimento. Neste caso, o alimento deve ser virado dos dois lados para se obter um perfeito cozimento. Quando a quantidade de óleo é suficiente para cobrir o alimento parcial (*panfried*) ou totalmente (*deep-fried*), a transmissão de calor acontece por condução, da panela para o óleo, sendo distribuído para o alimento por correntes de convecção. Como o óleo ou a gordura são os meios utilizados para as frituras, deve-se observar o ponto de fumaça[18] para que seja efetivada a troca da gordura sempre que necessário.

A seleção da gordura é fundamental, porque sua composição química estabelece o grau de hidrólise dos lipídios. A literatura recomenda usar óleos vegetais – exceto óleo de oliva – e banha, por não apresentarem mono e diglicerídios em sua composição e terem pontos de fumaça elevados.

Nos processos de fritura, óleos e gorduras atuam como meio de transferência de calor e como lubrificantes. As características sensoriais mais relevantes são a cor, a crocância e a umidade no interior do produto. A coloração escura decorre da reação de Maillard[19], em que o grau de escurecimento é dependente da relação tempo/temperatura de fritura e da composição química do lipídio.

5.2.3 Calor misto

Neste caso, o calor seco e o úmido agem conjuntamente, buscando concentrar e dissolver substâncias do alimento conforme o resultado desejado. A ação do calor misto faz com que os compostos organolépticos e nutricionais se concentrem primeiramente no interior do alimento para, depois, pela adição de líquido, formarem molhos de sabor peculiar. O calor é transmitido para o alimento por condução (da panela para o alimento, e no interior do alimento) e por convecção (líquidos adicionados).

Ensopar

Consiste em refogar o alimento, acrescentado a quantidade de líquido necessária para amaciar (Quadro 5.12). Junta-se o líquido frio (água, suco, vinho) para dissolver sabores e leva-se à ebulição; ao final, destampa-se para redução e espessamento do molho. Podem ser acrescentados hortaliças e temperos (ervas, alho, cebola) para aromatizar, proporcionando sabor e odor agradáveis.

---

[15] *Dêglacer* ou deglaçar significa dissolver em um líquido. Refere-se à técnica de desprender do fundo do recipiente (assadeira ou panela), com a ajuda de um caldo, vinho ou simplesmente água, as substâncias solidificadas resultantes de assado ou fritura. É a base para o preparo do molho. Em inglês, deglaze.

[16] *Tortilla* — tradicional panqueca mexicana, com formato arredondado e chato. É grande e seca. É feita de masa, uma massa de farinha de milho moída, e sempre assada em chapa (chamada comal). Pode ser utilizada aberta ou enrolada com diversos recheios.

[17] *Wok* — espécie de panela ou frigideira muito utilizada na culinária asiática tem fundo côncavo e bordas altas. Devido a este formato, possibilita cozinhar rapidamente ou gradativamente os alimentos, dependendo da posição que estes ocupem na panela.

[18] Ponto de fumaça — temperatura na qual substâncias de decomposição presentes na gordura se tornam visíveis, formando uma fumaça azulada. A temperatura que caracteriza o ponto de fumaça varia, de acordo com o tipo de gordura, entre 160 °C e 260 °C (ver Capítulo 10).

[19] Reação de Maillard — ver capítulo Aspectos da química e da funcionalidade das substâncias químicas presentes nos alimentos.

Guisar

O princípio utilizado para guisar é semelhante ao de refogar o alimento, porém com a adição de pouco líquido. Desse processo deriva um molho mais encorpado, normalmente com teor lipídico elevado (Quadro 5.13). Esta técnica exige que o alimento seja mexido frequentemente sem colocar tampa no recipiente. A diferença entre guisar e ensopar é a quantidade de líquido empregada, para ensopar adiciona-se uma quantidade maior de líquido. Existe referência a este método indicando que os alimentos sejam passados em farinha antes de serem submetidos à cocção.

Quadro 5.11 | Características da cocção frita

T/t	Indicação	Vantagens	Desvantagens
T = 150 °C a 190 °C (depende do alimento) Massas cruas: 170 °C – 175 °C Massas cozidas: 180 °C – 185 °C Batatas: 150 °C até 190 °C t = variável para cada alimento.	Vegetais cozidos e crus, carnes, aves, pescados, ovos e frutas.	Poder ser utilizada no preparo de vários tipos de alimento; Proporcionar sabor, textura, crocância e aroma bastante agradáveis Realçar cor, sabor e textura ao se fritar à chinesa.	Formar aminas heterocíclicas em alimentos proteicos; Utilizar muita gordura; Formar acroleína[22].

T — temperatura
t — tempo

Quadro 5.12 | Características da cocção ensopada

T/t	Indicação	Vantagens	Desvantagens
T = 180 °C t = variável para cada tipo de alimento	Hortaliças, carnes e aves.	Não necessitar de óleo para o preparo; Ressaltar as qualidades sensoriais do alimento; Preservar a qualidade nutricional do alimento.	Formar aminas heterocíclicas em alimentos proteicos.

T — temperatura
t — tempo

Quadro 5.13 | Características da cocção guisada

T/t	Indicação	Vantagens	Desvantagens
T = 180 °C t = variável para cada tipo de alimento	Carnes moídas, vegetais picados, crustáceos, mariscos.	Ressaltar as qualidades sensoriais do alimento; Preservar a qualidade nutricional do alimento; Rapidez.	Utilizar gordura no preparo; Atingir altas temperaturas, por tempo suficiente para formar aminas heterocíclicas, em alimentos proteicos.

T — temperatura
t — tempo[20]

Brasear ou *braisage*

O brasear é um método de cocção lento que utiliza chama ou forno e dá um colorido ao alimento, mantendo seu suco no interior (Quadro 5.14). Na primeira etapa, o alimento é submetido à alta temperatura em uma panela ou assadeira sem tampa, aquecida com gordura, para corar bem; o restante da cocção é realizado em forno quente, a 180 °C, por um período de tempo prolongado, com a adição de um líquido e com tampa. Após o preparo, o líquido restante deve ser peneirado e reduzido para a produção de molho.

Estufar ou *Étouffer*

A técnica de refogar o alimento acrescentado pouco ou nenhum líquido é chamada de estufar (Quadro 5.15), a qual se caracteriza pela cocção lenta do alimento em seu próprio suco, submetendo-o a temperaturas não muito elevadas. Para evitar perdas excessivas, é utilizado um recipiente hermeticamente fechado, podendo, em alguns casos, ser selado com uma pasta feita à base de farinha de trigo e água. Desde a antiga Roma, a utilização deste método era amplamente empregada com a denominação de *sufocatio*. No Brasil, os índios já conheciam esta técnica e denominavam-na *biaribi* ou *biarubu*; posteriormente, no Brasil imperial, foram confeccionadas panelas apropriadas para fazer o estufado. A preparação brasileira mais conhecida que utiliza este método é o barreado[21].

Abafar

Abafar é a técnica de cozimento em que o alimento é aquecido em pouca gordura, suficiente apenas para untar a panela, bem tampada, em fogo alto, para cozer apenas com seu próprio suco (Quadro 5.16).

---

20 Acroleína — substância formada pela desidratação do glicerol, liberado após cocção excessiva de óleos e degradação das gorduras com separação dos ácidos graxos, que ficam livres no meio de cocção.
21 Barreado — preparação consumida no Paraná, principalmente nas cidades de Antonina e Morretes.

Quadro 5.14 | Características da cocção braseada

T/t	Indicação	Vantagens	Desvantagens
T = 180 °C t = variável para cada tipo de alimento	Grandes peças de carne de gado, porco, carneiro, ovelha, aves, peixes inteiros, vegetais.	Ressaltar as qualidades sensoriais; Preservar os nutrientes.	Utilizar gordura no preparo; Formar aminas heterocíclicas em alimentos proteicos.

T — temperatura
t — tempo

Quadro 5.15 | Características da cocção estufada

T/t	Indicação	Vantagens	Desvantagens
T=100 °C a 120° C t = Variável para cada tipo de alimento.	Vegetais, Carnes e aves.	Ressaltar as qualidades sensoriais; Preservar as qualidades nutricionais; Não formar aminas heterocíclicas.	Perdas nutricionais quando a cocção é excessiva.

T — temperatura
t — tempo

Quadro 5.16 | Características da cocção abafada

T/t	Indicação	Vantagens	Desvantagens
T = 180 °C t = poucos minutos	Vegetais folhosos e hortaliças com alto teor de água e camarão.	Possibilitar a cocção do alimento sem utilizar gordura; Evitar grandes perdas de nutrientes, de sabor e texturas, mantendo a qualidade sensorial do alimento.	Emprego limitado – não se aplica a alimentos menos tenros

T — temperatura
t — tempo

• 5.3 •
Auxiliares de métodos de cocção

5.3.1 Branquear

Branquear consiste na pré-cocção (Quadro 5.17) do alimento em água fervente por um curto período de tempo, seguida de resfriamento imediato em água gelada para dar firmeza (coagulação das fibras externas), manter a cor, inativar enzimas (escurecimento enzimático) e inibir micro-organismos. Este é um método utilizado como pré-cocção de alimentos que serão posteriormente submetidos a métodos de cocção (fritura, assar) e/ou de conservação (congelamento, conservas). A proporção entre alimento/água deve ser de 1/3, e para cada alimento existe um tempo máximo de exposição ao calor (Tabela 1) que pode ser influenciado pela espessura do corte.

5.3.2 Gratinar

Não se trata aqui de um método de cocção propriamente dito, uma vez que sua finalidade é propiciar um colorido na superfície do alimento já cozido (Quadro 5.18). Gratinar, portanto, consiste em cobrir, pincelar, espalhar na superfície do alimento um produto que, ao aquecer rapidamente, adquira um colorido dourado. Utiliza-se a salamandra[22] como equipamento; no entanto podem-se utilizar fornos elétricos com aquecimento de resistência superior.

Quadro 5.17 | Características do branqueamento

t /T	Indicação	Vantagens	Desvantagens
T = 100 °C t = poucos minutos	Hortaliças, peixes e frutos do mar.	Permitir um pré-preparo, seguido de preparo rápido, quando necessário; Manter viva a cor dos vegetais verdes; Impedir o escurecimento de tubérculos em geral; Minimizar as reações de escurecimento de natureza enzimática; Reduzir o número de micro-organismos.	Se o tempo de cocção não for bem controlado, pode ocorrer efeito contrário, com coagulação excessiva das fibras externas, além da perda das características do alimento, como cor e sabor; Restrito a alimentos tenros.

T — temperatura
t — tempo

Tabela 5.1 | Relação quantidade e tempo de hortaliças no branqueamento

Hortaliça	Quantidade (g)	Tempo (min)
Brócolis	450	3
Cenoura	675	2 - 5
Couve-flor	450	3
Batata	450	1 e ½
Abobrinha	675	3
Ervilha	900	e ½

---

[22] Salamandra — equipamento utilizado para gratinar. Existem dois tipos: a manual, que consta de um disco de ferro com cabo, que é aquecido sobre uma chama e colocado junto à superfície a ser gratinada, e a embutida, que fica na parte superior de um forno e consta de uma serpentina elétrica ou a gás.

Quadro 5.18 | Características de gratinar

T/t	Indicação	Vantagens	Desvantagens
T = 250 °C/300 °C t = rapidamente	Peixes, carnes, aves, massas, hortaliças, pães, produtos de confeitaria e coberturas.	Melhorar o aspecto do alimento.	Formar aminas heterocíclicas, no caso de alimentos proteicos que permanecem por mais de dois minutos gratinando.

T — temperatura
t — tempo

Banho-maria

Esta é uma técnica utilizada como auxiliar de método de cocção para alimentos delicados, que não podem ser submetidos diretamente ao calor forte. Ela consiste em colocar o alimento em um recipiente que, por sua vez, será colocado em outro recipiente com água quente aquecida por chama ou ar quente. O calor, por condução, aquece o recipiente, que transfere o calor à água, esta, por meio de correntes, também se aquece e, por condução, aquece o utensílio no qual o alimento está depositado.

O banho-maria também é utilizado para manter os alimentos quentes em balcões de distribuição ou em *réchauds*, a uma temperatura constante. Para balcões, a temperatura indicada é de 85 °C para que o alimento atinja no seu interior, pelo menos, 65 °C. Temperaturas muito elevadas da água do banho-maria poderão ressecar o alimento em longo prazo de exposição. Temperaturas mais baixas desacelerarão o método de cocção. Este é um auxiliar de método muito utilizado para o preparo de pudins, ovos mexidos, molhos como o holandês e o *bernaise*, que exigem transmissão lenta de calor.

• 5.4 •
Métodos contemporâneos de cocção

5.4.1 Micro-ondas

O forno de micro-ondas, como equipamento que utiliza a transmissão de calor por radiação, funciona pela incidência de ondas eletromagnéticas a até quatro centímetros de profundidade no interior do alimento em todas as direções. As micro-ondas são criadas por um magnétron, tubo de elétron a vácuo que converte energia elétrica em energia eletromagnética. A energia radiante desse processo é formada por ondas curtas de alta frequência e não ionizantes que se deslocam rapidamente no espaço e promovem mudança térmica nos objetos que as absorvem. As vibrações das micro-ondas afetam, preferencialmente, moléculas polares, como as moléculas de água dos alimentos. Essas partículas vibram em movimentos rotacionais, gerando atrito e liberando calor às demais moléculas do alimento.

Alimentos ricos em açúcar e/ou gordura também absorvem energia e produzem calor. Bolos recheados exemplificam a capacidade de absorção de energia dessas substâncias, pois o recheio, normalmente doce e gorduroso, atinge temperatura superior à da massa. Quanto mais porosa for a massa, mais fácil à penetração das ondas. Outro exemplo é o ovo: a gema, que é mais rica em gordura, se aquece mais rapidamente que a clara. A gordura requer metade do calor para elevar 1 °C de sua temperatura, se comparada à mesma quantidade de água, porque a gordura possui calor específico[23] mais baixo (0,5) que a água (1,0).

As ondas eletromagnéticas não causam mudanças químicas perigosas, pois são ondas não ionizantes. Também é relevante o uso de recipientes com tampas ou a utilização de toalha de papel para impedir a evaporação excessiva de água da superfície dos alimentos, resultando em preparações ressecadas e sensorialmente inadequadas.

Substâncias não polares, como ar, vidro e plástico, não são afetadas pelas micro-ondas. Dessa forma, utensílios de vidro e plástico são os mais recomendados para acondicionar alimentos que serão submetidos à cocção por esse método. Materiais como metal e madeira não devem ser utilizados, pois o primeiro reflete as ondas eletromagnéticas, e o segundo, as absorve.

As hortaliças são facilmente cozidas nos fornos micro-ondas, mantendo seu *flavor*, cor e textura. Outra vantagem é a preservação dos nutrientes, pois o alimento não precisa ser submerso em água, bastando uma pequena quantidade para gerar o vapor necessário para a cocção.

As desvantagens atribuídas ao forno de micro-ondas são referentes ao aquecimento não uniforme dos alimentos; isso ocorre porque ingredientes e utensílios, superfícies de contato e o tamanho do alimento interferem na penetração das ondas.

A limitação das micro-ondas estende-se ao uso de carnes vermelhas, principalmente as ricas em tecido conectivo. O tempo e a temperatura empregados não são suficientes para

23 Calor específico é uma grandeza física que define a variação térmica de determinada substância ao receber determinada quantidade de calor. Também é chamado de capacidade térmica mássica. É constante para cada substância em cada estado físico. Pode—se dizer que o calor específico caracteriza uma substância (em determinado estado físico).

a transformação do colágeno em gelatina, não havendo a reação de Maillard, o que resulta em uma carne sensorialmente inadequada.

O uso do sal promove a desidratação excessiva do alimento, alterando sua cor e textura, portanto a utilização deste ingrediente deve ser moderada.

Forno combinado

Este é um equipamento com alto nível tecnológico que prepara alimentos em curto espaço de tempo utilizando dois tipos de calor: seco e úmido, que podem ser acionados separadamente ou em conjunto. O forno combinado é indicado para qualquer tipo de alimento, doces ou salgados. Ele possui câmaras de calor separadas que proporcionam cocção de vários alimentos diferentes ao mesmo tempo, sem interferência de odores e sabores. O controle de temperatura de cada câmara pode ser individual.

As vantagens deste equipamento são a economia de espaço e de tempo no preparo de alimentos, além de menor número de funcionários para a execução das tarefas. Como desvantagem, este forno apresenta custo elevado. Apesar de necessitar de menor número de funcionários, estes devem ser qualificados para manusear o equipamento. É possível encontrar equipamentos com até seis tipos de programas de cocção (Quadro 5.19).

Quadro 5.19 | Programas de forno combinado

Calor	Características
Vaporização	Usado para branquear por meio de cocção à *poché*. A água é substituída por vapor, e a temperatura é automaticamente controlada
Vaporização rápida	Usado para tubérculos e leguminosas secas. Temperaturas de 106 °C a 120 °C
Bivaporização	Usado para alimentos como peixes, frutos do mar, pudins e também no crescimento de massas de pães. Temperaturas de 30 °C a 98 °C
Combinado	Combinação de vapor inicial seguido de ar quente a 100 °C – 250 °C; usado para alimentos cozidos com crosta mais corada e crocante; assados em geral e pães
Regeneração	Regenera pratos já montados sem ressecamento e perda de nutrientes. Mais utilizado em eventos de grande porte e UPRs
Convecção	Usado em produtos com maior valor de atividade de água, como carnes

5.4.3 Indução[24]

Trata-se aqui de um processo de geração e troca de calor, mas no equipamento utilizado não existe uma fonte de calor propriamente dita: é um fogão que apresenta uma superfície de cerâmica superpolida. No lugar das chamas convencionais, existe um indutor de campo magnético que, ao ser ligado, gera um campo magnético oscilante. O fogão não se aquece, apenas a panela fica aquecida. Dentre algumas vantagens, destacam-se o aquecimento eficiente, a rapidez da cocção e a economia de energia, além do não aquecimento da área de trabalho e da cozinha.

A quantidade de calor dependerá da condutividade elétrica do material, da permeabilidade e da forma do recipiente, assim como de sua colocação no campo magnético. O indutor só aquece metais, e por isso apresenta menor risco de acidentes.

5.4.4 Cocção a vácuo (*Sous-vide*)

Este é um método em que alimentos selados a vácuo, em embalagens plásticas, são cozidos no vapor do próprio alimento, em tanques com água aquecida, e rapidamente resfriados. Os alimentos podem ser estocados entre 3 °C e 5 °C quando resfriados, mas também podem ser mantidos a temperaturas de congelamento. A cocção a vácuo é um método mais eficiente na preservação da qualidade sensorial e nutricional do alimento.

• 5. 5 •
Indicadores culinários

O controle do processo de produção visa diminuir as falhas ou pontos deficitários, garantindo um produto de qualidade, com a máxima produtividade e mínimos riscos e perdas.

5.5.1 Fator de correção

Um dos índices utilizados para acompanhamento do desperdício de alimentos é o fator de correção (FC), também conhecido como indicador de parte comestível ou fator de perda. Ele é um índice imprescindível para definir a quantidade de alimentos a ser comprada, considerando o que será perdido ao longo da preparação, da limpeza e da subdivisão. O fator de correção permite comparar preços de alimentos adquiridos *in natura* e alimentos adquiridos pré-preparados ou os

---

24 As panelas utilizadas devem ter fundos achatados, para melhor contato com a superfície. Devem ser feitas de metais ferrosos (ferro, aço inoxidável ou aço esmaltado).

prontos para consumo, permitindo ainda avaliar as perdas com cascas, sementes, talos, sujidades, gordura, tecido conectivo, entre outros.

Atualmente, a cultura do desperdício é notória. Recursos naturais, financeiros, oportunidades e alimentos são jogados na lata do lixo. Na culinária, o desperdício pode ser resultante de uma série de fatores: planejamento inadequado, preferências alimentares, manipulação imprópria dos alimentos, mau uso de equipamentos e utensílios.

Cada alimento possui seu FC, variável de acordo com suas características: tipo de aquisição, pré-preparo, qualidade, grau de amadurecimento, condições de armazenamento. Como os valores dos FCs não são constantes, pois dependem de equipamentos, utensílios, mão de obra, qualidade da matéria-prima e limpeza, cada Unidade de Alimentação e Nutrição deve elaborar sua própria tabela.

> O treinamento dos funcionários na produção é uma das etapas mais importantes para o controle do FC, que depende da manipulação dos alimentos.

O FC é determinado pela relação entre peso bruto (PB = alimento conforme se adquire) e peso líquido (PL = alimento depois de limpo) de cada alimento. O FC é calculado pela fórmula:

$$\text{Fator de correção (FC)} = \frac{\text{Peso bruto (PB)}}{\text{Peso líquido (PL)}}$$

O controle inicia-se no carregamento e no descarregamento dos produtos. As embalagens devem ser cuidadosamente descarregadas; carga e descarga devem ser rápidas para evitar que os produtos fiquem expostos às intempéries.

Independentemente da escala de produção, se doméstica, comercial ou industrial, as hortaliças devem ser guardadas inteiras, nunca cortadas ou descascadas, em sacos plásticos, com microfuros, na parte baixa do refrigerador doméstico ou em refrigeradores comerciais ou câmaras frigoríficas com temperaturas apropriadas; as frutas maduras devem ser conservadas nas mesmas condições das hortaliças. Só devem ser mantidas em temperatura ambiente até atingirem a maturação desejada[25].

No recebimento das carnes, a temperatura deve ser compatível com os padrões legais para produtos *in natura* refrigerados ou produtos congelados. Imediatamente devem ser resfriadas ou congeladas para evitar a perda de líquidos, o que prejudica o aproveitamento do produto e as características sensoriais. O cálculo do FC não inclui as perdas do descongelamento (líquido), ou seja, o peso bruto considerado deve ser o da carne descongelada antes da manipulação. No entanto, o serviço deve estimar as perdas considerando o peso do alimento identificando as duas etapas: perda de líquidos no descongelamento e no pré-preparo. O descongelamento das carnes em temperatura de refrigeração e por tempo adequado minimiza as perdas de líquido.

O pedido de compra deve ser detalhado, observando-se a classificação (inclusive o grau de maturação) dos produtos de acordo com a preparação em que serão utilizados. No recebimento, deve-se verificar se as características solicitadas foram atendidas. É importante averiguar se as embalagens estão intactas e se os lotes estão devidamente identificados e no prazo de validade.

Todos os produtos devem ser manuseados e armazenados cuidadosamente em embalagens adequadas. O transporte e o manuseio devem ser feitos cautelosamente para evitar danos que podem se constituir em perdas. Alguns produtos devem ser lavados ou escovados para remover sujidades ou materiais estranhos. Quando estes forem lavados, devem ser secos para evitar o crescimento de micro-organismos, que pode ocasionar apodrecimento e perdas. Também é importante o controle da temperatura dos equipamentos de refrigeração e congelamento e do ambiente do armazém. Cabe lembrar que além da temperatura a umidade do ambiente também deve ser controlada.

No pré-preparo em descascadores elétricos, a retirada de toda a casca muitas vezes leva a uma perda considerável da polpa, que é descartada automaticamente. Isso ocorre em função da falta de padrão no tamanho dos alimentos inseridos no equipamento e do tempo de processamento.

Quando se faz uso de utensílios, como facas, para descascar, pode ocorrer um problema semelhante devido ao fio das lâminas e à falta de habilidade do manipulador. No entanto, se o descascamento for realizado adequadamente, pode haver menores perdas quando comparadas às perdas provenientes do uso do descascador elétrico. Entretanto, quando são necessárias grandes quantidades de alimentos, o cansaço do manipulador e o tempo podem levar ao aumento de perdas.

> Uma unidade que não controla seu desperdício está sujeita a aumentar o custo da produção e, consequentemente, o valor das refeições, o que conduz à perda de lucro.

Por exemplo, quando se compram dez quilos de alcatra para o preparo de bifes e após a limpeza e o corte se obtêm oito quilos, o FC será 1,25.

$$\text{Fator de correção (FC)} = \frac{10\text{kg (PB)}}{8\text{kg (PL)}} = 1,25$$

---
25 Ver capítulo Transformação dos alimentos: hortaliças, cogumelos, algas e frutas.

A perda será de 20,0%. Esse desperdício poderá ser minimizado se o serviço utilizar as partes retiradas na limpeza — como as aparas — para produzir outras receitas.

Rendimento (%) = $\frac{8 \times 100}{10}$ = 80%

Perda (%) = 20% = 2 kg

Quando há perdas expressivas, é importante verificar a diferença entre o preço real e o preço aparente do alimento. O preço aparente é o que se despende com um produto na compra em seu estado de venda. O preço real é o valor pago, de fato, pelo alimento após a retirada das partes não utilizadas. Seguindo o mesmo exemplo da alcatra, se o preço de venda ao consumidor fosse de R$ 7,00/kg, o preço aparente dos dez quilos (PB) seria de R$ 70,00. Considerando o desperdício de 20,0%, o preço real do quilo seria de R$ 8,40. Para comprar dez quilos desse corte limpo, o gasto seria de R$ 84,00.

Se uma preparação requer 25 kg de carne limpa e cortada cujo fator de correção é de 1,15, é necessário adquirir 28,75 kg dessa carne como peso bruto. Se o fator de correção fosse de 1,05, seriam necessários apenas 26,25 kg de peso bruto.

A Tabela 5.2 apresenta alguns fatores de correção de frutas pré-preparadas a partir de 5 kg de cada fruta para verificar as diferenças de FC e propor a média. Observa-se que as maiores perdas são para as frutas cujas cascas e sementes devem ser retiradas.

Para a elaboração de uma lista de compras de alimentos, deve-se considerar o FC de cada produto, bem como estabelecer uma margem de segurança, que pode variar de 0 a 10,0%. Esta é calculada para eventuais perdas por falhas no armazenamento e no pré-preparo; pelo aumento inesperado do número de clientes, dentre outras causas. À medida que a unidade produtora de refeição controla o desperdício e conta com uma demanda previsível, a margem de segurança calculada é reduzida. A Tabela 5.3 demonstra um exemplo de planilha de uma lista de compras para 4,0 kg de salada de frutas, nela se pode observar que as quantidades a serem adquiridas variam de fruta para fruta e totalizam 5,77 kg ou 5,8 kg.

Tabela 5.2 | Valores médios de alguns fatores de correção de frutas e percentual de desperdício

Frutas	Partes retiradas	FC	Desperdício %
Abacaxi pérola	casca e coroa	1,32	23,0
Ameixa vermelha	caroço	1,04	2,9
Banana-maçã	casca	1,45	30,9
Banana-nanica	casca	1,58	36,0
Banana-ouro	casca	1,42	29,7
Banana-prata	casca	1,76	43,0
Caju	castanha	1,09	8,3
Carambola	–	1,00	–
Figo	–	1,00	–
Goiaba	casca	1,30	23,1
Goiaba	casca e aparas	1,35	25,6
Kiwi	casca	1,14	13,0
Laranja-lima	casca	1,21	17,4
Laranja-pêra	casca	1,19	15,8
Maçã gala	casca	1,13	11,5
Maçã gala	casca e centro	1,23	18,6
Maçã fuji	casca	1,17	14,5
Maçã fuji	casca e centro	1,32	24,2
Mamão formosa	casca	1,21	17,4
Mamão formosa	casca e semente	1,42	29,6
Mamão papaya	semente	1,16	13,0
Manga haden	casca e caroço	1,52	32,1

Melancia	casca	1,09	7,8
Melão	casca	1,10	9,1
Melão	casca e semente	1,14	12,3
Morango	sépala	1,02	1,7
Nectarina	caroço	1,22	17,8
Pêra	centro	1,09	7,9
Pêssego	caroço	1,10	8,7
Tangerina poncã	casca	1,34	25,3
Uva itália	talo	1,01	1,5
Uva rubi	talo	1,01	1,4

Tabela 5.3 | Lista de compras para uma salada de frutas

Frutas	Peso líquido	FC	Peso bruto	Margem de segurança%	Quantidade para compra
Mamão	1 kg	1,42	1,42 kg	5,0	1,49 kg
Maçã gala	1 kg	1,23	1,23 kg	5,0	1,29 kg
Banana-prata	1 kg	1,76	1,76 kg	5,0	1,85 kg
Pêra	1 kg	1,09	1,09 kg	5,0	1,14 kg

5.5.2 Fator de cocção

O fator de cocção (FCY) ou indicador de conversão é definido como a relação entre a quantidade de alimento cozido (pronto para o consumo) e a quantidade de alimento cru e limpo usado na preparação. O FCY define o rendimento do alimento nas preparações, assim como a capacidade dos utensílios e/ou equipamentos que serão utilizados.

O FCY é calculado pela seguinte fórmula:

$$\text{Fator de cocção (FCY)} = \frac{\text{Peso alimento cozido}}{\text{Peso líquido}}$$

O FCY é também importante na elaboração de uma lista de compras.

Quando se deseja obter uma preparação de carne assada com 1 kg de carne pronta para o consumo, deve-se observar tanto o FCY como o FC. Com um FCY de 0,8 e um FC de 1,1, necessita-se adquirir 1,37 kg (sem margem de segurança). Ou seja, peso cozido (1 kg)/FCY (0,8) = 1,25 kg, que é o peso líquido. O total a ser adquirido é peso líquido (1,25 kg) x FC (1,1) = 1,37 kg.

5.5.3 Índice de absorção

O índice de absorção (IA) avalia a absorção de líquidos na cocção de alimentos como cereais e leguminosas secas. Ele se diferencia do FCY, apesar de se utilizar fórmula semelhante para seu cálculo, pois representa a absorção de água durante a cocção dos alimentos desses dois grupos.

A quantidade de água utilizada na cocção não é considerada no peso líquido do alimento em questão quando se faz o cálculo do índice de absorção. Parte dessa água é evaporada durante a cocção e parte é absorvida pelos grãos. Assim, o peso e o volume finais representam a soma do grão mais a água absorvida. Para as leguminosas, parte da água é evaporada na cocção, parte é absorvida pelos grãos e parte pode formar um caldo. O uso do caldo que resulta da cocção e sua espessura podem alterar o valor nutricional da preparação. Desprezar o caldo ou torná-lo mais ralo dilui nutrientes. Aproveitar o caldo e torná-lo mais espesso concentra nutrientes, principalmente os solúveis em água. Com o intuito de facilitar a cocção e aumentar o IA, o remolho deve ser utilizado, pois amacia a celulose dos grãos, podendo diminuir o tempo de cocção.

No caso do feijão, considera-se:

- Índice de reidratação (IR) = peso do feijão escorrido após remolho/peso líquido

- Índice de absorção (IA) = peso do feijão cozido (sem o caldo)/peso líquido

- Fator de cocção (FCY) = peso do feijão cozido (com o caldo)/peso líquido

No processamento térmico dos alimentos, ocorre perda ou ganho de umidade. Quando estes não são controlados – temperaturas incorretas, tempo excessivo de exposição ao calor, métodos de cocção inadequados, uso de equipamentos inadequados –, levam ao desperdício, não só de ordem nutricional, mas também de características sensoriais, prejudicando a aparência, o sabor e o aroma da preparação. O uso de métodos de cocção e de equipamentos adequados influencia favoravelmente a qualidade sensorial dos pratos preparados.

Não há dados compilados de fatores de cocção ou de índices de absorção disponíveis na literatura atual. A Tabela 5.4 apresenta alguns indicadores encontrados experimentalmente e baseados na cocção de cinco amostras de cada um desses alimentos, utilizando calor úmido.

Tabela 5.4 | Índices de absorção de alguns alimentos

Alimento	IA
Arroz integral	3,40
Arroz parboilizado	2,34
Arroz agulhinha	2,44
Arroz cateto	1,90
Canjica branca – só o grão	2,21

As diferenças de IA ocorrem em razão da existência de características distintas entre os tipos de arroz. O arroz integral absorve mais água porque possui uma quantidade de fibras superior à encontrada no arroz polido. O arroz cateto, como é menor e arredondado, absorve menos água.

5.5.4 Densidade

Outro índice importante é a densidade (D), calculada pela fórmula:

$$D = m/V$$
$$m = massa$$
$$V = volume$$

Este é um indicador utilizado para dimensionar a capacidade de utensílios e de equipamentos, auxiliando em sua escolha e aquisição corretamente. Para o preparo de 10 kg de arroz com densidade igual a 0,8 kg/L e IA de 2,0, será necessária uma panela de 25 litros, ou seja:

Peso do alimento cozido = PL (10 kg) x IA (2,0)
Peso do alimento cozido = 20,0 kg

D = m/V
V = peso do alimento cozido (20 kg)/D (0,8kg/L)
V = 25,0 L

> O FCy é um indicador usado para preparações com vários ingredientes como risoto e estrogonofe. Para alguns alimentos o IA é igual ao Fcy, como é o caso do arroz, pois não há "caldo restante" e o peso do arroz cozido é o mesmo do grão "sem o caldo". No caso do feijão, o IA é diferente do FCy, pois o IA é o quanto o grão absorveu de água (peso do feijão cozido sem o caldo/peso líquido); já o Fcy refere-se à preparação toda (peso do feijão cozido com o caldo/peso líquido).

Esses indicadores são importantes para o cálculo das quantidades *per capita* dos alimentos utilizados nas preparações. O *per capita* (pc) é a quantidade de alimento cru destinado a uma pessoa; porção é a quantidade de alimento pronto para o consumo para uma pessoa, incluindo a gordura e os condimentos utilizados na preparação. O pc pode ser bruto (pcb), quando o alimento ainda não está limpo, e líquido (pcl), quando limpo. Os pcs variam em função dos métodos de cocção.

> Os métodos de cocção por calor seco desidratam o alimento. Por isso, quando se deseja servir uma porção de 120 g de batatas fritas, necessita-se de aproximadamente 240 g de batata crua.

> Os métodos de cocção por calor úmido hidratam o alimento e proporcionam a absorção de água. Na preparação de uma porção de 100 g de batata sauté, necessita-se de aproximadamente 80 g de batata crua.

Para o preparo de uma porção de 80,0 g de carne assada, a quantidade será calculada com base no FCY da preparação. Se a carne for assada e o FCY for igual a 0,6, o *per capita* (pc) líquido cru será de 133,3 g:

pc cozido = 80 g = 133,3 g
  FCY   0,6

O pc líquido será de 133 g

Se a carne for grelhada, com FCY de 0,9, o *per capita* líquido será de 89,0 g.

pc cozido = 80 g = 88,9g
  Fcy   0,9

O pc líquido cru será de 89 g

> As diferenças no valor do per capita líquido influenciarão o valor nutricional da preparação, porque este é calculado com base em ingredientes crus.

5.5.5 Ficha técnica de preparação

Todos esses indicadores fazem parte da ficha técnica de preparação (FTP), que é um instrumento de controle. O uso da FTP beneficia todo o processo de produção, porque facilita o trabalho do responsável técnico e permite controlar o valor nutricional das refeições fornecidas.

A indicação de equipamento e utensílios a serem utilizados permite planejar a operacionalização da produção, possibilitando a adequação entre equipamentos, pessoal e tempo disponíveis na execução das preparações. A ficha facilita a elaboração da lista de compras. Como cada ficha possui a composição centesimal da preparação, é possível combiná-las de tal forma que se obtenha um cardápio equilibrado e balanceado. A FTP também padroniza as preparações. A Figura 5.3 apresenta um modelo de FTP desenvolvido por Botelho e Camargo (2005) que pode ser utilizada em qualquer tipo de produção. A Figura 5.4 apresenta um modelo de ficha de análise da preparação.

Alimentos	Quantidade (g)	CHO (g)	PTN (g)	LIP (g)	Fibra dieta (g)	Sais minerais (mg)				Vitaminas				
						Ca	Fe	P	Na	K	A (µg)	B$_1$ (mg)	B$_2$ (mg)	C (mg)
Total														

PTN = proteínas; LIP = lipídios; CHO = carboidratos; Ca = cálcio; Fe = ferro; P = fósforo; Na = sódio; K = potássio

Figura 5.3 | Modelo de ficha técnica da preparação

Fonte: Botelho e Camargo (2005)

Nome da preparação:_____

Ingredientes	Peso bruto	Peso líquido	FC	*Per capita* líquido	Custo individual	Modo de preparo

Valor Energético Total (VET) = kcal
Valor Energético Total individual = kcal
Proteína _____ g _____ kcal _____%
Lipídios _____ g _____ kcal _____%
Carboidratos _____ g _____ kcal _____%

Fator de cocção: _____
Índice de absorção: _____
Rendimento: _____

Porção: _____g
Porção (medida caseira):_____g
Densidade:_____

Figura 5.4 | Modelo de ficha de análise da preparação

Fonte: Botelho e Camargo (2005)

Capítulo 6
Transformação dos alimentos: carnes, vísceras e produtos cárneos

Halina M. C. Araújo, Karla L. Ramos, Raquel B. A. Botelho,
Renata P. Zandonadi e Verônica C. Ginani

• 6.1 •
Histórico e definição

A carne sempre foi apreciada pelos seres humanos desde a Antiguidade. Os ancestrais primatas eram caçadores e coletores. O homem foi um caçador ativo há aproximadamente 100 mil anos, o que se confirma pelos desenhos e pelas pinturas encontrados nas cavernas. Ele utilizou como alimento os animais que o cercavam – renas, cabras, porcos, galinhas, entre outros.

A caça obrigou o homem a se organizar em grupos com o intuito de reunir esforços para atrair as presas. A refeição ritual originou-se do preparo dessas carnes para consumi-las com a família e os grupos próximos. Em dado período da evolução, o homem aprendeu a dominar o fogo e passou a cozinhar seus alimentos. Assim, ele descobriu que a cocção produzia novos sabores, aromas e texturas, alterando o paladar dos alimentos. De fato, assim como ocorre nos dias atuais, o homem sempre buscou na natureza que o cerca seu alimento.

Por carnes entende-se a porção comestível de qualquer espécie animal. Alguns autores classificam as carnes em vermelhas e brancas; outros as classificam em função de sua origem em carnes de mamíferos (bovina, suína e ovina), de aves (frango, pato, peru, ganso, avestruz), de pescados (peixes, camarão, lagosta, ostras) e de caça (animais não domésticos). Há ainda aqueles que consideram serem as carnes categorizadas quanto à espécie – bovina, suína, ovina, caprina, bubalina, aves, pescados (peixes, moluscos, crustáceos, anfíbios, mamíferos de água doce ou salgada, répteis) – e quanto ao tipo de corte.

O Decreto n° 30.691, de 29 de março de 1952, define carnes como massas musculares maturadas e demais tecidos que as acompanham, incluindo ou não a massa óssea correspondente, que procede de animais abatidos sob inspeção sanitária. Pescado é a denominação genérica para peixes, crustáceos, moluscos, anfíbios, quelônios e mamíferos de água doce ou salgada utilizados na alimentação humana (BRASIL, 1952).

As carnes destacam-se na elaboração de cardápios porque podem ser o ingrediente básico para preparações denominadas prato principal, influenciando os tipos de guarnição e de acompanhamentos; podem ser pratos únicos quando não houver guarnições nem acompanhamentos de entradas quentes ou frias, ou ainda podem complementar acompanhamentos.

Para melhor compreensão, este capítulo foi subdividido de acordo com a classificação de mamíferos, aves e pescados, tratando-se inicialmente das carnes de mamíferos e das diversas características semelhantes às demais. As peculiaridades inerentes às carnes de aves e de pescados serão detalhadas posteriormente.

• 6.2 •
Composição, estrutura e valor nutricional

A composição química das carnes varia com a raça e o tipo de animal, que afetam os atributos relacionados à cor, ao sabor, ao odor, à textura, à maciez e à suculência. Em cada espécie, alguns dos fatores que influenciam esses atributos são a idade, o sexo, o estágio de desenvolvimento, as condições fisiológicas, os fatores ambientais, a alimentação, o período do abate, o consumo.

A composição centesimal de amostras de diferentes tipos de carne mostra que a água é o componente presente em maior quantidade, seguido da fração de proteínas (Tabela 6.1).

Tabela 6.1 | Composição média do tecido muscular de alguns tipos de carnes

Espécies	Composição (%)			
	Água	Proteína	Lipídio	Cinzas
Bovino	70-73	20-22	4-8	1
Suíno	68-70	19-20	9-11	1,4
Aves	73,7	20-23	4,7	1
Cordeiro	73	20	5-6	1,6
Bacalhau	81,2	17,6	0,3	1,2
Salmão	64	20-22	13-15	1,3

Fonte: FENNEMA, 1993.

A importância nutricional da carne não se restringe somente ao seu conteúdo proteico, mas também à qualidade dos aminoácidos constituintes. Os tipos de aminoácidos presentes nas carnes proporcionam o requerimento de aminoácidos essenciais para a manutenção e para a síntese dos tecidos humanos. As carnes de mamíferos apresentam semelhanças no conteúdo e na composição química; destacam-se os ácidos aspártico e glutâmico, aminoácidos não essenciais. A lisina e a leucina são os aminoácidos essenciais presentes em maior quantidade.

A fração lipídica da carne talvez seja a mais variável do ponto de vista qualitativo e quantitativo devido à influência de fatores intrínsecos (raça, idade, sexo) e extrínsecos (alimentação e nível de atividade física). O teor de lipídios aumenta à proporção que o animal se torna mais velho; quando adulto, tem uma maior concentração de gorduras. As fêmeas fornecem carnes com maior concentração de lipídios. No entanto, animais castrados podem ter essa fração aumentada quando comparados a animais não castrados em função das alterações hormonais. A alimentação influi diretamente na concentração de gordura no tecido animal.

A composição lipídica da carne de mamíferos é diferenciada de acordo com o tipo de tecido, se muscular ou se adiposo, assim como a composição em ácidos graxos saturados e insaturados no músculo de diferentes espécies animais (Tabela 6.2). A gordura de suínos é mais insaturada que a de bovinos ou ovinos.

Tabela 6.2 | Grau de saturação dos ácidos graxos componentes dos lipídios do tecido muscular de diversas espécies

Espécies	Saturado (%)	Monoinsaturado (%)	Poli-insaturado (%)
Bovino	40-71	41-53	0-6
Suíno	39-49	43-70	3-18
Caprino	46-64	36-47	3-5
Aves	28-33	39-51	14-23
Bacalhau (pescado magro)	30	22	48
Cavala (pescado gordo)	30	44	26

Fonte: FENEMA, 1993

A carne não apresenta quantidade relevante de carboidratos, contém aproximadamente 0,8% a 1,0% de glicogênio e menores quantidades de outros carboidratos. O conteúdo vitamínico depende muito da espécie, da idade, da alimentação e do corte cárneo. Em geral, a carne é boa fonte de tiamina (B_1), riboflavina (B_2), niacina (B_3), piridoxina (B_6) e cobalamina (B_{12}), porém é pobre em vitamina D (constituída por ergocalciferol

– D_2 e colecalciferol – D_3), vitamina E (tocoferol) e vitamina K (constituída por filoquinona – K_1; menaquinona – K_2; e menadiona – K_3). O teor muscular de vitamina A é superior em relação às outras lipossolúveis.

A carne suína contém cinco vezes mais tiamina (B_1) que as carnes de outras espécies. A carne bovina apresenta maiores concentrações de piridoxina (B_6) e cobalamina (B_{12}). Quanto aos minerais, as carnes, de uma forma geral, são fontes de ferro hêmico e fósforo (10 mg/100 g), apresentando de 60 mg a 90 mg de sódio e aproximadamente 300 mg de potássio/100 g de tecido magro, mas é pobre em cálcio.

Quanto aos aspectos funcionais e culinários, as diferenças em relação às características organolépticas das carnes resultam, especialmente, dos tecidos que as constituem: muscular, conectivo e adiposo. Apesar de sua importância, trataremos apenas dos componentes químicos que interferem nos atributos de qualidade organoléptica: atratividade e palatabilidade.

As fibras musculares diferenciam-se pelas características morfofuncionais: tecido muscular estriado, tecido muscular cardíaco e tecido muscular liso. O tecido muscular estriado esquelético está aderido à estrutura do esqueleto para conferir movimentos e moldar a estrutura corpórea, agindo sobre controle voluntário e de contração rápida. Esse tipo de tecido representa de 35,0% a 65,0% do peso das carcaças, dependendo, entre outros aspectos, da fase de crescimento e engorda do animal. Esse tecido muscular, após sofrer as transformações bioquímicas, transforma-se em carne.

Funcionalmente, os caracteres organolépticos e o comportamento dos diferentes tipos de cortes diante das técnicas culinárias dependem, principalmente, dessa estrutura proteica e, por isso, o conhecimento das reações bioquímicas de transformação do músculo em carne é fundamental para avaliar as propriedades culinárias e as respostas às técnicas de conservação e cocção das carnes.

6.2.1 Tecido muscular

Os músculos são os órgãos ativos do movimento, altamente especializados; têm a capacidade de contrair-se e de relaxa, e, em consequência, transmitem estímulos que provocam movimentos nos ossos sobre os quais se inserem; diferem quanto ao tamanho e ao formato, de acordo com sua disposição de local de origem e de inserção.

Quimicamente, o tecido muscular animal contém importantes frações de proteínas e de lipídios que respondem pela manutenção da estrutura do animal, pela textura e pela maciez dos cortes.

> É comum a tipificação dos cortes – bovino, por exemplo, em cortes dianteiros e traseiros. Os cortes dianteiros, provenientes de músculos mais ricos em gordura e em proteínas do tecido conectivo, originariamente responsáveis pela sustentação do animal, fornecem carnes mais rígidas que requerem um longo tempo para cocção. Cortes provenientes de músculos traseiros, contrariamente, fornecem carnes macias, como o filé *mignon*, que precisam de pouco aquecimento para realçar suas características culinárias.

A unidade fundamental do tecido muscular é a fibra, variável em dimensões, normalmente expressas em micra – milésima parte do milímetro. O conjunto de fibras é denominado feixe muscular, e o conjunto de feixes é chamado de músculo, ambos envolvidos pelo tecido conectivo, que é formado por outras fibras e diferentes tipos de células (Figura 6.1). O tecido conectivo tem a função de unir e sustentar os demais tecidos.

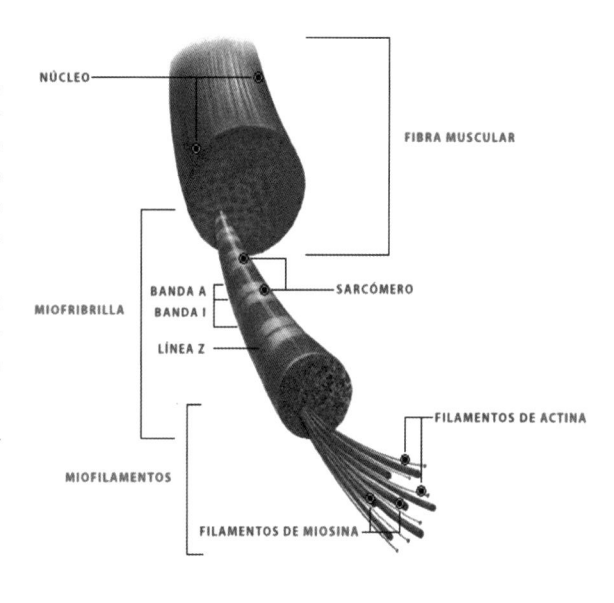

Figura 6.1 | Fibras musculares

Quantitativamente, a água é o componente químico presente em maior concentração nas carnes, perfazendo uma média de 75,0%. Desse total, 10,0% a 15,0% dessas moléculas estão ligadas a moléculas de proteínas, e 85,0% a 90,0%, apesar de se encontrarem na forma de água livre, estão imobilizadas pelas estruturas proteicas. Essas evidências justificam por que a manipulação das carnes – refrigeração, congelamento, descongelamento e cocção – afeta a maciez e a suculência das preparações, além de modificar a cor e a textura.

As proteínas das carnes classificam-se em miofibrilares, sarcoplasmáticas e proteínas do tecido conectivo. As miofibrilares (actina e miosina, principalmente) correspondem a cerca de 55,0% das proteínas que compõem as miofibrilas, são solúveis em água e em soluções salinas diluídas.

> Na culinária, as proteínas miofibrilares são muito importantes porque afetam as características organolépticas devido à sua capacidade de retenção de água e de emulsificação, especialmente nos processos de congelamento, descongelamento e cocção. Os efeitos influenciam a maciez e a suculência das carnes.

A actina é a proteína mais importante dos filamentos delgados e constitui de 15,0% a 30,0% das proteínas miofibrilares; tem estrutura helicoidal dupla, denominada actina fibrilar. A miosina possui estrutura idêntica, com hélices enroladas umas sobre as outras. Os filamentos grossos da miosina representam de 50,0% a 60,0% das proteínas contráteis miofibrilares.

> Sob o aspecto econômico, as proteínas miofibrilares são muito importantes porque a perda da capacidade de reter moléculas de água pode significar menor rendimento dos cortes.

> O excesso de cozimento ou o reaquecimento seguido das carnes faz com que as porções percam maciez e suculência. Isso se explica porque o calor promove o movimento das moléculas, e as moléculas de água livre passam para o estado de vapor, não retornando ao produto.

As proteínas sarcoplasmáticas são solúveis em água ou em soluções tampões[1] e representam de 30,0% a 35,0% do total das proteínas; fazem parte deste grupo as enzimas, como as que participam da glicólise[2], e o pigmento muscular mioglobina. O conteúdo de mioglobina varia com o tipo de fibra muscular, a espécie e a idade do animal e determina a intensidade da cor da carne (Quadro 6.1).

Quadro 6.1 | Concentração de mioglobina (mg/g) em algumas espécies animais

Tecido animal	mg mioglobina/g tecido
Peito de frango	0,05
Carne de porco	1,0 – 4,0
Carne de carneiro	6,0 – 12,0
Carne bovina (1 a 2 anos)	4,0 – 10,0
Carne bovina (4 a 6 anos)	16,0 a 20,0
Carne de baleia	50,0

O pigmento mioglobina, de coloração vermelho-púrpura, aparente em cortes recentes, é formado por uma fração proteica denominada globina e por um grupo prostético[3] denominado anel ou grupo heme. Na presença de oxigênio, ocorre a substituição da molécula de água pela de oxigênio, formando a oximioglobina, pigmento vermelho-vivo associado à carne fresca. Tanto a mioglobina como a oximioglobina podem sofrer oxidação, formando a metamioglobina, de coloração castanho-clara, que se associa a um longo período de armazenamento.

Em um corte transversal, é possível visualizar as três diferentes colorações, sendo uma externa de cor vermelha, uma intermediária de cor parda e outra mais interna de tonalidade violácea, dependendo do tempo de ocorrência do abate e das condições de armazenamento.

> As carnes bem passadas apresentam um tom amarronzado porque, com o maior tempo de aquecimento, há desnaturação mais intensa da molécula de mioglobina.

6.2.2 Tecido conjuntivo

O tecido conjuntivo ou tecido conectivo caracteriza-se por possuir um menor número de células e uma grande quantidade de substância amorfa produzida pelas próprias células desse tecido, tem como principal função unir e manter ligadas as diversas partes do organismo e se classifica em tecido conjuntivo propriamente dito, tecido conjuntivo adiposo e tecido conjuntivo de sustentação.

O tecido conjuntivo propriamente dito influencia diretamente a textura da carne por ser composto de colágeno e elastina, entre outras substâncias. O colágeno está presente em quase todos os tecidos e órgãos, com maior proporção nos tendões e nos ligamentos e menor quantidade nas cartilagens e nos ossos. A musculatura das extremidades contém mais colágeno que a do dorso e, consequentemente, a primeira é mais dura que a última; é a proteína mais abundante no organismo animal, seu teor varia entre 20,0% e 25,0% do total de proteína em mamíferos. O teor de elastina é de aproximadamente 5,0% do total de tecido conjuntivo do músculo, apresentando cor amarelada; está presente nos ligamentos amarelos da coluna, nas paredes das artérias e envolve vários órgãos.

Esse tecido responde, parcialmente, pela dureza de um corte cárneo, por ser a fração mais insolúvel e menos digerível da carne. Tal característica incide sobre a textura dos cortes, a capacidade de retenção de água, a capacidade de formar emulsões e, em temperaturas de refrigeração, as proteínas se solubilizam, formando

---

1 Solução tampão — é a solução que atenua a variação dos valores de pH (ácido ou básico), mantendo-o aproximadamente constante, mesmo com adição de pequenas quantidades de ácidos ou bases.
2 Glicólise — conjunto de reações metabólicas cujos resultados são a degradação da glicose ou de outros carboidratos e a produção de energia.
3 Grupo prostético — componente não proteico que compõe a molécula de proteína.

soluções salinas concentradas. A concentração e o tipo de colágeno influenciam a dureza da carne e, consequentemente, dos cortes; o produto de sua desnaturação é a gelatina, obtida pelo abrandamento das fibras.

A estrutura proteica é estabilizada por um grande número de ligações químicas do tipo covalente, intramoleculares e intermoleculares. A espessura das fibras musculares, o tamanho dos feixes de fibras e a quantidade de tecido conectivo definem a maciez dos cortes e determinam a seleção dos métodos e das técnicas de cocção capazes de torná-los mais macios.

Quando o animal é muito jovem, a proporção de colágeno é maior, porém a estrutura proteica desse tecido é termolábil, ou seja, sob calor transforma-se em gelatina, de forma que a carne se torna mais tenra. Em animais adultos, a proporção de colágeno é menor, contudo, com o passar do tempo, o animal envelhece e formam-se ligações cruzadas nas moléculas de colágeno, o que lhe confere uma termoestabilidade. Assim, não se observa sua transformação em gelatina por ação do calor, o que torna a carne menos macia.

A gelatina[4] e a geleia de mocotó são produtos de origem animal formados principalmente por quantidades elevadas de glicina, prolina e hidroxiprolina, aminoácidos não essenciais.

Na culinária, as proteínas do tecido conectivo têm papel relevante na preparação de fundos. O fenômeno conhecido por geleificação refere-se às alterações químicas que ocorrem no preparo de fundos e definem suas características sensoriais.

• 6.3 •
Transformação de músculo em carne

O processo de transformação do músculo em carne compreende uma série de reações bioquímicas responsáveis por alterações nas características físico-químicas do tecido muscular que dependem dos tratamentos *ante mortem*, do processo de abate e das técnicas de armazenamento.

Tal processo pode alterar algumas propriedades da carne, como a capacidade de retenção de água, a cor e a firmeza da carne fresca; a maciez, o sabor e a suculência da carne preparada para consumo; e a capacidade de emulsificação das matérias-primas, os rendimentos de processo e a cor dos produtos processados.

O estresse *ante mortem* (provocado por transporte, jejum prolongado, condições climáticas) e o declínio do pH são fatores que influenciam diretamente na qualidade das carnes de forma geral. Porém, em suínos tais fatores exercem maior influência que nos bovinos.

Quando os bovinos são acometidos pelo estresse pré-abate, a reserva de glicogênio dos músculos desses animais pode ser parcial ou totalmente esgotada, e, como consequência, o *rigor mortis* ocorre na primeira hora, pois a reserva energética não é suficiente para sustentar o metabolismo anaeróbio e produzir ácido lático capaz de fazer baixar o pH a 5,5.

Nesse processo as carnes que apresentam pH mais elevado apresentam-se mais escuras e com vida de prateleira mais curta, pois na ausência de ácido lático e de glicose livre as bactérias utilizam os aminoácidos da carne, o que produz odores desagradáveis. Ademais, essa carne com alto pH também pode apresentar uma descoloração esverdeada causada por bactérias que produzem H_2S, reação a que se dá o nome *dark-cutting beef* (carne bovina de corte escuro).

A concentração de glicogênio – carboidrato de reserva animal – antes do abate define as alterações *pos mortem*. Com a sangria dos animais, cessam a oxigenação e o aporte de energia aos músculos, assim como a liberação de substâncias químicas provenientes de reações enzimáticas do metabolismo – os metabólitos celulares. A energia passa a ser produzida por via anaeróbia, tendo início a glicólise anaeróbia.

Degradam-se muitas reservas bioquímicas, e os prótons produzidos durante a glicólise provocam a redução do pH ou aumento da acidez intracelular, com consequente acúmulo de ácido lático, que atinge valores de pH próximos a 5,5; as mudanças nos valores de acidez também provocam a desnaturação de proteínas. O pH final da carne dependerá das reservas de glicogênio muscular no momento da sangria.

Rigor mortis é o início da rigidez muscular, quando o pH atinge valores de 5,9 até 5,5, e caracteriza-se pela interação permanente entre os filamentos de actina e miosina, provocando a perda da elasticidade e da extensibilidade, o encurtamento do músculo e o aumento na tensão. A carne torna-se rígida, até que enzimas, como as catepsinas, começam a ser liberadas devido à perda da integridade das membranas e degradam a estrutura proteica. Além disso, o abaixamento do pH promove a desnaturação proteica. Esses dois fatores associados provocam o amaciamento da carne.

Antigamente, era comum a expressão carne verde, que significava a aquisição de carnes de animais abatidos há poucas horas. A carne era verde porque, como nos casos das frutas, as reações bioquímicas ainda estavam se desenvolvendo e o produto não apresentava as características gastronômicas apropriadas.

A velocidade de queda do pH, bem como seu valor após 24h-48h, é muito variável e influenciado pelo

---

4 A gelatina é extraída da pele, das cartilagens e dos ossos, especialmente do bovino, podendo ser adquirida em folhas, em cápsulas ou em pó, com sabor ou ao natural. Em alternativa à gelatina de origem animal, existem gelatinas vegetais, que são mucilagens, à base de polissacarídeos extraídos de algas vermelhas como o agár—agár e a carragena.

estresse, provocado por fatores ambientais, como temperatura, luz e ruído, pela herança genética, pelo manejo, pela nutrição e pela temperatura *post mortem*. Fatores como idade, espécie, raça, dentre outros, afetam previamente o *rigor mortis*, influenciando na resposta do animal ao fenômeno de instalação e desenvolvimento desse processo. A Tabela 6.3 mostra a influência da temperatura na velocidade da redução dos valores de pH do tecido muscular.

Tabela 6.3 | Influência da temperatura na velocidade de redução dos valores de pH do tecido muscular

Temperatura (°C)	Tempo (horas)
43	< 2
37	± 4
33	> 6
27	± 11
17	± 16

É alta a capacidade de retenção de moléculas de água pelas proteínas do músculo na fase pré *rigor*, mas há uma diminuição expressiva durante o desenvolvimento do *rigor mortis*. Isso se deve, parcialmente, às mudanças de pH, que desnaturam as proteínas, e ao estabelecimento de interações irreversíveis entre as moléculas de actina e miosina, com consequente redução do espaço interfibrilar.

> Nas fazendas, as festas comemorativas são, quase sempre, acompanhadas de churrascos feitos com as carnes de animais recém-abatidos. Gastronomicamente, os resultados são bem satisfatórios. A obtenção de produtos macios e suculentos deve-se, em parte, ao fato de se ter os músculos em pré *rigor mortis*.

Grande parte das moléculas de água livre das miofibrilas é expulsa, comprometendo a textura das carnes, que, durante a mastigação, apresentarão resíduos secos e fibrosos. Nutricionalmente, não há muito comprometimento nas mudanças provocadas pelo *rigor mortis*, no entanto há perdas por exsudação de aminoácidos e vitaminas, principalmente as do complexo B.

Após o *rigor mortis*, a capacidade de retenção de água aumenta devido à reorganização da estrutura das miofibrilas, sem alteração do pH. Essa capacidade é também influenciada por todos os fatores *ante mortem* que conduzem à redução parcial da reserva de glicogênio e provocam o aumento na capacidade de retenção de água.

> Agora é possível entender por que os manuais que ensinam o congelamento doméstico sugerem que: a carne ideal para congelar é a que permaneceu de 24 a 48 horas no refrigerador antes de ir para o *freezer*, pois, caso contrário, o músculo estará em *rigor mortis* e apresentará baixa retenção de água. A carne, no descongelamento, perderá mais líquidos e sua textura será comprometida.

Por maturação entende-se a complementação da transformação do músculo em carne. Essa fase é importante para acentuar o sabor e a maciez da carne e consiste em mantê-la em temperaturas próximas a 15,0 °C e em umidade controlada por um período entre dois e três dias. As reações bioquímicas são mediadas por catepsinas, calpaínas e outras proteínas endógenas. A carne tratada dessa forma é chamada de "carne resfriada" ou "carne refrigerada", dependendo da sua temperatura de armazenamento.

O comércio disponibiliza ainda carnes rotuladas como "carnes maturadas". Essa maturação é resultante do amaciamento progressivo da carne durante longos períodos de armazenamento em refrigeração. Esta técnica tem como finalidade tornar a carne ainda mais macia e melhorar outros atributos organolépticos, como, por exemplo, o sabor. O processo consiste em manter carcaças ou cortes selecionados em câmaras refrigeradas, com controle de umidade, por períodos de sete a 21 dias, dependendo da espécie animal. Ele tem ainda a finalidade de minimizar as diferenças qualitativas entre os vários tipos de carne.

> As carnes maturadas são mais macias e mais saborosas, dada a possibilidade do desenvolvimento de compostos responsáveis pelo *flavor*, como acetaldeído, diacetil e cetonas.

Nessas carnes, o abate segue os procedimentos convencionais. Posteriormente, são feitos os cortes, que são embalados a vácuo em sacos plásticos devidamente lacrados. Isso minimiza os riscos de contaminação pós-embalagem e limita o desenvolvimento de micro-organismos, pela ausência de oxigênio e pela menor temperatura de armazenamento, proporcionando aumento considerável da vida de prateleira da carne sob refrigeração.

> A carne embalada a vácuo tem cor mais escura em virtude da ausência de oxigênio na embalagem, que inibe a ação da oximioglobina, responsável pela cor avermelhada da carne. Em alguns minutos, após a abertura da embalagem, a carne readquire sua cor vermelho-púrpura original.

• 6.4 •
Vísceras[5]

As vísceras comestíveis possuem conteúdo proteico equivalente ao da carne muscular, no entanto são mais ricas em água e pobres em gordura. O pâncreas, o timo e a língua fogem a essa regra. Algumas vísceras

---

[5] Víscera — qualquer órgão situado na cavidade do tronco que desempenha uma ou mais funções vitais do organismo: coração, estômago, útero, pâncreas, intestinos.

são formadas predominantemente por tecido muscular, como o coração; outras, por tecido glandular, como o fígado.

O fígado é riquíssimo em proteínas de alto valor biológico, em teor superior ao das carnes musculares e das demais vísceras, sendo fonte também de carboidratos, tanto na forma de glicogênio quanto na de glicose, atingindo até 6,0% na carne bovina. Ele contém níveis elevados de ferro e de vitaminas, como a tiamina, a riboflavina, a niacina e o ácido ascórbico, além da vitamina A, todos sob formas bem assimiláveis pelo organismo humano. As características das vísceras estão apresentadas no Quadro 6.2.

Quadro 6.2 | Características e utilização das vísceras

Vísceras	Utilização e características
Fígado	Cocção rápida, para que não fique endurecido. Deve ser temperado apenas ao final da cocção. Os mais consumidos são o bovino e o de aves, sendo que o de aves é mais utilizado em ensopados, guisados ou sopas. O bovino pode ser preparado grelhado, frito, refogado ou como patê e croquetes.
Rim	O bovino é o mais apreciado, sendo preparado cozido, frito ou grelhado.
Língua	A bovina é a mais utilizada, tanto em feijoadas como servida fatiada ao molho. Deve ser limpa e fervida antes de seguir para outros tipos de preparo.
Moela	Pode ser refogada, ensopada ou guisada. Muito apreciada em farofas, recheios e aperitivos.
Coração	O bovino e o de aves são mais utilizados. Tecido mais rijo, que necessita de cocção mais lenta. O de aves é mais utilizado em churrascos, temperado em vinha d'alhos de véspera.
Tripa ou bucho	Estômago do boi que é pré-preparado ainda nos abatedouros para a eliminação do odor desagradável. Muito utilizado em tiras, cozido em ensopado, como a dobradinha. Os de ovinos e caprinos recheados são muito apreciados em prático típico do nordeste denominado buchada.

A moela faz parte do sistema digestivo das aves, em especial granívoras, e realiza a digestão mecânica dos alimentos. Na boca das aves não há dentes, mas um bico que é adaptado ao tipo de alimentação mais comum de cada espécie. À boca, segue-se a faringe e no esôfago é encontrada uma bolsa chamada papo. Nele o alimento vai sendo amolecido para depois avançar até o estômago químico, que libera enzimas digestivas iniciando o processo de digestão, que terminará na moela.

• 6.5 •
Culinária das carnes

6.5.1 Carne bovina

Para resultados satisfatórios relacionados ao uso da carne, são necessários cuidados desde o momento da aquisição até seu consumo. Sendo assim, a descrição de aspectos referentes à qualidade, que sinalizam a compra do produto, a atenção nas formas de armazenamento de acordo com o método de conservação utilizado, o planejamento adequado para o pré-preparo e o preparo, além da cautela na montagem e na distribuição da preparação, são itens que devem ser avaliados continuamente.

Aquisição e armazenamento

Recomenda-se a compra e o consumo de carnes de animais que têm a chancela do SIF (Serviço de Inspeção Federal), pois é uma garantia de que técnicos do Mapa (Ministério da Agricultura Pecuária e Abastecimento) avaliaram a sanidade dos animais abatidos. Cabe ao responsável técnico nas unidades verificar se os fornecedores de carnes apresentam o SIF e se transportam o alimento de forma adequada (refrigeração ou congelamento). O perigo das carnes sem SIF é o abate de animais portadores de doenças como febre aftosa, tuberculose, brucelose e *Taenia saginata* (solitária).

No Brasil, os cortes bovinos (Figura 6.2) são definidos uniformemente entre os estados e seguem o padrão tradicional, que respeita a separação natural dos músculos e a direção das fibras. No entanto, a nomenclatura pode variar entre as regiões, como, por exemplo, no caso do coxão mole, que é também conhecido como chã-de-dentro nas Regiões Sul e Sudeste.

Os cortes também podem ser moídos nos estabelecimentos e comercializados, desde que devidamente embalados. As carnes moídas comercializadas nos açougues podem ser preparadas com diferentes cortes e aparas, que fornecerão produtos com concentrações lipídicas e características organolépticas diferenciadas. As carnes moídas são mais suscetíveis à deterioração microbiana por apresentarem maior área de contato; portanto sua vida útil é mais curta.

De forma geral, para a aquisição de carnes frescas, devem-se observar características que definem a qualidade dos produtos. Coloração vermelha, umidade superficial, gordura creme e macia, carne não pegajosa e lisa são características de qualidade que tornam a carne fresca apta para a aquisição. Existe dificuldade de se observar esses parâmetros quando se adquirem carnes congeladas.

Além das diferentes formas de apresentação da carne fresca, é importante observar as características do método empregado para sua conservação. A qualidade da carne está diretamente relacionada, além de outros fatores, à forma com que foi manuseada desde o abate até o momento de sua aquisição. A carne resfriada é comumente encontrada em açougues e supermercados, mas nesses locais também podem ser encontradas outras formas, como carnes congeladas, secas, salgadas, defumadas e curadas.

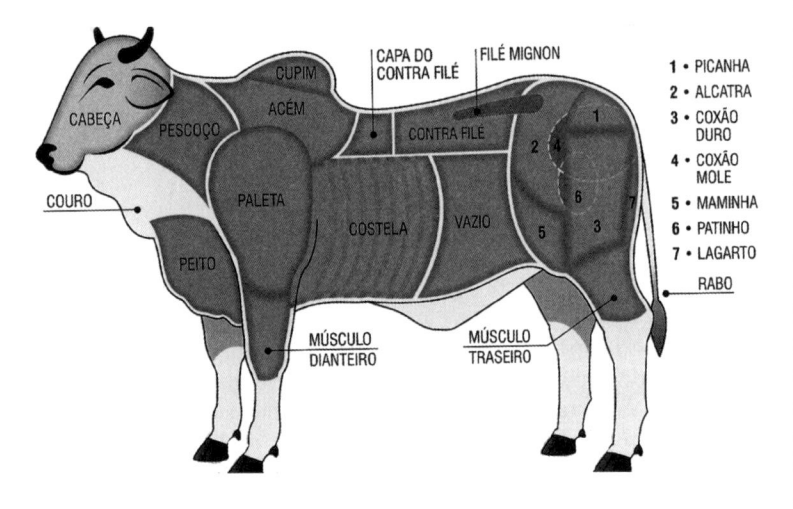

Figura 6.2 | Mapa dos cortes de bovinos

Fonte: OLIVO; OLIVO, 2005.

Durante a manipulação dos alimentos, diversas técnicas de preparo, que se baseiam em processos físicos e/ou químicos, provocam alterações em suas características sensoriais. Alguns desses processos utilizam calor, frio ou associações de métodos de preparo com compostos químicos que provocam alterações desejáveis na estrutura ou na composição do alimento.

Os métodos que usam temperatura também possuem a função de conservar o alimento, prevenindo o desenvolvimento microbiano e a atividade enzimática. Eles oferecem vantagens, como prolongamento da vida útil, modificações sensoriais desejáveis e mínima alteração nutricional. Portanto, entender os métodos de conservação empregados para as carnes possibilita uma melhor definição de como o produto será manuseado nas próximas etapas até chegar à mesa do consumidor.

Carne refrigerada

A refrigeração permite conservar o valor nutricional dos alimentos sem causar grandes alterações. As características sensoriais também são mantidas, devendo-se mencionar apenas a solidificação de óleos e gorduras. Essa técnica é bastante utilizada para carnes frescas e produtos cárneos em geral.

Atualmente, o sistema de refrigeração das carcaças[6] é feito pela aplicação do ar frio. O processo consiste em resfriar rapidamente a carcaça, logo após o abate, em temperatura de – 1 °C a 2 °C, até atingir 4 °C internamente. Este processo requer de 18 a 24 horas. O resfriamento super-rápido utiliza nas duas primeiras horas a temperatura de – 3 °C a – 5 °C no bovino e de – 5 °C a –8 °C no suíno, e em seguida continua o resfriamento em temperatura de 0 °C a 2 °C. Este processo requer de 12 a 18 horas para bovino e de 10 a 16 horas para suínos para atingir 4 °C.

Lembre-se de que a única substância que congela a 0 °C é a água pura.

Os sistemas de refrigeração rápida conservam o tecido muscular porque retardam o desenvolvimento de micro-organismos e diminuem as reações químicas e enzimáticas, mas promovem a redução de peso por evaporação da água e podem causar o encurtamento das fibras musculares (encurtamento pelo frio) em carnes resfriadas em temperaturas entre 0 °C e 5 °C e que não passaram pelo *rigor mortis*, o que compromete a textura da carne, tornando-a rígida e diminuindo sua capacidade de retenção de água.

O acondicionamento (ou *conditioning*) é outro tipo de processo de conservação que utiliza o princípio da refrigeração escalonada, prevenindo o enrijecimento da carne. Inicialmente, para conter o desenvolvimento microbiano, utiliza-se temperatura de 0 °C até que a superfície da carcaça chegue a 10 °C; depois se eleva a temperatura para valores entre 10 °C e 15 °C, permitindo estabelecer o *rigor mortis*, e, por final, faz-se uso do resfriamento entre 0 °C e 4 °C. Este processo é finalizado em 24 horas, entretanto se for mantido por mais 24 horas promoverá melhora na qualidade da carne devido à maturação.

O armazenamento da carne pode ser realizado de duas formas. A primeira é o armazenamento tradicional sem proteção, sujeitando a carne à ação direta da temperatura e do ambiente. Nesta situação, a umidade relativa e a velocidade do ar frio devem ser controladas para evitar dessecações superficiais excessivas ou condensações. A outra forma é o armazenamento da carne acondicionada em películas, que dispensa o controle da umidade relativa.

A vida útil da carne refrigerada na presença de oxigênio pode ser de uma a duas semanas, dependendo da qualidade microbiana original, da temperatura de armazenamento, do pH e da pressão de oxigênio. Uma carne

---

6 Carcaça — refere-se ao animal abatido, sangrado, esfolado, eviscerado, desprovido de cabeça, patas, rabada, glândula mamária (na fêmea), verga, exceto suas raízes, e testículos (no macho). Após sua divisão em meias carcaças, retiram—se ainda os rins, as gorduras perirrenal e inguinal, "ferida de sangria", medula espinhal, diafragma e seus pilares.

obtida com Boas Práticas de Fabricação (BPF) apresenta uma concentração microbiana em torno de 10^3 a 10^4 Unidades Formadoras de Colônias (UFC)/cm². A alteração sensorial da carne é visível quando a taxa bacteriana atinge 5×10^7 UFC/cm², quando aparecem os odores desagradáveis, ou com o aparecimento de substâncias viscosas, com nível acima de 10^8 UFC/cm².

Carne congelada

O congelamento (-18 °C) conserva a qualidade da carne por longos períodos porque reduz a atividade microbiana e as alterações bioquímicas. A velocidade dessas reações está intimamente relacionada à quantidade de água disponível durante o congelamento. Na temperatura de − 5 °C, 75,0% das moléculas de água livre passam para a forma de gelo, enquanto 88,0% estarão congeladas a 65 °C; todavia existem ainda 12,0% de moléculas de água que se encontram fortemente ligadas às proteínas e, portanto, indisponíveis como reagente e para o desenvolvimento microbiano.

Os tipos de congelamento também influem na qualidade da carne. A estrutura do tecido animal é mais flexível que a dos vegetais, mas mesmo assim pode sofrer rupturas provocadas pelo número, pelo tamanho e pela distribuição dos cristais de gelo nos espaços intra e extracelulares.

No processo de congelamento lento, devido à velocidade, formam-se, primeiramente, cristais de gelo no espaço extracelular, e parte da água intracelular migra para o exterior da fibra, formando grandes cristais. Estes provocam rupturas mecânicas nas células e diminuição na capacidade de retenção de água. No congelamento rápido, forma-se grande número de pequenos cristais de gelo, bem distribuídos intra e extracelularmente. Nele, o tamanho dos cristais não causa rupturas nas células e favorece a reabsorção da água pelas proteínas no descongelamento. A capacidade de retenção de água irá depender de fatores como tipo de músculo, condições de maturação, pH, área de corte por unidade de volume, velocidade de congelamento e descongelamento e condições de armazenamento.

No congelamento lento, a temperatura do produto mantém-se na zona crítica de congelamento ou na zona de formação máxima de cristais de gelo (0 °C a − 3,8 °C) por mais de duas horas, enquanto no congelamento rápido permanece por 30 minutos ou menos (−10 °C a − 40 °C) nesta condição. O tempo na zona crítica de congelamento deve ser mínimo, para evitar a concentração de sais na fração de água que ainda não está congelada, pois formará uma solução hipertônica[7] que provocará a desnaturação das proteínas musculares e modificará a permeabilidade das membranas, reduzindo a capacidade de retenção de água e aumentando a perda no descongelamento.

O congelamento mediante ar frio é muito utilizado e emprega ar entre – 20 °C e – 40 °C, porém a temperatura ótima fica em torno de – 30 °C, e a velocidade de circulação de ar fica entre 2 m/s e 4 m/s. Sob essas condições, é possível obter o congelamento rápido e satisfatório tanto para carcaças como para as peças de carne desossadas.

Durante o processo de congelamento, há o desenvolvimento de uma tonalidade parda que compromete a pigmentação. Isso ocorre devido à dificuldade da penetração do oxigênio e ao acúmulo de eletrólitos, o que favorece a formação da metamioglobina (castanho-claro). A velocidade do processo também influi na cor do tecido animal. O congelamento rápido provoca a palidez nos tecidos, não sendo desejável para carnes vermelhas, mas sim para as aves. Esse efeito está relacionado ao número e ao tamanho dos cristais de gelo formados e à natureza do tecido.

No armazenamento congelado, a água da carne sofre mudanças na sua estrutura cristalina. Essas alterações compreendem fenômenos de recristalização, que ocorrem devido às flutuações de temperatura durante o armazenamento, ocasionando o aumento médio no tamanho dos cristais, prosseguindo para a desnaturação proteica e rupturas mecânicas das células musculares.

A porcentagem lipídica da carne limita seu tempo de armazenamento. Isso se deve à grande quantidade de ácidos graxos insaturados que, se oxidados, provocam alterações na gordura, sendo os responsáveis pelo aparecimento de sabores e aromas próprios da rancificação.

As diferenças na vida útil de cortes cárneos congelados se devem, especialmente, ao conteúdo de gorduras que tais cortes apresentam: peças de peito de frango com pele e sem pele têm diferentes prazos de validade.

Existem duas fases de oxidação lipídica na carne congelada. A primeira se dá durante os três primeiros meses de armazenamento, quando ocorre, principalmente, a oxidação de moléculas de fosfolipídios presentes nas membranas celulares. A segunda fase, no quinto e no sexto meses, compreende a oxidação dos triglicerídios. Os ácidos graxos insaturados componentes da membrana celular são mais suscetíveis à oxidação devido a operações como picar ou moer, pois facilitam a exposição ao oxigênio, a pigmentos heme e íons metálicos. Por isso se recomenda moer ou picar carnes apenas no momento da preparação.

A carne congelada também sofre com a lipólise enzimática devido à ação das enzimas lipases e fosfolipases, que formam ácidos graxos livres suscetíveis ao processo de auto-oxidação.

---

[7] Solução hipertônica — solução que tem pressão osmótica mais elevada que outras soluções.

Outro aspecto importante que diminui a qualidade da carne é a dessecação da superfície – ou queimadura pelo frio – das peças e/ou das carcaças que ficam armazenadas por longos períodos sem a devida proteção.

As alterações que ocorrem durante o armazenamento das carnes congeladas influem diretamente na sua qualidade após o descongelamento, por isso é aconselhável utilizar temperatura e o tempo de congelamento adequados para as diferentes espécies, conforme demonstra a Tabela 6.4.

Tabela 6.4 | Tempo de armazenamento (em meses) de diferentes tipos de carne sob congelamento

Produtos	Temperatura		
	−12 °C	−18 °C	−30 °C
Bovino	4	4	12
Vitela	3	3	8
Ovino	3	6	12
Suíno	1	2	3
Aves	2	8	10

Fonte: ORDÓÑEZ, 2005b.

Carnes secas, salgadas, curadas e defumadas

O processo de desidratação, ou secagem, consiste em eliminar a maior parte da água disponível nos alimentos aplicando métodos de evaporação (calor) ou sublimação (liofilização)[8]. Seu principal objetivo é prolongar a vida útil do alimento pela redução da atividade da água, que inibe o desenvolvimento microbiano e a atividade enzimática. A desidratação apresenta como vantagens a redução de peso e de volume (50,0% a 80,0%), facilitando o transporte, o armazenamento e a concentração de nutrientes; no entanto promove alterações sensoriais e estruturais no alimento.

Esse processo pode ser dividido em dois tipos: a secagem natural e a secagem artificial. O primeiro tipo compreende a disposição da matéria-prima em tabuleiros ou bandejas e exposição à luz solar. Sua vantagem recai sobre o custo e a produção de grandes quantidades de alimentos secos; porém é dependente das condições climáticas, sendo ideal o clima seco, com baixo índice higrométrico, ventos favoráveis e altas temperaturas.

A secagem natural possui o inconveniente de expor o alimento à contaminação pelo ar e à ação de insetos. Este processo também pode ser realizado à sombra, com o uso de ventiladores, que auxiliam na movimentação do ar, aumentando a velocidade de secagem. Os produtos mais comuns secos naturalmente são frutas (ameixa, banana, uva, cacau), cereais, leguminosas, especiarias, charques e peixes salgados.

A secagem artificial também consiste na evaporação da água; contudo utiliza o calor produzido artificialmente sob condições controladas de temperatura, umidade e velocidade do ar. O que ocorre normalmente é a passagem de ar aquecido, com umidade relativa baixa e velocidade controlada sobre o alimento, podendo este estar parado ou em movimento. As vantagens são a rapidez, o maior controle do processo e das condições sanitárias, a desidratação homogênea e a redução da área de secagem, no entanto é mais dispendiosa e dependente de mão de obra especializada.

A alteração provocada no processo de desidratação afeta não só a estrutura, mas também a composição do alimento. A textura sofre alteração de acordo com o grau de desnaturação das proteínas do músculo, que se agregam provocando diminuição da capacidade de retenção de água, do valor biológico, da digestibilidade e aumento da dureza. No caso de uma desidratação inicial com eliminação rápida do vapor de água, há um comprometimento ainda maior dos alimentos (frutas, carnes, peixe e embutidos), por sofrerem uma forte retração da camada superficial, formando uma película dura e impermeável.

Algumas vitaminas são sensíveis ao calor e à oxidação, como as vitaminas B_1 (tiamina) e C, por isso o tempo de desidratação deve ser curto, sob temperaturas mais baixas. As vitaminas lipossolúveis são mais estáveis e encontram-se normalmente na matéria seca do alimento.

O aroma também é afetado, uma vez que a evaporação da água provoca o arraste das substâncias voláteis, ocasionando perda total ou parcial dos compostos aromáticos; porém isso dependerá da temperatura, da concentração de sólidos no alimento, da pressão do vapor, das substâncias voláteis e de sua solubilidade no vapor de água.

A salga, úmida ou a seco, é um dos mais antigos processos de conservação e ainda hoje é utilizado. Com seu uso objetiva-se aumentar a vida de prateleira dos produtos. Esse processo confere algumas características próprias aos produtos quanto à cor, ao sabor, à textura, entre outras. A adição do sal reduz a concentração de moléculas de água livre do produto, porque "captura" essas moléculas e torna a água indisponível para as reações químicas e bioquímicas.

A carne-de-sol, denominada também de carne-de-sertão, carne-do-ceará, carne serenada, carne-de-viagem, carne-mole, carne-do-vento, cacina ou carne acainada, é o produto obtido pela salga e pela secagem ao sol de peças de carne. Ela é normalmente confundida com a carne-seca. Apesar de sofrerem processos semelhantes, esses tipos de carnes são diferentes nos aspectos organolépticos: textura, cor, sabor, umidade. A

---

8 Liofilização — desidratação de substâncias a baixas temperaturas.

carne-de-sol é ligeiraramente salgada e colocada para secar em local coberto e ventilado. A secagem é rápida e a carne se mantém úmida. A carne-seca requer maior quantidade de sal e as mantas são empilhadas em local seco para desidratarem-se. Após a secagem das mantas, elas são estendidas em varais ao sol para completar a desidratação. Estas são carnes típicas das Regiões Norte e Nordeste do Brasil.

O charque difere da carne-seca quanto ao teor de sal e é um produto típico da Região Sul do Brasil, tendo sido produzido pela primeira vez no Rio Grande do Sul em 1777 pelo português José Pinto Martins, o qual, tendo morado no Ceará, conhecia as técnicas de produção da carne-seca e adaptou-as para o aproveitamento do gado que era abatido apenas para retirada do couro.

O termo "cura de carnes" refere-se à conservação de carnes por adição de sal, compostos fixadores de cor, açúcar e condimentos, com o intuito de se obter melhores características organolépticas. O sal tem a função de agente aromatizante e normalmente é usado em concentrações que variam entre 2,0% e 3,0%. Os compostos fixadores de cor, nitrato de sódio ou potássio e nitrito de sódio ou potássio, são adicionados porque essas substâncias desenvolvem a cor característica da carne curada, além de atuarem como agentes bacteriostáticos em meio ácido.

O açúcar, o fosfato, o polifosfato, o ácido ascóbico e seus sais são utilizados como aditivos. O açúcar, além de conferir sabor adocicado e proporcionar uma combinação doce x salgada, que suaviza o sabor proveniente das especiarias e dos condimentos e o gosto do nitrito, também é fonte de energia para as bactérias responsáveis pela redução do pH, ou pelo aumento da acidez do produto. Os fosfatos e os polifostatos melhoram a estabilidade das emulsões. O ácido ascórbico uniformiza e retém a cor em toda a massa. Qualquer que seja a técnica empregada, a distribuição adequada da "mistura de cura" é fundamental para se ter um produto com características homogêneas e apropriadamente conservado.

O *jerked beef* é um produto cárneo salgado, curado e parcialmente seco ao sol. É um sucedâneo da carne de charque, elaborado com carne bovina e seguindo um padrão técnico. O rótulo identifica sua qualidade para que os consumidores saibam que não se trata do charque verdadeiro. Seu nome se deve à palavra *jerky*, que era como os marinheiros ingleses no século XVIII pronunciavam a palavra charque.

O processo de defumação consiste na aplicação de fumaça produzida pela combustão incompleta de madeiras selecionadas (não resinosas) aos produtos alimentícios, que, após a salga e a cura, são submetidos à defumação, que lhes confere aroma e sabor característicos e maior vida de prateleira. A fumaça resultante da queima da madeira contém compostos químicos formados durante o processo, como aldeídos, fenóis e ácidos alifáticos, que têm poder bactericida.

O processo de defumação pode ser didaticamente dividido em três etapas. A primeira delas compreende a secagem da superfície do alimento, que contribui para a cor do produto. Essa coloração pode variar de amarelo-dourado até marrom-escuro em virtude da reação da carbonila, presente na fumaça, com os grupos amino livres das proteínas e demais compostos nitrogenados. A segunda etapa compreende a aplicação da fumaça por um período de 30 a 90 minutos em embutidos pequenos ou de 10 a 12 horas em produtos cozidos. A terceira e última etapa é o cozimento da carne, em vapor d'água, em câmaras de defumação. A carne, em contato com o calor e a fumaça, sofre desidratação e ressecamento superficial, que promove a formação de barreiras físicas e químicas eficientes contra a contaminação e a atividade microbiana. Este processo é utilizado principalmente em carnes bovinas, pescados e embutidos.

Existem duas formas ou tipos defumação: a frio e a quente. No processo a frio, utilizam-se temperaturas entre 25 °C e 35 °C, umidade relativa de 70,0% a 80,0% durante algumas horas ou dias. Este processo é usado em produtos curados e em presuntos crus. O processo a quente ocorre a temperaturas entre 50 °C e 55 °C, com 75,0% a 80,0% de umidade relativa e injeção de vapor d'água para evitar a dessecação do produto. Este tipo de defumação é mais utilizado em embutidos crus frescos e embutidos de pasta fina, como as salsichas, que sofrem o processo de coagulação das proteínas pela ação da temperatura.

Na defumação, independentemente do tipo de equipamento defumador, há produção de diversos compostos voláteis que participam da constituição do sabor, da cor e da conservação do alimento. O aroma dos produtos defumados é obtido pela presença de compostos como ácidos, alcoóis, carbonilas, cetonas, fenol e outros. Os fenóis, os ácidos orgânicos e os compostos carbonílicos influenciam o sabor típico dos defumados, porém em concentrações elevadas comprometem o sabor do produto, tornando-o desagradável.

É importante o controle da temperatura durante a combustão da madeira, pois temperaturas acima de 350 °C promovem a decomposição da lignina, produzindo substâncias cancerígenas, como o 3-4-benzopireno e o 1,2,5,6-dibenzoantraceno[9]. Atualmente, é frequente a utilização de aromas e condensadores de fumaça, o que evita o risco de formação de hidrocarbonetos policíclicos aromáticos.

---

9 3,4—benzopireno e 1,2,5,6—dibenzoantraceno — hidrocarbonetos aromáticos policíclicos.

No comércio há uma grande variedade de produtos defumados: frangos, embutidos cárneos, pertences para feijoada, etc..

Carne em pó

Este produto foi desenvolvido por pesquisadores da USP e da Unesp utilizando cortes magros de carne bovina. A proposta é ofertar o produto a indivíduos com dificuldade de mastigação e/ou deglutição que necessitam do aporte proteico e de ferro fornecidos pela carne. A mistura em pó é solúvel pode ser acrescentada a caldos, purês, cremes e patês e não eleva o teor de gordura saturada das preparações devido à seleção prévia de cortes traseiros e dianteiros, além de não elevar as quantidades de sódio, pois é elaborada sem a adição de temperos, estabilizantes e corantes industrializados.

A quantidade recomendada para um indivíduo adulto normal é de 15 a 20 gramas de carne em pó diariamente. Essa dosagem atende às necessidades diárias de proteína animal, conjuntamente à ingestão de leite e ovos. Cada 100 g de carne em pó possui 80 g de proteínas de alto valor biológico, 335 calorias e apenas 1,6 g de gordura.

Com sabor leve e agradável, além da boa aceitação que o produto oferece, de acordo com pesquisas realizadas, a acessibilidade é um aspecto importante para sua utilização em detrimento de outros suplementos proteicos existentes no mercado. A carne em pó revela a versatilidade da carne, assim como a importância do produto como item alimentício para toda a população brasileira.

Pré-preparo e preparo

As etapas do pré-preparo e do preparo sequenciam a aquisição e o armazenamento e são determinantes para a obtenção dos resultados esperados. A origem da carne assim como sua forma de conservação e a preparação pretendida determinam os procedimentos a serem adotados nesses momentos. Por exemplo, no caso de carnes congeladas, a primeira etapa de pré-preparo é o descongelamento adequado. Este deve ser lento, em temperaturas de refrigeração entre 0 °C e 5 °C, porque promove a reabsorção da água pelas proteínas musculares e menor perda por exsudação. Carnes que passaram pelo descongelamento lento são mais macias e suculentas. Além do descongelamento, o pré-preparo inclui operações de limpeza, subdivisão, união e amaciamento. Não se recomenda que as carnes vermelhas sejam lavadas, pois substâncias extrativas de sabor e nutrientes podem ser eliminadas com a água.

A limpeza é uma etapa que consiste na retirada de aparas[10] e/ou partes inaproveitáveis (restos), sendo conduzida em momentos distintos: nos abatedouros, nas indústrias de alimentos e nas cozinhas. Atualmente, no mercado, podem-se adquirir produtos inteiros ou praticamente limpos.

As perdas na limpeza variam de acordo com o animal. Em bovinos, perde-se cerca de 40,0% a 50,0% do peso do animal vivo ainda nos frigoríficos. No descongelamento e na limpeza, as perdas podem atingir 28,0%. Pescados, quando inteiros, perdem de 25,0% a 50,0% no pré-preparo. Para aves, a retirada das penas consiste em perda de cerca de 30,0%; a retirada dos ossos representa perda de 12,0%.

Utilizando o cálculo do fator de correção (FC) é possível verificar se as perdas estão aumentando ou diminuindo em função do tipo de carne recebida, da limpeza, da habilidade do funcionário encarregado dessa tarefa ou do utensílio utilizado. Carnes com ossos apresentam FC mais altos, mas esses valores não representam desperdício.

> Caso o osso seja retirado antes do preparo, a perda é do estabelecimento, mas se o osso for retirado pelo cliente no momento do consumo, a perda será dele. Essa reflexão é importante, pois definirá como as carnes serão adquiridas.

A subdivisão compreende a operação de corte das carnes para diversos tipos de preparação. Nesta etapa perdem-se líquidos, e quanto maior a subdivisão, maior é a perda (Quadro 6.3).

Quadro 6.3 | Cortes mais comuns em carnes de mamíferos

Cortes	Características
Bife (*steak*)	1 cm a 1,5 cm de espessura; as partes mais indicadas são: filé *mignon*, contrafilé e alcatra. Outras partes podem necessitar de amaciamento
Chateaubriand	Corte grosso com 6 cm a 7 cm de espessura; mais comum para filé *mignon*
Escalope	Fatia pequena e muito fina cortada no sentido transversal das fibras; mais utilizado para filé *mignon*, mas pode também ser utilizado para peixes e aves
Medalhão	Corte médio, com formato redondo ou oval, com 3 cm de espessura, retirado do lombo do animal
Paillard	Escalope de vitela ou um bife fino de bovino, batido para ficar achatado e preparado na grelha ou na frigideira
Tournedo	Bife grosso com 2 cm de espessura e 4 cm a 7 cm de diâmetro. Equivale à metade do *Chateaubriand*; é retirado do filé *mignon*
Bisteca	Fatia, com osso, do lombo do animal,. também denominada costeleta; pode ser encontrada em bovinos, ovinos e suínos
T-bone steak	Filé *mignon* e contrafilé cortados juntos, com osso; seu nome deve-se ao osso em forma de T

---

10 Aparas — partes retiradas das carnes que ainda podem ser aproveitadas na produção de refeições. Por exemplo, podem ser utilizadas na confecção de caldos e recheios.

Iscas	Cortes em tiras de aproximadamente 5 cm de comprimento por 1 cm de largura
Tiras	Corte sem tamanho definido, podendo ser maior ou menor que o corte em iscas
Cubos	Pode ser de diversos tamanhos, dependendo da preparação (2, 3 e 4 cm)
Moída	Carne fragmentada em moedor

A união é uma operação de mistura de ingredientes e de condimentos às carnes e depende do tipo de preparação. Carnes bardeadas são envolvidas com tiras de gordura de porco ou de boi ou de toucinho defumado e amarradas para que as tiras não se desprendam na cocção. Pode-se também introduzir tiras de gordura na peça de carne, que a atravessam superficialmente, com uma agulha especial ou furá-la com uma lâmina fina e comprida, inserindo pedaços de toucinho ou gordura nos furos. Nesse caso, as carnes são denominadas lardeadas. A gordura introduzida na peça pode estar misturada com condimentos.

Como exemplo de bardeado, tem-se o medalhão de filé; de lardeado, o prato mais conhecido é o da preparação à base de lagarto.

Antes da cocção, algumas carnes precisam sofrer processos de amaciamento que possibilitam o uso de partes mais rijas em preparações que pedem cortes macios. No amaciamento, a umidade é absorvida pelas células musculares por osmose e posteriormente, na cocção, a perda de água não será tão significativa porque parte da água estará no interior das células.

Usualmente, são três os métodos utilizados nos processos de amaciamento: mecânicos, enzimáticos e químicos. Os métodos mecânicos consistem em cortar, bater e/ou moer, são também chamados de tenderização e utilizados na preparação de cortes mais rijos, seu papel é romper as fibras musculares, impedindo grande parte do seu encolhimento pelo calor. Nesse processo de amaciamento pode haver aumento da perda de sucos da carne.

Para bater a carne, podem-se utilizar batedores de metal ou de PVC. Os batedores possuem recortes denteados que permitem o rompimento das fibras. O uso da madeira não é recomendável, pois aumenta a possibilidade de contaminação do alimento. Quando o batimento da carne é feito com muita força podem ocorrer rupturas do tecido muscular que muitas vezes prejudicam o corte de carne.

Há um equipamento elétrico utilizado em cozinhas e açougues para amaciar grandes quantidades de bifes - o amaciador de bifes –, formado por dois cilindros laminados, entre os quais o corte de carne passa e as lâminas cortam as fibras musculares. As carnes podem ser fragmentadas em moedores elétricos ou processadores de alimentos, que promovem o rompimento das fibras.

Nos métodos enzimáticos, as enzimas da própria carne rompem a estrutura das proteínas, assim como outras substâncias também são capazes de fazê-lo. A papaína, extraída do mamão, a bromelina, do abacaxi, e a ficina, do figo, são enzimas proteolíticas exógenas que atuam no amaciamento da carne. Grande parte dos amaciantes industriais é fabricada com o uso dessas substâncias. A técnica consiste em manter a carne em contato com partes ou com os sucos dessas frutas ou ainda com soluções de enzimas industrializadas. O amaciamento é superficial e, dependendo do corte, deve-se perfurar a carne para a penetração das enzimas. O uso dessa técnica deve ser rigorosamente controlado, porque o excesso do produto ou o tempo prolongado de contato produz efeitos indesejáveis: a estrutura da carne torna-se friável, como fígado cozido, e o aroma e o sabor podem ficar comprometidos.

Os amaciantes produzidos industrialmente destinam-se a quaisquer tipos de carnes, são geralmente feitos com papaína, extrato de mamão e uma combinação de temperos. Os produtos temperados amaciam e temperam a carne ao mesmo tempo. Esses amaciantes são produtos desidratados e podem ser utilizados conforme a necessidade, evitando desperdícios. A papaína, de origem natural, não altera o sabor das carnes e mantém suas características nutricionais.

Quanto aos métodos químicos, os ácidos orgânicos presentes nos vinagres, nos sucos de frutas e em bebidas alcoólicas também podem amaciar as carnes, uma vez que a acidez rompe parcialmente as fibras superficiais, reduz o tempo de cocção e promove a desnaturação das proteínas e a preservação dos sucos. O tempo de exposição varia com o tamanho das peças. Os métodos químicos são eficazes, e, além de amaciar, valorizam o sabor da preparação. O sal e as soluções salinas podem ser amaciantes em certas condições de preparo.

Quando o sal puro é adicionado com antecedência às carnes, ele perde sua função amaciadora, podendo até mesmo enrijecer as fibras musculares. Carnes grelhadas e para churrascos e bifes devem ser salgadas após o início da cocção para manter sua maciez e suculência. O sal grosso é preferível ao sal fino no preparo de churrascos, por retirar menor quantidade de água das carnes.

Na condimentação, algumas preparações requerem que a carne seja deixada em uma marinada[11]. Os ingredientes que a compõem podem mudar segundo a preparação. Usualmente, ela é feita com vinagre, ervas aromáticas, limão, especiarias, cebola, alho, sal, óleo, vinho, cerveja e outros líquidos. O tempo de exposição é variável e depende do tipo de carne utilizada. O processo de marinar é uma forma excelente de prover sabor às carnes em preparações que necessitam de redução de gordura e sal.

11 Marinada — ver capítulo Condimentos, fundos e molhos.

A marinada é mais bem aplicada a carnes picadas, porque sua ação é superficial. Quando os pedaços são muito grandes, deve-se furar a carne para que o tempero penetre no interior da peça.

A cocção das carnes tem como objetivo torná-las mais palatáveis, macias e digeríveis, além de ser um fator de segurança, uma vez que elimina ou diminui a presença de micro-organismos. Durante a cocção, a consistência da carne varia em função do corte, do tipo de fibras musculares e de tecido conectivo – mais colágeno, mais maciez; mais elastina, menor maciez – e do tempo e da temperatura de cocção.

O tratamento térmico altera significativamente a pigmentação da carne. A mioglobina desnatura-se entre 80 °C e 85 °C. Durante o cozimento, a globina pode ser desnaturada, formando pigmentos de cor pardo-clara, denominados mio-hemocromogênio (Fe^{+2}), e de cor marrom-escura, mio-hemicromogênio (Fe^{+3}). Outros pigmentos contribuem para coloração da carne cozida, como os produtos da reação de caramelização e de Maillard[12]. A carne de porco é um exemplo dessa pigmentação devido à baixa concentração de mioglobina.

A capacidade emulsificante das proteínas diminui com o aquecimento. As gorduras se fundem, pois as células do tecido adiposo se rompem, provocando uma redistribuição da gordura no alimento. À medida que a temperatura aumenta, a gordura liquefeita pode ser absorvida pela carne ou eliminada. Esse processo de eliminação de gordura denomina-se goteio, e a perda de gordura pode chegar a 10,0% do peso da carne.

Carnes ricas em colágeno necessitam de um maior tempo de cocção em altas temperaturas, normalmente atingidas com a utilização de panelas de pressão.

O *flavor* pode ser desenvolvido pela formação e pela interação de substâncias voláteis; pela desnaturação de proteínas; pela solubilização e pela decomposição da gordura; pela liberação de purinas e pelo aparecimento da reação de Maillard. Os produtos que aparecem nessa reação variam de acordo com a temperatura e o tempo de cocção, sendo responsáveis pelo sabor das carnes e pelo desenvolvimento de uma cor mais escura e atraente (Figura 6.3).

Na cocção, o excesso de temperatura e de tempo de exposição das carnes propicia uma maior decomposição dos componentes alimentares, alterando o odor e o sabor, que se torna amargo. Para evitar que esses resíduos fiquem aderidos às superfícies de contato, recomenda-se movimentar o alimento até que toda a superfície adquira a cor desejável.

Mioglobina Fe^{2+} (púrpura) ⇌ (Altos níveis de oxigênio / Exclusão de oxigênio) Oximioglobina Fe^{2+} (vermelho vivo) → (Oxidação) Metamioglobina Fe^{3+} (castanho claro)

Mioglobina → (Cozimento) Mio-hemocromogênio Fe^{2+} (pardo claro) ← (Cozimento) Oximioglobina

Mio-hemocromogênio Fe^{2+} → (Cozimento) Mio-hemocromogênio Fe^{3+} (marrom escuro) ← Metamioglobina

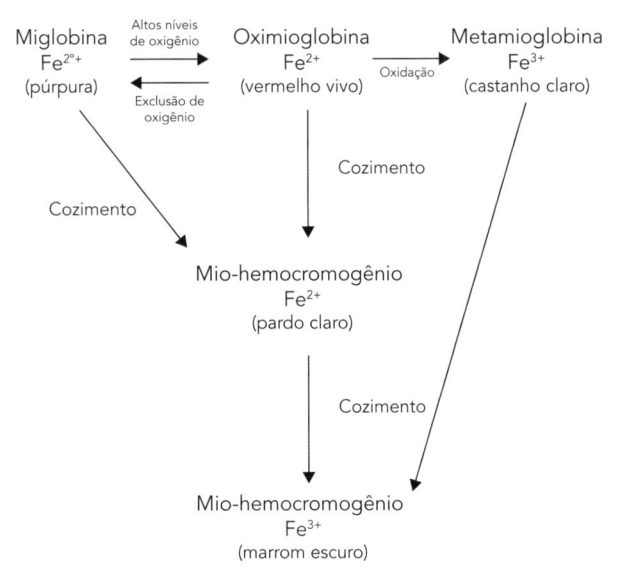

Figura 6.3 | Modificações durante o cozimento de carnes

O consumo de carne em temperaturas de até 70 °C não garante a eliminação de micro-organismos patogênicos. A cocção das carnes é feita em temperaturas adequadas para cada tipo e de resultado que se deseja obter. Durante a cocção, o calor é conduzido da superfície ao interior das carnes, e com o aumento da temperatura tem início a desnaturação, ocorrendo o encurtamento das fibras com a liberação da água, anteriormente imobilizada. A perda de água conduz a diversos níveis de desidratação da carne, alterando sua maciez e suculência (Tabela 6.5).

Tabela 6.5 | Características das carnes no processo de cocção[13]

Temperatura da carne[13]	Ponto de Cocção	Características
40°C – 50°C	Cru	Coloração vermelho-escura; consistência macia; tecido conjuntivo intacto. Extravasamento inicial de líquidos da estrutura proteica. Coagulação inicial das proteínas.
50°C – 60°C	Mal passado	Coloração vermelho-clara, tornando-se opaca; consistência de macia a firme; tecido conjuntivo intacto. Coagulação da miosina. Carne suculenta ao corte. Início da fusão da gordura (goteio).

---

12 Ver capítulo Aspectos da química e da funcionalidade das substâncias químicas presentes nos alimentos (carboidratos).

13 A temperatura de cocção deve ser aferida no centro geométrico da carne.

60°C – 70°C	Ao ponto	Coloração externa cinza-amarronzada e, interna, rosada; consistência mais firme pelo encurtamento das fibras e perda de líquido. Inicia-se a desnaturação e coagulação das proteínas. Menor exsudação.
70°C – 80°C	Bem passado	Coloração interna e externa cinza-amarronzada; consistência enrijecida e menos suculenta. Dissolução inicial do tecido conectivo.
Acima de 80°C	Muito bem passado	Coloração escura (de marrom a preta); consistência rígida e seca. Rompimento das paredes celulares e liberação de gordura. Dissolução do tecido conectivo. Desnaturação e coagulação da actina.

O cozimento das carnes pode ainda solubilizar os minerais que passam para o molho, assim como as vitaminas termolábeis perdem parcialmente sua biodisponibilidade. Tais perdas dependem do método de cocção utilizado: temperaturas mais altas são mais prejudiciais. Os sucessivos reaquecimentos de carnes também modificam seu *flavor*, desenvolvendo sabor rançoso.

O *flavor* de ovinos e suínos é mais dependente do tipo de ácido graxo volátil presente na carne. O *flavor* de ovinos também é caracterizado pela alta concentração de piridina e de compostos sulfurados. Quando reaquecida, o *flavor* da carne modifica-se devido à interação do ferro com a gordura. O ferro oxidado à forma férrica catalisa a oxidação de lipídios, desenvolvendo sabor rançoso. Quanto à perda de outros nutrientes, os minerais passam para o molho; as vitaminas termolábeis são as que mais se alteram, perdendo sua atividade vitamínica. As perdas dependem do método de cocção utilizado; temperaturas mais altas são mais prejudiciais.

Os métodos de cocção utilizados em carnes variam conforme o tipo de calor: seco, úmido ou misto, produzindo preparações com texturas, cores, sabores e odores diferenciados.

Carnes preparadas em calor seco têm seus sabores e odores concentrados, dependendo do tempo e da temperatura de exposição. Outros fatores que influenciam são o tamanho das peças de carne, a superfície de contato com o ar quente ou o óleo e a maciez do corte. Aconselha-se o uso de cortes mais macios e com menos tecido conectivo. As técnicas mais usadas são: assar, grelhar, refogar e fritar.

Na cocção por calor úmido, emprega-se um meio líquido – água, caldo de carnes ou de vegetais, sucos ou leite. As técnicas mais comuns são a fervura, a cocção pelo vapor e o escalfado. No entanto, escalfar não é um método utilizado comumente para carnes.

A cocção em calor misto ocorre quando se utiliza calor seco, óleo ou ar quente, adicionando-se líquidos à preparação. Como é feita com o acréscimo de líquido, hidrata o alimento e dissolve as substâncias sensoriais, os nutrientes e outros elementos solúveis em água, formando um caldo com sabor mais ou menos acentuado, de acordo com a quantidade e a qualidade do líquido usado e com a temperatura e o tempo de cocção.

A combinação de calor é interessante, pois com o calor seco adquire-se cor e sabor mais intensos, bem como a tostadura inicial. Com o calor úmido, ocorre geleificação do colágeno e hidratação. O cozimento deve ser lento e em fogo brando. As técnicas utilizadas são ensopar, guisar, brasear e estufar.

Mesmo com a definição do melhor método de cocção para cada tipo de preparação, ainda é importante escolher o corte adequado para que a receita seja apreciada sensorialmente (Quadro 6.4). Peças inteiras podem ser assadas em forno ou churrasqueira, bem como estufadas ou refogadas. Quando em cubos ou tiras, elas podem ser grelhadas, fritas, refogadas, guisadas ou ensopadas; moídas, podem ser refogadas, guisadas, ensopadas ou até mesmo fritas ou grelhadas, quando em hambúrguer ou almôndega.

Quadro 6.4 | Especificações sobre principais cortes de bovinos utilizados na culinária

Cortes	Localização e características	Métodos de cocção
Acém (agulha, lombo de agulha, alcatrinha, lombo d'acém, tirante e lombinho do acém)	Corte localizado entre o pescoço e o filé da costela, limitando-se, em sua porção inferior, com o corte da costela do dianteiro. É uma peça grande, sendo a maior e mais macia porção dianteira do bovino. Relativamente magra, possui algum tecido conjuntivo e veios de gordura externa. Normalmente é comercializado desossado ou cortado em cubos.	Pela presença de tecido conjuntivo, são indicados métodos de cocção que utilizem calor úmido ou misto, uma vez que o tempo de cocção prolongado e elevadas temperaturas poderão causar ressecamento excessivo da preparação. O calor úmido ou misto permite o abrandamento das fibras, portanto o acém é excelente para ensopados, picadinhos, assados com cobertura, cozidos, carne moída, refogados, bifes de panela, carnes de panela, carnes recheadas ou preparadas com molho.

Cupim (giba e mamilo)	Constituído das massas musculares situadas dorsalmente ao acém, o cupim é a porção de fibras musculares entremeadas de gordura situada logo atrás do pescoço de bovinos de raça zebuína ou seus cruzamentos; tem sabor característico e paladar agradável.	Exige cocção lenta e presença de umidade. Sua utilização em churrascos ou na grelha é comum, mas deve ser submetido a tratamento especial. O uso de papel celofane específico para culinária, assim como papel alumínio é indicado por permitir que o vapor formado pelos sucos internos da carne seja responsável pelo seu cozimento. Para agilizar o processo, pode ser submetido previamente ao cozimento na pressão, para posteriormente ser levado ao forno, sempre com alguma cobertura. Em ambos os casos, a temperatura deve ser branda, para permitir o cozimento uniforme.
Peito (granito)	É a porção que recobre o esterno e as cartilagens costais. Sua porção superior está adjacente à costela-do-dianteiro. O peito está sujeito a esforços rotineiros do animal, sendo constituído de músculos e fibras grossas e compridas, além de grande quantidade de gordura.	Seguindo lógica semelhante aos demais cortes com elevada quantidade de tecido conjuntivo, seu cozimento deve ser lento, em temperaturas amenas e em calor úmido. As preparações indicadas para este corte são: cozidos, caldos, sopas, refogados, enrolado com temperos e assado na panela com molho. Para utilização em churrascos ou grelha, repete-se a orientação dada para o cupim.
Pescoço	Compreendido entre o acém e a face anterior do atlas, é a continuação do peito e tem formação muscular semelhante a este.	Orientação similar à do peito.
Costela-do-dianteiro (pandorga ou assado)	Corresponde às cinco primeiras costelas, estando entre o acém e o peito; está cercada de osso e gordura, sendo um corte de sustentação, saboroso, mas com elevado conteúdo de tecido conjuntivo principal; a presença de osso e gordura contribui para que existam sabores, texturas e aromas variados.	Permite o uso de calor seco, mas exige longo tempo de preparo; é apreciada quando permanece 12 horas no "bafo" da churrasqueira, ou seja, longe da brasa. Essa técnica favorece a formação de um colorido superficial atraente e ao mesmo tempo o abrandamento das fibras. A utilização de calor úmido, por meio de técnicas como ensopar, guisar, estufar, entre outras, favorece a geleificação do colágeno e a hidratação e, consequentemente, o sucesso da preparação. Os métodos que empregam calor úmido, portanto, são indicados para a costela, respeitando-se o tempo necessário para seu cozimento.
Paleta	Localizada entre a face articular do carpo (limite inferior), o pescoço (limite anterior), o acém, a costela-do-dianteiro e o peito (limite medial), é subdividida em músculo-do-dianteiro e pá.	Ver músculo-do-dianteiro e pá.
Músculo-do-dianteiro (braço e mão-de-vaca)	É o corte que envolve o rádio e a ulna, compreendido entre o coração da paleta e o carpo; possui reduzida quantidade de gordura e fibras musculares espessas, formadas por grandes feixes; a grande quantidade de colágeno presente determina a formação de gelatina durante o processo de cocção.	Como está próximo ao osso, mas não possui gordura, é um corte com sabor peculiar; não é apropriado para o uso de calor seco ou misto; resulta em preparações saborosas quando submetido ao calor úmido, que promove a desnaturação do colágeno, como ensopados, caldos e preparo de molhos.
Pá	É obtido da separação da paleta do músculo do dianteiro, subdividida em raquete, peixinho e coração da paleta.	Ver raquete, peixinho e coração da paleta.
Raquete (raqueta, ganhadora, sete, língua e segundo coió)	Massa muscular que está na porção posterior da espinha escapular (fossa infraespinhosa), é formada por feixes de fibras musculares longas e largas; possui elevada quantidade de gordura, o que confere ao corte sabor intenso.	Suas características indicam necessidade de calor úmido, baixas temperaturas e longo tempo de cocção, portanto é ideal para ensopados e guisados, podendo utilizar-se o corte moído, em bifes ou em pequenos pedaços, sendo estas a melhor opção para o uso da raquete.
Peixinho (coió, lagartinho da pá, lagarto do braço, lombinho e tatuzinho da paleta)	Corte localizado na porção anterior da espinha escápula (fossa supraespinhosa). Apresenta maior quantidade de tecido conjuntivo principal, com feixes de fibras musculares curtas e baixo teor de gordura, resultando em uma carne rija.	Possui grande parte do tecido conjuntivo formado por colágeno, o que confere ao produto final consistência gelatinosa, interessante para molhos e caldos. A utilização do corte é apropriada para cozidos e ensopados, podendo ser também assado com cobertura ou usado como carne recheada ou escalopes ao molho madeira.
Coração da paleta (carne do sete, posta gorda, posta da paleta, patinho do sete, patinho dianteiro, patinho da paleta, alcatra dianteira)	Porção remanescente da paleta após a extração do peixinho, da raquete e dos demais músculos da pá. O corte é obtido pela separação, à faca, da massa muscular inserida na bolsa posterior da escápula, no úmero e na extremidade da ulna, bem como de sua inserção com o corte músculo-do-dianteiro. Suas fibras são curtas e magras.	Com suas características, o coração da paleta pode proporcionar assados de boa qualidade, aceitando calor seco. Contudo, é importante que a temperatura seja moderada para não ocasionar o ressecamento excessivo da peça. O calor misto e o úmido podem ser empregados com sucesso, promovendo maior suculência da carne, além de permitirem a dissolução de componentes responsáveis por sabores diferenciados.

Filé *mignon*	Corte situado na face ventral das três últimas vértebras torácicas, seis lombares, ilíaco e fêmur (terceiro trocanter); é uma carne magra, com alguns veios de gordura, apresentando quantidade reduzida de tecido conjuntivo principal, o que resulta em uma carne macia, que não oferece grande resistência à aplicação de calor. Corte isento de substâncias extrativas responsáveis por sabor e aroma, necessitando de complementos adequados (molhos, temperos).	Não é apropriado para preparações com tempo de cocção prolongado, sendo o calor seco o mais indicado. Pode-se assar (inteiro), grelhar, fritar e fazer churrasco (pedaços menores) com sucesso.
Capa de filé (filé de costela)	Sobreposto ao contrafilé ou filé de costela, na porção torácica, este corte é formado por quantidade elevada de tecido conjuntivo, distribuído desordenadamente e recobrindo grandes feixes de fibras musculares.	Suas características indicam necessidade de tempo prolongado de preparo, com temperaturas amenas. Sendo assim, molhos, ensopados, refogados, assados com cobertura, churrascos (distante da fonte de calor) e picadinhos são preparações apropriadas para o corte.
Contrafilé (bife angosto ou bife de chorizo)	Está situado entre o acém e a alcatra, após a retirada do filé mignon e da capa de filé. Sua denominação se justifica por sua localização, pois está contra o filé mignon, ou seja, eles estão separados apenas pelas vértebras lombares; é um corte com tecido conjuntivo localizado em pontos específicos, é macio e saboroso, especialmente pela presença de gordura lateral, que deve estar uniformemente disposta e também entremeada, o que auxilia na manutenção da umidade da carne. Deve ser evitada a porção próxima à alcatra (6 a 7 cm), local onde se encontra um nervo interno que atravessa a carne quase paralelamente à gordura. Outro nervo que compromete a qualidade da carne está localizado na lateral externa, devendo, portanto, ser removido antes do preparo.	O calor seco é um método adequado para este tipo de corte, assado (com osso ou desossado). Frito, grelhado, à milanesa, empanado com farinha de trigo ou em preparações como rosbife, estrogonofe, medalhões e churrasco também fica excelente. Ele não exige longo tempo de cocção, o que provocaria a retração brusca e excessiva da carne com perda da suculência. É importante também que a gordura seja previamente preparada com cortes transversais, que impedem o encolhimento da carne, juntamente com a gordura. As técnicas mais rápidas, como grelhar e fritar, devem ser utilizadas em cortes menores, que proporcionarão um dourado superficial e a manutenção da umidade interna.
Alcatra (alcatra grossa, coice e alcatre)	Corte localizado entre o lombo e o coxão que se caracteriza por grande versatilidade; é subdividido em três tipos de corte, totalizando aproximadamente 80 cm de carne. Os cortes são: picanha, maminha e miolo de alcatra.	O método de cocção apropriado será discriminado para cada corte que compõe a alcatra.
Picanha (alcatra grossa, coice e alcatre)	Parte da subdivisão da alcatra, é formada por segmento do músculo glúteo; possui formato triangular com gordura entremeada e externa (capa de gordura); é constituída por feixes de fibras finos e com pequena quantidade de tecido conjuntivo, que forma uma membrana na porção inferior do corte e deve ser retirada antes do preparo para não proporcionar seu encolhimento, com redução do volume e perda indesejada dos sucos internos. A parte mais larga, próxima ao coxão duro, possui textura mais resistente que a outra extremidade.	Suas características conferem ao corte condições apropriadas para métodos de cocção que utilizam calor seco. Assar, assar em churrasqueira, grelhar e fritar são técnicas que possibilitam a execução de preparações muito saborosas com a picanha. A formação de uma crosta externa, com coloração dourada e manutenção da suculência interna, favorece a aceitação do prato. Contudo, é necessária a aplicação inicialmente de altas temperaturas, com redução posterior, pois o calor é transmitido por condução e deve penetrar na carne sem ressecar a superfície exageradamente.
Maminha (ponta de alcatra)	Porção mais estreita e macia da alcatra, é suculenta e tem sabor suave. Assim como nos demais cortes, para que a maciez e o sabor sejam potencializados, o corte deve ser perpendicular às fibras.	Levando-se em consideração o tempo de cocção, que não deve ser prolongado, técnicas como assar, assar na churrasqueira, grelhar, ou até mesmo a utilização de calor misto, como brasear, resultam em excelentes preparações.
Miolo de alcatra (coração de alcatra e centro da alcatra)	Localizada no centro da peça, é constituída por duas partes denominadas olho e miolo, com fibras curtas e baixo teor de gordura. Esta conformação favorece o corte de grandes bifes, mas com sobras para outros tipos de corte, como iscas e cubos.	Como a carne é magra, os cortes devem favorecer a manutenção da umidade interna, ou seja, no caso de bifes, a espessura deve ser de 1 cm aproximadamente, e o tempo de cocção não deve se excessivo. Para iscas e cubos, além do controle do tempo, a utilização de molhos favorece a obtenção de características sensoriais satisfatórias. Portanto, o calor úmido, o misto e o seco podem ser utilizados com sucesso.
Coxão mole (chã-de-dentro, chã, coxão de dentro, polpa e polpão)	É o corte retirado da porção interna da parte superior da perna do animal. Localiza-se próximo ao patinho, ao lagarto e ao coxão duro; é um corte magro, com fibras curtas que proporcionam maciez e suculência à carne.	O calor seco, o úmido e o misto podem ser empregados. Contudo, como se trata de uma carne com pouca gordura, estratégias devem ser observadas para obtenção de resultados positivos. A utilização de coberturas para uso de calor seco (fritar à milanesa, assar com papel alumínio, etc.), assim como a utilização da técnica da tostadura (selar) previamente ao emprego do calor úmido resultam em preparações com características organolépticas, como textura e cor, respectivamente, adequadas.

Corte	Características	Preparação
Coxão duro (coxão de fora, chandanca, posta vermelha, perniquim, lagarto plano, lagarto chato, lagarto vermelho, chã de fora e lagarto atravessado)	Localiza-se na porção lateral da perna do animal, próximo ao lagarto. É uma carne magra e com quantidade importante de tecido conjuntivo principal, o que a torna rija e mais seca.	A preparação deste corte segue princípios similares aos das carnes da porção dianteira do animal, ou seja, utilização de calor úmido ou misto para obtenção de preparações satisfatórias. Portanto, é indicado para caldos, cozidos, ensopados ou para ser moído.
Lagarto (lagarto redondo, lagarto paulista, lagarto branco, posta branca, paulista e tatu)	Primeiro corte de carne do coxão, está localizado entre o coxão duro e o coxão mole; com forma de cilindro, apresenta gordura e tecido conjuntivo na parte externa. Sendo estes retirados, apresenta coloração clara, com fibras longas e finas e baixo teor lipídico.	Apesar da rigidez inicial, devido ao baixo teor de gordura, quando é empregado calor úmido e misto (vapor, brasear, etc.), este corte resulta em uma carne macia; não é dotada de muito sabor, necessitando de molhos e temperos para melhor aceitação. É comum o uso de marinadas ou recheios (uso favorecido pelo formato do corte), assim como o preparo de rosbife e *carpaccio (carne crua cortada em fatias finas e servidas com molho)*.
Patinho (bochecha, caturnil, cabeça de lombo e bola)	Músculo retofemural de formato arredondado, dividido em três partes por tecido conjuntivo elástico. Apresenta baixo conteúdo lipídico e feixes de fibras finas e curtas.	Apresenta semelhante comportamento à aplicação de calor que o corte de coxão duro.
Músculo do traseiro (ou músculo mole)	É a porção cárnea separada do coxão duro e do coxão mole aderida à face posterior do joelho (articulação femorrotibial); apresenta características similares ao músculo dianteiro.	Mesmas observações feitas em relação ao músculo dianteiro.
Costela (pandorga ou assado)	Constituída de massa muscular e cercada de osso e de gordura, sendo um corte de sustentação, saboroso, mas com elevado conteúdo de tecido conjuntivo principal e, portanto, necessitando de prolongado tempo de cocção. A presença de osso e gordura contribui para a existência de sabores, texturas e aromas variados.	Permite o uso de calor seco, mas exige longo tempo de preparo; é apreciada quando permanece 12 horas no "bafo" da churrasqueira, ou seja, longe da brasa. A técnica favorece a formação de um colorido superficial atraente e ao mesmo tempo o abrandamento das fibras. A utilização de calor úmido, por meio de técnicas como ensopar, guisar, estufar, entre outras, favorece a geleificação do colágeno e a hidratação, e, consequentemente, o sucesso da preparação. Os métodos que empregam calor úmido, portanto, são indicados para a costela, respeitando-se o tempo necessário para seu cozimento.
Costela ponta-de-agulha (costela minga ou capa de bife)	Corte localizado na parte inferior da caixa torácica do animal. É constituído por ossos finos, cartilagem e gordura.	A presença de ossos e gordura faz deste corte uma excelente opção para churrascos, que também pode ser utilizado para ensopados ou sopas. Assim como os demais cortes com quantidade elevada de fibras, este deve ser cozido por tempo prolongado e distante do braseiro.
Fraldinha	Situado na parede que recobre a região abdominal, possui quantidade de gordura elevada, assim como de tecido conjuntivo.	Durante o pré-preparo, é necessário retirar o tecido conjuntivo aparente, assim como a gordura excessiva; é um corte apropriado para assar, assar em churrasqueira e fazer ensopados. Contudo, para churrasco, deve ser colocado longe da brasa e submetido a uma cocção lenta.
Matambre	Com nome originado da língua espanhola, o matambre ("*mata hambre*" – mata a fome) é a primeira peça de carne que se retira após o abate do animal; envolve a costela, possui cor rosada e deve ser preparada separadamente.	Tipicamente servido no sul do Brasil enrolado e recheado com vegetais, entre outros ingredientes, também pode ser preparado na grelha ou no espeto, cortado em tiras finas e servido como aperitivo para o churrasco.

6.5.2 Carne de aves

As aves merecem lugar de destaque na alimentação mundial e particularmente no Brasil. Como produto que requer menor custo ambiental e material na criação, é comercialmente vantajoso, sendo uma excelente alternativa como produto proteico em diferentes cardápios.

A avicultura posiciona-se como segundo item na pauta de exportações do agronegócio brasileiro e o quinto item da balança comercial do país. A produção de frango, especificamente, coloca o Brasil no *ranking* de produção mundial em terceiro lugar e em primeiro como exportador. A Região Sul representa 52,0% da produção nacional e 75,0% das exportações.

Como consumidor de carne de frango, o Brasil aparece em quarto lugar no mundo, atrás apenas dos EUA, da China e da União Europeia. Cada brasileiro consome em média 38 quilos de carne de frango por ano.

As carnes de aves referem-se a espécies domésticas ou de caça utilizadas como alimento. A qualidade das carnes de aves está relacionada à espécie do animal, ao tipo, ao sexo, à idade, ao tipo de corte da ave (parte do animal), ao tipo de criação e às condições após o abate.

Os itens de qualidade da carne de aves estão relacionados diretamente com os cuidados despendidos durante a vida do animal, como alimentação e manejo. São ainda fatores intervenientes a procedência, os cuidados sanitários, as características da raça e as condições dos meios de transporte.

Assim como nos mamíferos, o nível de exercício do animal determina a maciez e a suculência da carne. Dessa forma, as aves que se movimentam menos (criadas em granjas) apresentam menor desenvolvimento das fibras musculares e consequentemente maior maciez, quando comparadas às aves criadas soltas, que apresentam maior movimentação e, por conseguinte, maior dimensão das fibras.

Comparativamente às carnes de mamíferos, as carnes de aves apresentam melhor digestibilidade, principalmente quando mais jovens, sendo recomendadas para pessoas que apresentam comprometimento desta função. Além disso, a composição lipídica da carne de aves, assim como da de mamíferos, é diferenciada de acordo com o tipo de tecido: muscular ou adiposo. No músculo das aves, a gordura é mais insaturada que no músculo de mamíferos, chegando a representar 60,0% ou mais da composição de frangos e galinhas.

As carnes de aves possuem vitaminas e minerais qualitativamente semelhantes às das carnes de mamíferos, mas há variações no teor destes nutrientes. Por exemplo, as carnes de aves apresentam maior concentração de niacina (B_3) e piridoxina (B_6) e menores concentrações de ferro.

Nas aves, a textura e o sabor também variam em função do corte utilizado. O peito possui baixa concentração de gordura e é pouco exercitado pelo animal, tendo portanto menor desenvolvimento das fibras musculares, o que torna a carne mais macia, porém com menor suculência em função do baixo teor de gorduras.

Pela menor concentração de substâncias extrativas, o sabor do peito de aves geralmente não é tão intenso. As coxas e as sobrecoxas são mais exercitadas, e por isso tendem a ser mais rígidas, mas em virtude de sua menor concentração de tecido conjuntivo, quando comparadas às carnes de gado, e sua maior concentração de gordura, apresentam-se suculentas e macias. Ademais, por apresentarem maior teor de mioglobina que nas outras partes das aves, a carne das coxas e das sobrecoxas é mais avermelhada.

As regiões como pescoço e asa apresentam uma proporção superior de ossos e pele em relação à quantidade de carne. Tal fato caracteriza uma maior concentração de gordura e colesterol nessas partes do animal. Pela baixa quantidade de carne presente, essas peças são mais bem aproveitadas quando se utiliza calor úmido como fonte de cocção.

Aquisição e armazenamento

As carnes de aves geralmente chegam ao supermercado embaladas, podendo ser resfriadas ou congeladas. Elas podem ser comercializadas inteiras ou em pedaços. Quando em pedaços, o supermercado pode recebê-los dessa forma ou fatiar a carne no próprio estabelecimento.

Os aspectos referentes à qualidade e ao frescor das aves são: aves cheias e bem formadas, com pele clara, cor homogênea e consistência elástica. A pele de aves frescas deve ser úmida sem ser molhada; a pele molhada indica que a ave foi parcialmente congelada. Tanto a raça como a ração podem alterar a cor da pele e o sabor da carne. No entanto, a coloração desejável é clara, entre o amarelo e o branco, sem manchas escuras.

Ao escolher aves congeladas, é importante que a embalagem esteja intacta e fechada, não devendo apresentar cristais de gelo ou descoloração. É importante também conhecer qual tipo de ave será adquirida para prepará-la da forma mais adequada.

A carne de aves deve ser armazenada em ambiente refrigerado, quando fresca, ou mantida congelada (-18 °C). Em carnes de aves processadas, como hambúrguer, estudos indicam que o uso de ingredientes antioxidantes auxilia na conservação. A atuação da sálvia como antioxidante foi identificada como superior à do alecrim. O uso de 0,1% de sálvia na carne de frango mostrou-se eficaz em minimizar e retardar a oxidação dos lipídios e do colesterol durante o processo térmico e o armazenamento, sendo também capaz de reduzir os efeitos pró-oxidantes da adição de 0,5% de sal.

O alho, no entanto, demonstrou efeitos negativos. A adição de 0,1% de alho em peito de frango sugeriu que este não tem efeito antioxidante nessa matriz, podendo inclusive acelerar o processo de oxidação.

Pré-preparo e preparo

Nas etapas de pré-preparo, diferentemente de alguns outros animais, as aves podem ser lavadas, pois não apresentam concentrações consideráveis de substâncias extrativas e ainda apresentam a pele de proteção, que evita a diluição destas. A menor quantidade de tecido conjuntivo dispensa métodos de amaciamento mecânico. Usualmente são utilizados métodos por hidratação proteica, como os marinados.

Para aves, a primeira subdivisão é a separação das partes: asa, *drumete* ou coxinha da asa, coxa, sobrecoxa, peito, pescoço, pés, vísceras, cabeça e carcaça (Figura 6.4).

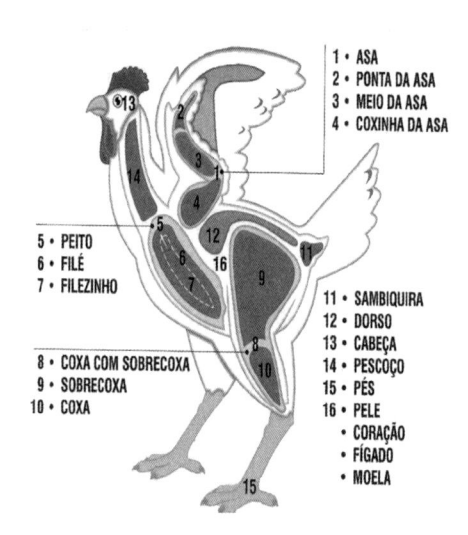

Figura 6.4 | Mapa dos cortes de aves

Fonte: OLIVO; OLIVO, 2005.

Deve-se ter cuidado para não haver quebra dos ossos, pois isso compromete a aparência final do produto e a segurança do consumidor. Na subdivisão, a parte mais interna do peito é denominada de *sassami* no mercado consumidor. Dessa forma, o peito pode ser comercializado inteiro (com o *sassami*) ou não. Após a desossa, ele pode ser filetado, cortado em cubos ou moído. Outras partes, como coxas e sobrecoxas, também podem ser desossadas, com ou sem pele.

Diferentemente das carnes vermelhas, aves cruas têm pouco *flavor*, que se desenvolve durante a cocção. As carnes das aves desenvolvem suas características de cor, aroma e sabor durante a cocção, porém em menor intensidade. Uma das substâncias presentes nas aves que promovem desenvolvimento de sabor após a cocção é a glutationa.

Para aves, aconselha-se assar as partes mais gordurosas, como coxas, sobrecoxas e asas, pois se tornam macias. Para assar peito, também se recomenda alguma forma de cobertura, que, nesse caso, pode ser a própria pele do animal, que ficará tostada e crocante, ou ainda fatias de bacon.

Quando se deseja uma carne com menos gordura e menos colesterol, desaconselha-se o uso da pele. Aves jovens assam mais rapidamente, enquanto as mais velhas ou maiores necessitam de proteção para cozinhar antes de corar.

Quando comparados, coxas e peitos atingem cocção completa em tempos diferenciados. As coxas necessitam de mais tempo, pois, apesar de apresentarem ossos que são bons condutores de calor, estes são porosos e não facilitam a transmissão deste.

Assar em espetos giratórios produz melhores resultados com aves inteiras e peças grandes, porque o calor é transmitido de maneira uniforme por toda a peça. No caso dos churrascos, deve-se estar atento à produção de brasas de carvão, uma vez que o fogo não deve tocar o alimento – somente o ar quente deve envolvê-lo.

Para o preparo de aves ao molho, recomenda-se a utilização de pouca quantidade de água para o sabor da preparação fique concentrado. Também não se deve utilizar a água em ebulição para o preparo de peitos de aves, pois estes despedaçam facilmente.

Para ensopar carnes, utiliza-se gordura aquecida para formar crosta e acrescentar sabor, acrescentando-se depois líquido em maiores quantidades para que a cocção continue mais lentamente e se forme um caldo. Este é um método mais utilizado para carnes em cubos ou iscas, para haver liberação das substâncias extrativas e tornar o caldo saboroso; é também um método usado para aves, mas não comumente empregado para pescados, que podem não resistir ao calor seco inicial. Neste procedimento normalmente se acrescentam hortaliças que acompanham a preparação.

Os frangos e os perus são utilizados tanto para preparações triviais como para cardápios mais elaborados. Todavia, as demais aves são reservadas para cardápios especiais. De forma geral, as aves novas e macias devem ser escolhidas para cozimento rápido, como fritar e grelhar, e as aves mais velhas, para métodos de cocção mais lentos, como ensopados, que contribuem para amaciar a carne. Os melhores métodos de preparação para cada ave, assim como para cada corte, estão descritos nos Quadros 6.5 e 6.6.

Quadro 6.5 | Características e métodos de cocção das principais aves utilizadas na culinária

Aves	Características	Métodos de cocção
Frango de leite ou galeto	É a ave com até 3 meses de idade, com cerca de 600 g de peso; Tem carne macia, com cartilagens e ossos moles, pouca gordura e gosto não muito forte.	Grelhar, fritar, assar e churrasco (aberto/achatado).
Frango comum	Tem entre 3 e 7 meses e chega a pesar mais de 1 kg. Em geral, são os animais machos, pois as fêmeas são destinadas à postura de ovos e só costumam ser abatidas quando ficam adultas. A carne tem sabor mais acentuado e um pouco de gordura, os ossos são firmes e as cartilagens bem mais duras que as do galeto.	Assar, grelhar, fritar ou ensopar.
Galo ou galinha	Aves adultas com mais de 7 meses, pesando cerca de 1 ½ kg. A carne é bem saborosa, variando segundo a raça e o tipo de alimentação que o animal recebeu. O galo tem a carne mais firme que a galinha, menos gordura e precisa de mais tempo de cozimento.	Ensopados e canjas.
Frango capão	É o frango castrado para que possa engordar mais. Geralmente é abatido com cerca de sete meses e pesa mais do que um galo ou uma galinha comuns. A carne é muito saborosa e tem bastante gordura.	Assar.
Pato	A pele deve ser flexível e lisa, com aparência seca. O corpo é comprido, com peito estreito.	Assar (inteiro), fritar, grelhar (peito).
Ganso	O peito é cheio, com osso dorsal flexível. A pele deve ser clara e lisa. Deve ter gordura amarela na cavidade do corpo.	Assar, assar na panela, refogar, ensopar (pedaços).
Tetraz	A pele deve ser úmida e fresca, e a carne, vermelho escura, sem qualquer marca de tiro.	Assar no forno e na panela, refogar, ensopar, caçarola.
Galinha d'angola	O peito é longo e magro. A pele deve ser dourada, e a carne, gorda e escura.	Assar com toucinho, assar na panela, caçarola.
Perdiz	A ave deve ser cheia, com carne clara e macia, e deve possuir cheiro característico de caça.	Assar no forno e na panela, refogar, ensopar, caçarola.
Faisão	Deve possuir boa forma e não ter marcas de tiro. Os membros devem estar intactos, e não quebrados. Deve possuir um forte cheiro de caça.	Assar no toucinho, ensopar, refogar.
Codorna	Deve possuir bastante carne, sua forma deve ser arredondada.	Assar no forno e na panela, refogar, grelhar e fazer churrasco e caçarola.
Peru	Deve ser cheio, com peito e coxa gordos. A carne deve ser úmida e sem marcas, seu cheiro deve ser suave.	Assar (inteiro), refogar, na caçarola (pedaços), fritar levemente, fritar (peito).

Quadro 6.6 | Características e métodos de cocção dos principais cortes de aves (galinha e frango) utilizados na culinária

	Cortes	Localização e características	Métodos de cocção
Carne de Frango ou Galinha	Peito e sassami	Ocupa toda a parte inferior do animal; pode ser comercializado isoladamente com osso e sem osso, com pele e sem pele. O sassami também é comercializado sozinho. Após a desossa, pode ser filetado, cortado em cubos ou moído; é uma carne com pouco tecido conjuntivo, de cor clara e com reduzido conteúdo lipídico, sendo considerado, devido às suas características, o corte mais nobre do frango, por possuir aspecto agradável, cor atraente e ser bastante utilizado na culinária requintada e em pratos que compõem uma alimentação saudável.	Suas características tornam o peito e o sassami apropriados para métodos que utilizam calor seco, quando for rápido, impedindo maiores perdas da umidade interna (grelhar e fritar). Para assar, é recomendada alguma forma de cobertura, que, nesse caso, pode ser a própria pele do animal, que ficará tostada e crocante, ou ainda fatias de bacon. O emprego de calor misto é interessante quando se utiliza pouco caldo, além da aplicação de calor seco antes do acréscimo do caldo para formação de crosta corada, tornando a preparação mais atraente. Quando desfiado, após o cozimento, pode ser empregado em preparações como canja, *fricassé*, recheio de tortas e salgados, entre outros.

Carne de Frango ou Galinha	Asa e drumete ou coxinha da asa	Constituem o membro superior da ave; são compostos por pouco tecido muscular e bastante pele. Esta característica justifica a elevada concentração de gordura em comparação com as demais porções. No Brasil, é comercializada inteira ou em partes, tais como coxinhas da asa e meio das asas.	Pode ser consumida frita ou assada, incluindo churrascos; quando submetida a cortes especiais, o osso é exposto, e a carne é toda deslocada para uma das extremidades, formando uma tulipa que pode ser recheada ou não e é apreciada como aperitivo acompanhado ou não de molhos. É também ingrediente de preparações com caldos, pois a presença de gordura e osso proporciona sabor agradável.
	Coxa e sobrecoxa	São as partes que compõem os membros inferiores da ave sem o pé. Por apresentarem reduzida quantidade de tecido conjuntivo, comparando-se às carnes de mamíferos, e elevada quantidade de gordura em relação ao peito, apresentam-se macias e suculentas. A coloração intensa reflete um maior teor de mioglobina que nas outras partes das aves; podem ser desossadas, com ou sem pele, sendo comercializadas inteiras ou em cortes, resultando em coxas e sobrecoxas separadamente.	O emprego de calor seco é indicado, respeitando-se algumas peculiaridades. No caso da fritura, deve-se observar que a porosidade do osso da galinha e a presença de água não a torna um bom condutor de calor. Sendo assim, a fritura empregada isoladamente irá resultar em um produto queimado na superfície e cru no interior. Para solucionar esse problema, é indicada a utilização de outro método de cocção prévio (ferver ou assar) ou o porcionamento em partes pequenas. Os cuidados com o assar estão relacionados ao ressecamento exagerado da preparação. Para evitar esse resultado, é importante a aproximação das peças, com utilização de assadeiras ou refratários dimensionados corretamente, ou seja, evitando-se espaços livres, que facilitam a evaporação da água. Ensopados e guisados são técnicas utilizadas com frequência. Contudo, observar a coloração é importante para tornar a preparação mais atraente. O uso de açafrão, colorífico, açúcar caramelizado, molho de tomate, entre outros, são recursos interessantes. Quando desossadas, as coxas e as sobrecoxas podem ser grelhadas, empanadas, assadas (com e sem recheio), e ainda submetidas a calor úmido e misto.
	Sambiquira	Está localizado sobre as vértebras e é onde se originam as penas do animal; possui formato triangular, representando a porção do frango com maior teor de gordura, pois abriga uma glândula produtora de óleo que as aves utilizam para impermeabilizar as penas.	É servido sempre quando o frango é preparado inteiro, normalmente assado. Dessa forma, possibilita que parte da gordura se desprenda da carne durante a cocção e possa ser desprezada.
	Miúdos	São as vísceras das aves. São apreciados na culinária brasileira, principalmente o coração e a moela, local de digestão dos alimentos após a passagem pelo papo das aves.	O coração assado em espetos tem grande destaque nos churrascos. Outras preparações, como farofa de miúdos e risotos, também são consumidas com frequência. Para utilização do calor úmido, cuidados com o tempo e a adição de água são essenciais para o resultado final ser satisfatório. Pode ser usada a fervura inicialmente, por poucos minutos, com adição de algum ácido (vinagre ou limão) para auxiliar no cozimento e favorecer o aroma. Posteriormente, pode ser aplicado calor seco (fritar, refogar) para que a cor fique mais atraente. A aplicação contrária do calor seco e úmido também é viável. Nesse caso, os miúdos seriam fritos ou refogados, juntamente com temperos, para então ser adicionada a água, gradativamente, até formar um molho espesso e saboroso.
	Pé	Similarmente a outros animais, o pé é quase totalmente destituído de tecido muscular, sendo composto por pele, osso e cartilagem, é comercializado junto com a ave inteira.	Sua utilização é quase restrita a ensopados, sendo comum em canjas e outras sopas e caldos regionais. É eventualmente utilizada em outras preparações.
	Pescoço	Segue o mesmo padrão de composição e comercialização do pé, fica localizado entre a cabeça e o tronco.	Idem preparações com pé.

6.5.3 Pescados

Denominam-se pescados todos os animais de fauna aquática (marinhos, fluviais ou lacustres) sejam peixes, crustáceos, moluscos, anfíbios. Dos pescados é possível aproveitar, além da carne, ovas, farinhas, concentrados proteicos, óleos, pele, dentre outros produtos.

Os vários tipos de classificação dos peixes são importantes para a escolha da forma de preparo desses produtos (Quadro 6.7).

Quadro 6.7 | Classificação dos peixes

CLASSIFICAÇÃO		EXEMPLOS DE PEIXES
Local de pesca	Fluvial	Bagre, dourada, lambari, mapará, pintado, pirarucu, surubim, tambaqui, tilápia, traíra, truta, tucunaré.
	Marítimo	Anchova, atum, bacalhau, badejo, bonito, cavala, congro, dourado, garoupa, linguado, merluza, namorado, pargo, pescada, robalo, sardinha, salmão.
Teor de gorduras	Magro (até 6%)	Pescadinha, robalo, linguado, bonito, truta, namorado.
	Gordo (mais de 6%)	Salmão, cavala, atum, tainha, merluza, sardinha, arenque.
Utilização	Popular	Sardinha, corvina, bagre, pescadinha.
	Sofisticada	Namorado, badejo, robalo, truta, salmão.

O pescado e seus produtos são importantes alternativas alimentares, pois são fontes de proteínas de alto valor biológico e de boa digestibilidade, lipídios, minerais e vitaminas lipossolúveis. Esses alimentos podem ainda constituir-se em boas fontes de ácidos graxos poli-insaturados, especificamente os da série ômega-3, que são importantes para a promoção e a manutenção da saúde. Ademais, os pescados são ricos em vitaminas do complexo B e vitaminas A e D, estas últimas em maiores concentrações em pescados com mais altos teores de gordura. Os minerais encontrados nos peixes são: cálcio, ferro, fósforo e manganês. Nos pescados marítimos, o iodo é encontrado em grandes concentrações.

A organização das fibras musculares dos pescados é diferente daquela encontrada nas aves e nos mamíferos em razão da necessidade que eles têm de flexionar seu corpo na água. Nesses animais existem dois tipos de tecido muscular: o branco ou claro e o vermelho ou escuro. O músculo escuro localiza-se abaixo da pele e está relacionado à sustentação na natação. A proporção de músculos escuros e claros varia de acordo com a atividade física da espécie. Há também diferenças na composição química: o músculo escuro destaca-se pelo maior conteúdo de gordura, mioglobina e glicogênio. Tais fatores interferem na qualidade sensorial do produto.

Além da quantidade de colágeno ser menor nos peixes, tornando-os mais digeríveis e macios, o tipo encontrado nesses animais contém menor quantidade de hidroxiprolina que o encontrado em mamíferos. Dessa forma, é convertido em gelatina a menores temperaturas que aquele da carne vermelha.

> A hidroxiprolina é um aminoácido geralmente encontrado no colágeno. Sua concentração interfere na temperatura de conversão do colágeno em gelatina (ruptura dos enlaces de hidrogênio da cadeia de colágeno de forma irreversível). Quanto maior a quantidade de hidroxiprolina, mais difícil será o processo de gelatinização do colágeno.

Os peixes, diferentemente dos outros animais, exercitam todo o corpo uniformemente no seu deslocamento, e por isso a gordura está distribuída de maneira mais ou menos uniforme em seu corpo. O teor de gordura relaciona-se mais à espécie e à origem do pescado: peixes de água mais fria e profunda têm maior conteúdo lipídico.

O teor lipídico do pescado sofre variações, dependendo do sexo, da espécie, da época do ano, da dieta, da temperatura da água, da salinidade e da porção do corpo analisada. A variação do conteúdo lipídico é bastante acentuada entre animais da mesma espécie, o que permite sua classificação em cinco grupos (Tabela 6.6).

Tabela 6.6 | Classificação de pescados de uma mesma espécie de acordo com os teores lipídico e proteico

Pescado	Teor lipídico	Teor proteico
Pouca gordura e muita proteína	menor que 5%	15% a 20%
Gordura média e muita proteína	5% a 15%	15% a 20%
Pouca gordura e muitíssima proteína	menor que 5%	maior que 20%
Pouca gordura e pouca proteína	menor que 5%	menor que 15%

Fonte: ORDÓÑEZ, 2005b

As diferenças na composição e na estrutura muscular influenciam na textura do alimento. As proteínas musculares do pescado apresentam a vantagem de possuírem elevado valor biológico, decorrente da sensibilidade à hidrólise, o que o torna mais digerível, e de composição balanceada em aminoácidos, particularmente daqueles que costumam ser os limitantes em proteínas de origem vegetal (metionina e cisteína).

Para animais terrestres e aves, as técnicas de sacrifício e de tratamento *post mortem* são relevantes, pois a textura muscular é decorrente do nível de contração das proteínas miofibrilares, responsáveis pela contração dos músculos e pela mudança de acidez (pH). Quanto ao pescado, esses fatores não influenciam tanto as transformações, pois a espécie sofre menos com a bioquímica *post mortem*.

A duração do *rigor mortis* e o momento em que ele aparece dependem de muitos fatores, destacando a espécie, o estado do peixe, o modo de captura e a temperatura de armazenamento. Se o peixe é retirado rapidamente da água e logo é sacrificado, o *rigor* demora mais tempo a aparecer e a ser concluído que em pescados mortos por asfixia. Quanto maior é a temperatura de armazenamento, mais rápido aparece e menos tempo demora para o *rigor mortis* ser concluído.

A qualidade sensorial do pescado depende de muitos processos, os quais são determinados por mecanismos bioquímicos, químicos e microbiológicos. A perda de frescor do pescado refrigerado é o reflexo da atividade desses processos. O pH final do pescado após sua morte está relacionado à quantidade de glicogênio disponível nesse momento. A diminuição do pH é consequência da conversão do glicogênio em ácido lático.

Entre os produtos de origem animal, o peixe é o mais susceptível ao processo de deterioração devido, entre outros fatores, ao pH próximo à neutralidade (situação que favorece o desenvolvimento de micro-organismos), à quantidade de lipídios poli-insaturados (rancificação) e à ação proteolítica de enzimas naturalmente presentes no pescado. As reações autolíticas que influenciam as características sensoriais ocorrem no músculo do pescado imediatamente após sua morte.

Aquisição e armazenamento

Os pescados de qualidade não devem apresentar cristais de gelo na superfície, água na embalagem nem sinal de recongelamento. Sua consistência deve ser firme, não amolecida, nem pegajosa (Quadro 6.8). A cor deve ser branca ou levemente rosada, dependendo do animal, e o odor deve ser característico.

Quadro 6.8 | Características de aquisição de alguns pescados

Peixes	
Olhos	Devem estar inteiros, ocupando todo espaço da órbita, úmidos, brilhantes e salientes.
Guelras	Devem estar limpas, vermelhas e brilhantes, sem qualquer traço cinza ou de limo.
Corpo	Deve estar firme, liso e bem rígido (resiste a pressão dos dedos).
Carne	Branca, rosada com reflexos madrepérola e firmemente presa à espinha.
Pele	Deve ser brilhante e úmida. As marcas e cores naturais não devem estar escuras.
Odor	O cheiro do peixe apesar de ser forte, não pode ser desagradável ou enjoativo. Os peixes de água doce devem ter um cheiro fresco e limpo, enquanto os peixes de água salgada deve cheirar a mar.
Escamas	Devem estar brilhantes e firmemente presas à pele.
Frutos do mar	
Lagosta e caranguejo	Se estiverem vivos, o melhor espécime é aquele mais ativo e pesado em relação ao seu tamanho. Se forem adquiridos já abatidos, a casca deve estar inteira e as garras intactas. Deve possuir um cheiro de fresco, sem ser forte.
Mexilhão, mariscos e amêijoas	Não devem possuir muito lodo ou crostas e nem devem estar rachados ou danificados. Os que se mantiverem abertos ao se bater na carne devem ser rejeitados.
Vieiras	Em geral, são vendidas abertas e limpas em vez de fechadas em suas conchas. O cheiro deve ser adocicado quando estão frescas. A carne de vieiras frescas é levemente cinza e translúcida, não totalmente branca.
Ostras	As cascas devem estar perfeitas e totalmente fechadas. Ao se bater na casca, o som emitido deve ser de algo sólido.
Camarões	Podem ser adquiridos crus com casca, ou cozidos com ou sem casca. Os cozidos devem ser firmes e ter cor rosa brilhante, não devem ser aquosos. Camarões crus devem também ser firmes, com casca acinzentada e brilhante. Os camarões com manchas pretas não estão frescos e por isso devem ser rejeitados.

No peixe inteiro, a carne deve estar presa à espinha, com o ventre desinchado, as escamas bem aderidas e brilhantes, guelras úmidas e intactas, olhos brilhantes e salientes, tendo a superfície não pegajosa. Pescados salgados, curados ou defumados podem ficar em temperatura ambiente, desde que isto esteja especificado na embalagem.

A vida útil do pescado é determinada pelas reações enzimáticas e pelo número de espécies de micro-organismos presentes, fatores estes dependentes de sua microbiota natural e do modo de manuseio desde sua captura até a estocagem, ou seja, os fatores relacionados com as boas práticas de manipulação ou fabricação. Outro fator determinante da vida de prateleira ou vida útil do pescado é a temperatura de estocagem, que envolve as diversas etapas de obtenção do produto: temperatura após a captura ou despesca, demora na refrigeração, flutuações na temperatura de estocagem e temperatura final no varejo.

O pescado refrigerado é deteriorado pela ação enzimática e bacteriana, resultando na produção de compostos nitrogenados, sendo os mais frequentes a trimetilamina, a amônia e os ácidos voláteis.

O congelamento é um processo amplamente utilizado para a preservação dos peixes, entretanto ele não impede mudanças físico-químicas e biológicas na estrutura muscular do pescado, as quais podem comprometer a qualidade sensorial e tecnológica desses animais. Alterações como desnaturação proteica, diminuição da água livre, formação de cristais de gelo, oxidação e hidrólise de lipídios, interações lipídio-proteína e proteína-carboidrato e formação de ácidos graxos livres podem ocorrer no período de congelamento. Portanto, a qualidade do pescado congelado depende da temperatura de armazenamento, do seu teor de lipídios, da utilização de antioxidantes e da velocidade do congelamento.

Para uma melhor aquisição, é necessário que sejam avaliados alguns aspectos, mais bem observados no pescado inteiro. No entanto, caso este já esteja porcionado, podem-se perceber alterações quanto à sua qualidade por meio da textura e do odor.

Os aspectos a serem analisados para seleção de peixes são: coloração brilhante, carne úmida, firme, elástica e lisa; olhos inteiros, úmidos, brilhantes e salientes; guelras limpas, vermelhas e brilhantes.

Além dos peixes, outros pescados são utilizados na alimentação humana e também seguem os mesmos critérios de aquisição e armazenamento (Quadro 6.9).

Quadro 6.9 | Características de pescados

Pescado	Características
Camarão	Diversos tamanhos, variando de pequeno (molho) a grande. Os mais comuns no Brasil são: sete-barbas, médio, camarão-rosa grande e pistola. São encontrados para compra: frescos, congelados, salgados, secos ou defumados. Fresco – carne firme e aderida à casca.
Lagosta	Diversos tamanhos e couraças. A lagosta brasileira apresenta carapaça vermelha, com espinhos e duas pinças. O ideal seria ter lagostas vivas e frescas em cada restaurante, devido às características sensoriais. Porém, o mais comum é conservar a lagosta congelada, resultando em alimento seco ou borrachudo, se não preparado de forma adequada.
Caranguejo	Os mais comuns no Brasil são guaiamum, aratu e goia (guaia). O guaiamum é azul e vive em mangues e praias; o aratu é pequeno e de coloração vermelha; o goia é de coloração vermelho e suas pinças têm alto valor comercial. Deve ser comprado vivo e deve-se verificar sua procedência para evitar compra de caranguejos provenientes de águas poluídas. Pode ser encontrado fresco, congelado e enlatado. O kani, originário do Japão, é produzido com carne prensada de caranguejo. No Brasil, por ser caro, é substituída por um processado de carne de peixe, fécula de batata, corante e aromatizante de caranguejo.
Siri	Vive em águas próximas ao litoral. Menor que o caranguejo, de carne branca e macia. Na época de mutação, muda de casca e transforma-se em uma iguaria denominada siri mole. Deve ser comprado vivo, mas já é encontrado enlatado ou congelado.
Sururu	É encontrado em águas salobras, manguezais ou perto de embocaduras dos rios. Pode ser comprado fresco ou congelado.
Ostra	De concha dura, grossa, cinza-escura; carne que pode variar do bege ao cinza. Pode ser consumida fresca ou em preparações quentes. Deve ser comprada com cascas bem fechadas e perfeitas. É muito perecível e deve ser consumida no prazo máximo de um dia. Deve ser conservada viva sob refrigeração.
Lula	Não apresenta concha protetora externa e, sim, interna. Seu formato é comprido e alongado. Possui uma bolsa interior com tinta escura, usada como proteção. Essa tinta é usada em molhos, risotos e massas. Pode ser comprada fresca, congelada ou em conserva. A carne deve ser branca e úmida. Deve-se retirar a bolsa de tinta.
Polvo	Carne dura, elástica e saborosa. Os mais jovens e menores são mais macios. Pode ser comprado fresco e consumido após limpo e cozido em água, ou em conserva.
Mexilhão	Conchas ovaladas e escuras, face interna branca, medindo cerca de 10cm. Deve ser comprado com as cascas bem fechadas e em perfeito estado.

Pré-preparo e preparo de pescados

Nas etapas do pré-preparo, admite-se que os pescados sejam lavados quando ainda estiverem inteiros, pois nessa forma ainda apresentam o couro ou as escamas, não permitindo a eliminação de substâncias extrativas. Não há necessidade de batedores para o amaciamento, apenas a pressão das mãos sobre os cortes é suficiente para amaciá-los, porque a carne desses animais apresenta menor teor de tecido conjuntivo, como já relatado. Os demais cuidados durante o pré-preparo devem ser respeitados de acordo com o objetivo da preparação final.

Para o preparo é indicado assar, principalmente peixes inteiros com pele ou os mais gordos. Filés e postas de peixes podem ser grelhados, porém peixes mais magros necessitam de uma leve cobertura para não aderir as chapas ou as grelhas. As coberturas de utilização mais comuns são farinha de trigo ou fubá de milho. As principais especificações dos pescados utilizados na culinária estão descritas na Quadro 6.10.

Algumas preparações à base de pescados, denominadas *sashimis* e *sushis*, são consumidas *in natura*. Prato tradicional na culinária oriental o *sashimi* consiste de fatias de peixe e frutos do mar que costumam ter em torno de 2,5 cm de largura e 4 cm de comprimento, com 0,5 cm de espessura e, embora, seja uma preparação considerada simples requer treinamento apurado do seu executor – o *sushiman*.

Como muitos alimentos que utilizam frutos do mar e peixes, o *sashimi* e o *sushi* não estão livres de riscos a saúde. Alguns peixes grandes, como atum (especialmente rabilho), podem estar contaminados com mercúrio. Infecções por parasitas são raras. Os peixes devem ser congelados antes de serem consumidos para assim se minimizar a contaminação por micro-organismos, particularmente o *anisakis*[14].

A presença de bactérias do grupo dos coliformes também é uma preocupação, pois convencionalmente o prato é preparado com as "mãos nuas", pois segundo os puristas, o uso de luvas ou a lavagem das mãos com detergentes antibactericidas altera o sabor do *sushi*. Também são fontes de contaminação o armazenamento dos ingredientes, a higienização do local onde é preparado bem como dos utensílios.

O que fez o povo japonês consumir basicamente a carne de peixe em detrimento de outras foi um ato do Imperador Tenmu (673~686). O imperador lançou um decreto no ano de 676 que, a partir daquela data, não mais se poderia consumir carne de vaca, cavalo, cachorro, macaco e frango.

Tradicionalmente, dizem que os *sushis* preparados por mulheres são de qualidade inferior pois a temperatura corporal feminina seria maior, principalmente em períodos de alteração hormonal, e tiraria o sabor do peixe. Mas isso não passa de mito, uma vez que há também *sushiwomans* de qualidade no Japão.

Outra técnica utilizada para a preparação de pescados é a da desnaturação parcial das proteínas por ação de substâncias ácidas que modificam as ligações moleculares, reduzem o valor do pH e assim retardam o desenvolvimento das bactérias. Além das características organolépticas, as substâncias ácidas desempenham quase sempre uma função antimicrobiana, uma vez que a maior parte dos micro-organismos se multiplica numa faixa muito estreita de pH. O ácido cítrico proveniente de limões, utilizados em preparações como *Ceviche*, reduzem a presença de bactérias da superfície do peixe.

Ceviche (*cebiche* ou *seviche*) é uma preparação popular nas regiões costeiras da América, especialmente Central e do Sul. O prato é tipicamente feito com peixe cru marinado em suco de limão ou de lima e temperado com pimenta, cebola, sal e pimenta.

Para preparações com molho ou com coberturas para manter a umidade, as postas são mais indicadas, pois originam frequentemente preparações em caldos ou molhos com condimentação variada denominadas moquecas e caldeiradas. Outros pescados, como caranguejo e mexilhões, são comumente preparados sob fervura para facilitar a abertura da carapaça.

A cocção a vapor é recomendada para pescados mais macios e sensíveis ao calor. Ostras, lambretas e outros mariscos são geralmente preparados utilizando-se apenas vapor. Esse tipo de preparação é denominado "ao bafo".

Ensopar não é um método normalmente utilizado para pescados, que podem não resistir ao calor seco inicial.

A técnica chamada de *papillotte* consiste em embrulhar pedaços pequenos de carne ou de peixes em papel-alumínio ou papel-manteiga. A perda de umidade e a dispersão do aroma são mínimas nesta técnica.

Quadro 6.10 | Características e métodos de cocção dos principais cortes de peixes utilizados na culinária

Tipo	Cortes	Localização e características	Métodos de cocção
PESCADOS	Posta	As postas são cortes feitos depois de retiradas as vísceras, a cabeça, as barbatanas natatórias e o rabo do peixe (limpeza padrão). A pele é mantida. Nos peixes redondos, as postas são cortes transversais, enquanto nos peixes planos é feito um corte longitudinal separando o peixe ao meio, em seguida, cada uma das partes é cortada em postas.	Ideal para preparações ao molho, ensopadas ou fritas. Durante a cocção, as postas podem ser amarradas com um barbante para não perderem a forma.
	Filé	O filé é a parte mais nobre do peixe e fica localizado sobre a espinha dorsal. Os filés não podem ter pele, espinhas ou ossos. Caso existam, devem ser extirpados. De cada peixe redondo podem ser retirados dois filés, e de cada peixe plano podem ser retirados quatro filés	O filé pode ser preparado assado, grelhado ou empanado com farinha de trigo, mandioca ou milho e frito
	Fatia	As fatias são obtidas do filé. As dimensões variam de acordo com o item e o *chef*, porém costumam ter em torno de 2,5 cm de largura e 4 cm de comprimento, com 0,5 cm de espessura.	São servidos crus acompanhados]de guarnições simples.

---
14 Anisakis — parasita da classe dos nemátodos. Anisakiose humana é uma antropozoonose de ampla distribuição geográfica. É mais frequente nos países em que o consumo de produtos de pesca ocorre sob forma de produtos crus, mal cozidos, defumados a frio, inadequadamente salgados e refrigerados

PESCADOS	Isca	As iscas são obtidas do filé filetado, preferencialmente na diagonal.	São servidos empanados e fritos
	Peixe inteiro	-	As diferentes espécies de peixe podem ser servidas inteiras, empregando calor seco (assar, fritar ou grelhar), sendo a escolha da técnica limitada pelo tamanho do animal. A preferência para peixes pequenos e médios é a fritura, enquanto peixes maiores devem ser assados. A grelha pode ser usada para peixes médios e grandes, respeitando-se a capacidade dos equipamentos e dos utensílios, como churrasqueiras, sendo indicado o uso de coberturas (papel alumínio, folha de bananeira, etc.)

Capítulo 7
Transformação dos alimentos: ovos

Halina M. C. Araújo, Karla L. Ramos, Nancy di Pilla Montebello
Raquel B. A. Botelho e Renata P. Zandonadi

• 7.1 •
Histórico e definição

Através dos tempos, pela importância do ovo na alimentação e pela sua simbologia na preservação das espécies, muitas foram as lendas criadas a seu redor. Para os fenícios, o universo havia sido criado a partir da ruptura da casca de um ovo. Os egípcios acreditavam que o primeiro ovo fora criado por um Deus a partir do sol e da lua. Os nativos americanos acreditavam que todo o universo surgira a partir de um enorme ovo dourado.

Os ovos das aves, animais que surgiram há mais de 100 milhões de anos, são a forma refinada dos primeiros ovos de répteis primitivos. Não se sabe ao certo quando as galinhas foram domesticadas, mas foram valorizadas mais pela sua produção de ovos do que por sua carne. A quantidade de ovos em cada postura varia com a ave.

Biologicamente, o ovo é o óvulo fecundado, ou não, de algumas espécies de animais (principalmente aves ou répteis), é um corpo unicelular que concentra nutrientes essenciais para o desenvolvimento da espécie, sendo composto por protoplasma, vesículas germinativas e envoltórios. O ovo é um ingrediente importante na culinária utilizado mundialmente, em todas as épocas, em pratos doces ou salgados em qualquer refeição.

Pela designação, ovo é o óvulo fecundado ou não da galinha, sendo os demais acompanhados da indicação da espécie de que procedem. O ovo é classificado em grupos, classes e tipos, segundo a coloração da casca, a qualidade e o peso, de acordo com as especificações estabelecidas na legislação vigente (BRASIL, 1965).

Os critérios que definem a qualidade dos ovos variam de acordo com o consumidor final. Se este é o produtor, aspectos relacionados ao peso do ovo e à resistência da casca são fatores relevantes, além de defeitos, sujeiras, quebras e manchas de sangue. Para a indústria, a qualidade tem relação com a facilidade com que a clara e a gema são separadas, com a manutenção das propriedades funcionais e, ainda, com a cor da gema. Para os consumidores, a qualidade está relacionada ao prazo de validade e às características organolépticas, como as cores da gema e da casca.

> Os ovos são um dos ingredientes mais úteis e valiosos na cozinha – muitas receitas não seriam possíveis sem suas qualidades de aerar, engrossar e emulsificar (LE CORDON BLEU, 1996).

• 7.2 •
Composição, valor nutricional e constituição

Os ovos de diversas espécies de animais são utilizados na alimentação humana. No Brasil, o de galinha é o mais consumido, seguido dos ovos de codorna e de pata. Portanto, apesar de estruturas e composições similares, a maior parte dos dados apresentados fará referência aos ovos de galinha.

A composição do ovo varia com a idade, a estirpe, a linhagem e as dietas das galinhas, com a temperatura do ambiente a que os ovos estão submetidos, as condições e o tempo de armazenamento, bem como com as variações individuais entre galinhas. O período para o consumo de ovos frescos tem sido definido como cerca de três semanas. No entanto, o período de tempo de armazenamento em temperatura ambiente e sob refrigeração são motivos de debate permanente.

O ovo é composto por aproximadamente 76,0% de água, 13,0% de proteína, 10,0% de lipídio, 1,0% de sais e pequena quantidade de carboidratos (Tabela 7.1). Além desses nutrientes, o ovo também apresenta vitaminas do complexo B, vitaminas lipossolúveis, cálcio, ferro, enxofre e lecitina.

Tabela 7.1 | Composição química de diversos ovos

Alimento	Umidade %	Cinza %	Lipídios %	Proteínas %	kcal/100 g
Ovo de codorna	75,6	0,9	9,5	12,5	135,0
Clara	85,9	0,7	0,3	11,7	50,0
Gema	54,4	1,6	22,9	14,1	263,0
Ovo de galinha	76,7	0,9	10,5	12,9	146,0
Clara	87,1	0,8	0,3	10,4	44,0
Gema	50,7	1,7	27,6	15,7	312,0
Ovo de pata	72,9	0,8	11,8	12,2	155,0
Clara	87,9	0,7	0,2	9,8	41,0
Gema	46,1	1,8	30,7	15,7	339,0

A gema é uma importante fonte de lipídios e também de colesterol (213 mg/100 g de gema). Trabalhos relatam que o consumo de gemas de ovos pode auxiliar no combate às doenças cardíacas, por elevar os níveis de HDL, mantendo assim os vasos sanguíneos livres de depósitos de colesterol, por reduzir o fator de risco para a arteriosclerose e por combater o diabetes, a artrite reumática e a psoríase[1]. Os ovos são formados por casca, clara e gema (Figura 7.1); variam em forma, tamanho e proporção entre seus componentes (clara e gema normalmente se encontram numa relação de 70,0% e 30,0%, respectivamente).

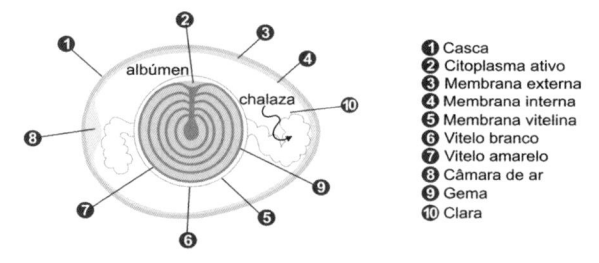

1. Casca
2. Citoplasma ativo
3. Membrana externa
4. Membrana interna
5. Membrana vitelina
6. Vitelo branco
7. Vitelo amarelo
8. Câmara de ar
9. Gema
10. Clara

Figura 7.1 | Constituição do ovo de galinha

7.2.1 Casca

A casca é constituída por cristais de carbonato de cálcio, fibras proteicas e complexos de proteínas-mucopolissacarídeos, na proporção de 50:1. Sua superfície é envolvida por uma cutícula esponjosa de origem proteica. Nela são encontrados microporos em forma de funil que constituem passagens entre a cutícula e a membrana da casca. A cutícula proteica sela parcialmente os poros, mas mantém-se permeável aos gases enquanto restringe a penetração de micro-organismos.

Imediatamente sob a casca existem duas membranas semipermeáveis que na extremidade mais larga formam a câmara de ar. Essa câmara, que pode ser visualizada com nitidez no prazo de duas a três horas após a postura, forma-se pelo ar que entra através dos poros da casca. A presença de fissuras na casca permite uma maior troca de ar e a penetração de micro-organismos.

> Ovos somente devem ser lavados imediatamente antes da sua utilização para não perder a proteção natural ao redor da casca.

> As cascas dos ovos podem se tornar coloridas quando colocadas em soluções com substância corante. A característica de porosidade da casca dos ovos também permite a absorção de odores estranhos.

---

1 Psoríase — doença inflamatória crônica da pele que ocorre em indivíduos geneticamente predispostos e depende de fatores externos para seu desencadeamento (medicamento, estresse, entre outros).

O ovo, segundo a coloração da casca, é classificado em dois grupos: branco, quando tem casca de coloração branca ou esbranquiçada, e de cor, quando tem casca de coloração avermelhada. Não há relação entre a cor da casca, seu sabor e o valor nutricional.

7.2.2 Clara

A clara, às vezes também chamada de albúmen, é uma solução aquosa composta por diversas proteínas; envolve a gema e tem a função de mantê-la centralizada e protegê-la contra impactos. Quando crua, a clara apresenta-se translúcida, tornando-se opaca (branca) após exposição ao calor (cocção). A coloração amarelada ou esverdeada pode indicar maiores quantidades de riboflavina.

A clara é um fluido aquoso que contém várias proteínas, com diferentes viscosidades, seu pH varia de 7,6 a 7,9 no ovo fresco, podendo chegar a 9,7 de acordo com o tempo e a temperatura de armazenamento. Suas principais proteínas são: ovoalbumina (solúvel em água), conalbumina, ovomucoide, lisozima, ovomucina e avidina. Na separação das proteínas, as albuminas ficam em solução e as globulinas se precipitam (Quadro 7.1).

Quadro 7.1 | Propriedades físico-químicas das proteínas presentes na clara do ovo

Proteína	Propriedades
Avidina	Representa 0,05% das proteínas da clara; Glicoproteína que se liga à biotina (vitamina) formando um complexo avidina-biotina não absorvido pelo organismo; Desnatura-se pelo calor; Fator antinutricional que age como inibidor de tripsina.
Lisozima	Representa 3,5% das proteínas da clara; Enzima que rompe a parede celular de bactérias (lise) e ocasiona sua morte; Inibe o crescimento bacteriano nos ovos crus com casca; Inativada pelo calor.
Ovomucina	Representa 3,5% das proteínas da clara; glicossulfoproteína; Principal responsável pelo espessamento da clara e pela estabilidade da espuma; Resistente ao calor; Apresenta viscosidade em meio alcalino e consistência semelhante à da geléia.
Conalbumina (ovotransferrina)	Representa 12,0% das proteínas da clara; Une-se ao ferro e inibe o desenvolvimento de bactérias dependentes de ferro; Coagula em temperaturas inferiores a 60 °C; Não é sensível à desnaturação por agitação física; Em panelas de cobre ou de alumínio, a clara pode mudar de cor (dourada ou acinzentada) pela ligação desta proteína com esses metais; nos processos industriais pode haver a formação de um complexo conoalbumina-ferro, de coloração rosada.
Ovoalbumina	Representa 54,0% das proteínas da clara; fosfoglicoproteína; Constituída principalmente por lisina e triptofano; Desnatura-se por agitação ou batimento em solução aquosa; Estável à ação do calor; Contém enxofre reativo e é responsável pelo sabor, pela textura e pela coloração de ovos cozidos.
Ovomucoide	Representa 11,0% das proteínas da clara; Glicoproteína, termorresistente; mas em valor de pH igual a 9,0 se desnatura a temperaturas em torno de 80 °C; Inibe a atividade de enzimas proteolíticas (tripsina).

7.2.3 Gema

A gema é composta por 34,0% de gordura, 16,0% de proteínas e 50,0% de água. Suas proteínas são: ovovitelina, fosfovitina, livetina, lipoproteína e lipovitelina. A fosfovitina é um agente antibacteriano por se ligar ao ferro e dificultar o desenvolvimento de micro-organismos dependentes de ferro.

> Ovos com dupla gema não devem ser utilizados em preparações que exijam precisão na quantidade de ingredientes, porque a proporção de gema para clara estará fora do padrão.

Gemas de ovos podem apresentar diferentes colorações, dependendo do tipo de ovo, da raça, do tipo de criação e da alimentação do animal. A coloração advém da presença de carotenoides – pigmentos presentes na alimentação/ração. Ovos de galinhas *caipiras* – criadas soltas e alimentadas com milho e vegetais verdes – normalmente possuem gemas mais escuras e com maior concentração de ferro e de carotenoides. Gemas de ovos de galinhas criadas em granjas são mais pálidas. Apesar da coloração da gema ser diferente na mesma espécie, isso não representa diferença na composição de macronutrientes.

• 7.3 •
Classificação dos ovos

Segundo a qualidade, o ovo é ordenado em três classes: classe A, classe B e classe C (Quadro 7.2). De acordo com as características dos grupos e das classes, o ovo é ainda classificado, segundo seu peso, em quatro tipos: tipo 1, tipo 2, tipo 3 e tipo 4 (Tabela 7.3).

Quadro 7.2 | Classificação dos ovos segundo sua qualidade

Classe	Características de qualidade
A	Casca limpa, íntegra e sem deformação; Câmara de ar fixa e com o máximo de quatro milímetros de altura; Clara límpida, transparente, consistente e com as chalazas intactas; Gema translúcida, consistente, centralizada e sem desenvolvimento do germe.
B	Casca limpa, íntegra, permite ligeira deformação e discreta mancha; Câmara de ar fixa e com o máximo de seis milímetros de altura; Clara límpida, transparente, relativamente consistente e com as chalazas intactas; Gema consistente, ligeiramente descentralizada e deformada, porém com contorno definido e sem desenvolvimento do germe.
C	Casca limpa, íntegra, admitindo-se defeitos de textura contorno e mancha; Câmara de ar solta e com o máximo de 10 milímetros de altura; Clara com ligeira turvação, relativamente consistente e com as calazas intactas; Gema descentralizada e deformada, porém com contorno definido e sem desenvolvimento do germe.

Fonte: BRASIL, 1997

Tabela 7.2 | Classificação dos ovos segundo seu peso

Tipo	Peso
Tipo 1 (extra)	Peso mínimo de 60 g/und ou 720 g/dúzia
Tipo 2 (grande)	Peso mínimo de 55 g/und ou 660 g/dúzia
Tipo 3 (médio)	Peso mínimo de 50 g/und ou 600 g/dúzia
Tipo 4 (pequeno)	Peso mínimo de 45 g/und ou 540 g/dúzia

Fonte: BRASIL, 1965.

A legislação brasileira estabelece que se o produto não apresentar as características mínimas exigidas para as diversas classes e tipos estabelecidos será considerado impróprio para o consumo, sendo sua utilização indicada apenas para a indústria.

Ainda de acordo com a legislação vigente, ovo integral é o produto de ovo homogeneizado que contém as mesmas proporções de clara e gema quando comparados aos *in natura*. Este é ainda classificado de acordo com suas características de processamento e de conservação: resfriado, quando o produto obtido do ovo integral é conservado sob refrigeração; congelado, quando o produto obtido do ovo integral permanecer sob temperatura menor ou igual a -18 °C; pasteurizado resfriado, quando o produto é obtido pela pasteurização do ovo integral e é conservado sob refrigeração; pasteurizado congelado, quando o produto é obtido pela pasteurização do ovo integral e é conservado em temperatura menor ou igual a -18 °C; desidratado, quando o produto é obtido pela desidratação do ovo integral pasteurizado.

• 7.4 •
Funcionalidade dos ovos

As propriedades funcionais dos ovos utilizados na elaboração de diversos produtos dependem da estrutura, das propriedades físico-químicas e da proporção dos seus constituintes, presentes na clara e na gema. O quadro 7.4 apresenta a funcionalidade dos constituintes do ovo com relação às características organolépticas e físico-químicas dos produtos alimentícios.

Quadro 7.4 | Funcionalidade dos constituintes do ovo

Características sensoriais	Características físico-químicas
Clara Aparência: Espuma, coesão Textura: Crua – viscosidade Cozida – gelatinosa Sabor: Suave Sensação na boca: Leveza (espuma)	Clara Preparo/processamento Coagulação, viscosidade, formação de; espuma, coesão, auxilia na formação do glúten.
	Armazenamento Perda de água, aumento da fluidez; alteração de pH.
Gema Aparência: Coesão, cor, brilho Textura: Macia, aveludada Sabor: Forte (característico) Sensação na boca: Aveludada	Gema Preparo/processamento Emulsão, coesão, espessante, corante; aromatizante.
	Armazenamento Perda de água, aumento da fluidez; alteração de pH.

A membrana vitelina do ovo é considerada de sabor acentuado e desagradável por conter grande concentração de enxofre e, por isso, se recomenda sua retirada.

Além da contribuição nutricional, o ovo, por suas características físico-químicas, tem a propriedade de coagular, de formar espuma, de aglutinar, de emulsificar, servindo também como agente corante, de sabor e de aroma. Tais propriedades viabilizam formulações culinárias, independentemente da utilização do ovo inteiro ou de suas partes – clara e gema.

A propriedade de aglutinação é uma característica tanto da clara como da gema. Ela permite a união de diferentes componentes de um produto elaborado devido à capacidade dos coloides, que formam gel e englobam outras substâncias adicionadas.

A gema é rica em lecitina, substância cujas moléculas têm uma extremidade polar, atraída pela água, e outra, apolar, atraída pelo óleo. A lecitina pertence ao grupo dos fosfolipídios e é um componente importante das membranas celulares. Os fosfolipídios são substâncias relacionadas ao transporte de lipídios (gorduras) no fluxo sanguíneo sob a forma de emulsões. A gema de ovo, como emulsificante natural, é adicionada na fabricação de alguns alimentos: maionese, massas para bolos, sorvetes caseiros. A gema apresenta propriedade emulsificante devido à sua viscosidade e à presença de lecitina, propriedade que permite a preparação de emulsões como molhos e maioneses.

Uma das principais propriedades da clara é a formação de espuma – agregação de ar em uma rede composta por proteínas que se ligam quando submetidas a um estresse físico, como o batimento; é a dispersão de bolhas de ar em um líquido/solução ou em um sólido. Quando se inicia o batimento das claras, há formação de grandes bolhas de ar, que são cercadas por albumina desnaturada. Essas bolhas têm seu tamanho reduzido à medida que se continua o batimento. Assim, com a redução do tamanho das bolhas, e consequente aumento de seu número, há aumento de volume por maior incorporação de ar. A estrutura proteica formada no batimento aprisiona a água e o ar na espuma. O volume das claras batidas pode chegar a até três vezes seu volume em estado natural. A clara é importante na produção de merengues, suflês e musses (Quadro 7.5). A formação de espuma está diretamente relacionada à capacidade de distensão da clara e de retenção de ar. Há maior volume quando o ovo é fresco e está na temperatura ambiente. A estabilidade da espuma é avaliada pela quantidade de líquido liberado após o batimento.

Quadro 7.5 | Características das espumas formadas pelo batimento das claras

Estágios	Tipo de espuma	Características
1° estágio	Espumante	Líquido transparente com bolhas de ar.
2° estágio	Espuma macia	Picos arredondados, bolhas menores, mais esbranquiçadas, aparência brilhante e úmida.
3° estágio	Espuma dura	Picos firmes, bolhas bem menores, muito brancas, não escorrem na tigela; Uso: bolos, tortas, suflês.
4° estágio	Espuma seca	Sem brilho, muito branca, rígida, quase quebradiça.

Os *chefs* dizem que as claras estão bem batidas quando suportam o peso de um ovo inteiro, com casca, sem afundar, e também quando se vira a tigela e as claras não caem ou o batedor sai limpo de dentro delas.

Na formação de claras em neve, uma pequena adição de sal aumenta a formação de espuma, mas diminui sua estabilidade, porque, ao se adicionar o sal antes do batimento seus cristais se dissolvem e competem por sítios de ligação entre as moléculas das proteínas, dificultando a ligação proteína-proteína, necessária para formar espuma; portanto, há necessidade de maior tempo de batimento (Quadro 7.5). Quando o sal é adicionado em pequenas quantidades, após o batimento, pode favorecer a estabilidade da espuma por auxiliar no aprisionamento das moléculas de água na estrutura.

Por sua vez, o açúcar aumenta a estabilidade, requer maior tempo de batimento e diminui a formação de espuma. Isso se deve à interferência das moléculas de açúcar na ligação das proteínas com a água. Por serem higroscópicas, as moléculas de açúcar se ligam às de água, presentes nas bolhas de ar, tornando o líquido viscoso e estabilizando o sistema.

Quadro 7.6 | Interferência de aditivos e utensílios na formação da espuma

Interferentes	Estabilidade	Consequências
Sal	Menor estabilidade.	Bater por mais tempo.
Açúcar	Maior estabilidade.	Bater por mais tempo, espuma menos dura e mais elástica.
Água	Menor estabilidade.	Em pequenas quantidades pode aumentar o volume.
Óleo	Não forma espuma.	–
Ácidos	Maior estabilidade.	Bater por mais tempo.
Utensílios plásticos	Menor estabilidade.	Menor volume.
Utensílios de cobre	Maior estabilidade.	Espuma brilhante.

O excessivo batimento das claras pode levar a uma maior desnaturação de suas proteínas, provocando agregação parcial dessas proteínas na interface ar/água; as proteínas que não são solubilizadas não são adsorvidas nessa interface, havendo ainda uma perda de líquido.

Adicionando-se água às claras que serão batidas, pode-se obter um volume maior, no entanto haverá maior dificuldade de formação da espuma, que terá sua estabilidade comprometida. Isso se deve à diluição das proteínas da clara provocada pela adição de água. Em consequência, as moléculas distanciam-se umas das outras, dificultando a formação e a estabilidade dessa espuma. Adicionar volume de água igual ou maior que 40,0% do volume de claras, não será possível formar espuma.

A adição de gorduras inviabiliza a formação de espuma (Quadro 7.6), possivelmente porque as ligações químicas entre moléculas de proteína e de gorduras têm diferente natureza daquelas estabelecidas entre as proteínas para a formação de rede. Portanto, o óleo reduz a possibilidade de as proteínas da clara revestirem as bolhas de ar, assim obtém-se pouca ou nenhuma espuma. Da mesma forma, gemas e utensílios que contenham gordura ou resíduos gordurosos também dificultam a formação de espumas. Após a formação da espuma, qualquer tipo de gordura pode ser adicionado sem que se promovam modificações estruturais.

Por sua vez, utensílios de cobre promovem uma ligação mais fraca entre as moléculas de proteínas, porque o átomo de cobre compete pelos grupos sulfídricos. No entanto, essa ligação química forma espumas mais brilhantes e homogêneas, favorecendo melhores resultados ao produto final.

O aumento do volume dos ovos, ao serem batidos, ocorre devido à formação de filamentos elásticos da albumina (clara) que retêm os glóbulos de ar em sua estrutura. Sob calor, a proteína coagula e o ar fica retido; portanto é um importante agente de crescimento em preparações que requerem o desenvolvimento do volume do produto. A formação de espuma depois de o ovo estar batido é devida às proteínas denominadas globulinas, e a estabilidade da espuma formada deve-se à ovomucina. As proteínas termocoaguláveis previnem a desestruturação da espuma durante o cozimento. O poder espumante do ovo é utilizado em confeitarias para a elaboração de merengues, bolos, suspiros, dentre outras preparações.

Quando submetidas ao calor, as proteínas dos ovos se desnaturam. O desenrolar das moléculas de proteínas (perda de sua estrutura tridimensional) expõe os aminoácidos, permitindo novos rearranjos por meio da formação de ligações mais fracas e gerando estruturas em ziguezague, assim ocorre o processo de coagulação. A coagulação da clara começa aos 57 °C, e, a partir de 70 °C, a massa se solidifica. A gema começa a espessar-se a 65 °C e deixa de ser fluida a partir dos 70 °C.

• 7.5 •
Uso culinário

7.5.1 Aquisição e armazenamento

Na literatura, diversos estudos mostram as modificações que ocorrem durante o armazenamento dos ovos: difusão de CO_2 através dos poros da casca, aumento do pH, da câmara de ar e do peso da gema e diminuição da densidade, do peso do ovo e do peso do albúmen.

De fato, à medida que o ovo envelhece, observa-se uma redução de seu peso pela perda de moléculas de água para o ambiente. A câmara de ar aumenta, e a clara torna-se mais liquefeita em função da difusão de gases (CO_2 e O_2). À proporção em que ocorre a entrada do ar, a clara torna-se mais liquefeita e promove o deslocamento da gema. Quando o ovo está muito velho, esse processo ocorre com mais intensidade e provoca o rompimento da membrana vitelina, promovendo a mistura entre a clara e a gema.

Se o ovo permanecer armazenado inadequadamente e/ou durante muito tempo pós-postura, na clara ocorre proteólise e rompimento das ligações com átomos de enxofre. O ovo torna-se mais alcalino, favorecendo o desenvolvimento de micro-organismos que produzem gases e podem levar ao rompimento da casca pelo aumento da pressão interna.

Na compra dos ovos, devem ser adquiridos os mais limpos e íntegros, porque as sujidades e as fissuras facilitam sua contaminação pela entrada de micro-organismos.

Para se avaliar se o ovo está velho, recomenda-se quebrá-lo sobre um prato e observar se a gema está alta e redonda e se a clara possui dois contornos (auréolas) visíveis. Se o ovo estiver velho, haverá somente uma auréola, e a gema ficará baixa e afundada na clara e descentralizada (Figura 7.2); ou, ainda, mergulhar o ovo inteiro em um recipiente fundo com água e observar o que ocorre. Caso o ovo permaneça deitado no fundo do recipiente, estará fresco, se ficar de pé estará menos fresco, e se flutuar estará velho e impróprio para o uso; isso ocorre devido ao aumento da câmara de ar. Além disso, visivelmente, o ovo fresco apresenta casca opaca e áspera, enquanto o velho apresenta casca lisa e um pouco brilhante.

fresco   menos fresco   velho

Figura 7.2 | Comparação entre as características do ovo fresco e do ovo com maior tempo de prateleira

Após a postura, as alterações mais comuns dos ovos são o aumento da câmara de ar pela saída de gás carbônico e de água pelos poros ou pela redução do volume do ovo quando colocado sob refrigeração; alteração do pH, que no ovo fresco é alcalino (pH ~ 7,0), e com o passar do tempo torna-se cada vez mais alcalino (Tabela 7.3).

Tabela 7.3 | Variações de pH nos componentes do ovo

pH	Imediatamente após a postura	Três dias após a postura
pH da clara	7,9	9,3
pH da gema	6,2	6,8

Quando o armazenamento ocorre em temperatura ambiente, a difusão de CO_2 promove um aumento do pH, sobretudo da clara, como consequência, tem-se a perda de vapor de água, o que diminui a densidade e aumenta a câmara de ar. Há ainda uma diminuição na viscosidade da clara e da gema, esta última fica achatada e sua membrana perde a elasticidade, rompendo-se facilmente quando o ovo é quebrado. Algumas propriedades culinárias se modificam, especialmente a estabilidade da clara batida.

Em temperaturas de refrigeração (0 °C a 4 °C) e umidade de 74,0% a 85,0%, os ovos podem ser armazenados por até 10 meses. Eles devem ser guardados em recipientes fechados no interior dos refrigeradores.

Objetivamente, o parâmetro mais usado para expressar a qualidade do albume é a unidade Haugh, expressão matemática que correlaciona o peso do ovo com a altura da clara: quanto maior o valor dessa unidade, melhor a qualidade do ovo. As diferenças encontradas traduzem as alterações que ocorrem na produção de ovos frescos devido a características genéticas, dietas, condições ambientais em que vivem as aves, assim como as perdas ocorridas no armazenamento (Tabela 7.4).

Apesar de algumas divergências apresentadas na literatura quanto ao uso desse indicador, ele é utilizado universalmente pela facilidade técnica e pela correlação entre os dados obtidos e a qualidade dos ovos.

Tabela 7.4 | Escores da unidade Haugh de ovos, peso dos ovos, altura do albume, pH da clara do ovo em função da temperatura e do período de armazenamento

Temperatura/ período de armazenamento		Unidade Haugh	Altura do albume (mm)	pH
Ovo fresco		83,66±5,72a	9,12±0,8a	7,78±0,0e
8 °C	– 7 dias	68,64±3,96b	7,28±0,97b	9,00±0,06d
	– 14 dias	62,53±3,03b	7,10±0,90b	9,08±0,04cd
	– 21 dias	60,63±5,62b	6,29±0,54b	9,09±0,04c
25 °C	– 7 dias	41,71±4,01c	4,79±0,71c	9,34±0,03b
	– 14 dias	0,00d	2,65±0,57d	9,46±0,05a

* Médias seguidas da mesma letra não diferem significativamente (Tukey, a 5,0%)
Fonte: CARRARO; ANTUNES, 2001.

Para congelamento utilizam-se claras e gemas separadamente ou o ovo inteiro batido. No descongelamento, as gemas tornam-se espessas e aderentes, porque a rede formada por algumas moléculas de proteínas que se uniram retendo água não se desfaz. Essa gema descongelada não é indicada para preparações como pudins e molhos, em que é necessária uma textura lisa. Para minimizar os efeitos do congelamento sobre a funcionalidade da gema, é necessário romper sua membrana, armazená-la preferencialmente e acrescentar sal ou açúcar na proporção de 10% para evitar a agregação de proteínas. O Quadro 7.7 sumariza as propriedades e o uso do ovo na produção de alimentos.

Quadro 7.7 | Propriedades e uso do ovo na produção de alimentos

Propriedades	Agentes responsáveis	Substitutos	Aplicações
Aromática (ovo inteiro)	Numerosos compostos voláteis.	-	Todas as indústrias alimentícias.
Corante (gema)	Xantofilas e carotenoides.	Corantes.	Biscoitos e doces.
Coagulante (ovo inteiro)	Proteínas coagulantes.	Carragenatos, alginatos, amidos modificados.	Biscoitos e pastelaria.
Ligante (ovo inteiro)	Proteínas.	Polissacarídeos, pectinas, gomas, gelatinas e outras proteínas.	Gelados e pastas alimentícias.
Anticristalizante (clara)	Proteínas.	Polissacarídeos.	Em doces.
Espumante (clara)	Globulina, lisozima, ovomucina e ovoalbumina.	Caseínas e caseinatos, proteínas do soro do leite.	Biscoitos, pastelaria e doces.
Emulsificantes (gema)	Lecitinas, lipoproteínas, colesterol.	Lecitinas de soja, proteínas lácteas.	Biscoitos e pastelaria.

Fonte: SOUZA-SOARES; SIEWERDT, 2005.

A pasteurização de ovos é feita submetendo-os a uma temperatura de 58 °C ou 64,4 °C durante 2 minutos ou 30 segundos, respectivamente. Na gema, esse tratamento térmico não produz alterações significativas; na clara, diminui a estabilidade da espuma e pode ocorrer escurecimento não enzimático. Esse procedimento é importante como operação preliminar de outras tecnologias de conservação.

As vantagens da desidratação de ovos são permitir sua manutenção à temperatura ambiente em locais frescos e reduzir o peso e o espaço necessário para o armazenamento. A desidratação pode ser obtida por atomização ou liofilização. A atomização produz mais alterações nas propriedades funcionais:

afeta as propriedades emulsificantes e espumantes; a viscosidade das gemas é aumentada porque a solubilidade das proteínas diminui, além da perda de cor e de sabor. Se os processos são adequados, não há prejuízos nas propriedades nutricionais. Pela possibilidade de esses produtos conterem *Salmonella sp.* Recomenda-se seu uso apenas em produtos que serão completamente cozidos.

O congelamento é importante porque previne as perdas por putrefação e ruptura que podem ocorrer na câmara frigorífica. Os produtos devem ser usados imediatamente após o descongelamento, evitando-se congelá-los novamente.

7.5.2 Preparações à base de ovos

O ovo inteiro ou seus constituintes representam um ingrediente essencial em muitos produtos alimentares, pois combinam propriedades nutricionais, organolépticas e funcionais. A gema de ovo crua tem odor suave, contudo, com o aquecimento, se desenvolve um aroma agradável e característico. Os compostos aromatizantes responsáveis por esse aroma provêm da oxidação lipídica e da reação de *Maillard*. Desse modo, ela é muito utilizada em produtos alimentares processados, especialmente os de pastelaria.

Os ovos podem ser adicionados às massas nas formas fresca, congelada ou desidratada. O ovo em pó apresenta alguns benefícios em relação à forma *in natura*: facilidade de transporte, estocagem em temperatura ambiente, menor volume ocupado, maior durabilidade e facilidade de mistura à farinha de trigo, além de microbiologicamente ser mais estável.

Na produção de alimentos, tanto a adição de ovo líquido como a de ovo desidratado dão origem a massas alimentícias similares. Assim, as diversas vantagens do ovo desidratado em relação ao líquido podem ser aproveitadas sem prejuízo do produto final. Mas ao se utilizar menores quantidades de ovo com o objetivo único de melhorar a textura de massas, recomenda-se a utilização do ovo líquido.

O ovo em estado semifluido tem o poder de ligar as partículas de farinhas a outro ingrediente granular de uma massa. A gema e a clara, quando submetidas ao calor, formam gel por desnaturação de suas proteínas.

A coagulação é muito útil na elaboração de produtos de confeitaria (*flans*, pudins), e esta é uma das propriedades do ovo mais empregadas, cujo tratamento mais comum na cozinha é o calor (ovos cozidos, omeletes, mexidos, ovos *poché*, preparações de confeitaria).

Em confeitaria, os ovos são utilizados para evitar a cristalização do açúcar. Essa capacidade anticristalizante é propriedade da clara, que em soluções supersaturadas, como, por exemplo, na fabricação de torrões, evita a formação de cristais detectáveis.

As claras batidas em espuma são importantes nas preparações que requerem leveza e porosidade, como os suflês, e outras feitas ao forno. Elas podem apresentar vários sabores em razão do acréscimo de vegetais, queijos, peixes, aves, carnes, frutas e doces.

Em gastronomia, diz-se que os clientes podem aguardar o suflê, mas este não pode aguardar os clientes.

Ovos cozidos

Os ovos cozidos são preparados pela sua cocção com casca em água fervente. Devem estar em temperatura ambiente ao serem colocados na água em ebulição para evitar o rompimento da casca. O tempo de cocção para a coagulação total da clara e da gema depende da altitude local. Em baixas altitudes, a temperatura de ebulição da água é inferior a 100 °C e o tempo de cocção é maior; o inverso aplica-se a altitudes elevadas (Quadro 7.8).

A cocção de ovos em fervura, por tempo prolongado ou seguida de um resfriamento lento, promove o aparecimento do chamado anel verde na área entre a clara e a gema. A formação desse anel decorre da interação química entre o ferro, presente na gema, e o enxofre, presente na clara, que altera a aparência do produto e, às vezes, produz sabor e odor fortes, mas sem prejuízos nutricionais. Para evitar a formação do anel verde, recomenda-se resfriar imediatamente em água fria os ovos cozidos.

Na preparação de ovos cozidos, o tempo de cocção pode diferenciar a aparência e as características do alimento. A preparação denominada "ovo quente" ou "à la coq" é caracterizada por uma clara levemente firme e a gema amolecida. O tempo de cocção é de três a quatro minutos a 100 °C. No entanto, os riscos de doenças veiculadas por alimentos aumentam, pois não há garantia de destruição das bactérias patogênicas. Essa preparação pode ser mais elaborada acrescentando-se caviar ou ovas de peixes vermelhos, passando então a ser denominada "ovos quentes à moda russa".

Cocção à *poché* ou escalfado

Em preparações como a cocção a *poché*, o ovo deve ser colocado em água quente, com temperatura abaixo da fervura, para evitar formação de franjas devido à movimentação intensa das moléculas de água na fervura plena. A adição de sal ou de algum ácido orgânico à água de cocção acelera a coagulação das proteínas, favorece a aglutinação da clara e confere um aspecto mais uniforme e compacto ao produto.

Nesse tipo de preparação, quanto mais frescos os ovos se apresentarem, mais compactas e íntegras estarão suas estruturas. Em qualquer elaboração culinária em que se pretenda adicionar ovos, estes devem ser quebrados um a um sobre um prato antes de juntá-los. Esse cuidado evita que um ovo estragado comprometa a preparação. O valor calórico dos ovos *poché* é inferior ao dos ovos fritos, porque não há adição de gordura. Entretanto, o sabor não é o mesmo.

Ovos mexidos

Os ovos mexidos são preparados com um mínimo de gordura aquecida e revolvidos no próprio utensílio de cocção (frigideira). Esta preparação pode ser adicionada de outros ingredientes, como leite, água, manteiga, condimentos e creme de leite para se obter sabor, textura, maciez e volume na preparação.

Quadro 7.8 | Diferentes temperaturas de cocção e seu efeito sobre a clara e a gema do ovo

Temperatura	Efeitos na clara	Efeitos na gema
Abaixo de 55 °C	Risco biológico caracterizado pela possível presença de *Salmonella sp.*	Risco biológico caracterizado pela possível presença de *Salmonella sp.*
Até 63 °C	Macia e gelatinosa, com textura similar à gelatina parcialmente pronta. Não escorre.	Ainda escorre; consistência de sabonete líquido.
65 °C a 70 °C	Firme como um gel macio; textura semelhante à gelatina pronta.	Líquido começa a engrossar, mas ainda escorre; viscosidade como a do melaço.
73 °C	Endurecimento da clara; textura de fruta macia (ex.: mamão)	Gel macio.
77 °C	Continuidade do endurecimento da clara.	Cozida, dura, porém ainda macia (textura de iogurte).
80 °C	Continuidade do endurecimento da clara.	Surgimento do anel verde.
90 °C	Clara dura e cozida.	Gema seca, dura e esfarelando.

Recomendam-se temperaturas brandas no preparo de ovos mexidos para que fiquem macios e cremosos. Em temperaturas elevadas, a coagulação das proteínas é rápida, por isso não se obtém uma textura uniforme. Há perda de brilho. A adição de vegetais crus deve ser cuidadosa, pois estes poderão liberar água e comprometer a aparência final do produto.

As omeletes são obtidas com o ovo batido. Quando se deseja uma omelete aerada, porosa e leve, a clara é batida em espuma e a gema é adicionada posteriormente – esta é a omelete suflê. Quando os ovos são batidos inteiros, clara e gema juntos, obtém-se a omelete comum, mais compacta, também conhecida como fritada. As omeletes podem ser recheadas com vegetais, queijos, embutidos ou carnes. Dá-se o nome de fritada a uma preparação, geralmente de forno, em que vários ingredientes, como carne de siri, camarão, vegetais, são cobertos com uma camada de ovos batidos.

Ovos fritos

O ovo frito é a preparação de ovos mais consumida pela população brasileira, apesar de seu elevado valor lipídico e calórico, determinado pela grande quantidade de gordura com que é preparado. A técnica francesa determina que os ovos sejam totalmente imersos na gordura. Entretanto, há técnicas que utilizam concentrações mínimas de gordura. A temperatura de fritura deve estar em torno de 120 °C, valores acima produzem perdas na textura; a clara fica mais rija e de cor marrom, o que prejudica sua apresentação.

Ovos ao forno

Ovos assados podem ser preparados em utensílios preferencialmente rasos, como as assadeiras, adicionando-se pequena quantidade de margarina, manteiga ou óleo. Os ovos podem ser envoltos em creme de leite e ervas, ou ainda em molhos, ficando assim mais úmidos.

Os suspiros são obtidos pelo cozimento de claras batidas em neve e misturadas ao açúcar e a outros ingredientes. A temperatura do forno deve ser baixa, aproximadamente 93 °C, e a porta deve permanecer ligeiramente aberta para que a desidratação seja maior na superfície do que no interior, que permanecerá úmido. A umidade e a crocância caracterizam este produto.

Os ovos podem ainda ser utilizados em preparações como *marshmallow*, *mousses*, gemada, pão-de-ló, pudins, *flans*, molhos, recheios, rabanadas, *quiches*, entre outras. Eles também fazem parte de coberturas para alimentos, como preparações à *doré* e à milanesa. Os valores calóricos variam entre os tipos de preparações à base de ovos (Tabela 7.5).

Tabela 7.5 | Valor calórico dos diferentes tipos de preparações à base de ovos (em 100 g)

Produto	Calorias (kcal/100 g)
Cru	156,0
Desidratado	492,4
Frito	216,0
Poché	156,0

Cozido	156,0
Clara crua	43,0
Clara frita	73,4
Gema crua	352,0
Gema frita	566,5

7.5.3 Outros tipos de ovos

**Ovos enriquecidos com Pufa
(Poly insaturated fatty acid)**

A possibilidade de enriquecimento de ovos é conhecida desde 1934, porém sua produção em larga escala só ocorreu muito tempo depois. Um dos processos de enriquecimento dos ovos é a modificação do perfil dos ácidos graxos da gema, com o aumento do teor de ácidos graxos poli-insaturados ômega-3 (Pufa) pela inclusão de fontes ricas desses ácidos na dieta do animal.

Os ácidos graxos poli-insaturados, pelo fato de possuírem duplas ligações, são suscetíveis à oxidação, portanto as gemas de ovo enriquecidas com eles se tornam também sensíveis à deterioração lipídica, sendo necessária sua proteção mediante o uso de antioxidantes – normalmente a vitamina E.

Ovos de aves aquáticas são mais suscetíveis à contaminação por *Salmonella sp*, portanto é importante submetê-los à cocção antes de consumi-los.

Ovos de avestruz

Os ovos de avestruz possuem forma ovalada, apresentam casca porosa, com espessura de aproximadamente 2 mm, e sua cor pode variar de branca a bege. A casca é muito rígida e pode suportar mais de 150 kg de peso. O tamanho, a cor e o peso do ovo variam de acordo com a origem genética e a idade da fêmea.

Os ovos de avestruz são cerca de 24 vezes maiores que os ovos de galinha e seu peso varia entre 1,0 e 2,1 kg. Sua composição é de 20,0%-24,0% de casca, 1/3 de gema e 2/3 de clara. A gema possui 5,0% de água, 30,0% de lipídios e 17,0% de proteínas.

O tempo de cocção do ovo de avestruz é muito superior ao do ovo de galinha, sendo necessários, aproximadamente, 40 minutos. Ele pode ser utilizado nas mesmas preparações que o ovo de galinha, todavia deve-se observar a diferença de sabor e quantidade. O mercado não disponibiliza ovos de avestruz, pois os criadores preferem que eles sejam fecundados para gerarem outros avestruzes.

Ovos de codorna

Os ovos de codorna apresentam cascas densamente manchadas e tamanho menor que o ovo de galinha (aproximadamente 1/3). O tempo de cocção também é menor, em torno de quatro minutos. Eles apresentam sabor mais forte e exótico e são utilizados em diversas preparações: puros, em saladas, como petiscos. Este tipo de ovo apresenta maior quantidade de gema em relação aos outros componentes que o ovo de galinha: 43,0% de gema, 47,0% de clara e 10,0% de casca. O teor de colesterol é de 844 mg em 100 g de ovo.

Ovos de gaivota

No Brasil, o consumo do ovo de gaivota é quase insignificante, que é mais apreciado na Europa, onde geralmente é servido cozido e frio, apenas com sal. Ele se apresenta em tamanho menor que o ovo de galinha, casca manchada e sabor levemente marinho. Seu tempo de cocção é de aproximadamente cinco minutos.

Ovos de galinha-d'angola

Atualmente, a galinha-d'angola e seus ovos são mais facilmente comercializados. A postura é irregular e em menor quantidade, e seu tamanho é aproximado ao do ovo de galinha comum, porém com casca de cor alaranjada. Esses ovos têm sabor exótico e delicado, sendo utilizados como entradas, acompanhando saladas. Eles contêm aproximadamente 415 mg de colesterol por 100 g de ovo.

Ovos de gansa

Os ovos de gansa não são comuns no Brasil. Suas características são muito semelhantes aos ovos de patas, sendo porém maiores que estes últimos, podendo pesar até 200 g. São ovos indicados para o preparo de omeletes, pudins, *mousses* ou para serem servidos como petiscos e têm aproximadamente 825 mg de colesterol por 100 g de ovo.

Ovos de faisoa

O ovo de faisoa não é encontrado com facilidade. Seu tamanho é semelhante ao de um ovo de galinha pequeno e sua cor é variada, podendo ser branco, alaranjado ou oliva. Algumas espécies têm manchas marrons ou pretas na casca. Por seu sabor ser parecido com o do ovo de galinha, pode ser utilizado nas mesmas preparações.

Ovos de pata

Os ovos de pata são maiores que os demais: pesam em média 75 g, e o tempo de cocção é de aproximadamente 15 minutos a mais que o tempo gasto para o ovo de galinha, devido ao seu tamanho. Eles apresentam aproximadamente 2,7 g de carboidrato, 12,2 g de proteínas, 11,8 g de lipídios, 884 mg de colesterol e 155 calorias por 100 g do produto (Tabela 7.6).

O meio publicitário utiliza uma fábula para ilustrar a importância da propaganda: é a história do ovo de galinha e do ovo de pata. Se o ovo de pata é maior, mais nutritivo e mais saboroso que o de galinha, por que se consome mais ovo da galinha? A resposta vem da particularidade desses dois animais. A galinha canta bem alto quando coloca um ovo, faz o maior estardalhaço. A pata não. Elegantemente, ela coloca seus ovos em silêncio, sem chamar a atenção de ninguém. Assim, a galinha faz propaganda do seu produto. As pessoas sabem quando seus ovos estão disponíveis e onde encontrá-los – é só seguir o barulho.

Tabela 7.6 | Comparação do teor de alguns micronutrientes de ovos de galinha e de pata

Espécie	Vit.B_5 mg	Vit.B_6 mg	Vit.B_{12} mg	Folato mg	Ca mg	Fe mg	P mg	Mg mg	K mg	Zn mg
Ovo de galinha	1,25	0,14	1,0	47	49	1,4	178	10	121	1,1
Ovo de pata	1,86	0,25	5,4	80	64	3,8	220	17	222	1,4

Capítulo 8
Transformação dos alimentos: Leite e Laticínios

Halina M. C. Araújo, Karla L. Ramos, Nancy di Pilla Montebello
Raquel B. A. Botelho, Renata P. Zandonadi,
Verônica C. Ginani e Wilma M. C. Araújo

• 8.1 •
Histórico e definição

O leite, bebida universal conhecida desde as mais remotas épocas, é definido do ponto de vista biológico como o produto originado da secreção das glândulas mamárias das fêmeas dos mamíferos. A legislação brasileira define o leite como o produto da ordenha de um mamífero sadio e que não representa perigo para o consumo humano. Do ponto de vista físico-químico, o leite é um sistema em equilíbrio constituído por três sistemas dispersos: solução, emulsão e suspensão. Para a zootecnia, leite é o produto oriundo da ordenha completa e ininterrupta, em condições de higiene, de vacas sadias, bem alimentadas e descansadas. Ele é o único alimento que satisfaz as necessidades nutricionais e metabólicas do recém-nascido de cada espécie. Sua composição varia de acordo com fatores como herança genética, espécie, raça e indivíduo; aspectos fisiológicos, como a gestação, a fase e o número de lactações e a idade do animal; fatores ambientais, como o clima; e cuidados no manejo: alimentação, tipo de ordenha, cuidados de saúde do animal (Tabela 8.1).

Tabela 8.1 | Composição química do leite de variadas espécies de mamíferos

Espécie	Gordura (g/100 g)	Proteína (g/100 g)	Lactose (g/100 g)
Mulher	4,5	1,1	6,8
Vaca	4,0	3,6	5,0
Cabra	4,1	4,2	4,6
Ovelha	6,3	5,5	4,6
Canguru	2,1	6,2	Traços
Foca	53,2	11,2	2,6
Coelha	12,2	10,4	1,8

Fonte: ORDÓÑEZ, et al., 2005.

Observa-se que na composição do leite de algumas espécies há mudança crescente e significativa quanto aos teores de proteína e de gordura. Os leites de vaca e de cabra são os que mais se aproximam da composição química do leite humano em relação à concentração de macronutrientes.

• 8.2 •
Estrutura, composição, valor nutricional e características organolépticas

Quimicamente, leite é uma emulsão de glóbulos de gordura estabilizada por substâncias albuminoides em soro que contém em solução lactose, proteínas, sais orgânicos, minerais e demais produtos em quantidades mínimas: lecitina, ureia, aminoácidos, ácidos cítrico, lático e acético, vitaminas, enzimas e outros. Sua composição química quantitativa varia com o período de lactação (sete a oito dias). O leite produzido logo após o parto (e durante o período de sete a dez dias) difere muito do leite normal – é o leite colostral ou simplesmente colostro. O leite colostral é ligeiramente viscoso, tem sabor salino, coloração amarelo-parda e densidade variável entre 1,033 e 1,094 g/ml. O colostro tem elevado teor de sais minerais e de proteína, e a concentração de lactose nele é menor. Seu percentual de gordura varia de acordo com o estado de nutrição do animal no momento do parto. Ele é excelente fonte de proteínas, minerais e vitaminas. É notável seu alto conteúdo em globulina, proteína que confere aos bezerros imunidade contra doenças. Quanto aos minerais, o colostro apresenta concentrações de cálcio, fósforo, ferro e cloretos superiores às do leite normal.

À proporção que as ordenhas se sucedem, a composição do colostro rapidamente se aproxima da do leite normal. No final da lactação, o leite apresenta características semelhantes às do colostro. Há tendência a um acréscimo nos teores de proteínas, sólidos não gordurosos e cinzas. Há decréscimo no teor de lactose, acompanhado (ou não) por aumento no teor de gordura.

> Segundo a Instrução Normativa n°. 51/2002 (Brasil, 2002) "Entende-se por leite, sem outra especificação, o produto oriundo da ordenha completa e ininterrupta, em condições de higiene, de vacas sadias, bem alimentadas e descansadas. O leite de outros animais deve denominar-se segundo a espécie de que proceda".

A água é o componente presente em maior proporção no leite. Os demais componentes constituem a fração denominada sólidos totais ou extrato seco do leite. Esta fração divide-se em lipídios e sólidos totais desengordurados e compreende todos os demais sólidos do leite. Encontram-se ainda vitaminas, enzimas, materiais nitrogenados não proteicos, gases e elementos-traços (Tabela 8.2).

Tabela 8.2 | Proporção dos principais constituintes do leite bovino

Constituintes do leite	Proporção (%)
Água	85,4 – 87,7
Sólidos totais	
Lipídio	3,4 – 5,1
Sólidos totais desengordurados	
Proteína	3,3 – 3,9
Carboidrato (lactose)	4,9 – 5,0
Minerais (cinzas)	0,68 – 0,74

A distribuição dessas substâncias e as interações físico-químicas são determinantes para a estrutura, para as propriedades funcionais e para a aptidão do leite para processamento e uso culinário. As micelas de caseína e os glóbulos de gordura são responsáveis por grande parte das características físicas (estrutura e cor) encontradas nos produtos lácteos.

O valor do pH do leite normal está entre 6,5 e 6,7. Valores acima de 6,7 normalmente indicam infecções no úbere. Valores abaixo de 6,5 sugerem presença de colostro ou atividade microbiana.

8.2.1 Proteínas

As proteínas do leite podem ser classificadas em dois grupos de acordo com suas propriedades físico-químicas e estruturais: caseínas e proteínas do soro. Essas proteínas são componentes dos mais valorizados, por suas excelentes propriedades nutritivas, tecnológicas e funcionais, que decorrem da composição em aminoácidos que atende à maioria das exigências fisiológicas do ser humano, assim como de suas propriedades físico-químicas, que proporcionam propriedades funcionais de grande interesse tecnológico, como solubilidade; absorção e retenção de água e de gordura; capacidade emulsificante; estabilidade das emulsões; capacidade espumante; estabilidade de espuma; geleificação; formação de filmes comestíveis e biodegradáveis; formação de micropartículas; melhoria nas propriedades sensoriais e na aceitação dos produtos (Tabela 8.3).

Tabela 8.3 | Perfil dos aminoácidos do leite humano e do leite bovino

Aminoácidos	Leite humano (mg/100g)	Leite bovino (mg/100g)
Alanina	35	75
Arginina	40	127
Asparagina	116	166
Cisteína	20 – 40	23 – 34
Glutamina	230	680
Glicina	0	11
Histidina	12 – 38	59 – 110
Isoleucina	68 – 114	167 – 240
Leucina	108 – 228	312 – 490
Lisina	50 – 111	184 – 338
Metionina	14 – 36	70 – 140
Fenilalanina	41 – 77	140 – 228
Prolina	80	250
Serina	69	160
Treonina	54 – 69	136 – 176
Tirosina	47 – 78	158 – 251
Triptofano	18 – 31	43 – 60
Valina	66 – 133	171 – 268

A concentração de proteína total e a relação entre caseína e proteína de soro são muito variáveis entre as espécies (Tabela 8.4). Essa fração proteica pode variar de 30 mg/ml a 35 mg/ml de proteína de alto valor biológico, sendo responsável por aproximadamente 95,0% do teor de nitrogênio presente no leite. As caseínas, que correspondem a 80,0% do total de proteínas, são fosfoproteínas que, em sua forma natural, se apresentam formando agregados ou partículas (micelas) contendo as caseínas α-S1, α-S2 e β em sua parte central, e a caseína κ, que se distribui parcialmente no corpo da micela e na sua superfície, conferindo-lhe estabilidade físico-química.

Pelo fato de as fosfoproteínas terem um número variável de radicais fosfato ligados à serina (aminoácido), concentrados em diferentes regiões das cadeias polipeptídicas, originam-se nas moléculas regiões mais hidrofílicas ou mais hidrofóbicas e, em consequência, as caseínas são mais suscetíveis à proteólise, além de se difundirem mais rápida e fortemente nas interfaces do que as proteínas do soro de leite.

As caseínas, particularmente as α-S1, α-S2 e β, são proteínas de estruturas abertas com predominância de estruturas primárias (aleatórias) e secundárias, em folhas e muito pouca estrutura em α-hélice, o que se deve, em parte, ao elevado conteúdo de prolina distribuída regularmente em toda a cadeia polipeptídica. A estrutura aberta e flexível confere à caseína excelente propriedade detergente/surfactante na formação de emulsões e de espumas, na formação de géis e na resistência térmica à desnaturação. As estruturas terciárias das caseínas ainda não foram completamente determinadas.

Devido às propriedades físico-químicas das frações de caseína e do complexo micelar, as proteínas do leite podem se separar facilmente por ação de ácidos ou de enzimas.

A caseína, em pH 6,6, apresenta-se sob a forma de fosfocaseinato de cálcio. Com a redução do pH para 5,2, a caseína torna-se menos solúvel, porém, ao atingir seu ponto isoelétrico, pH 4,6, perde sua estabilidade e se precipita. Essa precipitação ou coagulação é um processo desejável na fabricação de queijos, iogurtes e outros produtos fermentados, pela ação de ácido ou de renina[1] ao leite. Além disso, comercialmente, a caseína e o caseinato são largamente utilizados na formulação de produtos cárneos, lácteos e de panificação dadas às suas propriedades funcionais.

As proteínas do soro apresentam-se como moléculas individualizadas e solúveis, com estruturas terciárias bem conhecidas. Em suas estruturas terciárias, as formas secundárias em α-hélice e folhas-β são alternadas com segmentos de estrutura primária. Elas são menos resistentes ao tratamento térmico, sofrendo vários graus de desnaturação em temperaturas acima de 70 °C. Essas proteínas têm excelentes propriedades funcionais, incluindo solubilidade em todas as faixas de pH e força iônica, boa capacidade de geleificação, emulsificação e espuma, excelente valor nutritivo e várias propriedades fisiológicas importantes.

As proteínas do soro são tipicamente globulares e compactas, apresentam hidrofobicidade elevada e tornam-se insolúveis quando desnaturadas pelo aquecimento. A relação caseína e proteínas do soro é bastante variável entre as espécies de mamíferos (Tabela 8.4).

Tabela 8.4 | Distribuição de caseínas nos leites bovino e humano

Caseínas (g/L)	Leite bovino	Leite humano
Caseínas totais	26,0	3,2
α - S1	10,0	Desprezível
α - S2	2,6	Desprezível
β	9,3	2,2

---

1 Renina — enzima isolada do abomaso, quarto estômago dos ruminantes, que age sobre a caseína, coagulando—a.

K	3,3	1,0
γ	0,8	Desprezível

Fonte: SGARBIERI, 2005.

A diferença do leite humano para os leites de outros animais com relação ao teor de caseína é o principal motivo da não recomendação de leite de vaca, em sua forma original, para bebês, uma vez que essa proteína é de mais difícil digestão.

A quantidade total das proteínas dos soros no leite bovino e humano não difere muito, entretanto a distribuição é muito diferente. No soro de leite bovino predomina a β-lactoglobulina, que praticamente não ocorre no leite humano. Por ser a β-lactoglobulina a proteína mais abundante no soro de leite bovino e também a mais alergênica e antigênica, ela pode causar alergia em segmentos mais sensíveis da população, principalmente em crianças. Alfa-lactalbumina, albumina de soro bovino, imunoglobulinas, lactoferrina e lisozima predominam no soro de leite humano, sendo as proteínas que oferecem maior proteção à saúde (Tabela 8.4).

O consumo de leite é especialmente indicado pela qualidade das proteínas que o compõem, uma vez que apresentam todos os aminoácidos essenciais (Tabela 8.3). O leite é considerado um alimento com proteínas de alto valor biológico (o valor da proteína do leite cru é 0,9) quando comparado ao ovo (de valor 1,0). Sob esse aspecto, comprova-se a eficiência da combinação do leite com cereais, que possuem deficiência de alguns aminoácidos.

8.2.2 Lipídios

Os lipídios presentes no leite estão na forma de glóbulos de gordura, que, diferenciados por tamanhos, influem diretamente na dispersão da emulsão. Dessa forma, os aspectos físico-químicos da emulsão têm papel fundamental nas alterações que ocorrem durante a conservação e o processamento do leite. Esses aspectos também dependem das propriedades químicas e físicas dos lipídios, que se caracterizam pelo tipo de molécula, pela classe de lipídios e pelos resíduos de ácidos graxos que os compõem.

A fração de gordura do leite bovino é composta por triacilgliceróis (97,0% a 98% dos lipídios totais), por fosfolipídios (0,2% a 1,0%) e por esteróis livres (0,2% a 0,4%) (Tabela 8.5).

Tabela 8.5 | Composição lipídica do leite bovino

Lipídios	Porcentagem (%) em peso
Triacilgliceróis	97 – 98
Diacilgliceróis	0,3 – 0,6
Monoacilgliceróis	0,02 – 0,04
Ácidos graxos livres	0,1 – 0,4
Esteróis livres	0,2 – 0,4
Fosfolipídios	0,2 – 1,0
Hidrocarbonetos	traços
Ésteres de esterol	traços

A gordura é a fração mais variável do leite, sendo constituída por mais de quatrocentos diferentes ácidos graxos. A proporção desses ácidos varia com a dieta e o estágio de lactação. Os ácidos graxos saturados constituem aproximadamente 70,0% do conteúdo total de ácidos graxos, os monoinsaturados, 27,0%, e os dienos e trienos, 3,0%. A composição pode ser distribuída em ácido mirístico, 8,9% a 15%; palmítico, 20,0% a 32,0%; esteárico, 7,0% a 15,0%; e oleico, 15,0% a 30,0% (Tabela 8.6).

Tabela 8.6 | Proporção média dos principais ácidos graxos do leite

Ácidos graxos	Proporção média (%)
Saturados	
Butírico $C_{4:0}$	2,8
Caproico $C_{6:0}$	2,3
Caprílico $C_{8:0}$	1,1
Cáprico $C_{10:0}$	3,0
Láurico $C_{12:0}$	2,8
Mirístico $C_{14:0}$	8,9
Palmítico $C_{16:0}$	23,8
Esteárico $C_{18:0}$	13,2
Monoinsaturados	
Oleico $C_{18:1\,(9)}$	29,6
Poli-insaturados	
Linoleico $C_{18:2(9,12)}$	3,8

8.2.3 Carboidratos

A lactose é o carboidrato predominante no leite bovino e corresponde a 50,0% dos sólidos do leite desengordurado. Esse carboidrato é um dissacarídeo formado por D-glicose e D-galactose unidos por uma ligação β-1,4 glicosídica. A lactose é encontrada nas formas α e β, sendo a β-lactose mais solúvel que a α-lactose. O cristal α-lactose hidratado é o responsável pela sensação de arenosidade nos produtos lácteos gelados e influencia a desestabilização e a precipitação da caseína, enquanto a β-lactose apresenta efeito estabilizador sobre a caseína, mas esse efeito é perdido quando esta é cristalizada.

A presença da lactose no leite é importante, pois esta é a principal fonte de energia dos micro-organismos que a utilizam para seu desenvolvimento. Em consequência ocorre a produção de ácido láctico, responsável pela diminuição do pH e pela coagulação da caseína. No trato intestinal, ocorre mecanismo semelhante, com ligeira acidificação do meio, o que favorece a absorção de cálcio.

> Há indivíduos que não produzem a lactase, enzima responsável pela degradação da lactose. Assim, esse carboidrato não é absorvido pelo organismo humano. A essa deficiência dá-se o nome de intolerância à lactose. Os indivíduos que possuem esse tipo de intolerância não devem consumir leite e derivados, pois podem desencadear sintomas como diarreia, flatulência, dentre outros. A indústria de alimentos desenvolveu os leites isentos de lactose ou com teor de lactose reduzido para atender a essas situações

8.2.4 Outros componentes

O leite bovino contém algumas enzimas, como lipase, catalase, peroxidase, fosfatase, próprias ou produzidas por micro-organismos naturalmente presentes nele. Algumas dessas enzimas são utilizadas em testes de controle de qualidade: a determinação da atividade da peroxidase e da fosfatase é utilizada para avaliar a eficiência do processo de pasteurização na indústria. A catalase atua sobre o peróxido de hidrogênio e libera água e oxigênio, sendo um indicador de sanidade: o leite de úberes doentes tem alto conteúdo de catalase, enquanto o de úberes saudáveis contém uma quantidade insignificante. A lipase hidrolisa a gordura em glicerol e ácidos graxos livres. Quando o leite se estraga, a lipase produz ácidos livres no leite e em produtos lácteos, resultando em rancificação. O sabor rançoso pode aparecer quando o leite é armazenado em vasilhames metálicos ou quando é exposto em recipientes de vidro ao sol ou à luz artificial.

O leite é fonte de vitaminas lipossolúveis e hidrossolúveis, tem quantidades significativas de vitaminas A e E, tiamina (B_1), riboflavina (B_2), piridoxina (B_6), cobalamina (B_{12}), ácido pantotênico (PP) e biotina. No entanto, ele tem baixos teores de vitamina C, D e ácido fólico (B_9). Durante o armazenamento é possível haver perda de vitamina D pela exposição à luz, enquanto a exposição ao tratamento térmico promoverá redução no teor de vitamina C.

Os sais encontrados no leite são, principalmente, cloretos, fosfatos, citratos e bicarbonatos de sódio, potássio, cálcio e magnésio, distribuídos em uma fase solúvel e outra coloidal. A distribuição dos elementos cálcio, magnésio, fosfato e citrato entre as fases solúvel e coloidal e sua interação com as proteínas influenciam diretamente a estabilidade dos produtos lácteos.

8.2.5 Características organolépticas

O leite possui cor branco-opaca devido à reflexão da luz pelos glóbulos de gordura, pelo fosfato de cálcio e pela caseína, pode apresentar coloração levemente amarelada, dependendo do teor de pigmentos carotenoides. O sabor, levemente adocicado e suave, depende da relação entre os teores de lactose e de cloreto de sódio, mas também está relacionado à concentração de ácido cítrico, presente na forma de citrato. A sensação macia ou áspera é função do equilíbrio entre os teores de gordura e de proteínas. O aroma é típico, suave. Sabor e aroma dependem, principalmente, da composição química. Ação microbiana, decomposição química e condições ambientais influenciam de forma marcante seu *flavor*.

Dentre os variados sabores, o amargo pode, no produto recém-ordenhado, provir da alimentação do animal ou por leite de retenção[2]. Para produtos armazenados sob refrigeração, por vários dias, o sabor amargo é resultante do desenvolvimento de bactérias proteolíticas, o que compromete a salubridade do produto para consumo humano.

O sabor ácido é resultante do desenvolvimento de bactérias produtoras de ácido, principalmente *Streptococcus lactis*, e pode ser observado antes de o leite se tornar azedo. O gosto salgado é característico do leite de animais em final de lactação ou portadores de mastite.

As características cinestésicas variam de macias a ásperas, dependendo do equilíbrio entre os teores de lipídios e de proteínas, sendo mais macias quando houver maior concentração de lipídios.

• 8.3 •
Classificação e tipos de leite

No Brasil, o leite beneficiado pode ser dos tipos A, B ou C (Quadro 8.1). Quanto ao teor de gordura, esses produtos são classificados em integrais, padronizados,

---

2 Leite—de—retenção — é o leite nas últimas 2 a 5 semanas imediatamente antes do próximo parto. Tem sabor salino por apresentar um alto teor de sais, especialmente de sódio e pequena concentração de lactose. É considerado inadequado para o consumo humano.

semidesnatados ou desnatados. Os leites dos tipos A e B podem ser classificados quanto ao teor de gordura em integrais, padronizados, semidesnatados ou desnatados, enquanto o leite do tipo C pode ser classificado quanto ao teor de gordura como integral, padronizado a 3,0%, semidesnatado ou desnatado. Quanto às características higiênico-sanitárias, os leites dos tipos A, B e C diferenciam-se quanto ao número de coliformes a 30-35 °C na amostra (Quadro 8.1).

Quadro 8.1 | Características dos tipos de leites pasteurizados

Tipos de leite	Características
A	Classificado quanto ao teor de gordura em integral, padronizado, semidesnatado ou desnatado, produzido, beneficiado e envasado em estabelecimento denominado granja leiteira; é obtido por ordenha mecânica, imediatamente pasteurizado e resfriado à temperatura de 4 °C. O produto assim processado deve apresentar teste qualitativo negativo para fosfatase alcalina, teste positivo para peroxidase e enumeração de coliformes a 30/35 °C menor do que 0,3 NMP*/mL. Esse tipo de produção prevê o controle total da higiene pessoal, de animais, ambiental, de utensílios e equipamentos; os animais são identificados, registrados e submetidos a exame individual.
B	Classificado quanto ao teor de gordura como integral, padronizado, semidesnatado ou desnatado, submetido à temperatura de 72 °C a 75 °C durante 15s a 20s e imediatamente resfriado à temperatura de 4 °C. O produto assim processado deve apresentar teste qualitativo negativo para fosfatase alcalina, teste positivo para peroxidase e enumeração de coliformes a 30 °C/35 °C menor que 0,3 NMP*/ml da amostra; é produzido em instalações apropriadas; os animais estão sob controle veterinário permanente, e a ordenha pode ser manual ou mecânica.
C	Classificado quanto ao teor de gordura como integral, padronizado a 3% m/m**, semidesnatado ou desnatado, e, quando destinado ao consumo humano direto na forma fluida, submetido a tratamento térmico na faixa de temperatura de 72 °C a 75 °C durante 15s a 20s e imediatamente resfriado à temperatura de 4 °C. Após a pasteurização, o produto assim processado deve apresentar teste negativo para fosfatase alcalina, teste positivo para peroxidase e coliformes 30 °C/35 °C menor que 0,3 NMP*/ml da amostra. Podem ser aceitos outros binômios para o tratamento térmico acima descrito, equivalentes ao da pasteurização rápida clássica e de acordo com as indicações tecnológicas pertinentes, visando à destinação do leite para a elaboração de derivados lácteos. A inspeção sanitária dos rebanhos é periódica.

*Número mais provável por mililitro
** Massa/massa.
Fonte: BRASIL, 2002.

Os diversos produtos lácteos disponíveis para consumo como alimento têm vida útil variável (Quadro 8.2), determinada pelo método de conservação ao qual a matéria-prima foi submetida.

Quadro 8.2 | Características do leite de vaca e derivados

Produtos	Características
Leite integral	Concentração de lipídios em torno de 4,0% a 6,0%, podendo ser in natura, pasteurizado ou esterilizado.
Leite padronizado	Concentração de lipídios ajustada a 3,0% mediante aplicação de técnica industrial.
Leite semidesnatado	Concentração de lipídios em torno de 1,5% a 2,5%.
Leite desnatado	Concentração de lipídios em torno de 0% a 0,5%.
Leite em pó (desidratado)	Obtido do leite de vaca integral, desnatado ou semidesnatado, por processos industriais que utilizam câmara a vácuo, rolos secadores, pulverização do leite e secagem em corrente de ar quente (spray dryer). O produto final deve apresentar, no máximo, 5,0% de umidade, ser fechado hermeticamente e acondicionado em temperatura ambiente; pode sofrer alterações químicas e organolépticas devido a reações de oxidação.
Leite evaporado	Obtido a partir do leite integral tratado termicamente, com retirada de 50,0% da água por evaporação, a vácuo, sob temperatura de 54 °C a 60 °C; tem 25,0% de sólidos totais e seu valor nutritivo é maior pela concentração dos demais constituintes. Quando se deseja reconstituir o leite evaporado para uso como leite fluido, a proporção de água deve equivaler a 50%. No produto que é esterilizado, a temperatura elevada provoca alteração na cor e no sabor decorrente da reação de Maillard[3].
Leite homogeneizado	Produto submetido ao processo de homogeneização, que consiste em romper os glóbulos de gordura formando glóbulos menores, proporcionando vantagens, como estabilidade da emulsão, que evita a separação da gordura, maior digestibilidade e sabor suave.
Leite condensado	Leite integral, pasteurizado, submetido à desidratação parcial (1/3 do volume inicial) e com adição de açúcar. A elevada concentração de açúcar impede o desenvolvimento bacteriano e conserva o produto por um tempo maior. Há menor probabilidade de mudança de sabor quando comparado ao leite evaporado, pois o efeito preservativo do açúcar diminui a necessidade de processamento pelo calor após o enlatamento.
Leite acidificado (fermentado)	Obtido por meio da fermentação do leite sob a ação de bactérias selecionadas. As culturas bacterianas usadas para a produção de leites fermentados possuem, além das bactérias específicas, o Streptococcus lactis, um dos formadores do ácido lático, responsável pela acidificação do meio. Os produtos mais comuns desse gênero são iogurtes, coalhadas, acidófilos, kumis e kefir.
Leite com reduzido teor de lactose	Obtido pelo tratamento do leite por hidrólise química e enzimática. O tratamento com a enzima lactase (β-galactosidade) produz glicose e galactose que são açúcares mais solúveis e de mais rápida absorção.

• 8.4 •
Tratamentos térmicos e seus efeitos sobre os nutrientes

Os processos de conservação que utilizam calor têm por objetivo a inativação térmica dos micro-organismos patogênicos não esporulados e a redução da microbiota presente, sem alteração significativa na natureza físico-química e nas características organolépticas e nutritivas. A aplicação desses processos está condicionada à temperatura adequada, ao tempo de exposição, ao tipo de matéria-prima e à resistência térmica dos micro-organismos.

> Ao se aquecer o leite, a energia proveniente do calor promove o rompimento de algumas ligações químicas que estabilizam as moléculas proteicas dos micro-organismos e, consequentemente, ocorre perda da estrutura interna, original, inviabilizando a realização dos processos bioquímicos vitais ao seu desenvolvimento.

Entre os métodos de conservação pelo calor, a pasteurização (denominação dada em homenagem a Pasteur, mas cuja aplicação ao leite *in natura* foi proposta por Franz von Soxhlet no século XIX) tem a finalidade de inativar enzimas e destruir, termicamente, as células vegetativas dos micro-organismos presentes e, obrigatoriamente, a microbiota patogênica. Este processo utiliza temperaturas abaixo de 100 °C com o objetivo de aumentar a vida útil dos alimentos por alguns dias, sob refrigeração.

> No final do século XIX, os alemães iniciaram a aplicação da pasteurização no leite *in natura*, comprovando que o processo era eficaz para a destruição das bactérias existentes neste produto. Desse modo, os alemães deram origem não só a um importante método de conservação, como também a uma medida higiênica fundamental para preservar a saúde dos consumidores e conservar a qualidade dos produtos alimentícios.

A intensidade do tratamento térmico está relacionada ao pH. Em alimentos de baixa acidez, com pH acima de 4,5, a pasteurização tem como finalidade a destruição das bactérias patogênicas, enquanto em alimentos ácidos, com pH abaixo de 4,5, o processamento tem a função de inativar micro-organismos deteriorantes e enzimas, tanto as presentes naturalmente como as produzidas pela microbiota. Visto que a pasteurização não elimina totalmente os micro-organismos, é necessário utilizá-la conjuntamente com outro processo de conservação. Esse tratamento pouco afeta as propriedades do leite, porém ocasiona a desnaturação parcial das proteínas do soro e a perda nos teores de vitaminas termossensíveis, como a tiamina.

> As proteínas do soro – albuminas e imunoglobulinas – são sensíveis às temperaturas utilizadas nos processos de pasteurização. Essa fração de proteína, apesar de representar apenas 20% do total de proteína, é fonte de aminoácidos importantes, como cistina, cisteína e metionina; o tratamento térmico poderá comprometer sua biodisponibilidade.

A pasteurização pode ser executada de duas formas: a chamada pasteurização lenta, à baixa temperatura – *low temperature, long time* –, utilizada para pequenos volumes de leite, com binômio tempo/temperatura entre 62 °C e 65 °C/30 minutos, e a pasteurização rápida, a altas temperaturas – *high temperature, short time* – com binômio de 72 °C a 75 °C /15 a 20 segundos. Nos dois processos, o leite pasteurizado deve apresentar teste negativo para fosfatase alcalina e positivo para lactoperoxidase. Essas enzimas indicam que a pasteurização foi realizada de forma eficiente. A inativação da lactoperoxidase indica que o processamento ultrapassou o binômio tempo/temperatura estabelecido, pois essa enzima apresenta resistência até 85 °C por 20 segundos.

O leite, ao ser recebido em um laticínio, é submetido a testes de rotina que caracterizam sua qualidade. Os principais testes são o de acidez Dornic, o de redutase, o de alizarol e o de lactofermentação, que estimam a qualidade microbiológica da matéria-prima. O teste de sedimentos quantifica o teor de sólidos em suspensão, o de gordura quantifica a fração lipídica, de grande importância para a indústria. Os testes de densidade e de crioscopia possibilitam detectar fraudes[3] que podem interferir na composição do leite (Quadro 8.3).

Após as etapas de filtração e resfriamento, o leite é submetido à homogeneização. Esse processo visa diminuir o tamanho dos glóbulos de gordura, pela passagem do leite por pequenos orifícios a uma pressão elevada, com o objetivo de retardar sua separação espontânea – coalescência – e, assim, manter a composição uniforme do leite, evitando a formação da nata.

---

3 Fraudes mais comuns — adição de água ao leite, desnatamento parcial ou adição de leite desnatado, adição de água e de leite desnatado, conjuntamente; adição de soluções alcalinas — bicarbonato de sódio, formol, ácido bórico, bicromato de potássio, ácido salicílico, como conservantes; adição de substâncias estranhas — amido, açúcar e urina, para encobrir a adição de água e aumentar a densidade. Falsificação de leite é a adição ou a subtração parcial ou total de qualquer substância na composição de um produto.

Quadro 8.3 | Alteração por fraude

Tipo de fraude	Densidade	Gordura (%)	Acidez	Sólidos desengordurados	Crioscopia
Adição de água	Diminui	Diminui	Diminui	Diminui	Aumenta
Desnatamento ou adição de leite desnatado	Aumenta	Diminui	Em geral, aumenta	Inalterado	Inalterado
Adição de água e desnatamento	Pode equilibrar	Diminui	Em geral, aumenta	Diminui	Aumenta

Fonte: Tesauro cadeia alimentícia, 2006.

A homogeneização do leite visa a reduzir e a uniformizar o tamanho dos glóbulos de gordura, para assim minimizar sua coalescência/aderência e a formação da nata.

Na sequência, o produto é submetido ao processamento térmico, que pode ser a pasteurização, lenta ou rápida, ou o método UHT. Logo após, o leite é imediatamente resfriado para evitar alterações físico-químicas e para inibir o desenvolvimento de micro-organismos termófilos. Finalmente, o produto é envasado em embalagens apropriadas.

O processo de esterilização do leite tem por finalidade obter um produto microbiologicamente estável mediante a destruição de micro-organismos termorresistentes, esporulados ou não, para que possa ser armazenado em temperatura ambiente por meses. Para alcançar tal estabilidade, é necessário utilizar temperaturas elevadas que promovam a morte térmica dos micro-organismos, ocasionando a incapacidade de reprodução.

A esterilização pode ser obtida por meio de dois procedimentos tecnológicos: o convencional, que consiste em aquecer o produto embalado hermeticamente utilizando o binômio de 115 °C a 120 °C/15 a 20 minutos, e a esterilização UHT – *ultra high temperature* – que consiste em aquecimento contínuo por injeção de vapor ou aparelhos de placas ou tubulares, que aquecem leite à temperatura de 140 °C/2 a 4 segundos. Esse tratamento provoca alterações no teor vitamínico, com perda de vitaminas como tiamina (B_1), piridoxina (B_6), cobalamina (B_{12}), ácido fólico e vitamina C, além de alterar as características sensoriais do leite.

A geleificação é um fenômeno comum que se observa durante o armazenamento dos leites esterilizados. Ela decorre da ação de enzimas termorresistentes de bactérias psicotróficas sobre a estrutura das caseínas. A geleificação expressa-se no aumento da viscosidade do leite e no sabor amargo apresentado pelo produto.

Além dos processos de beneficiamento do leite, é comum nas fazendas e nos ambientes domésticos ferver o leite em temperaturas que chegam a 102 °C, 104 °C, o que tem como objetivo principal aumentar a vida útil do produto; esse processo elimina grande parte dos micro-organismos que permaneceram no leite.

Como na pasteurização e na esterilização, a fervura doméstica do leite também pode comprometer a estrutura de seus componentes. O grau de comprometimento decorrerá do tempo de exposição a temperaturas mais elevadas e se manifestará sobre sua acidez, cor, sabor, além de desnaturar as moléculas de proteínas e alterar as de carboidratos e de lipídios. A mudança de cor do produto deve-se à reação de *Maillard*, assim como a de sabor provém, especialmente, da desnaturação de proteínas do soro intramoleculares, ricas em aminoácidos sulfurados, que estabilizam a estrutura terciária e se tornam muito ativas (-SH) após a desnaturação. Em consequência das reações do grupo tiol (-SH) com outras frações proteicas, o produto adquire "sabor cozido".

Um dos efeitos mais típicos da fervura do leite é a formação de uma película na superfície, constituída por proteínas, especialmente as proteínas do soro, e por gordura, além do aparecimento de um sabor de produto cozido.

O aquecimento também pode alterar a cor do leite, que pode variar entre sua cor branca amarelada para levemente acastanhada.

• 8.5 •
Laticínios

8.5.1 Derivados não fermentados

Creme

Creme é um produto lácteo relativamente rico em gordura retirada do leite por procedimento tecnologicamente adequado e apresenta a forma de uma emulsão de gordura em água. Pode ser denominado de creme pasteurizado quando submetido ao procedimento de pasteurização; creme esterilizado, quando submetido ao processo de esterilização; e creme UHT, se submetido ao tratamento térmico de ultra-alta temperatura.

Este produto será designado creme de leite ou, simplesmente, creme, podendo ser classificado quanto ao teor lipídico em baixo teor de gordura, semicreme, ou de alto teor gorduroso. O creme com teor de matéria gorda superior a 40,0% m/m poderá ser designado de duplo-creme; aquele cujo conteúdo de matéria é superior a 35,0% m/m poderá, opcionalmente, ser designado de creme para bater. O creme UTH ou UAT poderá ser nomeado também de creme longa-vida; quando submetido ao processo de homogeneização deverá designar-se, além disso, como homogeneizado.

O creme de leite é empregado de acordo com seu teor lipídico. O teor de gordura denota sua estabilidade ao ser submetido ao aquecimento e sua qualidade ao ser batido. A relação entre a quantidade de gordura e a estabilidade é proporcional.

O duplo creme é o mais indicado para preparações aquecidas, pois possui 48,0% de gordura e pode ser submetido a altas temperaturas sem talhar. O creme de leite com baixo teor de gordura, cerca de 24,0%, é usado para encorpar e dar consistência cremosa a qualquer líquido, por ser menos denso, mas não deve ser aquecido para evitar que o produto talhe. Isso ocorre porque com o aumento da temperatura, as moléculas de água se distanciam, evaporam e promovem uma maior concentração de proteína que se desestabiliza e forma redes de caseína e cálcio.

> Para algumas preparações, é necessária a separação e a retirada de parte do soro que está misturada ao creme de leite. Essa separação é importante nos produtos em que se deseja obter cremosidade e consistência. Para a separação, recomenda-se colocar as embalagens de creme de leite no congelador por pouco tempo (entre 10 e 15 minutos), seguido da retirada do produto e de sua abertura, sem balançar a embalagem, para que o soro não se misture novamente ao creme.

O creme, para ser batido em *chantilly*, deve ter um teor de gordura entre 35,0% e 39,0%. Pode ser obtido a partir da mistura de duplo creme com creme de leite com baixo teor de gordura na proporção de 2:1. O processo de obtenção do *chantilly* consiste na incorporação de ar ao creme pelo batimento; essas bolhas de ar ficam cercadas por moléculas de água e gotículas de gordura estabilizadas por proteínas. À proporção que se bate o creme, ocorre a desnaturação parcial da proteína. A gordura aglutina-se na espuma e é parcialmente solidificada, evitando o colapso das paredes celulares.

Qualquer que seja a concentração de gordura, o creme de leite fresco deve ser refrigerado entre 2 °C e 4 °C e batido sob temperatura baixa, com a finalidade de obter melhor resultado na fabricação de cremes. É importante ressaltar que os utensílios dos quais se faz uso devem também estar resfriados. Isso se deve ao fato de que em temperaturas mais frias os glóbulos de gordura tendem a juntar-se mais facilmente. Além disso, em temperatura ambiente o creme de leite fresco fica sujeito à ação de bactérias que produzem ácido láctico, que acidificam o meio, tornando o produto azedo e, consequentemente, sem capacidade de adquirir e manter volume. É interessante observar que o acréscimo de açúcar antes do batimento aumenta o tempo de batimento pelo fato de ser higroscópico e se ligar facilmente às moléculas de água que auxiliam na formação de espuma.

O creme de leite homogeneizado UHT não é próprio para produzir o creme *chantilly* porque não retém ar, suficientemente. Esse fato é causado, provavelmente, pela dispersão aumentada de gordura. Há no mercado um creme de leite UHT com maior concentração de gordura e não homogeneizado, com o qual se pode obter o creme *chantilly*, no entanto sua estabilidade é menor.

O creme de leite azedo possui uma consistência mais líquida e um teor lipídico em torno de 21,0%, não devendo ser submetido a altas temperaturas, apesar de poder ser utilizado em alguns molhos quentes. Esse creme é obtido pela acidificação do creme de leite integral com suco de limão.

O creme de leite altera o valor nutricional o valor nutricional de preparações, aumentando, principalmente, seu valor lipídico e calórico. Sua utilização favorece a aceitação de diversos alimentos, conferindo-lhes sabor e consistência bastante agradáveis. Ele é empregado em preparações como sopas e molhos, proporcionando-lhes cremosidade, aspecto macio e aveludado; em preparações doces é utilizado como ingrediente para *musses*, cremes, pavês, sorvetes e coberturas. Atualmente, o mercado oferece creme de leite *light*, com reduzido teor de lipídios.

Manteiga

A manteiga é definida como um produto gorduroso obtido exclusivamente pela bateção e pela malaxagem, com ou sem modificação biológica, de creme pasteurizado derivado exclusivamente do leite de vaca, por processo tecnologicamente adequado. A matéria gorda da manteiga deverá estar composta exclusivamente de gordura láctea. Esse produto classifica-se em manteiga extra e manteiga de primeira qualidade, segundo avaliação sensorial da Norma FIL 99A: 1987 – *Codex Alimentarius*. O sabor característico da manteiga é conferido pelos ácidos graxos de cadeia curta que a compõem, principalmente o butírico.

As manteigas podem ser ou não adicionadas de sal. Quanto à qualidade, as manteigas de mesa são classificadas em manteiga extra, manteiga de primeira qualidade, manteiga comum ou de segunda qualidade. A manteiga extra é o produto que atinge 92 pontos ou mais na escala de valores estabelecida pela legislação e que satisfaz às seguintes exigências: ser obtida em estabelecimentos instalados para a finalidade, dispondo de toda aparelhagem para tratamento do creme (pasteurização, adição de fermentos lácticos selecionados), além de câmara frigorífica para depósito do produto; ser obtida de creme classificado de extra, devidamente tratado, não adicionado de corantes; ser elaborada com creme e água refrigerados, sem aplicação direta de gelo, e apresentar, no máximo, acidez de 2 ml de soluto alcalino normal em 100 g de insolúveis e 2,0% de cloreto de sódio; ser devidamente embalada na própria fábrica, ou em estabelecimento registrado, e ser mantida em frio, apenas podendo ser estocada à temperatura de -10°C.

Manteiga de primeira qualidade é o produto que tem de 82 a 91 pontos na escala estabelecida e satisfaz às seguintes exigências: ser obtida em estabelecimento instalado para a finalidade, dispondo de toda a aparelhagem para tratamento de creme, além de câmaras frigoríficas para depósito do produto; ser obtida de creme de primeira qualidade, devidamente tratado, adicionado ou não de corante vegetal próprio, até alcançar tonalidade levemente amarelada; ser elaborada com creme refrigerado, sem aplicação de gelo; apresentar no máximo acidez de 3 ml do soluto alcalino normal em 100 g de matéria gorda na fábrica, tolerando-se 5 ml no consumo; apresentar 1,5% de insolúveis e 2,5% de cloreto de sódio; ser devidamente embalada na própria fábrica ou em estabelecimento registrado e ser mantida em refrigeração.

Manteiga comum ou de segunda qualidade é o produto que tem de 70 a 81 pontos na escala estabelecida e satisfaz às seguintes exigências: ser obtida de creme próprio à finalidade, com acidez não superior a 65 °D, adicionado ou não de corante vegetal, na qualidade estritamente necessária à obtenção de uma tonalidade amarelada; apresentar, no máximo, acidez de 5 ml de soluto alcalino normal em 100 g de matéria-prima gorda na fábrica, tolerando-se 8 ml no consumo; apresentar 2,0% de insolúveis e 3,0% de cloreto de sódio e ser devidamente embalada em vasilhame autorizado pelo Departamento de Inspeção de Produtos de Origem Animal na própria fábrica ou em estabelecimento sob inspeção federal.

A classificação da manteiga está relacionada à qualidade de matéria-prima, bem como às transformações ocorridas durante seu processamento, que proporcionam produtos com diferentes composições. A manteiga tem uma composição percentual média de 83,0% de gordura, 16,0% de água, 0,4% de lactose e 0,15% de cinzas e sal (Tabela 8.7).

Tabela 8.7 | Parâmetros físico-químicos dos diferentes tipos de manteiga

Parâmetros físico-químicos	Extra	1ª Qualidade	Comum
Gordura	> 83,0%	> 80,0%	> 80,0%
Acidez	< 3,0	< 8,0	< 10,0
Sal	< 2,0	< 2,5	< 6,0
Corante vegetal	Ausência	Facultativo	Obrigatório

Fonte: BRASIL, 1996.

A manteiga é obtida pelo batimento contínuo do creme de leite. Ao contrário da incorporação de ar que ocorre para a obtenção do creme *chantilly*, no batimento da manteiga o objetivo é juntar os glóbulos de gordura, formando uma massa, semelhante a uma rede, que retém restos de soro nos espaços. Durante esse processo, a emulsão de óleo em água, do creme de leite, passa a uma emulsão de água em óleo, na manteiga. O tipo de batimento quebra a emulsão, de modo que os glóbulos de gordura ficam livres para juntar-se. Após a agregação da gordura, o soro é retirado e a manteiga é lavada com água. A adição de sal, que se dissolve na fase aquosa e atinge concentração elevada, diminui a atividade da água, retardando o desenvolvimento de micro-organismos. No entanto, encontram-se no mercado manteigas com e sem sal.

A manteiga pode ser utilizada em preparações como molhos, massas, produtos de panificação e sobremesas. Molhos a partir de base *roux* necessitam de maior concentração de gordura, sendo a manteiga mais aconselhada no seu preparo. A substituição da manteiga por margarinas é viável, contanto que o percentual de gordura seja de pelo menos 65%. Bolos e pães acrescidos de manteiga ficam mais macios e esponjosos.

Doce de leite

Doce de leite é o produto obtido por concentração e ação do calor à pressão normal ou reduzida do leite ou do leite reconstituído, com ou sem adição de sólidos de origem láctea e/ou creme, e adicionado de sacarose (parcialmente substituída ou não por monossacarídeos e/ou outros dissacarídeos). É permitido nessa preparação o uso de outros ingredientes, como coco, mamão verde, chocolate. Na indústria, ainda é permitida a adição de amido (até 2,0%) e bicarbonato de sódio ao doce de leite para controlar a acidez.

A classificação do doce de leite toma por base o conteúdo de matéria gorda, que são o doce de leite e o doce de leite com creme, ou a adição ou não de outras substâncias alimentícias, nesse caso se classifica em doce de leite ou doce de leite sem adições e doce de leite com adições.

Ao submeter o leite ao calor constante, parte das moléculas livres de água se evapora e parte se combina com as moléculas de açúcares; a concentração proteica e a adição de açúcar favorecem a reação de *Maillard*. O produto escurece, tornando-se de coloração marrom, variável entre claro e escuro, a depender do tempo e da temperatura de cocção.

> Obtém-se também doce de leite com a cocção sob pressão de leites condensados. A coloração pode ser mais clara porque o leite condensado já apresenta consistência pastosa e não necessita de maior tempo de cocção, como o doce de leite preparado com leite fluido.

Existe também o doce de leite talhado, que é produzido com leites acidificados. A acidez conduz à rápida coagulação das proteínas presentes no leite, formando grumos. Por ser menos solúvel, a lactose se cristaliza. Esse fenômeno é comum na fabricação de doce de leite. Nos demais tipos de leites desidratados, a lactose encontra-se em estado amorfo, uma forma estável desde que não haja mais de 8,0% de água, pois, nesse caso, as moléculas apresentam mobilidade suficiente para se cristalizar. Diferentemente do leite condensado, isso ocorre porque no leite em pó a desidratação é brusca, e o rápido aumento da viscosidade impede a cristalização.

Queijo

O queijo é um dos mais antigos produtos derivados do leite, podendo ser fabricado com leites de diferentes animais, tais como vaca, cabra, ovelha e búfala. O leite mais usado é o de vaca, por ser produzido em maior escala.

Entende-se por queijo o produto fresco ou maturado obtido por separação parcial do soro do leite ou leite reconstituído (integral, parcial ou totalmente desnatado), ou de soros lácteos, coagulados pela ação física do coalho, de enzimas específicas, de bactéria específica, de ácidos orgânicos, isolados ou combinados, todos de qualidade apta para uso alimentar, com ou sem agregação de substâncias alimentícias e/ou condimentos e especiarias, aditivos especificamente indicados, substâncias aromatizantes e matérias corantes. A legislação complementa essa definição, reservando o nome queijo, exclusivamente, aos produtos em que a base láctea não contenha gordura e/ou proteínas de origem não láctea.

A fração proteica do queijo é cerca de seis a dez vezes maior que a do leite, e o teor de cálcio é quatro a oito vezes maior. Queijo fresco é o que está pronto para consumo logo após sua fabricação. Queijo maturado é o que sofreu as trocas bioquímicas e físicas, durante um determinado espaço de tempo, necessárias ao desenvolvimento das características próprias dessa variedade.

Os queijos são preparados pela precipitação da caseína do leite após a adição de renina ou outro agente coagulante. A coalhada resultante (caseína precipitada) é separada e salgada, podendo ainda ser inoculados à massa micro-organismos especiais que irão produzir substâncias que conferem odor e sabor característicos. Além disso, as enzimas proteolíticas formam peptídios a partir da caseína, enquanto as lipolíticas produzem derivados de ácidos graxos que conferem sabores característicos a cada tipo de queijo. A fabricação de cada tipo de queijo envolve alguns procedimentos gerais e outros específicos. O leite utilizado na produção de queijos frescos tem, obrigatoriamente, segundo a legislação, de ser pasteurizado.

Segundo a legislação brasileira, os queijos são classificados em duas categorias, baseadas no conteúdo de matéria gorda no extrato seco e no teor de umidade. Em termos de gordura, os queijos são subdivididos em: extra-gordo ou duplo creme (mínimo de 60,0%); gordo (45,0% a 59,9%); semigordo (25,0% a 44,9%); magro (10,0% a 24,9%) e desnatado (menos de 10,0%).

De acordo com o teor de umidade, são subdivididos em queijos de baixa umidade (massa dura, com até 35,9%); queijos de média umidade (massa semidura, entre 36,0% e 45,9%); queijos de alta umidade (massa branda ou macios, entre 46,0% e 54,9%) e queijos de muito alta umidade (massa branda ou moles, não inferior a 55,0%).

Os queijos como os de muito alta umidade – quando submetidos ou não a tratamento térmico logo após a fermentação – se classificam em queijos de muito alta umidade tratados termicamente e queijos de muito alta umidade sem tratamento térmico. A outra classificação baseia-se na cocção ou não das massas antes da preparação dos queijos (Tabela 8.8).

Tabela 8.8 | Classificação dos queijos segundo o modo de preparo

Tipo de massa	Maturação	Teor de gordura	Tipo de queijo
Massa crua	Não	23,0%	Minas frescal
Massa crua	Sim	23,0%	Minas curado
Massa crua	Sim	23,0%	*Gorgonzola, Camembert*
Massa semicozida	Sim – rápida	26,0%	Prato
Massa semicozida	Sim – prolongada	26,0%	*Cheddar*
Massa cozida	Sim	29,0%	Parmesão e suíço
Massa filada	Não	22,0% a 24,0%	Muçarela
Massa filada	Sim	23,0% a 27,0%	Provolone
Massa de coagulação rápida	Não	20,0% a 28,0%	Requeijão cremoso e queijo *cottage*
Massa de proteínas do soro	Não	Até 10,0%	Ricota

Quadro 8.4 | Tipos de queijo e algumas de suas características

Tipos de queijo	Características
Boursin	Originário da França; é feito adicionando-se creme de leite ao leite durante a produção; apresenta teor de gordura em torno de 70,0%; em geral, não tem casca, ou ela é macia e constituída de mofo; massa delicada, doce e saborosa, pode haver também um traço de acidez; cheiro leve; na sua composição entram diversas ervas, podendo-se citar salsa, tomilho, cebolinha, alho, pimenta-do-reino, cebola.
Brie	Originário da França; massa com textura semimacia, suave e cremosa, de leve sabor; possui crosta rugosa branca, produzida por fungo.
Camembert	Originário da França; massa cremosa e sabor picante; fabricado com leite de vaca integral não pasteurizado; sua maturação dura entre 12 e 14 dias; apresenta-se coberto com camada branca devido aos *Penicillium camembert* e *Penicillium candidum*.
Cheddar	Originário da Inglaterra; consistência macia, textura firme e elástica, sabor pronunciado e cor laranja.
Coalho	Largamente fabricado, principalmente nos estados do Nordeste do Brasil, compreendendo: Pernambuco, Ceará, Rio Grande do Norte e Paraíba; grande parte de sua fabricação é feita de forma artesanal e utilizando leite cru; consistência semidura, elástica; textura compacta (sem olhaduras mecânicas) ou aberta com olhaduras mecânicas; cor branco-amarelada uniforme; sabor brando, ligeiramente ácido e salgado; odor ligeiramente ácido de coalhada fresca; casca fina e não muito bem definida.
Cottage	Originário da América do Norte; coalhada fresca, cremosa, de baixa acidez; sofre lavagem contínua durante sua produção para diminuir os teores de ácido láctico e lactose; contém cerca de 80,0% de umidade e 4% de gordura; classificado como um queijo branco não gorduroso.
Edam	Originário da Holanda; introduzido no Brasil em 1880, conhecido como queijo Palmira; recebia também a denominação de queijo de cuia devido à sua embalagem em cuia dupla feita de folhas de flandres que, no entanto, já foi quase inteiramente substituída por invólucro plástico. Conhecido também como queijo do reino, conserva, porém, seu típico formato de bola com crosta colorida de vermelho; possui consistência semidura, pouco elástica, cor interna amarelo-palha e sabor agradável, acentuado e característico; textura macia, saborosa e forte; semelhante ao *Gouda*.
Emmenthal	Originário da Suíça; gorduroso, firme, de massa espessa, com sabor suave e peculiar; cor amarelo-clara e olhaduras que variam de tamanho, sendo, geralmente, maiores que as do *Gruyère*; período de maturação por volta de quatro meses.
Estepe	Sabor suave e picante; consistência macia; possui várias olhaduras
Fundido	Elaborado a partir da fusão de diversos queijos; consistência cremosa e sabor suave; a qualidade dependerá, primeiramente, da qualidade do queijo usado como matéria-prima.
Gorgonzola	Originário da Itália; diferencia-se do *roquefort* pelo fato de ser produzido com leite de vaca; a abundância do leite e a riqueza de fungos das cavernas na cidade de Gorgonzola foram fundamentais para a produção desse queijo, que possui sabor marcante, levemente salgado e picante, textura macia e quebradiça, odor acentuado.
Gruyère	Originário da Suíça; obtido de leite de vaca, cru ou pasteurizado, de massa cozida e prensada, deve ser maturado durante, no mínimo, quatro meses; tem formato cilíndrico, crosta firme, grossa, de cor amarelo-parda; consistência semidura, elástica, de untura *semimanteigosa*; textura aberta, com olhadura característica, ovalada e cor amarelo-clara; odor característico, agradável e sabor adocicado, levemente picante.
Minas curado	De origem brasileira; produção artesanal; feito com leite pasteurizado e conservado à temperatura ambiente. O fermento utilizado é uma mistura de bactérias lácteas – *Lactococcus lactis* e *Lactobacillus cremoris*; tem uma casca fina de cor amarelo-palha e massa de coloração branca; seu sabor é ligeiramente ácido, muito típico e possui olhos médios, geralmente irregulares; pode ser consumido com vinhos tintos e *à mineira*, com a tradicional goiabada. O queijo é maturado fora da embalagem por dez dias à temperatura de 12-14 °C e umidade relativa de 85,0%.
Minas frescal	Tipicamente brasileiro, é um dos mais consumidos no país; produzido com leite de vaca pasteurizado; tem pouca acidez e sua durabilidade é pequena – em torno de nove dias, sob refrigeração; classificado como um queijo macio, semigordo, de alta umidade; cor esbranquiçada e odor suave, característico.
Minas padrão	De origem brasileira; fabricado com leite pasteurizado, padronizado para 3,3%-3,5% de gordura; diferentemente do frescal, é prensado e passa por um período de maturação de vinte dias antes do consumo; textura aberta, com poucas e pequenas olhaduras, de consistência semidura, sabor levemente ácido e cor interna branco-creme; crosta lisa, fina e amarelada.
Muçarela	De origem italiana; feito com leite de vaca ou de búfala; produzido com leite pasteurizado, normalizado em teor de gordura; massa filada, isto é, após a dessoragem é finamente fatiada e aquecida, e as fatias são misturadas até formar um bloco liso e homogêneo, com consistência firme, compacta; cor esbranquiçada e sabor levemente ácido; a muçarela de búfala geralmente tem a forma de bolinhas. A muçarela de leite de vaca normalmente tem forma retangular, porém há formas em tranças, palitos e bolinhas.

Parmesão	Originário da Itália, mas bastante popular no Brasil, fabricado com leite de vaca cru ou pasteurizado e/ou reconstituído padronizado; baixa umidade, semigordo, de massa pré-cozida e prensada; o tempo de maturação deve ser de, no mínimo, seis meses, podendo ultrapassar os dois anos; consistência dura e textura compacta, granulosa, com crosta firme e lisa; cor ligeiramente amarelada e sabor levemente picante, salgado; odor suave e agradável.
Prato	Gordo, de média umidade, massa semicozida; consistência semidura e textura homogênea, com poucas e pequenas olhaduras lisas e brilhantes; sabor suave, levemente adocicado e cor amarelo-ouro; antes de ser consumido deve maturar por um período de 45 a 60 dias; feito exclusivamente de leite de vaca pasteurizado; popularizou-se no Brasil como uma modificação dos queijos *Danbo* (dinamarquês) e *Gouda* (holandês); estes são semelhantes ao queijo prato no que tange à cor e à textura, mas possuem sabor mais acentuado. O queijo cobocó é uma variedade do queijo prato, de tamanho menor; após a maturação, apresenta uma pasta amanteigada e mais macia que a do prato.
Provolone	Originário da Itália; há basicamente dois tipos: Fresco: queijo de massa filada, não prensado, feito de leite pasteurizado; formato variável e consistência, textura, cor e sabor iguais às do muçarela; Curado: obtido de leite cru ou pasteurizado, sua massa também não é prensada, mas pode ou não ser enformada; o formato varia de esférico a ovalado; consistência dura, quebradiça e untada; crosta firme e lisa, resistente, destacável, de cor amarelo-parda; textura fechada, podendo apresentar poucos olhos pequenos; sabor e odor próprios, fortes e picantes.
Quark	Fabricado principalmente na Alemanha, na Holanda e na Inglaterra; produzido com leite pasteurizado, desnatado e padronizado quanto ao teor de gordura; pode ser feito também com leite em pó desnatado reconstituído; classificado como queijo de alta umidade (não inferior a 55%); serve de base, acrescido de açúcar, creme de leite e frutas, para a fabricação do queijo *petit-suisse*.
Requeijão	Apresenta consistência pastosa; produzido com leite de vaca coalhado; normalmente vendido em copos; sabor suave. Há outros tipos de queijos denominados de requeijão com consistência mais firme e formato de tijolo; são macios e quebradiços. Também é assim denominado um queijo de massa amarela e firme, no Norte e no Nordeste, produzido com leite integral.
Ricota	Elaborado a partir do soro do leite de vaca; consistência mole, mas não pastosa; massa branca; há o tipo fresco e o defumado e condimentado.
Roquefort	Originário da França; obtido do leite cru de ovelhas e amadurecido por três meses em cavernas de rocha calcária de Roquefort, onde os esporos naturais circulam livremente e ajudam seu desenvolvimento; queijo semiduro; tem consistência esfarelenta e sua textura é fechada, com poucas e pequenas olhaduras; odor próprio e sabor forte, levemente salgado e picante; cor branco-creme, com formações características, bem distribuídas, verde-azuladas, devidas ao *Penicillium roquefort*.
Tilsit	Originário da Alemanha; sabor suave, levemente picante; cor amarelo-clara. Frequentemente é adicionado de sementes de *kümell*.

O requeijão tradicional é um produto lácteo tipicamente brasileiro, produzido em pequenas instalações e nas fazendas, pelo aproveitamento do leite desclassificado ou excedente. São muitas as variedades de requeijão, obtidas por acidificação direta ou controlada; seu teor de umidade é muito variável, podendo ser duro, como o requeijão do Nordeste, ou macio, quase pastoso, como o requeijão mineiro ou comum.

O requeijão mineiro é um produto ligeiramente salgado obtido pela coagulação espontânea do leite, geralmente desnatado, seguido de dessoramento e lavagem da massa. A massa proteica é dispersa a quente, com o creme. O produto deve ser isento de olhaduras e compacto, porém macio.

Sorvete

O sorvete é constituído por diversas fases heterogêneas que, macroscopicamente, formam uma massa homogênea e cremosa. Trata-se de uma preparação que leva ingredientes como gemas de ovos, leite, creme de leite, açúcar, agentes aromatizantes, frutas ou seus sucos. A massa deve ser batida em baixas temperaturas para reduzir o tamanho dos cristais de gelo. Dobra-se o volume da preparação pela incorporação de ar. Num bom sorvete, gotas de gordura, bolhas de ar e cristais de gelo são igualmente dispersos em uma espessa solução de açúcar para formar a matriz semissólida, congelada e aerada que se conhece.

Na indústria, o sorvete é produzido com gordura, proteínas, água, leite, açúcar, estabilizantes e emulsificantes. Não há, de fato, importantes diferenças em relação à composição do sorvete caseiro. As proteínas estabilizam as bolhas de ar e os glóbulos de gordura, principalmente a caseína, proteína micelar abundante no leite que fica em volta dos glóbulos de gordura, estabilizando-os na emulsão. Os açúcares também têm um papel importante, por impedirem que a água congele completamente, pois diminuem o ponto de fusão do líquido. O resultado é uma solução viscosa que confere maciez ao produto.

Os produtos lácteos, além de conferirem sabor, melhoram a estrutura e dificultam a formação de maiores cristais de gelo no sorvete. Para dar forma, pode ser acrescido de até 0,5% de gelatina como estabilizante, conferindo-lhe textura e corpo. Frequentemente são adicionados a esse produto chocolate, frutas oleaginosas, frutas cristalizadas, entre outros, para valorizar e diversificar as características organolépticas.

Essas preparações podem ser servidas como sobremesas, incrementadas ou não com caldas ou coberturas, utilizadas como ingrediente de outros doces ou mesmo consumidas em sua forma original.

Sorbet é um produto elaborado basicamente com polpas, sucos ou pedaços de frutas e açúcares, podendo ser adicionado de outros ingredientes alimentares. Esse tipo de sorvete diferencia-se dos sorvetes tradicionais pela ausência de leite em sua formulação, constituindo um dos segmentos da indústria de sorvetes que mais cresce (GRIS et al., 2004).

8.5.2 Derivados fermentados

A legislação define como produtos fermentados aqueles resultantes da fermentação do leite, pasteurizado ou esterilizado, por fermentos láticos próprios; podem ser obtidos de matérias-primas procedentes de qualquer espécie leiteira. Incluem-se nesse grupo o quefir, o iogurte, o leite acidófilo, o leitelho e a coalhada.

Creme fermentado

O *sour cream*, ou creme de leite ácido, é um produto lácteo rico em gordura obtido por meio da fermentação do creme por certos tipos de bactérias lácticas, que produzem alterações na viscosidade e no sabor do produto. Esse tipo de creme de leite costuma ser espesso como *chantilly*, firme e ligeiramente ácido ao paladar, como o iogurte, e tem cerca de 18% de gordura, sendo utilizado, principalmente, na culinária mexicana como molho para *tortillas, tacos, burritos*, entre outros.

Iogurte

Leites fermentados são produtos lácteos resultantes da fermentação do leite pasteurizado ou esterilizado por fermentos láticos apropriados, cuja ação sobre os constituintes do leite promove mudanças nas características organolépticas, nutricionais e físico-químicas do leite original. Esses fermentos devem estar viáveis e ou ativos no produto final até o final do prazo de validade. Os leites fermentados incluem produtos como iogurte, leite cultivado ou fermentado, leite acidófilo, *kefir*, *kumys* e coalhada.

O iogurte é um tipo de alimento fermentado muito popular, originário da Bulgária, sendo o mais conhecido de todos os leites fermentados e de maior consumo em nível mundial. Seu sabor, sua textura e seu aroma variam em função do país de origem e de outros fatores, como a formulação, a preparação e o processo de fabricação.

Basicamente, a fabricação desse produto tem como etapas principais a adição de sólidos totais, preferencialmente desengordurados, a homogeneização, a pasteurização, a fermentação, o resfriamento e o acondicionamento.

As bactérias presentes no iogurte são, principalmente, *Streptococcus thermophilus* e *Lactobacillus bulgaricus*, formadoras de compostos ácidos que conferem ao iogurte maior conservação, minimizando o desenvolvimento de micro-organismos. Essas bactérias são produzidas por laboratórios especialmente para a fabricação de iogurte.

O processo de fermentação do leite pasteurizado inicia-se na etapa de incubação (37 °C a 42 °C por aproximadamente quatro horas) com o desenvolvimento do *Streptococcus thermophilus* e a produção de diacetil e de ácidos lático, acético e fórmico. Este último composto favorece a multiplicação das células do *Lactobacillus bulgaricus*, que se desenvolvem lentamente, hidrolisa proteínas lácteas liberando peptídios e produzindo acetaldeído, que, juntamente com o acetilmetilcarbonil, formam o aroma característico do iogurte. A produção desses ácidos diminui o pH do meio para valores próximos ao do ponto isoelétrico das proteínas do leite (pH entre 5,2 e 4,6), provocando a precipitação da caseína.

Nutricionalmente, o iogurte caracteriza-se por ser um alimento completo e balanceado, apresentando maior digestibilidade das proteínas e reduzido teor de lactose. Outro atributo deste produto é restabelecer a microbiota intestinal pela ação de alguns micro-organismos que possuem propriedades probióticas.

Ingredientes opcionais podem ser adicionados ao iogurte para dar cor, sabor, *flavor* e textura. A adição de sólidos, como gelatina e pectina, produz uma textura mais firme. A acidez pode ser mascarada pela adição de açúcar, mel, edulcorantes e frutas.

Deve-se atentar para a aplicação de calor em preparações que contenham iogurte, porque o gel frágil, fruto da fermentação, e a acidez fazem com que as preparações coalhem facilmente. Por isso, recomenda-se que o calor seja de baixa intensidade e aplicado por um curto período de tempo, ou ainda, que se misture, suavemente, nas preparações cozidas uma pequena quantidade de amido de milho ou qualquer tipo de farinha fonte de amido.

O leite denominado fermentado ou cultivado resulta da fermentação com uma ou várias das seguintes culturas: *Lactobacillus acidophilus, Lactobacillus casei, Bifidobacterium sp., Streptococus salivarius subsp thermophilus* e/ou outras bactérias acidolácticas que, por sua atividade, contribuem para a determinação das características do produto final. O leite acidófilo é obtido pela fermentação exclusivamente com cultivos de *Lactobacillus acidophilus*.

A fermentação do leite para obtenção do *kefir* se realiza com cultivos acidolácticos elaborados com grãos de *kefir*, *Lactobacillus kefir*, espécies dos gêneros *Leuconostoc*, *Lactococcus* e *Acetobacter*, com produção de ácido lático, etanol e dióxido de carbono. Os grãos de *kefir* são constituídos por leveduras fermentadoras de lactose (*Kluyveromyces marxianus*) e leveduras não fermentadoras de lactose (*Saccharomyces omnisporus*, *Saccharomyces cerevisae* e *Saccharomyces exiguus*), *Lactobacillus casei*, *Bifidobaterium sp* e *Streptococcus salivarius subsp thermophilus*. Para se obter o *kumys*, a fermentação do leite deverá ser realizada com cultivos de *Lactobacillus delbrueckii subsp. bulgaricus* e *Kluyveromyces marxianus*.

A coalhada resulta da fermentação do leite, pasteurizado ou esterilizado, por fermentos lácticos mesofílicos, individuais ou mistos, produtores de ácido láctico.

• 8.6 •
Culinária do leite e de laticínios

Leites e derivados do leite – queijos, creme de leite, iogurte, leitelho, manteiga, entre outros – possuem lugar de destaque na culinária, sendo ingredientes indispensáveis e utilizados isoladamente ou como ingredientes.

8.6.1 Aquisição e armazenamento

A aquisição dos diferentes tipos de leite dependerá das preparações em que serão utilizados. Alguns cuidados são necessários para aquisição e armazenamento adequado dos produtos (Quadro 8.5).

Quadro 8.5 | Cuidados na aquisição e no armazenamento de alguns tipos de leite

Produto	Validade	Aquisição	Armazenamento
Leite pasteurizado	24 horas	Verificar data de fabricação; local de venda sob refrigeração.	Refrigerador
Leite em pó	12 meses	Verificar data de fabricação; as latas devem estar limpas, não amassadas, sem ferrugem ou vazamentos.	Local fresco e seco; após aberta a lata, mantê-la sempre tampada.
Leite UHT	3 meses	Verificar data de fabricação; as embalagens devem estar limpas e sem vazamentos.	Quando fechado, em local seco e fresco; após abrir a embalagem, em refrigerador.

Fonte: PHILIPPI, 2003.

8.6.2 Cocção

Na culinária, o uso do leite e de seus derivados é bastante extenso. O leite possui a propriedade de servir como meio de cocção para várias preparações, como mingaus, sopas e cremes, conferindo-lhes cor e sabor especiais, além de aumentar seu valor nutricional. Pode ainda ser utilizado como ingrediente de várias preparações (molho branco, bolos, purês) ou ser consumido de forma direta, estando associado ou não a outros alimentos.

Com o aquecimento do leite, ocorre a dilatação dos gases presentes e a formação de espuma, que é capaz de subir e transbordar, levantando a película superficial, popularmente conhecida como nata. O mesmo fenômeno ocorre em preparações como mingaus, sopas e molhos.

Para evitar que o leite transborde, as bordas do recipiente podem ser untadas com manteiga; ou pode-se também utilizar recipiente fechado ou ainda bater o leite com um garfo ou batedor apropriado.

A nata é a camada gordurosa que se forma na superfície quando o leite está em repouso (creme de leite), é com ela que se prepara a manteiga. Na indústria, a nata é extraída por centrifugação e depois tratada termicamente para se conservar por mais tempo. Ela é largamente utilizada na culinária em preparações doces e salgadas: *strogonoff*, café com nata, *chantilly*, *capuccino*.

A adição de leite e de seus derivados às receitas valoriza, entre outras, as características organolépticas, porque a termossensibilidade de algumas frações proteicas, com a consequente exposição de algumas regiões mais ativas da molécula, possibilita o estabelecimento de diferentes tipos de ligações químicas com outros componentes do alimento, melhorando assim a capacidade de emulsificação, de formação de espumas, de geleificação, além do sabor e do aroma.

Em preparações com concentração de sal, pode ocorrer a precipitação das proteínas do leite, o que pode ser evitado ou diminuído pelo acréscimo gradativo do leite durante o período de cocção.

Os leites também podem ser usados em preparações à base de frutas, tais como as vitaminas. Pelo fato de as frutas serem alimentos ácidos, nessas preparações é possível haver a formação de coágulos, mas que se tornam macios e são facilmente dispersados. Entretanto, a vitamina de mamão não apresenta boas características organolépticas, pois, após algum tempo, a papaína (enzima presente na fruta) acelera o processo de coagulação e desnaturação proteica, modificando a textura do produto final e conferindo sabor amargo à preparação.

Na panificação, as principais funções do leite na massa são: fortalecer o glúten, aumentar o volume, aumentar a vida útil dos produtos, melhorar a cor da crosta, que se torna avermelhada, tornar mais branca a cor do miolo, valorizar aroma, sabor e maciez/textura.

A cocção dos queijos deve ser feita em baixas temperaturas, durante tempo curto. A aplicação de alta temperatura torna o queijo duro e com textura elástica, provocando, ainda, a separação da gordura, a formação de fios e entrelaçamentos e a coagulação excessiva das proteínas. Tal fato traz características indesejáveis ao produto e diminui sua digestibilidade. O queijo é menos prejudicado pelo calor quando cortado fino e misturado a outros ingredientes.

Os leites desidratados também têm amplo uso na culinária. Esses produtos resultam da desidratação parcial ou total do leite, adicionado ou não de substâncias permitidas pela legislação. O leite concentrado, evaporado, condensado e o doce de leite são os produtos resultantes da desidratação parcial, enquanto o leite em pó e as farinhas lácteas são obtidas pela desidratação total do leite. Tais produtos podem ser ou não instantâneos e ainda ser obtidos do leite integral, do padronizado, do magro e do desnatado.

O valor nutritivo dos diferentes tipos de leite desidratado depende da concentração de nutrientes em sua formulação. Na reconstituição desses produtos, o valor nutricional dependerá do seu nível de dissolução em água. Se a quantidade de água empregada para a reconstituição seguir as instruções dos fabricantes, obtém-se um produto com o mesmo valor nutritivo do leite original, exceto por algumas perdas de ácido ascórbico (20,0%), vitamina B_6 (30,0%) e tiamina (10,0% a 20,0%).

Os leites desidratados são o leite em pó, o leite em pó modificado acidificado, o leite em pó maltado e as farinhas lácteas. O leite em pó é muito utilizado em situações em que não há disponibilidade de armazenamento refrigerado, assim como pode ser empregado para enriquecer preparações ou para melhorar aspectos organolépticos – sabor, viscosidade, aroma – em preparações como pudins e molhos com amido (tipo molho branco). Ao se substituir o leite fluido pelo leite em pó, sem a prévia reconstituição, podem ser necessários alguns ajustes, como aumentar a quantidade de líquidos e de gordura ou reduzir a quantidade de farinha e de açúcar na preparação. Os leites em pó, do tipo instantâneo, são adicionados de substâncias emulsificantes para facilitar sua dissolução em água, o que torna o produto mais homogêneo.

O leite evaporado, ou leite condensado sem açúcar, é o produto resultante da desidratação parcial, sob vácuo, do leite próprio para consumo humano, seguido de homogeneização, enlatamento e esterilização. Quando devidamente reconstituído, este produto apresenta as características da matéria original, conferindo cor e sabor apropriados a cremes, pudins e bolos, que podem ser modificados com o uso de outros ingredientes – sucos de frutas, coco ralado, leite de coco, dentre outros. Preparações que utilizam leite evaporado coagulam mais facilmente sob aquecimento, e isso se deve à instabilidade conferida à proteína pelo calor do processamento. Esse tipo de leite é indicado para substituir o leite condensado em produtos dietéticos com restrição de açúcares simples ou o creme de leite em molhos cremosos que necessitem redução na concentração de gordura.

Produtos elaborados com leite homogeneizado são mais homogêneos devido a uma maior área de superfície das partículas de gordura expostas disponíveis para reações químicas. Essa característica é desejável em pudins e bebidas com chocolate.

O leite condensado ou leite condensado com açúcar é o produto resultante da desidratação em condições próprias do leite adicionado de açúcar. Ele é utilizado em preparações doces, como brigadeiro, pudins e recheios, pois confere cor, sabor e consistência agradáveis. Quando reconstituído, sua composição centesimal não pode ser comparada à do leite fluido. O leite condensado também pode ser obtido do leite do tipo magro ou desnatado, recebendo denominação de produto *light* ou *diet,* de acordo com a redução no teor de gordura na matéria-prima.

Além desses derivados, existe ainda a proteína do soro do leite, conhecida comercialmente como *Whey Protein*. Ela foi desenvolvida na Dinamarca a partir da produção de queijo, é uma proteína concentrada, com alto grau de pureza, utilizada pelos praticantes de atividade física ou por vegetarianos não restritos para complementação da dieta. Este produto não é comum na culinária brasileira, mas pode ser utilizado para formação de gel, aeração, emulsão, escurecimento enzimático e desenvolvimento de sabor. A *Whey Protein* pode substituir ovos e gordura na produção de sorvetes, tendo a possibilidade ainda de ser utilizada na produção de bebidas.

A caseína em pó é obtida da separação da caseína do leite. O pó é um concentrado de proteínas utilizado para incorporar ar e estabilizar espumas. Ela é usada para aumentar a concentração de proteína em dietas especiais.

Capítulo 9
Transformação dos alimentos: Cereais e Leguminosas

Halina M. C. Araújo, Karla L. Ramos, Nancy di Pilla Montebello
Raquel B. A. Botelho, Renata P. Zandonadi
Verônica C. Ginani e Wilma M. C. Araújo

• 9.1 •
Cereais

9.1.1 Histórico e definição

Há evidências que sugerem que cereais silvestres foram consumidos pelo homem na Antiguidade. O sorgo foi utilizado na pré-história na África, na Ásia e na Europa. O consumo de arroz está relacionado a uma planta que crescia na Índia, mas foi mencionado, pela primeira vez na história, na China, por volta de 2800 a.C.. Neste mesmo período, relata-se a utilização do milho nas Américas. Na época medieval, a farinha de espelta era muito usada, sendo obtida de uma espécie diferente *Triticum spelta* ou trigo vermelho, que foi introduzido nos EUA, mas atualmente subsistem apenas algumas produções.

A palavra cereal origina-se de Ceres, deusa romana da colheita e da agricultura. Os produtos mais utilizados na alimentação humana são o trigo, o centeio, o sorgo, a cevada, o arroz, a aveia e o milho. O trigo e o arroz destacam-se por representarem mais de 50,0% da produção mundial. Existem também os pseudocereais[1], como a quinoa, e as formas híbridas, como trigo anão, milho opaco, triticale (trigo + centeio), produzidas com o intuito de aumentar a produtividade e o valor nutricional desse grupo de alimentos.

---

1 Amaranto e quinoa — ver item 9.7 deste capítulo.

Cereais são sementes ou grãos comestíveis de gramíneas, atualmente denominadas poáceas, como trigo, arroz, centeio, aveia. A designação comercial se dá pelo nome do cereal ou de seu derivado, seguido de sua classificação, como, por exemplo, arroz extra longo, arroz inflado, entre outros.

9.1.2 Composição e valor nutricional

Os cereais são compostos por carboidratos (58,0%-72,0%), proteínas (8,0%-13,0%), lipídios (2,0%-5,0%) e fibras alimentares (2,0%-11,0%) e constituem importantes fontes de micronutrientes, como vitamina E, algumas vitaminas do complexo B (tiamina, riboflavina e niacina), cálcio, magnésio e zinco. Os lipídios estão presentes principalmente no germe (Tabela 9.1). No Brasil, desde 2002, a legislação determina a adição de ferro (4,2 mg/100 g) e de ácido fólico (150 mcg/100 g) às farinhas de trigo e milho, uma vez que essa estratégia pode reduzir os altos índices de anemia e de doenças causadas pela deficiência desses micronutrientes na população brasileira. Pães, macarrão, biscoitos, misturas para bolos e salgadinhos (snack) produzidos com essas farinhas apresentam maior quantidade desses nutrientes em sua formulação final.

Tabela 9.1 | Composição nutricional de alguns grãos de cereais

Constituintes	Arroz	Milho	Trigo	Aveia	Centeio	Cevada	Quinoa*
Carboidratos g/100 g	81,30	69,58	70,75	62,60	68,90	73,80	59,85
Proteínas g/100 g	7,69	10,67	11,72	8,20	10,40	9,50	14,16
Gorduras g/100 g	2,20	4,30	2,08	5,60	1,20	1,60	5,73
Fibras g/100 g	0,05	1,68	2,65	8,70	3,40	1,70	5,10
Cinzas g/100 g	0,60	1,48	1,46	2,60	2,40	1,20	4,73
Umidade g/100 g	10,25	12,28	11,34	12,30	12,70	12,60	9,80
Cálcio mg/g	23,00	150,00	43,70	88,00	54,00	38,00	66,60
Ferro mg/g	2,60	0,00	3,30	5,30	5,80	3,70	10,90
Zinco mg/g	0,00	2,50	4,10	0,00	0,00	0,00	7,47
Tiamina mg/g	0,0044	0,004	0,0052	0,006	0,0043	0,002	0,30
Riboflavina mg/g	0,004	0,0012	0,0012	0,0014	0,0022	0,0007	0,28
Niacina mg/g	0,035	0,022	0,043	0,01	0,016	0,037	0,07

*Pseudocereal

A composição nutricional dos cereais varia com o tipo e a espécie da planta, das condições climáticas e geográficas, do grau de beneficiamento, dentre outros. Cereais integrais são os que mantêm a película que envolve o grão, também conhecida como entrecasca (aleurona). O beneficiamento desses produtos inclui a retirada da casca e da aleurona, formadas principalmente por fibras alimentares: é o farelo, rico em vitaminas do complexo B e em minerais.

As proteínas comumente contidas nos cereais podem ser classificadas em albuminas, globulinas, gliadinas e glutelinas, segundo sua solubilidade, respectivamente, em água, soluções salinas, soluções alcoólicas e soluções ácidas. As proteínas mais importantes presentes no trigo, no arroz, no milho, na cevada, na aveia e no centeio estão listadas no Quadro 9.1.

Quadro 9.1 | Proteínas mais importantes em alguns cereais

Cereais	Proteínas
Trigo	Gliadina e glutenina
Arroz	Glutelina
Milho	Zeína
Cevada	Hordeína e glutenina
Aveia	Globulina e avenina
Centeio	Secalina

A qualidade proteica de um cereal resulta de sua composição em aminoácidos e de sua digestibilidade. Os cereais não apresentam todos os aminoácidos essenciais. A lisina é o aminoácido limitante mais comum entre os cereais; outros aminoácidos como treonina, isoleucina e triptofano também estão presentes em quantidades limitadas (Tabela 9.2).

Tabela 9.2 | Aminoácidos limitantes das proteínas de alguns cereais (mg de aminoácido/g)

Cereais	Lisina*	Metionina e cistina	Treonina	Triptofano
Arroz polido	226	229	207	84
Aveia	232	272	207	79
Centeio	212	210	209	46
Cevada	216	246	207	96
Farinha de trigo	130	250	168	67
Flocos de milho	167	217	225	38
Sorgo	126	181	189	63

*Lisina - aminoácido limitante do trigo, do arroz, da cevada e do centeio.

A deficiência de aminoácidos pode ser compensada com a mistura de alimentos, como o arroz com feijão, na proporção de 3:1. A lisina, que é o aminoácido deficiente no arroz, é compensada pela lisina presente no feijão; a metionina, que é o aminoácido deficiente no feijão, é compensada pela metionina do arroz. Outra forma de aumentar o valor nutritivo das proteínas dos cereais é combiná-los com pequenas quantidades de proteína animal, como na preparação de arroz doce, que inclui o leite na sua receita.

A RDC nº 263 (2005) refere-se ao Regulamento Técnico para Produtos de Cereais, Amidos, Farinhas e Farelos e estabelece que os produtos de cereais são obtidos de partes comestíveis de cereais, podendo ser submetidos a processos de maceração, moagem, extração, tratamento térmico e outros processos tecnológicos seguros para produção de alimentos (Quadro 9.2).

Quadro 9.2 | Produtos derivados de cereais

Produtos derivados de cereais	Definição
Massas alimentícias	Produtos obtidos da farinha de trigo (*Triticum aestivum* L. e ou de outras espécies do gênero *Triticum*) e ou derivados de trigo durum (*Triticum durum* L.) e ou derivados de outros cereais, leguminosas, raízes e ou tubérculos, resultantes do processo de empasto e amassamento mecânico, sem fermentação.
Pães	Produtos obtidos da farinha de trigo e ou outras farinhas, adicionados de líquido, resultantes do processo de fermentação ou não e cocção, podendo conter outros ingredientes, desde que não descaracterizem os produtos.
Biscoitos ou bolachas	Produtos obtidos pela mistura de farinha(s), amido(s) e ou fécula(s) com outros ingredientes, submetidos a processos de amassamento e cocção, fermentados ou não.
Cereais processados	Produtos obtidos de cereais laminados, cilindrados, rolados, inflados, flocados, extrudados, pré-cozidos e/ou por outros processos tecnológicos, podendo conter outros ingredientes.
Farinhas	Produtos obtidos de partes comestíveis de uma ou mais espécies de cereais, leguminosas, frutos, sementes, tubérculos e rizomas por moagem e ou outros processos tecnológicos seguros.
Amidos	Produtos amiláceos extraídos de partes comestíveis de cereais, tubérculos, raízes ou rizomas.
Farelos	Produtos resultantes do processamento de grãos de cereais e ou leguminosas, constituídos principalmente de casca e ou gérmen, podendo conter partes do endosperma

Fonte: BRASIL, 2005.

Ainda pela legislação brasileira, os derivados de cereais são classificados em: cereais inflados (inclusive pipocas), quando obtidos por processos adequados, mediante os quais se rompe o endosperma e os grãos inflam, podendo ainda conterem ou serem recobertos de outras substâncias comestíveis. Cereais laminados, cilindrados ou rolados são obtidos de grãos com ou sem tegumentos e laminados por processo adequado. Cereais em flocos ou flocos de cereais, quando os produtos são obtidos de matérias livres do seu tegumento, cozidos, podendo ser adicionados de extrato de malte, mel, xaropes, sal e outras substâncias comestíveis, secos, laminados e tostados. Cereais pré-cozidos ou cereais instantâneos, quando obtidos de cereais, com ou sem tegumento, pré-cozidos e secos por processo adequado, podendo ser apresentados de diversas maneiras, tais como inteiros, laminados, em flocos ou sob a forma de farinha.

• 9.2 •
Funcionalidade dos cereais

Com relação às frações de macronutrientes presentes nos cereais, verifica-se que tanto as proteínas como os carboidratos (amido) respondem pelas características organolépticas e estruturais das preparações e dos produtos industrializados. Assim, a funcionalidade dos cereais depende do tipo de cereal e da sua composição química (Quadro 9.3).

Quadro 9.3 | Funcionalidade dos cereais na produção de alimentos

Características organolépticas	Características físico-químicas
Aparência	Preparo/processamento
Cor, brilho	Coesão, viscosidade, solidificação, crocância, retenção de gases.
Textura	Manuseio
Elasticidade, crocância, umidade	Instabilidade ao calor excessivo.
Sabor	Armazenamento
Leve e agradável	Retrogradação, reabsorção de água (glúten).
Sensação na boca	
Cremosidade	

A gliadina[2] e a glutenina[3] são as frações proteicas do trigo, que quando hidratadas e sob energia mecânica formam uma rede tridimensional, viscoelástica, insolúvel em água, aderente, extremamente importante por sua capacidade de influenciar a qualidade dos produtos de panificação e das massas, chamada glúten. As ligações químicas que estabilizam essa rede são pontes de hidrogênio, ligações dissulfeto e forças de *van der Walls*.

As gliadinas são proteínas de cadeia simples, extremamente pegajosas, gomosas, responsáveis pela consistência e pela viscosidade da massa. Elas apresentam pouca resistência à extensão. As gluteninas têm cadeias ramificadas, elásticas, mas não coesivas, e respondem

---
[2] Pertencente ao grupo das prolaminas.
[3] Pertencente ao grupo das glutelinas.

pela extensibilidade da massa, característica extremamente importante por sua capacidade de influenciar a qualidade dos produtos de panificação e das massas (Figura 9.1). A concentração dessas duas proteínas no trigo é fator determinante para a qualidade da rede de glúten formada no processo de mistura da massa.

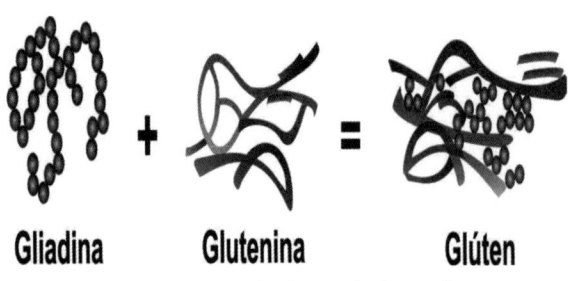

Figura 9.1 | Estrutura do glúten: gliadina e glutenina

Dos cereais, o trigo é o único que tem as frações de gliadina (prolamina) e de glutenina (glutelina) em proporções adequadas à formação do glúten, apesar de aveia, cevada e centeio possuírem também tais proteínas. Industrialmente, o glúten é obtido pela lavagem das massas de farinha de trigo após a remoção dos grânulos de amido. O centeio e o triticale[4] são os cereais que desenvolvem características viscoelásticas mais semelhantes àquelas produzidas pelo trigo, porém suas massas ainda são mais fracas. O glúten tem a capacidade de absorver até 200,0% do seu peso inicial em água.

Funcionalmente, o glúten é uma proteína muito importante para as preparações que necessitam de crescimento, pois forma finas membranas que retêm as bolhas de gás produzidas pelos agentes de crescimento. Em contato com o calor, o glúten se desnatura, forma uma crosta que limita os orifícios produzidos pela expansão do gás no interior da massa e confere característica crocante aos produtos.

> Antigamente se pensava que o glúten era composto exclusivamente pela gliadina e pela glutenina. Hoje se sabe que as proteínas formadoras do glúten também reagem quimicamente com lipídios e carboidratos, interferindo na estrutura do glúten. Por isso, as massas de pães, mais ricas em ingredientes e, consequentemente, em proteínas, lipídios e carboidratos, produzem pães sensorialmente mais atrativos e de maior vida útil.

Com relação à fração de carboidratos, as propriedades funcionais dos cereais utilizados na elaboração de diversos produtos dependem do tipo de cereal, da sua composição química e da concentração de carboidratos complexos, especialmente da fração de amido. Nos grãos de cereais, a proporção de amilose e de amilopectina, componentes do amido, variará entre as diferentes espécies e na mesma espécie com o grau de maturação de planta, entre outros aspectos. Assim, o amido comportar-se-á diferentemente, na presença de água, nos variados tipos de preparações, industrializadas ou não (Quadro 9.4).

Quadro 9.4 | Características da amilose e da amilopectina em água

Amilose	Amilopectina
Solubilidade variável em água	Insolúvel
Mais viscosa	Menos viscosa
Cadeias retas e lineares	Cadeias ramificadas
Forma helicoidal	Forma não helicoidal
Facilita formação de géis	Não contribui para a formação de géis
Retrograda	Estável

A gelatinização do amido é uma das propriedades funcionais mais importantes na preparação de alimentos, independentemente de ser um produto industrializado ou não (Tabela 9.3).

> A gelatinização é o fenômeno responsável pela consistência de produtos como molhos, mingaus, papas, entre muitos outros.

Tabela 9.3 | Faixas de temperatura de gelatinização para diferentes tipos de amido

Alimento	Temperatura de gelatinização
Arroz	56 °C - 60 °C
Batata	58 °C - 70 °C
Mandioca	62 °C - 72 °C
Milho	52 °C - 63 °C
Milho ceroso[5]	61 °C - 97 °C
Trigo	63 °C - 92 °C

Em produtos como embutidos cárneos, o amido é usado como estabilizante de emulsão. Os farináceos pré-gelatinizados, por exemplo, são indicados quando se precisa de fácil digestão.

Se o aquecimento for mantido após a gelatinização, ocorre a hidrólise do amido e a solução torna-se novamente líquida, num processo irreversível. No caso da amilopectina, esta permanece transparente quando aquecida e não forma um gel quando resfriada. No entanto, expande-se mais por possuir maior capacidade de capturar moléculas de água.

A gelatinização do amido depende da concentração de amilose e de amilopectina. O tempo para cocção do amido de diferentes cereais depende da sua granulometria: quanto menor a partícula, menor o tempo de cocção.

---

4 Triticale — primeiro cereal híbrido criado pelo homem, cultivado comercialmente no Brasil desde 1983. O grão é processado pelos fabricantes de ração; seco, também é usado na alimentação de suínos, aves e bovinos.

5 Milho ceroso — constituído apenas por amilopectina.

> Aplicações típicas do amido pré-gelatinizado são os alimentos de conveniência: sobremesas instantâneas, recheios de tortas, papinhas infantis. Os amidos pré-gelatinizados são usados quando se espera que os produtos sejam solúveis em água fria ou quente, sem aquecimento; são bastante empregados na confecção de alimentos de cocção rápida e de fácil digestão.

O tratamento térmico também pode converter o amido em dextrina e alterar seu sabor, que se torna mais agradável. Na cocção do amido para o preparo de molhos, cremes, mingaus e sopas pode ocorrer a formação de grumos que permanecem intactos (crus, por dentro). A este fenômeno dá-se o nome de *lumping*. Para evitar sua formação, devem ser tomados alguns cuidados: misturar o amido em água fria; envolver a farinha com a gordura; ou misturar amido ao açúcar líquido.

> No produto pronto, se houver a formação de grumos, a solução é coar o molho, por exemplo, ou batê-lo no liquidificador.

A dextrinização[6] é importante porque torna o amido mais solúvel, dificulta a formação de géis e melhora sua digestibilidade, além de proporcionar um sabor mais adocicado à preparação. O processo de dextrinização pode ocorrer em função de aquecimento por meio de calor seco, adição de ácidos ou de enzimas.

> O amido dextrinizado faz-se presente nas farofas (farinha de mandioca sob aquecimento); na base *roux* para molhos; em pudim de laranja (o ácido ascórbico hidrolisa parcialmente o amido); nos mingaus (para melhorar a digestibilidade ou para aumentar o valor calórico), em alimentos infantis.

> Os amidos pré-gelatinizados e dextrinizados possuem características que permitem elaborar refeições/produtos destinados a indivíduos com patologias que comprometem a digestibilidade dos alimentos e, ainda, quando se deseja aumentar seu valor calórico, sem comprometer a consistência.

> A retrogradação é o fenômeno responsável pelo envelhecimento de pães e bolos, é também a alteração sensorial observada em massas congeladas com molhos à base de trigo, sendo facilmente observável em pudins e manjares.

• 9.3 •
Trigo

O trigo surgiu há mais de 10 mil anos, na região da Mesopotâmia. Achados arqueológicos indicam ter sido o segundo grão cultivado, após a cevada. Acredita-se que foi a cultura-chave para o desenvolvimento da civilização ocidental, pois seu cultivo permitiu que o homem finalmente abandonasse milhares de anos de caça e coleta, fixando-se em povoados e construindo cidades, desenvolvendo as profissões, as artes e as ciências, graças à reserva das sementes armazenadas. Juntamente com o arroz, o trigo é um dos cereais mais consumidos mundialmente. As variedades diferem quanto às espécies, à época de plantio e à composição nutricional. Um dos aspectos mais relevantes para a culinária é a tipificação de farinhas originadas do trigo.

O grão de trigo é a semente da planta e tem conformação oval (Figura 9.2). O germe corresponde a aproximadamente 2,5% do peso do grão e é o embrião da semente, usualmente separado devido à quantidade de gordura que interfere na qualidade de conservação da farinha de trigo. Dos nutrientes do grão de trigo inteiro, o germe contém mínimas quantidades de proteínas, mas grande parte das vitaminas e traços de minerais. Ele pode ser obtido separadamente ou incluído na farinha de trigo integral. A casca tem aproximadamente 14,5% do peso do grão, e parte dela é incluída na farinha de trigo integral assim como também é encontrada, separadamente, como no farelo de trigo e no remoído[7]. A casca contém pequena quantidade de proteínas e importante teor de vitaminas do complexo B, traços de minerais e material celulósico de difícil digestibilidade, também chamado de fibra alimentar.

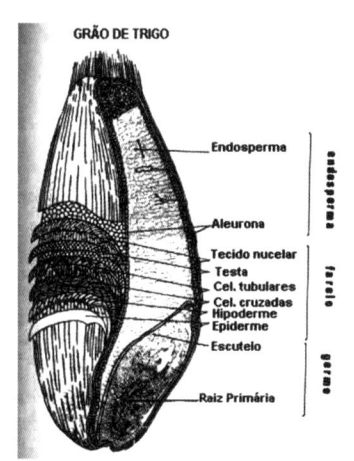

Figura 9.2 | Estrutura do grão de trigo

O endosperma constitui aproximadamente 83,0% do peso do grão de trigo, é a fonte da farinha branca, tem paredes finas, variáveis em tamanho, forma e composição, contém a maior parte das proteínas do grão inteiro e é especialmente rico em formadoras de glúten, que se encontram dispersas ao redor do grânulo e entre seus constituintes. Este componente apresenta ainda carboidratos complexos na forma de amido. Sua composição química varia, em ordem decrescente, de sua

---

6 Dextrinização — ver capítulo Aspectos da química e da funcionalidade das substâncias químicas presentes nos alimentos.

7 Remoído — farelo de trigo usado em alimentação animal.

parte mais externa, imediatamente após a camada de aleurona, até o interior do grão (Tabela 9.4).

Tabela 9.4 | Composição química média do grão de trigo

Constituintes	Valores percentuais
Umidade	11,0 – 14,0
Proteínas	9,0 – 16,0
Gorduras	1,8 – 2,5
Cinzas	1,6 – 2,0
Amido	65,0 – 71,0
Açúcares	1,5 – 3,0
Fibras alimentares	1,8 – 2,5

A fração de proteínas é, portanto, a base da utilização do trigo na preparação de produtos de panificação e de massas alimentícias. As albuminas e as globulinas correspondem a 15,0% do total de proteínas e concentram-se nas camadas periféricas. As gliadinas e as gluteninas, respectivamente, constituem 85,0% do total de proteínas e localizam-se no endosperma. Pela habilidade que têm de formar ligações cruzadas entre suas moléculas ou com outros componentes dos alimentos, gliadina e glutenina determinam as propriedades intermoleculares, por relacionarem-se à formação de fibras proteicas e à formação de massa viscoelástica.

O trigo é dividido em três grandes classes: *durum*, duro e mole. O *durum* tem elevado teor de proteína (15,0%) e é próprio para produção de massas ou pastas alimentícias. Os duros têm cor mais escura e 13,0% de proteínas, principalmente as formadoras de glúten, por isso sua farinha tem excelente característica de panificação. Trigos moles contêm teor de proteína em torno de 10,0% e qualidade tecnológica adequada à produção de biscoitos ou pães do tipo árabe.

9.3.1 Farinha de trigo

Farinhas são produtos obtidos de partes comestíveis de uma ou mais espécies de cereais, leguminosas, frutos, sementes, tubérculos e rizomas por moagem e/ou outros processos tecnológicos considerados seguros para a produção de alimentos. Sua classificação depende do grau de moagem.

A Instrução Normativa n° 8 (BRASIL, 2005) aplica-se às farinhas elaboradas com grãos de trigo da espécie *Triticum durum* e as classifica como:

- farinha de trigo integral, quando obtida de grãos de trigo (*Triticum saetivum L.*) ou de outras espécies de trigo do gênero *Triticum*, ou combinações por meio de trituração ou moagem e outras tecnologias ou processos com base no processamento completo do grão limpo, contendo ou não o germe;

- farinha de trigo adicionada de outros vegetais, quando o produto elaborado à base de farinha de trigo é adicionado de farinhas de outros produtos vegetais;

- preparados à base de farinha de trigo para a alimentação humana, adicionados de ingredientes, aditivos alimentares e coadjuvantes de tecnologia, destinados à produção de pães, bolos, tortas, massas, empadas, quitutes, *pizzas* ou outros produtos típicos de confeitaria;

- sêmola ou semolina é uma designação utilizada quando a farinha de trigo é empregada na produção de massas alimentícias.

Comumente, a sêmola ou semolina é o nome dado ao produto resultante da moagem incompleta de cereais. Ela possui textura granulada, geralmente grossa, obtida da moagem de grãos duros, sendo assim considerada a parte nobre do trigo, do milho ou do arroz.

A tecnologia de obtenção da farinha de trigo inicia-se com a limpeza dos grãos, retirando-se impurezas e partículas estranhas por meio de agitação mecânica em peneiras vibratórias. Após a separação física, o trigo é acondicionado para ajustar a umidade relativa, entre 15,0% e 17,0%, sob temperatura de 45 °C durante 24 horas. Este processo caracteriza a maturação, o que facilita a etapa de moagem. Nesta umidade o farelo é relativamente duro e elástico, e o endosperma é mole, o que facilita a separação. Em seguida, os grãos são triturados e depois moídos, de forma progressiva, em moinhos, passando entre os pares de cilindros cada vez mais próximos, reduzindo, gradualmente, o tamanho das partículas. A separação do farelo e do endosperma só ocorre depois de várias moagens e peneiramento. Na Tabela 9.5 estão os valores para a composição química média das farinhas.

Tabela 9.5 | Valores médios para composição centesimal de farinha de trigo

Constituintes	Valores percentuais
Proteínas	13,0 – 7,0
Lipídios	1,0 – 2,0
Amido	50,0 – 70,0
Açúcares	1,0 – 2,0
Umidade	10,0 – 14,0

A farinha utilizada no Brasil é de 78,0% de extração. Em termos de micronutrientes, as perdas decorrentes do processo de moagem são estimadas em 50,0% para tiamina, 57,0% para riboflavina, 71,0% para ácido nicotínico, 46,0% para ácido pantotênico, 73,0% para biotina, 76,0% para piridoxina e 64,0% para ácido fólico.

A Instrução Normativa nº 8 (BRASIL, 2005) estabelece os parâmetros físico-químicos para a farinha de trigo (Tabela 9.6). Tais parâmetros se justificam porque a farinha do tipo especial (1), praticamente composta pelo endosperma, é a que tem melhor qualidade tecnológica. As farinhas do tipo comum (2), obtidas com extração superior a 75,0%, são escuras e têm qualidade panificável inferior. A farinha integral tem menor tempo de vida útil, entre duas e quatro semanas.

Tabela 9.6 | Parâmetros físico-químicos para a farinha de trigo

Tipo	Proteínas % (mínimo)*	Acidez graxa mg de KOH/100 g do produto	Umidade % (máximo)	Cinzas % (máximo)*	Granulometria
1	7,5	50	15	0,8	95% do produto deve passar pela peneira com abertura de malha de 250 μm
2	8,0	50	15	1,4	95% do produto deve passar pela peneira com abertura de malha de 250 μm
Integral	8,0	100	15	2,5	-

* Expressos em base seca.
Fonte: Brasil, 2005.

São muitos os derivados do trigo obtidos do seu beneficiamento conforme apresentado no Quadro 9.5.

Quadro 9.5 | Alguns derivados do trigo e suas características

Derivados do trigo	Características
Germe de trigo	Pode ser encontrado comercialmente puro ou como ingrediente em bolos, biscoitos, pães integrais; na culinária, pode ser adicionado a alimentos assados, caçarolas e mesmo em bebidas para aumentar o valor nutricional (vitaminas) e modificar sabor e textura.
Farelo de trigo	Produto retirado do grão de trigo no beneficiamento; rico em fibras alimentares apresenta grande aplicação na produção de cereais matinais, barras de cereais, pães, biscoitos e bolos; utilizado também para compor rações para animais.
Flocos de trigo	Utilizados principalmente para conferir crocância.
Farinha integral	Obtida do grão inteiro do trigo; contém casca, germe e endosperma; a presença da casca enfraquece a formação do glúten, o que leva a obter produtos menos aerados quando comparados com os de farinha de trigo comum ou especial; rica em vitaminas do complexo B, vitamina E, lipídios, proteína, minerais e fibras alimentares; utilizada em panificação.
Farinha de trigo *durum*	Utilizada para fabricação de pastas.
Sêmola ou semolina	Farinha granulada extraída do trigo usada para engrossar caldos ou pudins ou ainda para fabricação de macarrão e biscoitos.
Semente inteira de trigo	Trigo em grão pode ser utilizado para consumo puro (cozido), misturado ao arroz integral ou em saladas; também utilizado para produzir pães caseiros enriquecidos.
Trigo para quibe (triguilho)	Trigo integral quebrado, utilizado para a produção de quibes assados e crus, tabule, dentre outros produtos. Para utilização deve ser previamente hidratado.
Trigo germinado	A germinação é um dos processos mais antigos, simples e econômicos, empregados para melhorar o valor nutricional de grãos de cereais e de leguminosas; utilizado em saladas.

O armazenamento da farinha durante o período de alguns meses após a moagem melhora as propriedades de panificação; os pães obtidos são de cor clara, de maior volume e melhor estrutura interna. Isso se deve às alterações na fração de lipídios e de proteínas que alteram as propriedades viscoelásticas da massa, mantêm o dióxido de carbono produzido durante a fermentação e promovem aumento de volume do pão e melhora da textura.

As farinhas classificam-se em fortes e fracas. Farinhas fortes produzem massas estáveis, mais elásticas, volume adequado; elevada tolerância à mistura e à fermentação; retêm grande parte do gás carbônico formado e, por isso, são indicadas na produção de pães e de massas alimentícias (Tabela 9.7).

Tabela 9.7 | Classificação da farinha de trigo quanto ao teor de proteínas e indicação de uso

Classificação do trigo	Percentual de proteínas	Indicação de uso
Trigo *durum*	13,5 – 15,0	Massas
Trigo duro	12,0 – 13,0	Pães
Trigo mole	7,5 – 10,0	Biscoitos e bolos

Na panificação, a formação do glúten é importante, porque tais produtos requerem o crescimento da massa, assim como requerem que as membranas retenham as bolhas de gás produzidas pelos agentes de crescimento. A desnaturação das proteínas e a formação de uma crosta que confere a característica de crocância ocorrem durante o forneamento/cozimento da massa, determinando a estrutura do produto. O glúten formado influencia as características externas – crosta, cor da crosta, quebra e simetria – e as características internas do produto – cor do miolo, estrutura da célula do miolo, textura, aroma e sabor.

> Pães são os produtos obtidos da farinha de trigo e ou outras farinhas adicionadas de líquido, resultantes do processo de fermentação ou não e cocção, podendo conter outros ingredientes, desde que não descaracterizem os produtos; podem apresentar cobertura, recheio, formato e textura diversos.

A produção de massas alimentícias inicia-se na etapa de mistura. A água adicionada à sêmola ou à farinha hidrata as proteínas (formando novas cadeias proteicas) e o amido. Nas massas alimentícias, o glúten expande-se, envolvendo os grânulos hidratados de amido, formando uma matriz proteica contínua (Figura 9.3) Os lipídios naturalmente presentes na farinha também participam da formação dessa rede por meio de glicolipídios e monodiglicerídios que se ligam ao amido por meio de interações com a amilose.

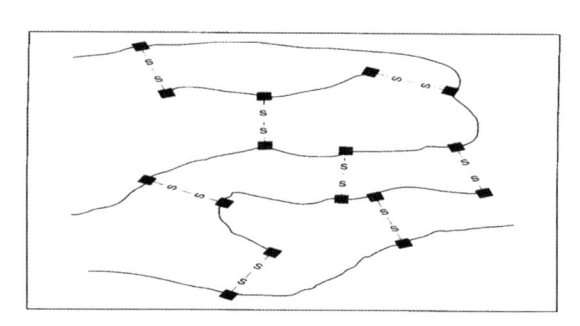

Figura 9.3 | Matriz proteica de uma massa alimentícia

> As massas alimentícias, como macarrões, produzidas com trigo *durum* diferenciam-se das demais por suas características organolépticas; as massas, quando cozidas no tempo certo, ficam *al dente*.

Farinhas fracas propiciam a formação de massas fracas, com pouca capacidade para reter gás e menor tolerância à mistura e à fermentação, produzindo pães pequenos, com poros irregulares, são indicadas para bolos e biscoitos.

> Biscoitos ou bolachas são os produtos obtidos pela mistura de farinha(s), amido(s) e ou fécula(s) com outros ingredientes, submetidos a processos de amassamento e cocção, fermentados ou não; podem apresentar cobertura, recheio, formato e textura diversos.

> Bolo é o produto assado, preparado à base de farinhas ou amidos, açúcar, fermento químico ou biológico, podendo conter leite, ovos, manteiga, gordura e outras substâncias alimentícias que caracterizam o produto; é designado por nomes populares consagrados, ou de acordo com a substância que o caracteriza; faz parte do grupo de produtos de confeitaria.

> Os aditivos usados na panificação – como os fortalecedores de farinhas – visam, dentre outras características, à adequação das interações químicas entre as moléculas de gliadina e de glutenina para fortalecimento da estrutura do glúten.

Segundo a legislação brasileira, massa alimentícia é o produto não fermentado, apresentado sob várias formas, recheado ou não, obtido pelo amassamento mecânico de farinha de trigo comum, sêmola/semolina de trigo, farinha de trigo integral, farinha de trigo *durum*, sêmola/semolina de trigo *durum*, farinha integral de trigo *durum*, derivados de cereais, leguminosas, raízes ou tubérculos, adicionados ou não de outros ingredientes e acompanhados ou não de temperos e ou complementos, isoladamente ou adicionados diretamente à massa. As massas podem ser pré-cozidas, instantâneas e prontas para consumo, com características e classificações diferentes (Quadros 9.6 e 9.7).

Quadro 9.6 | Classificação de massas alimentícias[8]

Terminologia	Definição
Massa alimentícia pré-cozida	Produto não fermentado, apresentado sob várias formas, recheado ou não, cujo preparo necessita de cozimento complementar
Massa alimentícia instantânea	Produto não fermentado, apresentado sob várias formas, recheado ou não. Para o preparo, o produto é hidratado a frio ou a quente e o tempo de cozimento é reduzido ou desnecessário[8]
Massa alimentícia pronta para consumo	Produto que, para o consumo, não necessita de hidratação, preparo ou cozimento; pode necessitar de aquecimento

Fonte: BRASIL, 2000.

> A fração de gliadina é tóxica ao indivíduo portador de doença celíaca. Ela difere de acordo com o tipo de cereal: gliadina, no trigo; secalina, no centeio; hordeína, na cevada e avenina na aveia.

> O trigo sarraceno, também conhecido como mourisco, trigo preto ou trigo mouro, embora não pertença à família do trigo, é utilizado como tal. Ele é obtido das sementes da *Fagopyrum esculentum*. As sementes torradas e descascadas são conhecidas como *kasha*, alimento popular na Rússia e no Oriente

---

8 Complemento — produto elaborado a partir de outros ingredientes, destinado ao consumo com a massa alimentícia, sendo comercializado na mesma embalagem.

Médio. Com ele se produz o macarrão *soba*, de origem japonesa. Este tipo de trigo não contém glúten, e por isso pode ser utilizado por portadores de doença celíaca.

Na mitologia latina, conta-se que houve uma disputa entre Vulcano, o deus do fogo, e Ceres, a deusa da vegetação e dos grãos. O deus enfureceu-se tanto que arrancou todos os grãos de trigo da terra e os amassou com sua enorme clava de ferro. A farinha que obteve, introduziu na boca do Vesúvio, entre suas chamas e vapores, e então as regou com azeite e comeu o primeiro prato de macarrão com azeite da história.

A designação das massas alimentícias baseia-se na sua classificação quanto à sua composição, que pode ser seguida da sua definição, do teor de umidade, do ingrediente obrigatório, do formato, do tamanho, dos ingredientes opcionais, do modo de preparo, do empacotamento, das expressões consagradas pelo uso ou fim a que se destinam.

Na produção industrial, os rótulos das massas alimentícias devem conter a expressão *massa alimentícia* seguida, obrigatoriamente, pela designação dos demais ingredientes que compõem o produto. Para aquele obtido exclusivamente de sêmola/semolina de trigo, podem ser utilizadas as expressões *de sêmola* ou *de semolina*. Para o produto obtido exclusivamente de sêmola/semolina de trigo *durum*, podem ser utilizadas as expressões *de sêmola de trigo durum* ou *de semolina de trigo durum*. Seguindo a denominação da farinha, se a massa contiver ovos, e se o teor mínimo é de 0,45 g de colesterol por quilo de massa, expresso em base seca, deve constar, obrigatoriamente, a expressão *com ovos*.

Quadro 9.7 | Classificação das massas alimentícias segundo o teor de umidade e a composição

Classificação	Características
Segundo o teor de umidade	
Seca	Produto que durante a elaboração é submetido a processo de secagem, de forma que o produto final apresente umidade máxima de 13,0% (g/100 g).
Úmida ou fresca	Produto que pode ou não ser submetido a processo de secagem parcial, de forma que o produto final apresente umidade máxima de 35,0% (g/100 g).
Instantânea ou pré-cozida – desidratada por fritura	Produto submetido a processo de cozimento ou não e de secagem por fritura, de forma que o produto final apresente umidade máxima de 10,0% (g/100 g).
Instantânea ou pré-cozida – desidratada por ar quente ou outros meios	Produto submetido a processo de cozimento e de secagem por ar quente ou outros meios (exceto o de fritura), de forma que o produto final apresente umidade máxima de 14,5% (g/100 g).
Segundo a composição	
Massa alimentícia ou macarrão	Produto obtido, exclusivamente, da farinha de trigo comum e/ou da sêmola/semolina de trigo e/ou da farinha de trigo *durum* e/ou da sêmola/semolina de trigo *durum*.
Massa alimentícia integral ou macarrão integral	Produto obtido da farinha de trigo integral ou de sua mistura com farelo de trigo ou semolina de trigo *durum*, ou não.
Massa alimentícia mista ou macarrão misto	Deve atender à legislação específica sobre a substituição parcial de farinha de trigo em massas alimentícias. Não estão incluídos neste item os produtos que utilizam derivados de cereais, leguminosas, raízes e/ou tubérculos como veículos de aditivos e/ou coadjuvantes de tecnologia de fabricação.
Massa alimentícia recheada ou com molho	Produto contendo recheio e/ou molho e/ou cobertura, preparado com diferentes ingredientes.
Massa alimentícia de vegetais	Produto obtido, exclusivamente, de derivados de leguminosas, raízes, tubérculos e/ou cereais, excetuando-se o trigo.

Fonte: BRASIL, 2000.

Na produção de massas, a transformação de partículas secas de farinha em uma massa coesa e maleável, com estrutura suficiente para dar formas finas e fortes, para que permaneçam integradas durante a cocção, deve-se especialmente ao glúten.

Para o produto classificado como massa alimentícia recheada, a expressão massa alimentícia deve ser seguida, obrigatoriamente, pela(s) designação(ões) do recheio e ou do molho e/ou da cobertura ou expressão(ões) consagrada(s) pelo uso relativa(s) ao recheio e/ou ao molho e/ou à cobertura (Quadro 9.8 e Figura 9.4).

Quadro 9.8 | Alguns tipos de massa (simples e recheadas) e suas características

Massas	Características
Aletria	Massa seca de fios muito finos, assim denominada em Portugal. No Brasil, é conhecida como cabelo de anjo e é utilizada em sopas ou doces com ovos e leite.
Bucatini	Massa com formato de fios longos e grossos furados no centro.
Calzone	Massa de *pizza* recheada e dobrada em forma de pastel.
Canelone	Massa quadrada, recheada com ricota ou presunto e queijo e enrolada na forma de cilindro; levada ao forno com molho.
Capeletti	Massa recheada, tradicionalmente com carne, cortada em formato circular, semelhante a um pequeno chapéu; no mercado é encontrada em outros formatos e com outros recheios.
Chukamen	Massa chinesa usada para o preparo do *yakisoba*.

Conchiglie	Massa em forma de concha, recheada com carnes, ricota, cogumelos.
Espaguete	A massa mais popular; apresenta-se na forma de varetas longas (25 a 30 cm); servida com molhos; pode variar de acordo com a espessura e a coloração. Seu nome significa barbante.
Farfalle	Massa em forma de borboleta ou gravatinha; pode apresentar variações na denominação em função do seu tamanho: *farfallini*, tamanho pequeno, e *farfallone*, tamanho grande.
Fettuccine (*Tagliatelle*)	Massa em forma de tiras longas, largas (1 cm) e chatas (5 mm); similar ao talharim; pode ser chamada de *fettuccine* verde, se apresentar espinafre na composição; pode apresentar variações na denominação em função da sua largura: *fettuccelle*, mais estreito, e *fettucce*, mais largo.
Fusilli	Massa retangular, de aproximadamente 15 cm, enrolada em forma de espiral; popularmente conhecida como macarrão parafuso, pode ser servida com molhos, em sopas e saladas.
Lasanha	A palavra lasanha vem do grego *lasanon*, termo usado para designar tiras de massas cozidas ou fritas em pedras quentes; denominação dada à própria massa (fina, retangular e larga) ou à iguaria que se prepara com ela, dispondo-a em camadas alternadas de massa, carne, molho e queijo e levando a gratinar ao forno. Atualmente, prepara-se também essa iguaria substituindo a massa por hortaliças, como abobrinha e berinjela.
Macarrão de arroz	Massa utilizada em preparações asiáticas; elaborada utilizando-se farinha de arroz em fios grossos ou finos; é vendida seca e pode ser frita ou escaldada. Outro nome dado é *bifum*.
Massinha	Massa em formato de chumbinho, alfabeto, estrelinha ou alpiste, frequentemente utilizada em sopas infantis.
Nhoque	Massa feita à base de batata, farinha de trigo e ovos que, depois de pronta, é cortada em pequenos cilindros e, posteriormente, cozida em água e sal. No Brasil, também é preparada com mandioca, cará, inhame, abóbora ou fruta-pão; tradicionalmente consumida no dia 29 de cada mês, quando o prato é posto sobre uma cédula de dinheiro, pois acredita-se que traz riqueza.
Penne	Massa cilíndrica, oca, de tamanho médio, com as pontas cortadas em diagonal. Pode ser servida com molhos ou utilizada em sopas e saladas.
Rigatoni	Massa no formato de tubos curtos, largos e canelados, com corte horizontal nas extremidades; pode ser servido com molhos e em sopas e saladas.
Ravióli	Massa em forma de pequeno pastel, servida com molhos e recheios variados. Os recheios mais comuns são carne ou ricota com espinafre.
Soba	Macarrão japonês feito de farinha de trigo sarraceno; encontrado seco ou fresco, e geralmente utilizado em sopas.
Tubetti	Massa em formato de pequenos tubos, com tamanho menor que o *rigatoni*, utilizada principalmente em sopas.
Udon	Massa japonesa produzida com farinha de trigo, mais larga que o soba, podendo ser servida quente ou fria[6].

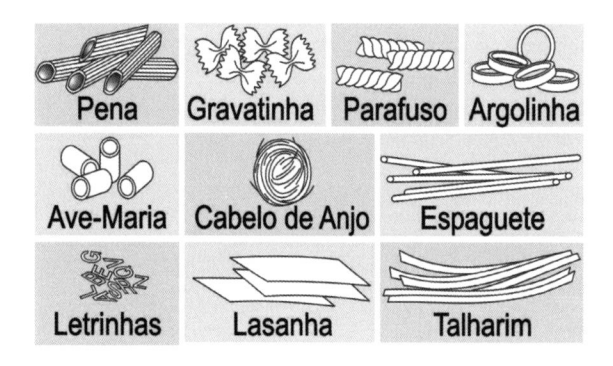

Figura 9.4 | Alguns tipos de massas alimentícias

Há uma variedade de abóbora, a cucúrbita, denominada espaguete *squash*, cozida inteira e separada em filetes que lembram a forma do espaguete, mas não o sabor, sendo utilizada como acompanhamento de cozidos ou com molho. A cucúrbita apresenta-se na cor amarela e tem formato semelhante a um melão quando inteira e *in natura*.

As massas alimentícias (sem considerar os recheios) são caracterizadas por baixa quantidade de lipídios, aproximadamente 1,2% de sua composição; grande quantidade de carboidratos, aproximadamente 75,0%, e moderada quantidade de proteínas vegetais, aproximadamente 13,0%. Após a cocção, o valor energético das massas tende a reduzir-se em função da absorção de água e consequente diluição dos nutrientes, ou seja, há um aumento do volume, com manutenção da quantidade de nutrientes. Normalmente, os índices de absorção variam de 1,3 a 2,5.

Culinária das massas

A qualidade das massas depende da qualidade da farinha, da água, da eficiência do processo de secagem e da conservação do produto final. Suas características de qualidade são avaliadas por testes de cozimento: quantidade de água absorvida, quantidade de substância lixiviada, aumento de volume e textura, aparência, cor. A palatabilidade, no entanto, é a característica organoléptica que define a seleção e a aceitação do produto. A qualidade compreende, portanto, as seguintes características: tempo de cozimento, textura e superfície do produto.

O tempo de cozimento pode ser classificado em três etapas: tempo mínimo, que se refere ao tempo em que ocorre a gelatinização do amido; tempo ótimo, que corresponde ao tempo necessário para que a massa atinja sua textura ideal – textura *al dente*; e tempo máximo, que é o momento em que ocorre a desintegração da matriz proteica.

A textura é determinada pela medida de firmeza do produto: quanto mais forte a estrutura da matriz proteica, melhor será a firmeza do produto final após o cozimento. Quanto menor for a aderência dos produtos após o escorrimento, menor terá sido a perda de amilose para a água de cozimento durante a gelatinização do amido, significando também uma estrutura proteica mais forte.

Com relação ao cozimento desses produtos, geralmente se recomenda que a massa seja cozida em água fervente por alguns minutos, porque a água em ebulição acelera a gelatinização do amido e confere as características organolépticas das preparações.

> O tempo de cocção varia com a quantidade e a qualidade dos ingredientes, o tamanho e a forma das massas. A massa pouco cozida apresenta-se pegajosa ou ressecada e com sabor de crua. A massa excessivamente cozida apresenta-se empapada. As massas longas devem ser mergulhadas lentamente em água fervente, pois, quando submersas, amolecem, tornam-se flexíveis e espalham-se na panela sem quebrar.

> É comum a adição de azeite ou óleo à água de cocção das massas para evitar que se unam. Para que não seja necessária a adição de óleo, é importante que a massa seja mexida por alguns minutos, quando em cocção. A adição de sal é prática utilizada para agregação de sabor à massa.

Durante o cozimento das massas, dois fenômenos ocorrem simultaneamente: a gelatinização do amido e a desnaturação das proteínas, que ocasionam a desintegração parcial da matriz proteica. Sob aquecimento, ocorre a ruptura de pontes de hidrogênio, que unem as frações internas do amido. As cadeias de amilose e de amilopectina liberadas absorvem a água disponível e provocam o intumescimento dos grânulos. As pontes de hidrogênio que ligam as cadeias de proteínas também são rompidas, desnaturando-se as proteínas, que perdem parcialmente sua estrutura original, tornando o produto final menos firme. As substâncias emulsificantes se ligam às frações de amilose e assim reduzem a liberação de moléculas de amilose para a água de cozimento.

As massas instantâneas, por terem sido pré-gelatinizadas, absorvem água mais facilmente que as massas secas. No Brasil essas massas são conhecidas como *lámen*. Na região asiática são conhecidas como *ramen* e servidas com pedaços de carne e vegetais mergulhados em caldo.

Há também as massas congeladas. O congelamento pode promover mudanças de sabor, aroma, cor e textura. No preparo de pratos de massas congeladas, podem-se utilizar três métodos (Quadro 9.9).

Quadro 9.9 | Métodos de preparo de massas congeladas

Métodos	Características
Convencional	Os alimentos estão praticamente crus. Descongelam-se os produtos e faz-se o cozimento.
Intermediário	Faz-se a pré-cocção. Congela-se e armazena-se. Descongela-se para reaquecer o produto.
Cozimento/congelamento	Faz-se a pré-cocção. Distribui-se em embalagens apropriadas. Congela-se. Reaquece-se o produto sem descongelar. Dentre os sistemas, é o mais indicado.

Farinhas, féculas e amidos propiciam também a preparação de inúmeros tipos de massas, que diferem entre si tanto em características organolépticas – cor, textura, sabor, aroma - como no valor nutricional. Dentre elas, as massas secas, como a massa de pastel; as quebradiças e gordurosas, como as de empadas e de empadões, a massa podre; as massas leves, como bolos e pão-de-ló; produtos com características diferentes como panquecas e crepes, estes ligeiramente levedados; produtos como biscoitos, mais compactos ou mais crocantes.

O capítulo da culinária das massas é extenso e diversificado, pois de alguns produtos iniciais básicos, de origem pré-bíblica, derivam centenas de versões adaptadas às condições de cada região ou país, conforme a disponibilidade de ingredientes, a criatividade de cozinheiros e a aceitação dos produtos (Quadro 9.10).

Quadro 9.10 | Alguns tipos de massa

Bolos	Massa doce ou salgada obtida basicamente pela mistura de farinhas (trigo, milho, arroz) ou féculas, ovos, líquido (principalmente leite), gordura e fermento químico. Podem ser adicionados outros ingredientes, receber recheios e coberturas; A consistência da massa varia de acordo com a proporção entre os ingredientes, porém se apresenta mais líquida. Os agentes de crescimento mais comuns são o fermento químico (2,0%), a clara de ovo batida e o vapor d'água.
Pães	Há diversos tipos de pães. Eles constituem-se basicamente de farinha de trigo, líquidos e fermento; podem ser doces ou salgados; com crostas macias ou duras; fermentação biológica ou não; integrais ou não; são consumidos mundialmente em todas as refeições, puros ou recheados; podem servir de ingredientes para preparações como pudins, bolos, tortas, almôndegas, canapés, *croûtons*, torradas.

Alquimia dos Alimentos

Panquecas e crepes	Massa líquida à base de farinha de trigo, ovos e leite. Para indivíduos que não podem consumir glúten, a substituição por outras farinhas, amidos ou féculas pode ser realizada sem dificuldade. Algumas receitas acrescentam fermento químico (pequena quantidade) para fornecer certa aeração. A massa é corada em finas camadas e posteriormente recheada, podendo ser doces ou salgadas.
Pizza	Massa sólida, fina ou grossa, semelhante à do pão, esticada em forma de círculos finos e coberta com variados recheios, doces ou salgados. *Calzonne* e *foccacia* são variações feitas com a massa de *pizza* e recheios diversos.
Biscoitos	Massa à base de farinha de trigo. Os demais ingredientes variam em função da característica do produto que se deseja obter: doces ou salgados.
Massa podre	Massa à base de farinha de trigo adicionada de muita gordura, que dificulta a formação do glúten; não precisa de crescimento nem de amassamento; utilizada em tortas doces e salgadas, empadas, empadões e quiches.
Massa folhada	Massa à base de farinha de trigo do tipo seco, como massa de pastel, em que as camadas são entremeadas de gordura. Na preparação, abre-se a massa, coloca-se uma grande quantidade de gordura, e se vai dobrando-a várias vezes para obter como característica uma massa delicada e crocante, constituída por folhas finas; utilizada em preparações doces ou salgadas; é a base de produtos como o doce mil folhas e o salgado *vol au vent*.
Panetone	Massa fermentada com levedura. O produto é comumente consumido no Natal, sendo tradicionalmente doce e recheado com frutas secas. Atualmente são preparados panetones com pedaços de chocolate ou salgados, com vários acréscimos: azeitona, bacalhau, dentre outros.
Sonho ou *donuts*	Embora também seja uma massa fermentada, o sonho é uma massa doce que necessita de concentrações similares de açúcar e de gordura. Seu crescimento se deve à ação do fermento biológico e do vapor d'água. O produto é frito após o crescimento e recheado com chocolate, cremes, geleias ou *fondants*.
Pão de queijo	Massa elaborada com polvilho doce ou azedo, acrescida de queijo, leite e gordura. A maioria das receitas tem como agente de crescimento o vapor d'água, mas nas receitas de preparo mais rápido pode-se acrescentar fermento químico.
Pão-de-ló	Massa produzida com claras em neve, gema, açúcar e farinha de trigo. Seu único agente de crescimento é o ar; utilizada para tortas recheadas e rocamboles.

9.3.2 Função dos ingredientes na produção de pães, bolos, biscoitos e massas alimentícias

Na preparação de massas para pães, *pizzas*, biscoitos, bolos e massas alimentícias, a farinha de trigo é o ingrediente principal, podendo ser parcialmente substituída por outros tipos de farinhas: soja, centeio, cevada, milho. Água, açúcar, fermento, sal, gordura, emulsificantes, ovos, leite e aditivos são muitas das substâncias que podem participar da formação das massas como ingredientes básicos ou como enriquecedores. O papel desses componentes na elaboração de cada produto, especificamente, está resumido nos Quadros 9.11, 9.11a e 9.11b.

Quadro 9.11 | Função dos ingredientes nas massas para pães, pizzas e similares

Ingredientes	Proporção	Função
Água	A quantidade, em geral, corresponde a 55-60,0%; há massas que requerem até 100,0% sobre a quantidade de farinha.	Hidratar as proteínas para formar o glúten; Solubilizar os nutrientes para o desenvolvimento das células de levedura que compõem o fermento; Contribuir para elasticidade, consistência, textura e maciez.
Sal	De maneira geral, 1,5% a 2,5%, em relação ao peso da farinha.	Fortalecer o glúten; Realçar o sabor e o aroma; Controlar a velocidade da fermentação.
Açúcar	Proveniente de três fontes: da farinha, da hidrólise do amido e do açúcar adicionado; Nos pães de sal, a proporção varia entre 1,5% e 3,0%; Nos pães de massa doce, a proporção varia com a receita.	Aumentar o volume do pão; Melhorar a cor da crosta; Amaciar o produto; Reforçar o aroma e o sabor.
Leite	Frequentemente usa-se leite em pó desnatado, diluído com água segundo a receita.	Aumentar o volume; Aumentar a vida útil dos produtos; Reforçar a cor da crosta, que se torna avermelhada; Tornar mais branca a cor do miolo; Reforçar o aroma e o sabor; Aumentar a maciez do produto.
Gordura	Pode ser de origem animal ou vegetal; usada na proporção de 3,0%.	Fortalecer o glúten; Aumentar o volume; Reforçar o aroma e o sabor; Aumentar a vida útil; Propiciar amaciamento do miolo e crocância da crosta.
Fermento[9]	Normalmente usa-se levedura prensada e úmida; A proporção varia entre as receitas: para o pão francês, 2,0%; para o pão de forma, 3,0%.	Produzir volume; Favorecer a formação da cor da crosta; Fortalecer o glúten; Influenciar[10] a quebra no forno; Reforçar o aroma e o sabor.
Aditivos	Normalmente utilizados pela indústria em concentrações menores que 1,0%, são os emulsificantes, substâncias oxidantes, substâncias redutoras, enzimas, substâncias preservativas.	Melhorar a qualidade do pão; Neutralizar deficiências da farinha; Aumentar a tolerância das farinhas ao processo de mistura; Facilitar a manipulação da massa; Aumentar a vida útil dos produtos.

Quadro 9.11a | Função dos ingredientes nas massas para confeitaria [10] – bolos e bolinhos[11]

Ingredientes	Proporção e tipo	Função
Líquidos	A quantidade é muito variável e quase sempre a água é substituída por outros líquidos[12] (leite fresco, leite coalhado, leite em pó reconstituído, sucos de frutas, refrigerantes); Nos bolos, o peso dos líquidos deve ser ligeiramente superior ao do açúcar; Sua concentração pode variar entre 60,0%, 80,0%, 120,0%, 180,0% e 240,0%, dependendo do teor de proteínas da farinha e de amido; Quando se usa líquido em quantidades excessivas, a mistura torna-se rala, espalha-se demais e tende a se desmanchar; Geralmente usa-se leite, neste caso, a proporção é maior do que aquela utilizada quando da adição de água.	Solubilizar as moléculas de amido; Interagir com as proteínas da farinha, podendo ou não formar glúten; Reforçar o aroma e o sabor; Reforçar a cor da crosta, que se torna avermelhada; Hidratar os componentes da farinha; Solubilizar os componentes – açúcar, sal e proteínas; Reduzir o gás carbônico produzido pelo fermento em pó; Observação – mesmo que a massa seja bastante líquida, guardadas as proporções indicadas na receita, na cocção ela se torna sólida: parte da água é absorvida pelo amido (gelatinização) e outra parte se transforma em vapor, melhorando o volume do produto.
Sal	Utilizado em concentrações variadas, conforme a receita.	Realçar o sabor e o aroma nos produtos doces.
Açúcar	Deve-se seguir a quantidade indicada na receita.	Reforçar o aroma e o sabor; Melhorar a cor da crosta; Amaciar o produto; Reforçar o aroma e o sabor; Grandes concentrações produzirão células grossas e grandes, paredes celulares grossas, crosta brilhante e geralmente o produto se esfarela demais.
Gordura	Pode ser de origem animal e vegetal; as melhores são as sólidas à temperatura ambiente. A manteiga confere melhor sabor e pode ser substituída satisfatoriamente pela margarina. A banha de porco é frequentemente usada na preparação de bolos e biscoitos domésticos; Usada na proporção de 20,0% a 50,0% do peso do açúcar.	Reforçar o sabor, melhorar o volume, melhorar a textura, aumentar a vida útil; Observação – normalmente, a primeira fase na produção de bolo é a do batimento da gordura com o açúcar e as gemas, formando um creme, responsável por sua maciez; o sistema formado interage com as proteínas formadoras de glúten, impedindo a formação da rede coesa de glúten no interior da massa; Observação – o uso de quantidade acima da indicada na receita leva à produção de bolos com menor volume e excessivamente esponjosos.
Fermento	Normalmente usa-se fermento químico, por sua ação mais rápida e porque o crescimento da massa ocorrerá no forno; A proporção varia entre as receitas: para cada xícara de farinha de trigo, usam-se uma e meia a duas colheres de chá para os fermentos que reagem rapidamente; uma a uma e meia colher de chá para os fermentos que reagem mais lentamente; As quantidades menores geralmente são suficientes para bolos; a maior quantidade é indicada para biscoitos.	Produzir volume; Produzir leveza; Observação – quando em excesso, altera desfavoravelmente o sabor do produto; Observação – quando a massa do bolo é muito ácida, como as dos bolos de chocolate, recomenda-se acrescentar bicarbonato de sódio para neutralizar a acidez.
Outros ingredientes	De acordo com as receitas (aromatizantes como baunilha, casca de cítricos, coco, chocolate, nozes, amêndoas, doces, dentre muitos outros).	Desenvolver características sensoriais específicas.

---

9   Fermento — constituído por células de *Saccharomyces cerevisiae*; encontra—se no mercado nas formas úmida prensada, seca granulada e seca instantânea.
10 Quebra — refere-se à abertura da pestana, que contribui para a aparência do pão.
11 Bolinhos — preparações do tipo *madalenas, scones e outras*.
12 Na produção de massas, o termo "líquidos" refere-se à soma dos líquidos e dos ovos.

Ovos	Normalmente, as receitas indicam a quantidade de ovos a ser utilizada, assim como de que forma eles vão ser adicionados à massa: se ovo inteiro, se clara e gema batidas separadamente, se somente gemas, se somente claras. Cada constituinte do ovo vai atuar diferencialmente na massa; Clara – a quantidade em peso de claras deve ser igual ou maior que a de gorduras.	Quando batidas, as proteínas da clara têm a propriedade de reter o ar e produzir uma espuma brilhante e aparentemente úmida – aumentando de seis a oito vezes seu volume – que resulta em aumento de volume, esponjosidade, leveza, maciez e massa não quebradiça; A desnaturação provocada pelo batimento reduz a tensão superficial, as bolhas de ar ficam ao redor de uma fina e elástica película. Com o aquecimento, ocorre o aumento do volume do produto pela expansão do ar retido. A película de proteína que recobre cada bolha de ar coagula e endurece; As proteínas da gema incorporam moléculas de gordura em forma de emulsão com o objetivo de estabilizar ligações formadas entre lipídios e outros nutrientes, evitando que a mistura se disperse; conferem cor e sabor.

Quadro 9.11b | Função dos ingredientes nas massas alimentícias – macarrão e/ou pastas

Ingredientes	Proporção	Função
Água	A quantidade, em geral, corresponde a 55%-60%; há massas que requerem até 100,0% sobre a quantidade de farinha.	Hidratar as proteínas para formar o glúten; Solubilizar os nutrientes para desenvolvimento das células de levedura que compõem o fermento; Contribuir para a elasticidade, a consistência, a textura e a maciez.
Ovos	Os ovos são utilizados quando as massas alimentícias não são preparadas com farinha de trigo *durum*; A literatura cita que os ovos podem ser adicionados às massas nas formas fresca, congelada ou desidratada, sendo a forma fresca a mais indicada; A adição de ovos à formulação do macarrão é uma das maneiras de melhorar a qualidade do produto fabricado com o trigo para panificação; Normalmente, utiliza-se, em média, três ovos inteiros ou 135 g de ovos por quilo de farinha.	Conferir cor amarela; Melhorar a elasticidade, principalmente em massas longas, reduzindo a quantidade de resíduo na água de cozimento e, consequentemente, a pegajosidade da massa; Melhorar o valor nutricional.

9.3.3 Agentes de crescimento

O homem começou a assar pães cerca de 6 mil anos a.C, na chamada Nova Idade da Pedra. Eram justamente as pedras os objetos usados para esmagar as sementes, produzindo uma farinha crua que, misturada com água, se transformava em massa. Essa massa arredondada era cozida em cima de uma pedra colocada diretamente sobre o fogo ou exposta ao sol. O resultado era um pão duro, de textura bem diferente da que se conhece hoje.

Dizem que a descoberta de que a massa de pão podia crescer aconteceu por acaso. Conta-se que alguém esqueceu um pedaço de massa crua fora do fogo e, quando se lembrou e foi ver, ela tinha fermentado. Os egípcios foram os primeiros a assar pães com textura fina e tornaram-se especialistas no cultivo do trigo, que vendiam aos gregos – que, com o passar do tempo, se transformaram em mestres padeiros. Os romanos aprenderam com os gregos essa arte e gostaram tanto do ofício que, segundo consta em registros históricos, no ano 100 a.C. havia 258 padeiros em Roma.

Agentes de crescimento de natureza biológica

O crescimento da massa e a leveza do produto são resultado da ação de um agente de crescimento que promove a aeração da mistura por meio de uma fermentação ou levedação. Esse agente é um ser vivo que pertence ao grupo de micro-organismos unicelulares chamado levedura, especificamente a *Saccharomyces cerevisiae*, esse agente é portanto de origem biológica.

Atualmente, os fermentos biológicos são encontrados nas formas seca granular, seca granular instantânea e fresca comprimida. A forma granular apresenta baixa umidade e menor suscetibilidade à deterioração no armazenamento; como produto seco, apresenta umidade de 5,0% a 9,0%. As células da membrana são parcialmente danificadas durante o processo de secagem, e, na reidratação, o tempo para restabelecer as características originais da cultura é superior. Nesse processo de fabricação do fermento, este se torna mais suscetível à formação de compostos como a glutationa, que enfraquece as redes de glúten. Esse tipo de fermento deve ser dissolvido em água morna, à temperatura menor entre 30 °C e 35 °C, com açúcar (mesma quantidade do fermento), antes de ser adicionado à massa. Sua forma comprimida apresenta-se em blocos prensados e úmidos de leveduras frescas. Esse tipo de fermento deve ser refrigerado para manter as células vivas. Sua vida de prateleira é bastante inferior quando comparada às outras formas de apresentação, à temperatura de 0 °C a 2 °C mantém sua atividade por até dez semanas. À temperatura de 10 °C, ele pode ser estocado por duas semanas; à temperatura de 27 °C, mantém sua atividade por apenas dois dias. Sua coloração varia de branco a creme; geralmente é dissolvido em água morna antes de sua utilização na massa; produz maior concentração de gases que as outras formas e tem sabor mais suave.

A forma seca instantânea foi introduzida no mercado em meados de 1970. A levedura permanece em estado latente e pode ser armazenada à temperatura ambiente por meses (Tabela 9.8).

Tabela 9.8 | Conversão de uso para fermentos biológicos

Fermento fresco	Medida caseira	Fermento seco	Medida caseira	Fermento instantâneo	Medida caseira
15 g	1 tablete pequeno	5 g	½ colher sopa	5 g	½ colher de sopa ou ½ sachê

Além da presença das leveduras nos fermentos biológicos, estes contêm zimase, que é um conjunto de enzimas que catalisam a hidrólise dos carboidratos, especialmente da glicose e da frutose, em álcool etílico e gás carbônico, que fica retido na rede de glúten, dando volume ao produto. A produção de gás cessa por exaustão do substrato ou por morte do micro-organismo. A zimase também produz outros componentes, em menor concentração, que fortalecem o glúten, substância responsável pelo volume, pela cor da crosta, pelo aspecto da pestana e pela quebra da crosta, contribuindo ainda para o aroma e o sabor. O álcool produzido evapora-se durante a cocção.

O fermento precisa de aproximadamente 45 minutos, em condições favoráveis de temperatura e umidade, para adaptar-se ao meio; a produção máxima de gás é obtida após 120 minutos. Nos métodos convencionais de panificação, a fermentação principal tem início logo após a mistura e se estende até o início da divisão da massa. Nesta fase, a massa cresce como resultado da ação da levedura e dos gases produzidos. É comum sovar a massa após 60,0% a 80,0% do tempo de descanso com o objetivo de expelir gases, reduzir o volume da massa, homogeneizar a temperatura e favorecer o desenvolvimento do glúten. Ao final desta etapa, o glúten expande-se devido à pressão proveniente da retenção de uma quantidade relativa de gás. Para obter o desenvolvimento completo do glúten e o máximo de volume é preciso completar o tempo de fermentação.

A temperatura ótima de cocção varia entre 200 °C e 230 °C. No forno, o volume da massa aumenta devido à produção contínua e à expansão do gás, assim como pela formação do vapor de água e do vapor de álcool. O amido gelatiniza (50 °C a 63°C) parcialmente. O glúten se desnatura (60 °C a 80 °C), retém as bolhas de ar e favorece a textura do miolo. As camadas mais externas do pão secam mais rapidamente e propiciam a formação da cor castanho-dourada da crosta e o aroma agradável e característico de pão fresco. Em função dos ingredientes e das técnicas de preparo, obtém-se uma diversidade de produtos (Quadro 9.12).

Quadro 9.12 | Alguns tipos de pães e suas características

Massas	Características
Francês	Produto fermentado, preparado com farinha de trigo, sal e água, que se caracteriza por apresentar casca crocante, de cor uniforme castanho-dourada, e miolo de cor branco-creme, de textura e granulação fina, não uniforme.
Italiano	Produto fermentado, preparado com farinha de trigo, sal e água, que se caracteriza por apresentar casca crocante e dura, de cor uniforme castanho-dourada, e miolo de cor branco-creme, de textura e granulação larga, não uniforme.
Ciabatta	Pão de massa com baixo teor de gordura, branco, com poros largos. Sua denominação deriva da semelhança com um chinelo, que em italiano é denominado ciabatta.
Baguete	Denominação derivada da palavra francesa que significa bastão; é um pão longo, de massa com pouca gordura, crocante, com cortes diagonais feitos antes de ser assado; perde facilmente umidade para o meio externo, causando endurecimento rápido.
Forma	Produto obtido pela cocção da massa em formas, apresentando miolo elástico e homogêneo, com poros finos e casca fina e macia.
Sírio	Também denominado pita ou árabe, é produzido usando-se farinha de trigo, fermento biológico, açúcar e sal; é um produto de massa fina que necessita de pouco crescimento.
Croissant	É composto por massa fermentada muito leve e laminada pela introdução de grande quantidade de gordura e dobrada várias vezes. Geralmente a quantidade de gordura adicionada é equivalente à quantidade de farinha de trigo; pode ser consumido puro ou recheado.
Pão integral	Produto preparado com farinha de trigo e outra farinha integral e ou fibra de trigo e ou farelo de trigo, assim, tem um maior teor de fibras e vitaminas do complexo B.

| Panetone | Produto fermentado, preparado com farinha de trigo, açúcar, gordura(s), ovos, leite e sal, adicionado de outros produtos, como frutas cristalizadas. |

Os fermentos biológicos são inativados em temperaturas superiores a 40 °C.

Agentes de crescimento de origem física

Neste grupo incluem-se ingredientes que fornecem vapor d'água ou técnicas que permitem a incorporação de ar nas massas; neste caso, o ar é introduzido por meio de batimento ou adição de claras em neve. O batimento não deve ser excessivo, pois ao invés de manter as bolhas de ar na massa, estas escapam. As claras em neve devem ser adicionadas delicadamente ao final do preparo para que se mantenha o ar na massa e não se rompam as bolhas. O pão-de-ló é um exemplo típico de produto elaborado unicamente com a incorporação de ar como agente de crescimento. Essas massas somente devem ser assadas quando o forno atingir a temperatura recomendada. Assim, evita-se a perda de ar durante a cocção.

O crescimento das massas por vapor d'água se dá porque a água aumenta mais de mil vezes quando se vaporiza e se expande. No caso do ar, a expansão é de apenas 273 vezes seu volume a cada °C.

O vapor d'água como único agente de crescimento é recomendado para misturas que apresentam partes iguais de água e farinha e que devem ser colocadas em forno muito quente para que a água mude de estado físico rapidamente e a massa cresça. Um exemplo de preparação que utiliza principalmente o vapor d'água é a carolina ou massa de bomba, utilizada no preparo de *profiteroles* e de canapés salgados.

Agentes de crescimento de origem química

Em muitas preparações, somente a produção de vapor ou a incorporação de ar não são suficientes para o crescimento total das massas, indicando a necessidade de um outro tipo de agente de crescimento.

Massas menos densas, mais líquidas não conseguem manter as bolhas de ar formadas pelos agentes de crescimento porque no cozimento o vapor d'água e o ar são facilmente liberados antes da desnaturação das proteínas que definem a estrutura dos produtos. Assim, essas massas necessitam de um agente que produza, rapidamente, maior quantidade de gases.

Esse é o papel desempenhado pelos agentes químicos, também denominados fermentos químicos, sendo compostos por uma substância ou por uma mistura de substâncias químicas que, por influência do calor e/ou da umidade, desprendem gases capazes de expandir massas elaboradas com farinhas, amidos ou féculas, aumentando-lhes o volume e a porosidade.

Quase todos os fermentos químicos reagem na presença de compostos ácidos e básicos que resultam na produção de dióxido de carbono, o mesmo gás produzido pelas leveduras. O primeiro agente utilizado foi um extrato aquoso de cinzas de madeira composto, principalmente, por carbonato de potássio, que reage com ácido lático em massas. Os fermentos químicos comerciais podem apresentar, entre seus componentes essenciais, o hidrogeno fosfato de cálcio, o fosfato duplo de alumínio e sódio, o sulfato de cálcio - reação 1 (Figura 9.5). Adiciona-se sempre amido de milho ou fécula de mandioca para prevenir reações prematuras quando os produtos são expostos à umidade atmosférica.

$$NaHCO_3 + HX \rightarrow NaX + H_2CO_3$$
Bicarbonato de sódio + Ácido → Sal + Ácido carbônico

$$H_2CO_3 \rightarrow H_2O + CO_2$$
Ácido carbônico → Água + Dióxido de carbono

Figura 9.5 | Fermentos químicos comerciais — Reação 1

O bicarbonato de sódio também pode ser usado como agente de crescimento porque, ao ser aquecido, se transforma em água e dióxido de carbono. Essa reação é lenta, pois necessita de total penetração do calor na mistura - reação 2 (Figura 9.6). Além disso, ocorre a produção de carbonato de sódio, sal alcalino que apresenta sabor desagradável. Para evitar essas modificações no produto final, o bicarbonato de sódio é adicionado às massas juntamente com um ácido – cremor de tártaro ou o ácido tartárico – para produzir um sal residual neutro. Alguns alimentos ácidos podem reagir com o bicarbonato de sódio, como leitelho, iogurte, açúcar mascavo, vinagre, limão, mel, maçãs, pêras e uvas. No entanto, em bolos de chocolate, costuma-se acrescentar, além do fermento químico, o bicarbonato de sódio para obter a cor mais escura da massa assada. É importante salientar que a reação só ocorre na presença de água, pois o bicarbonato e o ácido devem se dissociar antes de reagir. Por isso, são adicionados às massas, como as de bolo, ao final do preparo para que a produção de gás ocorra enquanto a massa estiver no forno.

$$NaHCO_3 \rightarrow Na_2CO_3 + H_2O + CO_2$$
Bicarbonato de sódio → Carbonato de sódio + Água + Dióxido de carbono

Figura 9.6 | Bicarbonato como agente de crescimento - Reação 2

Os fermentos químicos podem apresentar efeitos adversos no *flavor* e na cor. Quando adicionados em quantidade elevada conferem ao produto sabor amargo, adstringente ou de sabão.

Alguns produtos necessitam de bicarbonato de alumínio, ao invés de bicarbonato de sódio. Este também é um fermento químico que, quando exposto ao calor, se decompõe em compostos voláteis, dióxido de carbono, água e amônia, é eficaz para produtos com baixa umidade, como os *cookies*.

• 9.4 •
Arroz

De acordo com alguns autores, o Brasil foi o primeiro país a cultivar o arroz no continente americano. O arroz era o *milho d'água* (*abati-uaupé*) que os índios, muito antes de conhecerem os portugueses, já colhiam nos alagados próximos ao litoral. Consta que integrantes da expedição de Pedro Álvares Cabral, após uma peregrinação por cerca de 5 km em solo brasileiro, traziam consigo amostras de arroz, confirmando registros de Américo Vespúcio que fazem referência a esse cereal em grandes áreas alagadas do Amazonas. A prática da oricicultura no Brasil, de forma organizada e racional, aconteceu em meados do século XVIII, e daquela época até a metade do século XIX o país foi um grande exportador de arroz.

O arroz é obtido de gramíneas, cujo nome científico é *Oryza sativa L.*, sendo considerado o principal alimento para aproximadamente metade da população mundial. Grande parte da produção é feita em ambientes aquáticos, como brejos, alagados e córregos. Entretanto, no Brasil, há uma grande produção de arroz de sequeiro, principalmente na região Centro-Oeste. Botanicamente, o grão de arroz é um fruto denominado cariopse e possui quatro camadas principais: casca, película, endosperma e germe. A película é a camada localizada imediatamente abaixo da casca que detém a maior concentração de proteínas, minerais e vitaminas do complexo B. A cor do arroz integral é conferida pela presença da película. No caso do arroz branco, a película é retirada pelo processo de polimento, restando principalmente o endosperma, porção rica em amido.

Ingrediente comum da culinária em diversos países, o arroz é originário da Ásia e cultivado há pelo menos 5 mil anos. Os grãos foram introduzidos no Egito e na Itália pelos árabes e deram origem a diversas receitas. Na Itália, os risotos, e na Espanha, as *paellas*, atribuem ao arroz o papel principal na cozinha.

Quando comparado ao trigo e ao milho, o arroz é mais rico em carboidratos. As vitaminas e os minerais presentes no arroz concentram-se na película e no germe, e no beneficiamento são retirados como farelo. O endosperma é composto basicamente por amido (Figura 9.7).

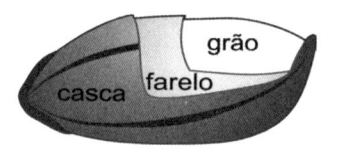

Figura 9.7 | Estrutura do grão de arroz

A literatura relata como características essenciais do grão de arroz os seguintes atributos: renda no benefício, que é o percentual de grãos quebrados e inteiros durante o beneficiamento do arroz em casca; o rendimento de engenho ou rendimento de grãos inteiros; o aspecto e as dimensões do grão. Para o consumidor, os fatores mais importantes são a translucidez e a aparência do grão.

O arroz é um dos principais alimentos consumidos pela população mundial. Em geral, a aparência do grão está relacionada à cultivar e às condições de manejo da cultura; os aspectos podem ser modificados por interferência do homem. Os padrões de qualidade do arroz variam de acordo com a cultura da região onde o cereal é cultivado, mas, em geral, costuma-se definir como qualidade o comportamento do amido contido no grão.

Variedades especiais de arroz são aquelas que apresentam características dentro da espécie *Oryza sativa L.* e que as tornam apropriadas para determinados usos, como acontece com o arroz aromático, o arroz preto e o arroz vermelho.

A população brasileira aprecia especialmente o produto de grãos longos, finos e translúcidos, chamados de agulhinha, que apresentam boa qualidade culinária, determinada pelo bom rendimento, pelo rápido cozimento e pela presença de grãos soltos após o cozimento, que permanecem macios após o resfriamento. As características dos grãos cozidos são atribuídas ao teor de amilose e à temperatura de gelatinização e se refletem na textura e na pegajosidade do produto. Portanto, as propriedades funcionais do arroz estão relacionadas à concentração de amido, especialmente de amilose.

O amido constitui 90,0% do peso seco do arroz beneficiado e é composto por frações de amilose, que está relacionada, inversamente, às propriedades do arroz, como maciez, coesão, cor, brilho e volume de expansão: cultivares com baixo teor de amilose requerem maior tempo de cocção, maior quantidade de água e o produto têm um aspecto de papa. A expansão do volume, a absorção de água e a resistência à desintegração do arroz beneficiado durante o cozimento estão diretamente associadas à proporção de amilose/amilopectina, que para os cereais normalmente é de 1:3.

De acordo com o teor de amilose, o arroz é classificado em glutinoso (1,0% a 2,0% de amilose) e não glutinoso (> 2,0% de amilose). O não glutinoso é ainda classificado como de baixo teor de amilose (< 22,0%), teor intermediário de amilose (23,0% a 27,0%) e alto teor de amilose (> 27,0%). A proporção amilose/amilopectina está diretamente relacionada a questões genéticas, bem como a grupos e subespécies.

> O consumidor brasileiro costuma preferir o arroz com teor intermediário de amilose, porque, quando cozidos, os grãos costumam ser secos e soltos e permanecem macios quando reaquecidos.

> O arroz glutinoso é usado principalmente na fabricação de doces, alimentos infantis e cereais matinais. Quando cozidos, seus grãos não se expandem, permanecendo firmes e pegajosos.

Outra importante propriedade é a temperatura de gelatinização (TG), propriedade do amido que determina o tempo necessário para o cozimento do grão. Ela é medida pela temperatura na qual 90,0% dos grânulos de amido são gelatinizados irreversivelmente. Essa TG pode variar entre 55 °C e 80 °C. O teste de cocção do arroz é, portanto, um dos parâmetros de qualidade mais usados para avaliar as propriedades de cozimento de uma cultivar. Esse indicador avalia a resistência do grão ao cozimento e, consequentemente, o tempo necessário para o processo.

> O aspecto dos grãos após o cozimento também depende da proporção entre amilose e amilopectina, assim como a expansão do volume, a absorção de água e a resistência à desintegração durante o cozimento.

Quando uma cultivar de arroz tem faixa de temperatura de gelatinização entre 63 °C e 68 °C, é classificada como de baixa TG; quando esses valores de temperatura se encontram entre 69 °C e 73 °C, a cultivar é classificada como de TG intermediária. A cultivar terá alta TG quando os valores de temperatura estiverem entre 74 °C e 80 °C. Cultivares com maior TG requerem maior quantidade de água e maior tempo para o cozimento, enquanto as de TG intermediária e baixa precisam de menor quantidade de água e menor tempo de cozimento.

A Instrução Normativa nº 06/09 define como arroz os grãos provenientes da espécie *Oryza sativa L.*; esse instrumento define ainda o padrão oficial de classificação, os requisitos de identidade e qualidade, o modo de apresentação, a marcação, entre outros aspectos de tais produtos (Quadro 9.13).

Quadro 9.13 | Grupos, subgrupos, classes e tipos de arroz

Grupos	Subgrupos	Classes	Tipos
Arroz em casca	Arroz natural	I - longo fino: contém, no mínimo, 80% do peso dos grãos inteiros, medindo 6,00 mm ou mais no comprimento, espessura menor ou igual a 1,90 mm e a relação comprimento/largura maior ou igual a 2,75 após o polimento dos grãos; II - longo: contém, no mínimo, 80,0% do peso dos grãos inteiros, medindo 6,00 mm ou mais no comprimento após o polimento dos grãos; III - médio: contém, no mínimo, 80,0% do peso dos grãos inteiros, medindo de 5,00 mm a menos de 6,00 mm no comprimento após o polimento dos grãos; IV - curto: contém, no mínimo, 80% do peso dos grãos inteiros, medindo menos de 5,00 mm de comprimento após o polimento dos grãos; V - misturado: não se enquadra em nenhuma das classes anteriores.	1, 2, 3, 4 e 5 Serão tipificados em função do (%) peso de matérias estranhas ou impurezas, grãos mofados e ardidos, grãos picados ou manchados, grãos gessados e verdes, grãos vermelhos e pretos, grãos amarelos e total de grãos quebrados.
	Arroz parboilizado		
Arroz beneficiado	Arroz integral		
	Arroz polido		
	Arroz parboilizado integral		
	Arroz parboilizado polido		
Arroz com premix			

Fonte: BRASIL, 2009.

> A textura e a aparência do arroz após a cocção são parâmtros que definem sua qualidade.

> O arroz de grão curto e redondo tende a "empapar" quando submetido à cocção, pois o amido é composto por cerca de 20% de amilose. Esse arroz requer pouca quantidade de água para cocção e rapidamente se desintegra, sendo mais utilizado para o preparo de arroz-doce (arroz cozido no leite de coco ou de vaca).

O arroz pode ser classificado ainda segundo a quebra de grãos no processamento. Essa classificação determina cinco tipos para cada subgrupo, que variam de um a cinco, com numeração crescente, à proporção que diminui a qualidade. Os problemas de qualidade incluem os defeitos graves, os defeitos gerais agregados ou de grãos quebrados e a quirera. O arroz beneficiado e os fragmentos de arroz que não atenderem às exigências legais serão classificados como *AP – abaixo do padrão –* e serão comercializados como tal, desde que estejam perfeitamente identificados (Tabela 9.9).

Tabela 9.9 | Tipos para cada subgrupo de arroz

Tipo	Defeitos graves[13]		Defeitos gerais agregados[14]	Total de quebrados[15] e quirera[16]	Quirera (máximo)
	Matéria estranha e impurezas	Mofados e ardidos[17]			
1	0,25	0,25	4,00	10,00	0,50
2	0,50	0,50	8,00	20,00	1,00
3	1,00	1,00	14,00	30,00	2,00
4	1,50	2,00	22,00	40,00	3,00
5	2,00	4,00	34,00	50,00	4,00

Fonte: BRASIL, 2009.

Quirera é o fragmento de arroz que vaza na peneira de furos circulares de 1,60 mm de diâmetro, ou seja, é um produto secundário do beneficiamento do arroz.

Arroz polido

Conhecido popularmente como arroz branco, o arroz polido é o mais consumido. No Brasil, normalmente é refogado, temperado e cozido em água, acompanhando várias preparações, principalmente o feijão. Esse tipo de arroz é obtido pelo polimento do grão integral por máquinas que provocam o atrito entre os grãos. No seu processamento (descascamento e polimento), ocorre a retirada da casca, da película (aleurona) e do germe, e, como resultado, tem-se apenas o endosperma (amido), como mostrado na Figura 9.8. Assim, a maior parte da gordura, bem como a maior parte das enzimas, é retirada do grão, e isso permite uma maior vida de prateleira para o produto.

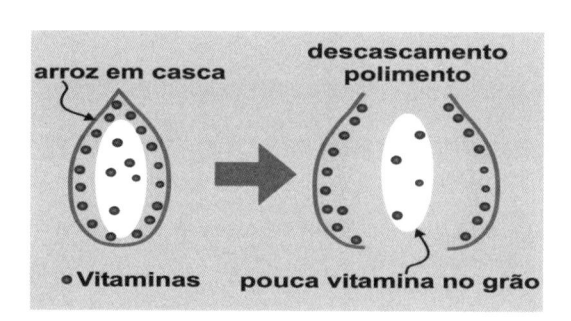

Figura 9.8 | Descascamento e polimento do arroz

Arroz integral

O processo de obtenção do arroz integral é o mais simples e consiste apenas na retirada da casca bruta; esse arroz é composto por germe, farelo e endosperma. Todos os tipos de arroz – grãos curtos, médios, longos, arredondados – podem ser consumidos na forma integral. Este produto requer maior tempo para cocção e maior quantidade de água – de duas a três vezes. Por conter maior concentração de gordura e de enzimas, sua vida de prateleira é inferior à do arroz polido; tem melhor característica nutricional. A composição química média do arroz polido e do integral está na Tabela 9.10.

Tabela 9.10 | Comparação nutricional em 100 g de arroz polido e de arroz integral

Arroz	kcal	Carboidratos (g)	Proteínas (g)	Lipídios (g)	Fibras (g)	Mg (mg)	K (mg)	P (mg)	Se (mcg)
Polido	365	80	7,14	0,66	0,98	25	115	115	15,10
Integral	370	77,20	7,95	2,93	3,50	143	223	333	23,4

Arroz parboilizado ou malekizado

O arroz parboilizado é obtido por um processamento em que se submetem os grãos ao calor úmido antes do beneficiamento por tempo e temperatura determinados. O termo é derivado da expressão inglesa *parboiled* – *partial* (parcial) e *boiled* (cozido). O arroz integral também pode ser parboilizado. O tratamento é feito mantendo-se a casca, que só será retirada posteriormente, preservando-se a película e o germe. Com a parboilização, a vida útil do arroz integral passa de seis meses para um ano, respeitadas as condições de armazenamento.

Com a elevação da pressão e da temperatura, ocorre a gelatinização do amido e a passagem de nutrientes (vitaminas e minerais) presentes nas camadas periféricas do grão para o seu interior (Figura 9.9).

---

13 Defeitos graves — matérias estranhas, impurezas, grãos mofados, ardidos, pretos e não gelatinizados.
14 Defeitos gerais agregados — somatório dos defeitos gerais encontrados na amostra.
15 Quebrado — pedaço de grão de arroz descascado e polico que apresentar comprimento inferior a três quartas partes do comprimento mínimo da classe a que pertence e que ficar retido em peneira de furos circulares de 1,6 mm de diâmetro.
16 Quirera — fragmento do grão de arroz que vazar em peneira de furos circulares de 1,6 mm de diâmetro.
17 Mofado e ardido — grão que apresentar, no todo ou em parte, fungo (bolor) visível a olho nu e grão que, no todo ou em parte, apresentar coloração escura proveniente do processo de fermentação, respectivamente.

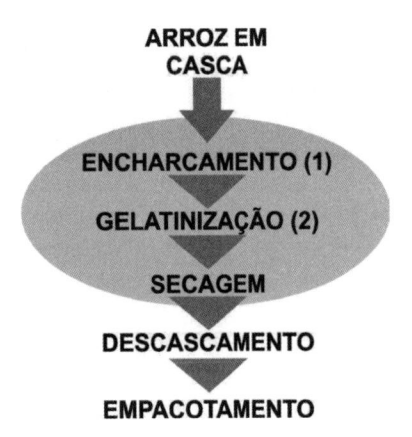

ARROZ EM CASCA
↓
ENCHARCAMENTO (1)
↓
GELATINIZAÇÃO (2)
↓
SECAGEM
↓
DESCASCAMENTO
↓
EMPACOTAMENTO

Figura 9.9 | Processamento do arroz parboilizado[18]

Parboilização é o processo hidrotérmico no qual o arroz em casca é imerso em água para uso em processos hidrotérmicos industriais, a uma temperatura acima de 58 °C, seguido de gelatinização parcial ou total do amido e de secagem.

Pesquisas demonstram que as condições operacionais de tempo de maceração e autoclavagem alteram a distribuição de minerais, proteínas, fibras, amilose e compostos fenólicos entre o endosperma amiláceo e as porções externas do grão de maneira diferente para cada componente. Os componentes mais afetados por esses parâmetros no endosperma amiláceo foram os teores de proteínas e fenóis. De modo geral, o arroz parboilizado tem maior valor nutritivo que o arroz polido (mg/100 g), e após o preparo a adesão dos grãos é reduzida, requerendo maior tempo de cocção (Tabela 9.11).

Tabela 9.11 | Composição química média de minerais e vitaminas em arroz polido e parboilizado (mg/100 g)

Nutrientes	Polido	Parboilizado
Tiamina (vitamina B_1)	0,07	0,44
Riboflavina (vitamina B_2)	0,03	0,045
Niacina (vitamina PP)	1,6	3,5
Cálcio	24	60
Fósforo	94	200
Ferro	0,8	2,9
Sódio	5	9
Potássio	92	150

Arroz instantâneo

O arroz instantâneo pode ser obtido do arroz branco, do integral ou do parboilizado, em que, por um processo de cocção úmida e rápida, suas paredes celulares são rompidas, ocorrendo a gelatinização do amido, pois, por meio das fissuras nas paredes celulares, há entrada de água no grão. Posteriormente, há um processo de secagem para reduzir a umidade e possibilitar a embalagem e a distribuição no mercado. A principal vantagem é a rápida cocção, feita com o acréscimo de água fervente.

Além dos tipos já descritos, existem ainda outros diferentes disponíveis no mercado (Quadro 9.14).

Quadro 9.14 | Alguns dos tipos de arroz e sua utilização culinária

Arroz	Características
Arroz selvagem	Caracterizado por ser um grão escuro por fora e branco por dentro; muito longo, fino e integral, com sabor que lembra nozes e amêndoas; possui odor muito semelhante ao chá preto devido à grande quantidade de flavonoides; não pertence à família *Oryza*, e sim à família *Zizania*, que é outra gramínea; apresenta menor quantidade de amido e de lipídios, mas maior conteúdo de lisina, aminoácido limitante em outros cereais e fibras alimentares; boa fonte de potássio, fósforo e vitaminas do complexo B.
Arroz arbóreo	Possui grãos arredondados, grossos e brancos; com teor médio de amilopectina, necessitando de maior tempo de cocção e maior quantidade de água o que o torna pegajoso, empapado, ligado, cremoso; é ideal para fazer risotos.
Arroz aromático	De origem tailandesa, o arroz *thai* perfumado é conhecido pelo seu aroma de jasmim. O arroz *basmati*, de origem indiana e paquistanesa, tem aroma de nozes; sua textura é macia e úmida, e os grãos são alongados e finos.
Arroz japonês ou *sassanishiki*	Constituído de grãos médios, curtos e arredondados; depois de cozido e frio, os grãos desse arroz formam uma liga especial, ideal para o preparo de *sushis* e bolinhos. No preparo, costuma-se adicionar vinagre de arroz ainda no cozimento. A ação ácida do vinagre aumenta o brilho e dificulta a gelatinização do amido, diminuindo consequentemente sua viscosidade.

O arroz do tipo arbóreo possui grãos grandes e largos que, durante o cozimento, absorvem mais água e o sabor dos temperos. Ao mesmo tempo, eles liberam uma pequena porção de amido, resultando em uma cremosidade especial.

O arroz *waxy* ou ceroso tem de 0% a 2,0% de amilose; o tipo japonês (grão curto), de 18,0% a 20,0%; o arbóreo, com 19,0% a 21,0%; o *basmati*, com 25,0% a 27,0%; o jasmim, com 22,0 a 25,0%.

---

18 As etapas em destaque (1) e (2) são as que diferenciam o processamento do arroz parboilizado e do arroz polido.

A técnica de preparo do arroz japonês requer um tempo de remolho para maior absorção de água, o que desenvolve o aspecto pegajoso característico do arroz utilizado na preparação do *sushi*.

Culinária do arroz

Para a cocção dos diferentes tipos de arroz, utiliza-se calor úmido (fervura). Entretanto, aqui no Brasil a preparação mais comum utiliza calor seco com gordura seguido de calor úmido (refogar o arroz antes de juntar a água). Essa prática favorece a produção de arroz não pegajoso, pois sela o amido e limita a ligação das moléculas de água com a amilose.

O índice de absorção varia, geralmente, entre 1,5 e 2,5; é maior para os grãos longos e menor para os grãos curtos. Varia ainda de acordo com o tipo e a qualidade do grão, o tempo de armazenamento, a quantidade de líquido utilizada na preparação, o tempo e a técnica de cocção.

Quanto maior a quantidade de água, menor será a concentração dos nutrientes na preparação final. Em casos de patologias ou condições fisiológicas específicas, pode-se cozinhar o arroz com maior quantidade de água e maior tempo de cocção para facilitar a mastigação e a digestão. Normalmente, utilizam-se índices de absorção que variam de 2,5 a 5.

O arroz integral é menos consumido pela população do que o arroz polido. Seu índice de absorção pode chegar a 3,5, ou seja, ele absorve 3,5 vezes o seu volume em água.

Deve-se utilizar água quente na cocção porque a temperatura elevada acelera o processo de cocção, reduz o tempo de cozimento, mantendo o grão mais inteiro.

Existe uma outra forma de cocção do arroz, mais comum no Nordeste e em outros países da América do Sul, que se chama arroz escorrido. Consiste em ferver a água em grande quantidade, adicionar os grãos crus e, quando cozidos, escorrê-los em peneira.

Os diferentes tipos de arroz podem ser submetidos ao congelamento após o preparo. No reaquecimento, aconselha-se acrescentar um pouco de água para manter a umidade do produto. Cabe ressaltar que o acréscimo de muitos temperos pode não favorecer o sabor da preparação após o descongelamento.

Além dos diversos tipos de arroz, também se utiliza em muitas preparações a farinha de arroz. Ela não contém glúten e, portanto, é usada como substituta da farinha de trigo em alimentos preparados para portadores de doença celíaca. Além da farinha de arroz, encontra-se no mercado o creme de arroz, que é composto apenas de amido de arroz e a Arrozina®, mistura de amido de arroz e amido de milho. Ambos são muito utilizados na alimentação infantil. Também se fabrica com arroz o macarrão *bifum*, de origem chinesa, que apresenta rápida cocção e pode ser consumido por intolerantes ao glúten. O modo de preparo é similar ao do macarrão tradicional. Sua cocção deve ser cuidadosa, pois quebra muito.

Na gastronomia, tem sido muito utilizado o papel de arroz, em que se pode escrever, desenhar (com pigmentos comestíveis) e aplicar sobre uma preparação; ou simplesmente usá-lo como ingrediente em lasanhas, preparações fritas e como suporte para hortaliças.

• 9.5 •
Milho

Há muitos séculos o homem utiliza o milho para se alimentar, originalmente nas civilizações asteca, maia e inca, tendo depois se espalhado pelo mundo. O milho é um alimento rico em carboidratos e reduzido teor de lipídios, que se localizam no germe (8,0% do grão). O óleo de milho é rico em ácidos graxos poli-insaturados. Como os demais cereais, sua proteína é deficiente em alguns aminoácidos. A Empresa Brasileira de Pesquisa Agropecuária (Embrapa) – Milho e Sorgo, desde 1985 desenvolve estudos para produzir variedades com maiores concentrações de lisina e triptofano, o que tornaria sua qualidade proteica superior à dos milhos comuns.

O milho (*Zea mays* L.), cereal que pertence à família *Gramineae*, consumido *in natura* ou na forma de produtos industrializados, tem grande contribuição na alimentação humana e animal, por suas características nutricionais como fonte energética. Existem mais de seiscentos derivados do milho, dos quais aproximadamente quinhentos se destinam à alimentação humana: farinha de milho, com diferente granulometria, inclusive sob a forma de fubá, flocos de milho, canjiquinha, xerém, óleo, xarope, bebidas destiladas. Esses derivados são muito utilizados e bastante apreciados na culinária brasileira, tendo participação efetiva como componente de várias preparações, como cuscuz, polenta, pamonha, canjica, curau, pipoca e outras.

De acordo com a classificação oficial, o milho sob a forma de grãos, destinado à comercialização interna, é classificado em grupos, classes e tipos, segundo sua consistência, coloração e qualidade. Considerando sua consistência, o milho é classificado em quatro grupos: duro, mole, semiduro e misturado. Quanto à constituição, os grãos duros têm maior quantidade de endosperma córneo, localizado principalmente na parte posterior e longitudinal do grão, que oferece forte resistência ao corte e exibe, ao ser cortado, aspecto vítreo. Quanto à forma, é o que se apresenta predominantemente ovalado e com a coroa convexa e lisa, característica do *Zea mays indurata*.

O milho mole apresenta maior quantidade de endosperma amiláceo (farináceo), o que torna a coroa acentuadamente clara e oferece menor resistência ao corte. Quanto à forma, é predominantemente dentado e sua coroa apresenta uma contração ou depressão/característica de *Zea mays indentata*. O milho semiduro possui características intermediárias entre o mole e o duro; é constituído de grãos que, quanto à conformação, se apresentam levemente dentados, incluindo grãos ovalados com ligeira depressão na coroa (coroa branca).

O milho ainda pode ser classificado segundo sua coloração em três classes: amarelo, branco e mesclado. A classe amarela inclui grãos amarelos, amarelo pálido e/ou amarelo alaranjado. Os grãos de milho amarelos com ligeira coloração vermelha ou rósea no pericarpo serão considerados amarelos.

Segundo a qualidade, o milho é classificado em três tipos: 1, 2 e 3. O tipo 1 é constituído de milho seco de grãos regulares, com umidade máxima de 14,5% e máximo de 1,5% de impurezas. Os tipos 2 e 3 diferem quanto à porcentagem de impurezas, sendo de até 2,0% para o tipo 2 e de até 3,0% para o tipo 3.

O milho amarelado duro tem reduzida concentração de amilose, é utilizado tanto para alimentação animal como para a fabricação industrial de salgados *chips*, *tortillas* e *tacos*. Na preparação de *tortillas*, o milho é colocado em uma solução fraca de barrela[19] para separação da casca e do germe. O endosperma passa por um processo de lavagem e de secagem.

O milho utilizado para a fabricação de farinhas apresenta baixa concentração proteica e maior teor de amido. O doce é um tipo especial de milho, cujo grão possui elevado teor de açúcar quando colhido como milho verde. Além do sabor adocicado, a película do grão é mais fina, sendo por isso mais macio e de melhor qualidade para consumo *in natura* ou como produto enlatado na forma de conserva.

O milho para pipoca é de uma variedade especial, com espigas menores que as do milho tradicional (doce) e se caracteriza por possuir grãos pequenos e duros, contendo amido cristalino, com capacidade de estourar quando aquecidos em temperatura próxima a 180 °C, originando a popular pipoca. No aquecimento, a umidade interna é convertida em vapor. Em um determinado ponto, a pressão do vapor estoura a casca externa, transformando a parte interna em uma massa pouco consistente de amidos e fibras, maior do que o grão original.

Para se obter melhor qualidade da matéria-prima, o milho passa por um processo de secagem lenta a temperaturas de até 35 °C; utiliza-se fonte de calor indireto. Nesse caso, os grãos permanecem inodoros, diferentemente do que acontece com a secagem do milho comum, que ocorre rapidamente em virtude das altas temperaturas utilizadas. Em temperaturas superiores a 35 °C, o endosperma do milho para pipoca é trincado, depreciando sua qualidade e sua capacidade de expansão. No mercado encontram-se pipocas com *flavors* diferenciados: salgada, com bacon, com queijo, com ervas, com manteiga, com chocolate e com caramelo.

Os produtos à base de milho seco podem ser classificados como fubá comum, canjica, fubá mimoso, farinha de milho, xerém ou quirera, flocos de milho précozidos, flocos de milho para refeições matinais, dentre vários. A tecnologia de obtenção do fubá comum e do farelo compreende a etapa de limpeza realizada por ventiladores e peneiras, seguida da moagem executada em moinhos de pedra ou de disco. A tecnologia moderna utiliza moinhos de martelo, peneiras vibratórias e aspiradores, obtendo 90,0% de rendimento em fubá de milho integral. A composição do fubá é a mesma do milho integral.

A canjica é o produto obtido após a separação da casca e do germe de milho. A matéria-prima passa pela etapa de limpeza e, posteriormente, os grãos são colocados nas máquinas degerminadoras, chamadas de canjiqueiras, que fazem o despeliculamento (retirada da casca) e a degerminação (retirada do germe); em seguida, a canjica é polida e embalada, sua composição é de aproximadamente 72,5% de carboidratos (66,0% amido), 9,0% de proteína, 5,0% de lipídio, 1,0% de fibra, 0,5% de cinza, apresentando 12,0% de umidade. Pode-se encontrar tanto canjica de milho branco como de milho amarelo e mesclada.

A canjica de milho é classificada em grupos, subgrupos, classes e tipos, segundo o tamanho a presença de tegumento, a coloração e a qualidade. De acordo com o tamanho, a canjica de milho pode ser: canjicão – o produto que contém, no mínimo, 80,0% em peso de grãos inteiros ou pedaços de grãos que ficarem retidos na peneira de 5,66 mm de diâmetro; canjica extra ou canjica quatro – o produto que contém, no mínimo, 80,0% em peso de grãos inteiros ou pedaços de grãos que ficarem retidos na peneira de 4,76 mm de diâmetro; canjica especial ou canjica três – o produto que contém, no mínimo, 80,0% em peso de grãos inteiros ou pedaços de grãos, que ficarem retidos na peneira de 4 mm de diâmetro; canjica misturada – o produto que não se enquadra em nenhum dos grupos anteriores.

---

19 Barrela — relacionada à palavra latina que significa lavar. Originalmente, referia-se a soluções muito alcalinas obtidas por meio da adição de cinzas de madeira em água, que formavam o carbonato de potássio. Atualmente, refere-se ao hidróxido de sódio (soda cáustica).

> De origem portuguesa, munguzá, no Nordeste, é uma espécie de mingau feito de milho branco com leite e leite de coco, temperado com açúcar e canela. A mesma preparação no Sudeste e no Centro-Oeste é denominada de canjica.

> No Nordeste, canjica é uma papa cremosa de milho verde ralado e cozido com leite e açúcar. No Sudeste esta mesma preparação é conhecida como curau. Em Angola, canjica é um ensopado de feijão com farelo de milho, temperado com azeite de dendê.

> Na Bahia, munguzá é chamado de canjica de milho verde; no Piauí, munguzá é ainda um ensopado de feijão com milho quebrado, misturado às mesmas carnes da feijoada.

O fubá mimoso, composto principalmente por amido, é o produto obtido da moagem da canjica amarela; tem granulação mais fina, pois não tem a casca nem o germe, eliminados na obtenção da canjica. Este tipo de fubá é mais homogêneo e, por isso, de uso corrente na indústria confeiteira e na culinário. Dessa forma, possui uma vida útil maior se comparada com o fubá comum, porque não está sujeito às reações de rancificação.

A fabricação de farinha de milho tem início com o processo de maceração, em água fria, para amolecer os grãos. Essa etapa pode durar até sete dias e promove a fermentação dos carboidratos, que caracteriza o odor do produto final. Ao retirar os grãos, estes são lavados em água corrente e, posteriormente, moídos, formando uma massa úmida, que é levada para uma peneira trepidante (de tela grossa) com a finalidade de separar grumos e obter um produto mais homogêneo. Finalmente, a massa é assentada sobre fornos de alvenaria, onde seca sob temperaturas de 200 °C a 240 °C. A farinha tem composição média de 77,3% de carboidrato (72,0% de amido), 8,0% de proteína, 4,5% de gordura, 1,5% de fibras e 0,2% de cinzas e 8,5% de umidade.

Nas farinhas de milho, a principal proteína encontrada é a zeína, que apresenta baixa capacidade para reter gases, no entanto forma uma massa elástica. A farinha de milho é processada a partir do milho seco e tem de 7,0% a 8,0% de proteína. Na América do Sul, ela é obtida do grão inteiro e apresenta menor tempo de vida útil, por conter o germe. Essa farinha é utilizada em produtos de panificação, como pães, bolos e broas, e no preparo de farofas.

> As broas mineiras são pães arredondados geralmente elaborados com fubá de milho. Em Portugal, as broas são espécies de bolo, em formato de elipse, feitas com farinha de milho, mel, azeite, canela e outras especiarias, particularmente preparadas para consumo no Natal, no Ano-Bom e nas festas de Reis.

O cuscuz de milho é uma preparação à base de flocos de milho cozidos ao vapor e temperado com sal. Essa preparação adquire consistência de farofa úmida, podendo ser servida com leite, açúcar e leite de coco. O cuscuz de milho também pode ser acompanhado de queijo de coalho, ovo e salsicha. A versão marroquina, o *couscous*, é utilizada em preparações salgadas com carnes e hortaliças.

> O cuscuz paulista é preparado com farinha de milho, água, azeite, temperos, cebola, tomate, palmito, ervilha, camarões, peixes, ovos cozidos e sardinhas em conserva.

> De origem italiana, a polenta é um mingau salgado e espesso feita com farinha de milho bem moída, água quente e sal. Sua consistência pode variar de uma papa mais mole a 7,0% até o ponto duro para cortar, 10,0% a 12,0%. A polenta pode ser comida quente ou fria, assada ou frita, e utilizada como base para outras preparações salgadas em que se acrescentam carnes, queijos, linguiças. Quando mole, a polenta recebe o nome de angu, principalmente na culinária mineira, podendo ser preparada com leite.

A pamonha também pode ser produzida com flocos de milho, mas no Brasil é comum prepará-la com o milho verde, retirado da espiga e ralado em ralo grosso, sem peneirar. A preparação pode ser doce ou salgada em função dos ingredientes acrescidos.

> Pamonha é uma iguaria preparada com milho verde triturado, temperado com açúcar ou sal, depois enrolado na palha do próprio milho ou da folha de bananeira e cozido em água fervente. A consistência é dada pela gelatinização do amido de milho. Quando salgada, a pamonha pode levar linguiça e queijo como recheios.

A moagem do milho macerado origina produtos amiláceos com diversas funções e características culinárias. Na obtenção de amido, o milho é limpo e armazenado em silos; a matéria-prima é submetida ao processo de maceração. Esta etapa consiste em colocar os grãos em água aquecida, 48 °C a 52 °C, por trinta a cinquenta horas, juntamente com dióxido de enxofre (SO_2), que, além de promover assepsia, causa inchamento e ruptura da matriz proteica que envolve o endosperma, auxiliando no amolecimento dos grãos. Ao final do procedimento, o milho absorve 45,0% de umidade e pode ser moído em moinhos de disco. O material moído é submetido à lavagem e à centrifugação para separação do germe, resultando em uma pasta conduzida à centrífuga para separação da casca, do amido e da fração proteica. A suspensão de amido é tratada com ácido para purificação e posteriormente é concentrada até 45,0% de umidade. Em seguida, é levada à câmara de secagem, à temperatura de 150 °C, reduzindo sua umidade para 12,0% e, finalmente, o amido de milho é envasado em silos ou sacos com peso diferenciado.

O amido de milho é utilizado como espessante em pudins, molhos, sopas, mingaus e na fabricação de bolos, biscoitos, *cookies* e *muffins*, por conferir textura mais fina e compacta. Ao contrário das farinhas que possuem glúten, a estrutura desses produtos deriva da gelatinização do amido no cozimento. Produtos elaborados com amido de milho não devem ser congelados porque a retrogradação e a sinérese são intensas.

Nos livros de receitas, é comum se encontrar a indicação de uso de duas partes de farinha de trigo e uma parte de amido para compor a formulação de um bolo. Isso se justifica pelo fato de, proporcionalmente, se ter menor teor de proteína e, assim, produtos mais macios.

Em nível doméstico, a consistência final de produtos como geleias e compotas pode ser melhorada com o acréscimo de amido. Em pudins assados, como os de laranja, abacaxi e outras frutas ácidas, é necessária a adição de amido para se obter a textura e a consistência desejadas.

Mingau é uma expressão de origem tupi – comida que gruda – que se refere ao alimento cozido, de consistência cremosa, pastoso, preparado geralmente com leite e açúcar, engrossado com fubá de milho ou outros cereais e farinhas. Quando a consistência é mais firme, chama-se papa.

Angu é uma massa espessa preparada com uma mistura, ao fogo, de farinha de milho (fubá), água e, às vezes, sal.

O amido de milho foi fabricado primeiramente nos Estados Unidos da América por Wright Duryea, que deu a ele o nome de amido de milho Duryea's Maizena. O produto foi exportado para o Brasil em 1874 e, por isso, o amido ficou conhecido pelo nome de maizena. Os dicionaristas adicionaram o nome maisena com a letra "s" para designar qualquer amido de milho sem especificar a marca.

Na produção de xarope de glicose, conhecido comumente como glicose de milho ou glucose de milho, a indústria pode utilizar processos diferenciados para obter o produto final. O primeiro é a hidrólise ácida, que usa o amido em suspensão aquosa, na concentração de 30,0% a 40,0%, juntamente com uma solução de ácido clorídrico ou sulfúrico. A velocidade da reação dependerá da temperatura, ideal entre 140 °C e 160 °C, da pressão e da quantidade de água da solução. Durante o processo de hidrólise (aproximadamente vinte minutos), as ligações glicosídicas são rompidas, formando compostos como dextrinas, maltose e glicose; caso não se interrompa a reação, a hidrólise do amido poderá ser total, e o produto final será constituído apenas de glicose.

O segundo processo é a hidrólise enzimática, que está condicionada ao tipo de enzima que atua no amido, rompendo ligações α-1-4 e/ou α-1-6. O malte obtido dos grãos germinados de cevada tem quantidade significativa de enzimas α-amilase, β-amilase e maltase, que, em contato com o amido gelatinizado, provocam hidrólise e formam compostos como dextrinas, maltose e glicose. As enzimas fúngicas (α-amilase, β-amilase, amiloglicosidase, glicoamilase e limite-dextrinases) podem transformar totalmente o amido em glicose, pois, em ação conjunta, hidrolisam tanto as ligações α-1-4 como as α-1-6, causando a sacarificação total. Uma terceira opção de hidrólise do amido seria a utilização dos dois processos por meio ácido e enzimático.

O xarope de milho é utilizado no preparo de caldas açucaradas para produtos em que não se deseja cristalização, como pé-de-moleque, pirulito e *marshmallow*.

Dentre as bebidas destiladas originadas do milho, destaca-se o *bourbon*, procedente do condado de mesmo nome, que possui percentual de 5,0% a 51,0% de milho destilado em sua composição. O *bourbon* é um tipo de *whisky* com conteúdo alcoólico entre 62,0% e 65,0%.

• 9.6 •
Centeio e cevada

O centeio e a cevada são utilizados principalmente na alimentação animal. A cevada (*Hordeum vulgare*) é o mais antigo cereal conhecido, representando a quinta maior colheita e uma das principais fontes de alimento para pessoas e animais; pertence à família das gramíneas e é cultivada mundialmente; o grão é rico em cálcio, fósforo e potássio.

A cevada é ingrediente utilizado no preparo do *missô*, produto fermentado de soja de origem japonesa; também participa do processo de produção de cerveja e *whisky*, durante o qual sofre um processo de germinação sob condições controladas, originando o malte, que, quando aquecido, acrescenta cor às bebidas. A cevada em pó, utilizada em substituição ao café ou no preparo de chás, é um alimento bastante comum no Oriente Médio, obtido de grãos selecionados, torrados e moídos; não contém cafeína.

A farinha de cevada, de sabor adocicado, é utilizada como espessante em molhos. Além disso, ela auxilia no amaciamento das massas, provavelmente por manter unido um maior número de moléculas de água às proteínas e aos carboidratos. Nas massas acrescidas de farinha de centeio, os carboidratos são usados para o desenvolvimento do fermento e o crescimento dos produtos.

O centeio (*Secale cereale* L.) ocupa o oitavo lugar entre os cereais no mundo e é cultivado especialmente no centro e no norte da Europa, em climas frios ou secos, em solos arenosos e pouco férteis. A farinha de centeio é obtida pela trituração do grão com casca, o que explica sua coloração escura e a manutenção dos nutrientes; é um cereal importante para a indústria da panificação, porém contém menor teor de glúten, se comparado à farinha de trigo. A farinha de centeio é utilizada no preparo de pães, bolos, tortas, e biscoitos.

O endosperma moído, que é a farinha, é obtido pela remoção do farelo e do germe. Quando se deseja preparar pão de centeio, de milho, de arroz, de sete grãos, de aveia, dentre outros, faz-se uma mistura de farinha de trigo com a farinha do respectivo cereal, porque somente as proteínas do trigo estão presentes em quantidade e qualidade adequadas à formação de glúten.

Industrialmente, os pães de centeio são obtidos pela mistura de farinha de trigo e de centeio (mínimo de 50,0%), açúcar, fermento, gordura vegetal e sal, podendo ainda conter outros aditivos para melhorar suas características organolépticas ou vida útil, sendo-lhes proibido o emprego de caramelo para alterar sua coloração.

Industrialmente, os pães de aveia são obtidos pela mistura de farinha de trigo e de aveia, açúcar, fermento, gordura vegetal e sal, podendo ainda conter outros aditivos para melhorar suas características organolépticas ou vida útil.

Industrialmente, os pães de sete grãos são obtidos pela mistura de farinha de trigo, farelo de trigo, farelo de aveia, fibra alimentar, flocos de centeio, semente de girassol, farinha de cevada, fubá de milho, gergelim, sal, açúcar e gordura, podendo ainda conter outros aditivos para melhorar suas características organolépticas ou vida útil.

Os pães de milho são feitos predominantemente com os variados tipos de farinha de milho.

O uso exclusivo de farinhas de centeio, milho e arroz na produção de pães mostra que a capacidade de retenção de gás é o principal fator para se obter um volume adequado, visto que durante a fermentação a perda de gás nas massas desses cereais é de três a cinco vezes superior à da massa de farinha de trigo, embora a produção inicial seja semelhante. Durante a cocção, ao contrário da massa de farinha de trigo, as massas de farinha de milho, arroz e centeio perdem gás antes que suas estruturas se estabeleçam. Consequentemente, os produtos elaborados com essas farinhas são duros e compactos.

Os flocos de centeio resultam do processo de cozimento de grãos selecionados, prensados e secos, sendo utilizados no enriquecimento de sopas, cozidos, granolas[20], iogurtes, vitaminas, biscoitos, bolos, pães. A composição química média da farinha e dos flocos de centeio e da farinha de cevada inclui carboidratos complexos, aminoácidos essenciais, fibras alimentares insolúveis, vitaminas do complexo B, fósforo, potássio, ferro, cálcio, zinco, cobre e magnésio (Tabela 9.12).

• 9.7 •
Aveia e pseudocereais

Aproximadamente 95,0% da produção de aveia é destinada ao consumo animal, o restante, para consumo humano. A aveia pertence ao gênero *Avena*, da família *Gramineae*. Mais de 75,0% do total cultivado no mundo é de *A. sativa* (aveia branca), mais consumida no Brasil. Esta é uma planta que se adapta melhor a climas frios e úmidos. Em sua composição química são encontradas fibras alimentares, vitaminas do complexo B, vitamina E, cálcio, fósforo, ferro e proteínas. Como a cevada e o centeio, a aveia contém componentes que, quando misturados com água, formam glúten, porém em pequena quantidade. Por serem fonte de fibras solúveis, a aveia absorve e mantém as moléculas de água em seu interior, deixando o produto mais macio, viscoso e úmido.

A aveia tem maior concentração de lipídios que a maioria dos cereais. Os lipídios destacam-se nutricionalmente pelo equilíbrio entre ácidos graxos e vitaminas e por suas propriedades antioxidantes. Por ter maior concentração de ácidos graxos poli-insaturados e saturados, pelo seu alto conteúdo de ácidos oleico e linoleico, pela quantidade de lipídios e de enzimas, a aveia tende a apresentar alterações nas características organolépticas provenientes do processo de rancidez, que ocorre mais rapidamente que em outros cereais. Suas fibras solúveis são relevantes, porque ajudam a reduzir os níveis de colesterol sanguíneo. O processamento da aveia pode originar diversos produtos, com aplicações diferentes (Quadro 9.15).

Quadro 9.15 | Produtos derivados de aveia

Produtos	Características
Flocos inteiros	Usados principalmente na produção de granola, cereais em barra, na panificação, para preparar bebidas à base de leite, adicionadas ou não de frutas.
Flocos médios e flocos finos (instantâneos)	Usados na produção de mingaus e sopas; também apresentam as mesmas finalidades dos flocos inteiros.

20 Granola — mistura de flocos de aveia com outros ingredientes, como açúcar mascavo, passas, nozes, coco, etc., geralmente ingerida com leite ou iogurte no desjejum.

Farelo	Principal fonte de fibra alimentar solúvel, usado para preparar mingaus, pães, bolos e bolachas.
Farinha	Usada em panificação, em confeitaria, em pastelaria doce ou salgada e em mingaus.

O amaranto e a quinoa são pseudocereais de origem andina; suas proteínas são de melhor valor biológico, quando comparadas aos cereais como arroz, milho e trigo. Eles têm elevados teores de cálcio e de fibras, não pertencem à família das gramíneas, porém suas sementes e sua forma de utilização são muito similares às dos cereais.

A quinoa – *Chenopodium quino* – é da família das quenopodiáceas, nativa da Colômbia, do Peru e do Chile, com folhas triangulares, pequenas flores verdes, em racemos[21], e frutos vermelhos ou brancos, com sementes grandes.

> A quinoa parece com o alpiste. Há mais de 8 mil anos já era conhecida pelos incas, que a utilizavam como alimento e a denominavam grão de ouro. Apesar dos conquistadores não terem se preocupado em preservar a espécie, o grão sobreviveu plantado em pequenos sítios, em regime de agricultura familiar, nas montanhas da Bolívia e do Peru.

O amaranto, do gênero *Amaranthus*, da família das amarantáceas, é planta nativa de regiões tropicais e temperadas. Muitas espécies são cultivadas como ornamentais e/ou pelas folhas ou sementes comestíveis. As principais espécies de amaranto (*Amaranthus caudatus*, *A. cruentus* e *A. hypochondriacus*), originárias das civilizações asteca-maia e inca, apresentam características interessantes à técnica culinária.

O amaranto pode ser utilizado no preparo de produtos de panificação e massas; sua farinha pode ainda compor os cereais matinais ou ser opção ao desenvolvimento de receitas de biscoitos sem glúten, ou ainda uma alternativa para as pessoas que não desejam consumir proteína de origem animal. A capacidade de reduzir o colesterol no sangue foi somente comprovada em animais de laboratório. No entanto, a limitação de seu uso se deve à presença de saponinas no pericarpo das sementes, o que dá sabor amargo e tem ação tóxica sobre as hemácias.

Tanto a quinoa como o amaranto são alimentos de pouco consumo no Brasil; porém os *chefs*, estimulados pela vontade e pela necessidade de descobrir novos sabores e aromas, passaram a dar atenção a esses produtos. A quinoa é encontrada em grãos inteiros ou como flocos ou farinhas. Seu preparo é semelhante ao do arroz ou ao do trigo na cocção, aplica-se em saladas, bolos, bolinhos e vitaminas com frutas.

Nos países da região andina, como o Peru e a Bolívia, o grão de quinoa é utilizado no preparo de sopas e, quando misturado com carne, transforma-se em um prato regional, servido nas feiras livres e em restaurantes populares.

O amaranto tostado é usado como bebida. No México, ele faz parte da cultura alimentar. É comum usá-lo para preparar uma espécie de torrone, feito com caramelo e com as pequenas sementes expandidas, na época da Páscoa.

• 9.8 •
Culinária dos cereais

Os grãos de cereais são consumidos diretamente ou na forma modificada, como farinhas, fibras, amidos, óleos, farelos, xaropes e outros ingredientes adicionais utilizados em alimentos industrializados. Cada cereal possui características distintas em função de sua composição e dos produtos derivados.

Dentre a diversidade de produtos à base de cereais, os matinais são constituídos pela mistura de um ou de vários cereais, como *corn flakes*, *chocricks* de arroz sabor chocolate, *chokies* de trigo sabor chocolate, *all bran*, *fiber one*, *musli*, sucrilhos, flocos de aveia com frutas secas, flocos de arroz, que são de uso frequente na alimentação. Em geral, esses produtos contêm frutas secas (uva-passa, maçã desidratada), castanha e amêndoas, podendo ser divididos em dois grupos: os que necessitam de cozimento e os prontos para consumo. O cozimento é necessário para os grãos inteiros ou parcialmente íntegros para torná-los mais macios. Aqueles que estão prontos para o consumo, pré-gelatinizados, são feitos geralmente de grãos que foram subdivididos em partículas.

As barras de cereais são alimentos ricos em carboidratos e, portanto, energéticos, sendo compostas principalmente por aveia, milho, trigo, centeio e cevada. Na maioria dos produtos, os grãos estão inteiros e podem ser acrescidos de outros ingredientes, como castanhas, coco, chocolate, frutas desidratadas e açúcar. As barras dietéticas e *light* contêm poucas calorias.

As farinhas (Quadro 9.16) utilizadas como agente espessante ou de ligação, em preparações culinárias, são adicionadas em diferentes concentrações, dependendo da característica da preparação que se deseja desenvolver (Tabela 9.13).

---

21 Racemo — o que lembra ou tem a forma de cacho de flores ou frutos.

Quadro 9.16 | Tipos de farinhas disponíveis no mercado

Produto	Características
Farinha de arroz	Produto obtido pela moagem do grão beneficiado de arroz
Farinha de aveia	Produto obtido pela moagem da semente beneficiada de aveia
Farinha de centeio	Produto obtido pela moagem do grão beneficiado de centeio
Farinha de glúten	Produto obtido da farinha de trigo livre de quase toda a fração de amido
Farinha integral	Produto obtido pela moagem ou raladura da parte comestível de grãos, rizomas, frutas ou tubérculos integrais
Farinha de milho	Produto obtido pela torração do grão de milho, livre ou não do germe, previamente macerado, socado e peneirado

Tabela 9.13 | Concentração de farinha em bases cremosas

Preparação	Concentração de farinha
Sopas	2,5 – 5,0%
Molhos, cremes, mingaus	5 – 10,0%
Croquetes e outros	10 – 15,0%

• 9.9 •
Leguminosas

9.9.1 Histórico e definição

Há registros de que as leguminosas foram cultivadas desde os tempos bíblicos e de que os homens primitivos as consumiam cotidianamente sob diferentes formas e em diversas regiões. As leguminosas foram cultivadas no antigo Egito e na Grécia e cultuadas como símbolo da vida. Na Roma Antiga, feijões eram utilizados em preparações culinárias para festas e também como pagamento de apostas. Outras referências mostram sua presença na Idade do Bronze, na Suíça, e entre os hebreus, cerca de mil anos a.C. As ruínas da antiga Tróia revelam evidências de que as preparações com feijões eram as favoritas dos robustos guerreiros troianos. A maioria dos historiadores atribui sua disseminação no mundo às guerras, uma vez que esse alimento era parte essencial da dieta dos guerreiros em marcha. Os grandes exploradores ajudaram a difundir seu uso e seu cultivo para as mais remotas regiões do planeta.

A possibilidade de poder conservar-se durante muito tempo, ser de fácil preparo e apresentar qualidades nutricionais desejáveis foi, sem dúvida, o motivo do êxito das leguminosas e sua incorporação aos costumes alimentares de muitos países. No Brasil, além do feijão, soja, ervilha, fava, grão-de-bico, lentilha, tremoço, amendoim, guandu e alfarroba são outros constituintes do grupo das leguminosas utilizadas. Algumas espécies podem ser consumidas quando ainda verdes, como a ervilha e a vagem. Outras podem ser utilizadas na forma germinada, como o broto de feijão. A grande maioria, porém, é consumida na forma seca (Quadro 9.17).

Há controvérsias sobre a origem e a domesticação do feijoeiro. Tipos selvagens encontrados no México e tipos domesticados datados de cerca de 7 mil anos a.C., na Mesoamérica, sustentam a hipótese de que o feijoeiro teria sido cultivado naquela região e disseminado, posteriormente, na América do Sul. Mas achados arqueológicos mais antigos, cerca de 10 mil anos a.C., indicam que esta leguminosa teria surgido na América do Sul (Peru) e de lá migrado para a América do Norte.

Quadro 9.17 | Características e uso de algumas leguminosas

Leguminosas	Características
Amendoim	Possui vagens de forma característica, secas como palha, de cor pálida; as sementes são envoltas por pele marrom-avermelhada; é utilizado cozido ou assado, podendo ser empregado nas mais diversas preparações, tais como: doces (bolos, sorvetes, cremes, tortas), salgados (vatapá, xinxim de galinha), além de ser consumido isoladamente ou como ingrediente da manteiga de amendoim; dele é extraído o óleo de amendoim, usado na culinária.
Lentilha	Sementes que dão em vagens castanho-claras; grãos miúdos e achatados; possui algumas variedades: marrom, verde e vermelha; seu nome remete ao formato de lente côncava; é empregada em preparações como saladas, sopas, com arroz ou com molho sobre massas.
Grão-de-bico	Apresenta vagens lisas e ovaladas; a cor varia do amarelo ao quase negro; largamente empregado na culinária árabe, principalmente na forma de pasta; torrado e moído pode substituir o café, embora possua sabor diferente; é utilizado ainda refogado, em forma de purê, massa para croquetes e bolos, em sopas e farinha (panificação); muito utilizado em preparação com dobradinha.
Fava	Leguminosa dada em vagens grossas; as sementes são grandes, ovaladas e achatadas, de cor verde-clara; são empregadas, depois de cozidas, em saladas, com arroz e massas. Há variedades coloridas

Ervilha	Vagens pequenas, firmes e lisas; com grãos verdes ou amarelados, redondos. Consomem-se os grãos verdes, debulhados das vagens, ou secos; muito consumida enlatada, seus grãos secos são reidratados e colocados em água salgada. Há uma variedade chamada ervilha torta, vagem delicada, verde-clara, utilizada inteira, como hortaliça, em saladas, recheios, sopas e outras preparações
Guandu	Leguminosa conhecida também como andu ou guando; feijão de grãos pequenos largamente empregados na culinária baiana e na do Rio de Janeiro
Alfarroba	Leguminosa semelhante à fava, de cor marrom; cresce somente à beira d'água; possui polpa açucarada; transformada, após o processamento, em barras ou em pó; utilizada como substituta do chocolate; empregada como estabilizante em produtos de sorveteria
Feijão	As vagens desta leguminosa podem apresentar até 15 cm de comprimento; é bastante empregado na alimentação dos brasileiros; as variações mais comuns no Brasil são: preto, roxinho, fradinho, mulatinho, branco, jalo, rosinha, verde, canário; pode ser utilizado como acompanhamento ou em preparações como sopa, salada, feijoada, acarajé, abará, feijão-tropeiro, baião-de-dois.
Tremoço	Grão de leguminosa palpilonácea; comestível após processo de cura; apresenta três variedades: branco, amarelo e azul; empregado como aperitivo.
Soja	Desta leguminosa existem mais de 2.500 variedades, classificadas conforme a cor do grão; as mais apreciadas são a amarela, a branca e a verde; pode ser consumida cozida, assada ou usada como base para outros produtos

As leguminosas são definidas como grãos contidos em vagens. Atualmente, a palavra legume refere-se às sementes de plantas leguminosas. Porém, o termo legume ainda é utilizado popularmente para designar determinados tipos de hortaliças.

Os grãos das leguminosas são envolvos por uma casca composta por fibras, que representam de 2,0% a 5,0% da sua constituição (Figura 9.10). O cotilédone contém as reservas da semente. A radícula corresponde à raiz. A gêmula é o local de onde se desenvolvem as folhas. O hilo representa a cicatriz do pedúnculo, e o microfilo, o orifício por onde sai a raiz. De maneira geral, todas as leguminosas têm essas características, com pequenas variações.

O consumo médio *per capita* de feijão no Brasil é de 16 kg/ano, sendo a maior parte consumida na área rural. Esta cultura é de especial importância no Brasil não somente pelo fato de este ser o maior produtor mundial (2,2 a 2,5 milhões de toneladas em 5 milhões de hectares cultivados), mas porque o feijão é a principal fonte proteica do brasileiro. O consumo, ao longo dos últimos quarenta anos, apresenta uma tendência decrescente da ordem de 1,3% ao ano, enquanto a população cresceu 2,2%. Porém, o decréscimo não ocorre de forma contínua, existindo oscilações entre os anos. Possivelmente isso ocorre em função de uma maior disponibilidade de outras fontes proteicas.

As variações observadas na preferência dos consumidores orientam a pesquisa tecnológica e direcionam a produção e a comercialização do produto, pois as regiões brasileiras são bem definidas quanto à preferência do grão de feijoeiro consumido. Algumas características como cor, tamanho e brilho do grão podem determinar seu consumo. Os grãos menores e opacos são mais aceitos que os maiores e os que apresentam brilho. Isso se deve à suposta dificuldade de cocção das variedades maiores e brilhantes.

O feijão preto é mais popular no Rio Grande do Sul, em Santa Catarina, sul e leste do Paraná, no Rio de Janeiro, no sudeste de Minas Gerais e no sul do Espírito Santo. Os feijões de grão tipo carioca e de corda são aceitos em praticamente todo o Brasil. O feijão mulatinho é mais aceito na Região Nordeste, e os tipos roxo e rosinha são mais populares nos Estados de Minas Gerais, Goiás e São Paulo.

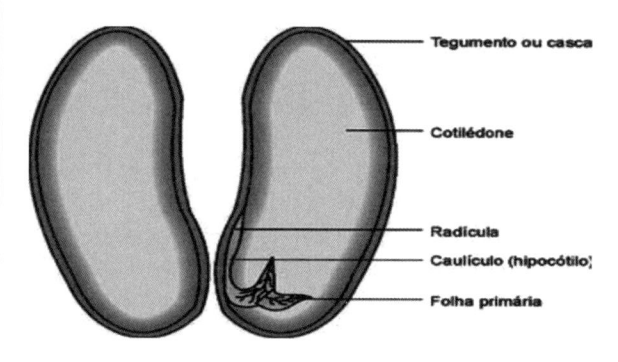

Figura 9.10 | Estrutura do grão de feijão

9.9.2 Composição e valor nutricional

As leguminosas são compostas por 50,0% de carboidratos (amido) e por cerca de 23% de proteínas. A soja é uma exceção – tem 38,0% de proteínas (Tabela 9.14).

O conteúdo lipídico da soja e do amendoim é superior ao das outras leguminosas, por isso são mais calóricos e passíveis de extração da gordura pela indústria de alimentos. Em função das diferenças na composição lipídica, as leguminosas podem ser classificadas como oleaginosas ou não oleaginosas. O amendoim e a soja são oleaginosas. O grupo das leguminosas não oleaginosas é composto pelo feijão, pelo grão-de-bico, pela fava, pela ervilha e pela lentilha.

Alguns alimentos de origem vegetal são fontes importantes de proteínas. As leguminosas são as mais ricas, porém não apresentam a proporção ideal quando comparadas ao padrão FAO (Tabela 9.15).

Tabela 9.14 | Composição nutricional de algumas leguminosas

Leguminosas	Proteínas	Lipídios	Carboidratos	Minerais
Soja	38 g	19 g	11 g	5 mg
Amendoim	26 g	39 g	24 g	2 mg
Lentilha	26 g	2 g	53 g	3,4 mg
Ervilha	23 g	2 g	53 g	2,9 mg
Feijão	24 g	2 g	52 g	3,5 mg

Tabela 9.15 | Proporção entre teor de triptofano, lisina, metionina e cisteína em algumas leguminosas comparadas ao padrão FAO

Alimentos	Triptofano	Lisina	Metionina e cisteína
Padrão (FAO)	1	3	3
Feijão	1	8	2,2*
Lentilha	1	7,1	1,8*
Soja	1	4,6	2,3*
Guandu	1	13,3	4,7
Amendoim	1	4,6	2,2*

* Aminoácidos limitantes em leguminosas.

Deve-se atentar para o importante papel das leguminosas na nutrição humana, não apenas por serem fontes de vários nutrientes, mas também por estarem frequentemente presentes nas refeições. Destacam-se combinações de milho, arroz e feijão (México) e arroz e feijão (Brasil). As leguminosas são ricas em ferro não heme[22] (7 mg a 12 mg), vitaminas do complexo B, principalmente tiamina, e fibras alimentares. Convém ressaltar a importância da cocção completa desses alimentos por apresentarem fatores antinutricionais.

O consumo de grande quantidade de vegetais e, consequentemente, de fibras alimentares pode causar desconforto abdominal, diarreia e flatulência devido à fermentação de fibras alimentares pelas bactérias intestinais. Além disso, parte das fibras das leguminosas é composta por rafinose e estaquiose, que são indigeríveis e produzem grande quantidade de flatos.

9.9.3 Uso culinário

As principais características e o uso culinário de algumas leguminosas estão apresentados no Quadro 9.18. A quantidade *per capita* de leguminosas varia conforme o tipo de grão e a preparação. Para o consumo de feijão com caldo, utiliza-se para adultos de 25 g a 50 g, dependendo do padrão de cardápio e do valor nutricional da refeição.

Em razão das características da soja quanto ao conteúdo proteico e lipídico, ela é muito utilizada como substituta das proteínas animais. São diversos os produtos originados da soja, assim como sua culinária.

Quadro 9.18 | Principais derivados da soja e uso culinário

Produtos da soja	Uso culinário
Tofu	Queijo de soja produzido a partir do extrato da soja, escorrido e prensado; é branco, liso, de textura fina e cremosa; possui sabor brando.
Proteína texturizada (PTS)	Subproduto da soja; é encontrada desidratada e em grânulos de tamanhos diversificados; empregada em hambúrguer, embutidos, misturada a molhos, como recheio de tortas.
"Leite" de soja*	Obtido dos grãos de soja cozidos e prensados; pode ser utilizado como substituto do leite de vaca. A denominação leite* de soja é de uso popular, porém cientificamente inadequada. A denominação correta é extrato hidrossolúvel de soja.
Farinha de soja	Obtida da moagem do grão de soja previamente descascado; por apresentar 50% de proteínas, é utilizada, em panificação, para complementar o conteúdo proteico; não pode ser usada em substituição à farinha de trigo em quantidade muito superior a 5%, pois não possui a propriedade de formar uma massa viscoelástica (não contém glúten, e a quantidade de amido é insignificante).
Tempeh	Bolo fermentado de soja acrescido de um fungo medicinal natural da Indonésia (*Rhizopus oligosporus*); possui sabor característico e textura semelhante à do tofu; bastante popular na culinária asiática; é considerado o mais nobre de todos os alimentos derivados da soja, sendo conhecido também como o "caviar dos vegetarianos"
Óleo de soja	Óleo extraído da soja; empregado, principalmente, para fritura e cocção de preparações
Shoyu	Molho obtido pela fermentação da soja; tempero líquido bastante utilizado nas culinárias japonesa e chinesa, além de difundido pelo Ocidente; empregado para aromatizar e realçar o sabor de sopas, molhos, carnes
Missô	Pasta preparada à base de soja fermentada; largamente utilizada na culinária japonesa; empregada no tempero de molhos, sopas, conservas, frituras, grelhados

*Leite é o termo utilizado para designar o produto da secreção de glândulas mamárias de mamíferos.

A cocção de leguminosas, além de proporcionar o desenvolvimento das características sensoriais, inativa os fatores antinutricionais, representados pelas enzimas

---

22 Ferro não heme (ferroso) — é o ferro presente especialmente em alimentos de origem vegetal e não vem associado à partícula heme que protege e auxilia na absorção deste mineral. O ferro heme (férrico) está presente, particularmente, em alimentos de origem animal.

proteolíticas, que têm a capacidade de inibir a ação de certas enzimas importantes para o processo metabólico. No entanto, a cocção deve ser controlada para inativar esses componentes sem comprometer a biodisponibilidade de outros nutrientes.

Nesse aspecto, vale lembrar que as sementes do amendoim contêm em seus cotilédones um inibidor de tripsina e uma substância bocígena associada à película marrom que envolve os cotilédones. O tratamento térmico empregado no processamento para a extração do óleo elimina, em grande parte, os fatores antinutricionais. As sementes de amendoim são facilmente contaminadas pelo fungo *Aspergillus flavus*, que produz aflatoxina, componente tóxico e termorresistente.

Reidratação de leguminosas secas

A maior parte das leguminosas é comercializada na forma seca. Para consumi-las, devem ser reidratadas, necessitando permanecer algum tempo de remolho[23] antes de serem submetidas à cocção. Na maioria das variedades de leguminosas, o peso dos grãos, após o remolho, aumenta em aproximadamente 100,0% em relação ao peso inicial. Uma vantagem é o amaciamento da película do grão, que economiza tempo e combustível na cocção.

A reidratação pode ocorrer de duas maneiras: água em temperatura ambiente durante 10 a 14 horas; ou remolho de dois minutos – fervura de 2 minutos, em temperatura de 100 °C, e permanência em água quente durante uma hora, a este se dá o nome de remolho forçado. O índice de reidratação (IR)[24] pode variar de 1,98 a 2,05, podendo chegar a 2,15 no remolho de dois minutos, que além de melhorar a reidratação acelera o processo de cocção e evita perdas por dissolução. Se houver o descarte da água do remolho, em qualquer das duas técnicas haverá redução da produção de gases formados a partir de substâncias como rafinose e estaquiose, assim como de fatores antinutricionais. Alguns minerais e vitaminas também são perdidos na água de descarte, mas a qualidade proteica não se altera.

Em lugares em que a temperatura ambiente é elevada, o remolho prolongado pode estimular a fermentação dos carboidratos pelos micro-organismos naturalmente presentes, comprometendo a qualidade da água de remolho, que não deve ser aproveitada.

Cocção

A maioria das leguminosas é submetida ao processo de cocção pelo calor úmido. O amendoim e a soja, entretanto, representam exceções ao grupo, porque podem ser submetidos ao calor seco, devido às suas características singulares, como alto teor de lipídios e menor percentual de carboidratos.

O objetivo da cocção das leguminosas é obter a inativação de fatores antinutricionais e pela absorção de água, ou intumescimento do grão, a maciez, o desenvolvimento de sabor, o aumento da digestibilidade. Alguns fatores, porém, podem interferir no processo de cocção: tempo de armazenamento, temperatura e umidade dos depósitos, variedade da leguminosa, pH do meio de cocção. A absorção de água, a desnaturação parcial de proteínas e a gelatinização do amido são fundamentais para o aumento da digestibilidade.

O tempo de cocção aumenta com o tempo de armazenamento. Tal fato ocorre porque o processo de desidratação continua e é determinado pela temperatura e pela umidade ambientais: quanto maior a temperatura e menor a umidade do local, maior será a perda de umidade. O armazenamento controlado em câmara fria (4 °C) mantém o teor de umidade e proporciona cocção mais rápida e obtenção de caldo mais grosso. O tempo de cocção varia com o tipo de grão e a técnica de cocção, se panela comum ou panela de pressão, e com a temperatura; o tempo prolongado, por sua vez, pode acarretar perda parcial de aminoácidos e vitaminas, diminuindo, assim, seu valor nutricional. Simultaneamente, a cocção ocasiona o rompimento da película que envolve o grão, permitindo a liberação de moléculas de amido para o meio. Em certos casos, isso é desejável quando se pretende obter um caldo mais espesso. Temperaturas moderadas favorecem o processo de cocção e desenvolvem melhor o sabor das leguminosas.

Leguminosas como ervilhas secas e lentilhas não necessitam de cocção sob pressão, uma vez que são cozidas rapidamente, por possuírem película fina.

Para o preparo de qualquer tipo de leguminosa em panela comum, indicam-se quatro medidas de água para uma de grão. Sob pressão, a necessidade de água diminui para três medidas, porque a evaporação é menor; se for necessário um acréscimo, recomenda-se o uso de água fervente para não alterar a temperatura.

Quando o intuito é preparar uma leguminosa que apresente caldo, recomenda-se adicionar até seis partes de água para uma parte de grão.

O índice de absorção (IA) de leguminosas como o feijão é de 1,5 a 2,5; seu fator de cocção[25] deve ser de, no mínimo, três. Fatores de cocção acima de cinco representam um aumento na quantidade de caldo e uma diluição dos nutrientes da preparação.

---

23 Remolho — estado do corpo mergulhado num líquido para amolecer.
24 Ver capítulo Métodos e indicadores culinários.

25 Fator de cocção — ver capítulo Métodos e indicadores culinários.

Quando do congelamento de leguminosas previamente cozidas, recomenda-se que não haja cocção excessiva dos grãos para assim se minimizar o extravasamento do amido no descongelamento, evitando que o caldo fique muito espesso após o aquecimento. O uso de condimentos deve ser cuidadoso, porque o sabor se acentua no congelamento.

> A espuma que se forma na camada superficial quando se inicia a fervura diminui quando se acrescenta sal e gordura.

A variedade das leguminosas exerce influência importante na cocção. Alguns tipos cozinham mais rapidamente, como as lentilhas; outros podem demorar horas para ficar prontos, como o grão-de-bico e algumas variedades de feijão e de soja. A maior influência é a presença do material fibroso na superfície do grão, comumente denominada película. A soja e o grão-de-bico apresentam película mais espessa e, dessa forma, absorvem muita água, que não se transfere ao grão na mesma proporção.

> Durante a cocção, pode ocorrer o rompimento do grão, extravasando o amido para o meio; o amido, por sua vez, gelatiniza-se e torna o caldo mais espesso, como na feijoada.

Outro fator importante no que diz respeito à cocção das leguminosas é o pH do meio de cocção. Quando este se torna alcalino, tende a diminuir o tempo de cocção, mas isso contribui para perdas nutricionais, principalmente de tiamina. O pH alcalino também conduz ao abrandamento excessivo da parede celular do grão, por hidrolisar a hemicelulose no meio. Da mesma forma, o uso de cloreto de sódio (3,0%) acelera a cocção. Ocorrem trocas iônicas na parede celular, com a entrada do sódio e a saída do cálcio, catalisando a hidrólise da hemicelulose. Ao contrário, em meio ácido, como na presença de tomate e vinagre, a hemicelulose não é muito solúvel, e a cocção pode se prolongar. Portanto, ingredientes ácidos devem ser adicionados apenas quando os grãos já estiverem macios.

Capítulo 10
Transformação dos alimentos: hortaliças, cogumelos, algas e frutas

Halina M. C. Araújo, Karla L. Ramos, Raquel B. A. Botelho
Renata P. Zandonadi e Verônica C. Ginani

• 10.1 •
Hortaliças

10.1.1 Histórico e definição

Relatos indicam que os vegetais foram os primeiros alimentos do homem. Por mais de um milhão de anos, nossos ancestrais viviam num ambiente com ampla variedade de frutas silvestres, folhosos e sementes. Aproximadamente há 10 mil anos, domesticaram alguns grãos, leguminosas, sementes e tubérculos. O cultivo em pequenas propriedades levou o ser humano a estabelecer comunidades e a cultura de subsistência. No entanto, houve diminuição da diversidade de produtos vegetais consumidos na dieta.

Somente em meados do século XVI uma multiplicidade de vegetais tornou-se disponível ao homem. Frutas são utilizadas como sobremesa desde a antiguidade grega e vegetais, nas saladas, desde a Idade Média. Vegetais cozidos e servidos com molhos datam do século XVII, na França.

A palavra vegetal é originada do verbo latino *vegere*, que significa revigorar, reavivar. As frutas, as hortaliças, as leguminosas e os cereais compõem o grupo dos vegetais. A denominação hortaliças é dada a todos os produtos de horta, popularmente conhecidos como verduras e legumes. Hortaliças verdes são conhecidas, em termos genéricos, como verduras[1]; outras, tais como cenoura, rabanete, nabo, couve-flor, cebola, são popularmente chamadas de legumes[2]. As hortaliças são formas

---
1 Verdura — a cor verde dos vegetais; verdor; popularmente são as folhas verdes comestíveis.
2 Legume — no Brasil, popularmente, legumes são considerados os frutos como tomate, berinjela, chuchu; raízes como cenoura, batata inglesa, mandioca, vagens, dentre outros. Grãos de leguminosas, como feijão, ervilha, lentilha, são também chamados de legumes quando se usa uma terminologia técnica.

comestíveis de tecidos de plantas que incluem raízes, tubérculos, bulbos, talos, flores, folhas, sementes e frutos de certas plantas. Esta é a forma correta para denominar esse grupo de vegetais; entretanto, popularmente continuam a ser chamados de verduras e legumes.

10.1.2 Composição, valor nutricional e características organolépticas

A composição e o valor nutricional das hortaliças são variáveis. Algumas são excelentes fontes de vitamina C, como brócolis, tomate e pimentão. Outras, como cenoura, couve, batata-doce, são ótimas fontes de carotenoides, precursores da vitamina A. Aipo, couve, alface, espinafre e tomate contêm luteína, zeaxantina e licopeno, carotenoides com função antioxidante.

Vitaminas do complexo B, cálcio e ferro são encontrados em quantidades substanciais em vegetais de coloração verde-escura e vermelha. Há perda sensível dessas vitaminas quando esses vegetais são cozidos em água – diluição – ou quando se usa bicarbonato de sódio para manter a cor verde. No caso do cálcio e do ferro, sua absorção é prejudicada pelo conteúdo de fibras, fitatos e oxalatos. Nesses produtos, o ferro encontra-se na forma não heme, tem menor biodisponibilidade e por isso sua absorção é menor. Da mesma forma, a absorção do cálcio não é tão completa como no leite, onde se apresenta como fosfocaseinato de cálcio.

As fibras alimentares são constituídas por carboidratos complexos e lignina e respondem pela estrutura física dos tecidos vegetais. Em folhosos mais delicados, como a alface e o espinafre, as paredes apresentam menor concentração de celulose, e a manutenção da estrutura deve-se também ao conteúdo de água presente nas células - sem água, as plantas murcham.

Comparadas às frutas, as hortaliças possuem menor teor de açúcar e maior concentração de amido. A presença de amido é bastante evidente nos tubérculos, nas raízes e nas sementes; contudo, nos talos, nos brotos, nos folhosos e nas flores, encontra-se em pequena quantidade. Algumas hortaliças, como a batata, possuem numerosos grãos de amido embutidos no citoplasma, enquanto outras, como as cenouras, são caracterizadas por largos vacúolos preenchidos com células de seiva. Diferentemente das frutas, nas quais o amido é lentamente convertido em açúcar durante o amadurecimento, o açúcar dos vegetais é convertido em amido.

As características organolépticas das hortaliças devem-se a reações enzimáticas, responsáveis pelas mudanças na concentração de açúcares e de ácidos orgânicos durante a maturação e após a colheita. Por essa razão, quando jovens e frescas, têm *flavor* mais agradável, principalmente pela presença em maior quantidade de ácido glutâmico em relação aos produtos mais maduros ou armazenados.

O tomate, cujo sabor se destaca, contém maior concentração de ácido glutâmico. O sabor amargo é, normalmente, encontrado entre vegetais e sementes que contêm alcaloides e outras substâncias químicas de defesa da planta. O melhoramento genético e de cultivo diminuíram o sabor amargo de algumas hortaliças como alface, repolho, chicória, *radicchio*, entre outros.

As substâncias que contribuem para o sabor são os açúcares, os ácidos orgânicos, os sais minerais, os componentes voláteis de enxofre, os componentes polifenólicos e os ácidos não voláteis – málico, cítrico, oxálico e succínico. Os sabores extremamente fortes, característicos de vegetais como repolho, couve-de-bruxelas, nabo e cebola, são causados pela volatilização de compostos de enxofre. No preparo da cebola, o corte, a lavagem e a fervura suavizam seu sabor.

O aroma característico de vegetais é proveniente de várias substâncias em diversas concentrações. Hortaliças verdes apresentam maiores concentrações de aromas derivados de ácidos graxos insaturados. Nas hortaliças amareladas e alaranjadas, os terpenos caracterizam os aromas florais e cítricos. O odor típico do alho é devido à alicina, produzida pela ação de uma enzima, a aliinase, que, após o corte do dente, age sobre a aliina, que não libera odor no alho com casca.

10.1.3 Classificação

Há várias maneiras de se classificar os vegetais: de acordo com a parte da planta que é utilizada, sob o aspecto nutricional e pelo valor calórico. A classificação de acordo com a parte da planta tem a vantagem de indicar características de estrutura e composição (Quadro 10.1).

Quadro 10.1 | Classificação das hortaliças de acordo com as partes da planta

Classificação	Características
Raízes e tubérculos Bulbos e talos	Algumas plantas estocam substrato na raiz, no tubérculo ou no bulbo. Os tubérculos mais conhecidos são a batata-doce, o aipim (mandioca ou macaxeira), o inhame, que possuem muita energia armazenada na forma de amido e são conhecidos como hortaliças amiláceas; as raízes mais conhecidas são beterraba, cenoura, nabo e rabanete. Essas hortaliças são estáveis e, em condições apropriadas, podem ser estocadas por mais tempo que qualquer outra hortaliça

Raízes e tubérculos Bulbos e talos	Os bulbos – cebola, alho e alho-poró – são utilizados principalmente como temperos. É através dos talos que os nutrientes são levados de um órgão da planta para outro. Aipo (salsão), ruibarbo, palmito e aspargo são os talos mais conhecidos
Folhas	Órgãos de produção das plantas onde ocorre o processo de fotossíntese, em condições que assegurem máxima exposição ao ar e à luz do sol. As células que contêm clorofila estão espalhadas por toda a fina superfície, possuindo baixos teores de carboidratos, porém são fontes de riboflavina, cálcio, pró-vitamina A, ácido ascórbico e ferro. Acelga, alface, agrião, entre outros, compõem este grupo
Frutos e flores	Ricos em carboidratos na forma de amido e açúcares. A porção carnuda e florida da planta serve como depósito para boa parte dos nutrientes. Tomates, berinjelas e abóboras são típicas hortaliças de frutos; couve-flor, brócolis e alcachofra são classificados como hortaliças de flor
Vagens e sementes	As vagens contêm em seu interior sementes denominadas leguminosas. Estas contêm carboidratos na forma de açúcar e amido e também proteínas, vitaminas e minerais; são o feijão verde, a ervilha torta, a ervilha. Algumas vagens são integralmente comestíveis, como a vagem verde e a vagem macarrão, em saladas ou refogados. Do milho verde são as sementes a parte comestível
Brotos	Podem ser cultivados na água ou em solos úmidos para germinar. São fontes de ácido ascórbico. O mais conhecido é o broto de feijão

Segundo aspectos nutricionais, as hortaliças podem ser classificadas quanto ao percentual de carboidratos, o que permite maior flexibilidade na elaboração de cardápios e esquemas alimentares, substituindo-se hortaliças do mesmo grupo e minimizando alterações do valor calórico da dieta (Quadro 10.2).

Quadro 10.2 | Classificação das hortaliças quanto ao percentual de carboidratos

Classificação	Exemplos
Grupo A 5% a 10% de carboidratos	Abobrinha, acelga, couve, couve-flor, pimentão, rabanete, repolho, tomate, espinafre.
Grupo B 10% a 20% de carboidratos	Beterraba, abóbora, cenoura, chuchu, nabo, quiabo.
Grupo C mais 20% de carboidratos	Mandioca, batata, batata-doce, batata-baroa, inhame.

10.1.4 Culinária das hortaliças

Aquisição e armazenamento

Para a escolha de um produto de qualidade, são necessários alguns cuidados no momento da compra (Quadro 10.3). O conhecimento das características da hortaliça fresca é, então, indispensável, inclusive no que diz respeito à cocção posterior. A hortaliça que apresentar melhor aspecto quanto à cor, à consistência, à integridade, ao tamanho e à limpeza é a que tem maior valor nutritivo.

Quadro 10.3 | Características de qualidade de hortaliças

Hortaliças	Características
Raízes e tubérculos	Íntegros, sem manchas ou brotos
Bulbos	Bulbo firme, casca de colorido uniforme e sem sinais de brotos Folhas verdes e raízes com aparência fresca Dentes firmes
Frutos	Firmes, íntegros, de cor viva e brilhante, às vezes, uniforme.
Flores	Compactas. As folhas externas devem estar frescas, e o talo deve ser firme, úmido e quebradiço
Folhosos	Verdes, com folhas úmidas
Talos e brotos	Bem fechados, com as folhas firmes e sem manchas

Produtos vivos que são, exalam dióxido de carbono e água, de modo que a umidade pode ser acumulada sobre a superfície, possibilitando sua deterioração. O uso de material absorvente, como papel toalha ou sacolas plásticas que contenham furos, retarda o acúmulo de umidade. A higienização prévia das hortaliças em água clorada igualmente retarda a degradação dos vegetais armazenados.

A atividade metabólica das células também pode ser retardada limitando sua exposição ao ar pelo uso de embalagens em atmosferas modificadas ou em atmosferas controladas[3]. Cabe à embalagem a função de permitir a movimentação dos gases, fornecendo um perfeito equilíbrio do metabolismo respiratório.

As condições de armazenamento das hortaliças são variáveis e específicas para cada produto. Folhosos, talos, brotos, por exemplo, devem ser limpos antes do acondicionamento e da conservação e armazenados, de preferência inteiros, em temperatura de refrigeração em torno de 10 °C até o momento da utilização. Tubérculos e raízes, por sua vez, podem ser mantidos sem necessidade de refrigeração, em lugar fresco e seco.

---

[3] Atmosfera controlada — definida como a manutenção de uma composição gasosa, composta por nitrogênio, dióxido de carbono e oxigênio, distinta daquela que respiramos. É usada com o objetivo de reduzir a atividade respiratória dos produtos. Comercialmente, seu maior benefício refere-se à ampliação do período de armazenagem, mantendo o produto nas condições de qualidade exigidas pelo consumidor.

O armazenamento desses produtos é ainda fortemente afetado pelas condições ambientais. Os tecidos das plantas são formados, predominantemente, por água e requerem uma atmosfera úmida para evitar desidratação, perda de turgidez e prejuízos para seus sistemas internos. Ao mesmo tempo, o excesso de umidade pode deteriorá-los.

O congelamento é outra tecnologia de conservação, apesar de nem todas as hortaliças poderem ser submetidas a esse processo. Brócolis, espinafre e aspargos são beneficiados pelo congelamento, enquanto tomate e repolho não o são. Hortaliças ricas em amido, como as batatas, quando cozidas previamente, apresentam significativa retrogradação do amido, que prejudica suas características sensoriais. Quando transformadas em purês, não se observa essa mudança, porque os grânulos já foram modificados fisicamente e outras interações químicas com moléculas de proteínas e gorduras presentes estabilizam o sistema.

Batata e mandioca pré-cozidas e congeladas são aquelas que inicialmente foram submetidas a um pré-aquecimento por 10 a 15 minutos até a completa gelatinização do amido. Imediatamente após são resfriadas e congeladas. Nesse caso, não há retrogradação do amido, preservando-se as características sensoriais.

O congelamento minimiza a atividade metabólica das plantas, entretanto, esses alimentos sofrem dois tipos de prejuízo: inicialmente, as moléculas de água se cristalizam e as enzimas, entre outros constituintes ativos, reagem de forma anormal. Em consequência, ocorre o rompimento físico dos tecidos, causado pelos cristais de gelo, há perda de crocância e a hortaliça torna-se úmida e pegajosa. O congelamento rápido, a temperaturas em torno de 40 °C negativos, forma pequenos cristais de gelo, e por isso as alterações citadas anteriormente são reduzidas.

Tanto para o congelamento doméstico quanto para o industrial, o branqueamento prévio pode ser necessário, com o objetivo de inativar as enzimas responsáveis pelo escurecimento. Nesse processo, o alimento é submerso em água fervente – ou submetido ao vapor de água – por poucos minutos (um a cinco minutos), dependendo da hortaliça, e depois em água bem fria para suspender o efeito do calor e o abrandamento da parede celular.

Pré-preparo

O primeiro passo é higienizar as hortaliças, porque requerem cuidados especiais na sua lavagem, para que sejam removidos resíduos de pesticidas e de terra, assim como micro-organismos e outras impurezas. As partes danificadas devem ser removidas antes do cozimento, no pré-preparo, se estas não forem retiradas, ficarão com manchas descoloridas e, após a cocção, terão sabor desagradável. Quando a hortaliça é consumida crua, o processo de lavagem é considerado pré-preparo e de sanitização é considerado a etapa de preparo.

As hortaliças podem ser preparadas com ou sem casca e sem sementes; tais perdas devem ser consideradas no cálculo do produto a ser adquirido. Para se identificar a quantidade das perdas na limpeza de alimentos utiliza-se o fator de correção (FC), que é a relação entre o peso bruto e o peso líquido. O FC varia em função da espessura da casca da hortaliça, do manipulador, da forma como foi armazenada, do utensílio ou equipamento utilizado e do corte desejado. Por exemplo, uma batata descascada em descascador elétrico apresenta FC de 1,3; quando descascada com descascador manual tem FC de 1,15. Com esses dados, observa-se que o uso de descascador elétrico seria menos vantajoso, pois com 10 kg de batata (peso bruto) obteve-se um peso líquido de 7,7 kg (10/1,3); com o descascador manual o rendimento foi de 8,7 kg (10÷1,15). As hortaliças podem ainda ser subdivididas em formatos diferentes para atender às exigências estéticas da preparação (Quadro 10.4).

Quadro 10.4 | Formas e características da subdivisão de hortaliças

Formas de subdivisão	Características
Juliana	Hortaliças cortadas em tiras finas (2 mm a 3 mm) e longas (4 cm a 5 cm). A sopa de mesmo nome contém cebola, cenoura, nabo, repolho, aipo e batata assim cortados; podem ainda ser utilizadas como guarnição.
Brunoise	Hortaliças picadas na forma de pequenos cubos (2 mm a 3mm). Cenoura, aipo, alho-poró e berinjela são os mais utilizados; usam-se separados ou misturados como guarnição e em molhos, caldos e sopas.
Mirepoix	Mistura de hortaliças em cubos cortados desigualmente. Cenoura, cebola e aipo são utilizados; também o alho-poró; tempero básico para sopas e cozidos.
Paisana	Hortaliças cortadas em fatias de 2 mm a 3 mm de largura. Os folhosos são cortados com 2 cm de lado; utilizadas em sopas e ensopados.
Noisette	A denominação deve-se ao formato de avelã. Hortaliças são cortadas em forma de esferas com um cortador especial. As batatas são bastante utilizadas como guarnição.
Baton	Hortaliças cortadas em forma de pequenos bastões.
Allumette	A denominação deve-se ao formato de palito de fósforo. Batatas são cortadas em forma de bastões curtos e muito finos (5 mm a 6 mm de comprimento e 1 ½ a 2 mm de largura), popularmente conhecidas como batata palha.

Chateau	Hortaliças compactas em forma de amêndoa; utilizadas em guarnições e em pratos com carnes.
Liard	Hortaliças compactas em forma de cilindro, cortadas em pedaços de 3 cm a 4 cm.
Chip	Batatas cortadas em fatias bem finas e colocadas de molho para remover o excesso de amido; são fritas e servidas como aperitivos. Outras hortaliças também podem ser assim cortadas.
Jardineira	Hortaliças cortadas em forma de cubo de 1 cm; utilizadas como guarnição. O nome sugere que deve ser servida formando um canteiro de cores variadas.
Parisiense	Batatas em forma de esfera; utilizadas como guarnição; clássico estilo francês de preparar batatas.

Cocção

Diferentemente das frutas, as plantas classificadas como hortaliças possuem sabor que varia de extremamente suave, como a batata, a excessivamente forte, como a cebola, e, portanto, requerem habilidade no momento da cocção e/ou da apresentação para torná-las palatáveis. As hortaliças estimulam a procura e a criação de prazeres mais sutis e delicados, diferentemente das frutas, que, na maioria das vezes, por si só proporcionam prazer imediato.

A cocção de hortaliças objetiva obter textura, aparência e sabor agradáveis, conservando ao máximo o valor nutritivo, sendo influenciada por fatores como tempo e temperatura, volume de água, qualidade físico-química da água, entre outras substâncias. Por exemplo, a água dura contém alto conteúdo de sais de cálcio e magnésio, especialmente. Essa água dura dificulta o amolecimento das hortaliças porque torna a pectina insolúvel, provavelmente porque um sal solúvel, ao se dissolver na água, libera íons, que eventualmente se combinam com outros íons formando sais insolúveis. O pré-preparo e a utilização de sal como condimento também influenciam a cocção.

A dureza da água é definida em termos da concentração dos cátions cálcio e magnésio, geralmente acompanhados dos ânions carbonato, bicarbonato, cloreto e/ou sulfeto. Em concentrações acima de 150 mg/L, a água é classificada como dura. Com teores entre 150 e 75 mg/L, ela é considerada moderada, e abaixo de 75 mg/L é chamada de água mole. Eventualmente também zinco, estrôncio, ferro e alumínio podem ser levados em conta na aferição da dureza da água.

A dureza da água é composta pela dureza temporária e pela dureza permanente. A dureza temporária é gerada pela presença de carbonatos e bicarbonatos e pode ser eliminada por meio de fervura da água. A dureza permanente é devida a cloretos, nitratos e sulfatos e não é suscetível à fervura.

A temperatura e o tempo de cocção atuam no abrandamento da parede celular: quanto menor for o tempo de cocção, mais alta deve ser a temperatura; quanto maior for a temperatura, menor deve ser o tempo de cocção. Quando um dos fatores for utilizado em excesso, acarretará prejuízos ou nas características organolépticas ou no valor nutricional ou em ambos.

Hortaliças novas e tenras podem ser cozidas em fogo brando por curto espaço de tempo, tendo assim menores perdas. As mais consistentes necessitam de cocção sob pressão. O tempo de cocção varia de acordo com o método e a técnica empregados.

Na fervura, a quantidade de água utilizada influencia a concentração de substâncias solúveis que podem passar para o meio de cocção: quanto maior o volume de água, maiores serão as perdas de nutrientes.

Para hortaliças afervantadas sem casca, ou para folhosos, recomenda-se que o volume de água seja reduzido e que a água de cocção seja reutilizada. A subdivisão dos produtos em pequenos pedaços leva à sua parcial desintegração, e principalmente na fervura intensa a agitação das moléculas de água provoca o choque físico entre os pedaços de hortaliças, que aos poucos se desintegram, aumentando as perdas das características organolépticas do alimento e de nutrientes. Nesse caso, os pedaços de hortaliças devem ser colocados na água em ebulição, criando assim uma camada de proteção pela coagulação superficial, selando e mantendo a integridade e o sabor do produto.

Há hortaliças que requerem maior quantidade de água para o processo de cocção, bem como recipientes destampados, para assim liberarem substâncias voláteis, como na cocção de couve-flor e repolho, entre outras.

Do mesmo modo, a adição de sal, como condimento, à água de cocção acelera o amaciamento e minimiza a perda de componentes celulares para a água. Os íons de sódio deslocam os de cálcio, que ancoram as moléculas cimentantes das paredes celulares. Dessa forma, há rompimento dessas ligações de cálcio, favorecendo a dissolução da hemicelulose.

A utilização de substâncias ácidas aumenta o tempo de cocção das hortaliças, porque torna sua textura mais rija. Substâncias alcalinas, como o bicarbonato de sódio, interferem na textura, tornando-a mais macia por propiciar o abrandamento das fibras, mas, dependendo da quantidade utilizada, propiciam a perda de vitaminas do complexo B.

A cocção sob pressão pode ser utilizada quando se deseja encurtar o tempo e reduzir perdas por dissolução. Não se recomenda esta técnica para produtos mais tenros, pois a transferência de calor para o alimento ocorre rapidamente, podendo, assim, levar à cocção excessiva dos produtos.

A cocção a vapor é indicada para hortaliças compactas, mais densas, quando se deseja cozinhar evitando perdas por dissolução. Recomenda-se colocá-las em camadas que não dificultem a passagem de vapor, intensificando o sabor.

As hortaliças também podem ser submetidas ao processo de cocção por calor seco, que tem a vantagem de concentrar e intensificar seu sabor pela retirada de umidade da superfície do alimento. Apesar de não provocar perda de vitaminas por dissolução, a cocção por calor seco pode ocasionar a perda de vitaminas termolábeis, principalmente as do complexo B e C. Pelo calor seco, elas podem ser preparadas em forno, em imersão em óleo ou grelhadas. A cocção em óleo é mais rápida, e nessa técnica de cocção as hortaliças devem ser cortadas uniformemente; é a técnica recomendada para aquelas que têm maior concentração de amido, mas pode ser utilizada com outras hortaliças empanadas.

O forno de micro-ondas também pode ser usado; por ser rápido é excelente para reter vitaminas e minerais. Os cortes das hortaliças devem ser uniformes para permitir boa cocção. Recomenda-se utilizar recipientes que permitam o acréscimo de pequena quantidade de água no fundo para evitar o ressecamento superficial.

Na cocção, a cor das hortaliças pode variar em função dos diferentes métodos. Os pigmentos sofrem modificações que variam por sua solubilidade, estrutura química, temperatura, tempo e meio de cocção.

10.1.5 Alterações na cor das hortaliças

Grande parte da atração exercida pelas hortaliças deve-se à variedade de suas cores. Os pigmentos responsáveis pela coloração das hortaliças são a clorofila, os carotenoides e os flavonóides. Durante seu cozimento, além da manutenção das características nutricionais, devem ser adotadas técnicas para minimizar as alterações que possam comprometer a cor das hortaliças.

A clorofila é o pigmento verde encontrado nos vegetais. Ela é responsável pelo processo de fotossíntese, essencial para a sobrevivência da planta. Sua estrutura é semelhante à da hemoglobina, presente no sangue. No entanto, o elemento central da molécula é o magnésio. Os carotenoides são responsáveis pela coloração, que varia de amarelo-claro a alaranjado e, até mesmo, vermelho, em produtos de origem vegetal. A tonalidade vermelha, devido à presença de licopeno, não é muito comum. Existem mais de seiscentos tipos de carotenoides, entretanto apenas cerca de 50 a 60 compostos têm atividade provitamínica.

Os pigmentos conhecidos como flavonoides são compostos fenólicos. Compõem este grupo as antocianinas, as antoxantinas e as betalaínas. As antocianinas conferem coloração que varia do vermelho ao azulado. As antoxantinas conferem coloração variável de branco a amarelo-claro. As betalaínas contribuem para uma coloração arroxeada.

Os taninos, apesar de não serem considerados pigmentos, são compostos fenólicos que alteram a cor das hortaliças, sob determinadas condições, ou podem sofrer mudanças que ocasionam o escurecimento de certas hortaliças, quando cortadas. Esses compostos têm cores que variam do branco ao marrom, geralmente têm sabor adstringente ao formarem soluções coloidais; se interagirem com íons de ferro, resultam em soluções preto-azuladas. Os chás contêm uma mistura de antoxantinas e taninos que durante a secagem sofrem mudanças, levando à coloração verde e preta.

Clorofila

A clorofila, pigmento presente principalmente nas hortaliças verdes, é insolúvel em água e solúvel em solventes orgânicos. A insolubilidade da clorofila em água se deve à sua natureza apolar; ela está protegida por moléculas de proteínas e de lipídios. A clorofila é muito suscetível às variações provocadas pela mudança de pH, pela ação do calor e da luz, pela presença de oxigênio, de metais e de enzimas.

A cocção de hortaliças verdes em meio ácido ou em recipientes tampados leva à formação de feofitinas, pigmentos amarronzados que comprometem a aparência do produto final. Com as panelas tampadas, os compostos voláteis evaporados se condensam e, ao entrar em contato com a água do cozimento, formam substâncias ácidas.

Na cocção, as proteínas são desnaturadas e as clorofilas perdem sua proteção e ficam expostas. Na presença de ácidos, o magnésio é facilmente substituído por dois átomos de hidrogênio. O produto obtido por essa substituição é a feofitina, de cor verde-oliva, que compromete a aceitabilidade do produto final (Figura 10.1)

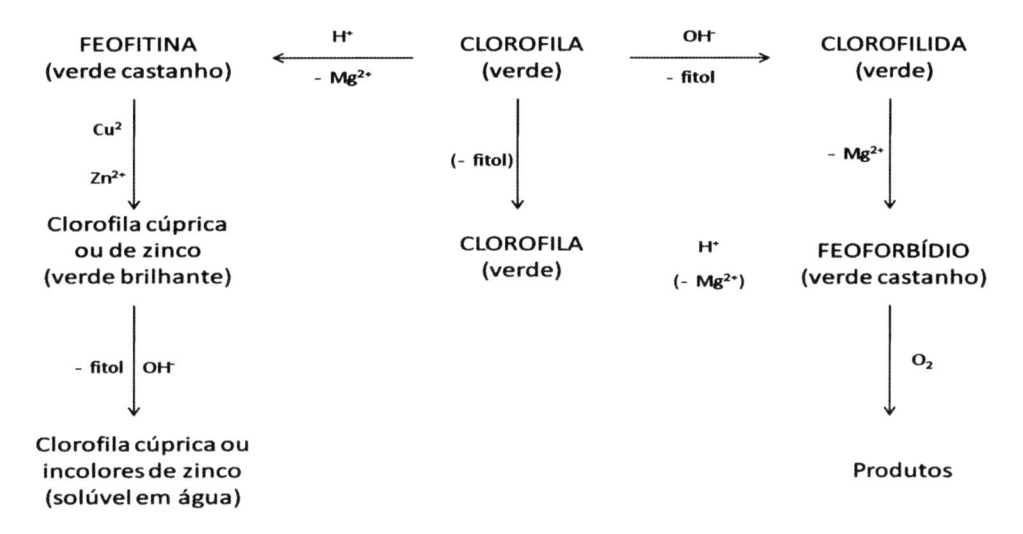

```
FEOFITINA          H⁺      CLOROFILA      OH⁻      CLOROFILIDA
(verde castanho) ←———————  (verde)    ———————→    (verde)
                  - Mg²⁺              - fitol
      │                                                │
   Cu²⁺                                             - Mg²⁺
   Zn²⁺            (- fitol)                           │
      ↓                │                               ↓
Clorofila cúprica      ↓                          FEOFORBÍDIO
ou de zinco         CLOROFILA          H⁺         (verde castanho)
(verde brilhante)   (verde)        (- Mg²⁺)
      │                                                │
  - fitol │ OH⁻                                       O₂
      ↓                                                ↓
Clorofila cúprica ou                               Produtos
incolores de zinco
(solúvel em água)
```

Figura 10.1 | Alteração da cor das clorofilas em função do pH

A presença de ácidos pode decorrer da adição de limão, vinagre, molhos de tomate ou da dissolução dos ácidos orgânicos naturalmente presentes e que permanecem na água de cocção. O uso de panelas destampadas minimiza a alteração da coloração verde porque os ácidos orgânicos se volatilizam, assim como a relação tempo e temperatura, o tipo de corte e o uso ou não de vapor.

As feofitinas possuem coloração próxima ao verde oliva e estão sujeitas à hidrólise química, que resulta na liberação da molécula do fitol, produzindo um feoforbídeo hidrossolúvel. O tratamento térmico prolongado e a produção de conservas enlatadas podem resultar também na perda do grupo metilcarboxila, havendo formação de pirofeofitinas. O processamento térmico intenso exigido para a inocuidade desses produtos conduz à degradação quase total da clorofila.

A desidratação de vegetais também leva a uma significativa degradação da molécula de clorofila e ao aumento na concentração de feofitinas. Essas alterações se intensificam com a elevação da temperatura, o que conduz a um decréscimo do pH natural do vegetal pela liberação de ácidos orgânicos celulares, criando as condições favoráveis para a feofitinização. Quando se realiza o branqueamento, é possível minimizar tais alterações.

Após a ingestão de alimentos que contém clorofila, a maior parte da clorofila a é encontrada no intestino com o macrociclo pirrólico intacto, embora apresente diversas modificações nos grupos periféricos da molécula. Durante a digestão, o meio ácido do estômago favorece a feofitinização, em que 95,0% da clorofila é totalmente convertida em feofitina. Destaca-se que o Mg^{2+} liberado nesta reação pode ser absorvido pelo organismo, contribuindo com as necessidades diárias desse mineral.

Ervilhas enlatadas e congeladas têm cores diferentes. Isso ocorre porque o processo de obtenção de conservas enlatadas utiliza a esterilização, que consiste na aplicação de temperaturas acima de 100 °C por um tempo em torno de 15 minutos. Na produção de hortaliças congeladas, o processo requer apenas que estas sejam branqueadas.

O grupo fitil pode ser removido pela enzima clorofilase, que produz a clorofilida e torna a molécula solúvel em água, o que explica a cor esverdeada na água de cocção. Na continuação do cozimento, a clorofilida pode ser alterada pelo mesmo mecanismo da clorofila, produzindo um componente denominado feoforbídeo, também de cor variando entre o verde-castanho e o marrom. A intensidade da cor depende da acidez do meio, do tempo e da temperatura de cocção (Figura 10.1).

Por que as panelas de cobre são muito usadas no preparo artesanal de geleias de frutas?

Quando se usam panelas de cobre, este metal pode substituir o magnésio na molécula de clorofila, formando um derivado verde-brilhante que valoriza a cor do produto. No entanto, alguns autores consideram que essa nova substância pode ter ação tóxica, especialmente se as panelas estiverem danificadas e se o tempo de permanência do alimento no recipiente for longo.

Nos antigos livros de cozinha, é comum encontrar a indicação de que hortaliças verdes, como vagens, para continuarem bem verdes, devem ser cozidas no sabão de cinzas. Isso porque as cinzas da madeira contêm potássio, substância alcalina que reage com os íons de hidrogênio (H⁺), tornando o meio alcalino. Hoje em dia, para se alcalinizar o meio usa-se bicarbonato de sódio.

As alterações nas moléculas de clorofila são muito comuns, e ainda não se conhece uma técnica que permita manter a cor original dos vegetais verdes. O uso de substâncias alcalinizantes, como o bicarbonato de sódio, minimiza essas mudanças, mas, quando em maiores quantidades, compromete o sabor e a textura dos produtos. Recomenda-se o uso de produtos apropriados e muito cuidado na sua manipulação – cocção, embalagem, armazenamento, entre outros.

Carotenoides

Os carotenoides são insolúveis em água e solúveis em solventes orgânicos. Cenoura, abóbora, batata-baroa (mandioquinha) são exemplos de hortaliças que contêm esses pigmentos.

As condições usuais de cocção têm pouco efeito sobre a cor desses pigmentos, contudo um maior tempo de cozimento pode promover uma mudança na estrutura dos carotenoides, que muda da forma *trans* para a *cis*, diminuindo a atividade de provitamina A[4]. Quando se utiliza gordura, pode ocorrer a solubilização de carotenoides no meio de cocção, uma vez que esse grupo de pigmentos é solúvel em solventes orgânicos. A cor dos carotenoides também se mantém estável para os valores de pH da maioria dos alimentos. Geralmente, a cor é alterada por reações de oxidação, e os fatores que favorecem a reação são a presença de oxigênio, metais, enzimas, antioxidantes; exposição à luz, tipo e estado físico do carotenoide presente; material da embalagem, condições de estocagem e o tipo de processamento. A maioria dos carotenoides é termolábil.

Trabalhos sugerem uma perda de 30,0% na fração de carotenoides quando hortaliças são cozidas em calor úmido pelo método convencional. Em temperatura ambiente e na ausência da luz, a velocidade de degradação do carotenoide torna-se muito lenta, mas na medida em que há aumento de temperatura há também aumento na velocidade de degradação; sob a influência de luz, o β-caroteno sofre rápida degradação.

Flavonoides

Os flavonoides são solúveis em água. As antocianinas, presentes no repolho roxo e no *radicchio*, são responsáveis pelas cores azul, púrpura e vermelha dessas hortaliças e são sensíveis ao calor. Durante a cocção em meio básico, a antocianina adquire cor azulada; para minimizar esse efeito, pode-se adicionar uma pequena quantidade de vinagre ou de limão e novamente ela se torna vermelha.

Hortaliças que contêm antocianinas devem ser cozidas em pouca água para reduzir a perda do pigmento por dissolução. No caso da beterraba, que possui a betalaína, que se comporta como a antocianina, uma alternativa para minimizar tal efeito é cozê-la com casca juntamente com pedaços de talos em pouca água.

O repolho branco, a couve-flor, a cebola, dentre outros, contêm pigmentos flavonoides, classificados como antoxantinas, que variam de quase incolores a ligeiramente amarelados. Esses pigmentos são também solúveis em água, porém são mais resistentes ao calor e tendem a se tornar amarelos ou alaranjados em meio alcalino. A presença de ferro na água de cocção muda a cor dos vegetais para uma tonalidade marrom, mas este fenômeno só ocorre se o cozimento for excessivo. Pequenas quantidades de ácido adicionado à água de cozimento ajudam a manter a cor branca, porém endurecem o tecido da planta. As alterações que ocorrem com a cor dos pigmentos no processo de cocção estão resumidas no Quadro 10.5.

Quadro 10.5 | Fatores que afetam a cor dos pigmentos carotenoides e flavonoides

Pigmento	Cor	Ação ácida	Ação básica	Cocção prolongada
Carotenoide	Amarela, laranja, avermelhada	*	*	Aumenta a intensidade da cor.
Antocianina	Vermelha, azul, roxa, laranja	Vermelha	Azul, roxa	Alguns perdem a cor.
Antoxantina	Clara, branca, amarelada	Clara, branca	Amarela	*
Betalaína	Roxa, vermelha e amarela	Vermelha	Marrom	Escurecimento

* Alterações não significativas.

As hortaliças podem ser utilizadas para valorizar a qualidade organoléptica do prato a ser servido. As cores, a crocância e a aparência de preparações com hortaliças podem ser as mais diversificadas possíveis, constituindo um grande atrativo e agregando valor nutritivo e palatabilidade às preparações. As formas de preparo das hortaliças podem variar, assim como seus métodos de cocção (Quadro 10.6).

---

[4] Ver capítulo Aspectos da química e da funcionalidade das substâncias químicas presentes nos alimentos.

10.1.6 Alguns produtos industrializados à base de hortaliças

As hortaliças estão disponíveis no mercado em diferentes formas: *in natura*, minimamente processadas, enlatadas, desidratadas, congeladas, em forma de farinha. O enlatamento foi desenvolvido para garantir a disponibilidade de produtos sazonais, facilitar a utilização e manter as qualidades organolépticas do alimento. As hortaliças de baixa acidez requerem enlatamento com salmoura.

A produção de conservas e de picles pode ocorrer ou por fermentação lática (chucrute e azeitona) ou por adição de ácido orgânico – vinagre – (palmito, pepino, cebola, couve-flor, couve). As hortaliças utilizadas na forma de picles são usualmente preparadas cruas e são preferidas crocantes. O uso de sal marinho não refinado melhora a crocância devido a impurezas presentes, representadas pelo cálcio e pelo magnésio, que reforçam a ação cimentante da pectina na parede celular. A adição de hidróxido de alumínio ou hidróxido de cálcio também exerce papel similar na textura do picles.

A desidratação ou secagem de alimentos é uma técnica bastante difundida que permite reduzir o volume de produtos, facilitando, assim, a estocagem. As hortaliças desidratadas são utilizadas em produtos industrializados, tais como sopas e purês. Na culinária, o tomate seco, por exemplo, está cada vez mais inserido no mercado consumidor pela sua versatilidade e praticidade de uso. Outras hortaliças comumente desidratadas são a batata, a mandioca e a berinjela.

A indústria de alimentos utiliza hortaliças como batata e mandioca para produzir féculas e farinhas. Da mandioca - tubérculo conhecido, cultivado e convenientemente aproveitado já pelos índios em produtos alimentícios - se obtém farinha com diferentes granulometrias: refinada, mais grossa e beiju, de coloração diferente quando crua ou torrada. Esse tubérculo é utilizado para o preparo de vários tipos de farofa, pirão, doces e em uma grande quantidade de receitas da culinária brasileira. Outro produto, obtido da lavagem da massa da mandioca ralada, é o polvilho ou fécula – doce ou azedo. Suas folhas e a rama são comestíveis após cocção prolongada. Ainda da mandioca pode-se extrair álcool e derivados e produtos para a alimentação de animais.

Quadro 10.6 | Hortaliças e suas formas de preparo

Preparação	Características
Escalope	Hortaliça crua, fatiada, colocada em um tabuleiro untado e, então, salpicada com farinha, sal, pimenta e um pouco de gordura; pode ser adicionado algum líquido como leite ou suco de frutas, dependendo do conteúdo de água da hortaliça e se já for previamente cozida.
Gratinada	Hortaliça cozida, colocada em um tabuleiro, coberta com molho salpicado com farinha ou queijo, levada ao forno para dourar a superfície.
Purê	Hortaliça cozida até adquirir consistência de pasta, temperada com sal e acrescida de leite e manteiga.
Coulis	Hortaliça crua ou cozida, batida para formar caldo quase líquido que pode ser utilizado como reforço em molhos.
Molho	Hortaliça cozida, cortada ou na forma de coulis, é misturada ao ovo e/ou ao leite para formar um molho.
Suflê	Combinação de hortaliça, ovos, leite e temperos. A mistura é assada em forno.
Sopa	Hortaliças na forma de *coulis* ou cortadas em pequenos pedaços. Podem ser acrescidas de leite e farinha para adquirir consistência cremosa.
Recheada	Mistura de queijo, carne cortada, peixe ou ave, combinados com produtos amiláceos, como pão, macarrão, entre outros, e temperados com ervas. É colocada no centro de cebolas, tomates, abóboras, pepinos, cogumelos, batatas e pimentão verde. A hortaliça recheada é, então, assada até ficar tenra.
Salada	Preparada com um único ingrediente ou uma mistura deles. Podem ser cruas ou cozidas, ou, ainda, serem acrescidas de agente ligante, como a maionese.
Suco	Preparação líquida de hortaliças que pode ser associada a sucos de frutas; geralmente cítricas.
Frita	Preparação mais empregada para hortaliças compactas, como batata e mandioca.
À milanesa	Hortaliça envolta por ovos batidos e farinha de rosca; algumas vezes acrescenta-se queijo ralado antes da fritura.
Empanada ou *doré*	Hortaliça envolta por uma massa preparada com ovos ou água e farinha de trigo, antes da fritura ou de ser levada ao forno.
Ensopada	Hortaliça subdividida, refogada e adicionada de água. Pode acompanhar o prato principal ou fazer parte dele, quando cozida com carnes, aves e peixes.
Refogada	Hortaliça passada na gordura quente, com cebola e outros temperos
Sauté	Hortaliça dourada em pequena quantidade de gordura

Existem cerca de 1.200 variedades de mandioca no Brasil, que podem ser classificadas, de acordo com o teor de ácido cianídrico, como mandioca brava e mandioca mansa. A mandioca brava tem elevado teor de ácido cianídrico e por isso destina-se basicamente à produção de farinhas. A mandioca mansa é utilizada em diferentes preparações que compõem o desjejum, o almoço, o jantar, substituindo pães e derivados, e ainda em composição com carnes diversas.

> A fécula de mandioca tem propriedades semelhantes às de outros amidos: espessante, na gelatinização, forma liga, é estabilizante na retenção de líquidos e na engomagem. Ela é muito bem aceita por não possuir nem sabor nem odor característicos quando incorporada às receitas, não interferindo em seu resultado final; não contém glúten, podendo ser utilizada na fabricação de produtos para portadores de doença celíaca.

> Nas indústrias do setor alimentício, a fécula de mandioca é empregada para fabricar balas de goma, cremes, tortas, geleias, conservas de frutas, tapioca, salsichas, mortadelas, linguiças, carnes enlatadas, sorvetes, fermento em pó, papinha infantil; na panificação, é usada como complemento para a farinha de trigo na fabricação do pão francês.

O processo de obtenção da farinha de mandioca inicia-se na lavagem e no descascamento das raízes, fase na qual se retiram as impurezas, diminuindo-se então a contaminação da matéria-prima. A lavagem é realizada por lavadores, que retiram a película marrom externa e parte da casca branca. Em seguida, a mandioca limpa é triturada e reduzida a pedaços por raladores manuais ou mecânicos. O produto obtido é uma massa com alto teor de água, que é prensada, eliminando-se cerca de 20,0% a 30,0% da água, formando blocos compactos que, posteriormente, serão submetidos a desmembramento. A massa esfarelada passa por peneiramento, que separa fibras e pedaços de raiz ou casca.

> A indústria têxtil utiliza a fécula para engomagem e estamparia, espessando os corantes e aumentando a firmeza e o peso dos tecidos; na indústria de papel é usada para dar corpo, colar e dar resistência ao papel e ao papelão.

O próximo passo é a torração, que elimina cerca de 60,0% da umidade e influi diretamente na cor e no sabor; o produto obtido é o beiju. Os beijus são desintegrados em moinhos de cilindros, martelos ou discos, produzindo a farinha. Esta passará por peneiras para a classificação por tamanhos das partículas e será comercializada com denominação de farinha fina ou grossa.

As raspas de mandioca são pedaços ou fatias de mandioca desidratadas, conservadas por período maior que as raízes *in natura*. É um produto cru, não torrado, obtido por trituração e peneiramento das raspas. O processo consiste na lavagem e no descascamento, semelhante à produção da farinha de mesa; no corte, utilizando um ralador de unhas com saliências cortantes que reduzem as raízes em pequenos pedaços; na secagem, natural (ao sol) ou artificial (circulação de ar quente); na trituração e no peneiramento. O rendimento da farinha depende da qualidade da raspa, do tamanho desejado da partícula e da umidade, entre 87,0% e 92,0%.

O processo de produção da fécula de mandioca (polvilho doce) apresenta técnicas diferenciadas. As técnicas manuais são utilizadas em pequenas produções rurais. Nas indústrias de pequeno, médio e grande portes, o processo é mecanizado. Nas indústrias mais equipadas, há maior eficiência no processamento.

Na produção rural, a técnica manual compreende as etapas de lavagem das raízes em tanques; de trituração em raladores manuais e de lavagem da massa em peneiras. A água da lavagem do amido é recolhida e deixada em cochos de madeira até que decante o amido e a água sobrenadante fique límpida. O amido decantado é lavado várias vezes para retirar as demais impurezas, sendo finalmente seco ao sol e moído. Na produção de pequeno e médio portes, observa-se algum tipo de mecanização nas etapas de ralação, de lavagem do amido e de secagem.

A produção industrial é totalmente automatizada, realizando rapidamente todas as etapas e evitando a fermentação, quando indesejável. As raízes passam pela lavagem, pelo descascamento, pelo corte e pela desintegração, com liberação dos grânulos de amido. A separação do amido é realizada por uma série de extratores, cada vez mais finos, que retiram totalmente as fibras. O amido refinado é desidratado até 40,0% a 45,0% de umidade e, posteriormente, seco em secador pneumático. O produto final é o amido fino, sem necessidade de ser moído; e seu rendimento é de 90,0%.

A produção do polvilho azedo é caracterizada pelo processo de fermentação natural. Ele é produzido a partir da raiz da mandioca, seguindo as mesmas etapas do procedimento para o polvilho doce. No entanto, a fécula é levada para tanques de fermentação e permanece, sem troca de água, por um período de até vinte dias. Após a fermentação, seca-se até se obter umidade de 30,0% a 50,0%, e só então o polvilho poderá ser esfarelado e espalhado para secagem ao sol. O polvilho azedo é largamente utilizado na culinária, principalmente no preparo de biscoitos e sequilhos.

> Da mandioca extrai-se o tucupi, líquido amarelo resultante de longo cozimento do suco leitoso da raiz da mandioca-brava, adicionado de ervas e temperos. O ácido cianídrico presente na mandioca evapora durante a ebulição. O tucupi serve de base para várias preparações da culinária amazônica: pato ao tucupi, tacacá[5], entre outras.

A fécula de batata, elaborada a partir da batata cozida, seca e moída, é outro produto derivado de hortaliças. Ela confere maciez às massas delicadas e usualmente é combinada com outras farinhas nas preparações. Diferentemente de outras farinhas, a fécula de batata não forma gel moldável.

---

5 Tacacá — caldo feito com a goma da mandioca, camarões e tucupi; temperado com alho, sal e pimenta, ao qual se adiciona jambu, erva com a propriedade de provocar sensação de formigamento na boca.

O uso de hortaliças na forma de produtos pré-processados, resfriados e supergelados permite obter grande variedade de produtos, que são diferenciados quanto ao prazo de validade e às condições de armazenamento.

Apesar do custo, as hortaliças pré-preparadas ou minimamente processadas tornam-se cada vez mais populares como itens de conveniência, dada à praticidade decorrente do pré-preparo e à diminuição de resíduos.

Hortaliças como brócolis, couve-flor, milho verde, tomate se caracterizam pela alta permissibilidade e conseqüentemente apresentam vida pós-colheita muito curta. A refrigeração é um tipo de operação extremamente importante para manter a qualidade das hortaliças, de maneira geral, e visa prolongar a vida de prateleira do produto, inibir o desenvolvimento de micro-organismos deteriorantes e patogênicos e reduzir a perda de água. Após a embalagem, estes produtos devem ser resfriados o mais rapidamente possível, tendo-se em vista que, em média, a cada 10°C de elevação de temperatura de armazenamento de um produto, a taxa de deterioração aumenta de duas a três vezes. A vida útil é própria de cada produto e depende da sua qualidade inicial.

As hortaliças minimamente processadas tornam-se cada vez mais populares como itens de conveniência, dada a praticidade decorrente do pré-preparo e a diminuição de resíduos. São produtos prontos para consumo, pré-preparados por meio de operações como descascamento, corte, sanitização, centrifugação e acondicionamento em embalagens apropriadas à manutenção do produto em seu estado fresco. O produto deve ser armazenado sob refrigeração, em geladeiras comerciais ou em câmara fria, à temperatura de 5°C a 8°C. O uso da temperatura adequada – no armazenamento e na distribuição – é um dos fatores mais importantes para a manutenção da qualidade e a segurança das hortaliças minimamente processadas, porque ela reduz o desenvolvimento de micro-organismos deteriorantes ou dos transmissores de doenças ao homem (microrganismos patogênicos). A vida útil depende da qualidade inicial da matéria-prima.

Hortaliças supergeladas são produtos que passam pelas operações de seleção, limpeza, corte, higienização, branqueamento e congelamento; sua vida útil varia de acordo com a temperatura das câmaras frigoríficas. À temperatura de 18 °C negativos, elas mantêm as características de qualidade por até 12 meses; em *freezers* domésticos (12 °C a 15 °C negativos), por quatro meses; nos congeladores de geladeiras, por até uma semana; no refrigerador, por apenas um dia.

• 10.2 •
Cogumelos

10.2.1 Histórico e definição

Os fungos, desde os períodos mais remotos da história da humanidade, sempre representaram importante fonte alimentar para determinados grupos populacionais. O homem primitivo já coletava fungos para sua alimentação no período entre 5.000 e 4.000 a.C. e logo aprendeu a valorizá-los como medicamentos.

Gregos e romanos estão entre os primeiros povos que cultivaram e utilizaram cogumelos em sua culinária. A denominação cogumelo é de origem grega e vem da palavra *cucumellu*, diminutivo de *cucuma*, que significa vaso de cozinha.

Os cogumelos não são plantas verdadeiras. Diferentemente destas, os fungos não possuem clorofila e não realizam fotossíntese, dependendo de substâncias de outros organismos vivos.

O termo cogumelo é utilizado para determinar toda a família de fungos comestíveis. Os cogumelos são subdivididos em três grandes categorias (Quadro 10.7), podem ser comercializados frescos, secos[6] ou em conserva e são utilizados em saladas, molhos, risotos, massas, sopas, cremes, recheios ou puros.

Os fungos comestíveis, muito utilizados na culinária europeia, apresentam consumo relativamente pequeno no Brasil. Até pouco tempo atrás, a única variedade facilmente encontrada era o *champignon* de Paris. Atualmente, já há o cultivo de outras variedades como *shiitake*, *shimeji*, *matsutake*, *hiratake*.

10.2.2 Composição e valor nutricional

Os cogumelos são compostos, essencialmente, por água (80,0% a 90,0%), são ricos em proteínas e de baixo valor calórico (30 kcal/100 g de matéria seca); além disso, são ricos em vitaminas (C, tiamina, riboflavina, niacina e biotina), aminoácidos essenciais e sais minerais (sódio, potássio e fósforo). Sua composição pode variar de acordo com a forma de cultivo (Tabela 10.1). O alto conteúdo de ácido glutâmico dos cogumelos pode ser uma das razões pelas quais esses alimentos favorecem o sabor de várias preparações.

---

6 Os cogumelos secos são conhecidos como *funghi secchi* e são ingredientes indispensáveis na culinária italiana por conferirem sabor e aroma característicos aos molhos. A variedade mais conhecida é o *Boletus edulis*, vulgarmente chamado fungo *porcini*.

Quadro 10.7 | Categorias dos cogumelos

Categorias	Características
Exótico cultivado	*Shiitake*, *shimeji*, cogumelo-ostra e orelha-de-pau compõem este grupo; podem ser utilizados em preparações como sopas, arroz, risotos, refogados, ensopados e em recheios e omeletes; Orelha de pau, também conhecido como orelha-de-nuvem, pertence à classe dos fungos asiáticos comumente vendidos secos, de coloração preta; devem ser hidratados antes da utilização, pois se dilatam em lóbulos gelatinosos e escuros até cinco vezes seu tamanho original; *O shiitake*, cultivado desde o século XIII na China, fungo de origem japonesa, apresenta formato de chapéu, coloração marrom-escura, sabor defumado e rico em vitaminas B_2 e D; encontrado nas formas seca ou fresca, esta última com *flavor* mais acentuado. Seu talo, por apresentar-se duro, é utilizado somente para dar sabor a sopas e caldos. A cúpula deve ser hidratada em água quente para melhorar sua textura. Não deve ser consumido na sua forma crua; *Shimeji*, cogumelo pequeno utilizado na culinária japonesa cuja coloração da cúpula varia do cinza-pálido ao marrom-acinzentado, sendo sua haste branco-acinzentada; cultivado em estufas, apresenta sabor forte e picante quando cru e se torna suave e macio após a cocção; pode ser encontrado fresco ou em conserva.
Comum branco e cultivado	Cultivado desde o século XVII na França, eclodiu na era napoleônica; cultivado em composto pasteurizado; os botões podem ser servidos inteiros ou cortados (fatiados ou picados). Como exemplo desse grupo cita-se o champignon de Paris (*Agaricus bisporus*), que pode ser consumido fresco ou em conserva, em diversas preparações, tais como estrogonofes.
Fungo selvagem	Grupo caracterizado pelas trufas, *cépes*, *chanterelle*, *morel*, *pied de Mouton* e *matsutake*. Os cogumelos selvagens frescos deterioram-se rapidamente e, portanto, devem ser utilizados o mais rápido possível ou devem ser armazenados sob refrigeração; podem, ainda, ser consumidos na forma desidratada; são utilizados, principalmente, em caldos, sopas, omeletes, molhos e refogados; Trufa (espécie do gênero *Tuber*), tipo de cogumelo subterrâneo que cresce a 30 cm da superfície, junto de raízes de árvores; apresentam grande importância comercial, dado seu sabor e aroma; sua superfície é arredondada e irregular, e sua cor pode variar do negro ao branco - a negra é usualmente consumida crua ou utilizada em recheios, molhos, refogada ou assada, a branca é usualmente consumida crua; *Cépe*, também conhecido como *porcini*, apresenta forma arredondada e com chapéu bulboso e coloração marrom-brilhante; é normalmente comercializado na forma desidratada; *Chanterelles* apresentam forma côncava, coloração dourada e sabor levemente apimentado e semelhante ao damasco. *Morel*, fungo comestível da mesma espécie das trufas, apresenta cabeça cônica e alongada e parte externa com orifícios semelhantes a favo de mel, a cor varia de cinza-amarelada a marrom-acinzentada; apresenta sabor semelhante ao da noz; *Pied de Mouton*, também conhecido como *hedgehog*, apresenta cor creme, é bastante carnudo e com pequenos espinhos sob a lamela; *Matsutake* apresenta coloração marrom-escura, textura densa e aromática com aroma de noz; é bastante comum no Japão, onde é vendido seco ou em conserva; pode ser preparado frito, grelhado ou cozido no vapor.

Tabela 10.1 | Composição em macronutrientes de alguns tipos de cogumelos

Tipos de cogumelos	Gorduras (%)	Carboidratos (%)	Fibras (%)	Proteínas (%)
Shiitake	1	80	15	13
Shimeji	6	52	18	36
Champignon de Paris	4	53	7	28
Hiratake	7	68	19	36

10.2.3 Culinária dos cogumelos

Os cogumelos podem ser preparados por diversos métodos de cocção. Porém, o *flavor* é mais desenvolvido e intenso quando há utilização de calor seco e de forma lenta. Tal método permite a evaporação da água e a concentração de aminoácidos, açúcares e aromas. No entanto, as bolhas de ar da estrutura do cogumelo são rompidas, a textura é modificada e há redução do volume.

No continente asiático, o cogumelo é usado na culinária popular por conter carboidratos solúveis e desenvolver uma textura gelatinosa na preparação.

Algumas espécies de cogumelos escurecem após a colheita devido à presença de enzimas. Os pigmentos escuros formados são solúveis em água e, portanto, deve-se atentar para que a preparação não fique escurecida. Os cogumelos devem ser escolhidos de acordo com a aparência, que deve ser firme e fresca; devem ter *floração* tenra e aroma suave; o talo deve estar úmido, pois, quando seco, pode estar velho.

• 10.3 •
Algas

10.3.1 Histórico e definição

A palavra alga vem do latim *algae* e significa planta marinha. As algas compõem um grupo biológico que dominou as águas há bilhões de anos e que, provavelmente, acelerou o processo evolutivo das plantas. As algas não possuem raízes, caules, flores, sementes ou frutos. Seu corpo é um talo e, por isso, são chamadas de talófitas. Além das algas marinhas, existem as algas fluviais e as palustres (de pântanos e superfícies úmidas).

Sabe-se que nem todas as espécies de algas são plantas, na atual classificação dos seres vivos. As cianofíceas (algas azuis), por exemplo, pertencem ao Reino Monera, e as algas unicelulares eucariontes, ao Reino Protista. As algas pluricelulares, por sua vez, estão classificadas como pertencentes ao Reino Vegetal. As algas podem viver fixas, por exemplo, no fundo dos mares, dos rios e sobre rochas; podem também flutuar na água; elas absorvem os sais minerais de que necessitam por meio de toda a superfície de seu corpo.

10.3.2 Composição e valor nutricional

As algas são conhecidas por serem ricas em minerais, principalmente iodo, cálcio, ferro, magnésio, sódio, potássio e zinco, e em vitaminas A, B, C e E. A cor das algas é dada por pigmentos especiais, destacando-se entre eles a clorofila (cor verde), a ficoeritrina (cor vermelha) e a fucoxantina (cor parda e marrom). Assim, as algas pluricelulares compreendem as clorofíceas, as rodofíceas e as feofíceas, de acordo com a predominância do tipo de pigmento nas suas células (Quadro 10.8).

As características do *flavor* são semelhantes para os três grupos citados e decorrem da concentração de minerais e aminoácidos, principalmente do ácido glutâmico, que é uma das moléculas responsáveis pelo transporte de energia entre as partes da alga. Além disso, são encontrados fragmentos de gordura insaturada, que contribuem para o aroma característico de peixe.

10.3.3 Culinária das algas

Em certos países, como o Japão, algumas algas são muito usadas na alimentação humana, principalmente para envolver determinadas preparações, como *sushis*[7], e como ingredientes de saladas e sopas. Na China, são utilizadas como hortaliças. Na Irlanda, são utilizadas como espessantes de sobremesas. As algas devem ser cozidas rapidamente, porque processos de cocção prolongados em líquidos tendem a acentuar o aroma semelhante ao de peixe. No Quadro 10.9 estão apresentadas as características de alguns tipos de algas.

As algas podem também ser empregadas na indústria como fontes de alginatos, aditivos muito importantes, especialmente na indústria de alimentos, que atuam como espessantes, estabilizantes, dentre outras funções. Ressalta-se que as algas mais conhecidas no ocidente são: *Wakame, Kombu, Nori* e *Hijiki*. Por serem comercializadas desidratadas, elas são de fácil preparo e boa conservação.

Quadro 10.8 | Grupos de algas e suas características

Grupos	Pigmento predominante	Características
Clorofíceas	Clorofila	Compreende muitas espécies, que são predominantemente aquáticas, podendo viver em água salgada e doce. Como exemplo, podem-se citar as algas marinhas do gênero *Ulva*, que possuem representantes chamados de alfaces-do-mar.
Rodofíceas	Ficoeritrina	Algas geralmente macroscópicas e marinhas; porém, existem formas que vivem na água doce. Entre as algas vermelhas destacam-se as do gênero *Porphyra*.
Feofíceas	Fucoxantina	Algas geralmente macroscópicas e marinhas. Algumas espécies podem medir mais de 50 metros de comprimento. A alga do gênero *Laminaria* é um exemplo desse grupo.

---

7 *Sushi* — prato de origem japonesa à base de arroz temperado com vinagre e recheado com peixe, frutos do mar, vegetais ou ovo. A cobertura pode ser crua, cozida ou marinada; pode ser servido sobre uma tigela de arroz, enrolado em uma tira de alga marinha.

Quadro 10.9 | Constituintes e características de alguns grupos de algas

Constituintes	Características
Clorofíceas	
Alface-do-mar	Alga mais conhecida do grupo; aspecto semelhante a uma folha de alface; utilizada crua, em estado natural, em saladas e sopas.
Uva-do-mar	Alga de sabor apimentado; utilizada na Indonésia, fresca ou coberta com açúcar.
Awonori	Alga utilizada no Japão na forma de condimento em pó.
Rodofíceas	
Nori	Alga comercializada na forma seca; depois de ser tostada e ficar levemente crocante, é ingrediente básico para o preparo do *sushi* japonês.
Agarofitas[8]	Alga utilizada para a extração de ágar-ágar, agente estabilizante composto de polissacarídeo mucilaginoso ou hidrocoloide; utilizado para dar consistência gelatinosa a produtos na indústria de alimentos, dada sua característica de gel firme e transparente.
Algas vermelhas	Hidrocoloide extraído de diversas algas vermelhas encontradas na Irlanda. A carragena, de textura gelatinosa e com habilidade de interagir com proteínas, é largamente utilizada como espessante para sobremesas (sorvetes, achocolatados).
Dulce	Alga de sabor forte e picante utilizada em refogados, saladas, sopas e condimentos. Na Irlanda, é consumida com batatas, leite e pães
Feofíceas	
Kombu	Alga desidratada usada no preparo do *dashi* japonês, podendo ser utilizada ainda em marinados e cozidos.
Wakame	Alga muito utilizada no Japão, de sabor suave, pode ser empregada em saladas, sopas e refogados ou ser tostada e servida sobre o arroz.
Hijiki	Alga utilizada na culinária japonesa como ingrediente de sopas e caldos.

• 10.4 •
Frutas

10.4.1 Histórico e definição

A palavra fruta é originária do latim *fructus,* que significa fruição, ou seja, gratificação, satisfação, prazer, provavelmente uma alusão à doçura de uma fruta madura. É da natureza da fruta o sabor agradável ao paladar, o despertar dos sentidos biológicos básicos. O sabor adocicado das frutas pode atrair animais, que, depois de comê-las, espalham as sementes e, assim, garantem a sobrevivência das espécies.

A grande variedade de frutas encontradas atualmente é resultado de anos de seleção e cultivo. Os primeiros cultivos foram feitos em duas principais áreas. Da região que se estende do leste do Mediterrâneo até o Mar Cáspio se originaram maçãs, peras, cerejas, figos, ameixas e uvas. Da região que se estende da China, através da Burma e sudeste da Índia, entre o Arquipélago Malaio, originaram-se pêssegos, damascos, bananas, mangas, laranjas e limões.

Os habitantes dessas áreas que migraram para outras partes do mundo levaram consigo mudas das suas plantas favoritas. Nos primeiros anos de colonização, imigrantes trouxeram para o Ocidente sementes para serem transplantadas.

Em razão da sua superfície e da sua diversidade climática, além das características do solo, o Brasil é um país privilegiado por possuir uma das maiores variedades de frutas.

---

8 Agar — hidrocoloide extraído de algumas algas marinhas vermelhas, comuns em mares do Extremo Oriente, usado para dar consistência aos produtos na indústria de alimentos.

As frutas podem ser definidas como os frutos de certas espécies de vegetais. Sob outro aspecto, as frutas indicam a parte carnuda e comestível que engloba as sementes das plantas, podendo ainda ser descritas como o ovário maduro das plantas florescentes que têm como propósito conter, alimentar e espalhar as sementes.

10.4.2 Composição e valor nutricional

As frutas são compostas, em grande parte, por água (75,0% a 95,0%). A fração de carboidratos que as constitui varia de 5,0% a 20,0%. Dada essa variação, as frutas podem ser classificadas em grupo A e grupo B (Quadro 10.10).

Quadro 10.10 | Classificação das frutas quanto ao percentual de carboidratos

Classificação	Exemplos
Grupo A 5% a 10% de carboidratos	Abacaxi, melão, laranja, caju, melancia, maracujá, goiaba, pitanga, umbu, limão, pêssego, cajá, jambo, jaca, dentre outras
Grupo B 10% a 20% de carboidratos	Maçã, mamão, ameixa, amora, manga, graviola, banana, uva, pêra, damasco, cereja, dentre outras

A fração proteica das frutas é mínima. A parte lipídica normalmente corresponde de 0% a 35,0% do valor nutricional das frutas. Nesse aspecto, destacam-se o abacate (17,0%) e o coco (35,0%), que apresentam elevado percentual lipídico. Existem ainda as frutas chamadas de oleaginosas, que apresentam composição de até 60,0% de lipídios e contêm minerais como selênio, cobre e magnésio. Compõe este grupo amêndoas, nozes, avelã, castanha-de-caju, castanha-do-pará, entre outras. Alguns autores classificam essas frutas oleaginosas como frutas do grupo C, mas como a classificação é derivada da concentração de carboidratos e não da de gordura, necessita-se de outro tipo de classificação que inclua as oleaginosas.

Outra forma de classificação das frutas é a botânica, que as divide em três tipos, de acordo o desenvolvimento do ovário para formar as flores: simples, agregadas e múltiplas. Essa classificação inclui ainda as frutas acessórias (Quadro 10.11).

Quadro 10.11 | Classificação botânica das frutas e suas características

Classificação	Características	Exemplos
Simples	Desenvolvimento a partir de um único ovário de uma flor. São reconhecidos dois tipos: bagas e drupas (frutas com caroço).	Bagas: laranja, banana. Drupas: cereja, pêssego, ameixa.
Agregadas	Desenvolvimento a partir de uma flor com muitos ovários.	Amora, framboesa.
Múltiplas	Desenvolvimento a partir dos ovários de muitas flores.	Abacaxi.
Acessórias	Desenvolvimento a partir de outras partes das plantas e não do ovário.	Maçã, pêra.

Recomenda-se a ingestão diária de frutas pelo alto valor vitamínico e mineral que apresentam. Entre os nutrientes fornecidos, sobressaem-se os carotenoides (pró-vitamina A) e a vitamina C. Vitaminas do complexo B são encontradas em menores quantidades. Minerais, como o potássio, encontram-se principalmente no abacate, no figo, na banana e na laranja. O ferro pode ser encontrado em maior concentração na uva-passa e no damasco seco.

Ressalta-se, porém, que o valor vitamínico das frutas está sujeito a variações de acordo com a espécie, a natureza do solo, o grau de amadurecimento, além dos cuidados durante a colheita e a conservação.

A estrutura das frutas é semelhante à das hortaliças. Alguns frutos de plantas são classificados como hortaliças, enquanto outros são classificados como frutas. A diferenciação se dá pelo conteúdo de açúcar e ácidos presentes. As células vegetais agrupam-se em tecidos que desempenham funções específicas nas plantas, tais como síntese e armazenamento dos carboidratos, sustentação e proteção, condução de alimento e água, daí a importância da presença de parede celular permeável à água.

As frutas são excelentes fontes de fibras como a celulose e a hemicelulose. A celulose é responsável pela firmeza dada à membrana celular e sua função é inteiramente estrutural. A hemicelulose é encontrada na parede celular, juntamente com a celulose, porém em quantidades menores. Outras fibras alimentares encontradas nas frutas são a pectina e as gomas. A protopectina tem função consolidante, mantém unidas as moléculas de celulose, é uma substância sólida e insolúvel encontrada nas frutas verdes. À medida que a fruta amadurece, a protopectina transforma-se em pectina, solúvel e com a propriedade de formar gel. A pectina está presente predominantemente na casca e ao redor das sementes, apresenta aspecto gomoso e característico. Em seguida, a pectina transforma-se em ácido péctico, que promove a desintegração da polpa da fruta.

A classificação de algumas frutas segundo o teor de pectina e de acidez é importante principalmente na produção de geleias. Quanto maior a acidez e maior a quantidade de pectina, melhor a característica do gel (Quadro 10.12).

Quadro 10.12 | Classificação de algumas frutas segundo o teor de pectina e de acidez

Frutas	Rica em pectina	Pobre em pectina	Rica em ácido	Pobre em ácido
Abacaxi	-	X	X	-
Ameixa	X	-	X	-
Banana verde	X	-	X	-
Cajá maduro	-	X	X	-
Caju maduro	-	X	X	-
Carambola	X	-	-	X
Cereja	-	X	X	-
Damasco	-	X	X	-
Figo maduro	-	X	-	X
Figo verde	X	-	-	X
Framboesa	-	X	-	X
Goiaba	X	-	-	X
Groselha	X	-	X	-
Laranja ácida	X	-	X	-
Limão	X	-	X	-
Maçã ácida	X	-	X	-
Maçã doce	X	-	-	X
Marmelo maduro	X	-	-	X
Marmelo verde	X	-	X	-
Morango	-	X	X	-
Pêra verde	X	-	-	X
Pêssego	-	X	-	X
Uva de mesa	X	-	X	-
Uva de vinicultura	-	X	X	-

As características organolépticas das frutas dependem das reações bioquímicas mediadas por enzimas, da transformação de seus pigmentos, do grau de maturação e dos elementos específicos de cada espécie.

Assim como nas hortaliças, os pigmentos encontrados nas frutas são os carotenoides, a clorofila e os flavonoides. A clorofila é encontrada particularmente em frutas que ainda não amadureceram. Durante o amadurecimento, a quantidade de clorofila diminui, ressaltando a cor característica da fruta madura.

Os taninos conferem sabor adstringente e levam a reações de escurecimento enzimático. A maçã, a banana e a pêra são exemplos de frutas que apresentam elevada quantidade de tanino em diferentes concentrações. Quanto menos maduras as frutas estiverem, maior será a concentração de tanino.

A formação de pigmentos resultantes de reações de escurecimento enzimático dos compostos fenólicos, frequentemente acompanhada de mudanças indesejáveis nas propriedades sensoriais do produto, resulta na diminuição da vida útil e do valor de mercado, além da alteração de sabor. Faz-se necessário, portanto, inativar as enzimas por meio do branqueamento ou minimizar sua ação pela manutenção dos produtos em temperatura de refrigeração, em recipiente fechado ou ainda adicionar ácidos orgânicos presentes nos sucos de frutas cítricas. Industrialmente, há outros recursos.

O sabor adocicado das frutas é devido à quantidade e à qualidade dos carboidratos simples, especialmente à frutose, aos ácidos orgânicos, aos compostos aromáticos e aos ésteres, além das diferenças nas características de cada espécie, na forma de cultivo e no grau de maturação, que normalmente aumenta a acidez à medida que ocorre.

Alguns ácidos orgânicos predominam em certas frutas: málico, na maçã, na pêra, no pêssego e no morango; cítrico, na laranja e no limão; tartárico, na uva; oxálico, no abacaxi maduro.

As variações no ciclo respiratório das frutas são chamadas de climatério; as frutas climatéricas são aquelas suscetíveis a mudanças na cor, no sabor e na textura durante o processo de amadurecimento, mesmo após a colheita, podendo ser colhidas totalmente verdes; maçã, abacate, banana, manga, melão, mamão, pêssego, kiwi e pêra são alguns exemplos. As não climatéricas devem ser colhidas apenas quando atingirem a maturidade, porque os processos bioquímicos são interrompidos após a colheita.

As modificações que ocorrem no amadurecimento são: diminuição do pH; aumento da acidez; abrandamento da polpa, decorrente da transformação da protopectina em pectina; aumento da ação enzimática sobre o amido, que é gradativamente hidrolisado e forma açúcares; e modificação da cor.

O amadurecimento artificial é utilizado quando se deseja acelerar o amadurecimento de parte de um lote de frutas. Esse procedimento tem como vantagem o fornecimento de frutas maduras na quantidade solicitada pelo cliente. O amadurecimento consiste no uso de etileno e não altera gosto, textura ou aparência da fruta, sendo indicado para bananas, maçãs, caquis, tomates e abacaxis.

Uma alternativa para acelerar a maturação de algumas frutas é colocá-las próximas àquelas que já amadureceram para que o etileno emitido por estas possa favorecer a maturação, ou embrulhá-las em papel para que o etileno emitido permaneça em contato.

10.4.3 Culinária das frutas

Aquisição e armazenamento

As frutas não climatéricas não têm a capacidade de amadurecer depois de colhidas, por isso não ficam mais doces ou melhoram o sabor, algumas podem até ficar mais macias e mudar de cor, mas se estiverem azedas ou pouco doces, continuarão assim. Frutas como abacaxi, morango, lima, laranja, tangerina, cereja, uva que pertencem a este grupo, devem ser colhidas, compradas e comercializadas nas condições ideais para consumo.

As frutas climatéricas amadurecem após serem colhidas. Isso significa que podem conseguir suas condições ideais de consumo após serem colhidas. Dentre estas se encontram as pêras, os abacates as bananas, os mamões, entre outras.

Para a escolha de frutas de qualidade são necessários alguns cuidados no momento da compra. As características, desejáveis ou não, das frutas podem interferir no seu uso (Quadro 10.13).

Quadro 10.13 | Características desejáveis para aquisição de algumas frutas

Fruta	Características de qualidade
Abacate	Cor verde brilhante indica produto não amadurecido; casca opaca significa fruto amadurecendo.
Abacaxi	Cor uniforme e bronzeada, não excessivamente maduro; folhas arredondadas e cheias; ausência de manchas e de danos mecânicos.
Banana	Cascas uniformes e limpas; frutos firmes e cheios; para uso imediato, as de cor amarela (24h a 48h); sem danos físicos nem mecânicos; maior diâmetro.
Carambola	Cor amarelada e brilhante, sem danos físicos nem mecânicos.
Goiaba	Consistência firme; cor amarelada, para consumo imediato; produto em fase de maturação apresenta cor verde-mate-amarelo; sem danos físicos nem mecânicos.
Laranja	Cor alaranjada ou verde, dependendo da variedade; sem danos físicos nem mecânicos; sem manchas.
Maçã	Colorida; bem formada; casca brilhante; sem manchas ou pontos escuros; firme; polpa macia.
Mamão	Para uso imediato, cor amarelada; para uso posterior, cor entre verde-escuro e verde-claro (com uma ou duas estrias levemente amareladas); firme; sem sinais de danos físicos nem mecânicos; polpa macia.
Melão	Firme; cor amarelada e uniforme; sem danos ou manchas; produto verde apresenta som oco; ao apertar as extremidades com os dedos, estas não devem afundar.
Maracujá	Cor amarela ou avermelhada e brilhante; tamanho apropriado; firme.

As precauções no armazenamento das frutas têm a finalidade de evitar desidratação e desenvolvimento de micro-organismos, bem como retardar a ação das enzimas. Recomenda-se armazená-las à temperatura ambiente quando a aquisição ocorre antes do completo amadurecimento. A aquisição após o amadurecimento requer temperaturas em torno de 10 °C, isto é, sob refrigeração. Quando armazenadas inteiras sofrem menores perdas.

A banana, mesmo madura, não deve ser refrigerada, pois sua casca escurece, perde a textura, prejudicando sua aceitabilidade.

Industrialmente ou nos grandes depósitos comerciais, a conservação das frutas pode ser obtida por meio de atmosfera modificada e com baixa umidade relativa para reduzir o oxigênio disponível para a respiração celular.

O congelamento é limitante para frutas *in natura*. Este processo é utilizado nas operações de transformação da matéria-prima para obter sucos, polpas, frutas subdivididas, purê de frutas. Industrialmente podem ainda ocorrer o branqueamento, a pasteurização, dentre outros processos.

A utilização de calda de açúcar, suplementada com ácido ascórbico, ou o envolvimento das frutas com açúcar diminuem as perdas de textura, embora alterem as características organolépticas, sendo indicadas para sucos, doces e geleias.

Pré-preparo e preparo

O pré-preparo de frutas inclui a limpeza, a lavagem, o descascamento e a subdivisão. Quando as frutas são utilizadas para sucos e vitaminas, são espremidas, batidas, liquidificadas, amassadas.

No descascamento, o fator de correção (FC) varia conforme o tipo da fruta, a manipulação, a qualidade do produto e o utensílio utilizado. Frutas como banana, maracujá e uva têm FC alto devido às cascas, aos pedúnculos e às sementes. As frutas podem ser consumidas *in natura* ou ser submetidas à cocção. Quando consumidas *in natura* recomenda-se que seja utilizada a etapa de preparo, de sanitização, para reduzir a quantidade de micro-organismos patogênicos.

Cocção

Os métodos de cocção utilizados podem ser calor úmido ou calor seco. O objetivo do cozimento da fruta é melhorar a digestibilidade, com o abrandamento da celulose, o que ocasiona alteração do sabor e da cor de cada variedade. A cocção amplia a possibilidade de utilização desses produtos porque os transforma em doces, pastas, geleias, compotas, frutas secas, permitindo o aumento de sua vida útil. O uso de micro-ondas também possibilita obter produtos diversos: a evaporação da água durante a cocção concentra as substâncias que conferem sabor e odor; maçã, pêra e banana podem ser preparadas no micro-ondas. Na cocção das frutas devem ser considerados: tipo e quantidade de celulose, grau de amadurecimento, quantidade de água e de açúcar utilizados.

Na cocção, as frutas amolecem, perdem a forma e cozinham rapidamente, porque a temperatura desnatura as proteínas, abranda as membranas celulares e sua permeabilidade torna-se menos seletiva, permitindo a penetração de solutos, como o açúcar.

Quando se deseja preparar frutas em pedaços, pode-se deixá-las em molho com cal virgem por um determinado tempo, lavando-as em seguida e fazendo sua imersão em uma calda já aquecida; a cal virgem aumenta a rigidez da superfície da fruta.

Quando se deseja uma cocção que forme pasta, faz-se uma mistura da fruta em pedaços com água e açúcar; na cocção ela se desmancha.

Muitas técnicas culinárias são utilizadas para preparação dos diversos doces de frutas, que variam com as características da fruta e dos produtos que se quer obter. Normalmente se faz a adição de caldas já prontas; mas se houver necessidade de acréscimo de água, este valor será determinado pelo tipo de fruta. Frutas como amora, framboesa e morango possuem pequena quantidade de celulose e elevada quantidade de água livre, perdendo rapidamente a solidez. Maçãs e pêras requerem quantidade de água suficiente para abrandar a celulose.

No grupo das sobremesas, há outras preparações com frutas: banana caramelada, da culinária chinesa; mineiro de botas, da culinária mineira; cartola, da culinária pernambucana; torta de banana, da culinária nordestina. As frutas aparecem ainda como ingredientes de preparações do tipo tortas, bolos, pudins, pães, farofas, sobremesas cremosas e geladas, suflês, salpicões.

• 10.5 •
Frutas oleaginosas

As frutas denominadas oleaginosas merecem destaque devido à sua composição nutricional (alta concentração calórica) e uso peculiar (Quadro 10.14). Essas frutas devem ser consumidas com moderação porque são alimentos de difícil digestão, por serem altamente lipídicas e constituídas de grande quantidade de celulose, apesar de representarem importantes fontes de ácidos graxos essenciais e minerais.

Quadro 10.14 | Características de algumas frutas oleaginosas

Frutos	Características
Amêndoa	Parte comestível da amendoeira. Existem dois tipos: a doce (mais utilizada) e a amarga (utilizada em pequenas porções, apenas para aromatizar, por ser tóxica; em maiores quantidades ou sob a forma de óleo, quando passa por processo que inativa as substâncias tóxicas). Pode ser adquirida com ou sem casca, inteira ou subdividida; é usada em preparações salgadas (compondo recheios, acompanhamentos, farofas) e doces (bolos, tortas, recheios;. é também utilizada em licores.
Avelã	Fruto originado da aveleira; as sementes são recobertas por fina película de cor marrom, pode ser consumida seca, com ou sem casca, inteira, torrada e/ou picada; empregada no preparo de doces, bolos, recheios, saladas; pode ainda ser consumida ao natural.
Castanha-de-caju	Fruta do cajueiro; a parte carnosa do caju é apenas um pedúnculo[9] hipertrofiado. As sementes encontram-se no interior de uma casca dura; salgadas e torradas, são utilizadas como aperitivos; moídas, grossas ou finas, podem ser utilizadas em preparações salgadas (vatapá, caruru, xinxim) e doces (tortas, sorvetes, biscoitos, bolos).
Castanha-do-pará	Semente dos frutos da castanheira-do-pará; comercializada com ou sem casca, pode ser consumida ao natural, torrada ou crua; é empregada em preparações salgadas (saladas, risotos, recheios) e doces (bolos, tortas) ou como aperitivo.
Castanha portuguesa ou castanha europeia	Fruta típica de regiões frias, pequena, achatada, com casca marrom grossa e brilhante. Sua polpa é uma massa doce de cor acinzentada, muito consumida cozida ou assada e utilizada em preparações salgadas ou doces, como geleias e compotas, destacando-se o purê e o marrom-glacê[10].
Noz	Fruto da nogueira possui casca dura que protege a polpa carnosa; é incorporada a doces, bolos, tortas, recheios de carnes e chocolates ou consumida in natura.
Macadâmia	É um tipo de noz comercializada sem casca, crua ou assada; pode ser consumida in natura como aperitivo ou utilizada em várias preparações doces e salgadas.
Pecã	Fruto de uma nogueira norte-americana, tem formato oval, com casca lisa e vermelha, podendo ser comercializada com e sem casca; é consumida como petisco ou ingrediente de preparações doces e salgadas. Nos EUA, a pecã é consumida em torta chamada pecan pie.
Pignoli ou Snoubar	Fruto oriundo do pinheiro do Mediterrâneo, tem aspecto semelhante a uma amêndoa, com sabor levemente picante; bastante utilizado em preparações da culinária italiana e da culinária árabe – risotos, molhos, bolos; a preparação mais conhecida é o molho pesto.

---
9 Pedúnculo — haste que sustenta o fruto.
10 Marrom — glacê — doce feito de castanhas cozidas em calda de açúcar.

Pistache	Fruto da pistacheira (*Pistacia vera* L.), originária da Ásia Central e cultivada na região mediterrânea e na Califórnia. *Pistacia* vem do grego *pistake* e significa *noz*, e *vera*, do latim *verdadeiro*, completando o significado de noz verdadeira ou pistache comestível. De coloração verde-clara, é recoberto por uma pele avermelhada; é empregada em doces ou salgados, em confeitos, sorvetes, como aperitivo ou acompanhando carnes.
Pinhão	Semente da pinha do pinheiro-do-paraná ou araucária. O pinhão é consumido depois de cozido em água e sal em diferentes preparações culinárias, principalmente nas festas juninas da Região Sudeste.

Capítulo 11
Transformação dos alimentos: óleos e gorduras alimentares

Halina M.C. Araújo, Karla L. Ramos, Márcio Antônio Mendonça,
Raquel B. A. Botelho e Renata P. Zandonadi

• 11.1 •
Histórico e definição

A palavra lipídio deriva do grego *lipos*, que significa gordura. Entre os lipídios estão as gorduras alimentares: óleo, banha, sebo, manteiga e margarina. Contêm um grande número de diferentes tipos de substâncias, incluindo acilgliceróis, ácidos graxos e fosfolipídios, compostos a estes relacionados, derivados e, às vezes, esteróis e carboidratos. Os triacilgliceróis[1] são os lipídios mais comuns em alimentos, formados predominantemente por produtos da condensação entre glicerol e ácidos graxos. À temperatura ambiente, gorduras são sólidas e óleos são líquidos.

Desde a época dos faraós egípcios, há quase cinco mil anos, a palma oleaginosa tem sido uma importante fonte alimentícia para a espécie humana. O óleo chegou ao Egito vindo da África Ocidental. No começo do século XX, a palma oleaginosa foi introduzida na Malásia como uma planta ornamental, sendo cultivada comercialmente somente em 1917, o que deu origem à indústria de óleo de palma da Malásia. No Brasil, chamada de *palmeira do dendê*, a palma foi introduzida pelos escravos no século XVI.

Outra fonte de óleo vegetal provém da oliveira – *Olea europaea L.* –, conhecida como a árvore da eternidade. A oliveira foi introduzida no Mediterrâneo por fenícios e sírios nos primórdios da civilização. Gregos e romanos disseminaram seu cultivo e o uso alimentar e medicinal

[1] Ver capítulo Aspectos da química e da funcionalidade das substâncias químicas presentes nos alimentos.

de seu fruto, a azeitona, tendo aprendido com árabes e hebreus a milenar técnica de extração do azeite.

A Resolução da Diretoria Colegiada (RDC) nº 270 (ANVISA, 2005) define: óleos vegetais e gorduras vegetais são os produtos constituídos principalmente de glicerídeos de ácidos graxos de espécie(s) vegetal(is), podendo conter pequenas quantidades de outros lipídios, como fosfolipídios, constituintes insaponificáveis e ácidos graxos livres, naturalmente presentes no óleo ou na gordura.

• 11.2 •
Composição e valor nutricional

Os óleos e as gorduras alimentares têm valor energético de aproximadamente 9 kcal/g, mais que o dobro da energia fornecida por proteínas e carboidratos. A importância das gorduras na alimentação é muito grande, dadas as diversas funções desempenhadas no organismo: compõem a estrutura das membranas celulares, sintetizam hormônios, transportam vitaminas lipossolúveis.

> O azeite é um produto alimentar produzido a partir da azeitona, fruto das oliveiras; é um alimento antigo, clássico da culinária contemporânea, frequente na dieta mediterrânea e, nos dias atuais, presente em grande parte das cozinhas; confere à comida sabor e aroma peculiares.

> O termo azeite também é utilizado para denominar o óleo extraído do dendezeiro, comercialmente conhecido como azeite de dendê, e de outras palmas.

Os óleos mais comumente utilizados na culinária diferem quanto à quantidade de ácidos graxos (Tabela 11.1), o que modifica suas características nutricionais e funcionais.

A concentração dos ácidos graxos no azeite de oliva é modificada segundo os métodos de extração. Pela RDC nº 270/2005, o azeite extravirgem, de primeira prensagem a frio, deve apresentar no máximo 0,8g/100 g de acidez em ácido oleico. O azeite de oliva virgem, obtido por outras prensagens, deve ter no máximo 2,0g/100 g de acidez em ácido oleico. O azeite de oliva refinado, obtido pelo refino do azeite virgem, deve ter no máximo 0,3g/100 g de acidez em ácido oleico.

A cor esverdeada de alguns azeites de oliva decorre da presença de clorofila. Azeites com cor verde mais intensa não passaram por processos de aquecimento na extração, mantendo a estrutura inicial da clorofila.

• 11.3 •
Funcionalidade de óleos e gorduras alimentares

As propriedades funcionais das gorduras alimentares dependem da estrutura e das propriedades físico-químicas dos ácidos graxos que as compõem, e sua funcionalidade determina as propriedades culinárias e organolépticas nas diferentes etapas do processo produtivo: preparo, manuseio, condimentação, estabilidade ao calor, oxidação e vida de prateleira (Quadro 11.1).

Quadro 11.1 | Funcionalidade das gorduras alimentares na produção de alimentos

Características organolépticas	Características físico-químicas
Aparência: Cor, brilho, uniformidade superficial; Textura: Maciez, plasticidade, elasticidade, viscosidade Sabor: *After taste*; Sensação na boca: Frescor, efeito *shortening*, cerosidade.	Preparo/processamento; Condimentação; Manuseio; Estabilidade ao calor; Armazenamento; Oxidação, rancificação, vida de prateleira.

Tabela 11.1 | Percentual de ácidos graxos em óleos e gorduras alimentares

Produtos	Monoinsaturados	Poli-insaturados	Saturados	ω-3	ω-6
Óleo de canola	61,0%	33,0%	6,0%	5-13,0%	15–30,0%
Óleo de soja	24,0%	58,0%	18,0%	4-11,0%	19-30,0%
Óleo de milho	25,0%	62,0%	13,0%	<2,0%	34–62,0%
Óleo de girassol	24,0%	59,0%	17,0%	<0,3%	55-75,0%
Óleo de algodão	46,0%	49,0%	6,0%	0,1-2,1%	33-59%
Azeite de oliva	74,0%	8,0%	18,0%	<0,9%	3,5-21,0%
Azeite de dendê	37,0%	15,0%	48,0%	<0,5%	6,5-15,0%

A viscosidade é uma propriedade importante e se deve à fricção interna entre os lipídios que constituem a gordura. A plasticidade é uma propriedade física que os corpos têm de mudar de forma, irreversivelmente, ao ser submetido a uma pressão. Assim, as gorduras não derretem imediatamente, mas amolecem quando expostas às variadas temperaturas. Essa característica está diretamente relacionada à extensibilidade.

O caráter plástico depende da relação entre os componentes sólido e líquido da gordura; para ser plástica e extensível, ela deve apresentar de 20,0% a 40,0% de sua composição em estado sólido. As gorduras plásticas permanecem em estado sólido até que haja pressão proveniente de ação mecânica suficiente para romper a rede cristalina; posteriormente, comportam-se como líquidos (mais viscoso), e assim é possível utilizá-la em processos simples, como untar um recipiente.

Considerando-se que as gorduras alimentares podem atingir valores quantitativamente representativos (aproximadamente 30,0%) na formulação/receita de um produto, é importante observar as interações entre óleos, gorduras e demais ingredientes da formulação.

• 11.4 •
Culinária das gorduras

Armazenamento

Para evitar alterações nas propriedades de gorduras e óleos, alguns cuidados devem ser tomados no seu armazenamento: utilizar recipientes altos e estreitos para reduzir a superfície de contato com o oxigênio, mantendo-os fechados; não utilizar recipientes metálicos, para evitar a reação de ranço oxidativo, nem transparentes, para evitar reações catalisadas pela luz; recipientes, quando abertos pela primeira vez, devem possuir sistema de fechamento; para a escolha das embalagens, priorizam-se as com tampas e, finalmente, estes produtos devem ser armazenados em local fresco e de baixa luminosidade.

Cocção

Em produtos forneados, as gorduras produzem o efeito *shortening*[2] originário do deslizamento de moléculas de proteínas formadoras de glúten sobre moléculas de amido, reduzindo-lhes a tendência de aderirem umas às outras e conferindo maciez aos produtos. Em panificação e confeitaria, as gorduras, além de reduzirem a formação das cadeias de glúten, conferem maciez e umidade, prolongam o prazo de validade e auxiliam no manuseio da massa (redução da pegajosidade). As gorduras basicamente previnem o superdesenvolvimento ou o endurecimento do glúten, assegurando suavidade; quanto ao paladar, as gorduras conferem a característica de se dissolver na boca.

Na produção de bolos, as gorduras, finamente divididas, tornam-se núcleo de incorporação de oxigênio e promovem aumento de volume, maciez, granulometria adequada, textura úmida e sedosa e *flavor* no produto.

As gorduras constituem ainda a base de temperos e molhos em produtos salgados. Similarmente, pudins e cremes doces são elaborados com manteiga ou margarina; e as sobremesas contendo frutas também são frequentemente servidas com creme de leite.

Para melhor selecionar o tipo de gordura a ser utilizada na receita, o ponto de fusão é uma referência (Tabela 11.2). Gorduras sólidas são mais adequadas para preparações como massas para tortas, bolos, dentre outras. Gorduras líquidas são mais indicadas para frituras e para condimentar saladas.

Tabelas 11.2 | Características de algunas ácidos graxos

Notação	Ácido graxo	Ponto de fusão (°C)	N° de átomos de carbono	N° de ligações duplas	Fontes alimentares
Ácidos graxos saturados					
4:0	Butírico	− 7,9	4	0	Leite e derivados.
6:0	Caproico	−8,0	6	0	Leite e derivados, óleo de coco e de babaçu.
8:0	Caprílico	12,7	8	0	Óleo de coco e de babaçu, leite de cabra, óleo de semente de uva.
10:0	Cáprico	29,6	10	0	Óleo de coco, leite de cabra.
12:0	Láurico	42,2	12	0	Óleo de coco, gordura do leite.
14:0	Mirístico	52,1	14	0	Gordura da manteiga, óleo de coco, óleo de noz-moscada.

---

2 Efeito *shortening* — relaciona — se com a crocância de certos alimentos que emitem um ruído seco ao serem mordidos e mastigados, como em biscoitos do tipo *waffer*.

16:0	Palmítico	60,7	16	0	Maioria dos óleos e das gorduras – soja, algodão, abacate, amendoim, milho, oliva, toucinho, manteiga de cacau.
18:0	Esteárico	69,6	18	0	Maioria dos óleos e das gorduras, gordura animal, gordura de cacau.
20:0	Araquídico	75,4	20	0	Óleo de amendoim.
Ácidos graxos monoinsaturados					
16:1 n-9	Palmitoleico	1,0	16	1	Gordura de carnes e de pescados.
18:1 n-9	Oleico	16,3	18	1	Azeites e a maioria dos óleos e das gorduras.
18:1 n-9	Elaídico (trans)	44	18	1	Óleos e gorduras hidrogenados.
Ácidos graxos poli-insaturados					
18:2 n-6	Linoleico - ω_6	– 5,0	18	2	Óleos de milho, soja, algodão e girassol.
18:3 n-3	α-linolênico - ω_3	– 11,3	18	3	Óleos de canola, soja e de nogueira.
20:4 n-6	Araquidônico	– 49,5	20	4	Toucinho.
20:5 n-3	Eicosapentenoico ω_3	– 53,8	20	5	Óleo de pescados de água fria – arenque, cavala, esturjão.
22:6 n-3	Docosahexanoico ω_3	-	22	6	Óleos de pescados de água fria – salmão, truta, atum, cavala.

Fonte: FREELAND—GRAVES, 1995; RIBEIRO; SERAVALLI, 2004.

Manteiga

A manteiga não é uma invenção recente; relatos indicam seu primeiro registro por volta de 1750 a.C. Na Roma antiga, ela era utilizada como creme condicionador para pele e cabelo ou em produtos medicinais. As primeiras fontes de obtenção de gorduras foram as carcaças de animais selvagens, posteriormente substituídos por animais domésticos, em especial os porcos.

Durante esses anos, a técnica para sua obtenção passou por grandes transformações, deixando de ser produzida artesanalmente para ser produzida via processo industrial. Tal evolução contribuiu para otimizar sua qualidade, principalmente pela adoção de normas de higiene na cadeia produtiva. No Brasil, a manteiga tem pouco mais de cem anos de uso. Anteriormente utilizava-se a banha de porco para frituras.

Amplamente usada na culinária, a manteiga, obtida dos leites de vaca (mais comum), búfala, camela, cabra, ovelha e éguas, confere importantes características de sabor porque contém, principalmente, ácidos graxos de cadeia curta; apresenta baixo ponto de fumaça[3], e por isso não é indicada para fritura. Recomenda-se, neste caso, a utilização de manteiga clarificada para evitar que os sólidos do leite presentes nessa gordura queimem, mesmo em baixas temperaturas. A manteiga clarificada tem maior percentual de gordura e maior resistência à rancidez.

Para clarificar uma manteiga, deve-se derretê-la lentamente a temperaturas baixas. O óleo, a água e os sólidos separam-se em três camadas: uma espuma de caseína na superfície, um óleo amarelo e transparente ao meio e uma suspensão aquosa de sólido de leite ao fundo. Retira-se inicialmente a espuma e depois separa-se o óleo da suspensão aquosa. Esse óleo clarificado volta à forma sólida quando frio e apresenta novas características, como ponto de fumaça superior e maior tempo de armazenamento.

A temperatura em que a manteiga começa a derreter varia de 21 °C a 40 °C, dependendo da quantidade de ácidos graxos e de sólidos presentes. As receitas muitas vezes determinam o estado físico em que a manteiga deve ser utilizada ou adicionada às preparações. Receitas que dependem de manteiga para formar massas esfareladas, ou tortas e biscoitos, requerem que esta esteja no estado sólido, à temperatura de refrigeração. Nesse processo, a manteiga não é absorvida pelo amido, produzindo características próprias como uma *farofa*. Em massas que devem ser homogêneas, podem-se utilizar manteigas em seu estado pastoso (temperatura acima de 30 °C).

Com relação ao sabor, os aromas franceses (*échalote*, cebolinha), mas também as anchovas e acima de tudo a trufa, substituíram as especiarias a partir do século XVII. A oposição entre o salgado e o doce – este último tendo sido introduzido na cozinha francesa no século XVI sob a influência dos italianos – continuará sendo uma das principais características do sabor

---

3 Ver capítulo Aspectos da química e da funcionalidade das substâncias químicas presentes nos alimentos.

francês até o século XX. Mas é principalmente o uso da manteiga, utilizada primeiramente pelos italianos na cozinha nobre, que se torna o símbolo distintivo da grande cozinha francesa.

Nos laticínios, a gordura é importante fonte de sabor, proveniente de compostos como ácidos graxos, ésteres de ácidos graxos, lactonas, compostos carbonílicos e outros, que, combinados, conferem riqueza de sabor.

Margarina

A palavra margarina é de origem grega – *margaron* – e significa cor pérola. O primeiro produto foi fabricado em 1869 por Mouriés[4], que utilizou sebo de boi, leite desnatado e úberes picados de vaca. Dez anos mais tarde a margarina foi levada aos Estados Unidos da América (EUA) e a outros países. Em 1930, a quantidade *per capita* de margarina era de apenas 1,3 kg/ano, enquanto a de manteiga era de 9 kg/ano. Atualmente, a quantidade *per capita* de margarina nos EUA é de 4 kg/ano, e a da manteiga caiu para 2,1 kg/ano.

> No Brasil, a margarina é definida como uma emulsão de água em óleo (as gotículas de água são distribuídas na fase oleosa), contendo gordura de origem totalmente vegetal e leite.

As margarinas podem ser encontradas com concentrações de lipídios que variam de 20,0% a 80,0%; assim apresentam características diferentes quando utilizadas em preparações. Elas podem substituir a manteiga para corar e refogar, mas a concentração de lipídios influencia na temperatura que se deseja atingir. Margarinas com 20,0% de gordura não são indicadas para corar alimentos, porque demoram a atingir temperaturas adequadas, necessitando de evaporação da água. O excesso de umidade no produto, como nas margarinas do tipo *light,* também é prejudicial para elaborar massas, bolos e emulsões. As massas ficam mais duras, e os bolos, menos granulosos.

Pela legislação brasileira (BRASIL, 1997), margarina é o produto gorduroso em emulsão estável com leite ou seus constituintes ou derivados, e outros ingredientes, destinados à alimentação humana com cheiro e sabor característico. A gordura láctea, quando presente não deverá exceder a 3% m/m do teor de lipídios totais. É classificada de acordo com o teor de lipídios totais. Tem aspecto de emulsão plástica ou fluída, homogênea, uniforme; cor amarela ou branca amarelada; sabor e odor característicos ou de acordo com os ingredientes de sua composição normal.

> Ingredientes obrigatórios na produção de margarina: leite, seus constituintes ou derivados, óleos e/ou gorduras de origem animal e/ou vegetal, água. Será obrigatória a adição de Vitamina A, quando determinada por legislação específica para atender necessidades nutricionais de uma população alvo (BRASIL, 1997).

> Ingredientes opcionais na produção de margarina: culturas de fermentação, gema de ovo, sal (cloreto de sódio), amidos e/ou amidos modificados, açúcares e/ou glicídios (exceto poliálcoois); proteínas comestíveis (vegetais e/ou animais), maltodextrina. Vitamina A em quantidade mínima de 1500 UI/100g de produto e de no máximo de 5000 UI/100g de produto, vitaminas e/ou sais minerais e/ou de outros nutrientes.

O creme vegetal é também um alimento em forma de emulsão plástica, cremoso ou líquido, do tipo água/óleo, produzida a partir de óleos e/ou gorduras vegetais comestíveis, água e outros ingredientes, contendo no máximo 95% (m/m) e no mínimo 10% (m/m) de lipídios totais (BRASIL, 1999).

> Ingredientes obrigatórios na produção de creme vegetal: óleo e/ou gorduras vegetais e água. Ingredientes opcionais na produção de creme vegetal: sal (cloreto de sódio), amidos e/ou amidos modificados, açúcares, exceto poliálcoois, proteínas comestíveis, maltodextrina, ácidos graxos essenciais, vitaminas, minerais, culturas de fermentação de ácido lático e/ou produtoras de aromas (BRASIL, 1999).

> Nem todos os tipos de margarinas e cremes vegetais podem ser utilizados em quaisquer preparações culinárias, muitos devem ser usados em culinárias específicas pelo reduzido teor de lipídios em sua composição; quando utilizados para substituir produtos com maior teor de lipídios, os resultados podem não ser satisfatórios.

> Produtos com reduzido teor de lipídios, com textura cremosa e sabor suave são indicados para passar em pães, biscoitos, torradas e também para colocar sobre batatas e outros tubérculos cozidos.

Gordura ou banha animal

A gordura animal tem principalmente ácidos graxos saturados, em temperatura ambiente apresenta-se sólida. Sebo, de bovino ou de ovino; gordura de aves e banha de suíno são algumas das gorduras de origem animal utilizadas em diversas culinárias. As gorduras de uso mais comum no Brasil são a banha e toucinho de porco. A banha é de cor branco-marfim, pastosa, lisa, macia e apresenta *flavor* suave, seu ponto de fumaça é superior ao dos óleos vegetais, e seu ponto de fusão, superior ao da manteiga. A banha é aplicada principalmente na fabricação de massas para tortas e salgados, em algumas regiões ainda é empregada no preparo da comida e em frituras.

---

[4] Hippolyte Mège — Mouriés — químico francês a quem se atribui a invenção da margarina. Em 1838, Hippolyte obteve emprego na farmácia central do Hospital Hôtel — Dieu de Paris e iniciou a publicação de artigos originais em química aplicada. A partir de 1860 concentrou — se na pesquisa do valor alimentar das gorduras animais, trabalho que veio a culminar no patentear da margarina em 1869.

Do toucinho obtêm-se o toucinho defumado, o bacon e os torresmos. O toucinho defumado é uma camada de gordura suína aderida à pele, entremeada com camadas finas de carne. O bacon consiste em tiras finíssimas de toucinho defumado retiradas das partes mais ricas em carne. Atualmente encontra-se bacon picado em cubos ou em formato redondo. Ele é utilizado como condimento ou para fritar os temperos frescos de algumas preparações, como o feijão e outras leguminosas. Em sanduíches, o bacon é utilizado após a retirada de quase toda a gordura.

O torresmo é obtido pela fritura do toucinho cortado em cubos. Dessa forma, a gordura vai derretendo, restando a pele e o tecido estrutural, que adquirem cor amarelada escura e ficam crocantes. O torresmo é muito utilizado como aperitivo e como acompanhamento de certos pratos típicos da culinária brasileira.

Gordura vegetal hidrogenada

A gordura vegetal hidrogenada é uma gordura plástica, de cor branca, com sabor e odor característicos, é usada para frituras de imersão e para preparar massas, bolos e salgados, uma vez que à temperatura ambiente são mais maleáveis e fáceis de trabalhar. É obtida a partir de gorduras de origem vegetal, que são submetidas a um processo tecnológico - denominado hidrogenação - que altera algumas partes das cadeias de ácidos graxos insaturados não pela adição de hidrogênio, mas pelo rearranjo das duplas ligações. Essas moléculas permanecem insaturadas, mas alteram sua configuração geométrica *cis* em uma configuração mais regular e do tipo *trans*. Como o ácido graxo *trans* é similar à cadeia de ácido graxo saturado, sua cristalização é fácil, tornando sua textura mais firme.

Gorduras sólidas apresentam maior capacidade de reter as bolhas de ar no batimento de massas devido à sua consistência. O ar, juntamente com os cristais de açúcar no batimento, é imobilizado na mistura cristalina da gordura. Gorduras animais como manteiga e banha apresentam tendência à formação de grandes cristais de gordura, apreendendo bolhas de ar muito grandes que se juntam facilmente e saem da massa. Gorduras vegetais hidrogenadas contêm pequenos cristais que aprisionam pequenas bolhas de ar, e estas permanecem na massa. As melhores temperaturas para gordura hidrogenada estão entre 24 °C e 27 °C.

Uma das desvantagens da gordura hidrogenada é sua elevada concentração de gordura *trans*[5], pois essa assemelha-se aos ácidos graxos saturados existentes em outros tipos de gorduras, aumentando o colesterol sanguíneo, podendo contribuir para o desenvolvimento de doenças do coração. Esse tipo de gordura é menos suscetível à ação do oxigênio, sendo mais estável. Dessa forma, ela tem grande aplicação na culinária, pois é mais resistente a altas temperaturas, podendo ser utilizada por mais vezes no processo de fritura.

Óleos vegetais e azeite

Óleos são utilizados para fritar, refogar e temperar. Por ter sabor mais agradável, usa-se azeite em saladas, molhos frios, pães, *pizzas*, entre outros; devido à sua composição química, não é indicado para cocção em elevadas temperaturas.

Dentre os óleos, o de soja é o mais indicado para a fritura, porque tem ponto de fumaça mais elevado e por isso é mais resistente a elevadas temperaturas: 162 °C a 196 °C, e também porque começa a se decompor em temperatura de 230 °C.

Na técnica de refogar alimentos não é necessário acrescentar grande quantidade de óleo, pois ele é apenas um transmissor de calor para alimentos, ressaltando sabor e cor, ou para alimentos de cocção rápida, como carnes moídas, couve-manteiga, entre outros.

Para corar, a temperatura necessária é 130 °C a 150 °C, com pouca gordura. Esta técnica é utilizada quando se deseja melhorar a cor da superfície do alimento já cozido, como na batata *sauté*.

Para dourar um alimento, a gordura deve ser aquecida a temperaturas entre 190 °C e 198 °C e o alimento deverá ser pré-cozido. Da mesma forma, podem-se dourar alimentos no forno.

Para fritar, a temperatura necessária varia entre 180 °C e 200 °C, sendo o tempo de cocção bem reduzido.

A temperatura de decomposição das gorduras alimentares está relacionada com a área de exposição dessa gordura. Por isso, é mais indicada a fritura em fritadeiras com cestos metálicos, mais profundos, do que em frigideiras comuns.

As gorduras absorvem o odor e o sabor dos alimentos que nelas foram fritos. Consequentemente, seu reaproveitamento, quando viável, deverá ser feito com produtos similares: peixe, camarão, bolinho de bacalhau, dentre outros.

O óleo vegetal usado para frituras poderia ser reaproveitado se a temperatura de cocção não atingisse o limite para decomposição. Entretanto, para se determinar o ponto de descarte, cujo impacto econômico é importante, é preciso considerar não apenas as características sensoriais dos óleos – alteração de cor, presença de fumaça e de espuma, alterações de aroma e sabor –, mas principalmente as alterações físico-químicas que ocorrem e não são perceptíveis.

---

5 Ver capítulo Aspectos da química e da funcionalidade das substâncias químicas presentes nos alimentos.

Os óleos são excelentes meios de cocção; podem ser aquecidos a temperaturas bem elevadas, transmitindo calor rapidamente. A escolha da gordura ou do óleo depende da técnica culinária e do produto. No aquecimento, o grau de hidrólise dos lipídios, a interação com as proteínas e os outros ingredientes produzem compostos responsáveis pelo *flavor*, exceto para o óleo de oliva e a banha por não conterem mono e diglicerídios em sua composição.

Nos processos de fritura, óleos e gorduras atuam como meio de transferência de calor e como lubrificantes. A imersão em banho de óleo é o método de cocção mais eficiente que o cozimento por ar quente em fornos e mais rápido que a cocção úmida, pois as temperaturas alcançadas pelo óleo são muito superiores às alcançadas pela água em ebulição.

O mecanismo físico-químico do processo de cocção se deve ao bombeamento da água, presente no interior dos alimentos, para o exterior. Essas moléculas de água, ao consumirem parte da energia proveniente do óleo aquecido, passam para o estado de vapor, evitando a queima ou a carbonização por excessiva desidratação; o alimento é cozido a uma temperatura menor que a do meio de fritura. Em tais condições as moléculas dos óleos e gorduras sofrem muitas alterações químicas que respondem pela deterioração de componentes biologicamente importantes, pelas diversas mudanças nas características sensorial, nutricional, funcional, além de ainda responderem pelo aparecimento de substâncias tóxicas.

Na fritura dos alimentos, o óleo, em presença de oxigênio, está exposto a três agentes que provocam mudanças em sua estrutura: a água, proveniente do alimento, que produz alterações de natureza hidrolítica; o oxigênio, que entra em contato com o óleo a partir de sua superfície e assim provoca alterações oxidativas; e a temperatura, que promove alterações térmicas.

A rancidez oxidativa é a principal responsável pela deterioração de óleos, por originar sabores e odores indesejáveis conhecidos como ranço. A auto-oxidação acontece em três fases: iniciação, propagação e terminação. Na iniciação formam-se radicais livres a partir dos ácidos graxos insaturados, que reagem com o oxigênio, produzindo peróxidos. Na propagação, ocorre o acúmulo de radicais do tipo peróxido e a oxidação de grande concentração de lipídios insaturados com formação de hidroperóxidos. Nessa etapa, peróxidos instáveis resultantes da propagação sofrem decomposição, por vias reativas paralelas, formando produtos como aldeídos, cetonas, álcoois e ácidos, responsáveis pelo odor e sabor desagradáveis e indesejáveis (ranço). E, na terminação, os radicais livres procedentes da decomposição dos peróxidos associam-se formando novos compostos não reativos. Além da auto-oxidação, é possível ainda acontecer a foto-oxidação pela presença de sensores nos tecidos animal e vegetal, como riboflavina, clorofila e mioglobina que, na presença de luz e oxigênio, dão início ao processo de transferência de energia para a reação de formação de peróxido. Esta reação provoca mudanças na conformação das moléculas de ácidos graxos, que passam da configuração *cis* para *trans*.

Os melhores recipientes para fritura são os de aço inoxidável e superfície não muito ampla – característica que garante a menor exposição do óleo ao oxigênio do ar. O processo de fritura deve ser contínuo à temperatura de 180° C. A manutenção desta temperatura leva à formação de vapor sobre o recipiente, criando uma espécie de barreira entre o óleo e o ar, que protege o óleo do processo de oxidação.

Na rancidez hidrolítica a ação de determinadas enzimas e as reações químicas rompem a ligação éster dos lipídios. A hidrólise ocorre devido à presença de água e é mais rápida quando se submetem à fritura alimentos com elevados teores de atividade de água comprometendo a qualidade do óleo, pelo desenvolvimento de sabor e odor indesejáveis, e reduzindo o ponto de fumaça.

As reações que explicam o processo de fritura são, portanto, complexas; hidrólise e oxidação dos óleos estão inter-relacionadas. Além disso, múltiplas reações podem ocorrer entre o alimento e o óleo como a solubilização de compostos do alimento e os produtos da reação destes produtos com o óleo. As características sensoriais mais relevantes transmitidas aos alimentos são a cor da superfície e a umidade no interior do produto. A coloração escura que aparece durante a fritura decorre da reação de *Maillard*[6], em que o grau de escurecimento é dependente da relação tempo/temperatura e de aldeídos e cetonas, formados durante a oxidação.

A crocância obtida se deve à desidratação superficial do alimento. A gordura absorvida é responsável pela maciez do produto e contribui para a umidade e o *flavor*.

Alguns fatores influem tais reações: a composição química do óleo, dos alimentos; o binômio tempo x temperatura; equipamentos, processo, se intermitente ou contínuo; a relação superfície/volume de óleo, dentre outros. À proporção em que se estende o tempo de utilização do óleo de fritura, aumenta-se o contato óleo x alimento. Na reutilização desse óleo, outras substâncias, como os agentes tensoativos, são formadas e reduzem a tensão superficial entre compostos imiscíveis. Há aumento do contato entre água e óleo que promove maior absorção de óleo pelo alimento, além da ampliação da taxa de transferência de calor para a superfície e promoção do escurecimento e do endurecimento do alimento.

Diferentes estágios de degradação do óleo mostram como a qualidade do alimento é afetada pelo tempo em que o óleo é utilizado no processo de fritura. No início do ciclo do processo de fritura, o interior do alimento adquire a característica de produto bem cozido e a superfície, mais branca, se deve a reduzida absorção de óleo devido ao baixo nível de agentes tensoativos existentes que limitam o contato óleo/alimento.

Com a continuação do ciclo, identifica-se a produção de uma pequena concentração de agentes tensoativos que levam a um melhor cozimento do alimento, que se torna ligeiramente mais corado e, superficialmente, adquire textura crocante. Na fase seguinte o óleo passa para fase de "ótima condição"; observa-se a formação de uma maior concentração de substâncias tensoativas que propiciam um melhor cozimento, mas também permitem que quantidades de óleo maiores que as desejadas penetrem no alimento.

> Alimentos fritos a temperaturas inferiores a 180°C, embora tenham cores mais claras, absorvem 40% a mais de gordura. Temperaturas muito superiores a 180°C aceleram o processo de fritura, degradam rapidamente o óleo, produzindo alimentos muito cozidos externamente e internamente crus.

Qualquer óleo "fresco", ou virgem, adicionado nessa fase retarda, mas não paralisa o desenvolvimento de reações de degradação, e promove a interação imediata com os radicais livres e produtos de oxidação já existentes. O alimento se torna mais dourado, rígido, crocante e adquire aroma de fritura. Nessa condição, o meio de fritura apresenta avançadas reações de oxidação que levam à formação de moléculas voláteis, libera odores desagradáveis, gerando alimento frito de baixa qualidade, superfície endurecida, com manchas e excessivamente gorduroso. Na fase final, de óleo de descarte, a taxa de hidrólise encontra-se muito avançada e os produtos de oxidação acumulam-se no óleo, diminuindo o ponto de fumaça com adição de compostos tóxicos. Os alimentos preparados apresentam vida de prateleira curta e *flavor* desagradável, superfície muito dura e escura, excesso de óleo absorvido e o centro do alimento cru.

O escurecimento, o aumento da viscosidade, a diminuição do ponto de fumaça e a formação de espuma são mudanças físicas que ocorrem no óleo ou na gordura durante o processo de fritura, com influência na sua qualidade e na do alimento frito. Algumas medidas para definir o ponto correto para o descarte de óleo de fritura já foram propostas; uma delas é a análise de quantificação de compostos polares, usada por alguns países da Europa (Bélgica, França, Alemanha e Suíça), que permitem o máximo de 25% de compostos polares nos óleos.

No Brasil, não há regulamento que defina legalmente o monitoramento de descarte para óleos de fritura. Os *kits* para testes rápidos estão sendo usados para o monitoramento da qualidade e ponto de descarte dos óleos de fritura e se fundamentam na quantidade de compostos polares formados durante o processo.

> O consumo de alimentos fritos, pré-fritos, dourados e corados aumentou nos últimos anos, provocando maior ingestão de óleos e gorduras que foram submetidos a elevadas temperaturas. Isso se deve a questões sociais, econômicas e técnicas, pois as pessoas dispõem de menor tempo para preparar seus alimentos. O processo de fritura fornece uma alternativa de preparação rápida e ao mesmo tempo confere aos alimentos características sensoriais mais agradáveis.

> Para reduzir a absorção de óleo, recomenda-se a cocção prévia do alimento em água, a fritura do alimento congelado e a utilização do óleo ou gordura mais adequado para o tipo de preparação.

Para verificar a absorção de óleos ou gorduras nos alimentos durante a fritura utilizam-se as fórmulas a seguir:

Fórmula 1 | Cálculo da absorção de gordura na fritura

$$\% \text{ Absorção de óleo} = \frac{\text{quantidade de óleo absorvida} \times 100}{\text{peso final da preparação}}$$

Fórmula 2 | Cálculo de absorção de gordura na preparação

% Absorção de óleo = quantidade de óleo absorvida (g) x 100
peso final da preparação (g)

O exemplo a seguir mostra a absorção de óleo na fritura de batatas:

PI óleo = 200 g   PF óleo = 180 g
PI papel = 5 g   PF papel (com o óleo) = 7 g
PF preparação = 180 g

Fórmula 1:
Absorção de óleo = 200 – [180 + (07 – 05)] = 18g

Fórmula 2:
% Absorção de óleo = $\frac{18 \times 100}{180}$ = 10,0%

A variação de absorção de óleo depende das condições iniciais do alimento, além do tipo de óleo escolhido e da temperatura do processo. Usualmente, a absorção de óleo em batata frita varia de 10,0% a 15,0%; na batata pré-cozida e congelada, esse valor pode diminuir para 5,0%.

Deve-se atentar que uma absorção de 10,0% de óleo em 180 g de batata frita implica absorção de 18 g de gordura nesta porção, equivalendo a 162 kcal a mais no alimento quando comparado ao mesmo cozido por calor úmido.

Alguns indicadores utilizados pelos serviços de alimentação para determinar o ponto de descarte da gordura são: alteração da cor, presença de fumaça, presença de espuma e alteração do aroma e do sabor. Entretanto, essa avaliação é subjetiva. Ponto de fumaça é a temperatura na qual a decomposição da gordura é percebida por meio de uma fumaça branco-azulada – degradação da gordura em glicerol e ácido graxo (Tabela 11.3). Os valores de temperatura relativos ao ponto de fumaça dependem de como o óleo foi refinado e tornam-se mais baixos se o óleo já foi utilizado.

Tabela 11.3 | Valores aproximados de temperatura para os pontos de fumaça de alguns óleos e gorduras

Óleo/gordura	Temperatura (°C)	Óleo/gordura	Temperatura (°C)
Gordura hidrogenada	231	Óleo de canola	213-223
Óleo de soja	226-232	Óleo de milho	204-212
Óleo de girassol	226-232	Azeite de oliva	175 - 190
Óleo de algodão	218-228	Banha	185-213
Óleo de amendoim	217-221	Manteiga/margarina	120-150

A decomposição das gorduras alimentares pode acontecer em três etapas:

1. Decomposição visível – caracterizada pelo aparecimento de fumaça branco - azulada – detecção do ponto de fumaça.

2. Ponto de combustão temporário – caracterizado pelo surgimento de fumaça cinza. Suscetibilidade à combustão.

3. Ponto de combustão contínua – caracterizado pela produção de fumaça espessa e preta.

Nesse processo de decomposição, há transformação por hidrólise do glicerol em acroleína. Os triglicerídios são hidrolisados pelo calor em glicerol e ácidos graxos. O glicerol continua sofrendo a ação do calor, provocando a desidratação da molécula. Esse processo de perda de água forma a acroleína, que é potencialmente cancerígena. A acroleína destrói as fibras elásticas e irrita as mucosas nasogástricas e oculares.

Do ponto de vista econômico, o ponto de descarte dos óleos de fritura tem sua relevância porque implica em maior custo quando o rejeito ocorre muito cedo e implica ainda na qualidade do produto quando descartado tardiamente.

Considerando que os testes físico-químicos mais apropriados são de mais difícil execução e mais caros, as indústrias desenvolveram alguns *kits* de testes rápidos com o objetivo de fornecer resultados imediatos para o monitoramento da qualidade e do ponto de descarte de óleos de fritura. A fundamentação desses testes está nas mudanças químicas que ocorrem e que estão relacionadas à quantidade de compostos polares e, de maneira geral, as reações são colorimétricas e, em função da cor obtida, se tem a indicação de pontos que variam entre o "óleo bom e o óleo de descarte".

O Monitor de Óleos Gorduras 3MTM visa determinar o grau de degradação da gordura, usando como parâmetro a concentração de ácidos graxos livres (%AGL) numa faixa de 2% a 7%, por meio da mudança de cor das bandas da tira: cada faixa azul muda para a cor amarela quando exposta a uma concentração específica de AGL. A leitura sugere este percentual de AGL: faixa azul, 0% de AGL; uma faixa amarela, cerca de 2% de AGL: início da hidrólise; duas faixas amarelas, cerca de 3,5% de AGL, o óleo pode ser utilizado para frituras de batatas, polentas (alimentos mais sensíveis que não devem ser submetidos a temperaturas elevadas e/ou a maior tempo de exposição a estas temperaturas); três faixas amarelas, cerca de 5,5% de AGL, o óleo pode ser utilizado para fritar empanados; quatro faixas amarelas, cera de 7%, o óleo não deve ser mais usado.

Há divergências na literatura sobre a correlação entre os métodos laboratoriais e os testes rápidos; contudo, os testes rápidos – *Oxifritest*, *Fritest* e *Oil test* – podem ser um indicador de ponto de descarte, pois estudos mostraram uma correlação positiva entre os dados obtidos por essa via e aqueles obtidos pelos parâmetros físico-químicos.

A seleção da gordura é fundamental, pois sua composição química estabelece o grau de hidrólise. A literatura recomenda usar óleos vegetais – exceto azeite de oliva – e banha, por não apresentarem mono e diglicerídios em sua composição e terem pontos de fumaça elevados.

A resistência térmica dos óleos depende de sua estrutura química; gorduras alimentares com ácidos graxos saturados são mais estáveis. No entanto, a margarina, apesar de conter maior concentração de ácidos graxos saturados, tem concentração elevada de água

(18,0%), o que diminui seu ponto de fumaça. Por isso, tanto a margarina quanto a manteiga não são indicadas para frituras em imersão, pois os produtos resultantes geralmente apresentam maior absorção de gordura e encharcamento.

A reposição de óleo em fritadeiras tem sido utilizada porque dilui os componentes resultantes da degradação do óleo, entretanto a cada processo de fritura se observa que o ponto de fumaça diminui, prejudicando o processo de cocção. Isso ocorre porque aumenta a concentração de ácidos graxos livres: no óleo novo significa aproximadamente 0,05% de acidez, e com a exposição continuada a elevadas temperaturas pode apresentar acidez em torno de 0,6%, valor mais de dez vezes superior à acidez inicial.

A forma de preparo do alimento também contribui para o surgimento dos problemas levantados anteriormente, prejudicando o resultado. Nos empanados[6], as partículas da superfície podem se desprender e podem ser queimadas. Essas partículas carbonizadas escurecem e conferem sabor e aroma desagradáveis ao alimento. Na fritura de alimentos que contêm níveis elevados de sólidos de ovo há rápida formação de espuma pela solubilização da lecitina presente na gema.

De modo geral, devem ser seguidas algumas recomendações para minimizar tais alterações no óleo de fritura de uso comercial:

- Não utilizar excesso de óleo na fritadeira, pois o nível deverá ser o mínimo requerido para fritar os alimentos convenientemente e otimizar a distribuição do calor.

- Não empregar sem necessidade temperaturas muito elevadas, e no caso de fritadeiras de grande porte utilizar termostatos (para manter a temperatura em torno de 180 °C).

- Fritar a maior quantidade possível de produtos evitando o uso da fritadeira por períodos curtos e também mantê-la tampada, não permitindo a exposição ao ar quando o óleo não estiver em uso.

- Evitar a reposição de óleo novo junto ao que está na fritadeira.

- Utilizar óleos com menor grau de insaturação, por apresentarem maior estabilidade térmica e oxidativa.

- Filtrar o óleo quando quantidades apreciáveis de resíduos de alimentos forem liberadas para o meio (como é o caso dos alimentos empanados).

Manter adequada higienização da fritadeira, pois o óleo polimerizado e depositado nas paredes tende a catalisar reações que provocam outras alterações. Os isômeros geométricos *trans* de ácidos graxos insaturados são formados no processo de fritura, bem como no refino de óleos e no processo de hidrogenação, por mecanismo induzido termicamente. Os óleos refinados apresentam níveis razoavelmente pequenos (1,0% – 1,5%) de ácidos graxos *trans* (AGT), mas a reutilização, principalmente no preparo de alimentos fritos, pode tornar significativa a sua contribuição na ingestão diária de AGT.

Na década de 1960, já se estudavam os efeitos sobre os níveis de colesterol plasmático a partir da ingestão de gordura parcialmente hidrogenada de óleos vegetais e gorduras saturadas. Tais pesquisas mostravam que os níveis de colesterol total associados à ingestão de gordura saturada eram um pouco mais elevados que os níveis relacionados à gordura parcialmente hidrogenada. Apenas em 1990, estudos mais apurados iniciaram a investigação destes problemas que sugerem uma provável contribuição do efeito na elevação do risco de doenças cardiovasculares.

Os compostos formados pela decomposição de ácidos graxos insaturados durante o processo de fritura afetam a disponibilidade dos ácidos graxos essenciais, linoleico e α-linolênico, responsáveis pela biossíntese dos ácidos araquidônico, eicosapentaenoico e docosahexaenoico; estes últimos participam da formação das prostaglandinas, tromboxanos e prostaciclinas, compostos que estão envolvidos na regulação da pressão arterial, frequência cardíaca, resposta imunológica, dos processos da coagulação sanguínea e do funcionamento do sistema nervoso central. Estudos clínicos mostram ainda que os AGT formados durante a hidrogenação dos óleos vegetais, no processo de fritura, agem sobre as lipoproteínas, aumentam os teores de LDL e reduzem os de HDL; tais efeitos são potenciais fatores de risco para a saúde cardiovascular. Podem também desencadear alguns efeitos no organismo como aumento de peso dos rins e do nível de lipídios no fígado, inibição da biossíntese do ácido araquidônico, aumentando os sintomas de deficiência de ácidos graxos essenciais.

Apesar de evidências ainda insuficientes, estudos sugerem que os ácidos graxos *trans* são transferidos ao feto via placenta, de acordo com teores encontrados no plasma materno, diretamente proporcionais aos do cordão umbilical. Sugere-se, ainda, que os AGT afetam o crescimento intrauterino, por inibição da biossíntese dos ácidos graxos essenciais: um aumento no consumo de ácidos graxos *trans* levaria a diminuição do peso ao nascer. Acredita-se que os AGT podem afetar o desenvolvimento da criança pela deficiência dos

---
6 Ver capítulo Métodos e indicadores culinários.

ácidos araquidônico e docosahexaenoico, envolvidos na função psicomotora.

A literatura descreve que ratos alimentados com óleos exaustivamente processados em frituras apresentaram alterações metabólicas, resultando em perda de peso, supressão do crescimento, diminuição do tamanho do fígado e rins, aumento da taxa de colesterol no fígado e fertilidade reduzida. Essas alterações estão relacionadas, provavelmente, ao processo oxidativo das membranas desses animais, na presença de oxidantes (EDER, 1999). Considera, além disso, que a peroxidação de ácidos graxos poli-insaturados leva à formação de malonaldeído, podendo provocar ligações cruzadas nas lipoproteínas de baixa densidade, causando acúmulo de colesterol no vaso sanguíneo. Destaca que os radicais livres formados no processo de oxidação reagem rapidamente com lipídios insaturados presentes na membrana celular, ocasionando lesões ou mesmo destruição. O DNA e o RNA podem ser afetados, mudando a função celular, desenvolvendo doenças como câncer, aterosclerose, artrite e envelhecimento precoce.

• 11.5 •
Substitutos para óleos e gorduras

Quando consumidas em excesso, as gorduras alimentares podem acarretar prejuízos à saúde, como obesidade, aumento de colesterol, obstrução dos vasos sanguíneos, entre outros.

Nesse aspecto, a indústria alimentícia passou a buscar formas para a obtenção de produtos que apresentem as mesmas funções tecnológicas das gorduras, porém sem o risco de danos à saúde.

Para uma molécula ser utilizada como substituto de gordura, deve possuir alguns requisitos: ser livre de efeitos tóxicos, não produzir metabólitos diferentes daqueles produzidos pela gordura convencional e ser completamente eliminada do organismo.

Os substitutos de gorduras são produtos que apresentam sabor, textura, aparência, viscosidade e outras propriedades semelhantes às das gorduras, porém com valor calórico reduzido. Alguns não são digeridos e assim não fornecem calorias ao organismo. Em maionese *light*, por exemplo, são *utilizados* amido modificado e/ou concentrado proteico de soro de leite como substitutivos. Existem basicamente três tipos de substitutos de gordura.

Base de carboidratos

Os substitutos de gorduras à base de carboidratos são utilizados em soluções a 25,0% ou 50,0% em formulação de alimentos, portanto, reduzem de 1 kcal/g a 2 kcal/g no produto final, apesar de fornecerem o mesmo valor calórico dos carboidratos e serem digeridos normalmente. Por serem termoestáveis, esses substitutos são amplamente usados na panificação.

Os hidrocoloides utilizados como substitutos de gordura são a polidextrose, as gomas e a celulose microcristalina. Como exemplo, citam-se produtos compostos por: celulose; mistura de celulose e goma guar; fibra de ervilha; hemicelulose obtida de beterraba, soja e amêndoas.

A polidextrose é um polímero de dextrose com pequenas quantidades de sorbitol e ácido cítrico. Apresenta ação espessante e umectante e é utilizada como substituto do açúcar ou da gordura em produtos de panificação, chicletes, confeitos, recheios, molhos, sobremesas, gelatinas, pudins e balas. A polidextrose é parcialmente absorvida (5,0%-10,0%), por ser resistente às enzimas digestivas no intestino delgado.

As gomas são hidrocoloides de cadeia longa e alto peso molecular que se dispersam em água formando géis, aumentando a viscosidade e estabilizando as emulsões. As mais utilizadas como substitutos de gorduras são: caragena, xantana, alginato, goma guar e pectina, utilizadas em produtos de panificação, congelados, molhos de salada e hambúrgueres.

Na celulose microcristalina a parede celular das fibras das plantas foi fisicamente fragmentada; após a hidrólise ácida ela permanece insolúvel; não é calórica e substitui totalmente a gordura em molhos para saladas, produtos lácteos e sobremesas.

A celulose e as gomas, além de substituírem a gordura nos alimentos, fornecem fibras solúveis e insolúveis e ajudam a reduzir o nível de colesterol no sangue e melhorar a função intestinal.

Base de proteínas

Os substitutos à base de proteínas são produzidos a partir de mistura de proteínas microparticuladas[7] da clara de ovo, do leite e do milho com outros produtos como carboidratos, pectinas e ácidos e fornecem de 1 kcal/g a 4 kcal/g. Eles são utilizados em formulações de sobremesas, iogurtes, queijos, sorvetes, maioneses, margarinas e molhos, porém não podem ser utilizados na panificação e em frituras, pois o aquecimento causa coagulação e desnaturação das proteínas, o que leva à perda de cremosidade e textura.

---

7 Microparticulação — aplicação de calor às proteínas de maneira que coagulem na forma de gel, ao mesmo tempo em que se submete o sistema a uma força de cisalhamento, fazendo com que as proteínas coaguladas formem partículas de diâmetro menor.

Uma das possibilidades de substituição é quando se usam 23,0% de proteína do soro de leite, 17,0% de carboidratos e 2,0% de gordura. Comparando-se os valores calóricos desse produto com os produtos convencionas, observa-se:

- 1 colher de sopa de maionese tradicional contém 99 kcal;
- 1 colher de sopa de maionese com essa formulação = 30 kcal;
- 1 porção de margarina = 36 kcal;
- 1 porção de margarina com essa formulação = 8 kcal.

Base de produtos sintéticos

As bases de produtos sintéticos são substâncias similares à gordura, porém resistentes à hidrólise pelas enzimas digestivas e não apresentam valor calórico. Desta classe, encontram-se no mercado produtos formados por uma mistura de ésteres de sacarose com ácidos graxos. Esses produtos apresentam estabilidade a altas temperaturas e não são digeridos pelo organismo, consequentemente não fornecem calorias.

Nos EUA já se comercializa batata do tipo *chips* isenta de gordura, frita nesse tipo de produto. Assim, uma porção de 28 g dessa batata frita regular tem cerca de 150 kcal. Na versão sem gordura ela apresenta apenas 75 kcal, sendo o sabor, a textura e a aparência praticamente idênticos aos do produto original.

Capítulo 12
Transformação dos alimentos: açúcares e açucarados

Halina M. C. Araújo, Karla L. Ramos,
Raquel B. A. Botelho e Renata P. Zandonadi

• 12.1 •
Histórico e definição

Na Idade Média, a culinária árabe baseava-se em combinar ingredientes locais. Açúcar e mel destacavam-se na criação de sabores. O açúcar da cana, curiosidade exótica na Antiguidade, raro e caro, era difundido pelos árabes no mundo mediterrâneo como modificador. No entanto, pelo preço, era considerado uma especiaria.

As cozinhas medievais giravam em torno de três sabores: o forte, devido às especiarias; o doce, graças, principalmente, ao açúcar; e o ácido. Relatos demonstram que o amargo não era muito apreciado, portanto recomendava-se compensar amargores com uma pitada de açúcar. Na Inglaterra e na Itália, a acidez, ainda menos apreciada que o amargo, era equilibrada com adoçantes, manifestando-se a inclinação para o agridoce. Em livros da época confirma-se o gosto pelo sabor doce obtido também do mel, das tâmaras e das uvas-passas.

A partir do século XVIII, a atitude em relação ao sabor doce e o incremento do consumo de açúcar fizeram com que pratos doces constassem de refeições (merenda, almoço e outras) acompanhadas também de bebidas adoçadas. O uso do açúcar intensificou-se na produção de bolos e outras preparações à base de cereais, laticínios, ovos e bebidas. No século XX, a industrialização e a distribuição de alimentos em grande escala criaram um mercado crescente para o açúcar.

O termo açúcares é utilizado para qualquer composto químico do grupo dos carboidratos que forneça sabor (doçura), seja solúvel em água e possa se cristalizar; são mono e dissacarídeos. Os açúcares são carboidratos que ocorrem naturalmente em frutas e vegetais, mas também podem ser encontrados em produtos de origem animal (ribose, lactose e galactose).

Açúcar de mesa é a sacarose obtida do caldo de cana-de-açúcar (*Saccharum officinarum* L.) ou da beterraba (*Beta alba* L.).

•12.2•
Composição e funcionalidade dos açúcares

Os principais monossacarídeos são glicose, frutose e galactose (Quadro 12.1). Comercialmente, a glicose de milho (proveniente da hidrólise do amido de milho) é o produto mais conhecido. A frutose é apresentada como xaropes ou adoçantes de mesa. A galactose é encontrada em produtos lácteos e não é comercializada de forma isolada, como outros adoçantes.

Os dissacarídeos mais comuns são a sacarose, a lactose e a maltose, e, entre eles, a sacarose é o açúcar mais abundante. A lactose é o açúcar encontrado no leite, seu uso como edulcorante é raro, por ser menos doce que outras substâncias, porém pode fornecer volume aos adoçantes de mesa. A maltose é um dissacarídeo extraído da cevada germinada, cujo conteúdo de amido foi convertido à maltose.

Quadro 12.1 | Unidades constituintes dos açúcares

Nome	Nome popular	Unidades de monossacarídeos	Fontes
Monossacarídeos			
Glicose	Dextrose, glucose	-	Sangue, glicose de milho
Frutose	Açúcar das frutas	-	Frutas, mel
Galactose	-	-	Leite
Dissacarídeos			
Sacarose	Açúcar de cana / Açúcar de mesa	Glicose + frutose	Cana-de-açúcar, beterraba
Lactose	Açúcar do leite	Glicose + galactose	Leite
Maltose	Açúcar do malte	Glicose + glicose	Grãos de cevada germinados

---
Edulcorante é o princípio ativo dos adoçantes; é o composto químico responsável por conferir o sabor doce a esses produtos.

Adoçantes são substâncias de sabor doce como os açúcares, seus derivados e os polióis; são sempre energéticos, seu principal representante é a sacarose.

Adoçantes de mesa são os produtos especificamente formulados para conferir o sabor doce aos alimentos e às bebidas.

Adoçantes dietéticos são os produtos formulados para dietas com restrição de sacarose, frutose e glicose (dextrose), são produzidos sinteticamente e podem ter como princípio ativo o aspartame, a sacarina sódica, o ciclamato de sódio, o acessulfame K, a sucralose e a estévia.

Tecnologicamente, os açúcares simples exercem uma funcionalidade que ultrapassa seu poder adoçante. A cor, a textura, a capacidade de reter água, a viscosidade e a firmeza dos géis de gelatina e de pectina e a força das malhas de glúten são alguns dos parâmetros influenciáveis pela presença de açúcares no produto.

O açúcar é obtido do suco da cana (*Saccharum officinarum*) ou da beterraba branca (*Beta alba, L.*) por processos industriais adequados, livres de fermentação, isentos de matéria terrosa, de parasitas e detritos animais ou vegetais; seu aspecto, cor e odor são próprios do tipo de açúcar; o sabor é sempre doce; sua designação é açúcar seguido da denominação correspondente às suas características.

Na produção de alimentos, o conhecimento das propriedades químicas e físico-químicas (Quadro 12.2) dos açúcares permite selecionar e misturar adequadamente esses ingredientes, bem como identificar as técnicas adequadas para obter as características sensoriais próprias de produtos como xaropes, bombons, *fondants*, caramelos, sorvetes, sobremesas e conservas de frutas. O açúcar pode ser utilizado para conferir cor, sabor e textura às preparações e também na fermentação, como alimento para os micro-organismos responsáveis pelo crescimento de massas.

Quadro 12.2 | Funcionalidade dos açúcares na produção de alimentos

Características organolépticas	Características físico-químicas
Aparência: Cor, brilho, opacidade; Textura: Dureza, plasticidade; Sabor: Doce; Sensação na boca: Crocância, suave.	Preparo/processamento: Viscosidade, cristalização, solidificação, higroscopicidade, solubilidade; Manuseio: Instabilidade a altas temperaturas; Armazenamento: Absorção de água.

Grau de doçura

Os diferentes tipos de açúcares apresentam diversidade no grau de doçura, que depende da sua composição química e da sua estrutura. O dulçor é uma propriedade característica dos açúcares que varia com a quantidade e com o tipo dos açúcares presentes. Os açúcares podem, conjuntamente, influenciar a doçura relativa, característica organoléptica detectada pelo paladar.

O poder adoçante é a propriedade mais reconhecida dos açúcares, sendo muito importante para a culinária por proporcionar sabor aos alimentos. A intensidade do sabor doce é determinada por um patamar de percepção do sabor ou por comparação a uma substância de referência, como a sacarose (Tabela 12.1).

Tabela 12.1 | Poder de doçura de alguns açúcares

Açúcares	Poder de doçura
Frutose	1,7
Glicose	0,7
Sacarose	1,0
Maltose	0,45
Lactose	0,4
Xarope de milho	0,3-0,5
Açúcar invertido	0,950
Xilitol	0,9
Sorbitol	0,6
Manitol	0,9

Higroscopicidade

A capacidade de absorção de água é uma das características mais importantes dos açúcares e depende de outros fatores, como a estrutura e a pureza de seus componentes. Os açúcares mais impuros e os xaropes absorvem mais água e em velocidade mais rápida que os açúcares puros[1], porque as impurezas dificultam o estabelecimento de reações entre os açúcares e deixam os grupos hidroxila livres para se unirem com facilidade às moléculas de água. Essa característica é importante na culinária, pois contribui para a manutenção da umidade de alguns alimentos, como produtos de panificação, confeitaria e produtos especiais para portadores de certas patologias. No entanto, essa característica também pode ser desfavorável, como no caso de produtos granulados ou em pó, nos quais a absorção de água leva à aglomeração de partículas, dificultando sua solubilidade.

Todos os açúcares são higroscópicos, mas os ricos em frutose absorvem mais umidade da atmosfera, produzindo efeito pegajoso. Na produção de alimentos, não se pode substituir diretamente a sacarose por frutose, pois o poder de doçura desta é superior e, sob aquecimento, sofre variações de sabor e em seu poder de doçura. Os produtos elaborados com mel também se apresentam mais úmidos, pois a frutose que os compõem absorve umidade do ambiente.

Solubilidade e cristalização

A solubilidade dos açúcares é propriedade importante por seus efeitos na textura dos alimentos e por sua ação preservativa. Em geral, os açúcares são facilmente dissolvidos em água: quanto maior a temperatura da água, maior concentração de açúcar pode ser dissolvida, ou seja, a solubilidade dos açúcares é diretamente proporcional ao aumento de temperatura. Entretanto, esses valores são diferentes para cada tipo de substância (Tabela 12.2).

---

[1] Ver Aspectos da química e da funcionalidade das substâncias químicas presentes nos alimentos.

Tabela 12.2 | Solubilidade de alguns açúcares em água à temperatura de 20 °C

Composto	Solubilidade (g/100 g de água)
Frutose	375
Sacarose	204
Solução de glicose	107
Lactose	20

Pela Tabela 12.2 verifica-se que a frutose é o mais solúvel dos açúcares, e a lactose, o menos solúvel. Quando a solução é aquecida, a solubilidade aumenta: por exemplo, 184,7 g de sacarose são dissolvidos em 100 ml de água a 5 °C; a 100 °C, podem ser dissolvidos 487,2 g de sacarose na mesma quantidade de água.

Os efeitos estruturais dos açúcares nos alimentos dependem de seu estado físico e das interações com as moléculas de água. Os açúcares podem formar soluções saturadas ou supersaturadas e atingir consistência sólida, obtendo aspecto vítreo[2]. O processo de cristalização ocorre quando soluções supersaturadas são resfriadas e mantidas em temperatura ambiente.

O tamanho desses cristais exerce importante influência na textura de produtos açucarados e depende da intensidade com que se agita a solução e da presença ou ausência de ingredientes que dificultam ou facilitam sua formação: ácidos, gorduras, proteínas, xarope de milho, mel, cremor tártaro, açúcar invertido dificultam a cristalização. A velocidade de formação dos cristais de açúcar interfere na qualidade de produtos como sorvetes e bolos. Quanto menores forem esses cristais, mais macia a textura. Quando perceptíveis, como no caso da lactose em leite condensado e em doce de leite, conferem arenosidade, que é indesejável.

A diferença em solubilidade é um fator que determina o uso de tipos de açúcares para elaborar um produto. Açúcares de menor solubilidade devem ser evitados na preparação de geleias, confeitos, frutas cristalizadas, alimentos obtidos por técnicas de concentração de açúcar.

Ponto de fusão

É a temperatura em que o açúcar, no estado sólido, passa para o estado líquido. Continuando o aquecimento, alguns açúcares sofrem modificações visíveis na coloração. Como exemplo, à temperatura de 160 °C, a sacarose se funde e transforma-se em um líquido claro. À medida que se aumenta a temperatura para valores em torno de 170 °C, o líquido amarelo adquire coloração parda, resultante do processo denominado *caramelização*, que, além de conferir sabor e aroma à preparação, ajuda na retenção de umidade em produtos assados.

As caldas de açúcar são produtos derivados do açúcar (adicionado de água ou não) submetidos ao calor. Os pontos das caldas de açúcar estão classificados no Quadro 12.3.

Quadro 12.3 | Características das caldas de açúcar

Ponto	Características
Ponto de fio	Ponto em que, pressionando um pouco de calda entre os dedos, ao afastá-los, forma-se um pequeno fio firme que não se desfaz facilmente; é utilizado em preparações de doces em pasta, cremes e geléias.
Ponto de fio brando	Semelhante ao anterior, porém o fio é mais delicado e se desfaz facilmente; é utilizado para frutas em calda, baba-de-moça, compotas, *savarins*.
Ponto de bala mole	Ao se pingar um pouco da calda em água fria e pegá-la na ponta dos dedos, fica macia e pode ser moldada com facilidade; é utilizado para balas moles, merengues, *nuggets*, geleias e caldas mais densas.
Ponto de bala dura	Ao se pingar a calda em água fria, forma-se uma bala dura e quebradiça; é utilizada para balas duras, glaçar doces, *nuggets*.
Ponto de pasta	Ao se mergulhar uma colher na calda, formam-se vários filamentos finos ao ser retirada; é utilizado para confecção de trabalhos em açúcar, frutas cristalizadas, caramelização de doces e formas.
Ponto de caramelo	Ponto em que a calda apresenta coloração castanho-clara, podendo chegar a castanho-escura e praticamente não possui elemento líquido (água). O açúcar caramelizado não é cristalino nem solúvel em água, apresentando sabor forte e amargo. Na forma de solução, usa-se para finalizar manjares, pudins e *flans*, ou se acrescenta a glacês e merengues, visando obter características sensoriais desejáveis; é utilizado para caramelização de formas, doces, pudins, bombons e glaçagens diversas.

À proporção que se aumenta a temperatura, a calda adquire características organolépticas – coloração e consistência – que variam da bala macia à bala quebradiça e da cor clara ao marrom escuro. Tal fato se justifica porque, pela ação do calor, os açúcares se degradam com rapidez, especialmente quando as temperaturas ultrapassam 170 °C, afetando a cor e o *flavor* dos alimentos (Quadro 12.4).

---

2 Aspecto vítreo — açúcares em estado vítreo são caracterizados pelo aspecto de caramelos duros; são soluções supersaturadas de sacarose, cuja cristalização é impedida pela elevada viscosidade (quando aquecida), pela rigidez da massa (quando resfriada) ou pela presença de outros açúcares, como a glicose.

Quadro 12.4 | Efeito da temperatura sobre as características organolépticas de doces e balas

Produto	T (°C)	Consistência	Características da calda
Doce de chocolate/ *Fondant*	112 a 115	Bala macia	Quando colocada em água bem fria, forma bola macia que se achata ao ser retirada do líquido.
Caramelo	118 a 120	Bala firme	Em água bem fria, forma bola firme que não se achata ao ser retirada do líquido.
Marshmellow	121 a 130	Bala dura	Em água fria, forma bola bastante dura, para manter a forma, porém é maleável.
Puxa-puxa	132 a 143	Quebradiça e dura	Em água fria, a calda se separa em fios duros e pouco quebradiços.
Toffee	149 a 154	Quebradiça e dura	Em água fria, a calda se separa em fios duros e quebradiços.
Açúcar caramelizado	170		Líquido cor de caramelo.

• 12.3 •
Culinária dos açúcares

Os tipos de adoçantes utilizados para conferir doçura estão destacados na Quadro 12.5, assim como outras características físico-químicas de cada produto. Apesar de os açúcares conferirem sabor doce às preparações, a substituição de um tipo por outro nem sempre resulta em características semelhantes no produto. Por exemplo, quando se substitui o açúcar cristal por açúcar refinado não se pode utilizar a mesma medida caseira, pois, por apresentar partículas maiores, o volume ocupado pelo açúcar cristal é maior que a mesma quantidade em gramas do volume do açúcar refinado.

Na produção de massas fermentáveis, os açúcares originam-se da sacarose, da glicose, da frutose[3] (os dois últimos estão presentes nas farinhas em concentrações de 1,0% a 2,0%) ou de açúcares gerados pela hidrólise do amido por amilases presentes na massa, o que produz maltose, e desempenham várias funções:

- absorvem água, por serem higroscópicos;

- atuam como amaciadores;

- retardam a gelatinização do amido;

- caramelizam quando expostos a altas temperaturas, produzindo cor e aroma agradáveis;

- aceleram a fermentação, por prover nutrientes às leveduras.

Na elaboração dos diferentes tipos de bolos, as funções do açúcar variam conforme a proporção dos ingredientes da receita.

Em bolos cremosos

Pelo método cremoso (batimento de açúcar e gordura), o açúcar é usado para incorporar ar à gordura na preparação do creme. Quando o açúcar é batido com manteiga ou margarina, o ar é aprisionado nos cristais de açúcar cobertos pela gordura, produzindo uma textura leve no produto final. Quando açúcar e farinha estão presentes na mistura, o açúcar dissipa as moléculas de proteínas formadoras de glúten e, dependendo da concentração, compete com as proteínas formadoras de glúten pela água, promovendo uma ligação mais fraca. Ao manter o glúten mais fraco, o açúcar permite que ele cresça mais, dando leveza e maciez ao produto.

Quadro 12.5 | Tipos de adoçantes comumente utilizados em preparações

Adoçantes	Características
Sacarose	Constituinte básico do açúcar de uso mais comum na culinária; é extraído da cana-de-açúcar ou da beterraba branca. No mercado, há diversos tipos que variam de acordo com o grau de pureza em sacarose e granulometria - açúcar refinado, cristal, mascavo, de confeiteiro, demerara.
Açúcar cristal	Contém no mínimo 99,3% de sacarose; de fácil armazenamento, muito utilizado em preparações doces; mais resistente a alterações na coloração sob altas temperaturas; a dissolução do açúcar cristal é mais difícil que a do açúcar refinado pela diferença de tamanho dos cristais. No mercado, também é possível encontrá-lo colorido para uso em confeitaria.
Açúcar-cande	Contém 99% de sacarose e se apresenta em blocos ou pedras.
Açúcar de confeiteiro, açúcar glacê ou açúcar em pó	Contém 99% de sacarose, é extremamente fino e tem textura macia; por ser higroscópico, tende a absorver a umidade do ambiente, e por isso os fabricantes acrescentam amido, geralmente 3,0%, para impedir o aglutinamento; não é indicado para adoçar bebidas frias porque o amido é insolúvel a baixas temperaturas; é utilizado para coberturas, confeitos, creme *chantilly*.
Açúcar refinado	Contém 98,5% de sacarose; é o açúcar mais utilizado tanto em culinária como para adoçar bebidas, chás, cafés, sucos de frutas, dentre outras; é facilmente encontrado no mercado.
Açúcar moído	Contém 98,0% de sacarose.

---

3 Frutose ou levulose — tipo de açúcar fermentescível, de elevado poder adoçante, que se apresenta sob a forma cristalizada ou líquida. Sob a forma líquida a frutose é encontrada em concentração de 70,0% a 80,0% de levulose pura.

Açúcar em cubos ou tabletes	Contém 98,0% de sacarose; pode ser adicionado de cor e de sabor; é muito utilizado nas cafeterias.
Açúcar demerara	Contém 96,0% de sacarose e apresenta maior granulometria e cor marrom-clara; na Europa é usado como açúcar de mesa.
Açúcar *jaggery*	De cor marrom escura, é obtido pela fervura da seiva de determinadas palmeiras cultivadas nas áreas rurais da Índia. Em função do tratamento térmico, parte da sacarose é hidrolisada em glicose e frutose, tornando-o mais doce. Às vezes, o produto é comercializado em blocos prensados, como as rapaduras.
Açúcar mascavo	Contém no mínimo 90,0% de sacarose; apresenta granulometria mais grosseira, cor amarelada, quase marrom, e doçura (sabor) própria proveniente da presença de outros constituintes, como glicose, frutose, cálcio, fósforo e ferro; é mais úmido e por isso empedra com mais facilidade; muitas vezes é produzido por meio da cocção excessiva do melado até que se formem cristais.
Açúcar mascavinho	Contém 93% de sacarose e apresenta cor mais clara que o açúcar mascavo.
Açúcar invertido	É obtido por um processo de hidrólise ácida da sacarose, que produz uma mistura de partes iguais de glicose e frutose; por ser mais solúvel e apresentar maior poder de doçura, seu uso mais frequente se dá na indústria de produtos de confeitaria, bombons, balas, dentre outros; tem a propriedade de conferir maior doçura.
Mel	É resultante da mistura de açúcares (sacarose, frutose e glicose) formados do néctar das flores por uma enzima (invertase) presente no corpo das abelhas; sua composição química e sabor variam com a fonte do néctar (cravo, laranja, flores); em média, 38,0% de frutose; 31,0% de glicose; 1,5% de sacarose; 7,0% de outros açúcares; 17,0% de água e 0,2% de cinzas; por ser mais concentrado que o açúcar, contém mais calorias e é mais doce que a sacarose.
Glicose ou glucose	A forma mais comum desse açúcar é a dextroglicose (glicose de milho), obtida por meio da hidrólise ácida do amido de milho; é utilizada para conferir sabor e cor às preparações; por dificultar a cristalização, é utilizada na elaboração de confeitos, balas, refrigerantes e outros alimentos processados; é um açúcar solúvel, e seu ponto de fusão é mais baixo que o da sacarose.
Melado	Produto obtido pela concentração do caldo de cana-de-açúcar ou da rapadura derretida.
Melaço	Subproduto resultante da produção de açúcar.
Rapadura	Produto sólido obtido pela concentração do caldo de cana-de-açúcar, podendo ser adicionado de outro(s) ingrediente(s), desde que não descaracterize(m) o produto.

- Quando se adicionam gemas, o açúcar promove textura mais leve e aerada porque estas favorecem o processo de emulsificação, produzindo um bolo de textura fina e volume adequado.

- O açúcar retarda a coagulação das proteínas dos ovos por se dispersarem entre elas.

- O açúcar define a estrutura porque ocorre a desnaturação das proteínas do ovo com a elevação da temperatura da mistura durante a cocção.

- Nas preparações em que se utiliza clara em neve como agente de crescimento, o açúcar estabiliza espumas (clara em neve) porque interage com as proteínas da clara e lhes oferece consistência na estrutura, tornando a mistura mais elástica. Ademais, consegue incorporar água à estrutura por ser higroscópico.

Na cocção, com a gelatinização do amido e a desnaturação das proteínas, estabelece-se a estrutura, a maciez e a cor do produto.

Em biscoitos e *cookies*

Essas preparações usualmente requerem o uso de fermento químico e contêm pouco líquido em relação à quantidade de açúcar e de gordura. No forno, o aumento da temperatura derrete a gordura e a massa se torna mais fluida; o açúcar começa a se dissolver, tornando a massa mais líquida, que se espalha durante a cocção. O açúcar confere a cor dos produtos e contribui para o *flavor*.

Quando se deseja preparar massas para assar, usa-se muita gordura e pouco líquido. Quando se deseja preparar massas para fritura, usa-se pouca gordura e muito líquido.

Em bolos amanteigados

Bolos amanteigados são os do tipo inglês. O agente de crescimento é o ar incorporado à massa pelo batimento do açúcar com a gordura. O açúcar também age como amaciador; produzindo a textura e o volume desejados.

Em bolos sem gordura

Nesses bolos, é a gema que confere pequena quantidade de gordura à massa. Exemplos desse tipo de produto são o pão-de-ló, o bolo de claras, a *genoise*[4]. Nesses casos, o agente de crescimento é o ar incorporado durante o batimento (método espumoso – claras

---

4 *Genoise* — bolo leve e úmido criado em Gênova, na Itália, preparado com farinha, ovos e açúcar; é uma massa de pão—de—ló batida em banho—maria.

em neve), e o açúcar auxilia na estabilização da espuma utilizada nessas preparações.

Em produtos de confeitaria

As balas (caramelos e pirulitos) são produtos não cristalizados à base de açúcar, obtidos normalmente por meio da fervura do açúcar de confeiteiro com dextrina, coloridos e aromatizados artificialmente. Os produtos não cristalizados podem ser elaborados com soluções não saturadas e apresentam ingredientes que dificultam a cristalização. Esses produtos raramente são utilizados em alguma preparação, portanto apresentam um consumo direto, e seu formato depende dos moldes em que são colocados.

Pralinés ou drágeas são elaboradas por meio de uma espessa calda de açúcar sobre amêndoas, castanhas, anis e podem ser utilizadas puras, em bolos, sobremesas e chocolates.

Fondant é uma palavra francesa que designa um preparado de açúcar cozido e essências que se amassa ou se bate com uma espátula até tomar a consistência de creme; é um produto à base de calda saturada de açúcar em temperatura ambiente (100,0% dos açúcares é sacarose), adicionada de um agente inversor (cremor tártaro, ácidos), resfriado rapidamente e por agitação para promover a cristalização, que forma pequenos cristais devido ao elemento inversor e ao batimento rápido. Essa preparação é composta por aproximadamente 90,0% de açúcar, sendo utilizada em coberturas de bombons, bolos, biscoitos e principalmente como decoração.

Marzipã é utilizado como doce, cobertura e recheio de bolos, biscoitos e roscas. É um alimento à base de açúcar, pasta de amêndoas e clara de ovo; de fácil moldagem e amplamente utilizado para decoração.

Marshmellow é um doce usado como cobertura e recheio de bolos, sorvetes e saladas de frutas, elaborado por meio de uma calda de açúcar (85,0%) adicionada de xarope de amido e clara de ovo batida ou gelatina. A proporção entre sacarose e glicose, nessa preparação, é de 25,0% de sacarose para 75,0% de glicose. Existe também o confeito *marshmellow* produzido nos Estados Unidos a partir da raiz da alteia, *Althaea officinalis L.*, denominada raiz doce, que fornece uma substância mucilaginosa; nessa receita podem ainda ser adicionados corantes e goma arábica.

Geleias são preparações feitas basicamente com açúcar, pectina e substâncias ácidas presentes nas frutas. O percentual desses componentes varia com o tipo de fruta e seu estágio de maturação. Para obter a consistência apropriada dos produtos, às vezes torna-se necessário o acréscimo de pectina e de ácidos orgânicos. Para a maior parte das geleias, a proporção ideal desses componentes é de 0,75% a 1,95% para a pectina; acidez entre pH 3 e 3,1 e cerca de 65,0% de açúcar.

Capítulo 13
Condimentos, fundos e molhos

Nancy di Pilla Montebello

• 13.1 •
Histórico e definição

A palavra condimento lembra regiões exóticas e misteriosas, viagens e aventuras realizadas há centenas de anos; histórias de monstros e de lugares assustadores, tudo para encontrar as plantas raras e aromáticas cujo peso valia ouro. No Brasil, diversos tipos de condimentos são utilizados, tanto aqueles do Oriente, da Europa, da América do Norte e da Ásia como os que são próprios do país e os da América do Sul. Isso porque pessoas vindas de várias partes do mundo aqui aportaram e fizeram sua morada, trazendo na bagagem seus hábitos e costumes, divulgando-os e aprendendo os costumes brasileiros. Por esse motivo, encontramos nos mercados molhos e temperos do Japão, misturas perfumadas vindas da Índia, molhos originários dos Estados Unidos, especiarias da Indonésia, da Espanha, ervas da Inglaterra e da França, azeites e azeitonas da Grécia e da Itália, entre muitos outros. Pode-se dizer que o Brasil possui produtos oriundos dos *quatro cantos do mundo*.

Segundo Houaiss (2009), condimento é uma substância, geralmente vegetal, que realça o sabor dos alimentos. Para Gomensoro (1999), é um ingrediente adicionado à comida para melhorar ou intensificar seu sabor e aroma. Bender (1982) relata que são temperos adicionados para dar sabor aos alimentos e cuja contribuição à dieta é insignificante.

Pode-se dizer que condimentos, também chamados temperos ou adobos, são substâncias que realçam o sabor natural de alimentos ou criam novos sabores em preparações. Muitos são os compostos empregados para esse fim; são de uso tradicional, habitual de diversos povos e de suas culinárias. Há substâncias simples, básicas, como também há misturas em proporções diversas, com características e aplicações bem definidas. O uso de temperos originados das diversas partes do mundo é atualmente muito disseminado pela facilidade contemporânea de comunicação e de locomoção.

Um cuidado básico no emprego de especiarias secas se relaciona a possíveis contaminações de natureza biológica, como fungos, presença de partes de insetos, etc. Para garantir uma produção segura, apesar da perda de parte dos componentes aromáticos, recomenda-se ferver o alimento após a adição de especiarias secas e não usá-las sobre alimentos já preparados quando precisar guardá-los, mesmo que refrigerados.

Certos condimentos têm sido denominados de alimentos-condimentos: são as gorduras e o açúcar, porque sua contribuição não se limita a proporcionar melhor sabor às preparações, também adicionam calorias e outras características que dependem das suas qualidades funcionais. Atualmente, ervas e especiarias utilizadas como condimentos são importantes para a saúde pelo efeito de componentes bioativos que atuam como antioxidantes, anti-inflamatórios, digestivos e outros.

Substâncias usadas como condimentos também auxiliam na conservação de alimentos, como o sal, usado para conservar carnes e pescados, o salitre, para a conservação de produtos cárneos, o açúcar, para a conservação de frutas, e o vinagre, para hortaliças. Algumas ervas aromáticas possuem substâncias que protegem os alimentos do desenvolvimento de micro-organismos.

O uso de condimentos é um recurso culinário que exige atenção e sensibilidade. Qualquer substância deve ser usada com cuidado para não mascarar o sabor do alimento: seu papel é o de realçar ou o de incluir um leve toque de sabor diferenciado. O uso excessivo de condimentos pode inutilizar uma preparação, alterando ou neutralizando sabores.

Atualmente, há uma preocupação com o alto nível de exploração e a queda de produção dessas plantas, que têm sido substituídas por culturas mais rentáveis. Pesquisadores e indústrias têm sintetizado, com o uso de enzimas, compostos aromatizantes e óleos essenciais, substitutos de algumas ervas: são produtos que conferem as mesmas características de aroma e sabor e que não sofrem as variações normais das culturas de origem, em função da época, da idade, da maturação e mesmo do rendimento.

Condimentar um alimento é uma arte. Os condimentos são a alma da culinária, e seu uso exige sensibilidade.

• 13.2 •
Classificação

Os condimentos são classificados por sua origem e natureza – vegetal, animal e mineral; por sua aplicação – aromatizantes, *flavorizantes*, corantes, adoçantes, acidulantes; pelo tipo e pela parte da planta – ervas aromáticas, especiarias, raízes, bulbos, caules, folhas, frutos, vagens, sementes, resinas; pelo sabor – ácidos, salgados, amargos, doces, picantes; e por tipos de mistura – pós, líquidos, pastas. Apesar dessa classificação mais detalhada, são agrupados comumente em:

13.2.1 Essências aromatizantes ou flavorizantes

São soluções alcoólicas à base de álcool etílico, constituídas por macerados de partes de plantas ou óleos essenciais extraídos de flores, frutos ou sementes. Há também os preparados com essências sintéticas, como os de baunilha, limão, anis, menta, amêndoas amargas, hortelã, maçã, e muitos outros.

13.2.2 Resinas, gomas e outras substâncias extraídas de partes de plantas

Licorice, ou alcaçuz, é uma resina extraída da raiz do arbusto *Glycyrrhiza glubra*, originário do sul da Europa e da Ásia. Há diversas variedades. O alcaçuz apresenta-se como uma massa de textura firme, cor marrom muito escura, sendo utilizada na fabricação de licores e doces, tem aplicações medicinais quando usado sob a forma de balas para controlar a tosse.

Miski é outro tipo de resina produzida pela *Pistachia lentiscus*, uma anacardiácea[1] de ocorrência exclusiva da ilha grega de Chios; é extraída do tronco dessa árvore por incisões de onde escorre, formando pequenas gotas que endurecem em contato com o ar. Essa resina é comercializada em pedaços ou em grãos, sendo utilizada na confecção de doces sírios de goma, em molhos para carnes, em licores e gomas de mascar. Para usá-la, é preciso reduzi-la a pó para, assim, ser misturada a outros ingredientes. A *miski* é considerada como estimulante da digestão, por isso deve ser usada com moderação, pois ainda não estão bem esclarecidos os seus efeitos no organismo humano. Seu sabor é forte: uma colher de café desse pó aromatiza até seis

---

[1] Anacardiácea — família botânica representada por 70 gêneros e cerca de 600 espécies. São conhecidas por suas espécies frutíferas. Entre elas: manga (*Mangifera sp.*) originária da Ásia e caju (*Anacardium sp.*) nativo do Brasil.

porções da preparação. Por sua produção limitada, ela é um produto de alto custo e de uso limitado.

> Mirra, *Commiphora myrrha*, é a resina de uma árvore que cresce no atual Iêmen, de aroma agradável e sabor um tanto amargo; foi muito utilizada como condimento. Atualmente, apenas perfuma bebidas.

13.2.3 Extratos

Os extratos são obtidos por evaporação de caldos concentrados de carnes, de aves, de bacon, de malte, de tomate, de mistura de hortaliças, de peixes, camarão e outros.

Extrato de tomates — É uma pasta concentrada de polpa de tomates adicionada de sal e açúcar; é o mais concentrado de todos os produtos derivados desse fruto; é usado no preparo de molhos e como ingrediente culinário, conferindo cor e sabor.

Polpa ou purê de tomates — É uma pasta menos concentrada de polpa de tomates, sem pele nem sementes, adicionada de pouco sal e açúcar; é um produto mais versátil para ser utilizado como ingrediente de inúmeras preparações.

> Há uma variedade de produtos industrializados derivados do tomate: molhos prontos com aromas e sabores diferentes; tomates sem pele e sem sementes enlatados com pouca condimentação para usos diversos, entre tantos outros.

Caldos concentrados de carnes, aves, pescados e hortaliças - São produtos concentrados a partir de caldos condimentados de carnes, aves, bacon, peixes, camarões, hortaliças e outros, obtidos por meio de vários procedimentos tecnológicos. No mercado esses produtos são apresentados em tabletes de 10,5 g ou em pó, em pacotes com porções indicadas em colheres de chá. Em cada grupo de caldos concentrados, há uma variação de aromas e sabores, como caldo de picanha, caldo de galinha caipira e outros; são produtos ricos em sódio.

13.2.4 Salgados

Sal de cozinha — quimicamente, sal é a denominação de um composto de íons positivos, geralmente um metal, e de íons negativos, geralmente um não metal. Em linguagem comum, o sal de cozinha é o cloreto de sódio - Na(40,0%)Cl(60,0%) - utilizado para condimentar os alimentos. Este é o produto mineral de maior importância na culinária, sendo citado até no Evangelho como elemento importante: Vós sois o sal da terra. O sal forma cristais brancos, sem aroma, que se dissolvem facilmente em água ou em outros líquidos. Alguns tipos de sal, mais raros, contêm quantidades mínimas de outros minerais que modificam ligeiramente seu sabor.

Sal marinho — obtido pela evaporação da água do mar, apresenta-se moído e refinado, para uso geral na condimentação de alimentos, e granulado, como sal grosso, usado em preparações especiais, como grelhados e churrascos, assados ao forno como peixe e galinha cobertos com sal. O sal marinho também serve para preparações que necessitam de maior concentração.

Sal gema ou de rocha — encontrado em locais que possuem grande concentração de cloreto de sódio, talvez por terem sido antigos oceanos; é comercializado em pedras ou moído e refinado, livre de impurezas.

Por determinação legal, todo sal comercializado para uso culinário é adicionado de sais de iodo e de flúor para prevenir doenças como o bócio e as cáries dentárias prevalentes em algumas regiões onde esses minerais são escassos na alimentação das populações.

Além disso, o cloreto de sódio é um conservante, com ação tóxica sobre a maior parte dos micro-organismos. Ele se combina com a água livre, diminuindo sua concentração e, consequentemente, aumentando a vida útil de certos alimentos. O comércio disponibiliza algumas variedades de sal:

Sal de aipo — É uma mistura tradicional de sal com aipo utilizada em preparações especiais, como peixe grelhado, suco de tomates e outros.

Sal de algas — Mistura de sal marinho e algas em que são acrescentadas, além das algas, leveduras e ervas aromáticas; há versão com menor teor de sódio.

Sal de ervas — Geralmente é uma mistura de 90,0% de sal e 10,0% de ervas como alho, aipo, cebola, tomilho, manjericão, alecrim, mangerona e segurelha, é utilizado na cocção de diversos alimentos.

Sal de especiarias — É o produto moído com especiarias e usado para temperar carnes de caça.

Sal defumado — É obtido pelo tratamento do produto com fumaça de madeiras aromáticas, o que lhe confere sabor especial; é utilizado em pratos sofisticados, como o *foie gras*.

Sal *kosher* — É um produto, marinho ou de minas, granulado de forma irregular; sua preparação deve ser supervisionada por um rabino por ser este um produto destinado à comunidade judaica.

Sal com reduzido teor de sódio ou sal *ligth* - Fornece no máximo 50,0% do teor de sódio contido na mesma quantidade de cloreto de sódio no produto convencional.

Sal com restrição de sódio — Fornece no máximo 20,0% do teor de sódio contido na mesma quantidade de cloreto de sódio no produto original.

Sal de mesa — É o sal adicionado de 1,0% de carbonato de magnésio, o que impede a absorção de umidade, mantendo o sal fino e solto para aplicação em preparações à mesa.

Temperos mistos — São feitos à base de sal e de outros condimentos para churrascos, para frutos do mar, para pipoca, para *pizza*, entre outros; alguns incluem glutamato monossódico.

Sal de Guérande é o sal marinho não refinado, de cor cinza, oriundo do mar da Normandia, na Bretanha. Seu sabor é definido pelos minerais e pelas algas da região, sendo muito usado pelos grandes chefes de cozinha em preparações da alta gastronomia. Este sal é preparado em utensílios de madeira para não comprometer o gosto. Há o tipo de cor cinza e o branco, além do tipo fino, conhecido como *fleur du sel*.

Flor de sal, *ou fleur du sel*, é um produto especial, caríssimo, obtido do sal de Guérande. São pequenos cristais formados na superfície das salinas, coletados cuidadosamente com pás de madeira; são defumados em barris de carvalho, anteriormente utilizados para envelhecer vinhos, onde podem adquirir cor levemente rosada; sua textura é fina e delicada. Os apreciadores consideram que a flor de sal possui perfume inigualável. Seu preço é alto porque sua produção é limitada e complexa. Há outros sais delicados denominados flor de sal, mas são oriundos de salinas existentes em regiões da Itália e da Inglaterra.

Gersal é um produto constituído por uma mistura de sementes de gergelim tostadas e misturadas ao sal; seu sabor é especial, sendo muito usado na culinária macrobiótica e na culinária oriental.

Sal do Havaí é um sal misturado com argila vulcânica, tem cor vermelho-tijolo e é usado localmente em preparações típicas; não é de uso comum no Brasil.

Sal rosa do Himalaia é um produto oriundo da Ásia, retirado de uma das maiores minas de sal do mundo, a *Khewra*, no Paquistão, localizada no sopé das montanhas do Himalaia, local onde há milhares de anos havia um oceano. Este sal possui sabor metálico suave proveniente dos minerais que contêm (ferro e manganês) e sua cor varia entre o rosado, o laranja e o salmão. O sal rosa é um produto de alto custo, sendo encontrado em mercados como produto importado. Seu uso deve ser limitado ao acréscimo após a preparação, porque durante a cocção perde grande parte de suas características organolépticas. O sal rosa do Peru tem certa semelhança com o sal rosa do Himalaia.

O glutamato monossódico, originário do Oriente, é um pó branco e fino usado para intensificar o sabor dos alimentos; é um derivado do ácido glutâmico, obtido das proteínas alimentares. Para alguns autores, o glutamato monossódico é o responsável pela percepção do quinto sabor, denominado umami[2], também presente em alimentos como cebola, alho, tomate e outros.

O salitre, composto pela mistura de nitrato de potássio e cloreto de sódio, é usado para a conservação de carnes em embutidos, presuntos e outros.

Ervas como aipo, segurelha e levístico possuem sabor que lembra o sal, possibilitando sua substituição em preparações com baixos teores de sódio.

13.2.5 Acidulantes

São substâncias que possuem na sua constituição ácidos orgânicos, sendo utilizadas para conservar ou dar sabor a alguns alimentos. Os vinagres, os sucos de frutas cítricas e o de tamarindo são os principais representantes deste grupo.

Na Idade Média e nos séculos XVII e XVIII, um acidulante chamado *agraço* ou *verjus* era muito usado em receitas culinárias; era fabricado com uvas verdes e caldo de limão, ou com as terminações mais jovens de videiras, nesse caso era considerado mais suave. Não são conhecidas receitas completas dessa preparação.

Limão

Citrus limonun — é uma rutácea vulgarmente conhecida como limoeiro. As variedades mais usadas como acidulantes são:

Galego — *Citrus aurantifolia*, pequeno e redondo, de casca fina verde amarelada e sabor suave.

Taiti ou lima ácida — *Citrus aurantifolia*, variedade taiti, de tamanho maior que o galego, com poucas sementes, casca grossa e lisa, verde escuro, sabor ácido acentuado.

Siciliano — *Citrus limonun*, possui umbigo, tamanho médio a grande, de casca amarela, sabor agradavelmente adocicado, muito perfumado.

Limão rosa ou limão cravo — Em certas regiões é chamado de limão galego; de polpa e suco avermelhado, é o tipo mais rústico, sendo excelente para temperar carnes gordas, como as de porco; é usado para condimentar alimentos e produzir bebidas refrescantes. O valor nutricional dessa qualidade de limão é alto em virtude do seu conteúdo de vitamina C. A casca ralada ou fatiada é ingrediente de doces e salgados, conferindo-lhes um sabor agradavelmente perfumado.

---
2 Ver Capítulo 2 A estética do gosto.

Sumagre ou *sumac*

Constituído de grãos vermelhos, de sabor muito ácido, obtidos das espigas de um arbusto silvestre chamado de *Rhus coriaria*, originário do Oriente Médio, da Sicília e da Turquia. As espigas são colhidas antes de amadurecer e deixadas a secar, sendo moídas a seguir. Seu aroma é fraco, mas seu sabor ácido é recomendável para muitas preparações. Seu uso é frequente na culinária dos países do Oriente Médio e faz parte do *Zahtar*, produto composto por gergelim torrado e tomilho seco, além de outros ingredientes comuns às culinárias árabe e libanesa.

Tamarindo

Tamarindus indica árvore de origem africana ou asiática, vulgarmente é chamada de tamareira da Índia; é perene e produz vagens cujas sementes estão envoltas em uma mucilagem marrom-rosada de sabor ácido e adocicado, frutado. O tamarindo é usado como agente acidulante em preparações com peixes e aves. Seu uso é frequente nos países orientais, no Brasil vem se tornando importante por força das culinárias trazidas pelos imigrantes dessas regiões. Ele é rico em pectina, o que favorece a preparação de geleias; participa da preparação de várias misturas de condimentos, inclusive do molho inglês *Worcester*. O xarope de tamarindo é usado para preparar refrescos de sabor suavemente ácidos. O tamarindo é comercializado em vagens ou em blocos de pasta, mais secos ou mais úmidos e concentrados.

Vinagre

Este é um produto conhecido desde a antiguidade. Há menções sobre o vinagre no Antigo e no Novo Testamento. Famosa é a bebida preparada por Cleópatra com pérolas dissolvidas em vinagre, considerada um produto de beleza. Hipócrates incluía o vinagre na sua lista de medicamentos. Entre os antigos, ele aparecia como bebida refrescante, condimento, aromatizante, conservador e medicamento.

Inicialmente, o vinagre era obtido de vinhos e cervejas deixados ao relento. A partir do século VIII, muitas experiências e trabalhos foram sendo desenvolvidos até chegar ao vinagre em suas formas atuais. Lavoisier[3] e Pasteur[4] comprovaram a necessidade de oxigênio e de micro-organismos para a fabricação do vinagre. No início, somente o *Micoderma aceti* era o responsável pela fermentação. Posteriormente, outros micro-organismos foram sendo identificados, e hoje se conhece o importante papel das enzimas microbianas na produção de vinagres.

O nome vinagre provém do francês *vinaigre*, que significa vinho azedo, nome comum em quase todas as línguas ocidentais, com exceção do italiano – *aceto* – e do alemão – *essig*. Os melhores vinagres têm acidez em torno de 4,0% a 6,0%.

Na legislação brasileira, vinagre é o produto da fermentação do álcool do vinho transformado em ácido acético. É permitida a produção de vinagres utilizando outras substâncias ou líquidos alcoólicos, desde que ao produto resultante seja acrescido o nome da matéria-prima.

A produção de vinagre requer dois tipos sucessivos de fermentação: a alcoólica, provocada por leveduras como o *Saccharomyces cerevisie*, e a acética, por *Acetobacter aceti* ou outras variedades. Portanto, toda matéria-prima usada para a fermentação alcoólica serve para a fermentação acética.

A cor dos vinagres varia entre os tons branco, cor de palha, róseo, vermelho e marrom, em intensidades mais claras e mais escuras. Há vinagres produzidos com sucos de frutas: uva, maçã, abacaxi, morango, cana de açúcar, caqui, laranja e outros; vinagres feitos com tubérculos amiláceos: batata, batata doce, mandioca; vinagres de cereais: cevada, centeio, milho, arroz (o *su* japonês); vinagres de matérias-primas açucaradas: mel, melaço, xaropes de açúcar; vinagres de álcool: álcool diluído, aguardentes.

São vários os tipos de vinagre utilizados regionalmente: de maçã e de cevada, nos Estados Unidos; de álcool, na Alemanha; de uva-passa, na Holanda; de uva, na Itália, na França e na Espanha; de malte e de outros cereais, na Inglaterra. No comércio há um grande número de vinagres aromatizados com alho, cebola, pimentas, ervas aromáticas e especiarias. No Brasil são mais comuns os vinagres de álcool e de vinho. Os vinagres de maçã aparecem em menor quantidade, talvez pelo preço, mas são considerados mais saudáveis porque têm menor teor de sódio.

Vinagres preparados com vinhos de qualidade inferior, ou com defeitos, nem sempre são bem aceitos,

---

3 Antoine Laurent de Lavoisier — químico francês considerado o criador da química moderna. Primeiro cientista a enunciar o princípio da conservação da matéria, identificou e batizou o oxigênio. Célebre por seus estudos sobre a conservação da matéria, mais tarde imortalizado pela frase popular: "Na Natureza nada se cria, nada se perde, tudo se transforma".
4 Louis Pasteur — cientista francês, lembrado por suas notáveis descobertas das causas e prevenções de doenças. Entre seus feitos mais notáveis pode—se citar a redução da mortalidade por febre pueperal, e a criação da primeira vacina contra a raiva. Seus experimentos deram fundamento à teoria microbiana da doença. Na área de alimentos, validou as experiências de Nicholas Appert e provou que os micro—organismos são os principais agentes deterioradores dos alimentos. O termo pasteurização, que se refere a um processo de conservação de alimentos pelo uso do calor, é uma homenagem a Pasteur pelos seus estudos na área da microbiologia, que minimizou as doenças transmitidas pelo consumo do leite e melhorou a fermentação de vinhos.

porque algumas substâncias presentes nestes vinhos passam para o vinagre, prejudicando seu aroma e sabor. Em utilização caseira, vinhos que se tornam ácidos são utilizados para temperar saladas, principalmente as de folhas verdes, que ganham um sabor especial.

A tecnologia da fabricação do vinagre inclui vários processos até a fase de envelhecimento, quando se desenvolvem aromas e sabores. Vinagres de frutas melhoram sensivelmente seu buquê depois de um tempo de envelhecimento; os vinagres de álcool, por sua vez, não necessitam de envelhecimento e são adicionados de algumas substâncias para serem usados.

O vinagre tem uso extenso com finalidades condimentares, fazendo parte de molhos para saladas, preparo de maioneses, marinadas para temperar carnes e algumas hortaliças. Como conservante ele é utilizado na fabricação de picles, de conservas de hortaliças e de peixes em geral, sendo também utilizado para fins diversos, como na limpeza de artigos metálicos e na medicina caseira.

> O vinagre balsâmico, ou o aceto balsâmico, é fabricado com suco de uvas brancas e envelhecido em tonéis de madeira de carvalho por até 75 anos; possui sabor forte, característico e é excelente tempero para saladas e preparações frias. Sua origem é na cidade de Módena, no norte da Itália. No comércio há quem misture algum vinagre de vinho para baratear o produto.

13.2.6 Picantes ou pungentes

Do latim *pungere*, que significa picar, as substâncias picantes são as que provocam sensação de ardor; picantes ou *quentes*, como se diz vulgarmente. Essas sensações são devidas aos óleos essenciais e a outras substâncias que caracterizam cada indivíduo deste grupo. Entretanto, cada substância ou grupo de substâncias produz diferentes impressões ao serem misturadas com alimentos.

Gengibre

Zingiber officinalis - de origem asiática, esta zingiberácea é conhecida desde o século V a.C na Índia e na China; é comum na culinária oriental, tendo sido citada nos escritos de Confúcio. Seu sabor é acentuado e forte. Os brotos do gengibre podem ser usados em conservas, e as raízes desenvolvidas são usadas em tiras finas ou raladas para acompanhar carnes e peixes. Entre os japoneses é conhecido como *shoga*; Aparece em muitas preparações culinárias salgadas ou doces; é comercializado como produto fresco, seco ou em pó.

> É o *jengibre* ou *gimgigre* espanhol, o *gimgembre* francês, o *zenzero* italiano, o *ginger* inglês e o *ingwer* alemão. No Brasil é um ingrediente indispensável na preparação do quentão, bebida obrigatória nas festas juninas da Região Sudeste, especialmente.

Mostarda

Planta de folhagem viçosa, flores amarelas e vagens onde se encontram as sementes, a mostarda é conhecida e usada desde os tempos bíblicos, sendo considerada medicinal e afrodisíaca. Crucífera, também chamada de mustardeira, é uma *Brassica hirta ou nigra*, de grande família com várias espécies e gêneros. Seu sabor rico e picante é derivado do óleo essencial denominado sinigrina, que, por ação da enzima mirosina, transforma-o em óleo de mostarda, obtido das sementes, que podem ser brancas, mais amargas; douradas e castanhas, mais suaves; e negras. A mostarda contém enxofre, e dele são derivados alguns componentes do gás lacrimogêneo.

A mostarda é usada principalmente sob a forma de pasta, misturada a outros condimentos, às vezes com algumas sementes. Nos séculos XVI e XVII, a pasta de mostarda era condimento obrigatório para carnes bovinas. Há pastas claras e escuras; as francesas, as inglesas e as alemãs são as mais conhecidas. Os italianos fazem com a mostarda uma mistura com frutas em calda e vinho, é a mostarda de cremona. A primeira pasta foi a francesa, de Dijon, comercializada em potes de barro e produzida com receita regulamentada por lei. Atualmente, na França são conhecidas cerca de 15 receitas tradicionais que incluem ervas aromáticas, vinagres aromatizados, vinhos e vários outros condimentos. O pó de mostarda inglês é uma mistura de sementes brancas e negras, um pouco de farinha de trigo e colorida com pó de cúrcuma, usa-se misturando com um pouco de água ou vinagre para acompanhar carnes.

Os vários tipos de mostarda em pasta ou molhos industrializados temperam e acompanham um grande número de preparações: sanduíches, carnes, pescados e outros.

> É a *mostaza* dos espanhóis; a *moutard* dos franceses; a *senapa* dos italianos; a *mustard* dos ingleses e a *senf* ou *seni* dos alemães.

Páprica

Capsicum anuun linnaeus, é uma solanácea. A páprica é o pó de uma variedade de pimentão cultivado na Hungria, seu sabor varia do doce ao picante. Esta variedade de pimentão foi selecionada a partir de uma variedade mexicana pelos agricultores húngaros até se obter uma espécie cujos frutos são longos, vermelhos e de polpa grossa denominada páprica. Esses frutos secos e reduzidos a pó são típicos da culinária local. Mais tarde, os espanhóis desenvolveram uma nova espécie desse pimentão, a cujo pó deram o nome de colorau. Este produto é comercializado em pacotes pequenos e proporciona um sabor delicado, picante ou doce. A páprica faz parte do *goulach* húngaro e da *paella* espanhola. O nome páprica ou colorau é usado em quase todas as línguas, com uma diferença de grafia para o inglês, no qual se escreve *paprika*.

Pimentas

Conhecidas de tempos muito antigos, as pimentas possuem uma variedade expressiva, cujos sabores vão de uma suave pungência a um forte ardor sentido no paladar e no olfato. O químico Wilbur Scoville[5] criou um método para medir o nível de pungência das pimentas, classificando-o de 0 a 300.000 SHU. Grandes ou pequenas, frutos ou sementes, elas são utilizadas como condimento em preparações variadas. Há algumas plantas cujas sementes são empregadas como pimentas, embora não façam parte deste gênero.

> O nível de capsaicina nas pimentas pode variar de planta a planta devido a condições ambientais diversas. Portanto a medição do "picante" nas pimentas é uma média. A pimenta mais picante que existe é a *Habanero/Scotch Bonnet*. Diversos autores referem que é a mesma variedade, enquanto outros dizem que são ligeiramente diferentes. As pimentas *Habanero* são classificadas em 100,000 a 350,000 unidades Scoville. Como contraste, a pimenta Serrano está classificada com cerca de 5,000 a 15,000 unidades Scoville.

Pimenta-do-reino — Piperácea de origem indiana é uma trepadeira que dá pequenas flores, com frutos redondos miúdos, em cachos. A pimenta-do-reino é a especiaria mais usada em todo o mundo, sendo uma das primeiras a ser introduzida na Europa. A *Piper nigrum* é a pimenta-do-reino preta. Seus princípios ativos são a *piperina* e a *piperidina*. Por sua característica alcalina, essas substâncias reagem com ácidos e formam sais isentos de aroma. Desse modo, as pimentas piperáceas não devem ser empregadas em preparações que contêm ácidos, como o vinagre e o caldo de limões. A pimenta preta é colhida ainda verde e deixada secar ao sol, quando adquire a cor preta, produzida por um fungo chamado *Glomerella cingulata*, que cresce na casca dos grãos. A pimenta é colhida antes da maturação total, e, ainda fresca, a pimenta verde é conservada em salmoura. A pimenta branca é colhida após o amadurecimento, quando sua cor varia entre o amarelo e o vermelho, permanecendo em remolho, em água corrente, por aproximadamente dez dias, até soltar a casca, quando é feita a secagem. Com esse tratamento ela se torna mais suave e não altera o sabor da preparação em que é adicionada. A mistura de pimenta-do-reino branca e preta moídas é chamada de pimenta *mignonete* e tem uso difundido em muitas culinárias, sendo facilmente encontrada no comércio, principalmente na forma moída. Entretanto, a durabilidade da *mignote* moída é menor do que aquela que foi armazenada em grãos. Seu melhor sabor é obtido quando os grãos são moídos ou triturados na hora.

Pimentas anonáceas — São conhecidas como a pimenta dos negros (*Xilopia aromatica*) e a pimenta da costa (*Aethiopica aromatica*). Sua origem é africana - Etiópia, Abissínia, Serra Leoa - e vieram para o Brasil com os escravos; são muito pouco conhecidas. Existem algumas *Xilópias sp* que são nativas do Brasil, usadas por índios e sertanejos.

> *Piper longum* é uma variedade de pimenta comprida semelhante a uma vela de 2 a 3 cm.

> Pimenta cubeba, ou pimenta com cauda, é uma variedade difícil de ser encontrada; seu aroma e sabor lembram a pimenta-da-jamaica.

> Pimenta de Sichuan, *Xanthoxylum piperitum*, semente de uma árvore espinhosa, selvagem, que cresce na China, onde é muito utilizada; faz parte do pó de cinco especiarias. O Csancho usado no Japão é relacionado com a pimenta de Sichuan.

> A pimenta rosa é a *poivre rose* dos franceses; é a nossa pimenta-rosa, fruto da aroeira, que cresce em todo o litoral brasileiro.

Pimenta-da-jamaica — É uma pimenta dióica, da família das mirtáceas, e tem sua origem nas florestas das Antilhas. As sementes são de cor vermelho-escuro e devem ser colhidas ainda verdes. Após a secagem, ficam como grandes grãos de pimenta-do-reino. Para se obter o melhor sabor ela deve ser moída na hora do preparo do alimento. Seu aroma e sabor lembram uma mistura de especiarias, principalmente à base de cravo e de noz-moscada, por isso é chamada de *all spices* pelos ingleses e de *quatre épices* pelos franceses. A pimenta-da-jamaica é usada inteira ou moída em preparações doces e salgadas; também é indicada para perfumar bebidas com chocolate e vinhos.

Pimentas *Capsicum* — As pimentas do gênero *Capsicum*, de origem sul-americana, incluem duas variedades: as do tipo *Capsicum annum*, que são mais doces e frequentemente chamadas de pimentão; são plantas anuais. As do tipo *C. frutecens*, como a malagueta, a dedo-de-moça e outras, que nos países de língua

---

[5] Wilbur Scoville — químico americano mais conhecido pela criação do "Teste organoléptico de Scoville", agora padronizado como Escala de Scoville. Essa escala foi desenvolvida em 1912, enquanto trabalhava no Parke—Davis, empresa farmacêutica, e objetivava medir o grau de "picante" das pimentas. A unidade Scoville é uma medida de capsaicina (componente responsável pela sensação de ardor).

espanhola são chamadas de *chiles*, pertencem à família das solanáceas e são plantas perenes. Estas espécies foram descobertas por exploradores espanhóis no Novo Mundo e levadas para a Europa, principalmente para a Espanha, onde são chamadas de *pimientos* e são muito apreciadas, fazendo parte de preparações típicas. Há culinárias em que aparecem como ingrediente principal; em outras são acompanhamento indispensável. Essas pimentas são usadas como produtos frescos ou secos, moídos ou inteiros. As formas de prepará-las para uso são muito diversificadas, e há receitas antigas passadas de geração a geração, assim como fórmulas conservadas em segredo. Há geleias, chocolates, bolos e doces em calda temperados com pimentas.

No Brasil, são conhecidas inúmeras variedades de pimentas, desde as cultivadas até aquelas de crescimento espontâneo. Autores de livros de culinária regional citam muitos tipos de pimentas com características diversas de ardência e de sabor encontradas em certas regiões. As substâncias que compõem o sabor e o aroma das pimentas *capsicum* são pigmentos carotenoides, como a capsantina, a capsorubina e o alfa-caroteno vermelho. Essas pimentas também possuem um grupo de capsídios, dos quais a capsaicina é notável e, hoje, considerada poderoso agente antioxidante.

O número de variedades de pimentas conhecidas atualmente apresenta divergências: enquanto alguns autores falam em aproximadamente trezentos tipos, outros afirmam que são em torno de mil. Elas recebem nomes populares, diferentes em cada lugar, o que dificulta a identificação; sua coloração varia de verde-claro a laranja ou vermelho-forte quando maduras. Com as pimentas *capsicum* são feitos muitos molhos e pastas.

O Quadro 13.1 apresenta algumas das pimentas mais conhecidas e utilizadas na culinária do gênero *Capsicum*.

Quadro 13.1 | Características de algumas pimentas do gênero Capsicum

Nome comum	Outros nomes	Cor	Aroma e sabor
Cambuci	Chapéu-de-frade	Verde ou vermelha, usada como hortaliça em refogados	Pouco picante
Cascabel	-	Redonda e escura	Pouco picante
Cheirosa-do-pará	Formato irregular	Verde ou amarela	Não é picante
Chile	Designação dada a várias pimentas	Semelhantes à dedo-de-moça	Comum no México
Chora-menino	Grande	Amarela	Muito picante e cheirosa
Cumari	Comari	Pequena e amarela	Comum no Centro-Oeste Muito picante
Cumari-do-pará	Forma oval, triangular, pequena	Verde	Muito picante
Cumari verdadeira	Pimenta-de-assarinho, pequena	Verde ou vermelha	É encontrada na Toscana, em conservas, chamam-na *pepperoncini*
Dedo-de-moça	Chifre-de-veado, fina e alongada	Vermelha	Picante com moderação
Guindillas	-	Grandes e pequenas	Parece-se com a malagueta
Jalapeño	Pimenta verde	Pequena com cerca de 5 cm, é mais suave	Quando seca, é chamada de *chipotle*
Malagueta	Pequena e fina	Verde ou vermelha	Muito ardida
Pimenta biquinho	Formato arredondado com um biquinho	Vermelho vivo	Há uma variedade picante e uma variedade doce
Pimenta bode	Redonda e achatada,	Amarela ou alaranjada	Pouco ardida, muito cheirosa
Pimenta-de-cheiro	Redonda ou alongada	Verde ou amarela	Não é picante
Pimenta de *cayena*, pó	É o pó dos frutos maduros e secos da pimenta *chile*		De sabor forte é a base do molho tabasco
Piment d'Estelette	Pequenos pimentões de forma alongada	Vermelho vivo	É do tipo doce, encontrada fresca, seca ou em pó Possui AOC
Pimenta mata-frade	Pequena, redonda,	De cor violeta	Muito ardida
Pimenta murupi	Alongada	verde ou amarela	Muito saborosa e picante

> *Os indígenas brasileiros faziam uma preparação com pimenta bem pilada e sal à qual davam o nome de inquitaia que era usada como acompanhamento de vários alimentos.*

Rábano

A *Armoracia rusticana* é uma crucífera, planta perene, originária da Europa, hoje espalhada por várias regiões. Sua raiz fresca, ralada ou em fatias finas, condimenta inúmeras preparações. Seu sabor é semelhante ao das sementes de mostarda: forte e picante. Não se usa cozido, pois perde o sabor.

Raiz forte

A *Cochlearia armoracia* é uma crucífera conhecida desde a Antiguidade, parenta do rábano, de sabor mais forte e amargo. *Kren,* para os alemães e *horseradish* para os ingleses. Na França, é *raifort*; na Itália, *barba-forte* ou *ráfano; taramago* ou *vagisco*, na Espanha. Com sabor muito picante, essa raiz era desprezada, apesar de crescer abundantemente em Roma e na Grécia. Há algumas variedades com folhas que podem ser cozidas como hortaliças. Normalmente ela é usada ralada, entre os judeus, é colorida com suco de beterraba, acompanhamento obrigatório para carnes assadas; é também usada em caldos, sopas e molhos para peixes e saladas.

Wasabi

É um tempero japonês preparado com a raiz da *Wasabia japonica*, planta cultivada em várias regiões do Japão. De cor verde, ela é também chamada de rabanete japonês. O *wasabi* é uma brassica de sabor um tanto semelhante ao da raiz forte, porém mais suave. No mercado ela é apresentada sob a forma de pó, que deve ser misturado com algum tipo de líquido, água ou vinagre, para formar uma pasta. Entretanto, dada a dificuldade em se obter a raiz verdadeira, muitas marcas utilizam a raiz forte tingido-a de verde.

13.2.7 Ervas aromáticas e especiarias

Muito antes de qualquer registro escrito, homens e mulheres tinham como tarefa principal a coleta de plantas e a caça de animais para sua alimentação. Semear e colher plantas e seus frutos foi trabalho posterior, ligado aos elementos água, calor do sol, fases da lua, estações do ano, tudo perpassado por mitos divinos e demoníacos, com lendas que se tornaram universais.

Ao mesmo tempo, o uso de ervas na medicina se tornou tradicional, foi a maneira inicial de utilizá-las. Avicena, médico persa nascido em 980 d.C, estudioso das ervas medicinais, aprendeu a extrair os óleos essenciais voláteis das plantas e das flores. Nesse cenário, sacerdotes e pessoas de grande poder, em cerimônias de cunhos diversos, trabalhavam com plantas que eram consideradas milagrosas e curativas. Plantas de sabor agradável faziam parte da alimentação; as amargas e, muitas vezes, venenosas eram utilizadas para curar doenças. Um critério que existia era o de que a doença era resultado do pecado, e para curá-la era necessário expulsar os demônios que se haviam instalado naquele corpo. Para isso, plantas de sabor e odor fétido e, muitas vezes, venenosas eram utilizadas como se fizessem parte de uma penitência. Até recentemente parecia haver um sentimento de que a medicação devia ser um tanto repugnante para ser eficaz. Desde cinco mil anos antes da nossa era e em todas as culturas que se sucederam, há registros do uso de ervas e de outras plantas como alimento e como medicamento.

O comércio das especiarias produziu lendas e histórias, alimentou superstições, estimulou as grandes rotas de navegação, propiciou o descobrimento do Brasil e mudou os conceitos de culinária. Muito valorizadas e caras, as ervas foram sendo cada vez mais disponíveis, e na época atual a cozinha conta com enorme quantidade de ervas, especiarias, óleos, essências, e outros produtos que contribuem para a diversidade de sabores das diversas culinárias, isso sem contar com os produtos criados em laboratórios que imitam os aromas e os sabores naturais.

Em épocas muito antigas, as ervas eram classificadas considerando-se seu aroma, seu sabor e suas qualidades curativas. Entretanto, a linha que divide essas categorias é muito tênue, e essas qualidades se confundem.

Muitas plantas são usadas como medicamentos, algumas com comprovação científica dos seus efeitos, outras ainda em estudo. Muitas plantas são utilizadas como condimentos. Seus nomes comuns se confundem porque mudam de uma região para outra. Seus nomes botânicos dão mais segurança para reconhecê-las, porém a experiência é importante, principalmente para aquelas que são usadas como medicamentos.

Há variedades usadas para condimentar; há as que são usadas como alimento em preparações; e ainda as usadas para fazer chás. As partes utilizadas incluem raízes, bulbos, caules, folhas, flores, vagens e sementes, secos ou frescos. Por suas características organolépticas, são chamadas de ervas ou de especiarias. O conhecimento de grande parte delas vem através dos séculos; outras são de conhecimento mais recente, em virtude da globalização das culturas.

Na atualidade, aparecem produtos com características aromáticas cujo uso vai sendo conhecido e apreciado. A fava tonka, de sabor adocicado, é a semente do cumaru, árvore da Amazônia. O alecrim-pimenta, que cresce nas caatingas do Ceará, usado exclusivamente como planta medicinal, aparece em experimentos como tempero exótico. *Chefs* famosos procuram a canela-cravo, que é uma baga pequenina encontrada há séculos no Tocantins e que só agora é conhecida fora daquela região.

As ervas e as especiarias apresentadas neste trabalho são as que têm aparecido em preparações típicas da culinária dos diversos grupos de imigrantes que inspiram restaurantes das grandes cidades. Muitas outras espécies e variedades são também utilizadas, mas em menor escala e em áreas circunscritas.

Algumas das ervas aromáticas e especiarias mais utilizadas como condimento:

Açafrão — *Crocus sativus*, da família das iridáceas, planta bulbosa, de flores da cor lilás, conhecida como flor-da-aurora e flor-de-hércules. A parte utilizada são os estigmas da flor. O açafrão é conhecido desde as eras anteriores à escrita, foi apreciado por seu aroma especial e por suas propriedades medicinais na China, no Egito, na Grécia e em Roma. Este é o açafrão verdadeiro, é uma das especiarias que alcança os mais altos preços. Somente os três estigmas de forte cor alaranjada são recolhidos à mão, sendo necessários 70 a 80 mil unidades para obter uma quantidade equivalente a 450 g. O açafrão é comercializado em filamentos, que devem ser colocados de molho em água quente por cerca de dez minutos para expandir seu aroma e seu sabor, difíceis de definir. Ao mesmo tempo em que é considerado quente, diz-se que é fresco, como se viesse do mar. Uma pitada é suficiente para colorir e perfumar cerca de 500 g de alimentos. Seu uso foi disseminado por toda a Europa, mas atualmente tem grande importância na culinária espanhola; é tempero da *paella* e de risotos, de carne de carneiro, dobradinha e sopas.

Outros nomes: Espanha – *azafran*; França – *safran*; Itália – *zaferano*; Inglaterra e Alemanha – *safran*.

Aipo ou salsão — *Apio graveolens*, variedade *dulce*. Esta é outra umbelífera de importância como alimento. É uma variedade oriunda da espécie silvestre, que cresce nas regiões marítimas da Europa. O aipo é uma planta bianual de folhas lisas e brilhantes, caule carnoso e riscado por canaletas; seu sabor é forte e um pouco picante, sendo muito usado na culinária interiorana da Itália e da França. O salsão é aromatizante para o sal, entrando em uma grande variedade de pratos.

Conhecida como *apio* na Espanha; *céleri* e *ache douce*, na França; na Itália, *sedano, apio*; na Inglaterra, *celery*; na Alemanha, *sellerie*.

Alcaparra — *Capparis spinosa*, da família das caparidáceas. Originária das regiões costeiras e pedregosas do Mediterrâneo é perene e rasteira. Usam-se os botões florais da planta curtidos em vinagre ou em salmoura. Só após a preparação em conserva é que seu sabor se desenvolve. A alcaparra tempera azeitonas, carnes e pescados.

Na Espanha é conhecida como alcaparra; na França, *càpre*; na Itália, *capperi*; na Inglaterra, *caper*; na Alemanha, *kapper*.

Alcarávia — *Carum carvi*, umbelífera, muitas vezes confundida com o cominho, porém suas sementes são mais escuras, mais finas e de sabor e aroma muito diferentes. Seu cultivo é muito antigo e ela aparece nas regiões frias do continente europeu. Na culinária aparece em muitas preparações, na fabricação de alguns queijos, como o *tilsit, e* na fabricação de pães rústicos de centeio. O licor chamado *Kümel* é fabricado com as sementes de alcarávia.

Recebe as denominações de *alcarávea, carvi*, na Espanha; na França é *carvi, cumim dês pres*; na Itália é *carvi, comino dei prati; caraway*, para os ingleses; *karbe, kümmel* e *feldkkummet,* para os alemães.

Alfavaca — *Ocimum gratissimum*, labiada da mesma família do manjericão, chamada de manjericão grande, basilicão grande; é própria dos climas quentes, sendo muito comum no Brasil, chega a ser mais utilizada que o manjericão, principalmente nas áreas interioranas. Na culinária é muito usada em carnes suínas.

Espanha – *albahaca, albaca*; França – *basilic em arbre*; Itália – *basilico maggiore*; Inglaterra – *tree basil, East-indian basil*; Alemanha – *Brasilienkraut*.

Alecrim — *Rosmarinus officinalis*, da família das labiadas; fortemente aromático e ligeiramente amargo, é um condimento de predileção no preparo de carnes escuras, como as de caça; é usado parcimoniosamente para aromatizar o açúcar e as cervejas, para não obscurecer todos os outros aromas e sabores; é bom para carneiro, frango, suíno, pães e batatas.

Na Espanha é o *romero*; na França é o *romarin, rosmarin*; na Itália, *rosmarino, rosmarin*; na Inglaterra, *rosemary, ramerino*; na Alemanha, *rosmarin, kranzenkraut*.

Algas marinhas — As algas marinhas são muito utilizadas como ingrediente nas culinárias orientais, mais significativamente na culinária japonesa. A preparação denominada *Ao-nori*, que em japonês significa verde, mistura três tipos de algas: *monostroma, enteromorpha* e *uva, sendo* utilizada como um tipo de condimento espalhado sobre várias preparações.

Alho — *Allium sativum*. Esta liliácea forma bulbos com pequenos dentes carnosos, reunidos em *cabeças*. Seu uso é muito antigo, milenar. Os povos orientais sempre usaram o alho não só como condimento, mas como planta que possui poderes curativos, mágicos e outros. O alho participa praticamente de todas as preparações de alimentos. Seu uso é universal, embora certas culinárias o utilizem com restrição. Um dos seus princípios ativos, a alicina, é considerada de grande poder curativo. Embora poucas ações tenham sido comprovadas cientificamente, o alho é considerado de grande valor terapêutico, como desinfetante e antisséptico, estando disponível no comércio como pasta, tostado, em fatias, em pó e granulado. Uma pitada de alho em pó substitui um dente de alho fresco.

Também conhecido como *ajo*, na Espanha; *ail*, na França; *aglio*, na Itália; *garlic*, na Inglaterra, e *knoblauch*, na Alemanha.

Alho-poró ou alho porró — *Allium porrum*, liliácea, parente do alho comum e da cebola. É constituído por folhas dobradas e encaixadas, formando um talo mais ou menos grosso, cuja parte próxima das raízes é branca. Cultivado desde os tempos bíblicos, é um ingrediente muito apreciado, aparecendo em ensopados, sopas e refogados. Seu sabor é semelhante ao do alho, porém mais suave. A parte branca é mais saborosa, mas a parte verde é mais aromática.

As denominações na Espanha, na França, na Itália, na Inglaterra e na Alemanha são respectivamente: *puerro, poireau, porro, leek, porrée*.

Anis — *Pimpinella anisun*. Como tantas outras ervas aromáticas, esta umbelífera tem sua origem nas regiões mediterrâneas e é cultivada há muitos séculos. Seu sabor é semelhante ao da erva-doce. O princípio ativo é o anetol. Esta fragrância está concentrada nas sementes, sendo muito apreciada por suas qualidades; o aroma é forte e característico. As sementes são comumente utilizadas para preparar chá, como aromatizante de bolos e doces feitos com fubá e de licores como o Pernod. Na culinária, o anis entra em diversas preparações doces e salgadas. As folhas são usadas em saladas ou adicionadas em pratos cozidos no momento de servir.

Na França é o *anis-vert*; na Itália, *anice*; na Inglaterra, *anise*; na Alemanha, *anis*.

Anis estrelado — *Llicium verum*, da família das magnoliáceas. Nativo da Ásia foi para a Europa no século XIX. Produz frutos em forma de estrela, com uma semente marrom brilhante em cada radio. Seu sabor é semelhante ao da erva-doce e ao do anis, porém mais delicado; seu odor perdura por muito tempo; é muito usado na culinária chinesa e vietnamita para aromatizar desde preparações de alimentos até o chá. No Ocidente o anis é usado em doces, biscoitos e licores. Além das características organolépticas, possui qualidades medicinais por apresentar propriedades antissépticas.

Recebe o nome de *badiana* na Espanha; na França é o *anis etoilé* ou *badiene*; na Itália é o *anice stellato*; na Inglaterra, o *star anise* ou *chinese anise*; na Alemanha é *sternanis*.

Angélica — *Angelica archangelica*, umbelífera, bianual, nativa da região do Mediterrâneo. Seu nome deriva do conceito de divindade que sempre foi atribuído a esta planta. A angélica não deve ser confundida com a planta florífera, que é tóxica. Seus talos e folhas são usados em preparações de carnes e pescados, suas sementes são usadas para perfumar bebidas.

Assafétida — *Ferula assafetida*. Desta planta usa-se a resina extraída dos rizomas. A assafétida é muito pouco conhecida fora da Índia, embora seja produzida no Iran e no Afeganistão. Seu óleo volátil contém enxofre, por isso ela exala um odor que lembra o alho em conserva. Esta planta é empregada em pequenas quantidades para aromatizar preparações cozidas. Após a cocção, seu gosto lembra a cebola.

Azeitona — *Olea Europea*, fruto das oliveiras, já era encontrada nas margens do Mediterrâneo 17 séculos antes de Cristo. A azeitona cresce bem em regiões secas e áridas. A Espanha e a Grécia são os grandes produtores de oliveiras. O azeite de oliva é extraído dos frutos maduros. Para serem utilizadas em culinária, as azeitonas sofrem vários processos, alguns muito demorados, resultando sempre um produto salgado. O sabor da azeitona verde ou preta é muito apreciado, e seu uso é difundido em culinárias que tiveram origem oriental ou do sul da Europa; é utilizada como aperitivo, em saladas, descaroçada e recheada e de várias outras maneiras.

Baunilha — *Vanilla planifolia*, esta orquidácea tropical sul-americana foi usada pela primeira vez para aromatizar as bebidas de cacau dos astecas. A baunilha entrou na Europa pelas mãos dos conquistadores espanhóis, mas seu cultivo mostrou-se difícil nas regiões frias; é uma orquídea, trepadeira, perene, que produz flores brancas e vagens compridas que se tornam marrom-escuras quando estão maduras; neste momento, ficam cobertas por uma substância semelhante a pequenos cristais, a vanilina. Seu uso difundiu-se pelo seu sabor adocicado e muito agradável, passando a aromatizar principalmente preparações doces. Tanto as sementes quanto a própria vagem podem ser usadas; as sementes têm sabor mais acentuado, entretanto as vagens podem ser reutilizadas, pois conservam seu aroma e sabor por muito tempo, mesmo depois de fervidas com leite ou água; é empregada ainda para aromatizar o açúcar colocando-se um pedaço de vagem dentro do açucareiro. Atualmente, a essência de baunilha que se adquire em vidros é o produto sintetizado em laboratório disperso em solução alcoólica.

É conhecida na Espanha como *vainilla*; na França, como *vanille*; na Itália, como *vaniglia*; na Inglaterra, como *vanila*; e na Alemanha é a *vanille*.

Canela — Há pelo menos três variedades de plantas do grupo da canela, da família das lauráceas: canela-da-china ou das filipinas - *Cinnamomum aromaticum*. A árvore solta finas cascas do seu tronco, que ficam enroladas quando secas. A canela é originária da China e da Birmânia, sendo conhecida desde os fenícios, que a levaram para a Europa, onde passou a ser muito apreciada por seu sabor ligeiramente adocicado e seu perfume delicado. Há a variedade *Cinnamomum verum*, cujo sabor é mais suave, sendo considerada a canela verdadeira, seu aroma delicado e fragrante se perde rapidamente quando é moída. A *Cinnamomum cassia*, ou canela cássia, é considerada pelos antigos como aroma precioso. Os aromas e os sabores das três variedades se confundem, pois são semelhantes. Todas as variedades são utilizadas em preparações doces ou salgadas, em bebidas como o quentão, das festas juninas brasileiras, no chá, no vinho quente, em conservas de frutas e hortaliças, polvilhadas sobre cremes e pudins, em doces em calda, enfim, em uma grande variedade de pratos. No comércio a canela é encontrada em bastões da casca seca e moída em pó finíssimo.

Entre os espanhóis é a *canela*; na França é a *canelle*; na Itália, *canella*; na Inglaterra é *cinnamon*; na Alemanha, *zimet, zimt*.

Capim-limão — *Cymbopogum citratus*. É uma gramínea de folhas longas e verde-claras, finas e macias, é também chamado de capim-santo, capim-cidreira e capim-cheiroso. Planta originária do sul da Índia e do sudeste asiático; espalha-se com facilidade formando moitas. Seu sabor é suave, lembrando o limão, perfumado, e ligeiramente picante, sendo muito comum nas culinárias tailandesa e vietnamita. Seu uso mais frequente no Brasil é como chá, preparado com folhas secas ou frescas; é considerado diurético e expectorante. Na culinária somente as partes inferiores das folhas são utilizadas; é chamada de *Hierba limon* na Espanha e de *Lemongrass* na Inglaterra.

Em algumas regiões do nosso país é chamada de erva-cidreira. Entretanto, não deve ser confundida com a erva-cidreira verdadeira, que é a *Mellissa oficinalis*.

Cardamomo — *Eletaria cardamomum*, gingiberácea originária de Malabar. São as sementes do fruto de um arbusto de 1,5 m de altura. Inteiras ou em pó, essas sementes têm sabor adocicado e picante. O cardamomo é muito empregado nas culinárias indiana, árabe e chinesa. Na Europa, ele foi produzido nos mosteiros durante a Idade Média; participa de preparações doces, salgadas e da confecção de licores e bebidas aromatizadas. Os árabes usam o cardamomo no café; os africanos, no chá. Em certas regiões da Europa ele é usado para aromatizar vinhos, sendo conhecido na Espanha como cardamomo; na França, na Itália, na Inglaterra, na Alemanha e no Brasil como, respectivamente, *cardamome; cardamoma,amorna; cardamom; kardamom; cana-do-brejo*.

Cebola — *Allium spp*, da família das liliáceas, é uma bulbosa cujo bulbo é formado por escamas. Há registro na Pirâmide de Gizé relatando que a cebola fazia parte da alimentação dos homens que construíram as pirâmides, pois era considerada um tônico. Sua riqueza em selênio faz dela um alimento importante. Há muitas receitas de medicamentos fitoterápicos em que a cebola entra como elemento principal. De origem asiática, mais precisamente da Sibéria, seu cultivo é muito antigo. Existem muitas variedades dessa bulbosa: a cebola-miúda, ou cebola-pérola, muito usada para conservas com vinagre; a cebola-roxa; a cebola-de-casca-avermelhada; a cebola-branca.

As *echalotas*, *Allium ascalonicum*, são tipos diferentes de cebolas, pois crescem dividindo-se em bulbos presos a um só apoio, formando cabeças semelhantes às do alho. De origem palestina, há algumas variedades de *echalotas* com gosto mais acentuado ou mais adocicado. Seu sabor é mais suave que o da cebola comum, aparecendo em muitas receitas das culinárias francesa e hispano-americana. É a *escaluña* espanhola, a *echalote* francesa, o *scalogno* italiano, a *challot* inglesa e a *shalotte* alemã.

A cebolinha, *Allium fistulosum*, tem gosto suave, tendo sido introduzida na Europa na Idade Média. Ela é muito usada em preparações de peixes, de ovos, de queijos, de saladas, de sopas cremosas e de batatas. A cebolinha é encontrada fresca, desidratada, em pó e numa mistura com sal e alho.

A cebolinha verde é uma variedade que se usa fresca sempre no final das preparações; faz parte do chamado cheiro verde.

Na Espanha, as cebolas são conhecidas como *cebolla*; na França, como *oignon*; na Itália, *cipolla*; na Inglaterra, *onion*; na Alemanha, *zwiebel*. A cebolinha verde é denominada *cebolleta*, na Espanha; na França, *ciboule*; na Itália, *cipolletta*; na Inglaterra, *welsh onion, stone leek*; na Alemanha, *zipolle, schnitzwiebel*.

> Cheiro verde é a mistura de salsa ou coentro, cebolinha e algum toque de outras ervas; frescas, são comercializadas em buquês; é um tempero de uso generalizado na culinária brasileira. A salsa é mais usada na Região Sudeste, o coentro, nas Regiões Norte e Nordeste.

Cerefólio — *Anthriscus cerefolium L.*, pertence à família das umbelíferas, que possui um grande número de indivíduos classificados como ervas aromáticas e especiarias. Sua forma lembra a salsa, porém é de um verde mais claro e suas folhas são mais suaves e delicadas. É possível que seu nome tenha derivado do grego: *chairein*, deleitar-se, e *ph'llon*, folha. Os romanos o chamavam de *cerefolium*, folhas como cera. Em inglês é *chervil*, em francês, *cerfeuil*, em alemão, *kerbel*, em italiano, *cerfoglio*, na Espanha é o *perifolio*. Seu sabor é leve e delicado; lembrando o alcaçuz. A maior concentração do óleo essencial está nas sementes. Atualmente é muito usado, porém sua delicadeza de sabor não o recomenda para cocções prolongadas. O melhor é colocá-lo no momento final da cocção ou então usá-lo cru em saladas. Quando seco, perde quase completamente seu aroma e sabor. Há receita de pesto em que o manjericão é substituído por cerefólio; é usado em hortaliças e molhos e em pratos com ovos.

Coco — *Cocus nucifera*, este fruto de uma palmeira de origem asiática é muito encontrado em todo o litoral brasileiro e tem aplicações diversas como condimento da culinária de várias regiões do país, notadamente no Nordeste. Quando verde, é consumido como fruta; possui uma fina camada gelatinosa de sabor suave e tem uma quantidade de água que é muito procurada como refresco; maduro, tem a polpa mais dura e resistente, doce e fibrosa, rica em gordura, sendo utilizado seco ou fresco, ralado, cortado em tiras finas; presta-se para a preparação de pratos doces e salgados.

> A polpa espremida fornece o leite, que é também um ingrediente de várias preparações doces: quindins, manjar branco; e salgadas: moquecas de peixes, feijão de coco.

> É também ingrediente importante na culinária da Tailândia e da Indonésia; em espanhol é *coco*; em francês é *noix de coco*; em italiano, *noce di coco*; em inglês, *coconut*.

Coentro — *Coriandrum sativum*, originário do Oriente Médio. Na Idade Média era utilizado como afrodisíaco. É uma umbelífera de uso muito comum nas várias culinárias; planta anual de folhas denteadas, semelhantes às da salsa. Usam-se as folhas frescas para temperar pescados, e as sementes, em conservas ou esmagadas, em cozidos. As folhas secas e as sementes fazem parte de algumas misturas de *curry*; é usado em pratos de peixes, saladas e feijão. Na Espanha é conhecido como *cilantro, culantro*; na França, *coriandre*; na Itália, *coriandorlo*; na Inglaterra, *coriander*; nos Estados Unidos, *chinese parsley*; na Alemanha, *koriander*.

Cogumelos — São variados os cogumelos usados atualmente como ingrediente em várias preparações culinárias. Os cogumelos do tipo *Bolletus e Fungh porcinii* são muito usados na culinária italiana para dar melhor sabor a molhos e carnes; são também usados em risotos e massas; são grandes, podendo chegar a 20 cm de diâmetro, pesando até 500 g.

Cominho — *Cominum cyminum*, da família das umbelíferas. Esta especiaria era colocada na tumba dos faraós como oferenda. O cominho é uma planta anual de porte pequeno, de gosto e aroma intensos; acre e ligeiramente amargo, é um condimento muito usado na preparação de carnes e molhos. Na Idade Média era um ingrediente mais usado pela aristocracia; é usado em inúmeras preparações das culinárias orientais, principalmente a árabe e do Marrocos, temperando cordeiro, aves, iogurte e berinjelas; faz parte do *curry* indiano, do chucrute e de licores. Alguns tipos de queijos e de pães são condimentados com cominho, ganhando um sabor especial.

> O cominho na Espanha é *comino*; na França, *cumin de malte, anis acre*; na Itália, *cumino*; na Inglaterra, *cumin*; na Alemanha, *pfeffer-kümmel*.

Cravo — *Eugenia caryophillata*, da família das mirtáceas, é o chamado cravo-da-índia, condimento versátil usado em preparações doces ou salgadas. Nativo das Ilhas Molucas, seu princípio ativo, o eugenol, é considerado bactericida, o que o torna importante na conservação de compotas e conservas. Usam-se os botões florais; tempera presuntos, bolos, tortas, vinhos, licores e muitos outros alimentos; é utilizado inteiro ou em pó. *Clove* é a denominação espanhola; a francesa, *clous de girofle*; a italiana, *chiodo di garófano*; a inglesa, *clove*; a alemã, *gewurznelken*.

Cúrcuma — *Curcuma domestica*, ou *Curcuma longa*, da família das gengiberáceas, conhecida como açafrão-da-índia, açafroa, açafrão-de-raiz, gengibre-dourado e falso-açafrão, é planta da família do gengibre, com folhas largas e flores amarelas. A cúrcuma foi levada para a Europa pelos árabes. A parte que se usa é a raiz, que, depois de seca, é moída, tornando-se um pó alaranjado e de sabor e aroma típicos, ligeiramente almiscarado e amargo. Sua utilização principal é para dar colorido dourado às preparações; é ingrediente de certas receitas de *curry*, condimenta e colore ensopados, peixes, arroz, pães, manteigas, queijos e outros.

Pesquisas atuais indicam que o óleo de curcumina pode prevenir o Mal de Alzheimer, pois aumenta a atividade enzimática, protegendo o cérebro de doenças degenerativas; é muito usada na culinária goiana no famoso frango com açafrão. Em espanhol, em francês e em italiano é conhecida como *cúrcuma*; em inglês, *turmeric*; em alemão, *gelbwurz*.

Curry (**folha**) — *Murraya koenigii*, planta que cresce no Himalaia, é utilizada como condimento na culinária indiana; é ainda pouco conhecida no Brasil, tem aroma suave que lembra as misturas em pó chamadas de *curry*.

Endro, *Dill* **ou Aneto** — *Anethum graveolens*. Umbelífera originária do sul da Europa e da Rússia é uma planta anual muito delicada. Usam-se as sementes, as folhas finas e delgadas; tem sabor forte e aromático, não é de uso comum na culinária brasileira. O *dill* é considerado digestivo e sedativo. As sementes são usadas para picles, saladas, pratos com ovos e pães. As folhas frescas são usadas em saladas de batatas, maioneses, iogurtes, pescados e para aromatizar vinagres e conservas de pepino. Na Espanha, *aneto, eneldo*; na França, *fenouil batard*; na Itália, *aneto*; na Inglaterra e na Alemanha, *dill*.

Erva-cidreira — *Melissa officinalis*, melissa, erva-cidreira. Para os espanhóis é o *toronjil*. Arbusto perene originário do sul da Europa, suas folhas têm aroma semelhante ao do limão. Seu uso medicamentoso é antigo. Há registros na Odisseia de Homero[6], em Dioscórides[7] e em Plínio[8], o Velho. Seu uso culinário é muito vasto: recheios de tortas, saladas, molhos, preparações doces, como pudins. Seu chá é considerado calmante e relaxante, sendo usado como analgésico. Os vinhos aromatizados com as folhas esmagadas da melissa são considerados estimulantes; é uma espécie muito atraente para as abelhas, sendo usada para proporcionar locais para novos enxames. Seu nome deriva da deusa Melonia, protetora das abelhas. Na Espanha é a *melissa* ou *hierba luisa*; na França é a *melisse*; na Itália é a *melissa, erba limoncina, cedronella*; na Inglaterra é *balm* ou *melissa*; é a *citronelle* ou a *herzkraut* alemã. No Brasil, em certos lugares o capim-limão é conhecido como erva-cidreira.

Erva-doce — *Foeniculum vulgare*, umbelífera originária dos países do Mediterrâneo, foi introduzida na América pelos conquistadores portugueses e espanhóis. A erva-doce é uma planta perene de talos riscados, folhas filamentosas, de aroma fino e adocicado, lembrando o anis. As sementes são usadas nas preparações de embutidos, em chás e para perfumar bebidas. Foi considerada protetora contra bruxarias; usa-se em bolos, biscoitos, pescados e frutos do mar.

Estragão — *Artemisia dracunculos,* da família das Compostas. Há muitas variedades desta planta, entretanto somente o estragão é comestível, seu sabor é suave e agradável. As demais são extremamente amargas; é muito usado para temperar aves assadas. A variedade *A. vulgaris* é usada para dar sabor às cervejas e para temperar carnes muito gordas. O estragão é ainda utilizado em maioneses, molhos de mostarda, vinagres aromatizados, pratos com peixes e cordeiro. Na Espanha e na França é chamado *estragon*; na Itália é o *dragoncello; tarragon* na Inglaterra e *kaiserkraut* ou *dragunbeifuss* na Alemanha

Feno grego — *Trigonella foenum graceum*, em espanhol *alholva* ou *fenogreco*. O feno grego é uma leguminosa de origem mediterrânea, foi cultivada na Europa, na África e na Ásia durante milênios, tendo sido usada como forragem para alimentar animais, como medicamento e como condimento. As sementes são usadas como condimento, seu aroma e sabor, muito característicos e ligeiramente amargos, fazem-no parte integrante de vários tipos de *curries;* pode temperar carnes e picles, entretanto seu uso deve ser moderado, porque seu aroma e sabor são muito intensos.

Frutas cítricas - Estas frutas são conhecidas na gastronomia como zestos, são as cascas raladas ou finamente picadas de laranjas e limões verdes e amarelos utilizadas como condimentos para preparações doces ou salgadas, conferindo sabor delicado e agradável.

Galanga — Da família das zingiberáceas, de origem oriental; é uma raiz semelhante ao gengibre, lembra o odor de rosas; mais picante, é usada em fatias.

Gergelim — Também conhecido como sésamo, sua origem é discutível, se na África ou na Ásia; é popular guarnição de pratos chineses. As sementes de gergelim ficam mais saborosas quando tostadas, em frigideira, remexendo-as com colher de pau até ficarem marrom-escuras. A pasta feita com as sementes esmagadas é o famoso *tahine*, muito usado na culinária do Oriente Médio; é um verdadeiro curinga da gastronomia,

---

[6] Homero — lendário poeta épico da Grécia Antiga, ao qual tradicionalmente se atribui a autoria dos poemas épicos *Ilíada* e *Odisseia*.

[7] Pedáneo Dioscórides — autor greco—romano, considerado o fundador da Farmacognosia através da sua obra *De materia medica*, a principal fonte de informação sobre drogas medicinais desde o Século I até ao Século XVIII.

[8] Plínio, o Velho — Escritor, historiador, administrador e oficial romano deixou uma obra considerada, até a Idade Média, fundamental para o saber científico. Terminou de escrever Historia naturalis (77), em 37 volumes, a única de suas obras que chegou até a atualidade, um tratado de História Natural, por isto cognominado de o Naturalista, onde relatou todo o conhecimento científico até o início do cristianismo, com citação sobre 35.000 fatos úteis. Teria compilado mais de dois mil livros de 146 autores romanos e 327 estrangeiros.

porque seu uso é muito amplo. Com pequenas diferenças de grafia e pronúncia, é o *sesamo* em várias línguas; em italiano é chamado de *gingiolena*.

Grãos do paraíso — *Amomum melegueta*, praticamente desaparecida na atualidade, esta especiaria foi muito procurada para substituir a pimenta-do-reino quando esta se achava com preços muito elevados; são sementes de cor castanha, com um formato arredondado, quase piramidal. Picante e forte, seu sabor é semelhante ao do cardamomo sem as notas de cânfora deste; foi utilizada para aromatizar vinhos e cervejas, hoje é usada nas culinárias de algumas regiões da África e do Magreb.

Hissopo — *Hissopus officinalis*, da família das labiadas, é uma planta arbustiva originária do sul da Europa, de sabor perfumado e ligeiramente amargo, é utilizada em preparações com carnes gordas. As folhas são usadas em recheios de embutidos, e as flores perfumam licores, como o *chartreuse;* não é muito conhecida no Brasil.

Junípero — Zimbro, *Juniperus communis*, da família das cupresáceas. Cipreste de folhas em forma de agulhas oriundo do hemisfério norte. Na axila de suas folhas brotam pequenos botões florais. Os botões femininos amadurecem adquirindo uma cor negro-azulada. Estes são os frutos usados para carnes de caça, porco, vitela, também usados na preparação de chucrute e patês. Seu sabor é doce-amargo. O óleo, extraído dos botões maduros, confere o sabor à bebida genebra. O gim, destilado à base de zimbro, tem perfume de pinheiros com nuanças de terebentina. Suas folhas secas também são usadas como condimento em alguns pratos. Na Espanha é *enebro*; na França, *genièvre*; na Itália, *ginepro*; na Inglaterra, *juniper*; na Alemanha, *waschholder*.

Lavanda — *Lavandula especies*, esta labiada já foi bastante utilizada na culinária. Suas folhas eram usadas em cozidos de carnes de caça. As flores eram conservadas em geleias ou eram cristalizadas. Atualmente a lavanda faz parte de misturas de especiarias.

Levístico — *Levisticum officinalis,* umbelífera proveniente da Ligúria, foi introduzida na Inglaterra pelos romanos e aí se aclimatou; era cultivado em jardins de mosteiros e considerada importante erva medicinal. Seu uso culinário é extenso, seu sabor e aroma lembram o aipo, mas são mais persistentes, mesmo à cocção.

Lima de Kaffir — Fruto da planta *Citrus histryx,* cujas folhas e a casca são muito usadas na culinária da Tailândia e da Indonésia para aromatizar peixes e aves. Sua forma é parecida com a de uma pêra, mas sua casca é porosa e enrugada, muito verde.

Louro — *Laurus nobilis*. É a laurácea mais conhecida por suas qualidades. Suas folhas secas são empregadas para condimentar muitas preparações, doces ou salgadas. É uma árvore frágil, que teme o frio intenso, tem qualidades narcóticas e dizem que o oráculo de Delfos fazia suas predições mantendo uma folha de louro entre os lábios. O louro é usado em molhos, marinados, feijão e muitas outras preparações. Por suas qualidades conservantes e antissépticas, era usado nos depósitos de farinha para evitar o gorgulho e a mariposa dos cereais. É o *laurel* espanhol; o *laurier* francês; o *alloro* italiano; o *laurel bay* inglês e o *larbeer* alemão.

Foi dedicado a Apolo, deus da música e da poesia. Heróis e campeões gregos e romanos recebiam coroas feitas com ramos de louro; foi considerado protetor contra raios e bruxarias.

Macis — É o arilo da semente da noz-moscada. Trata-se de uma rede carnosa alaranjada, quase vermelha, que envolve a semente da noz-moscada. O arilo é retirado e posto para secar, depois é prensado e cortado em lâminas, geralmente reduzido a pó. O aroma do macis é mais forte que o da noz-moscada, tendo sido usado antes dela. Seu uso culinário inclui sopas, pescados e aromatização de vinagres. Tanto o macis quanto a noz-moscada são considerados medicamentos. Um antigo livro de receitas do século XVIII dizia que se utilizava um forte licor feito com o arilo da noz-moscada para aromatizar o queijo *stilton*.

Malvavisco — *Althaea oficinales*, é da família das malváceas, embora pouco conhecida entre os brasileiros, todas as partes dessa planta, de sabor suave e adocicado, são utilizáveis; tem muitas aplicações medicinais.

Manjericão — *Ocimum basilicum, albahaca, erva real* ou *basílico* na Espanha; *herbe royale, basilic* na França; e *basil* na Inglaterra; manjericão no Brasil. Uma labiada conhecida na Índia e no Egito há mais de 4 mil anos, dali passou para a Europa e mais tarde para as Américas; é um dos aromas mais usados em culinária. Os gregos o chamavam de erva dos reis; é membro da família das mentas, suas folhas são delicadas e possui cachos longos de pequenas flores brancas que atraem abelhas; é utilizado em todos os tipos de preparações, sendo famosas as combinações com molhos de tomates e o famoso *pesto* com azeite e nozes. Seu sabor é inconfundível e forte, picante e ao mesmo tempo fresco; é largamente utilizado nas diversas culinárias, sendo usado especialmente para aromatizar azeites; é tônico e antisséptico, estimulante e digestivo. Há uma grande variedade de espécies desta planta que têm papel muito importante ao aromatizar preparações de toda a região do Mediterrâneo. É o *basilico* italiano e o *basilikum* alemão.

Manjerona — *Origanun majorana*, esta labiada pertence a uma grande família na qual está incluído o orégano. De perfume suave, delicado e adocicado, é uma planta de estatura baixa; suas folhas são de um verde-acinzentado, às vezes um tanto oleosas; de uso culinário corrente em pratos de aroma e sabor delicados. Conhecida na Espanha como *majorana, almoraduj*; na França, *majorlaine*; na Itália, *maggiorana*; na Inglaterra, *sweet marjoran, winter majoran*; na Alemanha, *susser, majoran*;

Menta — *Mentha sp.*, da família das labiadas, é a hortelã no Brasil. São inúmeras as variedades e os híbridos desta planta. De cultivo fácil, a menta prefere locais mais sombreados, estendendo-se com grande facilidade; é muito utilizada nas culinárias orientais, sendo também frequente em preparações de pato e cordeiro em receitas europeias. De algumas espécies mais conhecidas, a *M. villosa* é a que tem folhas maiores e sabor e aroma acentuados; a *M. spicata*, ou hortelã-da-cozinha, é a melhor para uso culinário. Outras variedades são a *M. piperita*, de folhas menores e mais picantes, usada para fabricar o licor Pepermint; a *M. aquatica*, que cresce em regiões pantanosas; a *M. gentilis*; a *M. suaveoleans* e muitas outras com aroma e sabor variados. A variedade *M. pulegium*, entre nós, é conhecida como poejo, que tem um aroma mais forte, o que a faz ser usada como repelente de insetos. Cada variedade recebe nomes diferentes em cada língua ocidental. *Menta* ou *hierba buena* na Espanha; *menthe poivrèe* é a *menta piperita* na França; *pepermint*, na Inglaterra; *pfeferminge*, na Alemanha.

Noz-moscada — *Myristica fragrans*. Esta miristicácea é nativa das Ilhas Molucas. É uma árvore que alcança até oito metros de altura. Suas folhas são escuras e aromáticas. O fruto é grande e suculento, e a semente é pesada e escura. A noz-moscada está sempre envolvida em uma rede carnosa de cor alaranjada-viva; é o arilo ou macis. Seu sabor é suave e fragrante, quando a semente é ralada se perde rapidamente, por isso se recomenda acrescentar o pó ralado no momento do uso e guardar as sementes em potes herméticos. A noz-moscada é ingrediente de muitas misturas de especiarias e condimenta vários tipos de preparações doces e salgadas, além de aromatizar bebidas; tem amplo uso em preparações na Índia, no Marrocos, na Tunísia e na Arábia Saudita. Na culinária ocidental ela é usada em biscoitos, bolos, frutas cozidas, queijos, em recheios de tortas, em batatas e outros, e também em bebidas à base de chocolate e vinhos; quando usada em grande quantidade, tem propriedades alucinógenas. É *Nues moscada* na Espanha; *muscade* na França; *moscata* na Itália; *nutmeg* na Inglaterra; *muskatnusse* na Alemanha.

Orégano — *Origanun sp.*, esta labiada faz parte de uma família muito numerosa, sendo, juntamente com a manjerona e o orégano silvestre, uma das ervas mais usadas na culinária. O orégano notabilizou-se como aromatizante de *pizzas* e de molhos de tomate, aparecendo frequentemente em receitas mediterrâneas; sempre foi usado como medicamento, e atualmente tem ação antioxidante comprovada em algumas pesquisas com fitoterápicos. *Orégano* na Espanha e na Itália; *origan* na França e na Inglaterra; *dosta* na Alemanha.

Pequi — *Caryocar brasiliense*. Seu nome deriva do tupi *pyki* (py = casca e ki = espinho). Da família das cariocaráceas e de porte arbóreo, a planta possui frutos oleaginosos com casca grossa, verde-escuro por fora e amarelada por dentro, onde ficam de uma a quatro sementes, que apresentam uma polpa alaranjada de aroma e sabor muito acentuados. A polpa fica em uma camada mais ou menos fina, e o interior da amêndoa é coberto com pequenos espinhos transparentes que, na mordida, penetram nas mucosas da boca e são difíceis de serem localizados e retirados. Por esse motivo, a fina camada de polpa deve ser raspada com os dentes sem ferir o invólucro da amêndoa. Seu sabor é muito apreciado, e embora o fruto tenha papel importante como ingrediente de preparações com frango e arroz, é usado para condimentar molhos. É famoso o licor de pequi. Este fruto é encontrado no mercado em conserva com óleo ou salmoura: frutos inteiros, fatias e massa elaborada com a polpa.

Sálvia — *Salvia officinalis*, esta labiada era a erva da salvação para os romanos, pois seu aroma escondia aromas indesejáveis de alguns alimentos. Há numerosas variedades e sua origem é mediterrânea. Planta arbustiva, de folhas largas e cobertas de penugem, de um verde-acinzentado. Seu *flavor* é forte e picante, com notas ligeiramente amargas; pode ser usada em pó, mas seu melhor uso é como produto fresco; usa-se em embutidos, peixes, aves, queijos, sopas, vinagres aromáticos e outros. Os chineses usam uma folha de sálvia para aromatizar certos tipos de chá. Do ponto de vista da medicina, já foi usada como dentifrício e para curar dores de cabeça, sendo considerada digestiva. *Sage* para os ingleses; *sauge* na França; *sálvia* na Itália; *sálvia* na Espanha; *salbel* na Alemanha.

Salsa — *Petroselinun sp.*, esta umbelífera é talvez a erva aromática mais conhecida e utilizada de maneira extensiva em muitas receitas culinárias desde os tempos antigos. Seus atributos são muitos: além de intensificar outros aromas, é usada em praticamente todas as preparações. Usam-se seus talos e folhas em preparações cruas ou cozidas. Esta erva é reconhecidamente rica em carotenoides com atividade pró-vitamina A, vitaminas C e do complexo B, em ferro e em cálcio. Suas sementes têm um óleo, o *apiol*, responsável pelo sabor e pelo aroma; as raízes jovens da salsa podem ser empregadas em preparações cozidas com carnes ou hortaliças. A variedade crespa é mais utilizada para decorar preparações, seu sabor e aroma são mais fortes e menos agradáveis. É *perejil* dos espanhóis; *prezzemolo* dos italianos; *persil* dos franceses; *parsley* dos ingleses; *petersilie* para os alemães.

Segurelha — *Satureja hortensis*. Uma labiada de sabor um pouco picante e ligeiramente amarga. Seu sabor lembra o tomilho e a menta. Quando fresca, a segurelha é usada em saladas e, tradicionalmente, no feijão; seca, é usada em pratos cozidos de carne, aves e pescados. Há outra variedade também aromática, a *S. montana*, também muito usada na culinária. Em espanhol é a *ajedrea, sojulida*; na França é *sarriette, savourée*; na Itália é *santoreggia e cunela*; na Inglaterra é *savory, summer savory*; para os alemães é *kolle, bohnenkraut*.

Sementes de papoula — *Papaver rhoeas*, família das papaveráceas, variedade de papoulas, plantas que crescem em todo o mundo; é conhecida no Oriente há cerca de mil anos. Da papoula do ópio é extraído um suco da cápsula das sementes, ainda verdes, que se solidifica assim que é exposto ao sol. Dele são extraídos o ópio, a morfina e a codeína. As sementes são colhidas após amadurecerem, não são narcóticas, têm coloração que varia entre amarelada, parda ou preta-azulada. Tostadas, são usadas para aromatizar pães e bolos. Seu sabor lembra as amêndoas. O óleo extraído das sementes, que também lembra o sabor de amêndoas, é usado para condimentar saladas e pães, os franceses o chamam de *huille d'oeillette*.

Tomilho — *Thymus sp.* é uma labiada usada como um aromático básico para muitas preparações; em quase todos os tipos de alimentos, seu aroma e sabor perduram mesmo após longas cocções. O tomilho condimenta preparações com azeitonas, alho, tomates e vinho. O princípio ativo do seu óleo é o *timol*; também é usado para aromatizar bebidas e vinagres. Há várias espécies com folhas coloridas e prateadas, com aroma de limão, todas muito usadas nas regiões do sul da Europa. Na Grécia foi considerado tônico e era empregado para perfumar a água do banho. *Tomillo* para espanhóis; *thym* na França; *timo e pepolino* na Itália; *common thyme, french thyme* na Inglaterra; *echter thimian* na Alemanha.

Trufas - *Tuber melanosporum*. Aparecem nas florestas de carvalhos, sobreiros, salgueiros e castanheiras de certas regiões da França e da Itália, brotando no interior do solo bem junto às raízes; é uma espécie de cogumelo redondo com textura, sabor e aroma intensos e muito apreciados desde a Antiguidade. Depois do açafrão é o produto mais caro no comércio; não é cultivável, cresce espontaneamente no outono. Atualmente há algumas tentativas de produzir trufas em pequenas culturas; as melhores são as negras do Périgord, na França, e as brancas do Piemonte, na Itália. A colheita se faz com o auxílio de cães e porcos farejadores, que são treinados para encontrá-las. Na Espanha é a *trufa*; na França é *trouffe*; na Itália é *tartuffo*; na Inglaterra é *truffle*; na Alemanha é *trochenfleich*. Há um fungo semelhante, que se encontra em florestas da Inglaterra, cujo nome é *Morel*. Seu nome científico é *Morchella esculenta*; é preparado como os outros cogumelos e seu sabor lembra nozes.

Urucum - *Bixa orellana*. *Annatto* na Espanha, na Itália e na Inglaterra; *rocou* para os franceses; *orlenbaum* para os alemães. É o corante vermelho dos índios do Amazonas: *uru-ku*. O urucum é extraído da cera superficial das sementes e transformado em pó comercializado como colorífico; também pode ser colocado em óleo que é usado para cozinhar ou colorir; é muito usado nas indústrias de laticínios e nas culinárias americanas e algumas asiáticas. Suas sementes são usadas na alimentação de salmões criados em cativeiro para acentuar sua cor rósea.

Misturas de ervas e especiarias nas várias culinárias

Algumas ervas e muitos temperos e condimentos caracterizam culinárias específicas como o *pesto*, que lembra pratos italianos; o gengibre, que lembra preparações orientais. Essas combinações possibilitam a obtenção de resultados especiais que tipificam certas culinárias e, por isso, seu uso tem sido adotado na culinária internacional. Os mais tradicionais podem ter inúmeras variações, uma vez que a combinação de ingredientes é dependente da criatividade e da preferência de quem prepara os alimentos.

Com ervas frescas

Bouquet garni — típico da cozinha francesa, é composto por tomilho, louro, salsa, alecrim e aipo embrulhados nas folhas escuras do alho-poró. Este é o tradicionalmente utilizado, mas há variações com a introdução de outras ervas e de canela em rama. Muitas receitas combinam sabores para pratos específicos, como carne de porco, de cordeiro, vegetais e outros.

Gremolada — é um tempero milanês, constituído por casca de limão-amarelo, finamente picada, alho e salsa, para uso em ossobuco e outros cozidos; sua adição deve ser realizada ao final da cocção.

Herbes de Provence — são ervas frescas arranjadas em buquês: alecrim, louro, manjericão, segurelha e alfazema, também são encontradas como produto desidratado.

Persilade — mistura de salsa e alho colocada no final da cocção. Misturada com miolo de pão forma recheios.

Pesto — é uma combinação de manjericão fresco, azeite extra-virgem, parmesão ralado, dentes de alho e *pinoli* ou nozes, tudo muito bem amassado e misturado. O *pistou* francês é semelhante.

Fines herbs — são quantidades iguais de cebolinha, cerefólio, salsa e estragão finamente picadas. Deve ser acrescentada ao final da cocção.

Fagot — é um amarrado de ervas usado na preparação de caldos e molhos da culinária inglesa. Cebola, alho e salsa desidratados são misturados em proporções diversas e comercializados em pequenos pacotes; às vezes contêm sal e pimenta-do-reino.

Misturas líquidas

São produtos industrializados que misturam especiarias, acidulantes e sal. Alguns são obtidos por fermentação, como:

Molho inglês — é uma mistura de especiarias, sal e vinagres fracos; o mais tradicional e antigo é o molho *Worcestershire*, fabricado desde 1838, por um inglês, com uma receita oriunda das Índias Orientais. Com ingredientes que incluem anchovas, tamarindo, vinagre de malte, melado, açúcar, alho, cebola, cravo e extrato de carne, é um produto de cor escura e sabor característico utilizado em inúmeras preparações.

Shoyu — obtido da soja e do trigo fermentados. Este molho tem algumas variações de ingredientes que mudam a cor, a espessura e o sabor. É conhecido há mais de 2.500 anos na China e no Japão, onde é utilizado em um grande número de preparações. Hoje é difundido praticamente no mundo inteiro, usado para condimentar preparações e como condimento de mesa.

Molho de ostras — é um produto de cor marrom-escuro elaborado com ostras, salmoura e molho de soja, tudo cozido até ficar bem espesso e concentrado; é típico da culinária oriental, usado em preparações com peixes e frutos do mar.

Molho de limão — é uma mistura suave de suco de limão e condimentos.

Molho de alho — como o nome indica, tem forte sabor de alho.

Molhos para saladas

Catchup — da culinária inglesa, é produzido com tomates e sucos de frutas, hortaliças, vinagre e especiarias. Seu sabor agridoce é muito apreciado em sanduíches; é ingrediente obrigatório no *hot dog*. Sua origem é chinesa, do *ke-tsiap*, tendo sido levado para a Inglaterra, onde sofreu modificações em seus ingredientes. No final do século XVIII chegou aos Estados Unidos, onde adquiriu a fórmula atual.

Mirim — é um condimento líquido obtido por fermentação alcoólica de arroz miúdo, o *motigome*. Este produto é utilizado para condimentar as preparações da culinária japonesa. Apesar de receber o nome de vinho, não é usado para beber, apenas para condimentar.

Nam pla — é preparado com peixes cozidos com temperos e fermentado. Existem os molhos industrializados, mas, em muitos lugares, é uma preparação caseira que adquire sabores variados; assemelha-se ao *garum* romano. Do mesmo tipo, o *nuoc nam* vietnamita é feito com anchova e cavala, e o *shottsuru* japonês.

Hoisin — é um molho da culinária chinesa de sabor adocicado, pastoso, cor marrom-claro; é feito com soja, farinha de trigo, açúcar, especiarias, alho e pimentas vermelhas, sendo usado na elaboração do pato de Pequim.

Tucupi — é um líquido amarelo obtido pela cocção do suco da mandioca brava ralada e espremida. Durante a fervura, o ácido cianídrico existente nesse suco se evapora, restando o molho, que é tradicional da culinária paraense, ingrediente do pato no tucupi e do tacacá.

Misturas em pastas

Da culinária japonesa há pastas preparadas industrialmente com leguminosas fermentadas e condimentos:

Missô - é uma pasta oriunda da fermentação da soja, arroz, cevada com sal; é ingrediente de certas preparações como a sopa denominada *missosshiro*; por ser um produto muito salgado, substitui o sal em diversas preparações. Há centenas de variedades de missô em todo o Japão, que podem ser classificadas pela cor, sabor e diferentes combinações de ingredientes (soja com arroz, soja com trigo ou somente soja), sempre tendo a soja como base. Apesar da variedade o processo de produção é semelhante: a soja é cozida no vapor, acrescida de sal e de um cereal fermentado (arroz, trigo, cevada ou ainda a própria soja) e colocada para fermentar, passando por um longo período de "maturação", dando origem ao missô avermelhado. Para fabricar o missô branco, a soja é cozida diretamente na água e o período de maturação é menor. Há pastas de feijões fermentados.

Existem quatro tipos de missô: o *shiromiso* ou missô branco, o *akamiso* ou missô vermelho, o *Kuromiso* ou misô preto e o *hatchomiso* ou misô beje. Essas variedades se diferenciam pelo sabor, aroma, textura e aparência. Os ingredientes usados, temperatura e duração da fermentação, quantidade de sal, variedade do *koji*[9] e o recipiente de fermentação também contribuem.

Nan prik — é uma pasta da culinária tailandesa que tempera hortaliças cruas; é preparada com pimentas vermelhas, camarões secos, pasta de camarões, açúcar mascavo, alho, caldo de peixe e suco de lima.

Pastas de *curry* — de cor verde ou vermelha, de acordo com os ingredientes utilizados. São preparadas com *echalotas*, alho, citronela, sementes de coentro e de cominho, pimenta-do-reino-preta, pimentas verdes ou vermelhas e secas, galanga moída, casca de lima ralada, *trassi*, que é uma pasta feita com camarões e sal.

---

9 Koji — massa contendo micélio — corpo vegetativo da maioria das espécies de fungos — obtida pela inoculação *Aspergillus oryzae* ao arroz cozido.

Natto — são grãos de soja fermentados que puxam fio, de cheiro acentuado e aspecto gosmento. O *itohikinatto* (*natto* que puxa fio) é o mais difundido atualmente e tem sua origem na fermentação da soja cozida produzida no Japão. O fermento que age neste processo, *nattokin*, é obtido pelo contato da palha com a soja cozida, usada com molho de soja como condimento de mesa.

Misturas em pó

Além do sal aromatizado com ervas, especiarias e pimentas, muitas especiarias em pó e ervas secas são utilizadas em misturas, geralmente são clássicas da culinária de cada região, A Quadro 13.2 mostra algumas dessas misturas.

Condimentos à base de ervas e especiarias, quando secos, devem ser guardados em recipientes bem tampados, longe do calor do fogão e da luz. Esses cuidados impedem a perda de sabor, odor e cor.

Marinadas ou vinha d'alhos

A condimentação de carnes é importante pela ação amaciadora e pela valorização do sabor. As marinadas são preparações líquidas ou pastosas que incluem vários condimentos. Há receitas específicas para cada tipo e qualidade de carne, assim como o tempo de permanência no tempero é mais ou menos longo. Várias são as misturas; as mais comuns empregam *chillis*, alecrim, alho, cebolas, coentro, vinagre de diversos tipos, vinho tinto ou branco, sucos de frutas, como abacaxi, laranja, lima e limão, flocos de pimentas e pimentões-vermelhos, sementes de cominho, alcarávia e erva-doce, cravo e canela, sálvia e outras ervas frescas, ervas secas, como orégano, tomates frescos, tomilho e estragão, pasta de mostarda, iogurte, cardamomo, salsão e zimbro.

As marinadas podem ser frias (cruas) ou quentes (cozidas), dependendo do tipo de carne preparada. Em aves, certas marinadas em pasta são introduzidas sob a pele para que os sabores dos condimentos penetrem com maior facilidade na carne. Em cortes de carne mais rijos ou de tamanho grande, costuma-se furar a carne e introduzir os condimentos nos furos ou mesmo aplicá-los com seringa e agulhas apropriadas para que o tempero atinja também as partes internas do corte.

Em Portugal, há uma distinção entre marinada e vinha-d'alhos: a marinada é preparada com vinho, enquanto a vinha-d'alhos não. Embora não haja explicações convincentes, certas receitas indicam misturas especiais para determinados tipos de preparações: para carnes bovinas são recomendados alecrim, tomilho e salsa, e, muitas vezes, raspas de laranja; para certas preparações com peixes e moluscos recomenda-se o uso de estragão, endro e raspas de limão; para a carne de carneiro são indicados alecrim, tomilho, segurelha, hortelã e sálvia; para preparações com carne de porco, sálvia, tomilho e manjerona; para aves, salsão, salsa, tomilho, manjerona, estragão e uma folha de louro; para aves de caça, recomenda-se o zimbro; para hortaliças e grãos, folha de louro, sálvia, segurelha, manjerona, orégano e salsa.

Quadro 13.2 | Misturas de especiarias e ervas secas, em pó

Tipo	Ingredientes	Aplicação
Misturas de *curry*	O *curry* é uma mistura de especiarias de origem indiana de amplo uso. A palavra *curry* é designação genérica para *ensopado*. Essa mistura como a conhecemos foi criada por ingleses com base em receitas indianas de *massalas*, condimentos que juntam vários tipos de especiarias criando aromas e sabores típicos da culinária daquela região. O *curry* mais conhecido é preparado com feno-grego, cúrcuma, canela, cravo, pimenta-malagueta desidratada, sementes de coentro, mostarda, pimenta-do-reino e gengibre. Existem as fórmulas em pó e em pasta, os tipos verde e vermelho, mais picantes. No Brasil é o caril.	Condimenta muitos pratos de carnes, aves e vegetais.
Curry indiano	Receita muito comum com pimenta, cardamomo, canela, cominho e coentro.	Uso muito frequente.
Curry chinês	Canela, erva-doce, semente de coentro, anis estrelado, pimenta *sichuan*, cúrcuma e gengibre; às vezes, *chille* em pó.	Para preparações com molhos.
Ras-el-hanout, africano	Além de especiarias, incorpora pétalas de rosas e de lavanda.	
Pó-de-chile	*Cayena*, cominho, alho, cravo e manjerona.	Esta mistura mexicana, quando misturada com açúcar, faz o molho *barbecue* ou *barbacoa*, especial para churrascos.
Zattar	Mistura de orégano, gergelim e sumagre.	Presente em preparações da culinária árabe.

Pó cinco espécies	Anis estrelado, semente de erva-doce, *fagalas*, cassis e cravo.	Usado na China e no Vietnã em carnes e aves.
Pó sete espécies, japonês	É o *shichimi togarashi*, feito com *sansho*, que é o pó da semente madura de um freixo, alga marinha, *chilli*, casca de laranja, sementes de papoula, sementes brancas e pretas de gergelim.	
Especiarias mistas	Semente de coentro, pimenta-da-jamaica em grão, cravo, um pauzinho de canela, noz-moscada ralada e gengibre ralado, tudo bem moído.	Vários usos, inclusive pudins.
Garam massala	São diversas as receitas de massalas indianas. A mais conhecida leva macis, canela, folha de louro, cardamomo, cominho, grãos de pimenta-do-reino e coentro, tudo tostado em fogo baixo até escurecer, triturado até ficar bem fino e então guardado em recipientes bem fechados.	Seu nome significa mistura picante.
Pickling spice	Gengibre ralado, pimenta-do-reino em grão, sementes de mostarda, *chillis* vermelhos secos, pimenta-da-jamaica em grão, semente de endro e macises esmagados, um pauzinho de canela esmagado, folhas de louro esmagadas e cravo.	De uso geral.
Quatre-épices	Pimenta-do-reino, cravo, noz-moscada, gengibre ralado. Variações com pimenta-da-jamaica e canela.	De uso geral.
Misturas para doces	Noz-moscada, canela, cravo, gengibre, cardamomo, sementes de anis, baunilha, pimenta-da-jamaica e pimenta-do-reino.	Muito utilizado em massas e recheios de pastelaria doce.
Pimenta síria	Pimenta-da-jamaica, pimenta-do-reino, noz-moscada, cravo e canela.	Muito perfumada, é empregada em quibes, esfihas e outros.
Vindaloo	Esta mistura de especiarias indiana é composta por nove ingredientes, entre eles a polpa do tamarindo. É apresentada em pó ou em pasta.	Usado com carnes e arroz.
Chimichurri	Mistura de ervas aromáticas, como alho, orégano e outros	Apresenta-se com os ingredientes moídos, não muito fino, largamente utilizado em churrascos nos países do sul da América do Sul, como o Uruguai e a Argentina. Pela proximidade, tem-se popularizado no Brasil

• 13.3 •
Adoçantes

São produtos utilizados para conferir sabor doce às preparações.

Açúcar

O açúcar de cana e o de beterraba são utilizados na culinária para preparações de produtos de pastelaria, confeitaria, chocolates, balas e caramelos. Além disso, caramelados servem para dar cor a pratos doces ou salgados. Há vários tipos de açúcar industrializado: refinado, cristal, demerara, mascavo, de confeiteiro (pó muito fino adicionado de um percentual de amido).

Calda de açúcar

A calda de açúcar é a preparação obtida com o açúcar dissolvido em água e fervido até adquirir a consistência desejada; quando mais rala é utilizada para molhar massas doces, envolver pães, cozinhar frutas e muitas outras preparações. Pode ser clara ou tomar uma cor de caramelo. A calda caramelada serve para forrar formas onde são assados pudins, cremes, pães doces e bolos. Quando adquire a consistência de vidro (*praliné*) a calda é quebrada, servido para decorar sobremesas variadas.

Rapadura

Este produto apresenta-se como blocos com formato de tijolos, sendo um dos produtos intermediários da fabricação do açúcar de cana; é usada para a confecção de doces e para adoçar bebidas; Sua cor varia com o método de preparo, quando batida, torna-se clara e macia. A rapadura também é encontrada, atuamente, misturada com amendoins, cidra ralada, coco e outros.

Xarope de glucose

Este é um produto extraído do amido de milho, cujo sabor é menos doce do que o açúcar extraído da cana-de-açúcar. De uso comum na confeitaria, o xarope de glucose reduz a formação de cristais de açúcar, confere maior brilho, aumenta a viscosidade, a cremosidade e a maciez em sorvetes, pirulitos e massas, sendo muito utilizado também na fabricação de doces e em confeitaria.

Xarope invertido

O xarope invertido é também conhecido como açúcar invertido, é composto por uma mistura em solução de 1/3 de glicose, 1/3 de frutose e 1/3 de sacarose; é usado comumente em frutas em calda, sorvetes, balas, caramelos, licores, geleias, biscoitos e bebidas carbonatadas para evitar a cristalização e a absorção de umidade.

Maltose

A maltose é um tipo de açúcar encontrado principalmente no malte (matéria-prima da cerveja). Na China, é produzido desde o século II a.C. e tem amplo uso na sua culinária: calda doce e escura feita com grãos de cevada, trigo ou painço fermentados, muito utilizada para escurecer a pele de aves e de outras carnes assada. Em aves, recomenda-se a adição de uma colher de sopa para quatro colheres de água fervente. Industrialmente, a maltose é obtida por hidrólise química ou enzimática, e o produto obtido é um líquido viscoso e transparente, incolor ou amarelado, com aroma próprio e levemente doce.

Mel

O mel é um líquido com consistência de xarope, de cor amarelo-dourado, perfumado, produzido por vários tipos de abelhas, do néctar de flores. Sua cor e seu perfume dependem do tipo de flor onde foi coletado o néctar. Conhecido desde a pré-história, o mel foi utilizado por todas as civilizações e culturas desde então. Entre os romanos era consumida uma bebida feita com vinho e mel, o *mulsum*, que entre os gregos era chamado de *melicraton*. O mel é utilizado em preparações doces e salgadas, na cocção de presuntos e outros. No Nordeste brasileiro há uma bebida chamada *meladinha*, que é uma mistura de cachaça e mel. Na comercialização, o mel frequentemente é falsificado, sendo preparado com calda de açúcar colorida. O mel verdadeiro, quando em temperaturas frias, cristaliza-se, retornando ao seu estado xaroposo logo que é aquecido. Esta é uma condição para distinguir o mel fraudado do verdadeiro.

Mel de bordô

O xarope de bordô ou *maple* é a seiva de uma árvore, a *Acer saccharum*, comum em regiões do norte da América do Norte e do Canadá. Quando essa seiva evapora, tem-se um xarope de sabor mais suave e menos doce que o mel de abelhas; é muito consumido nos países da América do Norte acompanhando massas doces; quando cristalizado, é a sacarose ou açúcar de bordô. Em espanhol diz-se arce; em francês, *érable*; em italiano, *acero*; em alemão, *ahorn*.

Melado

O melado é o produto obtido pela concentração do caldo de cana-de-açúcar ou da rapadura derretida; é muito utilizado em preparações e como acompanhamento de queijos, combinação típica das regiões açucareiras do Brasil.

Vários produtos naturais ou artificiais são usados para substituir os açúcares: são os adoçantes dietéticos utilizados nas preparações e nas bebidas em dietas em que há restrição de carboidratos[10].

• 13.4 •
Gorduras[11]

De origem animal ou vegetal, são ingredientes ricos em calorias usados na condimentação de alimentos quentes ou temperando saladas. Por suas características, realçam o sabor das preparações.

Esse conjunto de alimentos usados como condimento inclui os óleos vegetais: soja, algodão, milho, canola, arroz, semente de uva, oliva. Seu uso estende-se desde a cocção com diversos métodos, refogados, frituras e outros, até o tempero de saladas e outras preparações com alimentos crus. Óleos e azeites são aromatizados com ervas, especiarias e azeitonas para melhor o sabor na condimentação.

O azeite de oliva, derivado da azeitona, é um produto de paladar e aroma muito apreciados. Suas virtudes nutricionais colocam-no como alimento importante. Por suas qualidades e características delicadas, deve ser adicionado às preparações prontas; quando aquecido, perde parcialmente sua qualidade.

Em destaque, o dendê ou azeite-de-cheiro, que é o óleo obtido da palmeira dendezeiro *Elaesis guineensis*; tem cor amarela-dourada ou amarela-avermelhada e aroma e sabor muito próprios. Este azeite é muito usado na culinária baiana, principalmente nas

---

10 Ver capítulos Açúcares e açucarados e Química dos compostos relacionados com as propriedades organolépticas.
11 Ver capítulo Aspectos da química e funcionalidade das substâncias químicas presentes nos alimentos.

comidas de santo. Os resíduos da refinação do azeite de dendê são utilizados para preparar os torresmos, feitos com a espuma que se forma, são os chamados catetes. Esses torresmos são importante ingrediente da farofa de bambá.

Gorduras sólidas como a banha e as gorduras vegetais hidrogenadas são utilizadas para a confecção de massas, biscoitos e para pastelaria, aos quais conferem maciez e elasticidade.

O toucinho fresco, retirado da barriga ou do lombo do porco, cortado em pequenos cubos, é muito utilizado para a preparação de torresmos, que acompanham preparações típicas, principalmente da culinária mineira.

O toucinho defumado é um importante condimento para a cocção de leguminosas e outros pratos como estufados, refogados e ensopados; é apresentado em grossas fatias, mantendo-se o couro; pode ser embalado a vácuo ou não.

O bacon, que é o toucinho defumado, mais rico em carne e isento do couro, cortado em tiras finas ou em pequenos cubos, é muito utilizado para condimentar preparações, como recheios de quiches, pratos com queijos fortes, vegetais folhosos refogados. Por ser muito calórico, costuma-se aquecê-lo em frigideira ou no forno de microondas, em camadas intercaladas com papel toalha, para extrair o máximo possível da sua gordura antes de utilizá-lo em preparações.

A manteiga é um laticínio empregado não apenas na confecção de sanduíches, ou como único acompanhamento do pão, mas condimenta preparações, como hortaliças na manteiga; é a base do molho branco. Manteigas temperadas são muito utilizadas para acompanhar pratos: peixes (manteiga com alcaparras sobre filés grelhados), fígado (manteiga com salsa picada sobre bifes recém-fritos), carnes frias e outros. São comuns as manteigas temperadas com salsa, limão, anchovas, frutas cítricas, cebola e vinho, gengibre fresco e erva cidreira. Após o preparo, devem ser espalhadas em papel de alumínio ou enroladas em forma de bolinhas e colocadas na geladeira para endurecer. Serve-se uma bolinha ou um quadradinho sobre cada porção de alimento.

Margarinas de vários tipos também fazem parte da confecção de massas, condimentam pastas e substituem a manteiga em muitos casos. As margarinas do tipo *diet* nem sempre são indicadas para o preparo de massas, dada a quantidade de água adicionada à sua formulação. A manteiga de amendoim é um produto usado como acompanhamento de pães, biscoitos e também para preparações diversas. De sabor acentuado, ela é indicada para preparações específica, em que o aroma do amendoim seja destaque.

A manteiga de garrafa é um produto que permanece líquido à temperatura ambiente e resulta do cozimento do creme de leite em temperatura baixa até que toda a água evapore, restando somente a gordura e algumas partículas sólidas presentes na nata; é usada para temperar pratos típicos, como a carne-de-sol.

A pasta de gergelim, denominada *tahine*, é utilizada para várias preparações da culinária árabe, como a pasta de berinjela, *baba ghanoush*, e a pasta de grão-de-bico, *hummus bi tahine*.

O creme de leite é a fração gordurosa do leite, ou a nata, tem uso culinário muito extenso, servindo para pratos doces ou salgados. Com diferentes concentrações de gordura, seu uso é diversificado: dá consistência e textura aveludada a alguns molhos. Ele deve ser acrescentado no final das preparações, pois se for excessivamente aquecido pode talhar, alterando o aspecto final; é usado em molhos para saladas em substituição à maionese, pode ser a cobertura de várias sobremesas - frutas cruas, em compotas, saladas de frutas. Fluido ou batido sob a forma de creme *chantilly*, pode ser obtido de forma artesanal ou ser adquirido industrializado. Existem no mercado brasileiro os tipos fresco, em garrafas ou copos de material plástico, este pode estar na forma azeda; o *sour cream*, próprio para certos tipos especiais de preparações; esterilizado, em latas ou caixinhas, no sistema UHT, estes não são bons para bater porque a gordura foi homogeneizada. Há os tipos integral, *light*, com teor reduzido de gordura, cremes prontos para bater *chantilly* e aqueles embalados em recipientes em aerossol, ligeiramente adocicados, que formam o *chantilly* para coberturas instantâneas. Atualmente, encontra-se creme de leite produzido com gordura vegetal de soja. Há também produtos artificiais em pó.

• 13.5 •
Fundos e molhos

Fundos e molhos fazem parte de um capítulo muito importante da atividade culinária; são preparações que dão origem a vários pratos de qualidade diferente e representam a finalização de certas preparações, acrescentando sabores especiais.

Na cozinha francesa, o *saucier* é o responsável pela preparação de caldos, fundos e molhos – é um posto importante na hierarquia da culinária; mostra que o cozinheiro já conquistou a confiança do *chef*.

13.5.1 Fundos

Fundos são o caldo concentrado resultante da cocção de partes inaproveitáveis de aves, pescados, carnes vermelhas e hortaliças, tais como ossos, espinhas, peles e carcaças; fazem parte dos fundos elementos condimentares, tudo cozido com água e/ou vinho. Os fundos básicos foram criados pela culinária francesa e podem ser claros ou escuros. Esses fundos proporcionam a base para várias preparações: molhos, sopas e outras. Além dos fundos básicos, há os fundos gordurosos, feitos com manteiga, óleos vegetais e azeite.

Há ainda o grupo dos fundos reduzidos: são utilizados líquidos para dissolver os resíduos de um recipiente em que foi assada uma peça de carne no forno ou na panela. Podem ser usados vários tipos de líquidos: leite, vinho, cerveja, caldo básico de carne, peixe, hortaliças ou mesmo água e suco de frutas, tudo de acordo com a receita da preparação. Na culinária francesa essa técnica chama-se *déglacer*; em inglês é *deglaze*.

Caldo é uma preparação líquida proveniente do cozimento lento de ossos, vegetais e temperos, muito utilizado no realce de sabor. É base para diversos pratos e sopas.

Fundo é também uma preparação líquida feita com ossos, vegetais e temperos, porém com extração de sabor e redução de líquido, para ressaltar ainda mais os sabores e aromas. É utilizado como base para molhos.

Quando alguns fundos/caldos são reduzidos até a consistência de xaropes, temos os chamados glacês, que são produtos em geral de consistência gelatinosa, originária do colágeno desprendido de ossos e peles utilizadas no preparo do caldo. Colocados em geladeira, solidificam-se como gelatina firme.

Se o processo de concentração continuar, teremos os extratos e, posteriormente, as essências de consistência pastosa. Estes produtos contêm os elementos sólidos do caldo com um percentual mínimo de líquidos.

A preparação dos fundos e/ou caldos segue receitas em que variam os ingredientes de forma que sejam obtidos sabores diferenciados. Durante a cocção dos ingredientes, geralmente se forma uma espuma na superfície, que deve ser retirada, pois modifica o sabor de forma indesejável. O caldo pronto pode ser clarificado e coado. A clarificação se faz com claras de ovos batidas, que, ao serem misturadas ao caldo fervente, adsorvem as partículas de gordura e proteínas presentes. Em seguida, o produto é coado em filtro de papel ou de pano e se torna transparente e cristalino. Esse caldo clarificado é chamado de consomê.

Na preparação do *fumet*, os ingredientes são dourados em algum tipo de gordura antes de se colocar o líquido, obtendo-se assim um caldo mais escuro. O *court bouillon* é um caldo básico preparado com carnes, vegetais, vinagre ou vinho e água. Seu sabor é levemente ácido. O *dashi* é um caldo básico da cozinha japonesa preparado com flocos de bonito e algas marinhas; é usado para a preparação de muitos pratos, conferindo um sabor característico muito apreciado.

Os ingredientes aromáticos e condimentares para os fundos são hortaliças, ervas e especiarias adicionados no início das preparações. Há vários tipos de uso tradicional, mas esse item da culinária depende também da criatividade de cada um. Entre eles são conhecidos:

Mirepoix — feito com cebola (50,0%), cenoura (25,0%) e salsão (25,0%), cortados em cubos. Esta mistura é utilizada para aromatizar caldos que serão utilizados para sopas e molhos. O *mirepoix* branco é obtido pela substituição da cenoura por alho-poró; é bom para a base de molhos claros.

Sachet d'epices — é um pacote pequeno feito de gaze contendo alho, louro, pimenta-preta em grãos, tomilho e salsa; também é retirado ao final da cocção.

Cebola *brulée* — é a cebola cortada ao meio e tostada; aromatiza e acentua a cor de fundos escuros. Para a cebola *especiada*, faz-se um corte na superfície do bulbo, no qual se insere uma folha de louro e se espetam alguns cravos.

Duxeles — é obtido pela cocção de cogumelos, cebolas, manteiga, pimenta-do-reino e suco de limão, até ficar seco para então serem colocados os líquidos.

Sugestão: Trufas picadas, alho e manteiga, juntar conhaque e cozinhar por 10 a 15min antes de juntar os líquidos.

Ligações, do francês *liaison*, entende-se o emprego de ingredientes espessantes, que podem ser gemas de ovos, sangue, amido, creme de leite, gelatina, iogurte, queijos brancos, algas marinhas, gomas alimentícias, vegetais e algum coral de frutos do mar ou ovas de peixes. A finalidade é engrossar o caldo, obtendo-se consistências diferenciadas com cada um dos ingredientes citados. As técnicas de preparo variam com cada ingrediente utilizado. Dos produtos ligantes, os mais conhecidos são aqueles que utilizam farinhas ou amidos e manteiga. Destes, os mais utilizados são os chamados *roux*.

Roux — é um tipo de ligação feito com amido e manteiga ou outra gordura. Consiste em misturar manteiga e amido escolhido em proporções diversas, cozinhando por um tempo variável, de acordo com a cor que se quer obter, podendo ser clara, amarelada, escura ou negra, também de acordo com a preparação que se pretende elaborar. Junta-se o caldo ou o líquido desejado e obtém-se uma preparação mais ou menos espessa. O roux tradicional é preparado com manteiga e farinha de trigo, mistura considerada muito calórica. Com a tendência atual de preparar produtos do tipo *light*, seus ingredientes vêm sendo substituídos por féculas e gorduras vegetais.

Ligações preparadas a frio incluem a manteiga e a farinha de trigo misturadas, sem cozer e adicionadas aos poucos às preparações ferventes: é a *beurre manié* dos franceses. Chama-se *singer* a técnica de polvilhar a farinha, branca ou torrada, sobre alimentos que estão sendo fritos, salteados ou refogados.

O creme de leite pode ser um elemento de ligação que confere consistência a certos molhos, porém fica mais eficiente se misturado com gemas de ovos. A gelatina adicionada a certas preparações também serve como elemento de ligação.

13.5.2 Molhos

Os molhos são preparações líquidas, mais ou menos espessas, quentes ou frias, que acompanham um alimento, realçam sabores, identificam preparações e melhoram a aparência de um prato; podem ser simples misturas de ingredientes ou preparações elaboradas com técnicas apuradas; podem ser crus ou cozidos, ácidos, picantes, adocicados, ligados, representando um vasto capítulo da arte culinária. Muitas receitas são tradicionais e levam o nome de seus criadores, cada uma delas com suas histórias e especificidades. Com um bom molho qualquer alimento ganha em sabor e apresentação.

> O molho desenvolveu-se em razão da necessidade de salgar alimentos, posteriormente passou a molhar os alimentos completando os sabores.

> Para o povo francês "*La sauce fait manger*". O nordestino brasileiro diz "Faça molho e bote pedras".

Escoffier[12], em seu livro de culinária, classifica os molhos segundo suas características. Na atualidade, as fórmulas para a preparação de molhos mudaram muito, qualquer sistema de classificação não contempla todas as variedades.

Os fundos são as bases de grande parte dos molhos. Há molhos de base escura, de base clara, emulsionados e o molho de tomate. A partir dessas bases há uma infinidade de fórmulas das mais simples às mais elaboradas, que incorporam os mais variados ingredientes. Algumas dessas receitas são tradicionais da culinária internacional, outras fazem parte de culinárias regionais, sendo, na verdade, incontáveis.

Para Carême[13], os molhos podem ser assim classificados: base escura - espanhol e *demi-glace*; base clara - *bechamel* e *velouté*; emulsionados - maionese e holandês e molhos à base de tomates. De cada grupo desses molhos são derivados inúmeros outros, que são versões mais atuais ou variações de ingredientes.

Do grupo dos molhos espanhol e *demi-glace*, clássicos da cozinha francesa, atualmente aparecendo em novas versões, derivam: *bigarade*, que utiliza vinho do Porto, suco e cascas de laranja e limão; *bordelaise*, com vinho tinto, cebola picada, grãos de pimenta-do-reino, louro e suco de limão; *financiere* com vinho madeira, essência de trufas; *Marchand de vin*, com cebola roxa e vinho tinto.

Do molho *bechamel* são derivados muitos molhos, ademais ele é base para sopas, cremes de hortaliças e de carnes, suflês e croquetes. Um dos molhos mais conhecidos derivados do *bechamel* é o *mornay*, com gema de ovo, creme de leite e queijo *gruyére*. Do molho *velouté* derivam o molho aurora, com purê de tomates, o *ravigote*, com vinho branco e *echalota*.

Os molhos emulsionados podem ser de emulsão temporária ou permanente; são formados por gordura e água. Para se tornarem permanentes, um agente estabilizante, como o ovo, deve ser incorporado à mistura. Destes o mais comum é a maionese, que pode ser caseira ou industrializada. Da maionese são derivados o *aïoli*, com alho e azeite; o *golf*, com catchup, *cognac* e creme de leite; o *remoulade*, com pepininho em conserva, salsa picada, alcaparra, estragão e anchovas: o tártaro, com cebolinha e cebola.

Do molho holandês deriva o *bèarnaise* com estragão e o *mousseline* com creme de leite batido em *chantilly*. As derivações do molho de tomates são os molhos à *bolognesa* com carne picada, e o molho ao *funghi* com cogumelos *porcini*.

São emulsões temporárias os molhos cujo tipo principal é o vinagrete e suas variações. A base é feita com vinagre (uma parte) ou acidulante de escolha, azeite de oliva (quatro partes), geralmente o extravirgem ou outro óleo vegetal, sal e, opcionalmente, alho, mostarda, pimenta ou ervas aromáticas, anchovas, alcaparras e outros.

São derivados do vinagrete o campanha, com tomate, cebola, pimentão e salsa; o *ravigote*, com mostarda, cebola, alcaparra, ervas aromáticas; o *french dressing*, com mostarda e pimenta-do-reino. Os molhos com tomates e pimentão, se transformados em pasta, terão seu sabor intensificado.

> O molho de limão e creme de leite, temperado com hortelã, de consistência firme e sabor agradável, é usado para servir com figos e presunto.

---

12 Georges Auguste Escoffier — *chef* francês, *restaurateur* e escritor que popularizou e renovou os métodos tradicionais da culinária francesa. Foi um dos mais importantes expoentes no desenvolvimento da chamada Cozinha Francesa Moderna focando seu trabalho na simplificação e modernização do estilo de preparo e ornamentação de Carême.

13 Marc Antoine (Antonin) Carême — *chef* francês tornou-se conhecido pela simplificação e codificação do estilo de culinária chamado *haute cuisine*. Conhecido como o "*chef* dos reis e o rei dos *chefs*", ele é comumente lembrado como o primeiro *chef* celebridade.

Há ainda molhos especiais cujas características não se enquadram na classificação anterior. Sua base pode ser de variados tipos: creme de leite, iogurte, leite de coco, geleias, queijos, frutas, mostarda, miolo de pão. São representantes deste grupo:

Salsa verde italiana — Feita com anchovas, sal grosso, alho, cebolinha, estragão, manjericão, salsa, cerefólio, alcaparras e espinafre, tudo muito amassado, formando uma pasta. É uma receita muito antiga.

Molho cremoso de pimentão — Feito com purê de pimentão vermelho e creme de leite com suco de limão, sal e pimenta-do-reino.

Molho cumberland — Feito com suco e cascas de laranja e limão, cebolas roxas, geleia de framboesa, vinho do Porto e vinagre. Este molho também é tradicional e antigo.

Atualmente, muitos molhos têm características diferentes das preparações originais, não usando nem mesmo as bases convencionais. Alguns são criações modernas, outros são preparações muito antigas de culinárias antes pouco conhecidas:

Chutneys — Têm sua origem na Índia, são preparações que usam frutas e vegetais cozidos com vinagre ou outros acidulantes, ervas aromáticas e especiarias; sua consistência é de geleia, contendo pequenos pedaços das frutas utilizadas; a quantidade de vinagre e de açúcar vai conferir o sabor mais doce ou mais ácido característico para cada tipo de *chutney*, além de atuar como conservante. Os *chutneys* acompanham carnes, aves, sanduíches e outros alimentos, além de rechearem tortas. Em virtude de seu conteúdo ser mais ácido, são embalados em vidros. Depois da preparação, ficam bons para consumir em algumas semanas. Sua durabilidade pode ser de até 12 meses, a depender das condições de armazenamento.

Coulis - São preparações com frutas em purê e em líquido, crus ou ligeiramente cozidos, com ou sem açúcar; são usados como decoração acompanhando pratos salgados ou doces, dando um brilho espelhado à preparação;

Molhos à base de manteiga — São feitos com manteiga derretida, muitas vezes escurecida com ingredientes diversos; acompanham peixes, carnes e outros.

Relishes — São preparações semelhantes ao *chutney*, com frutas e vegetais picados, cozidos com vinagre, açúcar e especiarias. Serve-se quente ou frio para acompanhar carnes, aves e pescados.

Sabayons salgados — Estes molhos resultam da mistura de gemas com fundos, azeite de oliva ou creme de leite, aromatizados com ervas, vinho seco ou champanha; quando doces, levam gemas batidas com açúcar e um vinho licoroso.

Salsas do tipo guacamole — De origem mexicana, essas salsas são preparadas com abacate, hortaliças, ervas e outras frutas, são consumidas geralmente cruas ou cozidas *al dente*, batidas no processador; são servidas frias acompanhando preparações quentes ou frias.

O capítulo dos molhos é extenso, são muitas as combinações de ingredientes. Ao lado de preparações muito antigas, há uma variedade de receitas novas em que alimentos antes mal conhecidos hoje fazem parte de pratos criados pelas tendências mais modernas da culinária. Ao mesmo tempo, a globalização traz novidades vindas de culturas distantes, ingredientes e preparações que aos poucos vão sendo incorporadas aos costumes alimentares regionais.

13.5.3 Coberturas para frituras e empanados

As preparações que serão empanadas e fritas podem receber coberturas que realçam o sabor e dão um aroma agradável. Essas coberturas possuem fórmulas diferenciadas para cada culinária:

Cajun, condimentos secos: páprica, cebola e alho em pó, tomilho e orégano secos, pimenta-do-reino, branca e preta, pimenta-caiena em pó, sal. Endro fresco picado, erva-doce e pimenta-do-reino, esmagados. Cebolinha verde, raspas de limão, migalhas de pão. Farinha temperada com caiena, *chilli* ou *curry*. Pimenta-do-reino, grosseiramente picada. Podem ser usadas ainda pimentas rosa, verde e branca, especial para *steack au poivre*. Farinha de rosca, queijo ralado, pimenta-do-reino.

Algumas misturas são usadas para dar brilho aos pratos prontos: molho de soja, vinho de arroz e pó das cinco especiarias; mostarda em grão com mel, afinado com um pouco de óleo; mel claro com suco de abacaxi, óleo e um pouco de vinagre de vinho, acrescido de molho de pimenta. Essas misturas são passadas sobre os alimentos na montagem dos pratos.

É durante as operações de pré-preparo que o cozinheiro elabora caldos, fundos e molhos, um procedimento que às vezes demora até 72 horas e que é fundamental para uma boa receita.

Nada há de *glamour* nessa labuta diária, trata-se de trabalho incessante que exige experiência, repetição; experiência, repetição...

Capítulo 14
Química dos compostos relacionados com as propriedades organolépticas

Lívia de L. de O. Pineli e Marileusa D. Chiarello

• 14.1 •
Propriedades organolépticas dos alimentos

Todo alimento apresenta propriedades chamadas organolépticas, aquelas percebidas por nossos sentidos. A visão nos permite apreciar a cor e as características superficiais e geométricas do que ainda vamos comer; pelo paladar sentimos o gosto e o sabor; pelo olfato avaliamos o odor e o aroma; tato e audição combinam-se para que tenhamos a percepção das propriedades mecânicas e de textura. O barulho das bolhas de uma bebida carbonatada, por exemplo, associado ao bater desse gás no palato, é indicativo de qualidade da bebida. A crocância de batatas *chips* só é assegurada pelo degustador se ele ouvir o fraturar do produto em sua boca.

O processamento, industrial ou culinário, de um alimento, pode afetar suas propriedades organolépticas por provocar alterações em substâncias responsáveis por essas características. A redução da concentração, a destruição, a desnaturação ou a modificação física e química dos componentes do alimento são, na maioria das vezes, irreversíveis. Logo, para que essas propriedades possam ser recuperadas, faz-se necessária a utilização de substâncias que propiciem o ressurgimento dessas características organolépticas.

Muitas substâncias são incorporadas a alimentos com propósitos funcionais. Em muitos casos, esses ingredientes estão naturalmente presentes, todavia, quando usados em alimentos processados, recebem o nome de aditivos. Do ponto de vista regulatório, cada aditivo alimentar precisa exercer uma função útil ou aceitável nos produtos finais para justificar seu uso.

•14.2•
Aditivos: classificação, funções, segurança

De acordo com a legislação brasileira (BRASIL, 1997), aditivos alimentares são quaisquer ingredientes adicionados intencionalmente aos alimentos sem o proposito de nutrir, apenas com o objetivo de modificar as características físicas, químicas, biológicas ou organolépticas durante a fabricação, o processamento, a preparação, o tratamento, a embalagem, o acondicionamento, a armazenagem, o transporte ou a manipulação de um alimento.

Ao serem acrescentados à formulação de um produto, poderão, o próprio aditivo ou seus derivados, se converterem em componentes. Essa definição não inclui os contaminantes ou as substâncias nutritivas que sejam incorporadas ao alimento para manter ou melhorar suas propriedades nutricionais (Quadro 14.1).

Quadro 14.1 | Classificação e funções de aditivos alimentares

Aditivo	Definição	Exemplos (lista não exaustiva)
Agente de massa	Substância que proporciona o aumento do volume e/ou da massa dos alimentos sem contribuir significativamente para seu valor energético.	Polidextrose.
Antiespumante	Substância que previne ou reduz a formação de espuma.	Alginato de cálcio, mono e diglicerídios de ácidos graxos, ácido esteárico.
Antiumectante	Substância capaz de reduzir as características higroscópicas dos alimentos e diminuir a tendência de adesão, umas às outras, das partículas individuais.	Carbonato de cálcio, celulose microcristalina, carbonato de sódio, silicato de sódio, talco.
Antioxidante	Substância que retarda o aparecimento de alteração oxidativa no alimento.	Ácido ascórbico, ácido cítrico, glucose-oxidase, lactato de sódio.
Corante	Substância que confere, intensifica ou restaura a cor de um alimento.	Clorofila, caramelo, dióxido de titânio, vermelho e beterraba.
Conservador	Substância que impede ou retarda a alteração dos alimentos provocada por micro-organismos ou enzimas.	Ácido acético, ácido propiônico, ácido sórbico, ácido benzóico.
Edulcorante	Substância diferente dos açúcares que confere sabor doce ao alimento.	Sorbitol, xarope de maltitol, xilitol, manitol, lactitol.
Espessante	Substância que aumenta a viscosidade de um alimento.	Gelatina, alginatos, gomas, pectina, polidextrose.
Geleificante	Substância que confere textura pela formação de um gel.	Pectina, alginatos, ágar, gomas, gelatina.
Estabilizante	Substância que torna possível a manutenção de uma dispersão uniforme de duas ou mais substâncias imiscíveis em um alimento.	Caseinato de sódio, gelatina, citrato monossódio, lecitinas, cloreto de cálcio, pectina, gomas, celulose microcristalina, polidextrose.
Aromatizante	Substância ou mistura de substâncias com propriedades aromáticas e/ou sápidas capazes de conferir ou reforçar o aroma e/ou o sabor dos alimentos.	Vanilina, etilvanilina, mentol.
Umectante	Substância que protege os alimentos da perda de umidade em ambiente de baixa umidade relativa ou que facilita a dissolução de uma substância seca em meio aquoso.	Lactato de sódio, sorbitol, manitol, glicerol, polidextrose.
Regulador de acidez	Substância que altera ou controla a acidez ou a alcalinidade dos alimentos.	Carbonato de cálcio, lactatos, carbonatos, citratos, hidróxidos, glucona-delta-lactona, gluconato de cálcio.
Acidulante	Substância que aumenta a acidez ou confere sabor ácido aos alimentos.	Ácido acético, ácido málico, ácido fumárico, ácido cítrico, ácido lático, glucona-delta-lactona.

Emulsionante e ou emulsificante	Substância que torna possível a formação ou a manutenção de uma mistura uniforme de duas ou mais fases imiscíveis no alimento.	Lecitina, ésteres de ácidos orgânicos e mono e diglicerídeos, gomas, derivados de celulose.
Melhorador de farinha	Substância que, agregada à farinha, melhora sua qualidade tecnológica para os fins a que se destina.	Cloreto de amônio, ácido ascórbico, alfa-amilase, lactato de cálcio.
Realçador de sabor	Substância que ressalta ou realça o sabor/aroma de um alimento.	Glutamato monossódico, ácido glutâmico, ácido guanílico, ácido iosínico, iosinato dissódico, maltol, etil maltol, l-glicina.
Fermento químico	Substância ou mistura de substâncias que libera gás, aumentando o volume da massa.	Carbonato de sódio, bicarbonato de sódio, bicarbonato de amônio, glucona-delta-lactona, ácido glucônico.
Glaceante	Substância que, quando aplicada na superfície externa de um alimento, confere aparência brilhante ou revestimento protetor.	Ácido esteárico, isomalte.
Agente de firmeza	Substância que torna ou mantém os tecidos de frutas ou hortaliças firmes ou crocantes ou interage com agentes geleificantes para produzir ou fortalecer um gel.	Cloreto de cálcio.
Sequestrante	Substância que forma complexos químicos com íons metálicos.	Ácido cítrico, EDTA, citratos, ésteres de ácidos orgânicos com glicerol ou com mono e diglicerídeos.
Estabilizante de cor	Substância que estabiliza, mantém ou intensifica a cor de um alimento.	Carbonato de magnésio, hidróxido de magnésio.
Espumante	Substância que possibilita a formação ou a manutenção de uma dispersão uniforme de uma fase gasosa em um alimento líquido ou sólido.	Metiletilcelulose.

Fonte: BRASIL, 1997.

Em função de suas propriedades funcionais, uma determinada molécula pode ser enquadrada em mais de uma categoria de aditivos. Por exemplo, as gomas podem atuar como agentes geleificantes, espessantes ou estabilizantes, dependendo da matriz alimentícia a que foram incorporadas. Da mesma forma, a glucona-delta-lactona pode ser aplicada como regulador de acidez, acidulante ou fermento químico. A polidextrose é geralmente utilizada como agente de massa ou de corpo, mas também como agente umectante, espessante ou estabilizante.

A função dos aditivos é regular ou estabilizar a estrutura, o sabor, a cor, a conservação química e microbiológica dos alimentos elaborados. Somente podem ser usados nos alimentos os aditivos autorizados no país. Essa autorização só é concedida após a demonstração de que seu uso não traz risco à saúde, de que sua utilização é tecnologicamente necessária e de que não confunde nem engana o consumidor no que se refere às características dos produtos.

De acordo com o risco que podem provocar pela ingestão do alimento em que foram adicionados, os aditivos podem ser considerados GRAS (sigla em inglês para expressar as substâncias geralmente reconhecidas como seguras à saúde humana), sem limite de utilização, ou não GRAS, para os quais são estabelecidos limites máximos permitidos (LMP) em diferentes alimentos, ou, ainda, a indicação da ingestão diária aceitável (IDA). Para estes últimos, sempre que o LMP for ultrapassado, configura-se contaminação direta do alimento por aditivos intencionais não GRAS.

O Comitê de Peritos em Aditivos Alimentares (*Joint FAO/WHO Expert Committee on Food Additives*, JECFA) é um grupo científico ligado a Food and Agriculture Organization - FAO e à Organização Mundial de Saúde - OMS que avalia, além dos aditivos intencionais, os contaminantes, os toxicantes naturais e os resíduos de drogas veterinárias. Esse comitê desenvolveu princípios e diretrizes para a avaliação de segurança e de risco desses compostos químicos, levando em consideração os recentes avanços em toxicologia e em outras ciências correlatas. Já foram avaliados mais de 1.500 aditivos, aproximadamente quarenta contaminantes e noventa drogas veterinárias até o presente momento.

• 14.3 •
As cores e os corantes

O ser humano é um animal bípede, por isso sua visão foi aprimorada ao longo de sua evolução e representa um sentido de grande importância na sua sobrevivência, seja para se defender dos predadores, seja para buscar alimentos. Os sentidos do ser humano captam cerca de 87,0% de suas percepções pelo olho, 9,0% pelos ouvidos e as 4,0% restantes pelo olfato, paladar e tato. Por essa razão, a aceitação de um produto alimentício pelo consumidor está diretamente relacionada com os atributos aparência e cor.

Fisicamente, cor é uma característica da luz, mensurável em termos de intensidade (energia radiante) e comprimento de onda. Fisiologicamente é limitada a banda do espectro no intervalo de 380 a 770 nanômetros[1].

A cor é o primeiro quesito de qualidade do produto. As sugestões visuais permitem identificar um alimento e, por experiências anteriores, evocar antecipadamente sensações orais. A cor vermelha, por exemplo, está psicofisicamente associada à doçura de frutas, enquanto o verde nos remete à sensação do azedo. O ser humano também estabeleceu uma relação entre a cor e o sabor de alimentos processados. Logo, a cor identifica o sabor. Por essa razão, não é possível pensar que um suco ou uma gelatina de cor roxa tenha sabor de limão ou de abacaxi, por exemplo.

Corantes são substâncias que conferem, intensificam ou restauram a cor de um alimento.

As principais razões pelas quais os corantes são adicionados aos alimentos são:

- Restituir a aparência original do alimento, cuja cor foi afetada durante a etapa de processamento, estocagem, embalagem ou distribuição, o que poderia comprometer sua aceitação no momento do consumo;

- Tornar o alimento visualmente mais atraente, ajudando a identificar o aroma normalmente associado a determinados produtos e conferir cor àqueles descoloridos;

- Reforçar cores já presentes nos alimentos.

Do ponto de vista legal, os corantes podem ser classificados em:

- Corante natural — pigmento ou corante inócuo extraído de substância vegetal ou animal;

- Caramelo — produto obtido de açúcares pelo aquecimento a temperatura superior ao seu ponto de fusão e posterior tratamento indicado pela tecnologia;

- Corante orgânico sintético idêntico ao natural — produto cuja estrutura química é semelhante à do princípio isolado do corante orgânico natural;

- Corante artificial — substância artificial, de composição química definida, obtida por processo de síntese;

- Corante inorgânico ou pigmento — produto obtido de substâncias minerais.

14.3.1 Corantes naturais

Os corantes naturais[2] podem ser divididos em três grupos principais. Os compostos heterocíclicos com estrutura tetrapirrólica, que compreendem as clorofilas presentes em vegetais, o heme e as bilinas encontradas em animais. Os compostos de estrutura isoprenoide, representados pelos carotenoides, encontrados em animais e principalmente em vegetais, e os compostos heterocíclicos, contendo oxigênio, como os flavonoides, encontrados exclusivamente em vegetais. Além destes, existem outros dois grupos de corantes presentes unicamente em vegetais: as betalaínas, compostos nitrogenados da família dos alcaloides, e os taninos, da classe dos fenólicos polimerizados, que agrupam diversos compostos de estruturas variadas.

Do ponto de vista comercial, os tipos de pigmentos naturais mais largamente empregados pelas indústrias de alimentos têm sido os extratos de urucum, o carmim de cochonilha, a curcumina, as antocianinas e as betalaínas (Quadro 14.2).

---

[1] Nanômetro — unidade de comprimento equivalente à bilionésima parte de um metro (10^{-9}m).

[2] Ver capítulos Aspectos da química e da funcionalidade das substâncias químicas presentes nos alimentos e Transformação dos alimentos: Hortaliças, cogumelos, algas e frutas.

Quadro 14.2 | Principais tipos de pigmentos naturais

Pigmento	Classe	Exemplos	Principais fontes
Clorofilas	Clorofila	Clorofila, feoftina, feoforbídeo, clorifilida, clorofila cúprica.	Hortaliças folhosas, figo, frutos verdes.
Mioglobina, Hemoglobina	Pigmentos heme	Metamioglobina, Oximioglobina, Nitrosomioglobina, Nitrosohemecromo.	Carnes e derivados.
Carotenos	Carotenoides	Betacaroteno, Licopeno, Alfacaroteno.	Cenoura, mamão, manga, abóboras, tomate, melancia, goiaba
Xantofilas	Carotenoides	Astaxantina, Beta-criptoxantina, Luteína, Violaxantina, Cantaxantina, Zeaxantina.	Laranja, milho
Antoxantinas	Flavonoides	Catequina, quercetina, kaempferol, miricetina.	Chá de erva-mate, couve-flor, batata, cebola, repolho branco.
Antocianinas	Flavonoides	Pelargonidina, Cianidina, Petunidina, Malvidina, Definidina, Peonidina.	Uva, morango, frutas vermelhas (berries).
Betacianinas	Alcaloides - betalaínas	Betanina, isobetanina.	Beterraba.
Betaxantinas	Alcaloides-betalaínas	Vulgoxantina I e II.	Beterraba.
Curcumina	Curcuminoides	Curcumina	Açafrão
Carmim de cochonilha	Antraquinona	Carmim de cochonilha, ácido carmínico.	Fêmea do inseto Dactylopius coccus Costa.
Bixinas	Carotenoides	Bixina, Norbixina.	Urucum.
Páprica	Carotenoides	Capsatina, Capsorubina.	Extrato de páprica.

Clorofilas

As clorofilas são pigmentos verdes fundamentais ao processo de fotossíntese das plantas. A molécula de clorofila é formada por uma estrutura tetrapirrólica (porfirina), que contém um íon magnésio, ligada a uma cadeia carbônica aberta denominada fitol (Figura 14.1). As clorofilas a e b diferenciam-se pelo grupo substituinte no carbono 3: metil (CH_3) na clorofila a, e aldeído (CHO), na clorofila b. As clorofilas estão presentes nos cloroplastos, ligadas a lipídios e proteínas de membranas. As alterações físico-químicas decorrentes da manipulação dos alimentos estão descritas nos Capítulos 4 e 10.

Os tecidos musculares contêm vários pigmentos, entre os quais se destacam a mioglobina e a hemoglobina, proteínas do tecido muscular e do sangue, respectivamente. Sua função fisiológica é ligar e estocar oxigênio, e suas reações com esse elemento podem afetar profundamente a cor da carne. As estruturas da mioglobina e da hemoglobina são similares, porém a mioglobina funcional é monomérica, enquanto a hemoglobina funcional é um tetrâmero.

A mioglobina é formada por uma porção protéica denominada globina e uma porção não protéica denominada grupo heme (Figura 14.2). A quantidade de mioglobina no músculo é influenciada por fatores como espécie, sexo, idade, localização anatômica do músculo e atividade física, o que explica a grande variação de cor na carne. Bovinos e ovinos possuem uma quantidade maior de hemoglobina do que suínos, pescados e aves.

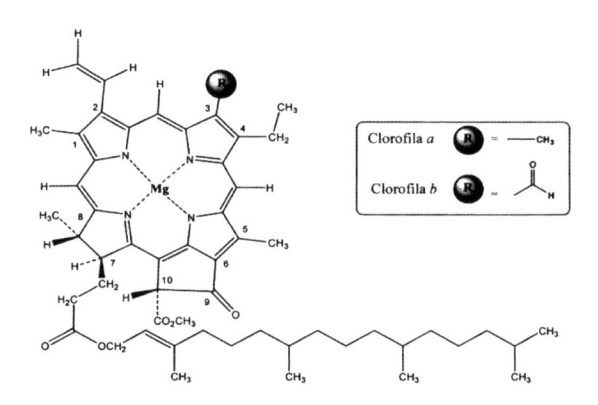

Figura 14.1 | Estrutura química das clorofilas a e b
Fonte: STREIT et al., 2005.

Pigmentos heme

Figura 14.2 | Estrutura da mioglobina

A mioglobina fisiologicamente funcional apresenta o componente ferro do grupo heme no estado ferroso. Neste estado, o átomo de ferro pode formar seis ligações coordenadas. Quatro ligações são formadas com os grupos pirrólicos do anel porfirínico heme, e uma quinta ligação é formada com o resíduo de histidina da molécula de proteína para conectar o grupo prostético à proteína. A sexta ligação pode ocorrer com diferentes substâncias, resultando na alteração da cor do pigmento (Quadro 14.3). A forma da proteína não oxigenada, deoximioglobina, é de cor púrpura opaca, enquanto a forma oxigenada, oximioglobina, é vermelho vivo.

A mioglobina pode também sofrer oxidação pelo oxigênio e outros agentes oxidantes, com o ferro heme sendo convertido para o estado férrico. Essa forma oxidada é denominada metamioglobina, de cor marrom escura. Bactérias aeróbias reduzem a concentração de oxigênio ao redor da peça de carne, podendo acelerar o processo de formação de metamioglobina. Bactérias produtoras de gás sulfídrico (H_2S) ou de peróxido de hidrogênio (H_2O_2) levam à formação de sulfomioglobina e de coleglobina, respectivamente, resultando no esverdecimento das carnes. Carnes curadas são geralmente adicionadas de nitrato/nitrito. A ligação do ferro heme com o óxido nitroso resultante da adição desses sais de cura produz um novo pigmento, a nitrosomioglobina, de cor rosa escura. Quando o produto curado é cozido, como no caso dos presuntos, o pigmento é degradado a nitrosohemecromo, de coloração rosa clara.

Quadro 14.3 | Principais modificações na estrutura e na cor da mioglobina

Ligação	Composto	Cor	Nome
Ferro++ (covalente)	:H2O	Púrpura	Mioglobina reduzida ou deoximioglobina.
	:O2	Vermelho brilhante	Oximioglobina.
	:NO	Rosa	Nitrosomioglobina.
	:CO	Vermelho brilhante	Carboximioglobina.
Fe+++ (iônica)	-CN	Vermelho	Cianometamioglobina.
	-OH	Marrom	Metamioglobina.
	-SH	Verde	Sulfomioglobina.
	-H2O2	Verde	Coleglobina.

Carotenoides

Carotenoides[3] são pigmentos encontrados em plantas de cor amarela, laranja, vermelha e verde e também em animais. Em conjunto com as clorofilas, são encontrados em todos os organismos fotossintéticos.

Os carotenoides mais comumente presentes em plantas são o betacaroteno e o alfacaroteno, encontrados na cenoura e nas abóboras, o licopeno, cujas fontes principais são o tomate, a melancia e a goiaba, várias xantofilas (zeaxantina, luteína e outros carotenoides com estruturas oxigenadas) presentes na laranja, no milho, na manga e no mamão, além da bixina, extraída do urucum.

O extrato de páprica é uma oleorresina adocicada extraída do pimentão (*Capsicum annum*), que possui dois carotenoides xantofílicos: a capsantina e a capsorubina.

Flavonoides

Os flavonoides[4] constituem um grupo de pigmentos vegetais de ampla distribuição na natureza. Sua presença nos vegetais parece estar associada a funções de defesa e atração de polinizadores.

Curcumina

A curcumina é o principal corante presente nos rizomas da cúrcuma (*Curcuma longa*), cultivada em vários países tropicais, como a Índia, a China, o Paquistão, o Peru e o Haiti. O rizoma é desidratado e reduzido a um pó fino, sendo comercializado e usado como condimento, por causa do seu aroma característico, e como corante.

A cúrcuma contém três componentes amarelos, a curcumina e seus dois derivados demetoxilados nas posições R1 e/ou R2, a demetoxi-curcumina e a bis-demetoxi-curcumina (Figura 14.3) é pouco solúvel em água e solúvel em etanol.

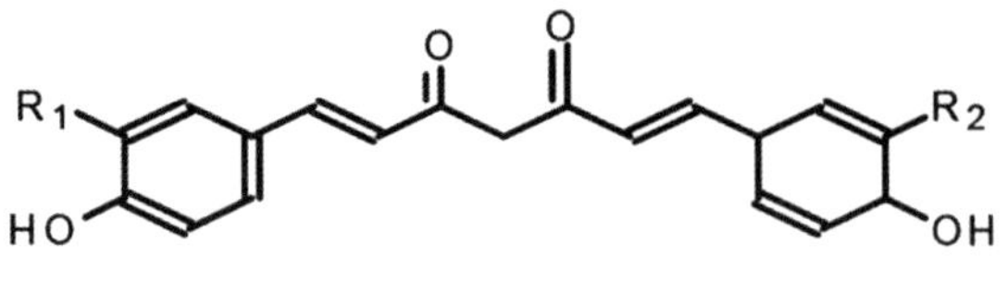

Figura 14.3 | Estrutura química da curcumina

A curcumina apresenta cor amarelo-limão em meio ácido e laranja em meio básico, sendo estável ao aquecimento; é sensível à luz, o que limita seu emprego em alimentos.

A cúrcuma é muito aplicada em picles e molhos de mostarda, podendo ser combinada com outros corantes como o urucum, em condimentos, sobremesas, sorvetes, iogurtes e óleos.

---

3 Ver capítulos Aspectos da química e da funcionalidade das substâncias químicas presentes nos alimentos e Transformação dos alimentos: Hortaliças, cogumelos, algas e frutas.

4 Ver capítulos Aspectos da química e da funcionalidade das substâncias químicas presentes nos alimentos e Transformação dos alimentos: Hortaliças, cogumelos, algas e frutas.

Carmim

Carmim é o nome dado a complexos formados a partir do alumínio e o ácido carmínico, extraído de fêmeas dessecadas de insetos da espécie *Dactylopius coccus* ou *Coccus cactis*. O nome *cochonilha* descreve tanto os insetos desidratados como o seu corante derivado, sendo o ácido carmínico o princípio corante.

O ácido carmínico (Figura 14.4) é solúvel em água e sua coloração depende do pH do meio; apresenta intensidade de coloração relativamente baixa, o que restringe sua aplicação comercial.

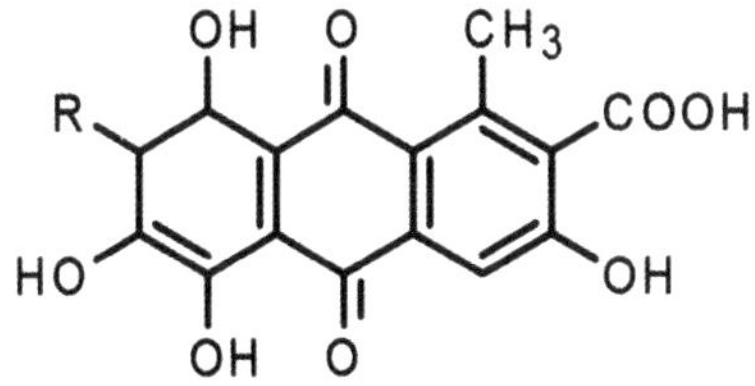

Figura 14.4 | Estrutura química do ácido carmínico

Porém, o ácido carmínico complexa-se com certos metais, como o alumínio, obtendo-se o corante carmim. As lacas de alumínio, como são conhecidos tais complexos, apresentam maior intensidade de coloração que o ácido carmínico, solubilidade em soluções alcalinas e insolubilidade em soluções ácidas. O carmim é considerado bastante estável ao pH, ao calor e à luz e resistente à oxidação. Em razão de sua estabilidade, o carmim é considerado, sob o ponto de vista tecnológico, excelente corante, sendo aplicado em produtos cárneos, conservas, gelatinas, sorvetes, produtos lácteos e sobremesas.

14.3.2 Corantes artificiais

Os corantes artificiais fornecem ampla gama de cores, proporcionando, praticamente, todas as tonalidades do espectro visível. O processador de alimentos dispõe de infinitas variações de misturas de corantes de diferentes composições, de acordo com o meio que pretende colorir.

> O Brasil permite o uso dos seguintes corantes artificiais: tartrazina, amarelo crepúsculo, amaranto, ponceau 4R, vermelho 40, eritrosina, azul indigotina e azul Brilhante, verde Rápido, azul Patente V e azorrubina.

Entre as vantagens da aplicação dos corantes artificiais em alimentos podem ser citadas a alta estabilidade da maioria dos compostos (luz, oxigênio, calor e pH), uniformidade na cor conferida, alto poder tintorial, isenção de contaminação microbiológica e custo de produção relativamente baixo.

Existem diferentes opiniões acerca da inocuidade dos diversos corantes artificiais. Por essa razão, diversos países ou regiões permitem o uso de diferentes corantes e em quantidades diferentes. Os estudos sobre os efeitos nocivos causados pelos corantes artificiais à saúde são insuficientes e bastante contraditórios. Alguns demonstram que corantes podem causar desde simples urticárias, passando por asmas e reações imunológicas, chegando até o câncer em animais de laboratório. Há também estudos que relacionam o consumo de alimentos com corantes artificiais e o aumento de hiperatividade em crianças. Os corantes artificiais permitidos no Brasil dividem-se em quatro classes: os azo, os trifenilmetanos, os xantênicos e os indigoides (Quadro 14.4).

Quadro 14.4 | Principais tipos de corantes sintéticos

Classe	Exemplos	Grupo cromóforo	Tonalidade
Azo	Amaranto, Ponceau 4R, Vermelho 40, Amarelo crepúsculo, Azorrubina.	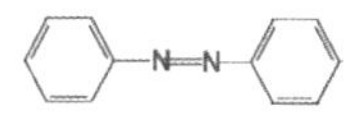	Amarelo-vermelho.
Trifenilmetanos	Azul patente V, Azul brilhante, Verde rápido.	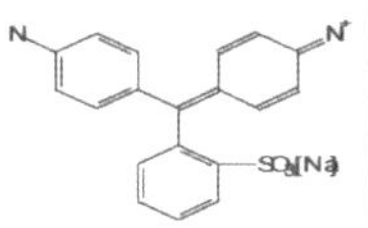	Verde-azul.
Xantenos	Eritrosina.	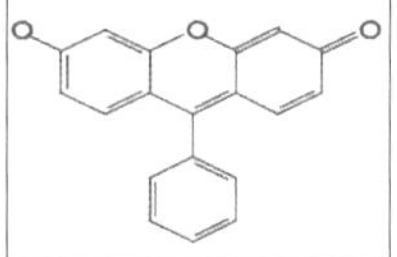	Rosa brilhante/Vermelho.
Indigoides	Indigotina.	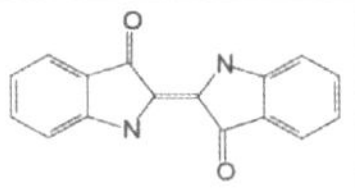	Azul.

Corante caramelo

> Os açúcares sofrem desidratação e, após a condensação e a polimerização, formam-se complexas moléculas de peso molecular variado. Nas fases iniciais do processo, o produto é ligeiramente colorido, com agradável sabor de caramelo. Com a continuidade da reação, outras moléculas de alto peso molecular são formadas, o sabor vai ficando mais amargo e a cor mais escura.

O corante do tipo caramelo é o produto obtido de açúcares pelo aquecimento à temperatura superior ao seu ponto de fusão e ulterior tratamento indicado pela tecnologia. O JECFA define o corante caramelo como uma complexa mistura de componentes, alguns dos quais na forma de agregados coloidais, obtidos por meio do aquecimento de carboidratos que ora podem, ou não, receber ácidos, álcalis ou sais de grau alimentício. No Quadro 14.5 é apresentada a classificação dos corantes caramelos, de acordo com os reagentes utilizados na fabricação. Aproximadamente 11,0% do total de corantes utilizados pela indústria de alimentos em todo o mundo pertencem à classe dos corantes do tipo caramelo, principalmente pelo seu uso em refrigerantes do tipo cola (Tabela 14.1). No Brasil, o uso do corante caramelo é permitido, dentre outras aplicações, em molhos, gelados comestíveis, biscoitos, doces, bebidas alcoólicas e refrigerantes, destacando-se principalmente nos sabores cola e guaraná.

Quadro 14.5 | Classificação dos corantes caramelos, de acordo com os reagentes utilizados na fabricação

Classe	Denominação	Catalisador	Aplicação
I CP	Caramelo cáustico	Na_2CO_3, K_2CO_3, NaOH, KOH, ácido acético, cítrico e sulfúrico	Produtos de alta graduação alcoólica
II CCS	Caramelo de sulfito cáustico	SO_2, H_2, SO_4, Na_2SO_3, K_2SO_3, NaOH, KOH	Gelados (só na União Europeia)
III AC	Caramelo amônico	NH_3, $(NH_4)_2CO_3$, Na_2CO_3, K_2CO_3 e os hidróxidos correspondentes, H_2SO_4	Cerveja e outras bebidas alcoólicas, alimentos ácidos
IV SAC	Caramelo de sulfito amônico	NH_3SO_2, sulfitos, carbonatos e hidróxido de amônio, sódio e potássio, H_2SO_4	Alimentos ácidos, bebidas refrigerantes sem álcool

Fonte: DOWNHAM; COLLINS, 2000.

Tabela 14.1 | Aplicação de corantes do tipo caramelo

Produtos	Classe I	Classe III	Classe IV Simples	Classe IV Duplo	Classe IV Poder
Cerveja clara	-	0,02%	-	-	-
Cerveja escura	-	0,3%	-	-	-
Conhaque	0,15%	-	0,05%	-	-
Pães *light*	-	1,0% *	-	-	-
Pães	-	2,0% *	-	-	-
Pães escuros	-	3,0% *	-	-	-
Mistura para bolo	-	-	-	-	2,0% *
Mistura de bolo escura	-	-	-	-	5,0% *
Achocolatados	-	-	-	-	0,2%
Extensor de cacau	-	-	-	-	40,0%
Refrigerante tipo cola	-	-	0,4%	0,2%	-
Refrigerante tipo *ginger*	-	-	0,01%	0,005%	-
Molho	-	0,6%	-	-	-
Mistura seca para molho	-	-	-	-	3,0%
Mistura líquida para molho	-	25,0%	-	-	-
Casquinha de sorvete.	-	4,5%	-	-	-
Licor	-	3,6%	-	-	-
Pet food	-	-	0,2%	0,1%	-
Rum	0,1%	-	-	-	-
Vinagre	-	0,2%	-	-	-

* Baseado em peso de farinha.

Fonte: BALTES, 2007.

Classe II – corante caramelo – para destilados de alto teor alcoólico (até 70% GL), apresenta inexpressiva aplicação comercial.

Corantes sintéticos idênticos aos naturais

Os corantes idênticos aos naturais são moléculas iguais às existentes na natureza, porém com obtenção por síntese química. Dessa forma, apesar de o organismo não diferenciar entre a molécula natural ou sintética, cuidados devem ser tomados com o grau de pureza do produto, uma vez que catalisadores são utilizados nos processos de síntese orgânica, e vários produtos secundários podem ser formados durante essas etapas de produção. São permitidos pela legislação brasileira betacaroteno, beta-apo-8'-carotenal, éster etílico do ácido Beta-apo-8'-carotenoico, riboflavina, riboflavina 5 - (fosfato de sódio) e xantofilas (cantaxantina, criptoxantina, flavoxantina, luteína, rodotaxantina, rubixantina, violaxantina). O betacaroteno e a riboflavina são aplicados frequentemente em margarinas e maioneses, respectivamente.

> O corante caramelo ganhou importância comercial como aditivo em produtos de cervejaria, cervejas tipo Porter, escuras e tipo Ale. Em 1858, foi publicado o primeiro estudo técnico, de autoria do químico francês M. A. Gelis.

> Corantes do tipo caramelo feitos sob as especificações da Associação Internacional de Técnicos de Caramelo (ITCA) não contêm substâncias proibidas pelo Código Dietético Judeu e são *kosher*, mas, como a maioria dos corantes caramelos é feita de xarope de milho, eles não são aceitáveis para uso durante a Páscoa. Para ser certificado como *kosher* para Páscoa (*Kosher for Passover*) o corante caramelo precisa ser produzido de cana-de-açúcar ou beterraba, sob a supervisão de um rabino.

• 14.4 •
Sabor e reações em alimentos e aditivos saborizantes

Geralmente, o termo sabor ou *flavor* é usado para denominar uma percepção integrada e generalizada de todos os sentidos (olfato, gosto, visão, tato e audição) no momento do consumo do alimento. Alternativamente, a definição de sabor, um pouco mais restrita, envolve todas as sensações percebidas na boca, no momento da degustação do alimento ou da bebida: o aroma (via receptores retronasais), o gosto (via receptores gustativos na língua e em outros locais da cavidade oral), as propriedades térmicas, mecânicas e geométricas (percebidas por mecanorreceptores e termorreceptores),

além das sensações de ardência ou pungência (detectadas por nocirreceptores) e da audição.

Os aditivos alimentares relacionados com os atributos de aroma e sabor são classificados como edulcorantes, aromatizantes, reguladores de acidez, acidificantes e realçadores de sabor.

14.4.1 Edulcorantes

Essa categoria de aditivos compreende um amplo grupo de substâncias de estruturas moleculares distintas, mas que são capazes de se ligarem a receptores do gosto doce. Edulcorantes podem ser não calóricos ou de baixa caloria.

Esses compostos são utilizados para adoçar os alimentos especialmente elaborados para diabéticos ou para pessoas com sobrepeso, que desejam a ingestão de alimentos com densidade calórica reduzida. A Tabela 14.2 mostra a doçura relativa de algumas dessas substâncias.

Tabela 14.2 | Doçura relativa de alguns edulcorantes[5]

Substância	Doçura relativa (FSAC[1] ou sacarose = 1, base massa)
Ciclamato	30
Glicirrizina	50-100
Aspartame	180-200
Acessulfame de potássio	200
Esteviosídeo	300
Sacarina	300-400
Sucralose	600-800
Taumatina	1600-2000
Neohesperidina dihidrochalcona	1600-2000
Alitame	2000
Monelina	3000
Neotame	7000-13000

---
5 Fsac ou fator sacarose — unidade de doçura relativa. A doçura da sacarose é a referência, com valor 1.

Sacarina

Primeiro edulcorante sintético, a sacarina foi descoberta em 1878, como derivado químico do alcatrão de carvão vegetal. Sua estrutura química é uma Imida o-sulfobenzóica (Figura 14.5), sendo comercializados os sais de cálcio e de sódio, bem como a forma ácida livre.

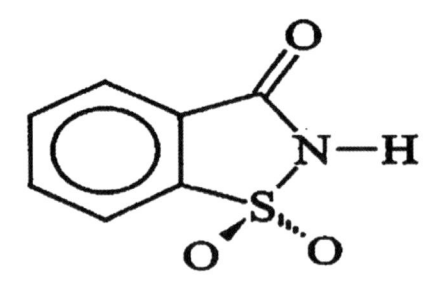

Figura 14.5 | Estrutura química da sacarina

Geralmente é aceito que a sacarina possui doçura trezentas vezes maior que uma solução de 10,0% de sacarose, porém o intervalo relatado varia de duzentas a setecentas vezes a doçura da sacarose, dependendo da concentração e da matriz do alimento.

A sacarina exibe um sabor residual bastante desagradável, reportado como amargo ou metálico, especialmente em indivíduos mais sensíveis, ficando essa percepção mais evidente em concentrações mais elevadas do adoçante.

A sacarina é instável quando aquecida, porém não reage com outras substâncias presentes nos alimentos, o que a torna um edulcorante estável durante o armazenamento. Além de sua associação com o ciclamato em adoçantes de mesa, frequente nos países em que ambas as substâncias são permitidas, a sacarina também é usada com o aspartame em refrigerantes, permitindo um maior tempo de estocagem dos xaropes.

Apesar de não possuir valor energético, estudos sugerem que a sacarina pode ativar a liberação de insulina em humanos e ratos, aparentemente como resultado de seu sabor.

Ciclamato

O ciclamato é um edulcorante sintético, descoberto em 1937 por Michael Sveda, então estudante de graduação da Universidade de Illinois, que trabalhava em laboratório na síntese de um medicamento antitérmico. O estudante colocou seu cigarro na bancada do laboratório e quando o retornou à boca descobriu o gosto doce do ciclamato.

O ciclamato foi aprovado nos Estados Unidos da América (EUA) como aditivo alimentar em 1949. Foi banido em 1969 pela *U.S. Food and Drug Administration* - FDA, sendo seu consumo proibido nos EUA até os dias atuais. Algumas evidências experimentais com roedores sugeriram que o ciclamato e o produto de sua hidrólise, ciclohexilamina (Figura 6), causavam câncer de bexiga. Todavia, os testes que se seguiram para uma verificação mais detalhada do efeito carcinogênico dessas moléculas, não consubstanciaram os resultados anteriores, e petições foram conduzidas à agência reguladora americana na tentativa de reintegrar o ciclamato ao rol norte-americano de aditivos permitidos. Atualmente, o ciclamato é permitido em aproximadamente quarenta países, inclusive o Brasil.

Figura 14.6 | Estruturas químicas do (a) ciclamato de sódio e da (b) ciclohexilamina

A doçura do ciclamato apresenta um desaparecimento sensorial lento, o que configura um gosto residual mais duradouro. É frequentemente associado a outros edulcorantes artificiais, especialmente a sacarina, na proporção de dez partes de ciclamato para uma parte de sacarina, o que mascara o *off-flavor*[6] dos dois adoçantes. O ciclamato é mais barato do que os demais adoçantes e é estável sob aquecimento.

Aspartame

O aspartame, ou N-L-alfa-aspartil-L-fenilalanina 1-metilester (Figura 14.7), foi descoberto, acidentalmente, em 1965, em uma pesquisa que buscava encontrar uma substância inibidora da gastrina, usada no tratamento da úlcera; é um adoçante calórico, por se tratar de um dipeptídio, totalmente digerido após o consumo.

Figura 14.7 | Estrutura química do aspartame

Apresenta doçura duzentas vezes maior que a da sacarose, o que permite seu uso em concentrações

---
6 Off—flavor — sabor residual desagradável

bastante baixas, sem fornecer quantidade significativa de calorias.

O aspartame apresenta um perfil de doçura bastante semelhante ao da sacarose, sem sabores residuais desagradáveis, frequentemente associados aos edulcorantes. Todavia, o gosto doce parece se desenvolver mais lentamente e persistir por mais tempo. Geralmente, é mais potente em baixas concentrações e em produtos à temperatura ambiente do que em produtos congelados ou quentes.

Duas desvantagens constatadas são a instabilidade sob condições ácidas e a rápida degradação do peptídeo durante o aquecimento. Sob condições ácidas, como no caso das bebidas carbonatadas, a taxa de perda da doçura é gradual e depende da temperatura e do pH. Isso se deve à natureza peptídica do aspartame, que o torna susceptível à hidrólise, levando a posteriores reações químicas com outros compostos e à degradação por micro-organismos.

Acessulfame de potássio (acessulfame-K)

Descoberto na Alemanha em 1967, o acessulfame-K foi aprovado pelo FDA em 1988. Seu nome baseia-se em sua relação estrutural com o ácido acetoacético e ácido sulfâmico e no fato de ser um sal de potássio (Figura 14.8).

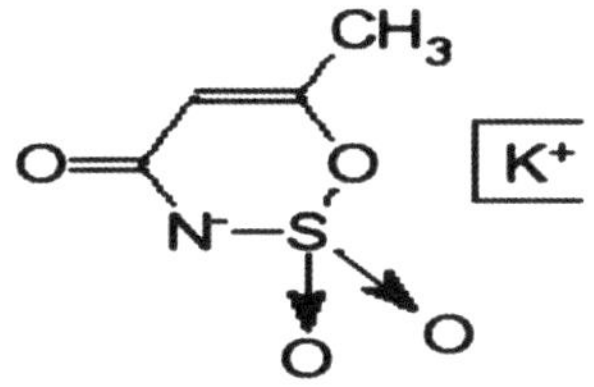

Figura 14.8 | Estrutura química do acessulfame-K

Com um poder de doçura de 180 a 200 vezes maior que o do açúcar, numa concentração a 3,0%, esse edulcorante possui qualidade da doçura entre a da sacarina e a do ciclamato, podendo apresentar notas de gosto metálico ou amargo em concentrações superiores. Dessa forma, geralmente é associado a outros edulcorantes, como o aspartame. Em soluções contendo outros edulcorantes não calóricos, como a sacarina, o aspartame ou estreviosídeos, é sinérgico, fornecendo um gosto ainda mais doce. É extremamente estável a altas temperaturas, como as de forno, podendo ser utilizado na panificação e também em produtos ácidos, justificando seu uso em bebidas carbonatadas.

Sucralose

A sucralose é um edulcorante intenso, com gosto doce muito próximo ao da sacarose; foi descoberto em 1975 por cientistas da Universidade Rainha Elisabeth, em Londres.

Leslie Hough e Shashikant Phadnis estavam trabalhando com o experimento, no qual obtiveram um pó resultante da halogenação seletiva da sacarose com cloro (Figura 14.9). Hough instruiu a Phadnis para analisar o pó (*Test the powder*). Todavia, Phadnis entendeu que deveria provar o pó (*Taste the powder*), e assim o fez, descobrindo um composto extremamente doce.

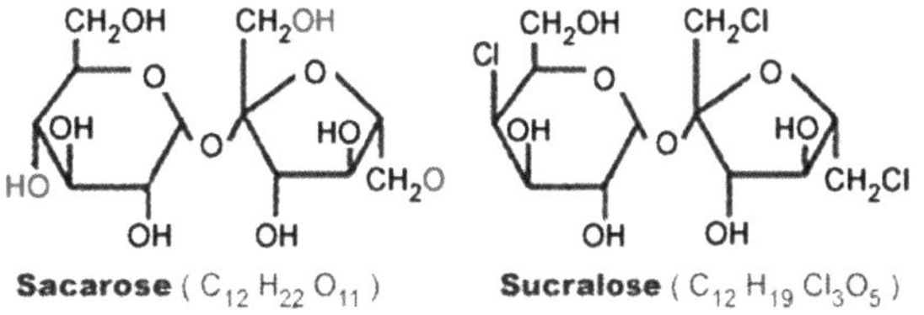

Figura 14.9 | Estruturas químicas da sacarose e da sucralose

A sucralose é cerca de seiscentas vezes mais doce do que a sacarose, comparada com uma solução de 5,0% de açúcar, e exibe alto grau de cristalinidade, alta solubilidade na água e excelente estabilidade em altas temperaturas, o que a torna um bom ingrediente para produtos de forno. É ainda razoavelmente estável no pH de bebidas carbonatadas, podendo haver um pequeno percentual de hidrólise durante o armazenamento do produto.

A solução de sacarose é um pouco turva, podendo afetar a aparência em gelatinas e geleias de frutas. Por ser não higroscópica, sua utilização em produtos de panificação deve ser acompanhada algumas vezes da de agentes umectantes. Ao contrário da sacarose, que se funde em altas temperaturas, a sucralose mantém sua estrutura granular quando submetida ao calor seco (como no forno a aproximadamente 180 °C). Portanto, a substituição do açúcar pela sucralose em um *crème brulée*[7], por exemplo, não resultará na mesma textura da superfície, com uma fina camada crocante, resultante do derretimento do açúcar, seguido de cristalização.

Alitame

Alitame é um dipeptídeo constituído por ácido aspártico, alanina e uma amina (Figura 14.10). Entre as vantagens do alitame sobre o aspartame são citados a ausência de sabor residual, um poder adoçante 10 vezes superior e uma meia-vida em condições de calor e acidez duas vezes maior. Entretanto, relata-se que o armazenamento prolongado em soluções ácidas pode resultar em *off-flavor*. Geralmente, o alitame pode ser aplicado na maioria dos alimentos em que se empregam edulcorantes, inclusive em produtos de panificação.

---
[7] Crème brulée — sobremesa de origem francesa cuja base é um creme de leite e ovos, com uma crosta caramelizada na superfície.

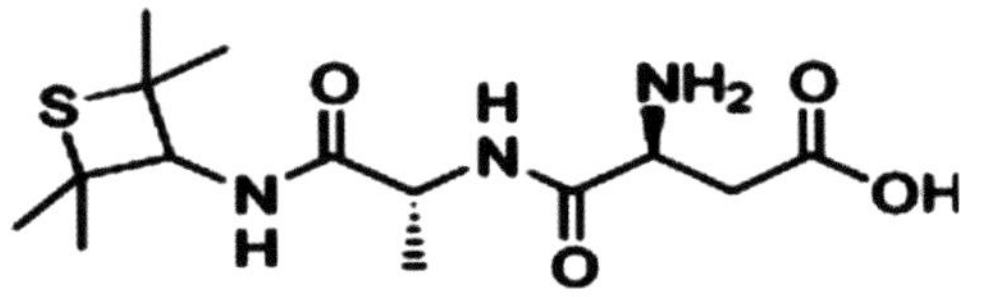

Figura 14.10 | Estrutura química do alitame

Neotame

O neotame é considerado uma geração avançada do aspartame, pois sua molécula é idêntica, não fosse o acréscimo do grupamento dimetil-butil, ligado ao ácido aspártico (Figura 14.11). Seu poder adoçante está determinado entre 7.000 e 13.000 vezes o da sacarose. O elevado poder edulcorante resulta na utilização de quantidades muito baixas nas formulações, reduzindo os custos de produção. O neotame é moderadamente estável ao calor.

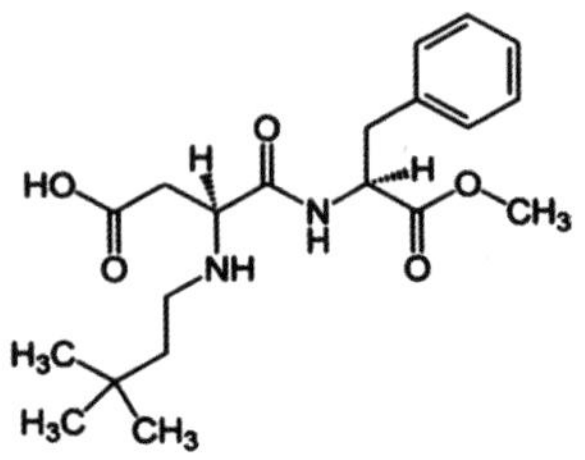

Figura 14.11 | Estrutura química do neotame

Esteviosídeo

O esteviosídeo é um glicosídeo diterpênico extraído de uma planta conhecida como *Stevia rebaudiana* Bertoni (Figura 14.12); seu gosto doce é seguido de um forte gosto amargo residual. A sua propriedade edulcorante já era conhecida pelos índios guaranis, que o usavam para edulcorar chás e bebidas medicamentosas.

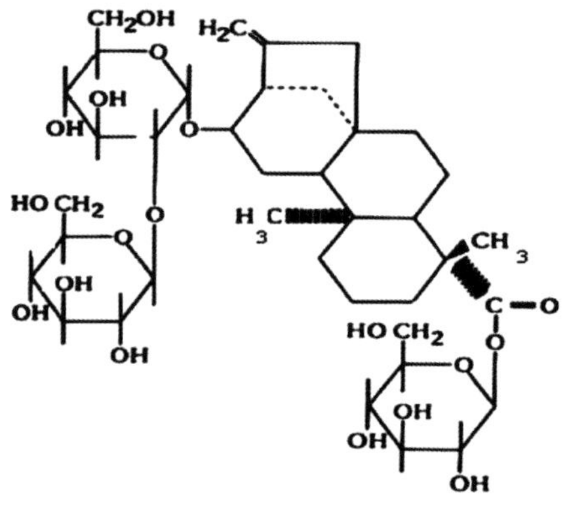

Figura 14.12 | Estrutura química do esteviosídeo
Fonte: TOZETTO, 2005.

Desde 1970 o esteviosídeo é utilizado no Japão como agente edulcorante e em bebidas, tendo sido aprovado no Brasil em meados de 1987 como agente *flavorizante* e edulcorante em várias classes de alimentos e, nos Estados Unidos, em 1996, para ser utilizado como ingrediente para suplemento dietético.

As folhas da planta *Stevia rebaudiana* contêm nove substâncias doces distintas que se encontram derivadas de formas distintas no grupo hidroxila e no grupo carboxila do ácido hidroxiterpênico esteviol. O edulcorante de *stevia* comercial geralmente é uma fonte de steviosídeos e rebausídeos. Enquanto o steviosídeo exibe amargor e sabor residual indesejável, o rebausídeo A apresenta o melhor perfil de sabor da mistura.

Outros edulcorantes intensos

Alguns edulcorantes são atualmente pesquisados, apesar do pouco uso em função de limitações tecnológicas ou de estudos que avaliem a segurança de seu consumo.

A glicirrizina é uma saponina triterpênica encontrada na raiz de alcaçuz (*Glycyrrhiza glabra* L.), sendo cerca de cinquenta a 100 vezes mais doce do que a sacarose. Uma limitação para seu uso é o sabor característico de alcaçuz, que acompanha a doçura do composto.

A taumatina é constituída por proteína de massa molecular 21000, obtida do fruto da planta africana *Thaumatococcus danielli* Benth. Os frutos dessa planta da África Ocidental contêm cinco proteínas doces, com pontos isoelétricos distintos. A taumatina 1, cujo poder edulcorante é 3 mil vezes maior que o da sacarose, possivelmente deve sua autorização ao fato de precisar utilizá-la em quantidades muito reduzidas nas preparações. Sua sequência de aminoácidos mostra certa correspondência com a da monelina (massa molecular de 11500), que está composta por duas cadeias protéicas não ligadas de forma covalente e apenas juntas possuem o gosto doce. A monelina ainda não está autorizada como aditivo.

Mediante a hidrogenação de algumas substâncias amargas das cascas de frutos cítricos (naringina, hesperidina), compostos muito doces podem ser obtidos (dihidrochalcona de naringina e de hesperidina). Durante o tratamento, há abertura do anel de pirona desses glicosídeos de flavanonas. Também aqui se desenvolve um sabor não puramente edulcorante, mas acompanhado de notas mentoladas.

Alcoóis polihídricos

Os alcoóis polihídricos ou polióis são derivados de carboidratos que contêm apenas grupos hidroxilas, sendo, portanto, geralmente hidrossolúveis, higroscópicos, com viscosidade moderada em água, quando em concentrações elevadas. Por não apresentarem grupos redutores, não formam produtos da reação de Maillard com aminoácidos, mesmo em temperaturas próximas de 170 °C. Açúcares e alcoóis polihídricos são estruturalmente similares, exceto pelo fato de açúcares conterem grupamentos aldeídicos ou cetônicos (livres ou ligados), que afetam sua estabilidade em altas temperaturas. Sua estrutura lhes confere capacidade de ligação com a água, o que tem estimulado sua aplicação em alimentos com fins de controle de viscosidade e textura, formação de corpo, retenção de umidade, redução da atividade de água, controle da cristalização, melhoria das propriedades de reidratação, em alimentos desidratados, e utilização como solvente de compostos *flavorizantes*. Geralmente são doces, embora menos que a sacarose (Tabela 14.3). Quando usados na forma desidratada, os polióis contribuem para uma prazerosa sensação de frescor, por causa de seu negativo valor para o calor de solução.

Tabela 14.3 | Doçura relativa e densidade calórica de edulcorantes de baixa caloria

Substância	kcal/g	Doçura relativa (FSAC)
Sorbitol	2,6	0,6
Xilitol	2,4	1,0
Maltitol	2,1	0,9
Isomalte	2,0	0,4
Lactitol	2,0	0,3
Tagatose	1,5	1,4
Eritritol	0,2	0,6
Manitol	0,6	0,5

Fonte: BRANDÃO; FONTES, 2009.

Os polióis comportam-se metabolicamente como carboidratos, mas são absorvidos, independentemente da insulina, por absorção passiva e sem elevação da taxa de glicose sanguínea. Assim sendo, podem ser consumidos por diabéticos. Quando ingeridos em excesso, devido à baixa taxa e lenta velocidade de absorção pelo intestino delgado (várias vezes menor do que a da sacarose), podem promover, ao atingir o cólon, um efeito osmótico, causando diarreia. A Portaria 29, de 13 de janeiro de 1998, do Ministério da Saúde, que regulamenta alimentos para fins especiais, preconiza que alimentos cuja previsão razoável de consumo resulte na ingestão diária superior a 20 g de manitol, 50 g de sorbitol, 90 g de polidextrose ou de outros polióis que possam ter efeito laxativo, apresentem na rotulagem a informação "Este produto pode ter efeito laxativo".

Na Tabela 14.4 são apresentadas a IDA e as concentrações de alguns edulcorantes empregados em refrigerantes dietéticos. Com base nesses dados é possível calcular a quantidade de cada bebida que um indivíduo pode ingerir por dia, durante toda a vida, dentro dos níveis de segurança de consumo desses aditivos (Tabela 14.5).

14.4.2 Acidulantes

De acordo com Gava et al. (2009), ácidos orgânicos em alimentos desempenham funções com repercussão no sabor, na conservação e na qualidade nutricional.

Do ponto de vista sensorial, os ácidos orgânicos compõem os *bouquets* aromático e sápido, característicos dos alimentos. Em frutas e hortaliças, a relação entre a concentração de açúcares solúveis e a acidez define o estágio de maturação ótimo de consumo desses alimentos e é um dos fatores mais importantes na diferenciação de sabor de uma variedade para outra. Embora vários ácidos orgânicos estejam simultaneamente presentes nos vegetais, geralmente existe um, predominante, contribuindo com nota característica para o sabor final daquele alimento. No Quadro 14.6 são apresentados os principais ácidos orgânicos em algumas frutas e hortaliças.

A acidez dos frutos geralmente tende a decrescer devido à utilização dos ácidos orgânicos na atividade respiratória, que é intensa, à proporção que segue o crescimento e a maturação dos frutos (CHITARRA; CHITARRA, 2005). O ácido cítrico, que inicia as reações do Ciclo de Krebs[8], e outros ácidos orgânicos, utilizados como intermediários nas reações, podem ter seus valores reduzidos na polpa (LEHNINGER et al., 2002).

Os ácidos orgânicos são empregados como agentes acidulantes, conferindo aos alimentos notas características como "verde", "lático", "avinagrado", "neutro", "fresco", "cítrico" ou simplesmente "azedo". Em alguns casos, os agentes acidulantes poderão ser empregados com finalidade de conservação, pela redução do pH, ou como agente antioxidante, pela capacidade de sequestrar metais que catalisam reações de oxidação, como é o caso do ácido cítrico. A legislação brasileira permite atualmente o emprego dos ácidos adípico, cítrico, fosfórico, fumárico, lático, málico, tartárico e glucona-delta-lactona.

---

[8] Ciclo de Krebs — ou ciclo tricarboxílico ou do ácido cítrico, corresponde à uma série de reações químicas que ocorrem na vida da célula e seu metabolismo.

Tabela 14.4 | Teor de edulcorantes de síntese em refrigerantes e ingestão diária aceitável

Edulcorante	Ciclamato	Sacarina	Aspartame	Acessulfame K
IDA	40 mg/kg	5 mg/kg	40 mg/kg	15 mg/kg
Refrigerante	Concentração (mg/ 100 mL)			
Coca Zero®	24	-	12	15
Sprite Zero®	107	7	-	-
Coca Light®	-	-	24	16
Coca Light Lemon®	80	10	-	-
Fanta Light®	64	8	-	-
Fanta Uva Light®	64	8	-	-
Soda Antártica Diet®	69,7	16		
Guaraná Antártica Diet®	69,7	16		
Kwat Zero®	31	5	12	

Tabela 14.5 | Volume de refrigerante que deve ser ingerido por um indivíduo de 60 kg em um dia para alcance da Ingestão Diária Aceitável (IDA)*

Ingestão diária indivíduo 60 kg	Ciclamato	Sacarina	Aspartame	Acessulfame-K
Coca Zero®	10L		20L	6L
Coca Light®			10L	5,6L
Coca Lemon®	3L	3L		
Sprite Zero®	2,2L	4,3L	-	-
Fanta Light®	3,8L	3,8L	-	-
Fanta Uva Light®	3,8L	3,8L	-	-
Soda Antártica Diet®	3,4L	1,9L	-	-
Guaraná Antártica Diet®	3,4L	1,9L	-	-
Kwat Zero®	7,7L	6L	20L	-

* Considerando que o indivíduo não ingere estes edulcorantes por outros alimentos e que este consome apenas um dos refrigerantes analisados.

Quadro 14.6 | Ácidos orgânicos predominantes em algumas espécies de frutos e hortaliças

Ácido orgânico	Frutos	Hortaliças
Ácido cítrico	Abacaxi	Batata
	Bagas	Beterraba
	Cítricos	Hortaliças folhosas
	Goiaba	Tomate
	Manga	
	Pêra	
	Pêssego	
	Carambola	
	Fruta-do-conde	
	Mamão	
	Maracujá	
	Melão	
Ácido málico	Ameixa	Alfafa
	Banana	Aipo
	Cereja	Brócoli
	Maçã	Cenoura

	Caju	
Ácido oxálico		Espinafre
Ácido pirúvico		Cebola e alho
Ácido tartárico	Uva	
	Tamarindo	

Fonte: CHITARRA; CHITARRA, 2005.

14.4.3 Substâncias amargas

Atualmente se considera que o ser humano aprendeu, evolutivamente, a rejeitar alimentos amargos como forma de preservar sua vida, pois, assim, estaria evitando o consumo de princípios ativos venenosos encontrados nas plantas. Boa parte dos compostos amargos nos alimentos pertence à classe dos alcaloides, que são compostos azotados (com nitrogênio amínico) complexos, de natureza básica (alcalina), geralmente capazes de produzir poderosos efeitos fisiológicos. São, na maior parte dos casos, venenos vegetais muito ativos, dotados de uma ação específica. São produtos do metabolismo secundário[9] das plantas e uma das possíveis funções é a proteção dessas plantas contra a radiação ultravioleta e contra insetos e animais herbívoros. Entretanto, nem todos os alcaloides são venenosos, e alguns tipos são consumidos pelos seres humanos com alguma frequência. A quinina é um alcaloide derivado da quina (*Chincona sp*), planta de origem sul-americana (Figura 14.13), e é ingrediente da água tônica, conferindo-lhe o sabor característico.

Figura 14.13 | Estrutura química da quinina

Além disso, essa substância é citada na farmacopeia brasileira por sua atividade antimalárica. As metilxantinas são uma classe de psdeudoalcaloides ou alcaloides purínicos; são constituintes químicos importantes de várias bebidas alimentícias ou estimulantes, não alcoólicas, como café, chá-da-índia, guaraná, cola e chocolate, consumidas em todo o mundo, seja como preparações caseiras ou produtos industrializados, com grande importância econômica e cultural. As mais abundantes são a cafeína, a teobromina e a teofilina (Figura 14.14). De modo semelhante aos demais alcaloides, a cafeína, a teofilina e a teobromina contribuem para o amargor de cafés, chás e do chocolate, respectivamente.

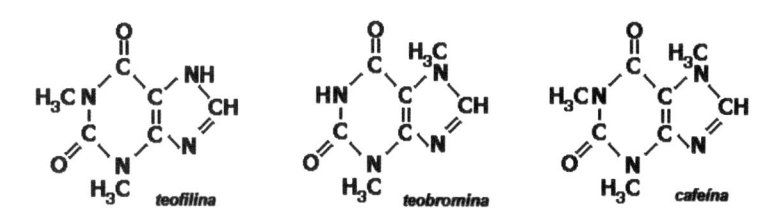

Figura 14.14 | Estruturas químicas das principais metilxantinas
Fonte: RATES, 2009.

14.4.4 Realçadores de sabor

Todos desejam comer alimentos com sabor agradável. Em alguns casos, porém, sem a adição de realçadores de sabor alguns alimentos processados seriam pobres, insossos, não despertariam nossos sentidos ou, mesmo, poderiam ser desagradáveis. É por isso que a indústria de alimentos inclui os realçadores de sabor em seus produtos.

Os realçadores de sabor são desenvolvidos para evidenciar o sabor já existente no alimento, sem adicionar um novo sabor marcante. Esses aditivos são frequentemente usados em alimentos e bebidas e podem ser encontrados nas formas natural ou sintética. Existem realçadores que ajudam a destacar o sabor de alimentos doces, como biscoitos, bolos e produtos de panificação, e salgados, como sopas, salsichas, carnes, molhos, *snacks*, arroz pré-cozido e desidratado, refeições prontas congeladas, entre outros.

As balas são produtos preparados à base de açúcares fundidos e adicionados de substâncias aromatizantes que caracterizam o produto, além de outros ingredientes ou aditivos.

Apesar de se pensar que esses aditivos são uma invenção moderna e indicativa da era dos alimentos processados, alguns tipos de realçadores são usados há séculos. O sal, por exemplo, sempre foi usado para destacar o sabor de produtos cárneos. De modo similar, o vinagre e o açúcar dão vida ao sabor característico de muitos alimentos e bebidas.

---
9 Metabolismo secundário de plantas são as rotas metabólicas não gerais, ativadas durante alguns estágios particulares de crescimento e desenvolvimento ou em situações de estresse, como falta de água, injúria mecânica ou ataque por algum microrganismo, ou animal.

Os membros mais conhecidos desta classe de aditivos são os 5´-ribonucleotídeos, dos quais se destacam a 5´inosina monofosfato ou 5´-IMP e o glutamato monossódico - GMS (Figura 14.15).

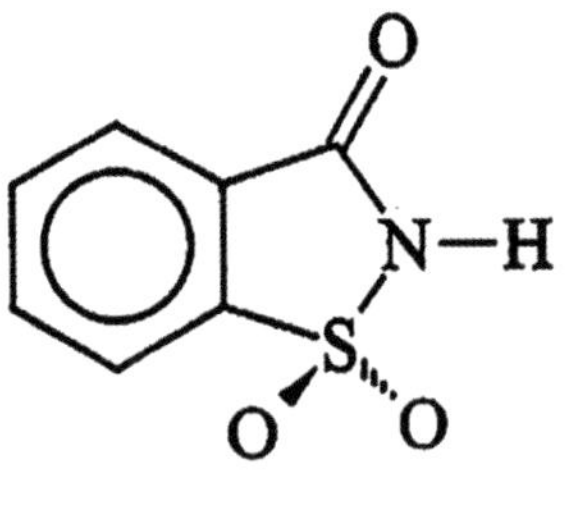

Figura 14.15 | Estrutura química do glutamato monossódico (GMS)

O glutamato monossódico pode ser adicionado em carnes, peixes, frangos, hortaliças, molhos, sopas, frutos do mar e, em muitos países, é usado como tempero de mesa. Ele é obtido, principalmente, de fontes microbianas, ou de hidrolisados de leveduras. Todavia, o glutamato pode estar presente em alimentos sem ter sido adicionado à formulação, como é o caso dos tomates, cujo teor de glutamato aumenta durante a maturação, contribuindo para o seu sabor. Similarmente, quando o queijo sofre maturação, ocorre um aumento significativo de glutamato. Por exemplo, o sabor tipo *bouillon*, um componente indispensável do queijo emental, deve-se ao aumento da concentração desse componente no produto. Também ocorre um aumento significativo no teor de glutamato durante o processo de cura do presunto.

Embora a maior parte da atenção seja devotada aos 5´ribonucleotídeos e ao GMS, outros realçadores de sabor merecem destaque. O maltol e o etilmaltol (Figura 14.16) são usados comercialmente para melhorar o sabor de produtos doces e de frutas.

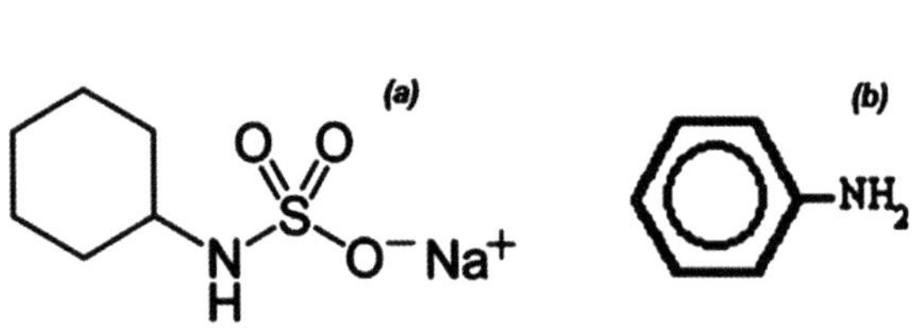

Figura 14.16 | Estrutura química do (a) maltol e do (b) etil maltol

Em altas concentrações, o maltol possui o prazeroso aroma de caramelo, promovendo uma textura aveludada a sucos de frutas, quando empregado em concentrações de aproximadamente 50 ppm[10]. O etil maltol é mais efetivo como realçador de sabor. Todavia, o maltol por si só é capaz de reduzir duas vezes o limiar de detecção da sacarose. Esse efeito é interessante, quando se deseja reduzir a quantidade de açúcar em um produto sem perder o sabor.

É interessante mencionar que durante a Reação de Maillard alguns dos produtos formados são o isomaltol e o maltol, o que equivale a dizer que os produtos dessa reação são importantes para realçar o sabor de bolos, pães, carnes e outros produtos assados, cozidos ou fritos que apresentem açúcares redutores e aminoácidos em sua composição.

• 14.5 •
Odores e aromas

Compostos voláteis são formados em um alimento por meio de uma série de reações químicas entre as substâncias presentes durante as etapas de maturação, preparo, processamento e armazenamento. Esses compostos são capazes de estimular receptores ortonasais e retronasais, desencadeando a percepção do odor e do aroma, respectivamente.

Aromas são misturas quimicamente complexas que exercem fortes sensações de sabor e de odor, ainda que presentes em baixas concentrações. As moléculas existentes em aromas apresentam diferentes funções químicas e diferentes grupos reativos. As classes existentes incluem cetonas, ésteres, ácidos, aldeídos, pirazinas, lactonas, álcoois, entre outras.

A estimulação do apetite é facilmente alcançada pela utilização de substâncias que exalem aromas, principalmente aqueles que conferem sabores do agrado das pessoas que vão consumi-los. Desde a Antiguidade, a utilização de temperos e especiarias é adotada para promover sabores e odores específicos, conferindo identidade aos alimentos.

Agentes aromatizantes e saporíferos são aqueles que apresentam, predominantemente, propriedades que produzem odor/aroma[11], afetando, possivelmente, o paladar (sabor). Até o final do século XIX, a maioria das substâncias aromatizantes/saborizantes conhecidas era de origem natural, ou seja, óleos essenciais extraídos principalmente de especiarias e constituídos por misturas de vários compostos diferentes. A partir dos anos de 1950, grande porcentagem desses agentes passou a ser constituída por compostos sintéticos, principalmente por causa dos avanços tecnológicos e da grande disponibilidade dos compostos utilizados nas sínteses. Todavia, no final do século XX, cerca de 70,0% dos agentes de aroma e sabor voltaram a ser representados por compostos naturais.

---

10 ppm ou parte por milhão — unidade de concentração equivalente a miligrama por quilo.

11 Odor — percepção ortonasal de compostos voláteis do alimento. Já para percepção do aroma, os compostos voláteis devem estimular os receptores olfativos retronasais, o que ocorre quando o alimento está dentro da boca.

Aromas naturais são aqueles obtidos por métodos físicos, microbiológicos e enzimáticos de matérias-primas naturais. Podem ser classificados em:

a. Óleos essenciais: produtos obtidos de partes de plantas ou animais por meio de destilação por arraste de vapor d'água ou destilação a baixa pressão, bem como os produtos obtidos por esmagamento dos pericarpos dos frutos cítricos; são misturas complexas de substâncias voláteis lipofílicas, geralmente odoríferas e líquidas, variando desde hidrocarbonetos terpênicos, álcoois simples e terpênicos, aldeídos, cetonas, fenóis, ésteres, éteres, óxidos, peróxidos, furanos, ácidos orgânicos, lactonas, cumarinas e compostos com enxofre.

b. Extratos: produtos obtidos por extração a frio ou a quente a partir de matérias-primas vegetais, animais ou microbianas com solventes permitidos. Os extratos contêm os princípios sápidos voláteis e fixos de sua fonte, podendo ser líquidos ou secos.

c. Bálsamos, oleorresinas ou oleogomarresinas: substâncias aromáticas exsudadas por muitas plantas, espontaneamente ou por ferimento, compostas de resinas, óleos essenciais, ácido benzoico, cinâmico e seus ésteres.

d. Substâncias aromatizantes/aromas naturais isolados: substâncias quimicamente definidas, obtidas por processos físicos, microbiológicos ou enzimáticos a partir de matérias-primas aromatizantes naturais ou de aromatizantes naturais.

Embora sejam uma mistura complexa de compostos químicos presentes em concentrações baixas, os aromas possuem, geralmente, um componente principal, responsável por uma nota aromática característica. No Quadro 14.7 são apresentados alguns exemplos de aromas com o respectivo composto químico responsável.

Quadro 14. 7 | Aroma e seus compostos químicos responsáveis

Aroma/sabor	Composto químico responsável
Aniz	Anetol
Amêndoa	Benzaldeído
Canela	Cinamoaldeído
Limão	Citral
Estragão	Estragol
Cravo-da-índia, louro	Eugenol
Eucalipto	Eucaliptol
Laranja	D-mentol
Hortelã	L-mentol
Baunilha	Ácido cinâmico, vanilina
Cebola	Mercaptanos
Alho	Dialil tiosulfinato
Crucíferas (repolho)	Isotiocianatos
Rosa	Geraniol
Queijo azul	Metilcetonas
Fermentação lática	Diacetil, acetoína e ácido lático
Reação de Maillard	Maltol, furanonas, pirazinas, oxazóis e tiazóis
Caramelização	Maltol, furaneol e lactonas

Fonte: SINKI; SCHELEGEL, 1990; MIDIO; MARTINS, 2000; GAVA et al., 2009.

O estudo dos compostos químicos relacionados com aromas específicos tem despertado o interesse dos *chefs* de cozinha, adeptos da gastronomia molecular[12]. Heston Blumenthal, renomado *chef* britânico, adepto da aplicação da ciência na cozinha, criou uma preparação que associa caviar com chocolate branco, após identificar, por meio da cromatografia gasosa, associada à olfatometria, que estes alimentos, tão diferentes entre si, possuíam moléculas aromáticas semelhantes.

Além dos aromas naturais descritos anteriormente, a indústria de aromas também disponibiliza aromas artificiais ou sintéticos, aromas sintéticos idênticos aos naturais (cujos princípios ativos apresentam estrutura idêntica à encontrada na natureza, obtidos, porém, por síntese química) e aromas naturais reforçados (aromas naturais adicionados de aroma sintético idêntico ao natural).

Compostos envolvidos no odor e no aroma dos alimentos podem ser obtidos por várias rotas bioquímicas, resultando na formação de compostos voláteis sulfurados, derivados dos ácidos graxos, voláteis derivados de ácidos graxos ramificados, terpenos e voláteis provenientes da fermentação. A reação de Maillard, a caramelização, a autoxidação de lipídios e a autoxidação de carotenoides são consideradas as principais rotas químicas implicadas na formação de compostos voláteis relevantes.

A geração de compostos voláteis a partir de ácidos graxos está diretamente relacionada com a formação do sabor característico de frutas e hortaliças durante o amadurecimento.

• 14.6 •
Agentes que modificam a textura

Muitos materiais hidrocoloides são largamente usados por suas características texturais, estruturais e funcionais nos alimentos, nos quais podem promover a estabilização de emulsões, suspensões e espumas, além de propriedades espessantes.

---

[12] Gastronomia molecular — ramo da ciência dos alimentos que enfoca os fenômenos físicos e químicos que ocorrem quando se está cozinhando.

A maioria dos materiais, algumas vezes classificados como gomas, é derivada de fontes naturais, embora em alguns casos haja processos de modificação química para alcance das características desejáveis. Muitos estabilizantes e espessantes são polissacarídeos, tais como a goma arábica, a goma guar, carboximetilcelulose, carragena, ágar, amido e pectina.

A gelatina é uma proteína derivada do colágeno e um dos poucos estabilizantes não carboidratos. Todos esses componentes são hidrofílicos e dispersos em soluções como coloides, o que lhes confere a designação de hidrocoloides. Entre as propriedades gerais dessas substâncias incluem-se a solubilidade em água, a capacidade de aumentar a viscosidade e, em alguns casos, a habilidade de formar gel.

Algumas funções específicas (Quadro 14.8) envolvem a melhoria e a estabilização de textura, a inibição da cristalização (açúcar e gelo), a estabilização de emulsões e de espumas, a melhoria (redução *stickness*) em produtos de panificação e encapsulação de aromatizantes.

Além dos hidrocoloides, uma classe de estabilizantes/fixadores importante em alimentos é a dos fosfatos. São compostos amplamente encontrados na natureza. Seus sais alcalinos atuam como tamponantes, elevando os valores de pH, aumentando a carga líquida das proteínas, melhorando, consequentemente, sua capacidade de retenção de água. Esses aditivos são úteis em embutidos cárneos e derivados congelados de pescados, como o surimi[13] e os produtos do tipo kamaboko[14]. Em leite condensado, o emprego dos fosfatos é importante, pois estes se ligam aos íons cálcio, diminuindo sua disponibilidade para agregar micelas de caseína. Durante o processo de evaporação da água, a concentração de cálcio no leite é aumentada, o que, em última instância, levaria a uma maior reticulação das micelas e a uma maior floculação, comprometendo a textura do produto.

Quadro 14.8 | Funções dos agentes de textura

Função	Efeito	Utilização
Espessante	Aumento da viscosidade	Sopas, cremes, recheios, molhos, gelados
Fixadora	Evita perda de homogeneidade e sinerese	Iogurtes, embutidos, queijos, alimentos ultracongelados.
Estabilizante	Melhora a textura. Manutenção de emulsões e suspensões. Evita recristalização	Gelados, bolachas, maioneses, temperos, bebidas turvas, achocolatados, cremes gelados, alimentos ultracongelados
Geleificante	Formação de géis	Flans, geleias, gelatinas

Fonte: BALTES, 2007.

---

13 Surimi — pasta proteica obtida da carne de pescados de baixo valor comercial.
14 Kamaboko — gel protéico formado pelo aquecimento do surimi, originando diversos produtos derivados, como embutidos e empanados.

Referências

Capítulo 1 – Química e alimentos

A MODA da cozinha molecular. Veja, São Paulo, 30 nov. 2005.
ARAÚJO, W. M. C. Ciência e tecnologia de alimentos e nutrição. Revista Higiene Alimentar, São Paulo, v. 9, n. 39, p. 7-8, 1993.
BALLONE, G. J. Percepção. PsiqWeb. Disponível em: <http://www.psiqweb.med.br/cursos/percep.html>. Acesso em: 10 jan. 2005.
BARHAM, P. A ciência da culinária. Tradução: VILLAR, M. H. São Paulo: Roca, 2002.
BRASIL. Ministério da Saúde. Portaria SVS nº 540, de 27 de outubro de 1997. Aprova o regulamento técnico: aditivos alimentares, definições, classificação e emprego. Disponível em: <http://elegis.bvs.br/leisref/public/showAct.php?id=88>. Acesso em: 21 mar. 2006.
BRILLAT-SAVARIN, J. A. A fisiologia do gosto. Tradução de Paulo Neves. São Paulo: Cia. das Letras, 1995.
CARNEIRO, H. S. Comida e sociedade: significados sociais na história da alimentação. Gastronomia: cortes e recortes. TENSER, C. M. R; ARAÚJO, W. M. C. (Org.). Brasília: Editora Senac - DF, 2006.
CENTRO DE ENERGIA NUCLEAR NA AGRICULTURA. Conservação de alimentos. Divulgação da tecnologia da irradiação de alimentos e outros materiais. USP – Cena/PCLQ. Disponível em: <http://www.cena.usp.br/irradiacao/conservacao.htm>. Acesso em: 01 mar. 2006.
EMSLEY, J. **Moléculas em exposição**. Tradução: AZZELLINI, Gianluca Camillo et al. São Paulo: Edgar Blücher, 2001.
FISCHLER, C. L' homnivore. Paris: Editions Odile Jacob, 1990.
FRANCO, A. De caçador a gourmet: uma história da gastronomia. São Paulo: Editora Senac, 2001.
GINANI, V. C. **Índice de satisfação de preparações regionais com teor lipídico modificado**. 2004. 164 f. Dissertação (Mestrado em Nutrição) – Universidade de Brasília, Brasília, 2004.
GINANI, V. C.; ARAÚJO, W. Gastronomia e dietas hospitalares. **Revista Nutrição em Pauta**, São Paulo, ano 10, n. 56, p. 49-52, set./out. 2002.
GOODY, J. Cooking, cuisine and class. Cambridge: Cambridge University Press, 1982.
LÉVI-STRAUSS, C. The culinary triangle. In: COUNIHAN, C.; VAN ESTERIK, P. (Ed.). Food and culture: a reader. New York: Routledge, 1997.
_____. **L'origine des manières de table**. Paris: Plon, 1968.
_____. O cru e o cozido. São Paulo: Brasiliense, 1991.
MONTEBELLO, N. P.; ARAÚJO, W. M. C. Carnes & Cia. Brasília: Editora Senac, 2006. (Série alimentos e bebidas, v.1).
NITZKE, J. A. A pesquisa em alimentos da pré-história à contemporaneidade. In:_____. Rumos da pesquisa: múltiplas trajetórias. Rio Grande do Sul, Propesq/UFRGS, 1998. cap. 26. Disponível em: <http://penta.ufrgs.br/julio/pesqalim.htm>. Acesso em: 01 mar. 2006.
SILVA, L. A.; GATO, D. D. Alquimia: ciência ou seita? Revista Eletrônica de Ciências, n. 25, abr. 2004. Disponível em: <http://www.cdcc.sc.usp.br/ciencia/artigos/art_25/alquimia.html.> Acesso em: 21 mar. 2006.
SOCIEDADE BRASILEIRA DE DIABETES. Disponível em: <http://www.diabetes.org.br/aprendendo/contagem_carboidratos/contcarb01.php>. Acesso em: 21 mar. 2006.
TENSER, C.M.R. Mapeamento de estudos acadêmicos sobre a gastronomia. 2004. Monografia de especialização (Gastronomia e Segurança Alimentar) – Universidade de Brasília, Brasília, 2004.
VILELA, A. L. M. **Órgãos dos sentidos: anatomia e fisiologia humanas**. Disponível em: < http://www.afh.bio.br/sentidos/sentidos1.asp>. Acesso em: 01 mar. 2006.
WIKI livros: módulo química. Disponível em: <http://pt.wikibooks.org/wiki/Qu%C3%ADmica>. Acesso em: 22 mar. 2006.
WIKIPÉDIA: **a enciclopédia livre**. Disponível em: <http://pt.wikipedia.org/wiki/Alquimia>. Acesso em: 21 mar. 2006.

Capítulo 2 – A estética do gosto

ALLIPRANDINI, P. M. Z.; SILVA, J. A. da. Funções psicofísicas para área percebida, inferida e relembrada: o efeito da idade. Psicologia: Reflexão e Crítica, Porto Alegre, v. 13, n. 3, p. 417-423, 2000. ISSN 0102-7972.
ASSOCIAÇÃO BRASILEIRA DE NORMAS TÉCNICAS. NBR 12.995: análise sensorial de alimentos e bebidas. São Paulo: 1993.
BRANDT, M. A.; SKINNER, E. Z.; COLEMAN, J. A. Texture profile method. J. Food Sci. [S.l.], v. 28, n. 4, p. 404, 1963.
CAUL, J. F. The profile method of flavor analysis. In:_____. Advances in Food Research. Cambridge: Academic Press, 7 v., 1957.
CAVALCANTI, M. L. V. de C. Os sentidos no espetáculo. Revista de Antropologia, São Paulo, v. 45, n. 1, p. 37-89, 2002. ISSN 0034-7701.
CHAVES. J. B. P. Métodos de diferença em análise sensorial de alimentos e bebidas. Viçosa-MG: UFV, 2001. 91 p. (Apostila n. 33).
CHAVES, J. B. P.; SPROESSER, R. L. Práticas de laboratório de análise sensorial de alimentos e bebidas. Viçosa-MG: UFV, 1993. 81 p. (Apostila n. 325).
FERREIRA, V. L. P. et al. Análise sensorial: testes discriminativos e afetivos. Campinas: Profiqua/SBCTA, 1999.
FISCHLER, C. Cuisines and food selection. In: THOMSON, D. M. H. Food Acceptability. London: Elsevier Applied Science, 1988.
GINANI, V. C. Índice de aceitação de preparações regionais com teor lipídico modificado. 2004. 164 f. Dissertação (Mestrado em Nutrição) – Universidade de Brasília, Brasília, DF, 2004.
HELM, E.; TROLLE, B. Selection of a taste panel. Wallerstein lab. Comminications, New York, v. 9, p.181, 1946.
JONES, L. V.; PERYAM, D. R.; Thurstone. Development of a scale for measuring soldiers food preferences. Food Research, Toronto, v. 20, n. 5, p. 512-520, 1955.
KELLY, F. B.; HEYMANN, H. Contrasting the effects of ingestion end espectoration in sensory difference tests. Journal Sensory Studies, Connecticut, v. 3, n. 4, p. 249, 1989.
KING, S. C.; WEBER, A. J.; MEILSELMAN, H. L. The effect of meal situation, social interaction, physical environment and choice on food acceptability. Food Quality and Preference [S.l.], v. 15, p. 645-653, 2004.
LAWLESS, H. T.; HEYMANN, H. Sensory evaluation of food: principles and practices. Gaithersburg: Aspen Publication, 1999.
LEE-MANOEL, L. C. et al. Quem é bom (e eu gosto) é bonito: efeitos da familiaridade na percepção de atratividade física em pré-escolares. Psicol. Reflex. Crit. Porto Alegre, v. 15, n. 2, p. 271-282, 2002. ISSN 0102-7972.
LEWIN, K. Forces behind food habits and methods of change. Bulletin of National Research Council [S.l.], v. 108, p. 35-65, 1943.
MACFIE, H. J. H.; HEDDERLEY, D. Current practice in relating sensory perception to instrumental measurements. Food Quality and Preference [S.l.], v. 4, p. 41-49, 1993.
MEILGAARD, M; CIVILLE, G. V.; CARR, B. T. **Sensory evaluation techniques**. 2. ed. Boca Raton: CRC Press, 1991. 354 p.
MEILSELMAN, H. L.; MACFIE, J. H. H. Food choice acceptance and consumption. London: Black Academic & Professional, 1992.
O`MAHONI, M. Sensory evaluation of food: statistical methods and procedures. New York: Ed. Marcel Dekker Inc, 1986.
PERYAM, D. R.; SWARTZ, V. W. Measurement of sensory differences. Food Technology [S.l.], v. 4, p. 390, 1950.
PIMENTEL, M.G. A Atuação do Grande Varejo na Construção Social da Demanda de Produtos Orgânicos: o Caso Pão de Açúcar na Cadeia
ROSENTHAL, A.J. Food texture. Measurement and perception. Chapman & Hall Food Science. Book. Gaithersburg, Maryland Aspen Publishers Inv., 1999.
SARDENBERG, T. et al. A evolução da representação da mão nas artes plásticas. Acta Ortopédica Brasileira, São Paulo, v.10, n. 3, p.15-24, jul./set. 2002. ISSN 1413-7852.
SLOW FOOD BRASIL. Disponível em HTTP://slowfoodbrasil.com/content/view/12/28/. Acesso em: 21 mar. 2006.
STONE, H.; SIDEL, J. L.; BLOOMQUIST, J. Quantitative descriptive analysis. In: GACULA Jr., M. C. Descriptive sensory analysis in practice. Scottsdale, Arizona: Food and Nutrition Press, Inc., 1997.
_____. Sensory evaluation by quantitative descriptive analysis. Food Technology [S.l.], v. 28, n. 11, p. 24, 1974.
STOREL Jr, A.O. Os regimes alimentares da humanidade e suas transformações: origens e desenvolvimento do mercado de açúcar. **Cadernos de Debate**, Campinas, Vol. VIII, p. 36-54, 2001.
SZCZESNIAK, A. S.; LOEW, B. J.; SKINNER, E. Z. Consumer texture profile technique. J. Food Sci. [S.l.], v. 40, p. 1253-1256, 1975.
ZANDONADI, R. P.; BOTELHO, R. B. A.; ARAÚJO, W. M. C. Psyllium como substituto do glúten. Nutrire, São Paulo, v. 30, p. 362, nov. 2005 (Suplemento).

Capítulo 3 – Aperitivo de química: átomos, moléculas, cores, sabores

CHANOFT, M. O uso de hidrocoloides na indústria alimentícia. Disponível em: <http://www.docearoma.com.br/pt/faq_det.asp?id_faq=17>. Acesso em: 28 maio 2010.
COLOIDE. Disponível em: http://pt.wikipedia.org/wiki/Coloide. Acesso em: 17 maio 2010.
ESTRUTURA DO ÁTOMO. Disponível em: http://pt.wikipedia.org/wiki/Lothar_Meyer. Acesso em: 11 abr 2010.
_____. Disponível em: http://www.mundoeducacao.com.br. Acesso em: 16 maio 2010.
ESTRUTURA DE GÉIS. Wikipédia, a enciclopédia livre. Disponível em: http://pt.wikipedia.org/wiki/Gel. Acesso em: 02 jun. 2010.

EMSLEY, J. Moléculas em exposição. Tradução: DE AZZELINI, G. C.; STEVANI, C. V.; BASTOS, E. L. São Paulo: Editora Edgar Blücher Ltda, 2001.

FÍSICO-QUÍMICA DISPERSÃO COLOIDAL. Disponível em: http://www.g-sat.net/quimica.../fisico-quimica-dispersao-coloidal-80105.html - Portugal>. Acesso em: 11 abr 2010.

McGEE, H. On food and cooking. The science and lore of the kitchen. New York: First scribner revised edition, 2004.

MISTURAS. Disponível em: http://www.virtualquimica.hpg.com.br/misturas.htm. Acesso em: 11 abr.2010.

MOLÉCULA POLAR. Disponível em http://pt.wikipedia.org/wiki/Molécula_polar. Acesso em: 11 abr.2010.

POLARIDADE MOLECULAR. Disponível em: http://pt.wikipedia.org/wiki/Polaridade_molecular. Acesso em: 11 abr. 2010.

PRÓTONS, NÊUTRONS E ELÉTRONS. Disponível em: http://saladez.blogspot.com/prtons-nutrons-e-eltrons.html. Acesso em: 11 abr. 2010.

SÓ BIOGRAFIAS. Disponível em: http://www.dec.ufcg.edu.br/biografias. Acesso em: 17 mai. 2010.

THIS, H. Hervé This e os fundamentos da gastronomia molecular: a revolução das panelas - tecnologias e artefatos inovadores transformam velhos procedimentos. A ciência na cozinha. v.3. São Paulo: Duetto Editorial, 2007.

Capítulo 4 – Aspectos da química e da funcionalidade das substâncias químicas presentes nos alimentos

ADRIAN, L. La ciencia de los alimentos de la A a la Z. Zaragoza: Acribia, 1990.

A FANTÁSTICA ciência da comida. Revista Superinteressante, São Paulo, 188-D, p.65, jun. 2003.

A IMPORTÂNCIA da atividade de água na fabricação de confeitos. Instituto de Tecnologia de Alimentos - Centro de Tecnologia de Cereais e Chocolate, Campinas, v. 5, n. 2, abr./jun. 1999.

ALMEIDA, M. M de; PASTORE, G. M. Galactooligossacarídeos: produção e efeitos benéficos. Boletim da Sociedade Brasileira de Ciência e Tecnologia de Alimentos, Campinas, v. 35 (1/2), p. 12-19, jan./dez. 2001.

ÁLVARES, F. et al. Funcionalidade dos lipídios. Revista do Instituto de Laticínios Cândido Tostes, Juiz de Fora, v. 59, n. 336/338, p. 10-18, jan./jun. 2004.

ANS, V. G.; MATTOS, E. S.; JORGE, N. Avaliação da qualidade dos óleos de fritura usados em restaurantes, lanchonetes e similares. Ciência e Tecnologia de Alimentos, Campinas, v. 19, n. 3, p. 413-419, 1999.

ARAÚJO, J. M. A. Oxidação de lipídios. Viçosa-MG: UFV, 1994. 22 p. (apostila).

_____. Química de alimentos: teoria e prática. Viçosa-MG: UFV, 1995.

_____. Química de alimentos: teoria e prática. 3. ed. Viçosa-MG: UFV, 2004.

ARAÚJO, W. M. C. Alimentos, nutrição, gastronomia e qualidade de vida. Revista Higiene Alimentar, São Paulo, v. 15, n. 80/81, p. 49-56, 2001.

ARAÚJO, W. M. C.; CIACCO, F. C. Funcionalidade dos lipídios da farinha na panificação: revisão. Ciência e Tecnologia de Alimentos, Campinas, v. 12, n. 1, p. 3-13, jan./jun. 1992.

ARAÚJO, W. M. C; ARAÚJO, R. A. C. Fibras alimentares. Revista Brasileira de Nutrição Clínica, Minas Gerais, v. 13, n. 3, p. 201-209, 1998.

AZEREDO, H. M. C.; FARIA, J. A. F. Alternativas para prolongar a vida de prateleira de óleos comestíveis acondicionados em garrafas plásticas. Boletim da Sociedade Brasileira de Ciência e Tecnologia de Alimentos, Campinas, v. 33, n. 2, p. 168-172, 1999.

_____ Maximização da estabilidade oxidativa de óleo de soja acondicionado em garrafas plásticas. 2001. 130 f. Tese (Doutorado) – FEA/Unicamp, Campinas, SP, 2001.

BELITZ, M. D.; GROSH, W. Química de los alimentos. 2 ed. Zaragoza: Acribia, 1997.

BERGAMIN FILHO, W.; COSTA, M. R.; SILVEIRA, E. T. F. Aspectos tecnológicos, enzimáticos e químicos envolvidos na elaboração do presunto cru. Boletim da Sociedade Brasileira de Ciência e Tecnologia de Alimentos, Campinas, n. 37, p. 61-65, dez. 2003 (Suplemento).

BOBBIO, F. O.; BOBBIO, P. A. Introdução à química dos alimentos. Campinas: Fundação Cargil, 1985.

_____. Química do processamento de alimentos. Campinas: Fundação Cargil, 1984.

BOLETIM DO INSTITUTO DE TECNOLOGIA DE ALIMENTOS. Campinas, 16 (4), p. 355-411, 1979.

_____. Campinas, 16 (3), p. 215-226, jul./set. 1979.

BOLETIM DO CENTRO TROPICAL DE PESQUISAS E TECNOLOGIA DE ALIMENTOS, Campinas, n. 13, mar. 1968.

BORGO, L. A.; ARAÚJO, W. M. C. Mecanismos dos processos de oxidação lipídica. Revista Higiene Alimentar, São Paulo, v. 19, n. 130, p. 50-58, abr. 2005.

BOTELHO, R. B. A.; MERCADANTE, A. Z. Influência de cultivar, variedade e efeitos geográficos na composição de carotenoides em alimentos: uma revisão. Ciência e Tecnologia de Alimentos, Campinas, n. 37, p. 29-34, dez. 2003 (Suplemento).

BRASIL. Regulamento técnico para fixação de identidade e qualidade de óleos e gorduras vegetais. Agência Nacional de Vigilância Sanitária/Ministério da Saúde. Diário Oficial da União, Brasília, 13 out. 1999.

_____. Regulamento técnico referente à informação nutricional complementar. Portaria nº 27, Secretaria de Vigilância Sanitária/Ministério da Saúde. Diário Oficial da União, Brasília, 16 jan. 1998.

_____. Regulamento técnico para rotulagem de alimentos embalados. Portaria n° 42, Secretaria de Vigilância Sanitária/Ministério da Saúde. Diário Oficial da União, Brasília, 16 jan. 1998. _____. Regulamento da inspeção Industrial e Sanitária de Produtos de Origem Animal. Ministério da Agricultura, Pecuária e Abastecimento/Departamento de Inspeção de Produtos de Origem Animal. Brasília, 1997.

_____. Ministério da Agricultura, Pecuária e Abastecimento. Departamento de Inspeção de Produtos de Origem Animal. Decreto n° 56.585 de 20 de julho de 1965. Aprova as novas especificações para classificação e fiscalização do ovo. Brasília, 1965.

CÂNDIDO, L. M. B.; CAMPOS, A. M. Alimentos para fins especiais: dietéticos. São Paulo: Livraria Varela, 1995.

CARBOHYDRATES chemical structure. Disponível em: <http://www.scientificpsychic.com/fitness/carbohydrates.html.>. Acesso em: 03 abr. 2006.

CELLA, R. C. F.; REGITANO-D'ARCE, M. A. B.; SPOTO, M. H. F. Comportamento do óleo de soja refinado utilizado em fritura por imersão com alimentos de origem vegetal. Boletim da Sociedade Brasileira de Ciência e Tecnologia de Alimentos, Campinas, v. 22, n. 2, p. 111-116, 2002.

CEREDA, M. P. Amidos modificados. Boletim da Sociedade Brasileira de Ciência e Tecnologia de Alimentos, Campinas, v. 30, n. 1, p. 31-36, jan./jun. 1996.

CEREDA, M. P.; VILPOUX, O. F. Polvilho azedo, critérios de qualidade para uso em produtos alimentares. Tecnologia, usos e potencialidades de tuberosas amiláceas latino americanas. São Paulo: Fundação Cargil, 2003. V.3, cap. 13, p. 333-355. (Série culturas de tuberosas amiláceas latino-americanas).

CHEFTEL, J. C.; CHEFTEL, H. Introducción a la bioquímica y tecnología de los alimentos. Zaragoza: Acribia, 1976.

_____. Introducción a la bioquímica y tecnlogía de los alimentos. Zaragoza: Acribia, 1992. COULTATE, I. P. Alimentos: química e seus componentes. Zaragoza: Acribia, 1984.

COZZOLINO, S. M. F. *Biodisponibilidade de nutrientes*. 3. ed. São Paulo: Manole, 2009.

CRAWFORD, A. M. Alimentos: seleção e preparo. 2. ed. Rio de Janeiro: Record, 1985.

FARFAN, J. A. Química de proteínas aplicada à ciência e tecnologia dos alimentos. Campinas: Unicamp/Faculdade de Engenharia de Alimentos, 1985.

FENNEMA, O. K. Introducción a la ciencia de los alimentos. Barcelona: Reverte S. A., 1982.

FENNEMA, O. R. (Ed.). Química de los alimentos. 2. ed. Zaragoza: Acribia, 1993.

FOOD chemistry. In: FENNEMA, O. R. (Ed.). Principles of food science. New York: Marcel Dekker, 1976.

FERNANDEZ, A. T.; MÁRSICO, E. T.; SILVA, R. L. G. Avaliação da qualidade e da maciez de amostras de picanha (glúteo bíceps) maturada, comercializada na cidade do Rio de Janeiro. Revista Higiene Alimentar, São Paulo, v. 17, n. 114/115, p. 53-59, nov./dez. 2003.

FERRARI, C. K. B.; TORRES, E. A. F. S. Fatores físicos e bioquímicos da industrialização, preparo e armazenamento de alimentos e sua relação com radicais livres e a oxidação lipídica. Revista Higiene Alimentar, São Paulo, v. 11, n. 68/69, p. 19-25, jan./fev. 2000.

FREELAND-GRAVES, J. H. Foundations of food preparation. 6. ed. New Jersey: Gladys C. Peckham, 1995.

FUENTES-ZARAGOZA, E. et al. Resistant starch as functional ingredient: A review. Food Research International, 43: 931-942, 2010.

GIADA, M. de L. R.; MANCINI FILHO, J. Avaliação da atividade antioxidante *in vitro* de compostos fenólicos de alimentos. Nutrire, São Paulo, v. 28, p. 91-107, dez. 2004.

GINANI, V. C. Índice de aceitação de preparações regionais com teor lipídico modificado. 2004. 164 f. Dissertação (Mestrado em Nutrição) – Universidade de Brasília, Brasília, DF, 2004.

GREGÓRIO, B. M.; ANDRADE, E. C. B. de. Influência do aquecimento sobre as propriedades físico-químicas de óleos comestíveis. Revista Higiene Alimentar, São Paulo, v. 18, n. 124, p. 78-84, set. 2004.

GRISWOLD, R. M. Estudo experimental dos alimentos. Tradução: SANTOS, A. C. São Paulo: Editora da Universidade de São Paulo, 1972.

GUERRA, N. B. Avaliação das tabelas de composição de alimentos. Boletim da Sociedade Brasileira de Ciência e Tecnologia de Alimentos, Campinas, v. 29, n. 1, p. 22-25, jan./jun.1995.

GUNSTONE, F. D.; NORRIS, F. A. Lipids in foods: chemistry, biochemistry and technology. Oxford: Pergamon Press, 1983.

HAWTHORN, J. Fundamentos de ciencia de los alimentos. Zaragoza: Acribia, 1983.

IADEROZA, M. Pigmentos naturais: ocorrência e aplicações em alimentos. Boletim do Instituto de Tecnologia de Alimentos, Campinas, v. 20, n. 2, p. 101-113, abr./jun. 1983.

INTRODUCTION TO carbohydrates. Disponível em: <http://www.indstate.edu/thcme/mwking/carbohydrates.html.>. Acesso em: 03 abr. 2006.

JORGE, N.; GONÇALVES, L. A. G. Aditivos utilizados em óleos e gorduras de frituras. Boletim da Sociedade Brasileira de Ciência e Tecnologia de Alimentos, Campinas, v. 32, n. 1, p. 40-47, 1998.

KLEIN, S. I. O fenômeno da hidratação e os eletrólitos: a definição de ácidos, bases e sais segundo Svante Arrhenius. Disponível em: <http://inorgan221.iq.unesp.br/quimgeral/respostas/eletrolitos.html.>. Acesso em: 26 fev. 2006.

LAJOLO, F. M. Composição de alimentos. Boletim da Sociedade Brasileira de Ciência e Tecnologia de Alimentos, Campinas, v. 29, n. 1, p. 57-69, jan./jun. 1995.

LAJOLO, F. M.; VANUCCHI, H. Tabela de composição de nutrientes em alimentos: situação no Brasil e necessidades. Archivos latino-americanos de nutricion, Caracas, v. XXXVII, n. 4, 1987.

LANFER-MARQUEZ, U.M. O papel da clorofila na alimentação humana: uma revisão. *Rev. Bras. Cienc. Farm.*, São Paulo, v.39, n.3, p.227-242, jul./set. 2003.

LIMA, V. L. A. G. de; GUERRA, N. B. Antocianinas: atividade antioxidante e biodisponibilidade. Boletim da Sociedade Brasileira de Ciência e Tecnologia de Alimentos, Campinas, v. 37, p. 121-128, dez. 2003 (Suplemento).

LUCCAS, V. Perfil de funcionalidade de óleos e gorduras em alimentos. Informativo do Centro de Tecnologia de Cereais e Chocolate do Instituto de Tecnologia de Alimentos, Campinas, v. 6, n. 1, p. 3, jan./mar. 2000.

MARTIN, C. A.; MATSHUSHITA, M.; SOUZA, N. E. de. Ácidos graxos trans: implicações nutricionais e fontes na dieta. Revista de Nutrição, Campinas, v. 17, n. 3, p. 361-368, jul./set. 2004.

MARTINS, M. C.; RUSIG, O. Cúrcuma: um corante natural. Boletim da Sociedade Brasileira de Ciência e Tecnologia de Alimentos, Campinas, v. 26, n. 1, p. 53-65, jan./jun. 1992.

MENDES, A. C. R. Propriedades funcionais das proteínas: sua importância e aplicabilidade em produtos alimentícios. Higiene Alimentar, São Paulo, v. 12, n. 56, p. 10-12, 1998.

MELO, E. A.; GUERRA, N. B. Ação antioxidante de compostos fenólicos naturalmente presentes em alimentos. Boletim da Sociedade Brasileira de Ciência e Tecnologia de Alimentos, Campinas, v. 36, n. 1, p. 1-11, 2002.

MENDONÇA, S. C.; GUERRA, N. B. Métodos físicos e químicos empregados no controle do escurecimento enzimático de vegetais. Boletim da Sociedade Brasileira de Ciência e Tecnologia de Alimentos, Campinas, v. 37, n. 2, p. 113-118, jul./dez. 2003.

MULLER, M. G.; TOBIN, G. Nutricion y ciencia de los alimentos. Zaragoza: Acribia, 1986.

ORDÓÑEZ, J. A., et al. Tecnología de alimentos: alimentos de origem animal. Porto Alegre: Artmed, 2005. 279 p. 3 v.

ORNELLAS, L. H. Técnica dietética: seleção e preparo de alimentos. 5. ed. São Paulo: Atheneu, 1988.

PRADO FILHO, L. G. do. Conservação pelo controle da umidade. In: _____ . Processamento e conservação de alimentos. Piracicaba: Escola Superior de Agricultura Luiz de Queiroz – Departamento de Tecnologia Rural, Universidade de São Paulo, 1976.

POMERANZ, Y. Functional properties of food components. Flórida: Academia Press, 1985.

QUINTEIRO, L. M. C.; VIANNI, R. Características e estabilidade de óleos de soja. Ciência e Tecnologia de Alimentos, Campinas, v. 15, n. 1, p. 29-36, 1995.

REVISTA ELETRÔNICA DO DEPARTAMENTO DE QUÍMICA – UFSC. Florianópolis, SC, ano 4. Disponível em: <http://quark.qmc.ufsc.br/qmcweb/artigos/agua.html>. Acesso em: 26 fev. 2006.

RICHARDSON, T.; FINLEY, J. W. (Ed.). Chemical changes in food during processing. New York: AVI, 1985.

ROBINSON, D. S. Bioquímica y valor nutritivo de los alimentos. Zaragoza: Acribia, 1991.

ROCHA, F. A. et al. Funcionalidade dos lipídios. Revista do Instituto de Laticínios Cândido Tostes, Juiz de Fora-MG, v. 59, n. 336/338, p. 10-18, 2004.

RODRIGUEZ-AMAYA, D. B. Os carotenoides como precursores de vitamina A. Boletim da Sociedade Brasileira de Ciência e Tecnologia de Alimentos, Campinas, v. 19, n. 4, p. 227-242, 1985.

RIBEIRO, E. P.; SERAVALLI, E. A. G. Química de alimentos. São Paulo: Edgar Blücher Ltda./ Instituto Mauá de Tecnologia, 2004.

RIBEIRO, R. J.; GONÇALVES, L. A. G. O processo de fritura: alterações observadas em óleos e gorduras. Boletim da Sociedade Brasileira de Ciência e Tecnologia de Alimentos, Campinas, v. 29, n. 2, p. 179-185, jul./dez. 1995.

SALGADO, S. M. et al. ⊠Caracterização físico-química do grânulo do amido do feijão caupi. Ciência e Tecnologia de Alimentos, Campinas, v. 25, n. 3, p. 525-530, jul./set. 2005.

SANIBAL, A. A. E.; MANCINI FILHO, J. Perfil de ácidos graxos trans de óleo e gordura hidrogenada de soja no processo de fritura. Ciência e Tecnologia de Alimentos, Campinas, v. 24, n. 1, p. 27-31, jan./mar. 2004.

_____. Alterações físicas, químicas e nutricionais de óleos submetidos ao processo de fritura. Food Ingredients South American, São Paulo, v. 18, p. 48-54, maio/jun., 2002.

SEBERA, D. K. Estrutura eletrônica e ligação química. São Paulo: Polígono, 1968.

SILVA, C. H. et al. Oligossacarídeos da família da rafinose e flatulência. Cadernos de Nutrição, São Paulo, v. 4, p. 48-60, 1992.

SILVA, G. O. da et al. Amidos nativos e modificados: propriedades e aplicações em alimentos. Boletim da Sociedade Brasileira de Ciência e Tecnologia de Alimentos, Campinas, v. 37, p. 101-106, dez. 2003 (Suplemento).

SGARBIERI, V. C. Proteínas em alimentos proteicos: propriedades, degradação, modificações. São Paulo: Livraria Varela, 1996.

SIQUEIRA, F. M.; OETTERER, M.; REGITANO-D'ARCE, M. A. B. Nutrientes antioxidantes. Boletim da Sociedade Brasileira de Ciência e Tecnologia de Alimentos, Campinas, v. 31, n. 2, p. 192-199, 1997.

SOLUÇÕES. Disponível em: <http://www.fisica.net/quimica/resumo18.htm.> Acesso em: 28 mar. 2006.

SANT'ANGELO, A. J. (Ed.). Lipid oxidation in food. Washington: American Chemical Society, 1992.

TRABULSI, L. R.; SAMPAIO, M. M. S. C. Probióticos, prebióticos e simbióticos. In: TRABULSI, L. R.; CARNEIRO-SAMPAIO, M. M. S. Os probióticos e a saúde infantil. São Paulo: Nestlé, 2000. 15 p. (Temas de pediatria Nestlé, 3).

TURAN, W. et al. Estimativa de consumo diário de fibra alimentar na população adulta, em regiões metropolitanas do Brasil. Nutrição Brasil, São Paulo, v. 1, n. 3, p. 131-135, set./out. 2002.

WILLIAMSON, W. K. D. D.; WILLIAMSON, A. N. D. D.; WILLIAMSON, O. P. D. D. **Corante caramelo: a ciência e arte.** Tradução: ALMEIDA, Paulo Garcia de. Beraca Ingredients. Disponível em: <http://www.caramel.com/images/TraducaoCoranteCaramelo.doc>. Acesso em: 31 mar. 2006.

WONG, D. W. S. Química de los alimentos. Zaragoza: Acribia, 1989.

ZAMBIAZI, R. C. Oxidation reactions of vegetable oils and fats. Boletim da Sociedade Brasileira de Ciência e Tecnologia de Alimentos, Campinas, v. 33, n. 1, p. 1-7, 1999.

ZAMBIAZI, R. C.; ZAMBIAZI, M. Vegetable oils oxidation: effect of endogenous components. Boletim da Sociedade Brasileira de Ciência e Tecnologia de Alimentos, Campinas, v. 34, n. 1, p. 22-32, 2000.

Capítulos 5,6,7,8,9,10 ,11 e 12

ABITRIGO – Associação Brasileira da Indústria do Trigo. Derivados do trigo. Disponível em: <http://www.abitrigo.com.br/derivados.asp>. Acesso em: 25 jul. 2005.

_____. Importância do trigo e de seus derivados para a saúde humana. Disponível em: <http://www.abitrigo.com.br/derivados.asp>. Acesso em: 25 jul. 2005.

ADVIR. Disponível em: <http://www.advir.com.br/desbravadores/espec_algas.asp>. Acesso em: 04 abr. 2006.

A FANTÁSTICA ciência da comida. Revista Superinteressante, São Paulo, Edição 188-D. junho, 65, p. 2003.

AKUTSU, R. de C. et al. A ficha técnica de preparação como instrumento de qualidade na produção de refeições. Revista de Nutrição, Campinas, v. 18, n. 2, p. 277-279, mar./abr. 2005.

ALLEONI, A. C. C.; ANTUNES, A. J. Texture profile and expressible moisture in albume gels of eggs coated with whey. Ciência e Tecnologia de Alimentos, Campinas, v. 25, n. 1, p. 153-157. 2005.

AlLeoni, A.C.C.; Antunes, A.J. Unidade haugh como medida da qualidade de ovos de galinha armazenados sob refrigeração. Scientia agrícola, Piracicaba-SP, v.58, n.4, p. 681 – 685, out./dez., 2001.

ALLEONI, A. C. C. Albumen protein and functional properties of gelation and foaming. Science agricultural, Piracicaba-SP, v. 63, n. 3, p. 291-298, 2006.

ALMEIDA, P. N. A. Principais tipos de arroz. Disponível em: <http://www.arroz.agr.br/site/artigos/020701.php>. Acesso em: 22 jul. 2005.

ANAND, B. S.; PIRIS, J.; TRUELOVE, S. C. The role of various cereals in coeliac disease. Q. J. Med, Oxford, v. 47, p. 101, 1978.

ANS, V. G.; MATTOS, E. de S.; JORGE, N. Avaliação da qualidade dos óleos de fritura usados em restaurantes, lanchonetes e similares. Ciência e Tecnologia de Alimentos, Campinas, v. 19, n. 3, p. 413-419, set./dez. 1999.

ARAÚJO, J.M.A. Química de alimentos: teoria e prática. UFV, 3ª ed., 2004, 478p.

ARAÚJO, W. M. C. Ciência e tecnologia de alimentos e nutrição. Revista Higiene Alimentar, São Paulo, v. 9, n. 39, p. 7-8, 1993.

ARAÚJO, W. M. C. et al. Da alimentação à gastronomia. Brasília: Editora Universidade de Brasília, 2005.

ARO, A; van AMELSVOORT, B.W.; van ERP-BAART, M.A.; KAFATOS, A.; LETH, T; van POPPEL, G. Trans fatt acids in dietary fats and oils from 14 European Countries: The TRANSFAIR study. J. Food Comp Anal 1998; 11(2):137-49.

ARRUDA, M. C. et al. Conservation of minimally processed net melon under active modified atmosphere. Ciência e Tecnologia de Alimentos, Campinas, v. 24, n. 1, p. 53-58, 2004.

ARROZ parboilizado. Associação Brasileira das Indústrias de Arroz Parboilizado. Disponível em: < http://www. Abiap.com.br>. Acesso em: 20 out. 2006.

ASCHERIO, A; KATAN, M.B.; ZOCK, P.L.; STAMPFER, M.J.; WILLETT, W.C. Trans fatty acids and coronary heart disease. N Engl J Med 1999; 340(25):1994-8.

BALLONE, G. J. Percepção. PsiqWeb. Disponível em: <http://www.psiqweb.med.br/cursos/percep.html>. Acesso em: 10 jan. 2005.

BARBANTI, D. La Cottura degli alimenti in olio. Aspetti generali del processo. Ind. Aliment, 1993.

BARHAN, Peter. A ciência da culinária. São Paulo: Roca, 2002.

BARRETO, R. L. P. Passaporte para o sabor: tecnologias para a elaboração de cardápios. 4. ed. São Paulo: Senac, 2000.

BASSINELLO, P. Z.; ROCHA, M. da S.; COBUCCI, R. de M. A. Avaliação de diferentes métodos de cocção de arroz de terras altas para teste sensorial. Comunicado Técnico, Embrapa, Santo Antônio de Goiás, GO, n. 84, dez. 2004.

BERGER, K.G. The practice of frying. Porim Technol, 9(5): 1-34, 1984.

_____. Avaliação de linhagens de arroz irrigado com tipo de grãos para a culinária japonesa. Boletim de Pesquisa e Desenvolvimento, Embrapa, Santo Antônio do Goiás, GO, n. 17, 2005.

BEZERRA, J.R.M.V. et al. Tecnologia de Fabricação de derivados do leite, 2008. Disponível em: <www.editora.ufla.br/BolExtensao/pdfBE/bol_33.pdf>. *Acesso em:* 07 dez 2009.

BIANCHINI, R.; PENTEADO, M. de V. C. Carotenoides de pimentões amarelos (*Capsicum annuum, l.*). Caracterização e verificação de mudanças com o cozimento. Ciência e Tecnologia de Alimentos, Campinas, SP, v. 18, n. 3, p. 283-288, 1998.

BLUMENTHAL, M.M. Rapid test for the deterioration of frying oil; relatório técnico. New Jersey, Libra Laboratories, 1988.

BLUMENTHAL, M.M. Uma nueva perspectiva en la quimica y física de las frituras por inmersion. Alimentaria, 28 (9), 1991.

BOBBIO, P. A.; BOBBIO, F. O. Química do processamento de alimentos. 2. ed. São Paulo: Varella, 1992.

BOBBIO, P.A; BOBBIO, F.O. Química do processamento de alimentos. 2ª edição. Varela, São Paulo, 1995.

BOOYENS, J.; MERWE, van der C.F. Margarines and coronary artery disease. Medicals Hypotheses, v.37, p.241-244, 1992.

BORGO, L. A.; ARAÚJO, W. M. C. Mecanismos dos processos de oxidação lipídica. Higiene Alimentar, 19(130):50-58, 2005.

BRASIL. Ministério da Agricultura. Portaria n° 146 de 7 de mar. 1996. Disponível em: <http://extranet.agricultura.gov.br/sislegisconsulta/consultarLegislacao.do?operacao=visualizar&id=1218>. Acesso em 04 nov. 2009.

_____. Agência Nacional de Vigilância Sanitária. RDC n°. 263 de 22 set. de 2005. Disponivel em: < http://e-legis.anvisa.gov.br/leisref/public/showAct.php?id=18822&word=>. Acesso em: 04 nov. 2009.

_____. Ministério da Agricultura, Pecuária e Abastecimento. Instrução normativa n° 06 de 16 de fev. de 2009. Disponível em: < http://extranet.agricultura.gov.br/sislegis-consulta/consultarLegislacao.do?operacao=visualizar&id=19480>. Acesso em 18 set. 2009.

_____. Agência Nacional de Vigilância Sanitária. RDC n.° 270, de 22 de setembro de 2005. Regulamento técnico para óleos vegetais, gorduras vegetais e creme vegetal.. Diário Oficial da União, Poder Executivo, Brasília, 23 set. 2005.

_____. Instrução Normativa n° 08, de 2 de junho de 2005. Regulamento técnico de identidade e qualidade da farinha de trigo. Diário Oficial da União, Poder Executivo, Brasília, 03 jun. 2005.

_____. Agência Nacional de Vigilância Sanitária. Dispõe sobre o regulamento técnico para o gerenciamento de resíduos de serviços de saúde. Resolução RDC n° 344, de 13 de dezembro de 2002. Diário Oficial da União, Poder Executivo, Brasília, 14 dez. 2002.

_____. Agência Nacional de Vigilância Sanitária. Regulamento técnico para fixação de identidade e qualidade de massa alimentícia. RDC n° 93, de 31 de outubro de 2000. Diário Oficial da União, Poder Executivo, Brasília, 01 nov. 2000.

_____. Ministério da Saúde. Portaria n° 193, de 9 de março de 1999 aprova o Regulamento Técnico referente a creme vegetal. Disponível em: <http://www.agricultura.gov.br/pls/portal/url/ITEM/14023376AE403E31E040A8C075023514>. Acesso em: 1 dez. 2010.

_____. Ministério da Agricultura, Pecuária e Abastecimento. Portaria n° 372, DE 04 de setembro de 1997 aprova o Regulamento Técnico de Identidade e Qualidade de Margarina. <http://www.agricultura.gov.br/pls/portal/url/ITEM/14023376AE403E31E040A8C075023514>. Acesso em: 1 dez. 2010.

_____. Ministério da Agricultura. Portaria n° 146 de 07 de março de 1996. Aprova o Regulamento técnico de identidade e qualidade de creme de leite. *Disponível em: <extranet.agricultura.gov.br/sislegis-consulta/servlet/VisualizarAnexo?id>. Acesso em* 07 dez. 2009.

_____. Ministério da Agricultura. Métodos analíticos oficiais para controle de produtos de origem animal e seus ingredientes. Brasília: Lanara, 1981.

_____. Ministério da Agricultura. Portaria n.° 845 de 08 de novembro de 1976. Padronização, classificação e comercialização interna do Milho. Diário Oficial da União, Poder Executivo, Brasília, 19 nov. 1976. Seção 1, p. 1787.

_____. Decreto n° 30691, de 29 de março de 1952. Regulamento da Inspeção Industrial e Sanitária de Produtos de Origem Animal – RIISPOA. Diário Oficial da União, Poder Executivo, Brasília, 07 jul. 1952.

_____. Ministério da Ciência e Tecnologia de Alimentos. Sistema Brasileiro de Respostas Técnicas. Colorau. Disponível em: <http://sbrt.ibict.br/upload/sbrt943>. Acesso em: 04 dez. 2006.

_____. Ministério da Saúde. Portaria SVS n° 540, de 27 de outubro de 1997. Aprova o regulamento técnico: aditivos alimentares: definições, classificação e emprego. Disponível em: <http://e- legis.bvs.br/leisref/public/showAct.php?id=88>. Acesso em: 21 mar. 2006.

_____. Ministério da Saúde. Portaria n ° 38, de 13 de janeiro 1998. Estabelece a identidade e as características mínimas de qualidade a que devem obedecer os adoçantes de mesa. Disponível em: <http://www.anvisa.gov.br/legis/resol/index_ant.htm>. Acesso em: 07 dez. 2009.

_____. Presidência da República. Altera dispositivos do Decreto n° 30.691, de 29 de março de 1952, que aprovou o regulamento da inspeção industrial e sanitária de produtos de origem animal. Decreto n° 2.244, de 4 de junho de 1997. Disponível em: <http://www.agricultura.gov.br/pls/portal/url/ITEM/14023376AE403E31E040A8C075023514>. Acesso em: 10 nov. 2006.

_____. RDC n° 263, de 22 de setembro de 2005. Regulamento técnico para produtos de cereais, amidos, farinhas e farelos. Diário Oficial da União, Poder Executivo, Brasília, 23 set. 2005.

_____. Regulamento técnico de identidade e qualidade de manteiga da terra ou manteiga de garrafa. Ministério da Agricultura, Pecuária e Abastecimento/Secretaria de Defesa Agropecuária. Instrução Normativa n° 30, 2001. Diário Oficial da União, Poder Executivo, Brasília, 16 jul. 2001.

_____. Portaria n° 269, de 17 de novembro de 1988. Aprova a norma anexa, assinada pelo Secretário de Serviços Auxiliares de Comercialização e pelo Secretário Nacional de Abastecimento, a ser observada na classificação, embalagem e marcação do arroz. Diário Oficial da União, Poder Executivo, Brasília, 22 nov. 1988.

_____. Portaria SVS/MS n° 31, de 13 de janeiro de 1998. Regulamento técnico para fixação de identidade e qualidade de alimentos adicionados de nutrientes essenciais. Diário Oficial da União, Poder Executivo, Brasília, 16 jan. 1998.

_____. Portaria SVS/MS n° 132, de 13 de janeiro de 1999. Regulamento técnico referente à sêmola ou semolina de trigo durum, farinha de trigo durum e farinha integral de trigo durum. Diário Oficial da União, Poder Executivo, Brasília, 25 fev. 1999.

_____. Regulamento da inspeção Industrial e Sanitária de Produtos de Origem Animal. Riispoa. Ministério da Agricultura, Pecuária e Abastecimento/Departamento de Inspeção de Produtos de Origem Animal. Brasília, 1997.

_____. Secretaria de Vigilância Sanitária do Ministério da Saúde. Portaria n° 354, de 18 de julho de 1996. Norma técnica referente à farinha de trigo. Diário Oficial da União, Poder Executivo, Brasília, 22 jul. 1996. Seção 1.

_____. Resolução Normativa n° 9, de 1978. Atualiza a resolução n°. 52/77 da antiga CNNPA (Comissão Nacional de Normas e Padrões para Alimentos). Diário Oficial da União, Poder Executivo, Brasília, 11 dez. 1978.

_____. Resolução CNNPA n° 12, de 1978. Fixa padrões de identidade e qualidade para os alimentos (e bebidas). Diário Oficial da União; Poder Executivo, Brasília, 24 jul. 1978.

BARHAM, P. A ciência da culinária. Tradução de Maria Helena Villar. São Paulo: Roca, 2002.

Caixeta, J. S. Agroindústria: abate e preparação de carne, padronização de cortes de carne bovina. v. 24, número 3, 1995 – Comunicações. Disponível em http://www.cnpgc.embrapa.br/publicacoes/naoseriadas/cortes/textos/acem.html. Acesso em: 20 janeiro 2010.

CAMARGO, E. B.; BOTELHO, R. B. A. Técnica dietética: seleção e preparo de alimentos. São Paulo: Atheneu, 2005.

CAMARGO, R. et al. Tecnologia dos produtos agropecuários. São Paulo: Nobel, 1984.

CAMPOS, L. Gastronomia no mundo: a dieta mediterrânea. Disponível em: <http://www.correiogourmand.com.br/info_gastronomiamundo_02.htm>. Acesso em: 20 fev. 2006.

CANELLA-RAWLS, S. Pão: arte e ciência. São Paulo: Editora Senac DF, 2005.

CARLSON, S.; THOMAS, M.C.; COOK, H.W.; EMKEN, E.A., FILER Jr.; L. Trans Fatty acids: infant and fetal development. American Journal of Clinical Nutrition, Bethesda, v.66, n.3, p.717s-736s, 1997. Supplement.

CARNEIRO, H. S. Comida e sociedade: significados sociais na história da alimentação. In: TENSER, C. M. R; ARAÚJO, W. M. C (Org.). Gastronomia: cortes e recortes. Brasília: Editora Senac DF, 2006.

CASTRO, H. F. et al. Modificação de óleos e gorduras por biotransformação. **Química Nova**, São Paulo, v. 27, n. 1, p. 146-156, jan./fev. 2004.

CELLA, R.C.F.; REGITANO-D'ARCE, M.A.B.; SPOTO, M.H.F. Comportamento do óleo de soja refinado utilizado em fritura por imersão com alimentos de origem vegetal. Ciência e Tecnologia de Alimentos, SBCTA, 22 (2), Campinas. São Paulo, 2002.

CENTRO DE ENERGIA NUCLEAR NA AGRICULTURA. Conservação de alimentos. Divulgação da tecnologia da irradiação de alimentos e outros materiais. USP – Cena/PCLQ. Disponível em: <http://www.cena.usp.br/irradiacao/conservacao.htm>. Acesso em: 01 mar. 2006.

CHEFTEL, Jean-Claude; CHEFTEL, Henri. Introducción a la bioquímica e tecnologia de los alimentos. Madri: Acribia, 1992.

CHIARA, V.L.; SILVA, R.; JORGE, R.; BRASIL, A.P. Ácidos graxos trans: doenças cardiovasculares e saúde materno-infantil. Rev. Nutr., Campinas, 15(3):341-349, set/dez., 2002.

CIACCO, C. F.; CRUZ, R. Fabricação de amido e sua utilização. São Paulo: Secretaria da Indústria, Comércio, Ciência e Tecnologia de São Paulo, 1982.

CICLITIRA, P. J.; ELLIS, H. J. Determination of gluten content of foods. Panminerva Méd, [S.l.], v. 33, p. 75-82, 1991.

CIÊNCIA do Leite. Disponível em: <http://www.cienciadoleite.com.br>. Acesso em: 06 set. 2005.

CNA. Manteiga. Disponível em: <http://www.cna.org.br/Agronegocios/Inf/Caseira/7.2.2.html>. Acesso em:18 st. 2009.

COELHO, T. Alimentos: propriedades físico-químicas. 2. ed. Rio de Janeiro: Cultura Médica, 2001.

COGUMELOS. Revista da Terra. Disponível em: <http://www.revistadaterra.com.br/cogumelodosol.asp>. Acesso em: 21 mar. 2006.

CONTI, L. Almanaque da Cozinha. Nova Cultural. São Paulo, Brasil. 1994.

COULTATE, T. P. Alimentos: a química de seus componentes. 3. ed. Porto Alegre: Artmed, 2004.

COZZOLINO, S. M. F. *Biodisponibilidade de nutrientes*. 3. ed. São Paulo: Manole, 2009.

CRAWFORD, A. M. Alimento: seleção e preparo. 2. ed. Rio de Janeiro: Record, 1985.

CUNHA, M. F. Revisão: leite UHT e o fenômeno de gelatinização. Boletim do Centro de Pesquisa de Processamento de Alimentos, Curitiba, v. 19, n. 2, p. 341-352, jul./dez. 2001.

DOBARGANES, M.C.& PEREZ-CAMINO, M.C. Frying process: selection of fats and quality control. In: International Meeting of Fats & Oils Technology Symposium and Exhibition. Campinas. São Paulo, 1991.

DORS, G. C.; PINTO, R.H.; BADIALE-FURLONG, E. Influência das condições de parboilização na composição química do arroz. Ciênc. Tecnol. Aliment. Campinas, v.29, n.1, jan./mar., 2009.

DUTRA-DE-OLIVEIRA, E.; MARCHINI, S. J. Ciências nutricionais. São Paulo: Sarvier, 1998.

EDER, K. The effects of a dietary oxidized oil on lipid metabolism in rats. Lipids, 34(7): 717-725, 1999.

EL-DASH, A.; GERMANI, R. Tecnologia de farinhas mistas: uso de farinha mista de trigo e milho na produção de pães. Brasília, DF, Embrapa – Centro Nacional de Pesquisa de Tecnologia Agroindustrial de Alimentos, 1994. 2 v.

EL-DASH, A.; CAMARGO, C. O.; DIAZ, N. M. Fundamentos da tecnologia de panificação. São Paulo: Secretaria da Indústria, Comércio, Ciência e Tecnologia, 1983.

ENGETECNO *on-line*. Legislação. Disponível em: <http://www.engetecno.com.br/legislacao/cereais_farinhas.htm> Acesso em: 25 jul. 2005.

ESTELLER, M. S. Fabricação de pães com reduzido teor calórico e modificações reológicas ocorridas durante o armazenamento. 2004. Dissertação (Mestrado) – Faculdade de Ciências Farmacêuticas, Universidade de São Paulo, São Paulo, 2004.

EMSLEY, J. Moléculas em exposição. Tradução de Gianluca Camillo Azzellini et al. São Paulo: Edgar Blücher, 2001.

FAEP. Federação da Agricultura do Estado do Paraná. Boletim Informativo nº 925, 2006. Disponível em: <http://www.faep.com.br/boletim/bi928/bi928pag17.htm>. Acesso em: 07 dez. 2009.

FAO/WHO – Report of the joint FAO/WHO – Protein quality evaluation. Food and nutrition paper. Rome, 1991.

FELÍCIO, P. E. Jerked beef - Um sucedâneo do charque criado a partir de uma ... Serviço de Informação da Carne. Disponível em: <http:// www.sic.org.br/PDF/jerkedbeef.pdf>. Acesso em: 18 set. 2009.

FENNEMA, O. R. Química de los alimentos. 2. ed. Zaragoza: Acribia, 1993.

FIGUEIREDO, T.C. de. Características físico-química e microbiológica e aminas bioativas em ovos de consumo. 2008. 91f. Dissertação (Mestrado em Ciência animal) – Universidade Federal de Minas Gerais, Belo Horizonte, 2008.

FRANCO, A. De caçador a gourmet: uma história da gastronomia. São Paulo: Editora Senac, 2001.

FREELAND-GRAVES, J. H.; PECKHAM, G. C. Foundations of food preparation. 6. ed. New Jersey: Prentice Hall, 1995.

GINANI, V. C. **Gastronomia aplicada à nutrição**. 2001. 154 f. Monografia (Especialização em Qualidade em Alimentos) – Centro de Excelência em Turismo, Universidade de Brasília, Brasília, DF, 2001.

_____. **Índice de satisfação de preparações regionais com teor lipídico modificado**. 2004. 164 f. Dissertação (Mestrado em Nutrição) – Universidade de Brasília, Brasília, DF, 2004.

GINANI, V.; ARAÚJO, W. Gastronomia e dietas hospitalares. **Revista Nutrição em Pauta**, São Paulo, ano 10, n. 56, p. 49-52, set./out. 2002.

GOMENSORO, M. L. Pequeno dicionário de gastronomia. Rio de Janeiro: Objetiva, 1999.

GRIS, E. F. et al. Avaliação do tempo de meia-vida de antocianinas de uvas cabernet sauvignon em "sorbet". B. Ceppa. Curitiba, v. 22, n.2, p. 327 -386, 2004.

GRISWOLD, R. M. Estudo experimental dos alimentos. São Paulo: Edgard Blücher, 1972.

HAWTHORN, J. Fundamentos de ciencia de los alimentos. Zaragoza: Acribia, 1983.

HE, H.; HOSENEY, R. C. Gas retention of different cereal flours. Cereal Chemistry, [S.l.], v. 68, n. 4, p. 334-336, 1991.

HELLIN, L.C.; CLAUSELL, M.P.R. Incidencia de la fritura en la composition de fraccion lipidica de diversos aperitivos de consumo generalizado en nuestro pais. Transformaciones de los aceites durante la fritura. Anal. Bromatol. 36 (1): 5-31,1984.

HU, F.B.; MANSON, J.E.; WILLETT, W.C. Types of dietary fat and risk of coronary heart disease: a critical review. J Am Coll Nutr. 2001; 20(1): 5-19.

KATAN, M.B.; MENSINK, R.P.; ZOCK, P.L. Trans fatty acids and their effect on lipoproteins in humans. Annu Rev. Nutr 1995; 15(5):473-93.

KINSELLA, J. E.; BRUCKNER, G.; MAI, J.; SHIMP, J. Metabolism of trans fatty acids with emphasis on the effects of trans, trans-octadecadienoate on lipid composition, essential fatty acid, and prostaglandins: an overview. Am. J. Clin. Nutr., Bethesda, v. 34, p. 2307-2318,1981.

KOLETZKO, B. Potencial adverse effects of trans fatty acids in infants and children. European Journal Medical Research, v.17, n.1, p.123-125, 1995.

KOLETZKO, B.; MÜLLER, J. Cis-and trans- fatty acids in plasma lipids of newborn infants and their mothers. Biology of the Neonate, Basel, v.57, n.3/4, p.172-178, 1990.

KUPRANYCS, D.B; AMER, M.A; BAKER, B.E. Effects of thermal oxidation on the constitution of butterfat, butterfat fractions and certain vegetable oils. J. Am. Oil Chem. Soc. 63 (3): 332-337, 1986.

HOUAISS, A. e VILLAR, M. de S. Dicionário da língua portuguesa. Elaborado no Instituto Antônio Houaiss de Lexicografia e Banco de Dados da Língua Portuguesa. Versão 3.0. Rio de Janeiro: Objetiva, 2009.

LAWRIE, R. A. Ciência da carne. 6. ed. Porto Alegre: Artmed, 2005.

LE CORDON BLEU. Complete cooking techniques. London: Carroll & Brown Limited, 1996.

LEHNINGER, A. L. Princípios de bioquímica. São Paulo: Sarvier, 1985. cap. 24. p. 537-564.

LEONEL, M.; JACKEY, S.; CEREDA, M. P. Processamento industrial de fécula de mandioca e batata doce: um estudo de caso. Ciência e Tecnologia de Alimentos, Campinas, v. 18,n. 3,p. 343-345, ago./out.1998.

LIMA, J.R; GONÇALVES, L.A.G. O processo de fritura: Alterações observadas em óleos e gorduras. Boletim SBCTA, 29(2): 179-185, Campinas. São Paulo, 1995.

LOBO, A. R.; SILVA, G. M. de L. Resistant starch and its physicochemical properties. Revista de Nutrição, Campinas, v. 16, n. 2, p. 219-226, abr./jun. 2003.

LOVATEL, J. L.; CONSTANZI, A. R.; CAPELLI, R. Processamento de frutas e hortaliças. Caxias do Sul, RS, Educs, 2004.

LUCCAS, V. Perfil de funcionalidade de óleos e gorduras em alimentos. Informativo do Centro de Tecnologia de Cereais e Chocolate do Instituto de Tecnologia de Alimentos, Campinas, v. 6, n. 1, p. 3, jan./mar. 2000.

MÃE Terra. Disponível em: <http://www.maeterra.com.br>. Acesso em: 25 jul. 2005.

MAISTRO, L. C. Alface minimamente processada. Revista de Nutrição, Campinas, v. 14, n. 3, p. 48-52, set./dez. 2001.

MALACRIDA, C.R.; JORGE, N. Alterações do óleo de soja em frituras: efeitos da relação superfície/volume e do tempo de fritura. Higiene Alimentar, São Paulo. V. 19, n. 129, p. 25-31, 2005.

MALACRIDA, CR, Jorge N. Influência da relação superfície/volume e do tempo de fritura sobre as alterações da mistura azeite de dendê-óleo de soja. Ciênc. agrotec., Lavras, v.30, n.4, p. 724-730, jul./ago., 2006.

MANTZIORIS, E.; JAMES, M.J.; GIBSON, R.A.; CLELAND, L.G. Dietary substitution with a-linolenic acid –rich vegetable oil increases eicosapentaenoic acid concentrations. Am. J. Clin. Nutr., Bethesda, v.59, p. 1304-1309,1994.

MARTIN, C.A; MATSHUSHITA,M; SOUZA, N.E. Ácidos graxos trans: implicações nutricionais e fontes na dieta. Rev. Nutr; jul./set.2004,-vol.17, n° 3, p.351-359. ISSN 1415-5273.

MARQUES, F. Arroz brasileiro, jun. 2007. Disponível em: <http://www.arroz.agr.br/site/arrozemfoco/070711.php>. Acesso em: 21 set. 2009.

MCGEE, H. On food and cooking: the science and lore of the kitchen. 1 ed. New York: Scribner, 2004. 884 p.

MCKEVITH, B. Nutritional aspects of cereals. Nutrition Bulletin, [S.l], v. 29, n. 2, p. 111, jun. 2004.

MCWILLIAMS, M. Foods: experimental perspectives. New York: Macmillan, 1989.

MENSINK, R.P.; KATAN, M.B. Effect of dietary trans fatty acids on high-density and low-density lipoprotein cholesterol levels in healthy subjects. N Engl J Med 1990; 323(7):439-45.

MESQUITA, M. Tabela de pesos e medidas caseiras: cereais. Monografia de conclusão de curso (Nutrição), Faculdade JK, Brasília, DF, 2003.

MICHAELIS: dicionário prático inglês. São Paulo: Melhoramentos, 2001.

MÓDULO - QUÍMICA. Peso e massa. Disponível em: <http://www.educar.sc.usp.br/ciencias/quimica/qm1.htm>. Acesso em: 12 nov. 2010.

MONTEIRO, M. R. P. et al. Qualidade proteica de linhagens de soja com ausência do inibidor de tripsina Kunitz e das isoenzimas lipoxigenases. Revista de Nutrição, Campinas, v. 17, n. 2. abr./jun. 2004.

MONTEBELLO, N. de P. e ARAÚJO, W.M.C. Carne & Cia. Brasília: Editora Senac DF, 2006.

MUNDO Regional. Cultura do arroz. Disponível em: <http://www.mundoregional.com.br/agricultura/noticias.htm>. Acesso em: 12 dez. 2005.

NABESHIMA, E .H.; HASHIMOTO, J .M.; EL-DASH, A. A. Efeito da adição de emulsificantes em massas alimentícias sem glúten produzidas com extrusora termoplástica. Boletim do Centro de Pesquisa de Processamento de Alimentos, Curitiba, v. 21, n. 2, p. 223-238, jul./dez. 2003.

NATA – o creme do leite. Queijos no Brasil. Disponível em <http://*www.queijosnobrasil.com.br/nata_leite.htm*>. Acesso em 25 out. 2010.

NITZKE, J. A. A pesquisa em alimentos da pré-história à contemporaneidade. In:_____. Rumos da pesquisa: múltiplas trajetórias. Rio Grande do Sul: Propesq/UFRGS, 1998. cap. 26. Disponível em: <http://penta.ufrgs.br/julio/pesqalim.htm>. Acesso em: 01 mar. 2006.

O'DONNELL, C.D. Fats and oils: forces in fried food quality. Prepared Foods, 77-78, 1995.

ÓLEO de algodão - Especificações Técnicas. Disponível em: <http://www.campestre.com.br/especificacao_algodao.shtml >. Acesso em 25 out. 2010.

OLIVEIRA, A. D. de et al. A eliminação da água não absorvida durante a maceração do feijão comum aumentou o ganho de peso em ratos. Revista de Nutrição, Campinas, v. 14, p. 153-155, may/aug, 2001.

OLIVO, R.; OLIVO, N. O mundo das carnes. 2. ed. Criciúma: Ed. do Autor, 2005.

ORDÓÑEZ, J. A. et al. Tecnologia de alimentos: alimentos de origem animal. Porto Alegre: Artmed, 2005.

_____. Tecnologia de alimentos: componentes dos alimentos e processos. Porto Alegre: Artmed, 2005.

ORMENESE, R. C. S. C. et al. Influência do uso de ovo líquido pasteurizado e ovo desidratado nas características da massa alimentícia. Ciência e Tecnologia de Alimentos, Campinas, v. 24, n. 2, p. 255-260, abr./jun. 2004.

ORNELLAS, L. H. Técnica dietética: seleção e preparo de alimentos. 6. ed. São Paulo: Atheneu, 1995.

PAIOTTI, J. Arte e técnica na cozinha: glossário multilíngue, métodos e receitas. São Paulo: Livraria Varela, 2004.

PARDI, M. C. et al. Ciência, higiene e tecnologia da carne. Goiânia: UFG, 1995. 1 v.

_____. Ciência, higiene e tecnologia da carne. Goiânia: UFG, 1995. 2 v.

PEREDA, J.A.O.; RODRIGUEZ, M.I.C.; ALVAREZ, L.F.; SANZ, M.L.G.; MIGUILLON, G.D.G.F.; PERALES, L.L.H.; CORTECERO, M.D.S. Tecnologia de Alimentos. Volume 01. p.33-49. Componentes dos alimentos e processos. Artmed, 2005.

PEREIRA, J. et al. Função dos ingredientes na consistência da massa e nas características do pão de queijo. Ciência e Tecnologia de Alimentos, v. 24, n. 4, p. 494-500, out./dez. 2004.

PERRY, K. S. P. Queijos: aspectos químicos, bioquímicos e microbiológicos. Química Nova, São Paulo, v. 27, n. 2, p. 293-300, mar./abr. 2004.

PHILIPPI, S. T. Nutrição e técnica dietética. São Paulo: Manole, 2003.

PINELI, L. L. O.; MORETTI, C. L.; ALMEIDA, G. C. et al. Chemical and physical characterization of fresh-cut potatoes. Ciência e Tecnologia de Alimentos, Campinas, v. 26, n. 1, p. 127-134, 2006.

_____. Chemical and physical characterization of fresh-cut 'Ágata' potatoes packed under different active modified atmospheres. Pesquisa Agropecuária Brasileira, Brasília, v. 40, n. 10, p. 1035-1041, 2005.

POMERANZ, Y. Functional properties of food components. [S.l.]: Academic Press, 1985.

PORTAL SÃO FRANCISCO. Disponível em http://www.portalsaofrancisco.com.br/alfa/cortes-do-boi/cortes-do-boi-1.php. Acesso em: 22 de janeiro de 2010.

_____. Disponível em: <http://www.portalsaofrancisco.com.br/alfa/cortes-do-boi/cortes-do-boi-1.php>. Acesso em: 22 jan. 2010.

POTTER, N. N.; HOTCHKISS, J. H. Food science. 5. ed. [S.l.]: Chapman & Hall, 1995.

POWELL, K. F.; HOLT, S. H. A.; MILLER, J. C. B. International table of glycemic index and glycemic load values. American Journal of Clinical Nutrition, Bethesda, v. 76, p. 5-56, 2002.

PYLER, E. J. Baking science and technology. 3. ed. V1 [S.l.]: Sosland Publishing, 1998.

RIBEIRO, A. L .S. et al. Fungos filamentosos isolados de produtos derivados do milho comercializados em Recife, Pernambuco. Revista Brasileira de Botânica, São Paulo, v. 26,n. 2,p. 223-229, jun. 2003.

RIBEIRO, E. P.; SERAVALLI, E. A. G. Química de alimentos. São Paulo: Edgard Blücher/Instituto Mauá de Tecnologia, 2004.

ROMAN, J. A.; SGARBIERI, V. C. Obtenção e caracterização química e nutricional de diferentes concentrados de caseína. Revista de Nutrição, Campinas, v. 18, n. 1, p. 75-83, jan./fev. 2005.

SABARENSE, C.M.; FILHO, J.M. Efeito da gordura vegetal parcialmente hidrogenada sobre a incorporação de ácidos graxos trans em tecidos de ratos. Rev. Nutr. V.16 n.4 Campinas out./dez.2003.

SANDRINI, V. Ciência e arte dos sabores. São Paulo: Scortecci, 2004.

SANIBAL, E. A. A.; MANCINI FILHO, J. Alterações físicas, químicas e nutricionais de óleos submetidos ao processo de fritura. Caderno de Tecnologia de Alimentos e Bebidas, São Paulo, p. 48-55, 2002.

SANIBAL, E.A.A; FILHO, J.M. Perfil dos ácidos graxos trans de óleo e gordura hidrogenada de soja no processo de fritura. Ciências e Tecnologia de Alimentos v.24 n.1 Campinas jan./mar. 2004

SAVARIN, B. A fisiologia do gosto. São Paulo: Companhia das Letras, 1995.

SEBEDIO,J.L; CATTE, M.; BOUDIER M.A., PREVOST, J., GRANDGIRARD, A. Formation of fatty acid geometrical isomers and of cyclic fatty acid monomers during the finish frying of frozen prefried potatoes. Food Res. Int., Barking, v.29, n.2, p.109-116,1996.

SENSIBLIDADE e sabor. Macarrão. Disponível em: <http://www.sensibilidadeesabor.com.br/macarrao.html>. Acesso em: 03 mar. 2006.

SERVIÇO BRASILEIRO DE RESPOSTAS TÉCNICAS/ SENAI. Amido modificado. Disponível em: <http://www.sbrt.ibict.br/upload/sbrt3982.pdf?PHPSESSID=4fdaaf57f1141c36d37c83b926d78665>. Acesso em: 10 out. 2006.

SGARBIERI, V. C. Propriedades fisiológicas e funcionais das proteínas do soro do leite. Revista de Nutrição, Campinas, v. 17, n. 4, out./dez. 2004.

SGARBIERI, V. C. Revisão: Propriedades Estruturais e Físico-Químicas das Proteínas do Leite. **Braz. J. Food Technol**., Campinas, v.8, n.1, p. 43-56, jan./mar., 2005.

_____.Proteínas em alimentos proteicos: propriedades, degradações, modificações. São Paulo: Livraria Varela, 1996.

SINDICATO DO COMÉRCIO VAREJISTA DE CARNES. Estudo sobre a eficiência econômica e competitividade da cadeia agroindustrial da pecuária de corte no Brasil. Disponível em: <http://www. cna.org.br/cnapublicacao/dowmanexo.wsp?tmp.arquivo=E25 1733cap 4.1 a 4.4 pp 47 a 199.pdf>. Acesso em: 20 fev. 2006.

SILVA, J. A. Tópicos da tecnologia de alimentos. São Paulo: Livraria Varela, 2000.

SILVA JUNIOR, E. A. da. Manual de controle higiênico-sanitário em alimentos. 5. ed. São Paulo: Livraria Varella, 1995.

SILVA, L. A.; GATO, D. D. Alquimia: ciência ou seita? Revista Eletrônica de Ciências, n. 25, abr. 2004. Disponível em: <http://www.cdcc.sc.usp.br/ciencia/artigos/art_25/alquimia.html>. Acesso em: 21 mar. 2006.

SOCIEDADE BRASILEIRA DE DIABETES. Disponível em: <http://www.diabetes.org.br/aprendendo/contagem_carboidratos/contcarb01.php>. Acesso em: 21 mar. 2006.

SOUZA-SOARES, L. A.; SIEWERDT, F. (Org.). Aves e ovos. Pelotas: Editora da Universidade Federal de Pelotas, 2005.

SOUZA, T. C. de. Alimentos: propriedades físico-químicas. 2. ed. Rio de Janeiro: Cultura Médica, 2001.

SPEHAR, C. R.; SANTOS, R. L. B. Quinoa BRS piabiru: alternativa para diversificar os sistemas de produção de grãos. Pesquisa Agropecuária Brasileira, Brasília, v. 37, n. 6, jun. 2002.

_____. Amaranto BRS alegria: alternativa para diversificar os sistemas de produção. Pesquisa Agropecuária Brasileira, Brasília, v. 38, n. 5, p. 659-663, 2003.

TAKEUCHI, K. P.; SABADINI, E.; CUNHA, R. L. da. Análise das propriedades mecânicas de cereais matinais com diferentes fontes de amido durante o processo de absorção de leite. Ciência e Tecnologia de Alimentos, Campinas, v. 25, n.1, p. 78-85, jan./mar. 2005.

TEDRUS, G. A. S. et al. Estudo da adição de vital glúten à farinha de arroz, farinha de aveia e amido de trigo na qualidade de pães. Ciência e Tecnologia de Alimentos, Campinas, v. 21, n. 1, p. 20-25, jan. 2001.

TEICHMAN, I. M. Tecnologia culinária. Caxias do Sul: Educs, 2000.

TESAURO cadeia alimentícia. Índice lactobiose, lactofermentação, lactose. Lactofermentação. Disponível em: <http://www.thesaurus.eti.br/cadeia-alimenticia/tr588.htm>. Acesso em: 25 ago. 2006.

THE CULINARY Insititute of America. The profissional chef. 7 ed. New York: Wiley, 2002.

THE AMERICAN EGG BOAR. Disponível em: <http://www.aeb.org/facts/facts.html#5>. Acesso em: 07 ago. 2005.

THIS, H. Um cientista na cozinha. 4. ed. São Paulo: Ática, 2003.

TORRES, E. A. F. S. et al. Composição centesimal e valor calórico de alimentos de origem animal. Ciência e Tecnologia de Alimentos, Campinas, v. 20, n. 2, p. 145-150, maio/ago. 2000.

TYAGI, V.K.; VASISHTHA, A.K. Changes in the characteristics and composition of oils during deep-fat frying. J. Am. Oil Chem. Soc., Champaign, v. 73, n.4, p.449-506, 1996.

VARELA, G; MOREIRAS-VARELA, O; RUIZ-ROSO, B. Utilizacion de algunos aceites en frituras repetidas. Cambios en las grasas y analisis sensorial de los alimentis fritos. Grasas y aceites, 34 (2), 1983.

VALLE, E. R. do. Carne Bovina: Alimento nobre Indispensável. Gado de Corte. Campo Grande: Ministério da Agricultura e Abastecimento e EMBRAPA, MS: nº 41. dez. 2000.

VELOSO, R. B. Tabela de medidas caseiras de frutas "A" com registro fotográfico. Monografia de conclusão de curso (Nutrição), Faculdade JK, Brasília, 2003.

WARNER, K.; MOUNTS, T.L. Frying stability of soybean and canola oils with modified fatty acid compositions. J. Am. Oil Chem. Soc., Champaign, v. 70, n. 10. p. 983-988, 1993.

VIDAL-MARTINS, A. M. C et al. Evolução do índice proteolítico e do comportamento reológico durante a vida de prateleira de leite UAT/UHT. **Ciênc. Tecnol. Aliment**., Campinas, v. 25, n 4 p. 698-704, out-dez, 2005.

WESSEL. Disponível em: <http://www.wessel.com.br>. Acesso em: 25 mai. 2009.
WOLFSCHOON-POMBO, A. F. Considerações a respeito da fervura doméstica do leite. Informe Agropecuário, Belo Horizonte, v. 10, n. 115, p. 48-52, jul. 1984.
WOLKE, R. L. O que Einstein disse a seu cozinheiro: a ciência na cozinha. Rio de Janeiro: Jorge Zahar, 2003.
_____. O que Einstein disse a seu cozinheiro 2: mais ciência na cozinha. Rio de Janeiro: Jorge Zahar, 2005.
WRIGHT, J; TREUILLE, E. Le Coordon Bleu: todas as técnicas culinárias. 2. ed. São Paulo: Marco Zero, 1997.
WIKIPEDIA. Jerked beef. Disponível em: < pt.wikipedia.org/wiki/Jerked_beef>. Acesso em: 18 set. 2009.
WIKIPEDIA. Charque. Disponível em: <pt.wikipedia.org/wiki/Charque>. Acesso em: 18 set. 2009.
WIKIPEDIA. Carne de sol. Disponível em: <pt.wikipedia.org/wiki/Carne de sol>. Acesso em: 18 set. 2009.
WIKIPEDIA. Hippolyte Mège-Mouriés. Disponível em: <*pt.wikipedia.org/wiki/Hippolyte_Mège-Mouriés*>. Acesso em 15 out. 2010.

Capítulo 13 – Condimentos, fundos e molhos

AQUARONE, E.; LIMA, U. A.; BORSANI, W. Alimentos e bebidas produzidos por fermentação. São Paulo: Edgard Blücher ,1983.
BARRETO, R. L. P. Passaporte para o sabor. 2. ed. São Paulo: Editora Senac, 2001.
BENDER, A.E. Dicionário de Nutrição e Tecnologia de Alimentos. Tradução de Paulo Augusto Neves, Rosa Sirota e Raimundo Soares de Azevedo Neto. 4 ed., São Paulo: Editora Roca Ltda, 1982.
BRASIL. Ministério da Saúde. Secretaria de Vigilância Sanitária. Portaria n° 54, de 4 de julho de 1995. Normatiza o uso de "Sal Hipossódico", isento na categoria de alimentos para fins especiais. Brasília, DF, 1995.
COENDERS, A. Química culinária. Estúdio de lo que lês sucede a los alimentos antes, durante y después de cocinarlos. Zaragoza: Acribia, 1996.
EMSLEY, J. Moléculas em Exposição. Tradução de Gianluca C. Azzellini, Cassius V. Stevani e Erick L. Bastos. São Paulo: Editora Edgard Blücher, 2001.
GARLAND, S. Gran libro de lãs hierbas y espécias. Tradução de Carolina Chinchilla e Emilia Gutierrez. Barcelona: Editorial Blume, 1989.
GOMENSORO, M. L. Pequeno dicionário de gastronomia. Rio de Janeiro: Ed. Objetiva, 1999.
JONES, B. Dicionário Prático de Culinária. Tradução: Maria Emília de Oliveira. São Paulo: Companhia Melhoramentos, 1996.
JUNQUEIRA, L. Ervas e especiarias na cozinha. Rio de Janeiro: Tecnoprint, 1980.
KONISHI, K. Cozinha japonesa. Tradução: Carlos Alberto Fernandes. São Paulo: Art Editora, 1983.
LITON, D. (Coord.). Molhos. GOLFORD, Ellen (Ed. da série). Rio de Janeiro: Cidade Cultural, (Série cozinhar melhor) [s.d.].
MOLHOS. Série Cozinhar Melhor. Coordenador da série Débora Liton. Editor da série Ellen Golford. Rio de Janeiro: Editora Cidade Cultural Ltda, [s.d.].
NEPOMUCENO, R. Viagem ao fabuloso mundo das especiarias. Rio de Janeiro: José Olímpio, 2003.
NORMAN, J. El gran libro de las especiarias. Madrid: El Pais Aguilar, 1991.
ORNELAS, L. H. Técnica dietética: seleção e preparo de alimentos. 4. ed. São Paulo: Atheneu, 1985.
PELT, J. M. Especiarias e ervas aromáticas: história, botânica e culinária. Tradução: TELES, André. Rio de Janeiro: Jorge Zahar, 2003.
PHILIPPI, S.T. Nutrição e técnica dietética. Barueri: Manole, 2003.
PROENÇA, R.P.C., SOUSA, A.A., VEIROS, M.B., HERING, B. Qualidade Nutricional e Sensorial na Produção de Refeições. Florianópolis: Ed. da UFSC, 2005.
SALINAS, R. D. Alimentos e nutrição: introdução à bromatologia. 3. ed. Porto Alegre: Artmed, 2002.
SANGIRARDI, H. B. A alegria de cozinhar. 9. ed. São Paulo: Livraria Martins Editora 1988.
THIS, H. La cocina y sus misterios: explicacion cientifica de las 55 mejores recetas de la cocina francesa. Zaragoza: Acribia, 1998.
TREAFAUT, M. P. O Brasil que arde. Gula, São Paulo, n. 144, p. 66-72, out. 2004.
WOLKE, R. L. O que Einstein disse a seu cozinheiro, 2: mais ciência na cozinha. Tradução de Maria Inês Duque Estrada, Rio de Janeiro: Jorge Zahar Ed., 2005.
WRIGHT, J. TREUILLÉ, E. Todas as Técnicas Culinárias – Le Cordon Bleu. Tradução Eleonora Bottman e Vera Caputo. São Paulo: Editora Marco Zero Ltda, [s.d.].

Capítulo 14 – Química dos compostos relacionados com as propriedades organolépticas

ALMEIDA, P.G.; FIUMARELLI, J; MARTINS JR. H. A.; SASSINE, A.; MOURA, S. C.; BUSTILLOS, O. V. *Identificação dos constituintes do corante caramelo utilizado na indústria de alimentos e bebidas*. Disponível em:: pintassilgo2.ipen.br/biblioteca/2004/cbcta04/10447.pdf (2004). Acesso em: 10 abr. 2010.
AMBROSIO, C. L .B; CAMPOS, F. A. C. S.; FARO, Z .P. Carotenoids as an alternative against hypovitaminosis A. Revista de Nutrição, Campinas, 19 (2) p. 233-243, 2006.
BALTES, W. Química de los alimentos. 1. ed. Zaragoza: Acribia, 2007.

BRANDÃO, S. C. .C.; FONTES, A. C. L. Tendências na fabricação de lácteos light e diet. Federacion Panamericana de Lecheria. Montevidéu: 2009. Disponível em: http://www.fepale.org/lechesalud/documentos/5SebastiaoBrandao.pdf. Acesso em: 10 abr. 2010.

BRASIL. MINISTÉRIO DA SAÚDE. Portaria nº 29, de 13 de janeiro de 1998. Aprova o Regulamento Técnico referente a Alimentos para Fins Especiais. Disponível em: http://e-legis.anvisa.gov.br/leisref/public/showAct.php?id=17213. Acesso em: 10 abr. 2010.

_____. MINISTÉRIO DA SAÚDE. Portaria nº 540, de 27 de outubro de 1997. Aprova o Regulamento Técnicoreferente a Aditivos Alimentares - definições, classificação e emprego. Disponível em: http://e-legis.anvisa.gov.br/leisref/public/showAct.php?id=88. Acesso em: 10 abr. 2010.

CHITARRA, M. I. F.; CHITARRA, A. B. Pós-colheita de frutos e hortaliças: fisiologia e manuseio. 2. ed. Lavras: UFLA, 2005.

CONSTANT, P. B. L.; STRINGHETA, P. C. ; SANDI, D. Corantes alimentícios. Boletim do Centro de Pesquisa e Processamento de Alimentos, Curitiba, v. 20, p. 203-220, 2002.

DOWNHAM, A.; COLLINS, P. Colouring our food in the last and next millennium. Int. J. Food Sci. Technol., London, v. 35, p. 5-22, 2000.

FENNEMA, O. R. Food chemistry. 3. ed. New York: Marcel Dekker Inc., 1996.

GAVA, A .J.; SILVA, C. A. B.; FRIAS, J. R. G. Tecnologia de alimentos: princípios e aplicações. São Paulo: Nobel; 2009.

HARBORNE, J .B. Phytochemical methods: a guide to modern techniques of plant analysis. London, UK: Chapman e Hall, 1988.

HORST, M. A.; LAJOLO, F. M. Biodisponibilidade de compostos bioativos de alimentos. In: COZZOLINO, Silvia Maria Franciscato (Org.). Biodisponibilidade de nutrientes. 2. ed. São Paulo: Manole, 2007. p. 697-731.

HOUGH, L.; KHAN, R. Enhancement of the sweetness of sucrose by conversion into chloro-deoxy derivatives. In: GRENBY, T. H. (Ed.). Progress in sweeteners. London: Applied Science, 1989.

IONESCU, E.; ROHNER-JEANRENAUD, F.; PROIETTO, J.; RIVEST, R. W.; JEANRENAUD, B. Taste-induced changes in plasma insulin and glucose turnover in lean and genetically obese rats. Diabetes, São Paulo, n. 37, p. 773–779, 1988

JUST, T.; PAU, H.W.; ENGEL, U.; HUMMEL, T. Cephalic phase insulin release in healthy humans after taste stimulation?. Appetite, [s.i.]. 238, (4), p. 622-627, 2008.

LEHNINGER, A. L.; NELSON, D. L.; COX, M. M. Princípios de bioquímica. 2. ed. São Paulo: Savier, 2002.

LORENA, W. Corantes artificiais e pigmentos processados. In: LORENA, W. Corantes para alimentos. Campinas: Ital, 1987.

MACHEIX J.-J.; FLEURIET, A.; BILLOT, J. Fruit phenolics. Boca Raton: CRC Press, 1990.

MAZZA, G.; MINIATI, E. Types of anthocyanins. In: MAZZA, G.; MINIAT, E. (Ed.). Anthocyanins in fruits, vegetables, and grains. Florida: CRC Press, 1993.

MIDIO, A. F.; MARTINS, D. I. Toxicologia de alimentos. São Paulo: Varela; 2000.

PINHEIRO, D. M.; PASTORE, G. M. Produção biotecnológica de compostos de aromas. In: FRANCO, M. R. B. Aroma e sabor de alimentos: temas atuais. São Paulo: Livraria Varela, 2003.

PRADO, M. A.; GODOY, H. T. Corantes artificiais em alimentos. Alim. Nutr., Araraquara, v.14, n. 2, p. 237-250, 2003.

_____. Determinação de corantes artificiais por cromatografia líquida de alta eficiência em pó para gelatina. Quim. Nova, São Paulo, v. 27, n. 1, p. 22-26, 2004.

RATES, S. M. K. Metilxantinas. In: SIMÕES, C. M. O.; SCHENKEL, E. P.; GOSMANN, G.; MELLO, J. C. P; PETROVICK, P. R. Farmacognosia: da planta ao medicamento. 6. ed. Porto Alegre/Florianópolis: UFRGS/UFSC, 2007.

SANTOS, R. I. Metabolismo básico e origem dos metabólitos secundários. In: SIMÕES, C. M. O.; SCHENKEL, E. P.; GOSMANN, G.; MELLO, J. C. P.; MENTZ, L. A.; PETROVICK, P. R. Farmacognosia, da planta ao medicamento. 6. ed. Porto Alegre/Florianópolis: UFRGS/UFSC, 2007.

SINKI, G. S.; SCHLEGEL, W. A. F. Flavoring agents. In: BRANEN, A. L.; DEVIDSON, P. M.; SALMINEN, S. (Ed.). Food additives. New York: Marcel Dekker, 1990.

STREIT, N. M.; CANTERLE, L. P.; CANTO, M. W.; HECKTHEUER, L. H. H. As clorofilas. Ciência Rural, Santa Maria-RS, 35, v.3, p. 748-755, 2005.

TOZETTO, A. Controle de qualidade de edulcorantes em adoçantes artificiais via espetrometria e calibração multivariada. Dissertação de mestrado em Ciência e Tecnologia de Alimentos. Universidade Estadual de Ponta Grossa, Ponta Grossa, 2005.

Currículo Resumido
dos Autores

Wilma Maria Coelho Araújo é graduada em Química Industrial pela Universidade Federal de Pernambuco, com mestrado e doutorado em Tecnologia de Alimentos, o primeiro na Escola Superior de Agricultura Luiz de Queiroz – Universidade de São Paulo (USP), e o segundo na Faculdade de Engenharia de Alimentos – Universidade Estadual de Campinas (Unicamp). É professora na Universidade de Brasília (UnB) e integra o Grupo de Pesquisa em Gastronomia do Centro de Excelência em Turismo (CET/UnB).

Nancy di Pilla Montebello é nutricionista formada pela Universidade de São Paulo (USP). Foi professora no Departamento de Nutrição da Universidade de Brasília (UnB) e em escolas de ensino médio e faculdades particulares do Distrito Federal. Atuou como chefe da Seção de Nutrição da Fundação Hospitalar do Distrito Federal. Integra o Grupo de Pesquisa em Gastronomia do Centro de Excelência em Turismo (CET/UnB).

Raquel Braz Assunção Botelho é nutricionista formada pelo Departamento de Nutrição da Universidade de Brasília (UnB). Mestre em Ciência dos Alimentos pela Faculdade de Engenharia de Alimentos da Universidade Estadual de Campinas (Unicamp). Doutora em Ciências da Saúde pela Faculdade de Ciências da Saúde da Universidade de Brasília (UnB). Professora na Universidade de Brasília. Integra o Grupo de Pesquisa em Gastronomia do Centro de Excelência em Turismo (CET/UnB).

Luiz Antônio Borgo é químico formado pelo Instituto de Química da Universidade de Brasília (UnB). Mestre em Ciência e Tecnologia de Alimentos pelo Departamento de Tecnologia de Alimentos da Universidade Federal de Viçosa (UFV). Doutor em Ciências da Saúde pela Faculdade de Ciências da Saúde (UnB). Professor na Universidade de Brasília (UnB). Integrante do Grupo de Pesquisa em Gastronomia do Centro de Excelência em Turismo (CET/UnB).

Carla Márcia Rodrigues Tenser é psicóloga formada pelo Instituto de Psicologia da Universidade de Brasília (UnB). Especialista em Gastronomia e Segurança Alimentar pelo Centro de Excelência em Turismo (UnB). Mestre em Nutrição Humana pelo Departamento de Nutrição da Universidade de Brasília (UnB). Integra o Grupo de Pesquisa em Gastronomia do Centro de Excelência em Turismo (CET/UnB).

Halina Mayer Chaves Araújo é nutricionista formada pelo Departamento de Nutrição da Universidade de Brasília (UnB). Mestre em Nutrição Humana pelo Departamento de Nutrição (UnB). Integra o Grupo de Pesquisa em Gastronomia do Centro de Excelência em Turismo (CET/UnB).

Janine Helfst Leicht Collaço é antropóloga formada pela Universidade de São Paulo (USP) e doutora em Antropologia Social pela USP. Integra o Grupo de Pesquisa em Gastronomia do Centro de Excelência em Turismo (CET/UnB).

Karla Lisboa Ramos é nutricionista formada pelo Departamento de Nutrição da Universidade de Brasília (UnB). Mestre em Ciências dos Alimentos pela Faculdade de Engenharia de Alimentos da Universidade de Campinas (Unicamp). Doutoranda em Nutrição Humana pelo Departamento de Nutrição (UnB). Integra o Grupo de Pesquisa em Gastronomia do Centro de Excelência em Turismo (CET/UnB).

Klecius Renato S. Celestino é engenheiro químico formado pela Universidade Federal de Uberlândia (UFU). Especialista em Produção de Bebidas pela Câmara de Indústria e Comércio da Alta Baviera e Munique. Doutor em Biologia Molecular pelo Instituto de Biologia da Universidade de Brasília. É professor visitante no Centro de Excelência em Turismo da Universidade de Brasília e integra o Grupo de Pesquisa em Gastronomia do Centro de Excelência em Turismo (CET/UnB).

Lívia de Lacerda de Oliveira Pineli é engenheira de alimentos pelo Departamento de Tecnologia de Alimentos da Universidade Federal de Viçosa (UFV). Mestre em Nutrição Humana pelo Departamento de Nutrição (UnB). Doutora em Ciências da Saúde pela Faculdade de Ciências da Saúde da Universidade de Brasília (UnB). É professora na Universidade de Brasília e integra o Grupo de Pesquisa em Gastronomia do Centro de Excelência em Turismo (CET/UnB).

Marileusa D. Chiarello é formada em Farmácia e Bioquímica pela Universidade Estadual de Londrina (UEL). Mestre em Ciências de Alimentos pela Universidade Estadual de Londrina. Diplôme d'Études Approfondies em Ciência dos Alimentos, Nutrição e Fermentações pela Université de Montpellier. Doutora em Ciência e Tecnologia dos Alimentos pelo Institut National de la Recherche Agronomique (INRA) e pela Université de Nantes (França). É professora na Universidade Católica de Brasília.

Renata Puppin Zandonadi é nutricionista formada pelo Departamento de Nutrição da Universidade de Brasília (UnB). Mestre em Nutrição Humana pelo Departamento de Nutrição (UnB). Doutora em Ciências da Saúde pela Faculdade de Ciências da Saúde da Universidade de Brasília (UnB). Professora na Universidade de Brasília. Integra o Grupo de Pesquisa em Gastronomia do Centro de Excelência em Turismo (CET/UnB).

Rita de Cássia Coelho de Almeida Akutsu é nutricionista formada pelo Departamento de Nutrição da Universidade Federal de Pernambuco (UFPE). Especialista em Administração pela Universidade Federal da Bahia (UFBA). Mestre em Nutrição pela Universidade Federal da Bahia (UFBA). Doutora em Ciências da Saúde pela Faculdade de Ciências da Saúde da Universidade de Brasília. É professora na Universidade de Brasília e integra o Grupo de Pesquisa em Gastronomia do Centro de Excelência em Turismo (CET/UnB).

Verônica Cortez Ginani é nutricionista formada pelo Departamento de Nutrição da Universidade de Brasília (UnB). Especialista em Qualidade em Alimentos pelo Centro de Excelência de Turismo (UnB). Mestre em Nutrição Humana pelo Departamento de Nutrição (UnB). Doutoranda em Nutrição Humana pelo Departamento de Nutrição (UnB). Integra o Grupo de Pesquisa em Gastronomia do Centro de Excelência em Turismo (CET/UnB).

Márcio Antônio Mendonça é doutorando do programa de pós-graduação em Nutrição Humana da Universidade de Brasília, mestre em Nutrição Humana pela Universidade de Brasília, especialista em Qualidade em Alimentos pelo Centro de Excelência de Turismo (UnB), e é graduado em Tecnologia de Laticínios pela Universidade Federal de Viçosa. Atua no Laboratório de Controle de Qualidade de Alimentos da Faculdade de Agronomia e Medicina Veterinária da Universidade de Brasília.

Tipografia: Avenir | Bitter
Papel : Offset 90m/g² | Cartão Spremo 250m/g²
Impressão: Teixeira Gráfica e Editora Ltda